Nova Lei de Improbidade Administrativa

Nova Lei de Improbidade Administrativa

DE ACORDO COM A LEI N. 14.230/2021

2022

Rafael de Oliveira Costa
Renato Kim Barbosa

ALMEDINA

NOVA **LEI DE IMPROBIDADE ADMINISTRATIVA**
DE ACORDO COM A LEI N. 14.230/2021

AUTORES: Rafael de Oliveira Costa e Renato Kim Barbosa

DIRETOR ALMEDINA BRASIL: Rodrigo Mentz
EDITORA JURÍDICA: Manuella Santos de Castro
EDITOR DE DESENVOLVIMENTO: Aurélio Cesar Nogueira
ASSISTENTES EDITORIAIS: Isabela Leite e Larissa Nogueira

DIAGRAMAÇÃO: Almedina
DESIGN DE CAPA: FBA

ISBN: 9786556274591
Fevereiro, 2022

Dados Internacionais de Catalogação na Publicação (CIP)
(Câmara Brasileira do Livro, SP, Brasil)

Costa, Rafael de Oliveira
Nova Lei de improbidade administrativa : atualizada de acordo com a Lei n. 14.230/2021 / Rafael de Oliveira Costa, Renato Kim Barbosa. – São Paulo : Almedina, 2022.

Bibliografia
ISBN 978-65-5627-459-1

1. Direito administrativo 2. Direito administrativo – Brasil 3. Improbidade administrativa 4. Improbidade administrativa – Legislação – Brasil I. Barbosa, Renato Kim. II. Título.

21-93161 CDU-35.086(81)(094.56)

Índices para catálogo sistemático:

1. Brasil : Improbidade administrativa : Direito administrativo : Leis comentadas 35.086(81)(094.56)

Maria Alice Ferreira - Bibliotecária - CRB-8/7964

Este livro segue as regras do novo Acordo Ortográfico da Língua Portuguesa (1990).

EDITORA: Almedina Brasil
Rua José Maria Lisboa, 860, Conj.131 e 132, Jardim Paulista | 01423-001 São Paulo | Brasil
editora@almedina.com.br
www.almedina.com.br

A amizade verdadeira é o caminho mais curto para tornar os sonhos realidade.

Aos nossos filhos, por terem nos ensinado que somos eternamente responsáveis por tudo aquilo que neles cativamos.

Aos nossos pais, por terem nos ensinado a cativar o amor.

E às nossas esposas e aos nossos irmãos, pelo amor e companheirismo.

SUMÁRIO

INTRODUÇÃO

A "Nova" Lei de Improbidade Administrativa é fruto das alterações empreendidas pela Lei n. 14.230/2021 na Lei n. 8.249/1992. Em razão das profundas mudanças realizadas, produziu-se, na realidade, um novo diploma legal, cujas balizas deverão ser enfrentadas pela doutrina e pela jurisprudência – motivo pelo qual, inclusive, optamos por fazer uso na presente obra do termo "*Nova*" antes de "Lei de Improbidade Administrativa".

O estatuto em apreço consiste em importante instrumento de combate à corrupção em nosso país, atinente a todos os poderes e órgãos públicos, bem como a entes privados que recebem dinheiro ou qualquer outro benefício de origem pública. E as alterações levadas a cabo em 2021, que serão objeto de estudo aprofundado nesta obra, reestruturaram o sistema de prevenção e repressão à improbidade administrativa, bem como todo o Microssistema Anticorrupção.

Este livro foi edificado e estruturado conforme a "Nova" Lei de Improbidade Administrativa – não se trata, desse modo, de mera atualização – e pretende, assim, realizar uma análise crítica e reflexiva, mas também didática e objetiva, das modificações empreendidas, visando a propiciar aos estudantes e operadores do Direito um arcabouço doutrinário e jurisprudencial apto ao desempenho de seus respectivos misteres.

Assim, serão analisadas as noções propedêuticas da matéria, bem como os atos de improbidade administrativa que importam enriquecimento ilícito, que causam prejuízo ao erário e que atentam contra os princípios da Administração Pública. Também serão apreciados as sanções aplicáveis aos agentes ímprobos, o inquérito civil, a declaração de bens, o procedimento administrativo, o processo judicial, as disposições penais e a prescrição.

Por fim, elaboramos um quadro comparativo entre a redação originária da Lei n. 8.429/1992 e a atual redação conferida pela Lei n. 14.230/2021, bem como apresentamos modelos de petição inicial, despacho saneador e sentença, com a finalidade de auxiliar nos estudos e no desempenho laboral daqueles que militam na área.

Esperamos que o leitor nos acompanhe nessa jornada e que, ao final, sejamos capazes de utilizar a nova lei para combater, de forma mais efetiva, um dos fatores mais nefastos de degradação de nosso país: a corrupção.

CAPÍTULO 1
PARTE GERAL

1. Introdução

A corrupção tem refletido nefasto fator de deterioração de nosso país. Parece quase "natural" que alguns agentes públicos – por desvio de formação, falta de discernimento, escolha própria ou efetiva má-fé – utilizem-se das posições que ocupam para satisfazerem interesses pessoais em detrimento dos da coletividade.[1] O prejuízo monetário ocasionado continua a privar a população de necessidades básicas, como, *v.g.*, saúde, educação, trabalho e moradia. E, desse modo, a corrupção elide não apenas a legitimidade das instituições públicas, mas atenta também contra a sociedade, a ordem moral e a justiça.

Em que pese se tenham alcançado resultados relevantes nos últimos anos – em especial, como decorrência do aperfeiçoamento e fortalecimento de nossos órgãos de controle –, não restam dúvidas de que o problema permanece e que inúmeros atos de corrupção continuam impunes.[2] E mais: não se dissipou, ainda, a equivocada percepção, não apenas entre os agentes públicos, mas também em meio à própria população, de

[1] Costa, Rafael de Oliveira. Fortalecimento do Ministério Público e efetividade no combate à corrupção. **Jornal digital do Estadão**, 29 out. 2020. Blog do Fausto Macedo. Disponível em: https://politica.estadao.com.br/blogs/fausto-macedo/fortalecimento-do-ministerio-publico-e-efetividade-no-combate-a-corrupcao/. Acesso em: 31 out. 2021.

[2] Costa, Rafael de Oliveira. Fortalecimento do Ministério Público e efetividade no combate à corrupção. **Jornal digital do Estadão**, 29 out. 2020. Blog do Fausto Macedo. Disponível em: https://politica.estadao.com.br/blogs/fausto-macedo/fortalecimento-do-ministerio-publico-e-efetividade-no-combate-a-corrupcao/. Acesso em: 31 out. 2021.

que existe um limite entre o público e o privado, entre os interesses da coletividade e os interesses "de cada um".

A luta contra a corrupção precisa ser travada em duas linhas distintas, por meio das seguintes atividades: 1) efetivação dos direitos humanos, de modo a permitir o desenvolvimento físico e intelectual de cada pessoa e o exercício pleno da cidadania, inclusive para que o indivíduo possa afastar-se das práticas corruptivas; e 2) resguardo do patrimônio público e social, mediante o combate aos atos de corrupção, seja sob o viés preventivo, seja sob o caráter repressivo. Nesse sentido, colacionam-se os seguintes conceitos de corrupção:

> [...] a palavra "corrupção" possui origem no latim *corruptĭo*, que significa ato, processo ou efeito de corromper, ou, ainda, deterioração. Dessa definição, vislumbra-se um conceito amplíssimo de corrupção, que abarca, inclusive, atos praticados na área privada, vale dizer, quando uma pessoa física ou jurídica, de qualquer forma, corrompe outra para obter fins ilícitos, ainda que tal relação espúria ocorra totalmente fora do âmbito estatal. Na área pública, também a partir dessa etimologia, pode-se dessumir um conceito amplo de corrupção, que consiste em ato comissivo ou omissivo praticado por agente público que, utilizando o poder conferido pela lei, busca obter vantagem indevida para si ou para terceiros. Dessa forma, as finalidades da norma são relegadas a segundo plano, havendo, como característica, desvio de poder e enriquecimento ilícito. Já em sentido estrito, menciona-se o conceito advindo do Direito Penal, elencado no artigo 317, *caput*, do Código Penal – Decreto-lei n. 2.848, de 7 de dezembro de 1940 –, que trata do crime de corrupção passiva. [...] E a outra face da mesma moeda é o delito de corrupção ativa, aplicável aos particulares, definido pelo artigo 333, *caput*, do citado *codex* como o ato de "oferecer ou prometer vantagem indevida a funcionário público, para determiná-lo a praticar, omitir ou retardar ato de ofício".[3]

Com efeito, o patrimônio público é composto pelo conjunto de bens, direitos e valores pertencentes a todos os cidadãos. Engloba bens

[3] BARBOSA, Renato Kim. **Dano social decorrente de corrupção e improbidade administrativa**: teoria holística da responsabilidade civil. 2021. 286 f. Tese (Doutorado) – Faculdade de Direito, Universidade de São Paulo, São Paulo, 2021, p. 109.

e interesses de natureza moral, econômica, estética, artística, histórica, ambiental e turística.[4] Trata-se de conceito amplo, que abrange inclusive os princípios éticos – visto que, embora não sejam bens corpóreos, compõem o patrimônio (moral) de nossa sociedade.

Exatamente visando a assegurar a integridade do patrimônio público é que o art. 1º, *caput*, da Lei n. 8.429/1992 erige o sistema de responsabilização por atos de improbidade administrativa, responsável por tutelar a probidade na organização do Estado e no exercício de suas funções.[5]

2. Improbidade administrativa

A expressão "probidade" significa integridade, honra e honestidade. "Improbidade", por sua vez, deriva:

> [...] do latim *improbitas* (má qualidade, imoralidade, malícia), juridicamente, liga-se ao sentido desonestidade, má fama, incorreção, má conduta, má índole, mau caráter. Desse modo, improbidade revela a qualidade do homem que não procede bem, por não ser honesto, que age indignamente, por não ter caráter, que não atua com decência, por ser amoral.[6]

Contudo, existem diversas correntes que buscam explicar a relação entre moralidade e probidade. Uma primeira posição entende que a probidade administrativa decorre do princípio da moralidade administrativa.[7]

[4] Na feliz definição do artigo 1º, § 1º, da Lei da Ação Popular: "Consideram-se patrimônio público para os fins referidos neste artigo, os bens e direitos de valor econômico, artístico, estético, histórico ou turístico."

[5] De forma mais específica, o artigo 1º, § 5º, da Lei n. 8.429/1992 dispõe que: "Os atos de improbidade violam a probidade na organização do Estado e no exercício de suas funções e a integridade do patrimônio público e social dos Poderes Executivo, Legislativo e Judiciário, bem como da administração direta e indireta, no âmbito da União, dos Estados, dos Municípios e do Distrito Federal."

[6] Silva, De Plácido e. **Vocabulário jurídico**. Rio de Janeiro: Forense, v. I, 1984, p. 431.

[7] Para os defensores dessa corrente, o princípio da probidade administrativa é "decorrência do princípio da moralidade administrativa e informado pelos mesmos valores que incidem neste. Mas adquire contorno próprio, por sua função instrumentalizadora da moralidade

Já uma segunda posição advoga que a probidade administrativa é mais ampla que a moralidade administrativa, conjugando-a com outros princípios – *v.g.*, legalidade, impessoalidade, eficiência e própria moralidade administrativa.[8] A recente redação conferida ao artigo 1º, § 4º, da Lei n. 8.429/1992, pela Lei n. 14.230/2021, parece encampar essa posição, estabelecendo a aplicação dos princípios constitucionais do Direito Administrativo Sancionador ao sistema de improbidade administrativa. Assim, pode-se destacar a incidência no campo da improbidade administrativa do princípio da legalidade da Administração Pública, o princípio da segurança jurídica, o princípio da proibição do excesso ou proporcionalidade e o princípio da proteção jurídica e das garantias processuais.[9]

Por fim, uma terceira posição sustenta que moralidade administrativa e probidade administrativa se equivalem, tendo a Constituição Federal apontado a moralidade como princípio (artigo 37, *caput*) e a improbidade como lesão a este princípio (artigo 37, § 4º).[10]

Entendemos que o conceito de improbidade administrativa deve ser conferido em sentido amplo, abrangendo toda conduta dolosa corrupta praticada por agente público – em conjunto ou não com particular ou pessoas jurídicas – que implique enriquecimento ilícito, lesão ao erário ou ofensa aos princípios que regem a Administração Pública.[11] Desse modo:

administrativa, desempenhando uma atuação sensível de garantia da eficácia (ainda que no sentido negativo, de proibição ou vedação) dos princípios da Administração Pública. Para o agente público, surge como ônus ou dever de boa administração, exigindo que os atos por ele praticados demonstrem sua habilitação moral guiada pelo senso ético no exercício de cargo, função ou emprego público." (Martins Júnior, Wallace Paiva. **Probidade Administrativa**. São Paulo: Saraiva, 2009, p. 114.)

[8] Por todos, conferir: Magalhães Júnior, Alexandre Alberto de Azevedo. A Tutela do Patrimônio Público. *In*: Vitorelli, Edilson (Org.). **Manual de Direitos Difusos**. Salvador: Juspodivm, 2019, p. 502.

[9] Cf. García, Alejandro Nieto. **Derecho Administrativo Sancionador**. 5. ed. Madri: Tecnos, 2017.

[10] Carvalho Filho, José dos Santos. **Manual de Direito Administrativo**. Rio de Janeiro: Lumen Juris, 2010, p. 1166/1167.

[11] Note-se que meras irregularidades formais não caracterizam necessariamente atos de improbidade administrativa, nos termos da Súmula n. 33 do Conselho Superior do Ministério Público do Estado de São Paulo (CSMP-SP): "O Conselho Superior do Ministério

Vislumbra-se, em tal contexto, que todo ato de corrupção é também um ato de improbidade administrativa, mas a assertiva inversa não é verdadeira. Assim, conclui-se que a improbidade administrativa é conceito técnico-jurídico mais amplo – gênero –, abarcando a corrupção – espécie. Dessa forma, sintetizando as explanações realizadas acima, pode-se asseverar que o conceito amplo de corrupção possui similitude com o conceito de improbidade administrativa. Já o conceito estrito de corrupção assemelha-se à modalidade de improbidade administrativa que importa em enriquecimento ilícito.[12]

3. Fontes normativas

3.1. Fontes internacionais

A probidade administrativa encontra-se regulamentada por diversos documentos internacionais de combate à corrupção. A título de exemplo, o artigo 15 da Declaração dos Direitos do Homem e do Cidadão, de 1789, dispõe que "a sociedade tem o direito de pedir contas a todo agente público pela sua administração".

A Declaração Universal dos Direitos Humanos, de 1948, prevê em seu artigo 21 que "todo ser humano tem o direito de tomar parte no governo de seu país, diretamente ou por intermédio de representantes livremente escolhidos; todo ser humano tem igual direito de acesso ao serviço público de seu país; a vontade do povo será a base da autoridade do governo; essa vontade será expressa em eleições periódicas e legíti-

Público homologará o arquivamento de inquéritos civis ou assemelhados que tenham por objeto irregularidades simplesmente formais praticadas no âmbito da administração pública, como tais se considerando aquelas relativas a não existência de livros e controles ou sua incorreção, contabilidade ou tesouraria deficiente e inadequado controle da dívida ativa e de bens, caso não existam indícios de que tais faltas, por ação ou omissão, foram meios para a prática de ato que encontre adequação na Lei 8.429/92." E, ainda, a Súmula n. 66 do CSMP-SP: "Homologa-se promoção de arquivamento de expedientes em que haja notícia de falhas meramente formais em procedimentos licitatórios, sem indícios concretos de que tenham ensejado restrição da competitividade do certame, direcionamento da contratação ou danos ao erário passíveis de apuração."

[12] Barbosa, Renato Kim. **Dano social decorrente de corrupção e improbidade administrativa**: teoria holística da responsabilidade civil. 2021. 286 f. Tese (Doutorado) – Faculdade de Direito, Universidade de São Paulo, São Paulo, 2021, p. 110-111.

mas, por sufrágio universal, por voto secreto ou processo equivalente que assegure a liberdade de voto".

Especificamente sobre o tema "combate à corrupção", pode-se destacar três diplomas normativos:

a) Convenção das Nações Unidas contra a Corrupção, conhecida como Convenção de Mérida e promulgada pelo Decreto n. 5.687/2006;
b) Convenção Interamericana Contra a Corrupção, de 1996, promulgada no Brasil pelo Decreto n. 4.410/2002; e
c) Convenção sobre o Combate à Corrupção de Funcionários Públicos Estrangeiros em Transações Comerciais Internacionais, elaborada pela Organização para a Cooperação e Desenvolvimento Econômico (OCDE) e promulgada pelo Decreto n. 3.678/2000.

3.2. Fontes nacionais

3.2.1. Constituição Federal de 1988

A proteção à probidade administrativa encontra expressa menção em quatro dispositivos constitucionais, conforme salientado a seguir.

a) O dever de punição de agentes públicos pela prática de improbidade administrativa encontra previsão no artigo 37, § 4º, da Carta Magna: "Os atos de improbidade administrativa importarão a suspensão dos direitos políticos, a perda da função pública, a indisponibilidade dos bens e o ressarcimento ao erário, na forma e gradação previstas em lei, sem prejuízo da ação penal cabível."

Trata-se de norma de eficácia limitada, cuja aplicabilidade ganhou alcance prático com a edição da Lei n. 8.429/1992, conhecida como "Lei de Improbidade Administrativa". Tal diploma é, portanto, o responsável por definir os contornos concretos para o dispositivo constitucional em apreço.

O agente público deve exercer suas atribuições orientado por padrões de comportamento que se baseiam na imparcialidade, na honestidade e na probidade. Na hipótese de inobservância desses padrões, é possível a suspensão dos direitos políticos, a perda da função pública, a indisponibilidade dos bens e o ressarcimento ao erário, sem prejuízo da ação penal cabível e da aplicação de outras sanções previstas em sede infraconstitucional.

b) O artigo 14, § 9º, da Constituição Federal atenta para a vinculação entre a improbidade administrativa e a esfera eleitoral. A Carta Magna fixa as principais causas de inelegibilidade e relega à Lei Complementar n. 64/1990 a regulamentação de outros casos de inelegibilidade, a fim de proteger a probidade administrativa, a moralidade para o exercício de mandato e a normalidade e a legitimidade das eleições contra a influência do poder econômico ou o abuso do exercício de função, cargo ou emprego na Administração Pública direta ou indireta, *in verbis*:

> Art. 14. [...] § 9º – Lei complementar estabelecerá outros casos de inelegibilidade e os prazos de sua cessação, a fim de proteger a probidade administrativa, a moralidade para exercício de mandato considerada vida pregressa do candidato, e a normalidade e legitimidade das eleições contra a influência do poder econômico ou o abuso do exercício de função, cargo ou emprego na administração direta ou indireta. [...].

c) O artigo 15, inciso V, da Constituição Federal estabelece, como decorrência da prática de improbidade administrativa, a suspensão dos direitos políticos: "Art. 15. É vedada a cassação de direitos políticos, cuja perda ou suspensão só se dará nos casos de: [...] V – improbidade administrativa, nos termos do art. 37, § 4º."

d) Por fim, o artigo 85, *caput*, inciso V, da Carta Magna dispõe que: "Art. 85. São crimes de responsabilidade os atos do Presidente da República que atentem contra a Constituição Federal e, especialmente, contra: [...] V – a probidade na administração; [...]."

3.3. Fontes infraconstitucionais

Dentre os inúmeros diplomas normativos que regem a proteção do patrimônio público, podem ser citados os seguintes: Lei n. 4.717/1965 (Lei da Ação Popular), Decreto-Lei n. 201/1967 (crimes praticados por prefeitos), Código Penal (Crimes contra a Administração Pública), Lei n. 7.347/1985 (Lei da Ação Civil Pública), Lei n. 12.527/2011 (Lei de Acesso à Informação), Lei n. 12.846/2013 (Lei Anticorrupção), Lei n. 14.133/2021 (Lei de Licitações e Contratos Administrativos).

O artigo 52 da Lei n. 10.257/2001 (Estatuto da Cidade) também prevê que o prefeito e outros agentes públicos incorrerão em ato de improbidade administrativa quando praticarem uma das seguintes condutas: a) deixar de proceder, no prazo de cinco anos, ao adequado aproveitamento do imóvel incorporado ao patrimônio público; b) utilizar áreas obtidas por meio do direito de preempção em desacordo com o disposto no artigo 26 da lei; c) aplicar os recursos auferidos com a outorga onerosa do direito de construir e de alteração de uso em desacordo com o previsto no artigo 31 da lei; d) aplicar os recursos auferidos com operações consorciadas em desacordo com o previsto no § 1º do artigo 33 da lei; dentre outras condutas.

Do mesmo modo, o artigo 73 da Lei de Responsabilidade Fiscal (Lei Complementar n. 101/2000) indica que o seu descumprimento configurará ato de improbidade administrativa.

No âmbito eleitoral, o artigo 73, *caput*, incisos I a VIII, e § 7º, da Lei n. 9.504/1997, estabelece condutas vedadas aos agentes públicos, sob pena de configurar ato de improbidade administrativa, na forma do artigo 11 da Lei n. 8.429/1992 – este último dispositivo, contudo, foi revogado pela Lei n. 14.230/2021.

O artigo 32, § 2º, da Lei de Acesso à Informação (Lei n. 12.527/2011) dispõe também que a prática das condutas ilícitas enumeradas no *caput* pode configurar ato de improbidade administrativa.

4. Direito difuso à probidade administrativa

Os bens (direitos ou interesses) jurídicos dividem-se em individuais e coletivos, consoante consagrado na Constituição da República Federativa do Brasil de 1988, cujo Capítulo I de seu Título II possui a seguinte nomenclatura: "Dos Direitos e Deveres Individuais e Coletivos".

Trata-se, contudo, de rol meramente exemplificativo, pois o constituinte aderiu a uma concepção materialmente aberta dos direitos fundamentais. Com efeito, o § 2º do artigo 5º da Constituição admite a existência de direitos materialmente fundamentais implícitos ou não expressos, bem como a existência de direitos fundamentais previstos topologicamente em locais diversos do texto constitucional – ou seja, fora das hipóteses previstas no Título II –, consagrando até mesmo aqueles previstos em tratados internacionais que disponham sobre o tema.[13]

[13] Nesse sentido, o Supremo Tribunal Federal, julgando a ação direta de inconstitucionali-

Dentre os direitos fundamentais que se encontram positivados topologicamente em capítulos distintos da Constituição, importa ressaltar o direito difuso à probidade administrativa, que pode ser extraído de exegese sistemática de diversos dispositivos da Carta Magna, dentre os quais:

a) o princípio republicano (artigo 1º, *caput*);
b) o princípio democrático (artigo 1º, parágrafo único);
c) os fundamentos da República, em especial a soberania, a cidadania e a dignidade da pessoa humana (artigo 1º, *caput*, incisos I a III;);
d) os objetivos fundamentais da República (artigo 3º, incisos I e II: construir uma sociedade livre, justa e solidária; garantir o desenvolvimento nacional);
e) a prevalência dos direitos humanos e da defesa da paz nas suas relações internacionais (artigo 4º, *caput*, incisos I e VI); e
f) os princípios constitucionais administrativos elencados no *caput* do artigo 37 (legalidade, impessoalidade, moralidade, publicidade e eficiência).[14]

Trata-se de direito que exige atuação honesta, eficiente e transparente de agentes públicos em relação à utilização do patrimônio material ou imaterial do Estado. Assim, como a probidade administrativa é titularizada por toda a sociedade, insere-se na categoria dos interesses ou direitos difusos, apresentando as seguintes características:

> a) a indeterminação dos sujeitos: a defesa da probidade administrativa não pertence a uma pessoa isolada, nem a um grupo delimitado de pessoas, mas sim à coletividade como um todo; b) a indivisibilidade do objeto: o interesse no respeito à probidade administrativa é a um só tempo de todos e de

dade n. 939/DF, admitiu a existência de direitos fundamentais positivados na Constituição de 1988 fora da normatização expressa do título constitucional que versa sobre os direitos fundamentais. A título de exemplo, o princípio da anterioridade tributária previsto no artigo 150, inciso III, alínea "b", seria um direito fundamental do contribuinte, atendendo ao preconizado pelo artigo 5º, § 2º, da Carta Magna.

[14] Em sentido similar: Santos, Roberto Lima. Direito fundamental à probidade administrativa e as convenções internacionais de combate à corrupção. **Revista de Doutrina da 4ª Região**, Porto Alegre, n. 50, out. 2012.

cada qual; c) o fato de agregação dos sujeitos: os titulares do direito à probidade administrativa estão agregados em função de uma situação de fato em comum, à circunstância de estarem sujeitos aos efeitos da lesão à probidade administrativa.[15]

Sobre o tema, Teori Albino Zavascki ensina ainda que:

> O direito a um governo honesto, eficiente e zeloso pelas coisas públicas, tem, nesse sentido, natureza transindividual – decorrendo, como decorre, do Estado Democrático, ele não pertence a ninguém individualmente: o seu titular é o povo, em nome e em benefício de quem o poder deve ser exercido.[16]

Por fim, a jurisprudência dos tribunais superiores também restou firmada nesse sentido. Com efeito, o Superior Tribunal de Justiça, em voto do ministro Humberto Martins no julgamento do recurso especial n. 1.516.178/SP, assentou que "é cabível a propositura de ação civil pública que tenha como fundamento a prática de ato de improbidade administrativa, tendo em vista a natureza difusa do interesse tutelado".

5. Controle da probidade administrativa

A corrupção precisa ser combatida em todas as suas frentes, não sendo possível enfrentá-la de forma compartimentada. Para tanto, as principais ferramentas são o conhecimento, a informação e a consolidação de uma cultura de enfrentamento, inclusive por meio do desenvolvimento de valores éticos, da cidadania e da consciência reflexiva nas futuras gerações.

Contudo, sob o aspecto jurídico-formal, o controle da probidade administrativa pode ser classificado em preventivo ou repressivo. O controle preventivo busca evitar e desestimular a prática de atos de improbidade administrativa. De outro modo, o controle repressivo tende à efetiva responsabilização do agente ímprobo, com a aplicação de sanções.

[15] Andrade, Adriano; Masson, Cleber; Andrade, Landolfo. **Interesses difusos e coletivos**. 7. ed. São Paulo: Método, 2016, p. 701-702.

[16] Zavascki, Teori Albino. **Processo coletivo**: tutela de direitos coletivos e tutela coletiva de direitos. 7. ed. São Paulo: Revista dos Tribunais, 2017, p. 100.

5.1. Controle preventivo

5.1.1. Suspeição e impedimentos

O artigo 253 do Código de Processo Penal e os artigos 144 a 148 do Código de Processo Civil estabelecem os casos de suspeição e impedimentos para juízes, membros do Ministério Público, serventuários da Justiça, entre outros, evitando a prática de atos de corrupção no bojo de processos judiciais.

5.1.2. Incompatibilidades

Os artigos 54, *caput*, incisos I e II, e 55, *caput*, inciso I, da Constituição Federal preveem incompatibilidades e impedimentos dos parlamentares, com o escopo de evitarem interferências privadas na atuação desses agentes políticos, *in verbis*:

> Art. 54. Os Deputados e Senadores não poderão:
> I – desde a expedição do diploma:
> a) firmar ou manter contrato com pessoa jurídica de direito público, autarquia, empresa pública, sociedade de economia mista ou empresa concessionária de serviço público, salvo quando o contrato obedecer a cláusulas uniformes;
> b) aceitar ou exercer cargo, função ou emprego remunerado, inclusive os de que sejam demissíveis "ad nutum", nas entidades constantes da alínea anterior;
> II – desde a posse:
> a) ser proprietários, controladores ou diretores de empresa que goze de favor decorrente de contrato com pessoa jurídica de direito público, ou nela exercer função remunerada;
> b) ocupar cargo ou função de que sejam demissíveis "ad nutum", nas entidades referidas no inciso I, "a";
> c) patrocinar causa em que seja interessada qualquer das entidades a que se refere o inciso I, "a";
> d) ser titulares de mais de um cargo ou mandato público eletivo.

> Art. 55. Perderá o mandato o Deputado ou Senador: I – que infringir qualquer das proibições estabelecidas no artigo anterior;

5.1.3. Nepotismo

A expressão nepotismo deriva do latim "*nepos*" ou "*nipotis*", ou seja, "neto" e "sobrinho", significando, de forma ampla, a prática de condutas que impliquem favorecimento em prol de familiares. A temática vem tratada na Súmula Vinculante n. 13 do Supremo Tribunal Federal:

> A nomeação de cônjuge, companheiro ou parente em linha reta, colateral ou por afinidade, até o terceiro grau, inclusive, da autoridade nomeante ou de servidor da mesma pessoa jurídica investido em cargo de direção, chefia ou assessoramento, para o exercício de cargo em comissão ou de confiança ou, ainda, de função gratificada na administração pública direta e indireta em qualquer dos Poderes da união, dos Estados, do Distrito Federal e dos Municípios, compreendido o ajuste mediante designações recíprocas, viola a Constituição Federal.

De forma didática, a referida súmula estabelece que não podem ser nomeados parentes – cônjuge, companheiro ou parente em linha reta ou colateral, até o terceiro grau inclusive – que tenham relação com a autoridade nomeante, servidor da mesma pessoa jurídica ocupante de cargo em comissão, função de confiança ou gratificada, nas entidades da Administração Pública direta e indireta, da União, dos estados, do Distrito Federal e dos municípios.

Atente-se para o fato de que nepotismo cruzado – caracterizado pelo ajuste mediante designações recíprocas em diferentes entidades – também encontra vedação na Constituição Federal.[17] Assim, por exemplo, um secretário municipal não pode nomear para cargo em comissão na Prefeitura o filho de um vereador, o qual, por sua vez, nomeara o pai do referido secretário para cargo comissionado na Câmara Municipal.

Nesse sentido, vale destacar a nova redação do artigo 11, *caput*, inciso XI, da Lei n. 8.429/1992, que incluiu expressamente o nepotismo cru-

[17] Cf. Barbosa, Renato Kim. Nepotismo, mesmo indireto, contraria princípios basilares do Direito Público. **Revista Eletrônica Conjur**, 11 abr. 2016. Coluna MP no Debate. Disponível em: https://www.conjur.com.br/2016-abr-11/mp-debate-nepotismo-indireto-nega-principios-basilares-direito-publico. Acesso em: 22 out. 2021.

zado entre os atos de improbidade administrativa que implicam violação aos princípios da Administração Pública (destaques nossos):

> Art. 11 [...] XI – nomear cônjuge, companheiro ou parente em linha reta, colateral ou por afinidade, até o terceiro grau, inclusive, da autoridade nomeante ou de servidor da mesma pessoa jurídica investido em cargo de direção, chefia ou assessoramento, para o exercício de cargo em comissão ou de confiança ou, ainda, de função gratificada na administração pública direta e indireta em qualquer dos Poderes da União, dos Estados, do Distrito Federal e dos Municípios, **compreendido o ajuste mediante designações recíprocas**; [...].

Em que pese a vedação legal, é preciso destacar que o Supremo Tribunal Federal tem entendido que existe uma exceção em relação à vedação ao nepotismo: os agentes políticos (*v.g.*, ministros ou secretários de governo) podem ser livremente nomeados, sem que a prática seja ilícita.[18] Contudo, é necessária a presença de dois requisitos: a) a qualificação técnica; e b) a idoneidade moral do nomeado. Nesse sentido:

> [...] a nomeação de agente para exercício de cargo na administração pública, em qualquer nível, fundada apenas e tão somente no grau de parentesco com a autoridade nomeante, sem levarem conta a capacidade técnica para o seu desempenho de forma eficiente, além de violar o interesse público, mostra-se contrária ao princípio republicano [...] Nesse contexto, quanto aos cargos políticos, deve-se analisar, ainda, se o agente nomeado possui a qualificação técnica necessária ao seu desempenho e se não há nada que desabone sua conduta.[19]

[18] "AGRAVO REGIMENTAL NA RECLAMAÇÃO. NOMEAÇÃO DE PARENTE PARA CARGO PÚBLICO DE NATUREZA POLÍTICA. DESRESPEITO À SÚMULA VINCULANTE 13. INOCORRÊNCIA. PRECEDENTES. AGRAVO REGIMENTAL A QUE SE NEGA PROVIMENTO" (Reclamação n. 17.882-AgR/SC, Relator o Ministro Teori Zavascki, Segunda Turma, DJe 2.6.2015).

[19] STF, Reclamação n. 17.102/SP, Dec. Monocrática, Rel. Min. Luiz Fux, Dje 15.02.2016.

O Supremo Tribunal Federal assentou ainda, no Tema n. 29 de Repercussão Geral, que leis que tratam dos casos de vedação a nepotismo não são de iniciativa exclusiva do chefe do Poder Executivo.[20]

Por fim, por meio do Tema n. 66, o Supremo Tribunal Federal deixou claro que a vedação ao nepotismo não exige a edição de lei formal para coibir a prática, dado que essa proibição decorre diretamente dos princípios contidos no artigo 37, *caput*, da Constituição Federal.[21]

5.1.4. Códigos de Ética

Trata-se de diplomas normativos que fixam deveres éticos e morais, no escopo de motivar a confiança da população e serem seguidos pelos agentes públicos, em especial no que tange à moralidade, honestidade, lealdade e probidade.

Importa consignar que os Códigos de Ética incidem não apenas na órbita pública, mas também na privada, dispondo a Lei n. 12.846/2013 (Lei Anticorrupção), em seu artigo 7º, *caput*, inciso VIII, o seguinte:

> Art. 7º. Serão levados em consideração na aplicação das sanções: [...] VIII – a existência de mecanismos e procedimentos internos de integridade, auditoria e incentivo à denúncia de irregularidades e a aplicação efetiva de códigos de ética e de conduta no âmbito da pessoa jurídica; [...].

Por fim, a Convenção das Nações Unidas contra a Corrupção dispõe, em seu artigo 8º, acerca do compromisso dos Estados signatários – dentre os quais se inclui o Brasil – na edição de Códigos de Conduta.

5.1.5. Conflito de interesses

O artigo 3º, inciso I, da Lei n. 12.813/2013 define conflito de interesses como "a situação gerada pelo confronto entre interesses públicos e pri-

[20] Ementa: "Natureza jurídica de regra legislativa municipal cujo objetivo é impedir a prática do nepotismo no âmbito da Administração Pública local. Competência para iniciar o processo legislativo. Relevância e transcendência caracterizadas. Repercussão geral reconhecida."

[21] Ementa: "CONSTITUCIONAL. NEPOTISMO. PRINCÍPIO DA MORALIDADE. NECESSIDADE DE LEI EM SENTIDO FORMAL. EXISTÊNCIA DE REPERCUSSÃO GERAL. Questão que transcende os interesses subjetivos das partes."

vados, que possa comprometer o interesse coletivo ou influenciar, de maneira imprópria, o desempenho da função pública".

A título exemplificativo, pode-se mencionar, conforme o artigo 5º da citada lei: a) a divulgação ou uso de informação privilegiada, em proveito próprio ou de terceiro, obtida em razão das atividades exercidas; e b) o exercício de atividade que implique a prestação de serviços ou a manutenção de relação de negócio com pessoa física ou jurídica que tenha interesse em decisão do agente público ou de colegiado do qual este participe.

Como consequência do conflito de interesses, a conduta do agente pode caracterizar a prática de improbidade administrativa, nos termos do artigo 12, *caput*, da Lei n. 12.813/2013:

> Art. 12. O agente público que praticar os atos previstos nos arts. 5º e 6º desta Lei incorre em improbidade administrativa, na forma do art. 11 da Lei nº 8.429, de 2 de junho de 1992, quando não caracterizada qualquer das condutas descritas nos arts. 9º e 10 daquela Lei.

5.1.6. Teste de integridade

O teste de integridade consiste em instrumento de avaliação que parte de um "cenário criado" para a análise dos valores éticos do agente público, ou seja, na simulação de situações sem o conhecimento do agente que têm como objetivo testar sua predisposição para cometer ilícitos contra a Administração Pública.[22]

[22] Segundo o Manual Técnico para a Convenção das Nações Unidas contra a Corrupção (Decreto n. 5.867/2006): "*Integrity testing is a method that enhances both the prevention and prosecution of corruption and has proved to be an extremely effective and efficient deterrent to corruption. Integrity testing is usually utilized in circumstances where intelligence exists providing indications that na individual or a number of individuals, usually public officials, are corrupt. A scenario is created in which, for example, a public civil servant is placed in a typical everyday situation where he or she has the opportunity to use personal discretion in deciding whether or not to engage in criminal or other inappropriate behaviour. The employee may be offered the opportunity to take a bribe by an undercover officer or be presented with an opportunity to solicit a bribe through, for example, an abuse of public functions.*" (Nações Unidas. Technical Guide to the United Nations Convention

Como exemplo, menciona-se a hipótese de um integrante da corregedoria de um determinado ente público comparecer de forma disfarçada e oferecer "propina" para verificar a integridade do servidor.

5.1.7. Cadastro Nacional de Condenados por Ato de Improbidade Administrativo e por Ato que implique Inelegibilidade (CNCIAI)

Trata-se de instrumento que reúne informações sobre pessoas físicas e jurídicas definitivamente condenadas por atos de improbidade administrativa ou que implique inelegibilidade do réu. Além de contribuir no combate repressivo à corrupção, tal cadastro é adotado como meio de prevenção da corrupção, de forma similar à técnica do "*name and shame*", consistente em publicizar más práticas de agentes ímprobos.

Nesse sentido, a Resolução Conjunta n. 6/2020 do Conselho Nacional de Justiça instituiu sistemática unificada para o envio, no âmbito do Poder Judiciário, de informações referentes a condenações por improbidade administrativa e a outras situações que impactem no gozo dos direitos políticos. As informações devem ser relativas a:

a) condenações por improbidade administrativa transitadas em julgado;
b) acordos de não persecução cível relativos à improbidade administrativa;
c) cumprimentos de sanções e termos de acordo de improbidade administrativa;
d) condenações criminais transitadas em julgado;
e) outras hipóteses de suspensão dos direitos políticos ou de incidência da Lei Complementar n. 64/1990, dentre outras medidas.

5.1.8. *Compliance*

A expressão "*compliance*" designa um conjunto de medidas adotadas por pessoas jurídicas públicas ou privadas visando a garantir o cumprimento do ordenamento jurídico e de princípios de ética e integridade.

Against Corruption. Nova Iorque: 2009, p. 186. Disponível em: https://www.unodc.org/documents/corruption/Technical_Guide_UNCAC.pdf. Acesso em: 27 out. 2021.

Tradicionalmente, os programas de *compliance* foram aplicados no âmbito das corporações (*corporate compliance*), com o intuito de garantir o cumprimento do ordenamento jurídico no âmbito negocial.

Mais recentemente, contudo, muito se tem falado em *criminal compliance*. A ideia consiste em abandonar a perspectiva meramente reativa na esfera penal, para alcançar uma concepção preventiva de combate à criminalidade e evitar, assim, a ocorrência de delitos.[23] Nesse sentido, a Lei n. 9.613/1998 e a Resolução n. 2.554/1998 do Conselho Monetário Nacional inauguraram uma nova perspectiva, tendo a primeira tornado crime a conduta de ocultar ou dissimular a origem de bens produtos de crime e criado o Conselho de Controle de Atividades Financeiras (COAF).[24]

[23] SILVA SÁNCHEZ, Jesús-Maria. Deberes de vigilância y compliance empresarial. *In*: KUHLEN, L.; MONTIEL, J. P.; GIMENO, I. O. U. (Org.). **Compliance y teoría del Derecho Penal**. Madrid: Marcial Pons, 2013, p. 79-106.

[24] Cf. artigos. 10 a 11-A da Lei n. 9.613/1998: "Art. 10. As pessoas referidas no art. 9º: I – identificarão seus clientes e manterão cadastro atualizado, nos termos de instruções emanadas das autoridades competentes; II – manterão registro de toda transação em moeda nacional ou estrangeira, títulos e valores mobiliários, títulos de crédito, metais, ou qualquer ativo passível de ser convertido em dinheiro, que ultrapassar limite fixado pela autoridade competente e nos termos de instruções por esta expedidas; III – deverão adotar políticas, procedimentos e controles internos, compatíveis com seu porte e volume de operações, que lhes permitam atender ao disposto neste artigo e no art. 11, na forma disciplinada pelos órgãos competentes; IV – deverão cadastrar-se e manter seu cadastro atualizado no órgão regulador ou fiscalizador e, na falta deste, no Conselho de Controle de Atividades Financeiras (Coaf), na forma e condições por eles estabelecidas; V – deverão atender às requisições formuladas pelo Coaf na periodicidade, forma e condições por ele estabelecidas, cabendo-lhe preservar, nos termos da lei, o sigilo das informações prestadas. § 1º Na hipótese de o cliente constituir-se em pessoa jurídica, a identificação referida no inciso I deste artigo deverá abranger as pessoas físicas autorizadas a representá-la, bem como seus proprietários. § 2º Os cadastros e registros referidos nos incisos I e II deste artigo deverão ser conservados durante o período mínimo de cinco anos a partir do encerramento da conta ou da conclusão da transação, prazo este que poderá ser ampliado pela autoridade competente. § 3º O registro referido no inciso II deste artigo será efetuado também quando a pessoa física ou jurídica, seus entes ligados, houver realizado, em um mesmo mês-calendário, operações com uma mesma pessoa, conglomerado ou grupo que, em seu conjunto, ultrapassem o limite fixado pela autoridade competente. Art. 10A. O Banco Central manterá registro centralizado formando o cadastro geral de correntistas e clientes de instituições financeiras, bem como de seus procuradores. Art. 11. As pessoas

Nos últimos tempos, vem ganhando envergadura a expressão "*public compliance*", responsável por designar "*integridade, conformidade normativa, ou cumprimento do Direito*" pela Administração Pública. Em verdade:

> [...] o *public compliance* não se liga, direta e necessariamente, a um "Estado regulador", assim como não compõe uma estratégia maior, de regulação induzida. Apenas representa um processo de incorporação, na depuração do Estado, de ensinamentos importantes proporcionados pelo *compliance* das empresas. Afinal, como sustenta Adán Nieto Martín, seria incoerente o Estado compelir as empresas a adotarem medidas que ele mesmo, como organização, não adota.[25]

Trata-se, assim, de uma releitura do *corporate compliance* e do *criminal compliance* para o âmbito público, de modo a permitir a prevenção da corrupção a partir da adaptação de seus elementos fundamentais: cultura de

referidas no art. 9º: I – dispensarão especial atenção às operações que, nos termos de instruções emanadas das autoridades competentes, possam constituir-se em sérios indícios dos crimes previstos nesta Lei, ou com eles relacionar-se; II – deverão comunicar ao Coaf, abstendo-se de dar ciência de tal ato a qualquer pessoa, inclusive àquela à qual se refira a informação, no prazo de 24 (vinte e quatro) horas, a proposta ou realização: a) de todas as transações referidas no inciso II do art. 10, acompanhadas da identificação de que trata o inciso I do mencionado artigo; e b) das operações referidas no inciso I; III – deverão comunicar ao órgão regulador ou fiscalizador da sua atividade ou, na sua falta, ao Coaf, na periodicidade, forma e condições por eles estabelecidas, a não ocorrência de propostas, transações ou operações passíveis de serem comunicadas nos termos do inciso II. § 1º As autoridades competentes, nas instruções referidas no inciso I deste artigo, elaborarão relação de operações que, por suas características, no que se refere às partes envolvidas, valores, forma de realização, instrumentos utilizados, ou pela falta de fundamento econômico ou legal, possam configurar a hipótese nele prevista. § 2º As comunicações de boa-fé, feitas na forma prevista neste artigo, não acarretarão responsabilidade civil ou administrativa. § 3º O Coaf disponibilizará as comunicações recebidas com base no inciso II do *caput* aos respectivos órgãos responsáveis pela regulação ou fiscalização das pessoas a que se refere o art. 9º. Art. 11-A. As transferências internacionais e os saques em espécie deverão ser previamente comunicados à instituição financeira, nos termos, limites, prazos e condições fixados pelo Banco Central do Brasil."

[25] JUNQUEIRA, Gabriel Marson. **A prevenção da corrupção na Administração Pública**: contributos criminológicos, do *corporate compliance* e *public compliance*. Belo Horizonte: D'Plácido, 2019, p. 103.

compliance, institucionalização, análise de riscos, programa de *compliance* e investigação interna.

Sem olvidar a existência de alguma regulamentação da matéria no âmbito das empresas estatais pela Lei n. 13.303/2016 e de atos normativos esparsos, ainda há muito a implementar e avançar na esfera do *public compliance*. Com efeito, inexiste até o momento uma sistematização legal do tema.[26]

5.1.9. Evolução patrimonial

O monitoramento da evolução patrimonial do agente público constitui instrumento importante de preservação da moralidade e ética na Admi-

[26] Já tivemos a oportuna de analisar aqueles que entendemos serem os elementos fundamentais de um Sistema de Integridade para a Administração Pública: "a) Cultura de *compliance* – todos os agentes da Administração Pública devem interiorizar a necessidade de que tudo o que sucede na entidade, das portas para dentro ou das portas para fora, observe o ordenamento jurídico, tomando como base: 1) A edição de códigos de conduta – não devem se basear em modelos pré-concebidos, mas em instrumentos individualizados, detalhando ao máximo os comportamentos devidos em cada setor da entidade e envolvendo em seu processo de elaboração não apenas os agentes públicos a que se destinam, mas também os cidadãos em geral. E mais: a cultura ética deve ser assumida pela Administração Pública desde cima (*tone from the top*), ou seja, deve partir do topo da hierarquia, refletida em atitudes concretas. 2) A realização de cursos de formação sobre a legislação vigente e sobre o próprio Sistema de Integridade; 3) A realização de campanhas anticorrupção, de modo sensibilizar os agentes públicos e a população quanto à existência, causas e gravidade da corrupção; 4) A adoção de uma "política de portas abertas"; 5) A observância de regras de *good governance*, ou seja, a gestão da entidade não prejudicar a lealdade ao interesse público, as necessidades da população, o compromisso de melhorar o bem-estar e de prestar serviços públicos de forma eficiente. b) Institucionalização – deve existir um setor de *compliance*; tal setor deve gozar de suficiente independência, dispor de todos os meios necessários – materiais, humanos e técnicos – para o cumprimento de suas tarefas e, ainda, as funções atribuídas aos seus integrantes devem ser perfeitamente delimitadas. Ademais, deve-se garantir a independência, estrutura e autoridade da instância interna de cada entidade responsável pela aplicação do programa de integridade e fiscalização de seu cumprimento, através da separação das funções de supervisão e de execução, ficando a primeira confiada a um órgão composto por pessoas que não integram a Administração Pública, conforme consta da proposta legislativa que acompanha este estudo. c) Análise ou individualização de riscos (*gap analysis*) – identificar e valorar os riscos, estimando a probabilidade de sua materialização e, caso ocorram, o valor concreto do dano. Deve ser feita de forma continuada, constantemente revisada e apresentar-se de

nistração Pública. Sobre o tema, o artigo 13 da Lei n. 8.429/1992 dispõe acerca da obrigatoriedade de o agente público, para tomar posse e entrar

forma flexível. d) Programa de Integridade (ou *Compliance*) – O programa de integridade consiste, no âmbito da Administração Pública, no conjunto de mecanismos e procedimentos internos de integridade, auditoria e incentivo à denúncia de irregularidades e na aplicação efetiva de políticas e diretrizes com objetivo de detectar e sanar desvios, fraudes, irregularidades e atos ilícitos.25 Trata-se, em verdade, de um "organismo vivo", que não pode ser vislumbrado como algo acabado ou estático.26 Assim, cada entidade da Administração Pública deverá elaborar de forma detalhada e individualizada o seu Programa de Integridade Institucional, contendo, no mínimo: I. medidas que procuram delimitar claramente os âmbitos de competência dentro da entidade; II. protocolos para formação e execução de certas decisões; III. controles de gastos e controles internos, em especial no que concerne aos registros contábeis, que devem refletir de forma completa e precisa as transações da entidade, atentando-se para a qualidade das despesas, sua eficácia e oportunidade (controle material); IV. procedimentos específicos para prevenir fraudes e ilícitos no âmbito de processos licitatórios, na execução de contratos administrativos ou em qualquer interação com o setor privado, ainda que intermediada por terceiros; V. sanções aplicáveis em caso de violação às regras do Sistema de Integridade, inclusive no que tange às estratégias patrimoniais de combate a condutas desviadas e recuperação de ativos; VI. procedimentos que assegurem a pronta interrupção de irregularidades ou infrações detectadas e a tempestiva remediação dos danos gerados; VII. política da entidade de conservação e arquivo de documentos, sem prejuízo da legislação que rege a matéria; VIII. a instituição de canais próprios de recebimento de denúncias (*whistleblowing*), abertos e amplamente divulgados a agentes públicos e terceiros, assegurando a qualquer pessoa o direito de relatar informações sobre crimes contra a administração pública, ilícitos administrativos ou quaisquer ações ou omissões lesivas ao interesse público; IX. mecanismos de proteção que impeçam qualquer espécie de retaliação a pessoa que utilize o canal de denúncias. Na elaboração e aplicação do Programa de Integridade Institucional, deve-se observar as seguintes diretrizes: a) comprometimento das entidades que integram a Administração Pública com o Programa de Integridade Institucional, de forma a garantir a sua transparência, a sua efetividade e a sua eficácia em todos os âmbitos da atuação Institucional; b) alinhamento do Programa de Integridade Institucional ao Planejamento Estratégico e aos objetivos institucionais das entidades; c) observância rígida da reserva e alocação dos recursos necessários para o desenvolvimento, a implementação e a melhoria do Programa de Integridade Institucional; d) aprovação democrática dos objetivos e das estratégias do Programa de Integridade Institucional, com a efetiva participação dos integrantes da entidade, assim como a participação social e o comprometimento das Chefias Institucionais; e) identificação e avaliação periódicas dos deveres do Programa de Integridade Institucional; f) clareza na atribuição da responsabilidade pelos resultados do Programa de Integridade Institucional; g) identificação e observância das competências e em exercício, apresentar de declaração de imposto de renda e proventos de qualquer natureza:

> Art. 13. A posse e o exercício de agente público ficam condicionados à apresentação de declaração de imposto de renda e proventos de qualquer natureza, que tenha sido apresentada à Secretaria Especial da Receita Federal do Brasil, a fim de ser arquivada no serviço de pessoal competente. [...].[27]

A declaração de bens será atualizada anualmente e na data em que o agente público deixar o exercício do mandato, do cargo, do emprego ou da função (artigo 13, § 2º, da Lei n. 8.429/1992).

das necessidades de treinamento periódico e contínuo, sobre o direito vigente e sobre o próprio Programa de Integridade, de modo a garantir que os servidores e integrantes das entidades cumpram com os seus deveres; h) estímulo aos comportamentos que criam e sustentam o Programa de Integridade Institucional, com o combate efetivo, sem tolerância, aos comportamentos que comprometem o Programa; i) a existência de controles efetivos e gerenciamento dos deveres decorrentes do Programa de Integridade Institucional, de forma a alcançar os comportamentos adequados para se alcançar os objetivos as metas do Programa; j) monitoramento do desempenho do Programa de Integridade Institucional, com a devida mensuração e publicação dos respectivos relatórios para fins de controle social; k) demonstração pública da existência e do cumprimento rigoroso do Programa de Programa Institucional, por intermédio de documentação e identificação de boas práticas institucionais, l) análise crítica regular e contínua sobre do Programa de Integridade Institucional, com vista ao seu aperfeiçoamento; m) adoção de uma "política de portas abertas", ou seja, a possibilidade de que qualquer empregado/servidor procurar diretamente o responsável pelo sistema de integridade, sem receio de represálias e de forma confidencial, para noticiar irregularidades; n) a realização periódica de campanhas anticorrupção, de modo sensibilizar os agentes públicos e a população quanto à existência, causas e gravidade da corrupção; o) comprometimento da alta direção da entidade, incluídos os conselhos, evidenciado pelo apoio visível e inequívoco ao programa. e) Procedimentos de investigação interna – devem ter como objetivos: a) sancionar os infratores; b) melhorar os sistemas de controle; e c) cooperar com a administração da justiça e com o Ministério Público." (COSTA, Rafael de Oliveira. *Public Compliance*, Processos Estruturais e a Tutela do Direito Difuso à Probidade Administrativa. *In*: João Luiz Barbosa. (Org.). **Constituição, Direito e Temas Transversais**. Osasco: EdiFieo, v. 1, 2021, p. 46-63).

[27] Entendemos inconstitucional a revogação do § 1º do artigo 13 pela Lei n. 14.230/2021, pois não é possível afastar a apresentação da declaração patrimonial de cônjuge e dependentes, em atenção ao princípio da vedação ao retrocesso social. Com efeito, tal medida poderia facilitar a ocultação de bens indevidamente auferidos pelo agente público.

Por fim, será apenado com a pena de demissão, sem prejuízo de outras sanções cabíveis, o agente público que se recusar a prestar a declaração dos bens dentro do prazo ou que prestar declaração falsa (artigo 13, § 3º, da Lei n. 8.429/1992).

5.2. Controle repressivo

O controle repressivo tende à efetiva responsabilização do agente ímprobo, com a aplicação de sanções, e pode ser classificado de três formas distintas: administrativo, legislativo ou judicial.

5.2.1. Administrativo

O controle repressivo administrativo consiste na apuração de infrações e aplicação de sanções, por meio de procedimento administrativo disciplinar (PAD) ou similar, aos agentes púbicos que tenham praticado ato de improbidade administrativa.[28]

Sobre o tema, a Súmula n. 601 do Superior Tribunal de Justiça estabelece ser possível a instauração de processo administrativo disciplinar com base em denúncia anônima, em face do poder-dever de autotutela imposto à Administração Pública, desde que devidamente motivada e com amparo em investigação ou sindicância.

Compete à autoridade administrativa aplicar ao servidor público a pena de demissão em razão da prática de improbidade administrativa, independentemente de prévia condenação, por autoridade judiciária, à perda da função pública. Nesse sentido é a Súmula n. 651 do Superior Tribunal de Justiça: "Compete à autoridade administrativa aplicar a servidor público a pena de demissão em razão da prática de improbidade administrativa, independentemente de prévia condenação, por autoridade judiciária, à perda da função pública."

[28] Nesse sentido, o artigo 12, *caput*, da Lei n. 8.429/1992 dispõe que (destaques nossos): "Art. 12. Independentemente do ressarcimento integral do dano patrimonial, de efetivo, e das sanções penais comuns e de responsabilidade, civis **e administrativas previstas na legislação específica**, está o responsável pelo ato de improbidade sujeito às seguintes cominações, que podem ser aplicadas isolada ou cumulativamente, de acordo com a gravidade do fato: [...]."

Por fim, não se pode olvidar da Lei n. 12.846/2013 (Lei Anticorrupção), que introduziu no ordenamento jurídico pátrio a responsabilização administrativa e civil de pessoas jurídicas pela prática de atos contra a Administração Pública.

5.2.2. Legislativo

O Poder Legislativo pode exercer dois tipos de controle sobre a Administração Pública: político (ex., comissão parlamentar de inquérito) e financeiro (por meio do auxílio do Tribunal de Contas).[29]

5.2.3. Judicial

O controle repressivo jurisdicional dos atos de improbidade administrativa pode ser realizado por meio da ação civil de improbidade administrativa (Lei n. 8.429/1992), da ação popular (Lei n. 4.717/1965), ação de impugnação de mandato eletivo (Lei Complementar n. 64/1990), ação de investigação judicial eleitoral (Lei Complementar n. 64/1990) e representação em razão de práticas eleitorais que importem em condutas vedadas aos agentes públicos (artigo 73 da Lei n. 9504/1997).[30]

[29] "O poder legislativo exerce dois tipos de controle sobre a administração pública. O primeiro é o controle político, o qual incide sobre a função administrativa e organização dos Poderes Executivo e Judiciário, como, por exemplo: convocação de Ministros de Estados para que prestem informações acerca de assuntos previamente determinados (art. 50 da CF/88); o processo e julgamento do Presidente e Vice-Presidente da República em crimes de responsabilidade (art. 52 da CF/88); a aprovação da escolha de Magistrados, Ministros do TCU, Procurador-Geral da República, etc. (art. 52, inciso III, da CF/88). As Comissões Parlamentares de Inquérito também retratam o exercício do poder político, com a prerrogativa de exercer função investigatória própria das autoridades judiciais (art. 58, § 3º, da CF). A segunda forma é o controle financeiro, que consiste no controle externo exercido pelo Poder Legislativo, por meio da fiscalização contábil, financeira, orçamentária, operacional e patrimonial, sobre os atos próprios e dos demais poderes, da administração pública direta e indireta, com o auxílio do Tribunal de Contas, com o escopo de verificar a legalidade, legitimidade, economicidade, aplicação de subvenções e renúncia de receitas, na forma do artigo 70 da Constituição Federal." (Magalhães Júnior, Alexandre Alberto de Azevedo. A Tutela do Patrimônio Público. *In*: Vitorelli, Edilson (Org.). **Manual de Direitos Difusos**. Salvador: Juspodivm, 2019, p. 519.)

[30] Cf. Magalhães Júnior, Alexandre Alberto de Azevedo. A Tutela do Patrimônio Público. *In*: Vitorelli, Edilson (Org.). **Manual de Direitos Difusos**. Salvador: Juspodivm, 2019.

5.3. Fortalecimento do Ministério Público e controle dos atos de improbidade[31]

Para além da análise do aspecto jurídico-formal do controle da prática de atos de improbidade administrativa, a missão institucional do Ministério Público, incumbido da defesa da ordem jurídica e do regime democrático, tem permitido à instituição exercer a condição de protagonista na repressão das violações perpetradas em face da coisa pública.

A partir do advento da Constituição Federal de 1988, o Ministério Público teve sua atuação regulamentada pelo Título IV – Da Organização dos Poderes –, no capítulo Das Funções Essenciais à Justiça, tratando-se de "instituição permanente, essencial à função jurisdicional do Estado, incumbindo-lhe a defesa da ordem jurídica, do regime democrático e dos interesses sociais e individuais indisponíveis" (artigo 127, *caput*).

Desde então, o *Parquet* tem exercido seu papel intransigente de defesa do princípio da moralidade, tornando-se o último reduto político-moral da sociedade.[32] Se, por um lado, percebe-se a descrença da coletividade

[31] O presente tópico contempla uma síntese aperfeiçoada das ideias defendidas em: Costa, Rafael de Oliveira. Fortalecimento do Ministério Público e efetividade no combate à corrupção. **Jornal digital do Estadão**, 29 out. 2020. Blog do Fausto Macedo. Disponível em: https://politica.estadao.com.br/blogs/fausto-macedo/fortalecimento-do-ministerio-publico-e-efetividade-no-combate-a-corrupcao/. Acesso em: 31 out. 2021.

[32] Cf. Costa, Rafael de Oliveira. **Do Ministério Público como Superego da Sociedade**: design institucional e legitimidade na atuação judicial e extrajudicial. Florianópolis: Sequencia, v. 38, 2017. Vale destacar que: "[...] o Ministério Público vem se tornando – juntamente com o Poder Judiciário – o último reduto político-moral da sociedade. É o que Ingeborg Maus convencionou chamar de 'superego da sociedade órfã' no contexto da expansão do papel dos atores judiciais (Maus, 2002, p. 186-187). A instituição exsurge com novas atribuições e competências que até então não lhe eram afeitas, aumentando progressivamente seu espaço de atuação, num movimento em que procura substituir funcionalmente a figura da imago paterna, responsável por ditar os valores morais da sociedade, que o Executivo e o Judiciário até então desempenharam (MAUS, 2002, p. 186-187). Com efeito, a figura do 'pai' desempenha o papel de 'superego' da sociedade, visto que esta última encontra-se carente de um órgão central que fixe os 'valores socialmente adequados' (Maus, 2002, p. 186-187). Se por um lado percebe-se a descrença no Executivo e no Judiciário como concretizadores dos direitos fundamentais, a ampliação do papel exercido pelo Ministério Público brasileiro implica na transferência de parcela do ônus moral da sociedade, passando a atuar como 'superego'. A título de exemplo, pode-se mencionar a recente rejeição da Proposta de Emenda Constitucional n. 37, que

nos Poderes Executivo e Legislativo, o Ministério Público brasileiro tem despontado como guardião da Constituição e responsável por garantir a moralidade, a honestidade e a probidade administrativa. Nesse sentido:

> Trata-se de protagonismo que vem sendo paulatinamente alcançado em equilíbrio dinâmico com o princípio da separação dos poderes, dispondo a Instituição atualmente de meios judiciais – como a ação penal coletiva e o ajuizamento de ação civil pública em face da prática de atos de improbidade administrativa – e extrajudiciais – como a recomendação e o termo de ajustamento de conduta -, bem como do novo acordo de não persecução cível, previsto no artigo 17, § 1º, da Lei nº 8.429/1992.[33]

A importância da função tem sido reforçada pela atuação aguerrida de membros do Ministério Público e pelo desenvolvimento de soluções inovadoras e proativas, em especial por ser comum o envolvimento de organizações criminosas e a dispersão de lesados.[34]

acrescentaria o § 10 ao artigo 144 da Constituição Federal, para definir a competência exclusiva para a investigação criminal pelas polícias federal e civis dos Estados e do Distrito Federal. O que se observa, portanto, é a ascensão do Ministério Público[4] à qualidade de responsável pela moral na sociedade brasileira (MAUS, 2002, p. 192). [...] Frise-se que, ao contrário do que ocorre na Alemanha – país no qual Maus vislumbra o Judiciário como 'superego' da sociedade -, no Brasil, o Ministério Público, atuando como responsável pela 'filtragem' das principais demandas coletivas levadas ao conhecimento do Poder Judiciário – especialmente na seara da improbidade administrativa – e contando com amplo apoio popular, tornou-se verdadeiro órgão de confiança da sociedade, dizendo, a partir de um juízo de violação ao ordenamento – e consequente propositura de demandas, celebração de termos de ajustamento de conduta ou expedição de recomendações – aquilo que é ou não honesto, probo ou moralmente adequado. Assim, na condição de representante da sociedade e fiscal do cumprimento das leis, a instituição passou a ter a função de superego. As medidas adotadas por Promotores e Procuradores, embasadas em argumentos de natureza moral (honestidade, probidade, entre outros), passaram a ditar valores a serem seguidos pela sociedade."

[33] Costa, Rafael de Oliveira. Fortalecimento do Ministério Público e efetividade no combate à corrupção. **Jornal digital do Estadão**, 29 out. 2020. Blog do Fausto Macedo. Disponível em: https://politica.estadao.com.br/blogs/fausto-macedo/fortalecimento-do--ministerio-publico-e-efetividade-no-combate-a-corrupcao/. Acesso em: 31 out. 2021.

[34] Costa, Rafael de Oliveira. Fortalecimento do Ministério Público e efetividade no combate à corrupção. **Jornal digital do Estadão**, 29 out. 2020. Blog do Fausto Macedo.

Assim, com o advento da Lei n. 14.230/2021, o Ministério Público passou a ser o legitimado exclusivo para a propositura da ação civil de improbidade administrativa. Assim, a independência funcional e os instrumentos que lhe foram outorgados pela Constituição – competência para promover o inquérito civil, expedir notificações, requisitar informações e documentos, ajuizar a ação civil pública, dentre outras – fazem dele o único órgão estruturado, legitimado e apto ao combate à corrupção por meio da referida ação.

E o fortalecimento do Ministério Público, guardião constitucional da probidade, não apenas na atuação jurisdicional e extrajurisdicional, mas também no âmbito estrutural – ampliação dos recursos materiais e humanos[35] –, inclusive por meio do fomento à formação continuada dos agentes ministeriais, na forma do art. 23-A da Lei n. 8.429/1992,[36] e do emprego de novas tecnologias da informação, de modo a permitir a célere apuração de violações ao ordenamento e a adoção de medidas em face de agentes ímprobos, vem ao encontro das necessidades da sociedade brasileira, que anseia por um país em que a corrupção não seja a regra.

Em suma, fortalecer o Ministério Público significa atender aos interesses da coletividade, tornando mais eficiente o combate à corrupção.

5.4. Microssistema Anticorrupção

O Microssistema Anticorrupção busca conferir sistematicidade e integridade na aplicação dos diversos instrumentos de tutela da probidade administrativa e do erário público.[37] Diante da interdependência e das

Disponível em: https://politica.estadao.com.br/blogs/fausto-macedo/fortalecimento-do-ministerio-publico-e-efetividade-no-combate-a-corrupcao/. Acesso em: 31 out. 2021.

[35] A ampliação dos recursos materiais e humanos é essencial, inclusive, para que seja possível o cumprimento dos novos prazos estabelecidos pelo artigo 23, § 2º, da Lei n. 8.429/1992: "O inquérito civil para apuração do ato de improbidade será concluído no prazo de 365 (trezentos e sessenta e cinco) dias corridos, prorrogável uma única vez por igual período, mediante ato fundamentado submetido à revisão da instância competente do órgão ministerial, conforme dispuser a respectiva lei orgânica."

[36] "Art. 23-A. É dever do poder público oferecer contínua capacitação aos agentes públicos e políticos que atuem com prevenção ou repressão de atos de improbidade administrativa."

[37] "No plano da responsabilização judicial, além do microssistema sancionador instituído pela LRPJ, há outros ilícitos, com sanções diversas, previstos, por exemplo, na Lei de

normas de reenvio, as lacunas, omissões e contradições devem ser sanadas por meio da interpretação conjunta e recíproca dos diversos diplomas que regem a temática.[38]

O Microssistema Anticorrupção é composto, em seu núcleo não penal, pela Lei da Ação Popular (Lei n. 4.717/1965), pela Lei da Ação Civil Pública (Lei n. 7.347/1985), pela Lei de Improbidade Administrativa (Lei n. 8.429/1992) e pela Lei Anticorrupção Empresarial (Lei n. 12.846/2013).

Na esfera penal, pode-se destacar o Decreto-Lei n. 201/67 (crimes praticados por prefeitos) e o Código Penal (Título XI – Crimes contra a Administração Pública),[39] bem como todo o conjunto de normas que rege o Direito Processual Penal Coletivo.[40]

Esses diplomas compartilham, no âmbito material, tipos – penais e administrativos – voltados à tutela da probidade e, no âmbito processual, estabelecem processos sancionatórios que devem dialogar entre si.[41]

Improbidade Administrativa (Lei n. 8.429/1992), na Lei de Licitações (Lei n. 8.666/1993) e na Lei de Defesa da Concorrência (Lei n. 12.529/2011). Na maneira como tem sido concebido e estruturado o sistema brasileiro de direito sancionador, podemos extrair princípios fundamentais em relação à coexistência de distintas esferas de responsabilização." (Garcia, Emerson; Pacheco Alves, Rogério. **Improbidade administrativa**. 8. ed. São Paulo: Saraiva, 2014, p. 284).

[38] Cf. Ortonal, Marcelo Augusto Biehl. **O novo papel dos Tribunais de Contas no microssistema de combate à corrupção administrativa**. Tese de Doutorado. Universidade Federal do Paraná, Curitiba, 2019, p. 63-64.

[39] Nesse sentido, o Enunciado n. 68 da Procuradoria-Geral de Justiça do Ministério Público do Estado de São Paulo: "Sem prejuízo de outra forma de indicação, o alerta do Tribunal de Contas, referente aos dois últimos quadrimestres do último ano do mandato, para o equacionamento das contas públicas, seguido da assunção de obrigação não essencial no mesmo período, constitui elemento de informação sobre o dolo, suficiente a instruir persecução criminal por infração à norma contida no art. 359-C do Código Penal."

[40] Sobre o Direito Processual Penal Coletivo, conferir: Almeida, Gregório Assagra de; Costa, Rafael de Oliveira. **Direito processual penal coletivo**: a tutela penal dos bens jurídicos coletivos – direitos ou interesses difusos, coletivos e individuais homogêneos. 2. ed. Belo Horizonte: D'Plácido, 2021.

[41] "Assim, veja-se, que a Lei Anticorrupção Empresarial (Lei nº 12.846/13) prevê expressamente em seu art. 21 que, 'nas ações de responsabilização judicial, será adotado o rito previsto na Lei nº 7.347, de 24 de julho de 1985 (Lei da Ação Civil Pública)', e que, de acordo com seu art. 30, o processo de responsabilização desta lei não prejudicará 'os processos de responsa-

Em suma, ocorre uma integração entre os diversos dispositivos, seja no aspecto material, seja no aspecto processual, de modo que "a integração e utilização conjunta dos diplomas legais para o combate da corrupção administrativa se trata de verdadeiro imperativo."[42]

5.5. Filtragem hermenêutico-constitucional

A concretização da norma jurídica não pode ser fruto da subjetividade do intérprete, necessitando decorrer de parâmetros pré-determinados constitucionalmente que possibilitem o fechamento hermenêutico do sistema. Apesar da existência de uma margem de indeterminabilidade, a tarefa de concretização não se dissolve no relativismo, devendo prevalecer a busca pela previsibilidade das decisões e pelo ideal de justiça:

> Na ideia de uma ordem judicial supõe-se o ato de que a sentença do juiz não surja de arbitrariedades imprevisíveis, mas de uma ponderação justa do conjunto. A pessoa que se tenha aprofundado em toda compreensão da situação estará em condições de realizar essa ponderação justa. Justamente por isso

bilização e aplicação de penalidades decorrentes de: I – ato de improbidade administrativa nos termos da Lei no 8.429, de 2 de junho de 1992; e II – atos ilícitos alcançados pela Lei no 8.666, de 21 de junho de 1993, ou outras normas de licitações e contratos da administração pública.' Por sua vez, a Lei de Improbidade Administrativa prevê em seu art. 14, § 3º que a representação à autoridade administrativa para que seja instaurada investigação destinada a apurar a prática de ato de improbidade 'será processada na forma prevista nos arts. 148 a 182 da Lei nº 8.112, de 11 de dezembro de 1990', ou seja, na forma do processo administrativo disciplinar do servidor público federal. No que tange ao processo judicial, seu art. 14, §3º prevê que 'no caso de a ação principal ter sido proposta pelo Ministério Público, aplica-se, no que couber, o disposto no § 3º do art. 6o da Lei no 4.717, de 29 de junho de 1965 (Lei da Ação Popular)'. Além disso, as ações de improbidade administrativa são processadas pelo rito da Lei da Ação Civil Pública (Lei nº 7.347/85), o inquérito civil previsto em seu art. 8º é utilizado como procedimento administrativo preparatório à propositura de ação de improbidade, e o termo de ajustamento de conduta, celebrado com o objetivo de fazer cessar condutas lesivas e obter reparação de danos no âmbito extrajudicial, é previsto no §6º do art. 5º daquela lei, que, por sua vez, prevê a aplicação subsidiária ou supletiva do Código de Processo Civil em seu art. 19." (ORTONAL, Marcelo Augusto Biehl. **O novo papel dos Tribunais de Contas no Microssistema de combate à corrupção administrativa**. Tese de Doutorado. Universidade Federal do Paraná, Curitiba, 2019, p. 63-64.)

[42] ORTONAL, Marcelo Augusto Biehl. **O novo papel dos Tribunais de Contas no Microssistema de Combate à Corrupção Administrativa**. Tese de Doutorado. Universidade Federal do Paraná, Curitiba, 2019, p. 63-64.

> existe segurança jurídica em um estado de direito; ou seja, podemos ter uma ideia daquilo que nos atemos. Qualquer advogado ou conselheiro está, em princípio, capacitado para aconselhar corretamente, ou seja, para predizer corretamente a decisão do juiz com base nas leis vigentes.[43]

Deve-se evitar o risco da decisão fundada em resultados "pré-concebidos pelo julgador" – *v.g.*, juiz que deseja condenar um agente pela prática de ato de improbidade administrativa e, desconsiderando os preceitos da hermenêutica, vale-se de argumentação, ainda que ilegítima, para chegar ao resultado pretendido –, em manifesta contradição à impossibilidade de se determinar previamente o sentido da norma.

Com efeito, a decisão adequada para o feito só pode ser aquela oriunda das circunstâncias presentes no caso *decidendo* e da adequada exegese da norma a partir dos preceitos constitucionais. Não existe verdade prévia; a verdade é construída intersubjetivamente, a partir dos elementos do caso concreto e da observância aos precedentes, por meio do processo judicial.[44] Nesse sentido:

> [...] é inexorável que eu venha combater toda e qualquer atividade discricionária, voluntarista ou decisionista do Poder Judiciário – e da doutrina positivista que guarnece tais posições. Registre-se minha posição firme – fundado na hermenêutica filosófica – no sentido de que "levemos o texto a sério", entendido o texto como evento [...].[45]

Desse modo, a determinação da norma jurídica a ser aplicada a cada caso deve se dar a partir da coerência com a totalidade das circunstâncias fáticas envolvidas e com os precedentes existentes, compatibilizando a decisão com o "fechamento hermenêutico" do ordenamento.[46]

[43] Nesse sentido: GADAMER, Hans-Georg. **Verdade e Método**. Tradução de Flávio Paulo Meurer. Petrópolis: Vozes, 1997, p. 477 e seguintes.

[44] COSTA, Rafael de Oliveira; BUZZETTI, Bruno Starke. Da Inconstitucionalidade do art. 45, § 2º, da Lei 12.594/2012. **Revista de Direito da Infância e da Juventude** (RDIJ), v. 3, p. 73-85, 2014.

[45] STRECK, Lenio Luiz. **Verdade e Consenso**: Constituição, hermenêutica e teorias discursivas. Rio de Janeiro: Editora Lumen Juris, 2006, p. 141.

[46] Cf. STRECK, Lenio Luiz. **Verdade e Consenso**: Constituição, hermenêutica e teorias discursivas. Rio de Janeiro: Editora Lumen Juris, 2006.

Assim, a unidade do sistema encontra seu fundamento na sua norma positiva superior, que é a Constituição. E especialmente no âmbito dos atos de improbidade administrativa, em que os efeitos para o agente processado geram grande repercussão, é preciso estabelecer o fechamento hermenêutico, buscando não só:

> a) fixar condições para a realização de um controle da interpretação constitucional, mas também b) estabelecer que a fundamentação das decisões é um dever do magistrado, c) que cada cidadão tenha sua causa julgada a partir da Constituição, com condições para aferir se a decisão é ou não constitucionalmente adequada (Häberle, 1997), d) que a decisão seja passível de universalização, respeite os precedentes existentes e se legitime (pela sua forma e pelo seu conteúdo), em razão da racionalidade que a embasa, e) que não seja produto de resultados pré-concebidos pelo julgador, f) que oportunize o efetivo poder de convencimento ao jurisdicionado (princípio do contraditório efetivo), g) que seja passível de controle (*accountability* – e.g., recursos, controle de constitucionalidade, entre outros), h) que seja fruto da participação da maior pluralidade possível de segmentos sociais (Luhmann, 1980) e, por fim, g) que o intérprete atue segundo uma "ética hermenêutica" (Costa, 2013).[47]
> "Em suma, a aplicação da Lei n. 8.429/1992 – inclusive dos novos dispositivos incluídos pela Lei n. 14.230/2021 – deve ser orientada pelo Microssistema Anticorrupção em harmonia com a Constituição, atentando-se para a natureza fundamental do direito difuso à probidade, para o Estado Democrático de Direito e para os direitos e garantias fundamentais dos investigados, sem prejuízo das Convenções Internacionais contra a Corrupção incorporadas ao ordenamento jurídico brasileiro."

6. Constitucionalidade e natureza da Lei n. 8.429/1992

Em que pese a existência de divergência inicial, a Lei n. 8.429/1992 já teve reconhecida a sua constitucionalidade formal e material pelo Supremo Tribunal Federal. Em relação à primeira (constitucionalidade formal), o referido sodalício assentou que:

[47] Costa, Rafael de Oliveira. Entre o direito e a política: A criatividade e o "fechamento hermenêutico" no exercício da jurisdição constitucional. **Pensar – Revista de Ciências Jurídicas**, v. 21, p. 713.

Iniciado o projeto de lei na Câmara dos Deputados, cabia a esta o encaminhamento à sanção do Presidente da República depois de examinada a emenda apresentada pelo Senado da República, atuando como Casa revisora, não caracterizou novo projeto de lei a exigir uma segunda revisão. (STF, ADI 2.182/DF, Rel. Min. Marco Aurélio, Rel. p/ Min. Carmen Lúcia, Tribunal Pleno, Dje de 10.09.2010.)

No que tange à constitucionalidade material, o Supremo Tribunal Federou decidiu que "as sanções civis impostas pelo artigo 12 da Lei nº 8.429/92 aos atos de improbidade administrativa estão em sintonia com os princípios constitucionais que regem a Administração Pública".[48]

Em relação à sua natureza, a Lei n. 8.429/1992 é norma nacional – e não federal – em relação aos dispositivos que regulamentam a probidade administrativa e a ação de improbidade, incidindo, portanto, para a Administração Pública direta e indireta de todos os entes federativos.

De outro modo, as normas procedimentais e de feição administrativa contidas na Lei n. 8.429/1992 são de competência concorrente, razão pela qual apresentam natureza federal, devendo os demais entes federados, ao regulamentarem a matéria, observarem as normas gerais estabelecidas pela União.

7. Sujeitos passivos do ato de improbidade administrativa

Sujeitos passivos são as "entidades protegidas" em face da prática de ato de improbidade administrativa, ou seja, são as pessoas jurídicas lesadas pela conduta ímproba. A matéria vem regulada nos seguintes dispositivos da Lei n. 8.429/1992:

> Art. 1º. [...] § 5º Os atos de improbidade violam a probidade na organização do Estado e no exercício de suas funções e a integridade do patrimônio público e social dos Poderes Executivo, Legislativo e Judiciário, bem como da administração direta e indireta, no âmbito da União, dos Estados, dos Municípios e do Distrito Federal.
>
> § 6º Estão sujeitos às sanções desta Lei os atos de improbidade praticados contra o patrimônio de entidade privada que receba subvenção, benefício ou

[48] STF, 2ª Turma, RE 598.588 AGRG/RJ, Rel. Min. Eros Grau, Dje 26.02.2010.

> incentivo, fiscal ou creditício, de entes públicos ou governamentais, previstos no § 5º deste artigo.
>
> § 7º Independentemente de integrar a administração indireta, estão sujeitos às sanções desta Lei os atos de improbidade praticados contra o patrimônio de entidade privada para cuja criação ou custeio o erário haja concorrido ou concorra no seu patrimônio ou receita atual, limitado o ressarcimento de prejuízos, nesse caso, à repercussão do ilícito sobre a contribuição dos cofres públicos. [...].

De forma didática, é possível sintetizar as entidades protegidas da seguinte forma:

a) Administração Pública direta (União, estados, Distrito Federal e municípios);
b) Administração Pública indireta (autarquias,[49] empresas públicas, sociedades de economia mista e fundações estatais de direito público e de direito privado) no âmbito da União, dos estados, do Distrito Federal e dos municípios;
c) entidade privada para cuja criação ou custeio o erário haja concorrido ou concorra no seu patrimônio ou receita atual, limitado o ressarcimento de prejuízos, nesse caso, à repercussão do ilícito sobre a contribuição dos cofres públicos;[50]
d) entidade que receba subvenção, benefício ou incentivo, fiscal ou creditício de entes públicos ou governamentais;
e) consórcios públicos (Lei n. 11.107/2005), independentemente da natureza de sua personalidade jurídica, de direito público ou privado.[51]

[49] Os Conselhos de Fiscalização Profissional também estão abarcados pela norma, uma vez que o Supremo Tribunal Federal, no julgamento da ADI n. 1717/DF, indicou a natureza de autarquia de regime especial dessas entidades, inserindo-os na administração indireta da União.

[50] Encontram-se abrangidas as entidades do terceiro setor, tais como os serviços sociais autônomos (destinatários de contribuições sociais), as organizações sociais (OS) e as organizações da sociedade civil de interesse público (OSCIP).

[51] Os consórcios públicos não estão expressamente previstos pela Lei n. 8.429/1992.

Depreende-se, assim, que a Lei de Improbidade Administrativa adotou como critério para a sua incidência o manejo de valores públicos: se a atividade envolver dinheiro público, será possível a responsabilização pela prática de improbidade administrativa, ainda que se trate de entidade privada.

Em relação aos partidos políticos, é preciso deixar claro que ostentam personalidade jurídica de direito privado (artigo 44, *caput*, inciso V, do Código Civil). Ainda assim, prevalecia o entendimento de que era possível a aplicação da Lei n. 8.429/1992 quando beneficiados com recursos do Fundo Especial de Assistência Financeira aos Partidos Políticos ("Fundo Partidário"), que apresenta natureza de verba pública.

Contudo, com o advento da Lei n. 14.230/2021, o artigo 23-C passou a estabelecer que os partidos se submetem ao regime da Lei n. 9.096/1995:

> Art. 23-C. Atos que ensejem enriquecimento ilícito, perda patrimonial, desvio, apropriação, malbaratamento ou dilapidação de recursos públicos dos partidos políticos, ou de suas fundações, serão responsabilizados nos termos da Lei nº 9.096, de 19 de setembro de 1995.

Como a lei não vedou expressamente a incidência da Lei de Improbidade Administrativa, nos parece possível o surgimento de duas correntes:

a) a primeira posição sustentando que os partidos políticos se submetem exclusivamente ao regime de responsabilidade da Lei n. 9.096/1995, afastando, desse modo, a aplicação da Lei n. 8.429/1992;
b) a segunda posição entendendo que não há razão para a exclusão dos partidos políticos do âmbito de aplicação da Lei de Improbidade Administrativa, porque o art. 23-C da Lei n. 8.429/1992 não vedou expressamente a incidência desse diploma, em especial pelo fato de que são beneficiários diretos de recursos públicos ("Fundo Partidário") e de benefícios fiscais vultuosos (horário eleitoral gratuito). Em assim sendo, o artigo 23-C da Lei n. 8.429/1992, quando interpretado sistematicamente, submete os partidos a um duplo regime de responsabilização, composto pela Lei n. 9.096/1995 e pela Lei de Improbidade Administrativa.

A Lei n. 14.230/2021 ainda incluiu um § 6º ao artigo 1º da Lei n. 8.429/1992, afastando a interpretação de que a improbidade administrativa contra as entidades subvencionadas só ensejaria punição em caso de comprovada ocorrência de danos ao erário.[52] Confira a redação:

> Art. 1º [...] § 6º Estão sujeitos às sanções desta Lei os atos de improbidade praticados contra o patrimônio de entidade privada que receba subvenção, benefício ou incentivo, fiscal ou creditício, de entes públicos ou governamentais, previstos no § 5º deste artigo. [...].

Ademais, o novo § 7º do art. 1º da Lei n. 8.429/1992 dispõe que, na hipótese de improbidade administrativa praticada contra as entidades subvencionadas, o ressarcimento ficará limitado à repercussão do ilícito sobre a contribuição dos cofres públicos. Assim, a prática de improbidade administrativa contra entidades subvencionadas não fica isenta de pena, limitando-se apenas o ressarcimento dos prejuízos à repercussão do ilícito sobre o erário. A título de exemplo, caso uma entidade que disponha de patrimônio da ordem de R$ 2.000.000,00 tenha recebido incentivo fiscal de R$ 400.000,00, o ressarcimento dos prejuízos não poderá repercutir sobre todo o seu patrimônio, mas apenas sobre a contribuição dos cofres públicos.

Por fim, o artigo 2º, parágrafo único, da Lei n. 8.429/1992 estabelece a abrangência da lei em relação aos recursos públicos, dispondo expres-

[52] Sobre o tema, vale mencionar que a Súmula n. 36 do CSMP-SP estabelece que: "Sempre que constatar a lesão, ou a ameaça a interesses difusos ou coletivos, o Órgão do Ministério Público poderá apurar se houve a devida atuação do órgão da Administração Pública competente para a fiscalização e implementação das leis de polícia administrativa incidentes. Em casos de pouca repercussão ou gravidade, o arquivamento do inquérito civil poderá ter como fundamento a suficiência das medidas administrativas para cessação dos danos ou eliminação da ameaça, comprovadas nos autos ou objeto de Termo de Ajustamento de Conduta. No caso de omissão injustificada por parte da Administração Pública, o Órgão do Ministério Público poderá tomar as medidas cabíveis para apurar eventuais ato de improbidade administrativa, falta funcional e/ou crime contra a administração pública, buscando a responsabilização dos agentes omissos. Da mesma forma, verificará a necessidade de ajuizar ação civil pública contra a Administração Pública para compeli-la a aplicar a lei de polícia pertinente."

samente que poderá abarcar: a) convênios; b) contrato de repasses; c) contratos de gestão; d) termos de parceria; e) termos de cooperação; ou f) ajustes administrativos equivalentes:

> Art. 2º [...] Parágrafo único. No que se refere a recursos de origem pública, sujeita-se às sanções previstas nesta Lei o particular, pessoa física ou jurídica, que celebra com a administração pública convênio, contrato de repasse, contrato de gestão, termo de parceria, termo de cooperação ou ajuste administrativo equivalente.

8. Sujeitos ativos do ato de improbidade administrativa

Sujeitos ativos do ato de improbidade administrativa são aqueles que podem ser responsabilizados pela conduta ilícita. Dispõe o artigo 2º, *caput*, da Lei n. 8.429/1992:

> Art. 2º Para os efeitos desta Lei, consideram-se agente público o agente político, o servidor público e todo aquele que exerce, ainda que transitoriamente ou sem remuneração, por eleição, nomeação, designação, contratação ou qualquer outra forma de investidura ou vínculo, mandato, cargo, emprego ou função nas entidades referidas no art. 1º desta Lei. [...].

Trata-se de conceito amplo, sendo considerado agente público e, portanto, sujeito ativo do ato de improbidade administrativa, o agente político, o servidor público e todo aquele que exerce, ainda que transitoriamente ou sem remuneração, por eleição, nomeação, designação, contratação ou qualquer outra forma de investidura ou vínculo, mandato, cargo, emprego ou função nas entidades protegidas pela Lei n. 8.429/1992 (sujeitos passivos).

Não se exige um lapso mínimo de tempo de exercício de atividade pública – que poderá ser, inclusive, transitória – ou contraprestação – podendo a atividade ser exercida a título gratuito –, mas apenas o exercício de função junto às pessoas jurídicas que se enquadram como sujeitos passivos de atos de improbidade administrativa.

Assim, de forma didática, a Lei n. 8.429/1992 incluiu dentre os sujeitos ativos:

a) o agente público de direito – que possui vínculo formal com o Estado –, tais como agentes políticos, servidores públicos, jurados, mesários, leiloeiros, entre outros;
b) o agente público de fato, sem vínculo formal, que pode ser classificado em putativos – por acreditarem possuir vínculo formal com o Estado, como, por exemplo, agentes que desempenham função pública, sem a necessária aprovação em concurso público – e os necessários – os quais desenvolvem função pública em situações de calamidade ou emergência.

Antes do advento da Lei n. 14.230/2021, pendia celeuma acerca da aplicação da Lei n. 8.429/1992 em relação aos agentes políticos que contam com regime especial por crime de responsabilidade (parlamentares, presidente da República, prefeitos, ministros de Estado *etc.*). Existiam, basicamente, três correntes:

a) primeira posição – a Lei n. 8.429/1992 não se aplica aos agentes políticos submetidos à legislação especial que cuida de crimes de responsabilidade;[53]
b) segunda posição – os agentes políticos podem ser responsabilizados na forma da Lei n. 8.429/1992, vedada, todavia, a aplicação das penas previstas para o regime dos crimes de responsabilidade;
c) terceira posição – coexistência dos regimes de responsabilização, com ampla e total aplicação das sanções previstas na Lei n. 8.429/1992 e aquelas previstas para os crimes de responsabilidade.[54]

Atualmente, contudo, diante da inclusão expressa dos agentes políticos pelo artigo 2º, da Lei n. 8.429/1992, parece inexistir dúvida de que é possível a coexistência dos regimes de responsabilização, com a incidência das sanções previstas na citada lei e aquelas previstas para os crimes de responsabilidade. Nesse sentido, o artigo 12, *caput*, do mesmo diploma, prevendo expressamente a possibilidade de responsabilização

[53] STF, Reclamação n. 2.138, Rel. Min. Nelson Jobim, DJ 17/09/2002.

[54] STF – Pet 3240 AgR/DF, rel. Min. Teori Zavascki, red. p/ o ac. Min. Roberto Barroso, julgamento em 10.5.2018.

do agente, cumulativamente, pela prática de crime de responsabilidade (destaques nossos):

> Art. 12. Independentemente do ressarcimento integral do dano patrimonial, se efetivo, e das sanções penais comuns **e de responsabilidade**, civis e administrativas previstas na legislação específica, está o responsável pelo ato de improbidade sujeito às seguintes cominações, que podem ser aplicadas isolada ou cumulativamente, de acordo com a gravidade do fato: [...].

Nem mesmo os detentores de vitaliciedade, como membros do Poder Judiciário e do Ministério Público, ficam afastados da incidência das sanções previstas na Lei n. 8.429/1992, o que inclui os ministros do Supremo Tribunal Federal. Nesse último caso, contudo, a competência para julgamento, segundo assentado pelo Supremo Tribunal Federal na Pet. n. 3.211/DF,[55] será do próprio tribunal, excetuando a regra da ausência de foro por prerrogativa de função para o julgamento de ação de improbidade administrativa.

E mais: o fato de o agente público ser, após a prática do ato ímprobo, desligado da pessoa jurídica, não inviabiliza a sua responsabilização, tendo em vista que incide a regra do *tempus regit actum*.[56]

Por fim, é preciso deixar claro que, com o advento da Lei n. 14.230/2021, passou a ser necessária a demonstração, para qualquer ato de improbidade administrativa, do elemento subjetivo do agente, consistente em obter proveito ou benefício indevido para si ou para outra pessoa ou entidade. Com efeito, o artigo 11, § 1º, da Lei n. 8.429/1992 passou a dispor que:

> Art. 11. [...] § 1º Nos termos da Convenção das Nações Unidas contra a Corrupção, promulgada pelo Decreto nº 5.687, de 31 de janeiro de 2006, somente haverá improbidade administrativa, na aplicação deste artigo, quando for comprovado na conduta funcional do agente público o fim de obter proveito ou benefício indevido para si ou para outra pessoa ou entidade. § 2º Aplica-

[55] STF – Pet-QO nº 3.211/DF – Relator(a): Min. Marco Aurélio – 27/06/2008.

[56] Andrade, Adriano; Masson, Cleber Rogério; Andrade, Landolfo. Interesses difusos e coletivos: esquematizado. 7. ed. São Paulo: Método, 2016, p. 703.

> -se o disposto no § 1º deste artigo a quaisquer atos de improbidade administrativa tipificados nesta Lei e em leis especiais e a quaisquer outros tipos especiais de improbidade administrativa instituídos por lei. [...].

9. Terceiros

O ato de improbidade administrativa pode não ser obra exclusiva de um agente público, mas de sua atuação conjunta com um terceiro, que pode ser tanto um particular quanto um agente público estranho às funções que ensejaram a conduta ilícita. Para essas hipóteses, o artigo 3º da Lei n. 8.429/1992 prevê uma norma de extensão pessoal,[57] incidindo a Lei de Improbidade Administrativa, no que couber,[58] àquele que, mesmo não sendo agente público, induza ou concorra dolosamente para a prática da conduta ilícita.

Assim, o terceiro, que pode uma pessoa física ou jurídica, deve agir com dolo[59] e incorrer em um dos seguintes tipos de conduta:

a) induzir – ou seja, incutir – o agente público ao estado mental tendente à prática do ilícito;
b) concorrer juntamente com o agente público para a prática do ato; e
c) beneficiar-se do ato ilícito praticado pelo agente público.

Em relação a esta última hipótese (beneficiamento), é preciso fazer uma distinção como decorrência das alterações trazidas pela Lei n. 14.230/2021. Em relação aos sócios, os cotistas, os diretores e os colaboradores de pessoa jurídica de direito privado, faz-se necessária a comprovação de participação e o recebimento de *benefícios diretos* (tais como bens

[57] ANDRADE, Adriano; MASSON, Cleber Rogério; ANDRADE, Landolfo. **Interesses difusos e coletivos**: esquematizado. 7. ed. São Paulo: Método, 2016, p. 713.

[58] "A expressão "no que couber", contida no artigo 3º da Lei de Improbidade Administrativa, esclarece que a sanção aplicada deverá considerar a qualidade do terceiro no momento da prolação da sentença." (MAGALHÃES JÚNIOR, Alexandre Alberto de Azevedo. A Tutela do Patrimônio Público. *In*: Vitorelli, Edilson (Org.). **Manual de Direitos Difusos**. Salvador: Juspodivm, 2019, p. 538.)

[59] Com o advento da Lei n. 14.230/2021, o dolo é o elemento subjetivo essencial tanto para o agente público quanto para o terceiro.

ou valores desviados do erário), sob pena de não responderem pelo ato de improbidade administrativa que venha ser imputado à pessoa jurídica, nos limites de sua participação (artigo 3º, § 1º, da Lei n. 8.429/1992).[60] De modo distinto, os demais terceiros poderão ser responsabilizados pelo recebimento de benefícios diretos ou *indiretos*, tais como a nomeação de parentes para cargos comissionados.

Ainda no que tange ao terceiro, o Superior Tribunal de Justiça firmou o entendimento de que, isoladamente, não pode praticar ato de improbidade administrativa. Desse modo, não é possível o ajuizamento de ação civil de improbidade administrativa exclusivamente em face de particular, sem a concomitante presença de agente público no polo passivo da demanda.[61]

Por fim, o artigo 3º, § 2º, da Lei n. 8.429/1992 afastou a possibilidade de aplicação das sanções previstas na Lei de Improbidade Administrativa a pessoas jurídicas quando a conduta é sancionada simultaneamente pela Lei Anticorrupção, *in verbis*: "As sanções desta Lei não se aplicarão à pessoa jurídica, caso o ato de improbidade administrativa seja também sancionado como ato lesivo à administração pública de que trata a Lei nº 12.846, de 1º de agosto de 2013."

Diante do teor do dispositivo, entendemos possível o surgimento de duas correntes sobre o tema. Uma primeira posição, partindo da literalidade do dispositivo, poderá entender que não afasta apenas o *bis in idem*, mas, sim, qualquer aplicação da Lei de Improbidade Administrativa na hipótese de o ato ser também sancionado pela Lei Anticorrupção. Em outras palavras, as pessoas físicas se submetem apenas à Lei de Improbidade Administrativa, e, as pessoas jurídicas, somente à Lei Anticorrupção.

Já uma segunda posição, contudo, promoverá interpretação sistemática do dispositivo com o artigo 30, inciso I, da Lei Anticorrupção, que enuncia que suas penas não afastam as da Lei n. 8.429/1992, encampando o princípio da independência das esferas punitivas. Assim, o artigo 3º,

[60] Isso porque o artigo 3º, § 1º, passou a dispor expressamente que: "Os sócios, os cotistas, os diretores e os colaboradores de pessoa jurídica de direito privado não respondem pelo ato de improbidade que venha a ser imputado à pessoa jurídica, salvo se, comprovadamente, houver participação e benefícios diretos, caso em que responderão nos limites da sua participação."

[61] REsp n. 1.171.017-PA, Rel. Min. Sérgio Kukina, julgado em 25/2/2014.

§ 2º, da Lei de Improbidade Administrativa deve ser compreendido como responsável apenas pelo afastamento das hipóteses de *bis in idem* na aplicação de sanções, permitindo que as pessoas jurídicas se submetam tanto à Lei Anticorrupção quanto à Lei de Improbidade Administrativa.

10. Sucessores do agente ímprobo

A redação original do artigo 8º da Lei n.º 8.429/1992 dispunha que o sucessor daquele que causar lesão ao patrimônio público ou se enriquecer ilicitamente estava sujeito às cominações legais até o limite do valor da herança.

Admitia-se, assim, que todas as sanções de caráter patrimonial – ou seja, o ressarcimento ao erário, a multa civil e a perda de bens e valores ilicitamente acrescidos ao patrimônio –, até os limites das forças da herança, incidissem sobre o sucessor, sob pena de violação ao princípio da pessoalidade das penas.[62]

Com o advento da Lei n. 14.230/2021, contudo, o dispositivo ganhou nova redação: "Art. 8º O sucessor ou herdeiro daquele que causar dano ao erário ou se enriquecer ilicitamente está sujeito apenas à obrigação de repará-lo, até o limite do valor da herança ou do patrimônio transferido."

A nova redação parece limitar a responsabilidade do sucessor à reparação do dano, não sendo possível, assim, a incidência, em relação ao sucessor, das sanções de multa civil e perda de bens e valores ilicitamente acrescidos.

Entendemos de modo distinto. A melhor posição é aquela que não permite a "legalização do ilícito" em favor do sucessor. Inobstante a omissão do legislador, não é possível que o montante correspondente ao enriquecimento ilícito do agente ímprobo seja mantido junto aos seus familiares, inclusive sob pena de enriquecimento sem causa, que é vedado expressamente pelos artigos 884 e seguintes do Código Civil.[63] Nem mesmo a exclusão da multa civil pode prevalecer, sob pena de concessão de uma espécie de "anistia" ao sucessor. Em suma, tanto a multa civil

[62] Nesse sentido: STJ, REsp 951.389/SC, 1ª Seção, Rel. Min. Herman Benjamin, DJe de 4.5.2011.

[63] "Art. 884. Aquele que, sem justa causa, se enriquecer à custa de outrem, será obrigado a restituir o indevidamente auferido, feita a atualização dos valores monetários. [...]."

quanto a perda de bens e valores ilicitamente acrescidos ao patrimônio devem incidir até os limites das forças da herança.

10.1. Responsabilidade sucessória em relação às pessoas jurídicas

O art. 8º-A, *caput*, da Lei n. 8.429/1992 estabelece que a responsabilidade sucessória também incide nas hipóteses de sucessão empresarial, ou seja, quando ocorre alteração contratual, transformação, incorporação, fusão ou cisão societária: "Art. 8º-A A responsabilidade sucessória de que trata o art. 8º aplica-se também na hipótese de alteração contratual, transformação, incorporação, fusão ou cisão societária."

Assim, caso uma determinada entidade venha a ser incorporada por outra, a entidade sucessora permanecerá responsável pela integral reparação dos danos, conforme dispõe expressamente o parágrafo único do referido dispositivo:

> Art. 8º-A [...]. Parágrafo único. Nas hipóteses de fusão e de incorporação, a responsabilidade da sucessora será restrita à obrigação de reparação integral do dano causado, até o limite do patrimônio transferido, não lhe sendo aplicáveis as demais sanções previstas nesta Lei decorrentes de atos e de fatos ocorridos antes da data da fusão ou da incorporação, exceto no caso de simulação ou de evidente intuito de fraude, devidamente comprovados.

Aqui também parece pertinente a crítica trazida no tópico anterior, no sentido de que a melhor posição é aquela sustentada pelo Superior Tribunal de Justiça, ou seja, de que todas as sanções de caráter patrimonial – ressarcimento ao erário, multa civil e perda de bens e valores ilicitamente acrescidos ao patrimônio – sejam transmitidas para a sociedade sucessora.

11. Da responsabilidade do legislador pela edição de leis inconstitucionais de efeitos concretos[64]

O Poder Legislativo, a rigor, possui duas funções típicas: editar atos normativos primários, aptos a inovar o ordenamento jurídico, e fiscalizar a atuação de toda a Administração Pública.

[64] O presente tópico contempla uma síntese aperfeiçoada das ideias defendidas por um dos

O parlamentar, no exercício da função de legislar, deve atuar em conformidade com as normas constitucionais e legais, sob pena de responsabilidade.

Assim, tem prevalecido o entendimento de que as sanções da Lei de Improbidade Administrativa podem atingir as condutas perpetradas por parlamentares no exercício da função legislativa típica, desde que caracterizado o desvio de poder ou de finalidade.[65]-[66]-[67] Assim, ao editarem leis inconstitucionais, senadores, deputados e vereadores podem responder pela prática de improbidade administrativa:

> Imaginemos, por exemplo, hipótese em que vereadores de determinado município aprovem lei de efeitos concretos, autorizando o Chefe do Poder Executivo Municipal a firmar contrato de doação de determinado imóvel, mesmo sabendo que o projeto de lei não encontra amparo em interesse público justificado. Ora, é evidente que qualquer cidadão gostaria de receber doação de bens públicos, agregando ao seu patrimônio imóveis sem quaisquer ônus. Nesse caso, ao legislarem para atender interesses particulares, os vereadores acabam por extrapolar o poder que lhes é conferido constitucionalmente, atuando com finalidade diversa daquela prevista na norma constitucional que lhes atribui competência para aprovarem normas de caráter geral e abstrato.[68]

autores em: Costa, Rafael de Oliveira. ***Dubitando ad veritatem parvenimus***: da responsabilidade do legislador por improbidade administrativa na edição de leis inconstitucionais de efeitos concretos. Porto Alegre: Direito Público, v. 68, p. 95-108, 2016.

[65] Cf. Andrade, Adriano; Masson, Cleber Rogério; Andrade, Landolfo. **Interesses difusos e coletivos**: esquematizado. 7. ed. São Paulo: Método, 2016, p. 709.

[66] "A edição de leis que implementaram o aumento indevido nas próprias remunerações, posteriormente camuflado em ajuda de custo desvinculada de prestação de contas, enquadra a conduta dos responsáveis – tenham agido com dolo ou culpa – no art. 10 da Lei 8.429/1992, que censura os atos de improbidade por dano ao Erário, sujeitando-os às sanções previstas no art. 12, II, da mesma lei." (STJ, REsp 723.494/MG, Rel. Min. Herman Benjamin, DJe 08/09/2009)

[67] No que tange à aprovação de lei futura, a Súmula n. 75 do CSMP-SP estabelece que: "O Conselho Superior não homologará Termos de Ajustamento de Conduta que importem ingerência no exercício de função legislativa ou que pressuponham exclusivamente aprovação de lei futura."

[68] O presente tópico contempla uma síntese aperfeiçoada das ideias defendidas por um dos autores em: Costa, Rafael de Oliveira. ***Dubitando ad veritatem parvenimus***: da responsa-

Diplomas normativos como o mencionado no exemplo têm natureza formal de lei de efeitos concretos, mas, substancialmente, refletem verdadeiro atos administrativos, uma vez que não apresentam abstração ou generalidade. Isso porque, no escol de Hely Lopes Meirelles:

> Por leis e decretos de efeitos concretos entendem-se aqueles que trazem em si mesmos o resultado específico pretendido (...). Tais leis ou decretos nada têm de normativos; são atos de efeitos concretos, revestindo a forma imprópria de lei ou decreto por exigências administrativas. Não contém mandamentos genéricos, nem apresentam qualquer regra abstrata de conduta; atuam concreta e imediatamente como qualquer ato administrativo de efeitos individuais e específicos, razão pela qual se expõem ao ataque pelo mandado de segurança (RT 242/314, 289/152, 291/171, 441/66) (pela ação popular e pela ação civil pública também).[69]

Tratando-se de lei de efeitos concretos, com resultado previamente determinado – doação de determinado bem – e que materializa ato administrativo violador dos princípios constitucionais da legalidade, moralidade, impessoalidade e supremacia do interesse público, nos parece ser possível não apenas a invalidação pelo Poder Judiciário, por meio de ação civil pública, mas também a responsabilização dos legisladores pela prática de improbidade administrativa.[70]

Pondere-se que nem todos os que participaram da votação devem responder pela prática de improbidade administrativa, ou seja, nem todos os membros do Senado Federal, da Câmara dos Deputados, da Assembleia Legislativa, da Câmara Legislativa e da Câmara Municipal devem figurar no polo passivo da demanda. Apenas aqueles que tenham *votado favoravelmente à aprovação do diploma normativo* é que incorrem na prática de improbidade, uma vez que incabível a responsabilização sem que esteja demonstrado o dolo.[71]

bilidade do legislador por improbidade administrativa na edição de leis inconstitucionais de efeitos concretos. Porto Alegre: Direito Público, v. 68, p. 95-108, 2016.

[69] Meirelles, Hely Lopes. **Mandado de Segurança**. 30. ed. São Paulo: RT, 2007, p. 41-42.

[70] Meirelles, Hely Lopes. **Mandado de Segurança**. 30. ed. São Paulo: RT, 2007, p. 41-42.

[71] Meirelles, Hely Lopes. **Mandado de Segurança**. 30. ed. São Paulo: RT, 2007, p. 41-42.

Acerca do tema, o Superior Tribunal de Justiça possui o mesmo entendimento:

> O ato legislativo típico está fora do âmbito de atuação da Lei nº 8.429/92, seja por não operar efeitos concretos, seja por esbarrar na imunidade material conferida aos parlamentares pela Constituição, ainda que seja possível a presença do ato de improbidade durante a sua própria tramitação, sobretudo quando o desvio é manifesto. Todavia, não é o caso.[72]

12. Da responsabilidade por improbidade administrativa em razão do descumprimento de "compromisso eleitoral"[73]

Um exemplo de retrocesso causado pela Lei n. 14.230/2021 foi a alteração do artigo 11 da Lei n. 8.429/1992 para impor um rol taxativo de condutas que configuram ato de improbidade administrativa que violam princípios da Administração Pública – conforme será abordado mais à frente.

Como exemplo, lembra-se que os votos atribuídos a um candidato em uma democracia deveriam expressar o apoio de eleitores a um ideal político. E o artigo 11, § 1º, inciso IX, da Lei n. 9.504/1997 contribui para essa finalidade, estabelecendo que:

> Art. 11. Os partidos e coligações solicitarão à Justiça Eleitoral o registro de seus candidatos até as dezenove horas do dia 15 de agosto do ano em que se realizarem as eleições. § 1º O pedido de registro deve ser instruído com os seguintes documentos: [...] IX – propostas defendidas pelo candidato a Prefeito, a Governador de Estado e a Presidente da República.

O dispositivo vem afastar os "estelionatários eleitorais" e permitir que as promessas não cumpridas gerem a efetiva responsabilização do agente público pela ruptura da confiança nele depositada ao final da campanha política.

[72] STJ, REsp 1.101.359/CE, Rel. Min. Castro Meira, DJe 09/11/2009.

[73] O presente tópico contempla uma síntese aperfeiçoada das ideias defendidas em: COSTA, Rafael de Oliveira. Judicializando a política: da responsabilidade por improbidade administrativa em razão do descumprimento de "compromisso eleitoral". **Revista Direitos Fundamentais & Democracia** (UniBrasil), v. 18, p. 3-13, 2015.

Assim, diante do registro das propostas, o candidato que rompe com o compromisso assumido durante o período eleitoral ludibria o eleitor que apoiou o plano de governo apresentado e, por via de consequência, não detém mais legitimidade para prosseguir no exercício da função. Nesse sentido:

> Frise-se que não há qualquer problema no arrolamento de inúmeras propostas no momento do registro da candidatura. Ocorre, contudo, que o programa de governo registrado junto à Justiça Eleitoral deve ser não só exequível, mas efetivamente executado, vinculando o candidato na hipótese de vir a ser eleito. Caso contrário, deve-se responsabilizar o agente público pelo descumprimento do compromisso assumido com o eleitor, em razão do déficit de legitimidade na condução da Administração Pública (Bonavides, 2001). Isso porque as propostas não-cumpridas ferem o Estado Democrático de Direito, em razão da violação à representatividade democrática: o mandatário não é, efetivamente, representante do eleitor quando age de forma totalmente contrária ao prometido durante o período eleitoral (Bonavides, 2001).[74]

Desse modo, é possível sancionar as falsas promessas levadas ao conhecimento de eleitores durante a campanha e não cumpridas durante o mandato, uma vez que fulminam a moralidade administrativa e a segurança jurídica. Em outras palavras, o descumprimento das propostas implica em inevitável afronta ao artigo 11, *caput*, da Lei n. 8.429/1992, uma vez que viola princípios da Administração Pública.[75]

[74] Costa, Rafael de Oliveira. Judicializando a política: da responsabilidade por improbidade administrativa em razão do descumprimento de "compromisso eleitoral". **Revista Direitos Fundamentais & Democracia** (UniBrasil), v. 18, p. 3-13, 2015.

[75] Com efeito: "[...] a proteção da confiança guarda estreita relação com os princípios da boa-fé e da moralidade administrativa, tendo como corolário o dever de o candidato não fraudar as legítimas expectativas criadas durante a campanha eleitoral. E como corolário da proteção à confiança, a previsibilidade reflete a necessidade de que os cidadãos tenham um conhecimento (prévio) das consequências jurídicas de suas condutas (Martins-Costa, 2004), especialmente em razão do apoio conferido a determinado candidato durante o período eleitoral. Portanto, ao se identificar com o projeto político apresentado por determinado candidato, não podem ser frustradas as expectativas legítimas deposi-

A título de exemplo, suponhamos que determinado candidato venha a registrar, como proposta de governo, o aumento de investimentos em saúde para o patamar de 50% do Produto Interno Bruto, dentro do prazo de quatro anos, a contar do início do exercício do mandato. Em descumprindo à promessa e sem que exista qualquer justificativa plausível para fazê-lo, nada obsta que o Ministério Público venha a ingressar com ação civil de improbidade administrativa, em razão da violação aos princípios da segurança jurídica e da moralidade, uma vez frustradas as legítimas expectativas depositadas pelos eleitores.[76]

tadas pelo cidadão para o futuro do país, sob pena de afronta à proteção da confiança e à previsibilidade. Desse modo, fica evidente a conexão existente entre proteção da confiança e previsibilidade (segurança jurídica), no sentido de auto vinculação de atos, e o descumprimento das propostas anteriormente apresentadas, razão pela qual inequívoca a necessidade de responsabilização daquele que estiver em exercício na chefia do Executivo. Não bastasse, o descumprimento das propostas também implica em violação ao princípio da moralidade. Isso porque, tendo em conta a expressiva densidade axiológica e a elevada carga normativa que encerra o princípio previsto no caput do art. 37 da Constituição, não há como deixar de concluir que a manutenção no cargo depende do efetivo cumprimento do plano de governo anteriormente apresentado aos eleitores. Ora, a moralidade administrativa reflete mecanismo constitucional para evitar que a subjetividade implique em verdadeira arbitrariedade no exercício do cargo, em razão da necessidade de observância das propostas para o desempenho legítimo das funções atribuídas ao chefe do Executivo. E essa legitimidade decorre não apenas do apoio manifestado nas urnas, mas do permanente controle do cumprimento das propostas apresentadas aos eleitores. Assim, o princípio da moralidade torna obrigatório que o móvel do agente e o objeto pretendido estejam em harmonia com o dever de bem administrar e a boa-fé no exercício do mandato. Ainda que os contornos do ato que empossou o então candidato estejam em conformidade com o ordenamento, deve-se afastar-se o eleito do dever de administrar, em razão da ausência de honestidade com eleitor e da ilegitimidade para atuar com base em novas diretrizes, diversas daquelas propostas durante o processo eleitoral. Destarte, a inadequação do programa político efetivamente implantado com a intenção anteriormente manifestada pelo agente implica em violação à moralidade administrativa e ao dever de honestidade." (Costa, Rafael de Oliveira. Judicializando a política: da responsabilidade por improbidade administrativa em razão do descumprimento de "compromisso eleitoral". **Revista Direitos Fundamentais & Democracia** (UniBrasil), v. 18, p. 3-13, 2015.)

[76] Costa, Rafael de Oliveira. Judicializando a política: da responsabilidade por improbidade administrativa em razão do descumprimento de "compromisso eleitoral". **Revista Direitos Fundamentais & Democracia** (UniBrasil), v. 18, p. 3-13, 2015.

Ao fazer propostas de caráter genérico e sem qualquer possibilidade de concretização (ex., "eu vou solucionar os problemas da educação", "eu vou resolver os problemas do SUS", entre outras), o eleito assume a responsabilidade por aquilo que prometeu, devendo ser capaz de adotar toda uma gama de medidas que venham a alcançar a promessa, sob pena de responder pela prática de improbidade administrativa, conforme a redação originária do artigo 11, *caput*, da Lei n. 8.429/1992.[77]

Ao ludibriar os cidadãos, o agente agride o patrimônio coletivo com tamanha intensidade e extensão que gera sensação de repulsa coletiva a ato intolerável, ofendendo toda a coletividade em sua dignidade e decoro cívicos por aquele que viola os princípios da moralidade e segurança jurídica, ferindo profundamente o sentimento de cidadania (artigo 1º, *caput*, inciso II, da Constituição Federal).[78]

Em suma, ao romper o compromisso assumido durante o período eleitoral, o eleito ludibria o eleitor que apoiou as propostas apresentadas e, por via de consequência, podia ser responsabilizado pela prática de improbidade administrativa, nos termos da redação original do artigo 11, *caput*, da Lei n. 8.429/1992.

Todavia, em razão das alterações empreendidas pela Lei n. 14.230/2021, conforme se estudará no Capítulo 2 desta obra, o rol de condutas elencadas no referido dispositivo tornou-se taxativo, o que inviabiliza a punição, a título de improbidade administrativa, da conduta ilícita retratada no presente item.

13. Lei de Improbidade Administrativa e direito intertemporal

No que tange à aplicação da Lei de Improbidade Administrativa no tempo, inclusive em relação às modificações empreendidas pela Lei n. 14.230/2021, faremos, para fins meramente didáticos, a distinção entre as

[77] Costa, Rafael de Oliveira. Judicializando a política: da responsabilidade por improbidade administrativa em razão do descumprimento de "compromisso eleitoral". **Revista Direitos Fundamentais & Democracia** (UniBrasil), v. 18, p. 3-13, 2015.

[78] Costa, Rafael de Oliveira. Judicializando a política: da responsabilidade por improbidade administrativa em razão do descumprimento de "compromisso eleitoral". **Revista Direitos Fundamentais & Democracia** (UniBrasil), v. 18, p. 3-13, 2015.

normas que regulamentam aspectos relacionados ao direito processual e ao direito material.

13.1. Normas de natureza processual

Em relação às normas de natureza processual, incide o princípio da imediatidade, de modo que as inovações aplicam-se aos processos em curso. Sobre o tema, o artigo 14 do Código de Processo Civil impõe a aplicação imediata de norma processual aos processos em curso, respeitados os atos processuais praticados e as situações jurídicas consolidadas sob a vigência da norma revogada.[79]

No que tange aos recursos, prevalece o entendimento de que devem ser regidos pela lei vigente à época da decisão recorrida.[80] A título exemplificativo, se uma decisão que aprecia preliminares em sede de contestação vier a ser prolatada antes da entrada em vigor da Lei n. 14.230/2021 e não houver expressa previsão no artigo 1.015 do Código de Processo Civil, será incabível o recurso de agravo de instrumento. De outro modo, acaso prolatada após a entrada em vigor da Lei n. 14.230/2021, será cabível o agravo de instrumento, em atenção ao disposto no artigo 17, § 9º-A, da Lei n. 8.429/1992.[81]

No que tange ao reexame necessário, a jurisprudência do Superior Tribunal de Justiça consolidou o entendimento de que a lei em vigor no momento da prolação da sentença regula a sujeição ao duplo grau obrigatório, repelindo a retroatividade da norma nova.[82] Assim, tratando-se de remessa oficial, a regra geral é a de que é regida pela lei vigente à época da decisão recorrida.

A título exemplificativo, caso a sentença de improcedência ou de extinção sem resolução de mérito tenha sido prolatada quando em vigor a redação original da Lei n. 8.429/1992, é possível a aplicação analógica

[79] "Art. 14. A norma processual não retroagirá e será aplicável imediatamente aos processos em curso, respeitados os atos processuais praticados e as situações jurídicas consolidadas sob a vigência da norma revogada."

[80] STJ, AREsp n. 859.169, j. 24/06/2016.

[81] "Art. 17. [...] § 9º-A Da decisão que rejeitar questões preliminares suscitadas pelo réu em sua contestação caberá agravo de instrumento. [...]."

[82] STJ, EREsp 600.874/SP, Rel. Ministro José Delgado, Corte Especial, julgado em 1º/8/2006, DJ 4/9/2006.

do artigo 19 da Lei n. 7.347/1985, admitindo-se, portanto, o reexame necessário. Isso porque a superveniente modificação da norma, quando já ultrapassado o prazo do recurso necessário, não compromete o direito processual de ver reapreciada a sentença pelo tribunal. Contudo, caso tenha sido prolatada após a entrada em vigor da Lei n. 14.230/2021, é incabível a remessa necessária.

13.2. Normas de natureza material

No que tange ao direito material, o disposto no artigo 5º, *caput*, inciso XXXVI, da Constituição aplica-se a toda e qualquer diploma infraconstitucional, sem qualquer distinção entre lei de direito público ou de direito privado. Apenas as normas constitucionais federais é que, por terem aplicação imediata, podem alcançar, respeitados determinados limites, fatos consumados no passado (retroatividades média e máxima).[83]

Assim, em regra, a lei nova apenas regulamenta os casos futuros, de modo que somente os atos praticados após a entrada em vigor da Lei n. 8.429/1992 e, mais recentemente, da Lei n. 14.230/2021 estarão sujeitos às sanções por elas previstas.

Discussão mais profunda diz respeito à possibilidade de incidência retroativa das normas mais benéficas trazidas pela Lei n. 14.230/2021. Sobre o tema, temos duas correntes:

a) a primeira posição sustentando inexistir previsão legal ou constitucional para a retroatividade de normas de cunho civil-administrativo, com fulcro no artigo 6º, *caput*, da Lei de Introdução às Normas do Direitos Brasileiro (LINDB);[84]
b) a segunda posição entendendo ser possível a aplicação do princípio da retroatividade da norma mais benéfica no âmbito do Direito Administrativo Sancionador, pois, embora o artigo 5º, *caput*, inciso XL, da Constituição Federal faça referência apenas à "lei penal",

[83] STF, AI 258.337 AgR, rel. min. Moreira Alves, j. 6-6-2000, 1ª Turma, DJ de 4-8-2000.

[84] "Art. 6º A Lei em vigor terá efeito imediato e geral, respeitados o ato jurídico perfeito, o direito adquirido e a coisa julgada. [...]."

> deve ser interpretado como "um princípio jurídico geral, aplicável a toda manifestação do *jus puniendi*.[85]-[86]

Por fim, no que concerne à temática da prescrição, deve o leitor conferir as ponderações trazidas no Capítulo 6 da presente obra.

[85] Sobre o tema, conferir voto-vista do Min. Carlos Ayres Britto no RE 600.817, Rel. Min. Ricardo Lewandowski, pleno, DJe 30/10/14. E ainda: FAVRETO, Rogerio; GOMES JUNIOR, Luiz Manoel; ARAUJO LIMA, Diogo de. **O Direito Intertemporal e a nova Lei de Improbidade Administrativa.** Disponível em: https://www.conjur.com.br/2021-out-18/opiniao-direito-intertemporal-lei-improbidade. Acesso em: 26 out. 2021.

[86] "Art. 1º [...] § 4º: "Aplicam-se ao sistema da improbidade disciplinado nesta Lei os princípios constitucionais do direito administrativo sancionador. [...]."

CAPÍTULO 2
TIPOLOGIA DOS ATOS DE IMPROBIDADE ADMINISTRATIVA

1. Atos de improbidade administrativa que importam enriquecimento ilícito

1.1. Introdução

Conforme salientado anteriormente, a Lei n. 8.429, de 2 de junho de 1992, com a redação fornecida pela Lei n. 14.230, de 25 de outubro 2021, elenca três tipos de atos de improbidade administrativa, realizando uma gradação nos artigos 9º ao 11 quanto à sua gravidade.

De início, a lei preconiza no artigo 9º as condutas mais gravosas, vale dizer, aquelas que importam enriquecimento ilícito. Na sequência, fixa no artigo 10 os atos que causam dano ao erário e no artigo 11 aqueles que violam princípios da Administração Pública.

Vamos a uma análise detalhada de cada um deles, não sem antes fazermos uma abordagem do elemento subjetivo.

1.1.1. Elemento subjetivo

A caracterização do ato de improbidade administrativa depende, a partir do advento da Lei n. 14.230/21, da presença do elemento subjetivo *dolo* na conduta perpetrada pelo sujeito ativo.

Dolo é a vontade livre e consciente de alcançar o resultado ilícito tipificado nos artigos 9º, 10 e 11 da Lei. Não basta, portanto, a voluntariedade do agente. É necessário que o agente público deseje praticar a conduta e alcançar determinado resultado, sendo insuficiente, por exemplo, assinar um documento sem realmente conhecer seu teor.

Será doloso o ato de improbidade quando o agente quis o resultado (dolo direto) ou assumiu o risco de produzi-lo (dolo eventual). Dolo, portanto, pode ser conceituado como a vontade consciente dirigida a realizar (ou aceitar realizar) a conduta prevista no tipo administrativo sancionador.

Com efeito, o dolo é componente subjetivo da conduta, composto por dois elementos: o *volitivo*, ou seja, a vontade de praticar a conduta prevista na norma, e o *intelectivo*, traduzido na consciência da conduta e do resultado.

Não se admite, diferentemente do que ocorre na Lei Anticorrupção, a responsabilidade objetiva no âmbito da Lei n. 8.429/1992. Nem se admite, ainda, a prática do ato a título de culpa, como permitido no artigo 186 do Código Civil.

Por derradeiro, o mero exercício da função ou desempenho de competências públicas, sem comprovação de ato doloso com fim ilícito, afasta a responsabilidade por ato de improbidade administrativa. Do mesmo modo, reforça-se a necessidade de haver dolo e não apenas uma mera voluntariedade.

1.1.2. Atos de improbidade administrativa que importam enriquecimento ilícito

No tocante aos atos que importam enriquecimento ilícito, a Lei n. 14.230/2021 realizou algumas alterações, analisadas a seguir. Segundo a redação originária, constava o seguinte no *caput* do artigo 9º:

> Art. 9º Constitui ato de improbidade administrativa importando enriquecimento ilícito auferir qualquer tipo de vantagem patrimonial indevida em razão do exercício de cargo, mandato, função, emprego ou atividade nas entidades mencionadas no art. 1º desta lei, e notadamente: [...].

Já a nova redação incluiu a expressão "mediante a prática de ato doloso", o que, contudo, é despiciendo, pois sempre se entendeu que tal modalidade de improbidade administrativa somente era punível mediante dolo. Cita-se, nesse sentido, o seguinte julgado do Superior Tribunal de Justiça, antes da entrada em vigor da Lei n. 14.230/2021 (destaques nossos):

> ADMINISTRATIVO E PROCESSUAL CIVIL. RECURSO ESPECIAL. AÇÃO DE RESPONSABILIDADE POR ATO DE IMPROBIDADE ADMI-

> NISTRATIVA. [...]. ELEMENTO SUBJETIVO. DOLO. [...] 3. Relativamente às condutas descritas na Lei n. 8.429/1992, esta Corte Superior possui firme entendimento de que a tipificação da improbidade administrativa, **para as hipóteses dos arts. 9º e 11, reclama a comprovação do dolo** e, para as hipóteses do art. 10, ao menos culpa do agente. [...]. (STJ, REsp 1932184/SP, Rel. Ministro Og Fernandes, 2ª Turma, julgado em 14/09/2021, DJe 07/10/2021.)

Assim, os requisitos do ato de improbidade administrativa que importa enriquecimento ilícito são os seguintes:

a) recebimento de vantagem patrimonial pelo agente público, direta ou indiretamente;
b) cuidar-se de vantagem dissociada dos subsídios ou vencimentos;
c) tratar-se de vantagem indevida;
d) nexo de causalidade;
e) presença do elemento subjetivo, que no caso é somente o dolo genérico, sem que se exija eventual finalidade específica (STJ, MS 21.084/DF).

Salienta-se que não é necessário que o enriquecimento ilícito do agente público venha acompanhado de decréscimo patrimonial ao erário. Em tal contexto, é possível, em determinado caso prático, que um agente público receba dinheiro indevido de um particular para praticar determinada conduta proscrita, sem, contudo, causar efetivo dano ao erário. Exemplo: guarda municipal que recebe propina para permitir que particular permaneça além do tempo permitido em parque municipal. Nesse sentido (destaques nossos):

> [...] IMPROBIDADE ADMINISTRATIVA. ENRIQUECIMENTO ILÍCITO. **ART. 9º** e 12, I, DA LEI 8.429/92. COMPROVAÇÃO. **DEMONSTRAÇÃO DE DANO AO ERÁRIO. DESNECESSIDADE**. ELEMENTO SUBJETIVO. DOLO. DEMONSTRADO. TIPICIDADE DA CONDUTA. [...]. (STJ, REsp 1412214/PR, Rel. Ministro Napoleão Nunes Maia Filho, Rel. p/ Acórdão Ministro Benedito Gonçalves, 1ª Turma, julgado em 08/03/2016, DJe 28/03/2016.)

Ademais, o enriquecimento ilícito também pode decorrer de conduta omissiva. Exemplo: agente público que deixa de realizar medições em obras públicas após receber propina, com o intuito de favorecer terceiro.

Quanto à natureza da prestação indevida, esta pode ser direta, quando o próprio agente ímprobo a aufere, ou indireta, como, por exemplo, no caso de "testas de ferro", familiares, "laranjas" que recebem a vantagem indevida em nome do corrupto.

Conforme entendimento majoritário, inclusive do Superior Tribunal de Justiça (REsp 892.818/RS), não incide o princípio da insignificância nos atos de improbidade administrativa, *in verbis* (destaques nossos):

> [...] PRINCÍPIO DA MORALIDADE ADMINISTRATIVA. IMPROBIDADE ADMINISTRATIVA. MERA IRREGULARIDADE ADMINISTRATIVA. PRINCÍPIO DA INSIGNIFICÂNCIA. DISTINÇÃO ENTRE JUÍZO DE IMPROBIDADE DA CONDUTA E JUÍZO DE DOSIMETRIA DA SANÇÃO. [...] 5. Nem toda irregularidade administrativa caracteriza improbidade, nem se confunde o administrador inábil com o administrador ímprobo. Contudo, se o juiz, mesmo que implicitamente, declara ou insinua ser ímproba a conduta do agente, ou reconhece violação aos bens e valores protegidos pela Lei da Improbidade Administrativa (= juízo de improbidade da conduta), já não lhe é facultado – sob o influxo do princípio da insignificância, mormente se por "insignificância" se entender somente o impacto monetário direto da conduta nos cofres públicos – evitar o juízo de dosimetria da sanção, pois seria o mesmo que, por inteiro, excluir (e não apenas dosar) as penas legalmente previstas. [...] 7. O juiz, na medida da reprimenda (= juízo de dosimetria da sanção), deve levar em conta a gravidade, ou não, da conduta do agente, sob o manto dos princípios da razoabilidade e da proporcionalidade, que têm necessária e ampla incidência no campo da Lei da Improbidade Administrativa. 8. Como o seu próprio *nomen iuris* indica, a Lei 8.429/92 tem na moralidade administrativa o bem jurídico protegido por excelência, valor abstrato e intangível, nem sempre reduzido ou redutível à moeda corrente. 9. A conduta ímproba não é apenas aquela que causa dano financeiro ao Erário. Se assim fosse, a Lei da Improbidade Administrativa se resumiria ao art. 10, emparedados e esvaziados de sentido, por essa ótica, os arts. 9 e 11. Logo, sobretudo no campo dos princípios administrativos, **não há como aplicar a lei com calculadora na mão, tudo expressando, ou querendo expressar,**

> **na forma de reais e centavos.** [...] 11. **A Quinta Turma do STJ, em relação a crime de responsabilidade, já se pronunciou no sentido de que "deve ser afastada a aplicação do princípio da insignificância, não obstante a pequena quantia desviada, diante da própria condição de Prefeito do réu, de quem se exige um comportamento adequado**, isto é, dentro do que a sociedade considera correto, do ponto de vista ético e moral." (REsp 769317/AL, Rel. Ministro Gilson Dipp, Quinta Turma, DJ 27/3/2006). **Ora, se é assim no campo penal, com maior razão no universo da Lei de Improbidade Administrativa, que tem caráter civil.** 12. Recurso Especial provido, somente para restabelecer a multa civil de R$ 1.500,00 (um mil e quinhentos reais), afastadas as sanções de suspensão de direitos políticos e proibição de contratar com o Poder Público, pretendidas originalmente pelo Ministério Público.

Por fim, registra-se que a tentativa não é punível, pois inexiste na Lei de Improbidade Administrativa uma norma de extensão como aquela prevista no artigo 14, *caput*, inciso II, e parágrafo único, do Código Penal[87]. Todavia, é importante consignar que pode ser cabível a punição subsidiária pelo artigo 10 ou 11 da Lei n. 8.429/1992, conforme se analisará nos próximos itens. Nesse sentido:

> Diferentemente da esfera penal, a Lei n. 8.429/1992 não possui uma norma de adequação típica semelhante ao art. 14 do Código Penal, o que inviabiliza a ampliação da tipologia prevista nos arts. 9º, 10, 10-A e 11 daquele diploma legal às hipóteses em que seja identificada a incompleta concreção do tipo objetivo, vale dizer, às situações em que resulte clara a vontade do agente mas não seja constatada a efetiva violação do bem jurídico. [...] Deve-se frisar, uma vez mais, que não obstante resulte clara a vontade do agente, não haverá que se falar em improbidade se não for iniciada a execução do ato inquinado de ilícito. *In casu*, a mera cogitação não consubstanciará ilícito algum; a eventual prática de atos preparatórios ser? passível de puni??o se,

[87] "Art. 14 – Diz-se o crime: [...] II – tentado, quando, iniciada a execução, não se consuma por circunstâncias alheias à vontade do agente. Parágrafo único – Salvo disposição em contrário, pune-se a tentativa com a pena correspondente ao crime consumado, diminuída de um a dois terços."

individualmente considerados, estiverem em dissonância com os princípios regentes da atividade estatal, o mesmo ocorrendo em relação dos atos de execução praticados anteriormente ? involuntária interrupção??o da empreitada. Desistindo o agente voluntariamente de prosseguir em sua atividade, haver? de responder pelos ilícitos até então praticados, a exemplo do que ocorre na esfera penal.[88]

1.2. Condutas elencadas no artigo 9º

São exemplificativas as subespécies de atos de improbidade administrativa que importam enriquecimento ilícito previstas nos incisos I a XII do artigo 9º, em razão da expressão "notadamente" constante ao final do *caput* do referido dispositivo. Nesse sentido, a doutrina ensina que a "tipificação dos atos de improbidade administrativa é, em regra, aberta e o rol de condutas elencadas para a sua configuração é exemplificativo."[89]

1.2.1. Recebimento de vantagem econômica para atender interesse alheio

> I – receber, para si ou para outrem, dinheiro, bem móvel ou imóvel, ou qualquer outra vantagem econômica, direta ou indireta, a título de comissão, percentagem, gratificação ou presente de quem tenha interesse, direto ou indireto, que possa ser atingido ou amparado por ação ou omissão decorrente das atribuições do agente público;

A primeira conduta, elencada no inciso I do referido artigo 9º, consiste em receber, para si ou para outrem, dinheiro, bem móvel ou imóvel, ou qualquer outra vantagem econômica, direta ou indireta, a título de comissão, percentagem, gratificação ou presente de quem tenha interesse, direto ou indireto, que possa ser atingido ou amparado por ação ou omissão decorrente das atribuições do agente público.

[88] GARCIA, Emerson; ALVES, Rogério Pacheco. **Improbidade administrativa**. 9. ed. São Paulo: Saraiva, 2017, p. 450.

[89] NEVES, Daniel Amorim Assumpção; OLIVEIRA, Rafael Carvalho Rezende. **Improbidade administrativa**: direito material e processual. 8. ed. Rio de Janeiro: Forense, 2020, p. 83.

Veja-se que tal disposição se assemelha ao crime de corrupção passiva, tipificado no artigo 317, *caput* e § 1º, do Código Penal.[90]

"Receber" significa "entrar na posse de", "obter como recompensa ou favor". Assim, o primeiro requisito para tal ato de improbidade administrativa é o recebimento de qualquer vantagem econômica (dinheiro, bem móvel, bem imóvel *etc.*), de forma direta ou indireta (*v.g.*, por interposta pessoa).

O objeto material, por conseguinte, é qualquer bem móvel, assim qualificado aquele "de movimento próprio, ou de remoção por força alheia, sem alteração da substância ou da destinação econômico-social" (artigo 82 do Código Civil), ou imóvel, consistente no "solo e tudo quanto se lhe incorporar natural ou artificialmente" (artigo 79 do Código Civil).

Na sequência, consigna-se a necessidade de que o referido bem possua a qualidade de indevida comissão, percentagem, gratificação ou presente, o que, inequivocamente, gera um enriquecimento ilícito. Desse modo, faz-se imprescindível uma relação entre o recebimento da referida vantagem e a ilicitude, afastando, por óbvio, a cobrança de taxas, emolumentos ou outros valores que possuem lastro no ordenamento jurídico e que se destinam ao erário.

"Comissão" significa uma retribuição que o comitente entrega ao comissionado pela realização de uma atividade. "Percentagem" é a parte, calculada de forma proporcional, de uma quantia a que uma pessoa tem direito a título de pagamento. "Gratificação" consiste no pagamento suplementar concedido a uma pessoa como gratidão por sua colaboração. "Presente", no sentido deste dispositivo, é o objeto que se dá a uma pessoa em razão de esta realizar algo em favor do presenteador.

O terceiro ponto fundamental refere-se à pessoa que realiza a entrega do bem. Ela deve possuir interesse, direto ou indireto, no que tange às funções do agente ímprobo. Vale dizer, o particular paga determinado

[90] "Art. 317 – Solicitar ou receber, para si ou para outrem, direta ou indiretamente, ainda que fora da função ou antes de assumi-la, mas em razão dela, vantagem indevida, ou aceitar promessa de tal vantagem: Pena – reclusão, de 2 (dois) a 12 (doze) anos, e multa. § 1º – A pena é aumentada de um terço, se, em conseqüência da vantagem ou promessa, o funcionário retarda ou deixa de praticar qualquer ato de ofício ou o pratica infringindo dever funcional. [...]."

valor, ou entrega outro tipo de bem com valor econômico, ao servidor público, para que este faça ou deixe de fazer alguma coisa, contrariando as normas jurídicas de estilo, que o determinavam a adotar conduta oposta ou diversa.

Cita-se o exemplo de um motorista que ultrapassa o limite de velocidade em uma rodovia, o qual, para não ser multado, entrega dinheiro ao guarda de trânsito que o flagrou nessa situação. O referido motorista, ao exceder o limite de velocidade na via pública, cometeu uma infração administrativa, e o citado agente público, ao visualizar tal situação, deveria multar aquele, conforme os mandamentos jurídicos correlatos. Contudo, ele assim não procede, pois recebe uma propina do particular e, por esse motivo, pratica ato de improbidade administrativa, além de ilícitos em outras searas do Direito.

1.2.2. Recebimento de vantagem econômica para facilitar negócio superfaturado

> II – perceber vantagem econômica, direta ou indireta, para facilitar a aquisição, permuta ou locação de bem móvel ou imóvel, ou a contratação de serviços pelas entidades referidas no art. 1º por preço superior ao valor de mercado;

O inciso II do artigo 9º da Lei n. 8.429/1992 considera improbidade administrativa a percepção de vantagem econômica, direta ou indireta, para facilitar a aquisição, permuta ou locação de bem móvel ou imóvel, ou a contratação de serviços pelas entidades referidas no artigo 1º da lei por preço superior ao valor de mercado.

Também há, nesta outra subespécie, o recebimento de vantagem econômica, direta ou indireta. Assim, valem aqui as mesmas considerações realizadas acima acerca desse requisito. Já "serviço" consiste na ação ou no efeito de servir, de dar de si algo em forma de trabalho.

Porém, no caso da presente disposição, a finalidade é específica. Com efeito, a propina oferecida possui um dos seguintes objetivos: a) facilitar a compra, troca ou locação de bem móvel ou móvel por preço acima da média praticada no mercado; ou b) facilitar a contratação de serviço por valor superior ao de mercado.

"Facilitar" consiste em tornar ou fazer exequível. Na compra e venda, "um dos contratantes se obriga a transferir o domínio de certa coisa, e o outro, a pagar-lhe certo preço em dinheiro" (artigo 481 do Código Civil). Já na permuta, ambos os contratantes se obrigam a transferir ao outro o domínio de determinado objeto de sua propriedade, trocando um bem pelo outro (artigo 533 do Código Civil). E na locação, um contratante se obriga a ceder ao outro, por tempo determinado ou não, o uso e gozo de coisa não fungível, mediante determinada retribuição (artigo 565 do Código Civil).

Nota-se, por oportuno, que a ilicitude também se faz imprescindível, seja pela pactuação facilitada, seja pela contratação por valor exorbitante.

Exemplos: a) prefeito que, contrariando o interesse público, determina ao município o aluguel, por valor superior àquele praticado no mercado, de um imóvel pertencente a particular que lhe entregou propina para facilitar a transação; b) gestor público que contrata, por preço excessivo, serviço de limpeza prestado por empresa privada que lhe transferiu dinheiro indevido.

1.2.3. Recebimento de vantagem econômica para facilitar negócio subfaturado

> III – perceber vantagem econômica, direta ou indireta, para facilitar a alienação, permuta ou locação de bem público ou o fornecimento de serviço por ente estatal por preço inferior ao valor de mercado;

Do mesmo modo, o inciso III do referido dispositivo tipifica a conduta de perceber vantagem econômica, direta ou indireta, para facilitar a alienação, permuta ou locação de bem público ou o fornecimento de serviço por ente estatal por preço inferior ao valor de mercado.

Além dos conceitos já delineados acima, convém registrar que "alienação" significa a transferência de um bem ou direito a outra pessoa. A venda é a modalidade mais emblemática da alienação.

Aqui, igualmente às duas subespécies acima, também deve ocorrer a percepção de vantagem econômica, seja ela direta, seja ela indireta.

Contudo, as finalidades são específicas: a) facilitar a compra, troca ou locação de bem público por preço abaixo do praticado no mercado; ou b) facilitar o fornecimento de serviço estatal por valor inferior àquele praticado no mercado.

De forma similar, a ilicitude também é um requisito da conduta, seja pela pactuação facilitada, seja pela aquisição por valor inferior à média do mercado.

Exemplos: a) prefeito e vereadores conluiados que, após receberem propina, facilitam a venda de bem imóvel público, destinando-o ao particular corruptor, por preço vil; b) servidor público que recebe propina para cobrar menos de empresa que utiliza, em larga escala, os serviços dos Correios.

1.2.4. Utilização de bens ou servidores públicos em atividades particulares

> IV – utilizar, em obra ou serviço particular, qualquer bem móvel, de propriedade ou à disposição de qualquer das entidades referidas no art. 1º desta Lei, bem como o trabalho de servidores, de empregados ou de terceiros contratados por essas entidades;

A redação do inciso IV do artigo 9º sofreu pequena alteração empreendida pela Lei n. 14.230/2021. Segundo a atual disposição, pratica tal ato de improbidade administrativa quem utilizar, em obra ou serviço particular, qualquer bem móvel, de propriedade ou à disposição de qualquer das entidades referidas no artigo 1º da lei, bem como o trabalho de servidores, de empregados ou de terceiros contratados por essas entidades.

A mudança legislativa colocou fim em uma celeuma referente a quais bens poderiam caracterizar tal subespécie de improbidade administrativa, pois a redação anterior dispunha o seguinte: "veículos, máquinas, equipamentos ou material de qualquer natureza". Assim, hoje, incide em tal dispositivo a utilização indevida em atividade particular de qualquer bem móvel pertencente ou à disposição de entes públicos ou outros órgãos mencionados pela lei – e não apenas aqueles descritos na redação originária do inciso IV.

"Utilizar" significa "fazer uso de", "empregar", "aplicar". Além dos bens, também se amolda à referida norma a utilização, em atividade privada, de colaboradores – servidores, empregados ou terceiros contratados – da Administração Pública direta ou indireta.

Exemplos: a) prefeito que utiliza trator pertencente ao município para realizar escavações em seu sítio particular; b) superior hierárquico que determina aos seus servidores públicos subordinados para cortarem a grama de seu imóvel privado.

1.2.5. Recebimento de vantagem econômica, ou aceitação de sua promessa, para tolerar atividade ilícita

> V – receber vantagem econômica de qualquer natureza, direta ou indireta, para tolerar a exploração ou a prática de jogos de azar, de lenocínio, de narcotráfico, de contrabando, de usura ou de qualquer outra atividade ilícita, ou aceitar promessa de tal vantagem;

O inciso V do artigo 9º salienta que caracteriza improbidade administrativa o recebimento de vantagem econômica de qualquer natureza, direta ou indireta, para tolerar a exploração ou a prática de jogos de azar, de lenocínio, de narcotráfico, de contrabando, de usura ou de qualquer outra atividade ilícita, ou aceitar promessa de tal vantagem.

Nesta subespécie de ato de improbidade administrativa que importa enriquecimento ilícito também há o recebimento de dinheiro ou qualquer outra vantagem econômica, direta ou indiretamente. Todavia, é importante registrar que também tipifica tal conduta a promessa de tal vantagem.

A finalidade específica, em tal disposição, refere-se a deixar a autoridade competente de coibir atividades ilícitas – jogos de azar, lenocínio, narcotráfico, contrabando, usura *etc.*

Jogos de azar são aqueles não permitidos pelo Estado: jogo do bicho, bingo, entre outros. Lenocínio é a exploração da prostituição. Narcotráfico refere-se ao tráfico ilícito de drogas, como, por exemplo, a venda, sem autorização legal, de maconha, cocaína *etc.* Contrabando é a importação ou exportação de bens proibidos. E usura é o empréstimo de dinheiro com cobrança de juros acima dos patamares permitidos pela lei.

A enumeração dessas atividades ilícitas é meramente exemplificativa, pois a parte final do dispositivo diz expressamente "ou de qualquer outra atividade ilícita". Nesse sentido:

Outro aspecto que merece ser destacado é que as práticas ilícitas especificadas no inciso são meramente exemplificativas, consoante se infere da expressão genérica "ou de qualquer outra atividade ilícita". Portanto, além das referidas, a tolerância a qualquer outra espécie de atividade ilícita, em razão do recebimento ou aceitação de promessa de vantagem patrimonial pelo agente que tem o dever de coibi-la (ex.: servidor municipal que se omite no dever de fiscalizar construções irregulares), poderá configurar esse tipo de improbidade.[91]

Exemplos: a) policial que, após receber propina, deixa de adotar as medidas necessárias para reprimir a existência de um local em que são vendidas ilicitamente drogas; b) fiscal que aceita a promessa de receber propina para não autuar estabelecimento em que se praticam jogos de azar.

1.2.6. Recebimento de vantagem econômica para fazer declaração falsa sobre dado técnico

VI – receber vantagem econômica de qualquer natureza, direta ou indireta, para fazer declaração falsa sobre qualquer dado técnico que envolva obras públicas ou qualquer outro serviço ou sobre quantidade, peso, medida, qualidade ou característica de mercadorias ou bens fornecidos a qualquer das entidades referidas no art. 1º desta Lei;

O inciso VI do artigo 9º dispõe que configura improbidade administrativa o recebimento de vantagem econômica de qualquer natureza, direta ou indireta, para fazer declaração falsa sobre qualquer dado técnico que envolva obras públicas ou qualquer outro serviço ou sobre quantidade, peso, medida, qualidade ou característica de mercadorias ou bens fornecidos a qualquer das entidades referidas no artigo 1º da lei.

Este dispositivo também foi alterado pela Lei n. 14.230/2021, que trocou a expressão "medição ou avaliação" por "qualquer dado técnico". Desse modo, agora não mais somente a declaração falsa sobre medição ou

[91] ANDRADE, Adriano; MASSON, Cleber; ANDRADE, Landolfo. **Interesses difusos e coletivos**, v. 1. 11. ed. Rio de Janeiro: Método, 2021, p. 726.

avaliação em obras públicas possui o condão de incidir em tal dispositivo, mas a declaração falsa acerca de qualquer dado técnico, como, por exemplo, a qualidade do material utilizado.

Assim, o primeiro requisito é o recebimento de qualquer vantagem econômica, seja dinheiro, seja outro bem com tal característica – *v.g.*, um automóvel. E essa vantagem pode ser paga diretamente ao agente ímprobo ou por meio de interposta pessoa – p. ex., um parente ou "laranja".

E o segundo requisito consiste na finalidade específica para o pagamento da referida vantagem econômica, pois o particular assim o faz para que o agente público ateste falsamente acerca de algum dado técnico referente a obra pública ou outro serviço.

A declaração falsa também pode se referir a mercadorias ou bens fornecidos à Administração Pública direta ou indireta, atinente a suas características: quantidade, peso, medida, qualidade *etc.*

Exemplos: a) perito que, após receber propina da empresa interessada, atesta falsamente que o asfalto utilizado na construção de uma rodovia é de boa qualidade, conforme exigido no edital, quando, na realidade, o produto empregado é de péssima qualidade; b) servidor público que recebe dinheiro indevido para afirmar falsamente em seu relatório que foi cumprida a entrega total da quantidade de produtos alimentícios destinados a uma escola pública.

1.2.7. Aquisição de bens de valor desproporcional à evolução patrimonial ou renda

> VII – adquirir, para si ou para outrem, no exercício de mandato, de cargo, de emprego ou de função pública, e em razão deles, bens de qualquer natureza, decorrentes dos atos descritos no caput deste artigo, cujo valor seja desproporcional à evolução do patrimônio ou à renda do agente público, assegurada a demonstração pelo agente da licitude da origem dessa evolução;

O inciso VII do artigo 9º sofreu profunda alteração pela Lei n. 14.230/2021. Antes da reforma, tal dispositivo considerava ato de improbidade administrativa adquirir, para si ou para outrem, no exercício de mandato, cargo, emprego ou função pública, bens de qualquer natureza cujo valor seja desproporcional à evolução do patrimônio ou à renda do agente público. Desse modo, segundo parcela da doutrina e da jurisprudência, havia uma presunção legal de enriquecimento ilícito (STJ, AgRg no AResp n. 548.901/RJ).[92]

Após a alteração legislativa realizada em 2021, esse inciso salienta agora que configura improbidade administrativa a conduta de adquirir, para si ou para outrem, no exercício de mandato, de cargo, de emprego ou de função pública, e em razão deles, bens de qualquer natureza, decorrentes dos atos descritos no *caput* deste artigo, cujo valor seja desproporcional à evolução do patrimônio ou à renda do agente público, assegurada a demonstração pelo agente da licitude da origem dessa evolução.

Nota-se que a mudança legislativa incluiu novos requisitos, tornando mais difícil – até mesmo inviabilizando – a incidência do tipo legal em epígrafe.

De acordo com a redação originária, bastava a aquisição de bens cujo valor era incompatível com à renda ou evolução patrimonial do agente público – "patrimônio" é o conjunto de bens pertencentes a uma pessoa, e "renda" consiste no total de valores recebidos periodicamente em razão do trabalho ou atividade desenvolvida. Agora, além desse requisito, é necessário que o recebimento desses bens tenha ocorrido em razão da função pública, conforme a nova partícula "em razão deles".

Ademais, o bem também deve ser decorrente de atos de improbidade administrativa que importam enriquecimento ilícito. Tal novo pressuposto, inegavelmente, esvazia o alcance do presente dispositivo, pois exige a ocorrência prévia de outro ato de improbidade administrativa.

Com efeito, imagine-se a seguinte situação hipotética: um fiscal municipal, que recebe remuneração mensal de R$ 5.000,00, ingressou no serviço público sem qualquer bem, mas, após dois anos de trabalho, amealha um patrimônio de R$ 20 milhões. Por óbvio, esse patrimônio é absolutamente incompatível com sua remuneração – no referido período, sem

[92] Confira-se trecho da ementa: "Na apuração do ato de improbidade, previsto no art. 9º, VII, da Lei 8.429/92, cabe ao autor da ação o ônus de provar a desproporcionalidade entre a evolução patrimonial e a renda auferida pelo agente, no exercício de cargo público. Uma vez comprovada essa desproporcionalidade, caberá ao réu, por sua vez, o ônus de provar a licitude da aquisição dos bens de valor tido por desproporcional."

gastar nada, teria acumulado menos de R$ 150.000,00. Assim, de acordo com a redação anterior, o fiscal em questão podia ser processado e condenado nos termos do inciso VII em apreço, exceto se comprovasse a origem ilícita desse patrimônio (p. ex., herança).

Todavia, agora, com o novo texto, ele somente será condenado se o Ministério Público comprovar atos antecedentes de improbidade administrativa – apenas do artigo 9º, *caput*, da Lei n. 8.429/1992 – que ensejaram o incremento de seu patrimônio. Tal conclusão desnatura a razão de ser do inciso VII, já que, desse modo, se trataria de um *post factum* impunível: se se comprovar um ato anterior de improbidade administrativa que rendeu uma propina ao agente público, inexiste sentido em haver um novo ato de improbidade administrativa consistente em seu aumento patrimonial, pois este fato é, na realidade, uma consequência lógica da conduta precedente e, como corolário, não pode ser novamente punido, para se evitar o *bis in idem*.

Em suma, a redação original do inciso VII permitia a punição do agente público ímprobo contra o qual tivesse sido constatado e comprovado um aumento injustificado de seu patrimônio, nos moldes do que se vislumbra na seara penal com o artigo 91-A do Código Penal.[93] Porém, em razão

[93] "Art. 91-A. Na hipótese de condenação por infrações às quais a lei comine pena máxima superior a 6 (seis) anos de reclusão, poderá ser decretada a perda, como produto ou proveito do crime, dos bens correspondentes à diferença entre o valor do patrimônio do condenado e aquele que seja compatível com o seu rendimento lícito. § 1º Para efeito da perda prevista no caput deste artigo, entende-se por patrimônio do condenado todos os bens: I – de sua titularidade, ou em relação aos quais ele tenha o domínio e o benefício direto ou indireto, na data da infração penal ou recebidos posteriormente; e II – transferidos a terceiros a título gratuito ou mediante contraprestação irrisória, a partir do início da atividade criminal. § 2º O condenado poderá demonstrar a inexistência da incompatibilidade ou a procedência lícita do patrimônio. § 3º A perda prevista neste artigo deverá ser requerida expressamente pelo Ministério Público, por ocasião do oferecimento da denúncia, com indicação da diferença apurada. § 4º Na sentença condenatória, o juiz deve declarar o valor da diferença apurada e especificar os bens cuja perda for decretada. § 5º Os instrumentos utilizados para a prática de crimes por organizações criminosas e milícias deverão ser declarados perdidos em favor da União ou do Estado, dependendo da Justiça onde tramita a ação penal, ainda que não ponham em perigo a segurança das pessoas, a moral ou a ordem pública, nem ofereçam sério risco de ser utilizados para o cometimento de novos crimes."

da referida alteração legislativa, mesmo na situação hipotética acima mencionada o agente público não poderia ser processado e condenado.

Por conseguinte, a Lei n. 14.230/2021 encampou a posição que apregoava não haver presunção legal de enriquecimento ilícito, entendimento que já era criticado por parte da doutrina:

> Não fosse assim, a norma seria absolutamente inútil, porquanto a demonstração de que a aquisição de bens em desacordo com a evolução do patrimônio do agente público decorreu de determinado ato de improbidade praticado no exercício de função pública, invariavelmente, atrai a incidência do tipo genérico descrito no *caput* do artigo 9º, ou, ainda, de algum dos tipos específicos arrolados exemplificativamente na sequência (v.g., incisos I, II, III, V, VI, IX ou X).[94]

Por fim, com a nova redação, garante-se expressamente ao agente a comprovação de que a evolução patrimonial foi lícita.

Exemplo: policial que compra um automóvel de R$ 5 milhões, sem possuir lastro para essa aquisição; todavia, conforme a alteração empreendida pela Lei n. 14.230/2021, o bem deve ser adquirido em razão da função de policial, bem como deve ser produto de outro ato de improbidade administrativa que importa enriquecimento ilícito. Assim, é quase impossível exemplificar a nova conduta prevista neste inciso, prejudicando e até mesmo inviabilizando a sua eficácia prática.

1.2.8. Aceitação de emprego ou prestação de consultoria em pessoa que tenha interesse suscetível de ser afetado

> VIII – aceitar emprego, comissão ou exercer atividade de consultoria ou assessoramento para pessoa física ou jurídica que tenha interesse suscetível de ser atingido ou amparado por ação ou omissão decorrente das atribuições do agente público, durante a atividade;

[94] ANDRADE, Adriano; MASSON, Cleber; ANDRADE, Landolfo. **Interesses difusos e coletivos**, v. 1. 11. ed. Rio de Janeiro: Método, 2021, p. 729.

O inciso VIII do artigo 9º considera ato de improbidade administrativa a conduta de aceitar emprego, comissão ou exercer atividade de consultoria ou assessoramento para pessoa física ou jurídica que tenha interesse suscetível de ser atingido ou amparado por ação ou omissão decorrente das atribuições do agente público, durante a atividade.

O primeiro requisito consiste em o agente público aceitar emprego ou comissão de pessoa física ou jurídica interessada. Também incide tal norma se o referido agente desenvolver consultoria ou assessoramento para a referida pessoa física ou jurídica.

Empregado é "toda pessoa física que prestar serviços de natureza não eventual a empregador, sob a dependência deste e mediante salário" (artigo 3º, *caput*, da Consolidação das Leis do Trabalho). "Comissão", neste dispositivo, significa encargo, incumbência. "Consultoria" consiste na atividade de fornecer parecer em determinada matéria de especialidade do consultor. E "assessoramento" traduz-se na prestação de auxílio visando a pesquisar e fornecer dados e informações sobre um assunto determinado.

O segundo requisito consiste no interesse da mencionada pessoa física ou jurídica, a qual se encontra suscetível às funções desempenhadas pelo agente público, seja por atos comissivos, seja por atos omissivos.

Nesta modalidade, subentende-se o favorecimento do particular diante da relação contratual firmada com o agente público que detém informações privilegiadas e, inclusive, poderes para beneficiar a pessoa física ou jurídica interessada. Todavia, não é necessário haver e muito menos comprovar eventual favorecimento:

> [...] a LIA não exige a prática de qualquer conduta do agente público para a preservação do interesse do particular, mas sua mera potencialidade em razão das atribuições do cargo, emprego, mandato ou atividade nas entidades referidas no art. 1º. Em outras palavras, basta a formação do vínculo (formal ou não) para que o ato ímprobo se caracterize.[95]

[95] ANDRADE, Adriano; MASSON, Cleber; ANDRADE, Landolfo. **Interesses difusos e coletivos**, v. 1. 11. ed. Rio de Janeiro: Método, 2021, p. 731.

Exemplos: a) empresa que fabrica pesticidas emprega em seus quadros fiscal municipal desse mesmo setor; b) servidor de instituto de previdência municipal que presta consultoria à empresa contratada para gerir os investimentos realizados pela referida autarquia do município.

1.2.9. Percepção de vantagem econômica para intermediar a liberação ou aplicação de verba pública

> IX – perceber vantagem econômica para intermediar a liberação ou aplicação de verba pública de qualquer natureza;

O inciso IX do artigo em questão tipifica a percepção de vantagem econômica para intermediar a liberação ou aplicação de verba pública de qualquer natureza.

Neste dispositivo, a conduta consiste em o agente público receber qualquer tipo de vantagem econômica – por exemplo, dinheiro – com a finalidade de disponibilizar verba pública, a qual se refere a qualquer valor pertencente ao erário.

"Intermediar" significa "servir de intermediário ou mediador em", interceder, intervir. "Liberação", neste dispositivo, possui a conotação de entregar a posse. E "aplicação" consiste na utilização para determinada finalidade.

Para a ocorrência deste ato de improbidade administrativa não é necessário efetivo dano ao erário, vale dizer, basta haver o recebimento de vantagem econômica:

> A caracterização desse tipo de improbidade prescinde da ocorrência de prejuízo ao erário. Não se exige, outrossim, que a verba pública seja efetivamente liberada ou aplicada. Basta o recebimento da vantagem econômica pelo agente público, com o compromisso de realizar a intermediação, para o que o ato de improbidade se caracterize.[96]

[96] ANDRADE, Adriano; MASSON, Cleber; ANDRADE, Landolfo. **Interesses difusos e coletivos**, v. 1. 11. ed. Rio de Janeiro: Método, 2021, p. 732.

Exemplo: gestor público que recebe propina para liberar empréstimo de dinheiro público em favor de uma empresa.

1.2.10. Recebimento de vantagem econômica para omitir ato de ofício

> X – receber vantagem econômica de qualquer natureza, direta ou indiretamente, para omitir ato de ofício, providência ou declaração a que esteja obrigado;

O inciso X do artigo 9º trata como improbidade administrativa a conduta de receber vantagem econômica de qualquer natureza, direta ou indiretamente, para omitir ato de ofício, providência ou declaração a que esteja obrigado.

O primeiro requisito consiste em auferir indevida vantagem econômica, que, geralmente, se trata de dinheiro. O recebimento pode ser direto ou indireto, por interposta pessoa.

E o pagamento de tal propina está atrelado à finalidade específica, que se traduz na omissão do agente público em praticar ato determinado pela lei ou regulamento. Nesse sentido, "ato de ofício" é aquele inerente a um cargo ou função, realizado por imposição legal. "Providência" é a ação concreta para a consecução de determinada finalidade. E "declaração" traduz-se na manifestação oral ou escrita. Assim:

> Para a conformação desse tipo de improbidade, é necessário que o agente tenha, entre suas atribuições, o dever legal de executar o ato, providência ou declaração de ofício. Além disso, deve ter consciência da ilicitude de não cumpri-lo. E mais: sua omissão deve ser motivada pelo recebimento de vantagem econômica indevida, para atendimento do interesse daquele que o remunerou.[97]

Exemplo: particular que transfere dinheiro indevido a servidor público para que este deixe de lançar um tributo em face daquele.

[97] Andrade, Adriano; Masson, Cleber; Andrade, Landolfo. **Interesses difusos e coletivos**, v. 1. 11. ed. Rio de Janeiro: Método, 2021, p. 732.

1.2.11. Incorporação de bens públicos

> XI – incorporar, por qualquer forma, ao seu patrimônio bens, rendas, verbas ou valores integrantes do acervo patrimonial das entidades mencionadas no art. 1º desta lei;

O inciso XI do citado artigo considera improbidade administrativa a incorporação, por qualquer forma, ao seu patrimônio bens, rendas, verbas ou valores integrantes do acervo patrimonial das entidades mencionadas no artigo 1º da lei.

A conduta consiste em o agente público incorporar em seu patrimônio quaisquer bens – dinheiro, materiais *etc.* – da Administração Pública direta ou indireta. "Incorporar" significa integrar um elemento a um conjunto, inserir, juntar, introduzir.

Em razão desse requisito, é necessário que a incorporação seja realizada em caráter definitivo, pois, do contrário, a conduta do agente é punível de acordo com o inciso subsequente (XII), que trata da "utilização".

Registra-se, por fim, que a posterior devolução do bem não torna lícita a conduta, repercutindo tal fato, no máximo, como circunstância atenuante para a aplicação das sanções, nos termos do artigo 17-C, *caput*, inciso IV, alínea "f", da Lei n. 8.429/1992:

> Art. 17-C. A sentença proferida nos processos a que se refere esta Lei deverá, além de observar o disposto no art. 489 da Lei nº 13.105, de 16 de março de 2015 (Código de Processo Civil): [...] IV – considerar, para a aplicação das sanções, de forma isolada ou cumulativa: [...] f) a atuação do agente em minorar os prejuízos e as consequências advindas de sua conduta omissiva ou comissiva; [...].

Exemplo: servidor público que toma para si um automóvel pertencente ao município, utilizando-o para fins estritamente particulares e portando-se como se fosse seu dono.

1.2.12. Utilização de bens públicos em atividades particulares

> XII – usar, em proveito próprio, bens, rendas, verbas ou valores integrantes do acervo patrimonial das entidades mencionadas no art. 1º desta lei.

Por fim, o inciso XII do artigo 9º considera improbidade administrativa a conduta de usar, em proveito próprio, bens, rendas, verbas ou valores integrantes do acervo patrimonial das entidades mencionadas no artigo 1º desta lei.

O dispositivo em questão assemelha-se ao inciso IV do mesmo artigo, que é mais específico. Assim, a presente norma possui caráter mais abrangente, servindo como "soldado de reserva".

Ademais, conforme salientado nos comentários aduzidos acima acerca do inciso precedente, no presente dispositivo pune-se a "utilização", que consiste em fazer uso da coisa, e não a "apropriação". Vale dizer, na conduta tratada aqui o agente público apenas usa o bem público, não havendo ânimo de se assenhorar definitivamente dele.

Exemplo: servidor público que utiliza ilicitamente sala da repartição pública como estabelecimento de sua empresa privada.

2. Atos de improbidade administrativa que causam prejuízo ao erário

2.1. Introdução

O artigo 10 da Nova Lei de Improbidade Administrativa prevê os atos de improbidade administrativa que causam prejuízo ao erário, tratando-se da segunda modalidade mais gravosa.

A redação original do *caput* do citado artigo 10 dispunha que constituía ato de improbidade administrativa que causa lesão ao erário qualquer ação ou omissão, dolosa ou culposa, que ensejasse perda patrimonial, desvio, apropriação, malbaratamento ou dilapidação dos bens ou haveres das entidades referidas no artigo 1º da Lei n. 8.429/1992.

Já a Lei n. 14.230/2021 alterou a referida redação para salientar que constitui ato de improbidade administrativa que causa lesão ao erário qualquer ação ou omissão dolosa, que enseje, efetiva e comprovadamente, perda patrimonial, desvio, apropriação, malbaratamento ou dilapidação dos bens ou haveres das entidades referidas no artigo 1º da Lei n. 8.429/1992.

A diferença nas redações são fundamentalmente as seguintes: a) exclusão da possibilidade de haver conduta culposa – manteve-se, desse modo, apenas o dolo; e b) inclusão da imprescindibilidade de a lesão ao erário ser efetiva e comprovada.

Nesse sentido, convém registrar que "erário" e "patrimônio público" não se confundem.

Com efeito, "erário" abrange bens de valores econômico-financeiros pertencentes à União, aos estados, ao Distrito Federal, aos municípios, às entidades da administração indireta e demais entidades apontadas no artigo 1º da Lei n. 8.429/1992.

Já "patrimônio público" engloba o conjunto de bens e interesses de natureza moral, econômica, estética, artística, histórica, ambiental e turística pertencentes àquelas mesmas entidades apontadas no referido artigo 1º.

"Perda patrimonial" consiste na redução patrimonial: *v.g.*, antes da conduta, havia R$ 100 milhões nos cofres municipais; já após a conduta restaram apenas R$ 50 milhões. "Desvio" significa extravio fraudulento ou desfalque. "Apropriação" traduz-se em tornar-se dono. "Malbaratamento" refere-se ao ato de vender um bem por um preço vil, bem como desperdiçar, dissipar, gastar mal. "Dilapidação" é o desperdício, o esbanjamento, o gastar de forma excessiva e inconsequente bens de que se tem a posse ou gestão.

Antes da reforma empreendida pela Lei n. 14.230/2021, o elemento subjetivo consistia tanto no dolo quanto na culpa, por expressa disposição legal: "qualquer ação ou omissão, dolosa ou culposa". O dolo exigido era o genérico, ou seja, a vontade de agir de forma contrária ao artigo 10 e seus incisos. E a culpa devia ser grave para a configuração do ato de improbidade administrativa previsto na redação originária do artigo 10 da Lei n. 8.429/1992 (STJ, REsp n. 1.237.583/SP).

Todavia, conforme já consignado acima, a reforma legislativa excluiu expressamente a modalidade culposa – que era prevista apenas neste artigo 10 –, mantendo exclusivamente o dolo como elemento subjetivo para os atos de improbidade administrativa que causam prejuízo ao erário.

De outro vértice, repisa-se que é necessário comprovar o efetivo prejuízo ao erário, conforme também decidiu o Superior Tribunal de Justiça (REsp n. 1.206.741): "A configuração dos atos de improbidade administrativa previstos no art. 10 da Lei de Improbidade Administrativa (atos de Improbidade Administrativa que causam prejuízo ao erário), à luz da atual jurisprudência do STJ, exige a presença do efetivo dano ao erário (critério objetivo) [...]."

2.2. Condutas elencadas no artigo 10

São exemplificativas as subespécies de atos de improbidade administrativa que causam prejuízo ao erário previstas nos incisos I a XXII do artigo 10, em razão da expressão "notadamente" constante no final do *caput* do referido dispositivo. Nesse sentido (destaques nossos):

> [...] DANO AO ERÁRIO. ART. 10 DA LEI 8.429/1992. [...] 3. A situação delineada no acórdão recorrido enquadra-se no **art. 10, VIII, da Lei 8.429/1992**, que inclui no **rol exemplificativo dos atos de improbidade por dano ao Erário** "frustrar a licitude de processo licitatório ou dispensá-lo indevidamente". [...]. (REsp 1130318/SP, Rel. Ministro Herman Benjamin, 2ª Turma, julgado em 27/04/2010, DJe 27/04/2011.)

2.2.1. Facilitação ou concorrência para a incorporação de bens públicos ao patrimônio particular

> I – facilitar ou concorrer, por qualquer forma, para a indevida incorporação ao patrimônio particular, de pessoa física ou jurídica, de bens, de rendas, de verbas ou de valores integrantes do acervo patrimonial das entidades referidas no art. 1º desta Lei;

A primeira subespécie elencada pelo artigo 10 é aquela prevista em seu inciso I, consistente em facilitar ou concorrer, por qualquer forma, para a indevida incorporação ao patrimônio particular, de pessoa física ou jurídica, de bens, rendas, verbas ou valores integrantes do acervo patrimonial das entidades mencionadas no artigo 1º da lei.

A Lei n. Lei n. 14.230/2021 alterou esse inciso para incluir a palavra "indevida" antes de "incorporação", atribuindo caráter de ilicitude a tal conduta.

O primeiro requisito traduz-se na facilitação ou concorrência exercida por agente público, o qual, então, atua como auxiliar de uma conduta de terceira pessoa. E tal assistência pode ser realizada de qualquer forma, inexistindo restrição. "Facilitar" significa tornar ou fazer exequível. "Concorrer", neste dispositivo, consiste em cooperar, contribuir, unir-se visando a uma ação ou a um objetivo comum.

Outrossim, exige-se uma indevida incorporação ao patrimônio particular de pessoa física ou jurídica, que, desse modo, deve ser contrária ao ordenamento jurídico, ou seja, não possuir lastro normativo, gerando prejuízo ao erário. "Incorporação", neste contexto, significa inclusão de um bem em um determinado conjunto. Assim, há um assenhoramento do bem público; caso seja uma mera utilização, aplicar-se-á o inciso II do artigo 10.

Ademais, o presente dispositivo diferencia-se do inciso XI do artigo 9º, porque neste último quem se apropria indevidamente do bem é o próprio agente público. Nesse sentido: "a situação *sub analise* é semelhante àquela prevista pelo inciso XI do art. 9º. A diferença principal é que nesse inciso I do art. 10 o bem ou renda pública se incorpora não ao patrimônio do agente público, mas sim ao patrimônio de outrem, pessoa física ou jurídica."[98]

Por fim, o objeto material dessa conduta refere-se a quaisquer bens – *v.g.*, dinheiro, computador, automóvel *etc.* – pertencentes a entidades da Administração Pública direta ou indireta ou pessoas jurídicas de direito privado que recebam bens ou quaisquer benefícios de ordem pública.

Exemplo: servidor público que intencionalmente deixa destrancada a porta de uma repartição pública para que particulares lá ingressem à noite e furtem equipamentos de informática pertencentes ao município.

2.2.2. Permissão ou concorrência para o uso indevido de bens públicos

> II – permitir ou concorrer para que pessoa física ou jurídica privada utilize bens, rendas, verbas ou valores integrantes do acervo patrimonial das entidades mencionadas no art. 1º desta lei, sem a observância das formalidades legais ou regulamentares aplicáveis à espécie;

O inciso II do artigo 10 considera improbidade administrativa permitir ou concorrer para que pessoa física ou jurídica privada utilize bens, rendas, verbas ou valores integrantes do acervo patrimonial das entida-

[98] ANDRADE, Adriano; MASSON, Cleber; ANDRADE, Landolfo. **Interesses difusos e coletivos**, v. 1. 11. ed. Rio de Janeiro: Método, 2021, p. 743.

des mencionadas no artigo 1º da lei, sem a observância das formalidades legais ou regulamentares aplicáveis à espécie.

O primeiro requisito consiste na permissão ou concorrência de agente público para uma conduta de terceira pessoa. Assim, o referido agente público age como auxiliar de uma outra pessoa física ou jurídica. "Permitir" significa consentir, conceder, possibilitar, tolerar. "Concorrer" consiste em atuar em conjunto.

Em segundo lugar, é necessário que esse terceiro, pessoa física ou jurídica, pratique uma utilização indevida, *ex vi* da parte final do dispositivo sob comento, gerando prejuízo ao erário: "sem a observância das formalidades legais ou regulamentares aplicáveis à espécie".

Por derradeiro, o objeto material dessa subespécie é qualquer bem – p. ex., dinheiro, computador, automóvel *etc.* – pertencente a entidades da Administração Pública direta ou indireta ou pessoas jurídicas de direito privado que recebam bens ou quaisquer benefícios de ordem pública.

O presente dispositivo diferencia-se do inciso antecedente em razão de tratar da utilização, sem apropriação: "Enquanto na hipótese anterior o agente público facilitar ou concorre para a transferência do domínio, neste caso ele apenas propicia o uso indevido de bens ou valores públicos pelo particular".[99]

Exemplo: servidor público que empresta uma viatura municipal para que um particular, amigo seu, a utilize em uma viagem ao litoral.

2.2.3. Doação ilegal de bens públicos

> III – doar à pessoa física ou jurídica bem como ao ente despersonalizado, ainda que de fins educativos ou assistências, bens, rendas, verbas ou valores do patrimônio de qualquer das entidades mencionadas no art. 1º desta lei, sem observância das formalidades legais e regulamentares aplicáveis à espécie;

O inciso III desse artigo veda a doação à pessoa física ou jurídica bem como ao ente despersonalizado, ainda que de fins educativos ou assistên-

[99] ANDRADE, Adriano; MASSON, Cleber; ANDRADE, Landolfo. **Interesses difusos e coletivos**, v. 1. 11. ed. Rio de Janeiro: Método, 2021, p. 744.

cias, bens, rendas, verbas ou valores do patrimônio de qualquer das entidades mencionadas no artigo 1º da lei, sem observância das formalidades legais e regulamentares aplicáveis à espécie.

O dispositivo exige, em primeiro lugar, que o agente público realize uma doação, que pode ser conceituada como a transferência, por liberalidade, de um bem a outra pessoa (artigo 538 do Código Civil).

O objeto material dessa modalidade traduz-se em qualquer bem pertencente a entidades mencionadas no artigo 1º da lei, como, por exemplo, dinheiro, mobiliário, maquinário *etc.*

O favorecido pode ser pessoa física ou jurídica e até mesmo um ente despersonalizado – *v.g.*, condomínio edilício. E o fato de tal pessoa ou ente possuir finalidade educativa ou assistencial não desconfigura a improbidade administrativa em questão.

Consigna-se, por oportuno, que a doação deve ser indevida, pois a parte final do dispositivo impõe a seguinte característica, gerando prejuízo ao erário: "sem observância das formalidades legais e regulamentares aplicáveis à espécie".

Nesse sentido, registra-se que a doação deve seguir as normas de estilo, como, por exemplo, o artigo 76, *caput*, inciso I, alínea "b", e inciso II, alínea "a", da Lei n. 14.133/2021 – Lei de Licitações e Contratos Administrativos:

> Art. 76. A alienação de bens da Administração Pública, subordinada à existência de interesse público devidamente justificado, será precedida de avaliação e obedecerá às seguintes normas:
> I – tratando-se de bens imóveis, inclusive os pertencentes às autarquias e às fundações, exigirá autorização legislativa e dependerá de licitação na modalidade leilão, dispensada a realização de licitação nos casos de: [...]
> b) doação, permitida exclusivamente para outro órgão ou entidade da Administração Pública, de qualquer esfera de governo, ressalvado o disposto nas alíneas "f", "g" e "h" deste inciso; [...]
> II – tratando-se de bens móveis, dependerá de licitação na modalidade leilão, dispensada a realização de licitação nos casos de:
> a) doação, permitida exclusivamente para fins e uso de interesse social, após avaliação de oportunidade e conveniência socioeconômica em relação à escolha de outra forma de alienação; [...].

Assim, *a contrario sensu*, para a doação de bens móveis públicos, além da existência de interesse público devidamente justificado e prévia avaliação, é necessária a realização de licitação na modalidade leilão; e, afora esses requisitos, para a doação de bens imóveis públicos também se faz imprescindível a autorização legislativa. As exceções a tais predicados estão elencadas nos dispositivos colacionados acima, e o seu desrespeito faz surgir o ato de improbidade administrativa em apreço.

Exemplo: gestor público que doa diversos automóveis pertencentes ao município para uma empresa privada, deixando de justificar o interesse público, avaliar os bens ou realizar qualquer procedimento administrativo.

2.2.4. Permissão ou facilitação de negócios por preço subfaturado

> IV – permitir ou facilitar a alienação, permuta ou locação de bem integrante do patrimônio de qualquer das entidades referidas no art. 1º desta lei, ou ainda a prestação de serviço por parte delas, por preço inferior ao de mercado;

O inciso IV do artigo 10 trata como improbidade administrativa a conduta de permitir ou facilitar a alienação, permuta ou locação de bem integrante do patrimônio de qualquer das entidades referidas no artigo 1º da lei, ou ainda a prestação de serviço por parte delas, por preço inferior ao de mercado.

De início, exige-se que o agente público permita ou facilite a venda, troca ou aluguel de bem pertencente a entidades da Administração Pública direta ou indireta ou pessoas jurídicas de direito privado que recebam bens ou quaisquer benefícios de ordem pública. Por óbvio, tal conduta deve ser ilícita, vale dizer, proscrita pelo ordenamento jurídico, pois, do contrário, não haveria ato de improbidade administrativa. Outrossim, deve haver prejuízo ao erário, traduzido por meio do preço inferior àquele praticado no mercado.

"Alienação" consiste na transferência de um bem ou direito a outra pessoa; a venda é a modalidade mais emblemática da alienação. "Permitir" significa tolerar, deixar fazer. "Facilitar" traduz-se em tornar ou fazer exequível. Na permuta, ambos os contratantes se obrigam a transferir ao outro o domínio de determinado objeto de sua propriedade, trocando um bem pelo outro (artigo 533 do Código Civil). E, na locação, "uma das partes se obriga a ceder à outra, por tempo determinado ou não, o uso e gozo de coisa não fungível, mediante certa retribuição" (artigo 565 do Código Civil).

Registra-se, ademais, que o objeto material consiste em qualquer bem pertencente a entidades descritas no artigo 1º da Lei de Improbidade Administrativa, como, por exemplo, dinheiro, mobiliário, maquinário *etc.*

Também é vedada a conduta de permitir ou facilitar a prestação de serviços pelas referidas entidades públicas, por preço inferior àquele praticado no mercado, gerando prejuízo ao erário.

Exemplos: a) gestor público que aluga para particular bem imóvel pertencente à União por preço vil; b) oficial que cobra menos pelos serviços prestados no respectivo Cartório de Registro.

2.2.5. Permissão ou facilitação de negócios por preço superfaturado

> V – permitir ou facilitar a aquisição, permuta ou locação de bem ou serviço por preço superior ao de mercado;

O inciso V do artigo em apreço tipifica a conduta de permitir ou facilitar a aquisição, permuta ou locação de bem ou serviço por preço superior ao de mercado.

O requisito primeiro refere-se à permissão (autorizar) ou facilitação (propiciar) exercida pelo agente público.

Em segundo lugar, o referido agente público atua para que se consolide uma compra, troca ou aluguel de bem ou serviço particular.

E, por fim, tal bem ou serviço deve possuir preço acima daquele praticado no mercado, causando prejuízo ao erário: "O prejuízo ao erário reside na diferença entre o preço pago ao particular e o valor corrente no mercado, na época da operação. Tanto nesta hipótese quanto na situação descrita no inciso anterior o particular é favorecido e o erário sofre prejuízo."[100]

[100] ANDRADE, Adriano; MASSON, Cleber; ANDRADE, Landolfo. **Interesses difusos e coletivos**, v. 1. 11. ed. Rio de Janeiro: Método, 2021, p. 746.

Exemplo: gestor público que efetua a compra de televisores pelo dobro do preço praticado no mercado.

2.2.6. Realização de operação financeira ilegal ou aceitação de garantia insuficiente ou inidônea

> VI – realizar operação financeira sem observância das normas legais e regulamentares ou aceitar garantia insuficiente ou inidônea;

O inciso VI do artigo 10 veda a realização de operação financeira sem observância das normas legais e regulamentares, bem como proscreve a aceitação de garantia insuficiente ou inidônea.

A primeira conduta tratada consiste em efetuar uma operação financeira – coleta, intermediação, aplicação ou custódia de valores – em desrespeito às normativas de estilo. E a segunda conduta refere-se à admissão de uma insuficiente ou inadequada garantia prestada em atividade financeira. Ambas as condutas devem gerar prejuízo ao erário. Nesse sentido:

> A atuação desses agentes, no que se refere às operações financeiras, deve estar amparada pela legislação bancária e financeira, bem como pelos regulamentos pertinentes. [...] A garantia se diz insuficiente quando em valor incapaz de cobrir o crédito e os encargos da dívida na hipótese de eventual inadimplemento da obrigação. A inidoneidade consiste na inutilidade material ou jurídica da garantia oferecida.[101]

A Lei n. 4.595/1964 dispõe sobre a Política e as Instituições Monetárias, Bancárias e Creditícias, dentre outras providências. Em seu artigo 17, o referido diploma salienta o seguinte:

> Art. 17. Consideram-se instituições financeiras, para os efeitos da legislação em vigor, as pessoas jurídicas públicas ou privadas, que tenham como atividade principal ou acessória a coleta, intermediação ou aplicação de recursos

[101] Andrade, Adriano; Masson, Cleber; Andrade, Landolfo. **Interesses difusos e coletivos**, v. 1. 11. ed. Rio de Janeiro: Método, 2021, p. 747.

financeiros próprios ou de terceiros, em moeda nacional ou estrangeira, e a custódia de valor de propriedade de terceiros.
Parágrafo único. Para os efeitos desta lei e da legislação em vigor, equiparam-se às instituições financeiras as pessoas físicas que exerçam qualquer das atividades referidas neste artigo, de forma permanente ou eventual.

Desse modo, pode-se conceituar "operação financeira" como a atividade de coleta, intermediação ou aplicação de recursos financeiros próprio ou de terceiros, bem como a custódia de valor de propriedade de terceiros.

A disposição *sub examine* tutela o patrimônio dos bancos públicos (p. ex., Caixa Econômica Federal), conforme o artigo 3º, *caput*, da Lei n. 13.303/2016,[102] e daqueles de que o Estado possui mais de 50% das ações com direito a voto (*v.g.*, Banco do Brasil), conforme o artigo 4º, *caput*, do mesmo diploma,[103] ambos regulados pelos artigos 22 a 24 e demais correlatos da Lei n. 4.595/1964.[104]

[102] "Art. 3º Empresa pública é a entidade dotada de personalidade jurídica de direito privado, com criação autorizada por lei e com patrimônio próprio, cujo capital social é integralmente detido pela União, pelos Estados, pelo Distrito Federal ou pelos Municípios. [...]."

[103] "Art. 4º Sociedade de economia mista é a entidade dotada de personalidade jurídica de direito privado, com criação autorizada por lei, sob a forma de sociedade anônima, cujas ações com direito a voto pertençam em sua maioria à União, aos Estados, ao Distrito Federal, aos Municípios ou a entidade da administração indireta. [...]."

[104] "SEÇÃO III – DAS INSTITUIÇÕES FINANCEIRAS PÚBLICAS. Art. 22. As instituições financeiras públicas são órgãos auxiliares da execução da política de crédito do Governo Federal. § 1º O Conselho Monetário Nacional regulará as atividades, capacidade e modalidade operacionais das instituições financeiras públicas federais, que deverão submeter à aprovação daquele órgão, com a prioridade por ele prescrita, seus programas de recursos e aplicações, de forma que se ajustem à política de crédito do Governo Federal. § 2º A escolha dos Diretores ou Administradores das instituições financeiras públicas federais e a nomeação dos respectivos Presidentes e designação dos substitutos observarão o disposto no art. 21, parágrafos 1º e 2º, desta lei. § 3º A atuação das instituições financeiras públicas será coordenada nos termos do art. 4º desta lei. Art. 23. O Banco Nacional do Desenvolvimento Econômico é o principal instrumento de execução de política de investimentos do Governo Federal, nos termos das Leis números 1628, de 20/06/1952 e 2973, de 26/11/1956. Art. 24. As instituições financeiras públicas não federais ficam sujeitas às disposições relativas às instituições financeiras privadas, assegurada a forma

Exemplo: empregado de banco público que realiza aplicações arrojadas em fundos de investimentos, gerando prejuízo ao erário após não observar os mandamentos legais de estilo.

2.2.7. Concessão indevida de benefício administrativo ou fiscal

> VII – conceder benefício administrativo ou fiscal sem a observância das formalidades legais ou regulamentares aplicáveis à espécie;

O inciso VII do artigo 10 dispõe ser improbidade administrativa a concessão de benefício administrativo ou fiscal sem a observância das formalidades legais ou regulamentares aplicáveis à espécie.

O dispositivo trata da concessão de benefício administrativo – *v.g.*, subsídio – ou fiscal – p. ex., isenção de tributo.

Assim, o agente público que incide em tal norma concede um dos citados benefícios (administrativo ou fiscal) sem respeitar os mandamentos jurídicos de estilo, causando prejuízo ao erário. Ademais:

> É a lei [...] que autoriza a concessão de tais benefícios. Nem poderia ser diferente, uma vez que implicarão inevitável perda de receita por parte da Administração. Ao agente público compete apenas aplicar a lei, ou seja, verificar se os requisitos para a concessão dos benefícios estão presentes.[105]

Exemplo: prefeito que diminui de ofício a alíquota do imposto predial e territorial urbano (IPTU) de determinados estabelecimentos empresariais, desobedecendo aos patamares fixados na lei municipal de regência.

de constituição das existentes na data da publicação desta lei. Parágrafo único. As Caixas Econômicas Estaduais equiparam-se, no que couber, às Caixas Econômicas Federais, para os efeitos da legislação em vigor, estando isentas do recolhimento a que se refere o art. 4º, inciso XIV, e à taxa de fiscalização, mencionada no art. 16, desta lei."

105 Andrade, Adriano; Masson, Cleber; Andrade, Landolfo. **Interesses difusos e coletivos**, v. 1. 11. ed. Rio de Janeiro: Método, 2021, p. 748.

2.2.8. Frustração da licitude de licitação ou sua dispensa indevida

> VIII – frustrar a licitude de processo licitatório ou de processo seletivo para celebração de parcerias com entidades sem fins lucrativos, ou dispensá-los indevidamente, acarretando perda patrimonial efetiva;

O inciso VIII do artigo 10 da Lei n. 8.429/1992 teve a sua redação alterada pela Lei n. 14.230/2021. Antes da mudança, considerava-se improbidade administrativa frustrar a licitude de processo licitatório ou de processo seletivo para celebração de parcerias com entidades sem fins lucrativos, ou dispensá-los indevidamente.

E, agora, para a configuração dessa subespécie de improbidade administrativa, é necessário que tal conduta acarrete "perda patrimonial efetiva", conforme a exigência expressa incluída pela referida lei ao final do dispositivo em questão.

Anteriormente à referida alteração legislativa era predominante na jurisprudência o entendimento de que o dano ao erário era presumido nessa situação (REsp n. 1.771.593/SE): "O STJ entende que, para a caracterização de improbidade administrativa por frustração da licitude do processo de licitação [...], o dano apresenta-se presumido, ou seja, trata-se de dano *in re ipsa*."[106]

Porém, a nova redação do dispositivo em apreço afastou expressamente esse entendimento, exigindo uma efetiva perda patrimonial para o erário, aferível conforme o valor médio praticado no mercado.

[106] "ADMINISTRATIVO E PROCESSUAL CIVIL. IMPROBIDADE ADMINISTRATIVA. ART. 10, VIII, DA LEI 8.429/1992. DISPENSA INDEVIDA DE LICITAÇÃO. ELEMENTO SUBJETIVO DO ATO ÍMPROBO. DOLO GENÉRICO OU CULPA. ART. 10, VIII, DA LEI 8.429/92. DANO IN RE IPSA. 1. [...] 4. O STJ entende que, para a caracterização de improbidade administrativa por frustração da licitude do processo de licitação, tipificada no art. 10, VIII, da Lei 8.429/1992, o dano apresenta-se presumido, ou seja, trata-se de *dano in re ipsa*. A propósito: REsp 1.624.224/RS, Rel. Ministro Francisco Falcão, Segunda Turma, DJe de 06/03/2018; AgInt no REsp 1.671.366/SP, Rel. Ministro Mauro Campbell Marques, Segunda Turma, DJe de 01/12/2017; REsp 1.685.214/MG, Rel. Ministro Herman Benjamin, Segunda Turma, DJe de 19/12/2017 [...]. 8. Recurso Especial provido." (Superior Tribunal de Justiça, recurso especial n. 1.771.593-SE, relator: ministro Herman Benjamin, 2ª Turma, julgado em: 09 mai. 2019.)

Assim, incide em tal norma quem de qualquer forma frustrar a licitude de processo licitatório ou de processo seletivo para a celebração de parcerias com entidades sem fins lucrativos. "Frustrar" significa impedir, atravancar, fazer falhar, não corresponder à expectativa.

Também pratica essa específica subespécie de improbidade administrativa quem dispensa indevidamente tais procedimentos. E, reitera-se, faz-se necessária uma lesão concreta ao erário para ambas as figuras, em razão da contratação, *v.g.*, de um serviço comprovadamente mais caro.

A Lei n. 14.133/2021 regulamenta as licitações e os contratos administrativos, e a Lei n. 13.019/2014 estabelece o regime jurídico das parcerias entre a Administração Pública e as organizações da sociedade civil.

As regras do processo licitatório encontram-se previstas nos artigos 11 e seguintes da Lei n. 14.133/2021. E as normas atinentes ao processo seletivo para a celebração de parcerias com entidades sem fins lucrativos estão elencadas nos artigos 5º e seguintes Lei n. 13.019/2014.

A dispensa indevida de licitação é aquela que deixa de observar as causas dispostas no rol do artigo 75 da Lei n. 14.133/202.[107] Também está

[107] "Art. 75. É dispensável a licitação: I – para contratação que envolva valores inferiores a R$ 100.000,00 (cem mil reais), no caso de obras e serviços de engenharia ou de serviços de manutenção de veículos automotores; II – para contratação que envolva valores inferiores a R$ 50.000,00 (cinquenta mil reais), no caso de outros serviços e compras; III – para contratação que mantenha todas as condições definidas em edital de licitação realizada há menos de 1 (um) ano, quando se verificar que naquela licitação: a) não surgiram licitantes interessados ou não foram apresentadas propostas válidas; b) as propostas apresentadas consignaram preços manifestamente superiores aos praticados no mercado ou incompatíveis com os fixados pelos órgãos oficiais competentes; IV – para contratação que tenha por objeto: a) bens, componentes ou peças de origem nacional ou estrangeira necessários à manutenção de equipamentos, a serem adquiridos do fornecedor original desses equipamentos durante o período de garantia técnica, quando essa condição de exclusividade for indispensável para a vigência da garantia; b) bens, serviços, alienações ou obras, nos termos de acordo internacional específico aprovado pelo Congresso Nacional, quando as condições ofertadas forem manifestamente vantajosas para a Administração; c) produtos para pesquisa e desenvolvimento, limitada a contratação, no caso de obras e serviços de engenharia, ao valor de R$ 300.000,00 (trezentos mil reais); d) transferência de tecnologia ou licenciamento de direito de uso ou de exploração de criação protegida, nas contratações realizadas por instituição científica, tecnológica e de inovação (ICT) pública ou por agência de fomento, desde que demonstrada vantagem para a Administração; e) hortifrutigranjeiros, pães e outros gêneros perecíveis, no período necessário para

a realização dos processos licitatórios correspondentes, hipótese em que a contratação será realizada diretamente com base no preço do dia; f) bens ou serviços produzidos ou prestados no País que envolvam, cumulativamente, alta complexidade tecnológica e defesa nacional; g) materiais de uso das Forças Armadas, com exceção de materiais de uso pessoal e administrativo, quando houver necessidade de manter a padronização requerida pela estrutura de apoio logístico dos meios navais, aéreos e terrestres, mediante autorização por ato do comandante da força militar; h) bens e serviços para atendimento dos contingentes militares das forças singulares brasileiras empregadas em operações de paz no exterior, hipótese em que a contratação deverá ser justificada quanto ao preço e à escolha do fornecedor ou executante e ratificada pelo comandante da força militar; i) abastecimento ou suprimento de efetivos militares em estada eventual de curta duração em portos, aeroportos ou localidades diferentes de suas sedes, por motivo de movimentação operacional ou de adestramento; j) coleta, processamento e comercialização de resíduos sólidos urbanos recicláveis ou reutilizáveis, em áreas com sistema de coleta seletiva de lixo, realizados por associações ou cooperativas formadas exclusivamente de pessoas físicas de baixa renda reconhecidas pelo poder público como catadores de materiais recicláveis, com o uso de equipamentos compatíveis com as normas técnicas, ambientais e de saúde pública; k) aquisição ou restauração de obras de arte e objetos históricos, de autenticidade certificada, desde que inerente às finalidades do órgão ou com elas compatível; l) serviços especializados ou aquisição ou locação de equipamentos destinados ao rastreamento e à obtenção de provas previstas nos incisos II e V do caput do art. 3º da Lei nº 12.850, de 2 de agosto de 2013, quando houver necessidade justificada de manutenção de sigilo sobre a investigação; m) aquisição de medicamentos destinados exclusivamente ao tratamento de doenças raras definidas pelo Ministério da Saúde; V – para contratação com vistas ao cumprimento do disposto nos arts. 3º, 3º-A, 4º, 5º e 20 da Lei nº 10.973, de 2 de dezembro de 2004, observados os princípios gerais de contratação constantes da referida Lei; VI – para contratação que possa acarretar comprometimento da segurança nacional, nos casos estabelecidos pelo Ministro de Estado da Defesa, mediante demanda dos comandos das Forças Armadas ou dos demais ministérios; VII – nos casos de guerra, estado de defesa, estado de sítio, intervenção federal ou de grave perturbação da ordem; VIII – nos casos de emergência ou de calamidade pública, quando caracterizada urgência de atendimento de situação que possa ocasionar prejuízo ou comprometer a continuidade dos serviços públicos ou a segurança de pessoas, obras, serviços, equipamentos e outros bens, públicos ou particulares, e somente para aquisição dos bens necessários ao atendimento da situação emergencial ou calamitosa e para as parcelas de obras e serviços que possam ser concluídas no prazo máximo de 1 (um) ano, contado da data de ocorrência da emergência ou da calamidade, vedadas a prorrogação dos respectivos contratos e a recontratação de empresa já contratada com base no disposto neste inciso; IX – para a aquisição, por pessoa jurídica de direito público interno, de bens produzidos ou serviços prestados por órgão ou entidade que integrem a Administração Pública e que tenham sido criados para esse fim específico, desde que o preço contratado seja compatível com abrangida nessa hipótese o desrespeito às normas que regulamentam a inexigibilidade de licitação, previstas no artigo 74 da citada lei.[108] Nesse

o praticado no mercado; X – quando a União tiver que intervir no domínio econômico para regular preços ou normalizar o abastecimento; XI – para celebração de contrato de programa com ente federativo ou com entidade de sua Administração Pública indireta que envolva prestação de serviços públicos de forma associada nos termos autorizados em contrato de consórcio público ou em convênio de cooperação; XII – para contratação em que houver transferência de tecnologia de produtos estratégicos para o Sistema Único de Saúde (SUS), conforme elencados em ato da direção nacional do SUS, inclusive por ocasião da aquisição desses produtos durante as etapas de absorção tecnológica, e em valores compatíveis com aqueles definidos no instrumento firmado para a transferência de tecnologia; XIII – para contratação de profissionais para compor a comissão de avaliação de critérios de técnica, quando se tratar de profissional técnico de notória especialização; XIV – para contratação de associação de pessoas com deficiência, sem fins lucrativos e de comprovada idoneidade, por órgão ou entidade da Administração Pública, para a prestação de serviços, desde que o preço contratado seja compatível com o praticado no mercado e os serviços contratados sejam prestados exclusivamente por pessoas com deficiência; XV – para contratação de instituição brasileira que tenha por finalidade estatutária apoiar, captar e executar atividades de ensino, pesquisa, extensão, desenvolvimento institucional, científico e tecnológico e estímulo à inovação, inclusive para gerir administrativa e financeiramente essas atividades, ou para contratação de instituição dedicada à recuperação social da pessoa presa, desde que o contratado tenha inquestionável reputação ética e profissional e não tenha fins lucrativos; XVI – para aquisição, por pessoa jurídica de direito público interno, de insumos estratégicos para a saúde produzidos por fundação que, regimental ou estatutariamente, tenha por finalidade apoiar órgão da Administração Pública direta, sua autarquia ou fundação em projetos de ensino, pesquisa, extensão, desenvolvimento institucional, científico e tecnológico e de estímulo à inovação, inclusive na gestão administrativa e financeira necessária à execução desses projetos, ou em parcerias que envolvam transferência de tecnologia de produtos estratégicos para o SUS, nos termos do inciso XII do caput deste artigo, e que tenha sido criada para esse fim específico em data anterior à entrada em vigor desta Lei, desde que o preço contratado seja compatível com o praticado no mercado. [...]."

[108] "Art. 74. É inexigível a licitação quando inviável a competição, em especial nos casos de: I – aquisição de materiais, de equipamentos ou de gêneros ou contratação de serviços que só possam ser fornecidos por produtor, empresa ou representante comercial exclusivos; II – contratação de profissional do setor artístico, diretamente ou por meio de empresário exclusivo, desde que consagrado pela crítica especializada ou pela opinião pública; III – contratação dos seguintes serviços técnicos especializados de natureza predominantemente intelectual com profissionais ou empresas de notória especialização, vedada a inexigibilidade para serviços de publicidade e divulgação: a) estudos técnicos, planejamentos, projetos básicos ou projetos executivos; b) pareceres, perícias e avaliações

sentido: "[...] a expressão *dispensa* foi aqui empregada para designar a ideia de *exceção à obrigatoriedade da licitação*, abrangendo, portanto, tanto as hipóteses de dispensa quanto as de inexigibilidade."[109]

Exemplo: servidor público que inclui cláusulas restritivas em edital de licitação, acarretando a desclassificação de empresa que oferecia preço menor; como consequência, favorece-se outra pessoa jurídica, causando desnecessariamente maior dispêndio ao ente público.

2.2.9. Ordenação ou permissão para a realização de despesas indevidas

> IX – ordenar ou permitir a realização de despesas não autorizadas em lei ou regulamento;

O inciso IX considera improbidade administrativa que causa prejuízo ao erário ordenar ou permitir a realização de despesas não autorizadas em lei ou regulamento.

Os requisitos consistem em o agente público ordenar (determinar, mandar) ou permitir (tolerar, deixar fazer) que se efetuem gastos indevidos, vale dizer, que são contra a lei ou outra norma regulamentar.

Qualquer gasto público deve ser amparado em lei, observando os requisitos e os trâmites impostos pelo ordenamento jurídico. O gestor público necessita respeitar as determinações encartadas em todas as leis orçamentárias, que, entre outras disposições, preveem os créditos e as respectivas despesas: plano plurianual, lei de diretrizes orçamentárias

em geral; c) assessorias ou consultorias técnicas e auditorias financeiras ou tributárias; d) fiscalização, supervisão ou gerenciamento de obras ou serviços; e) patrocínio ou defesa de causas judiciais ou administrativas; f) treinamento e aperfeiçoamento de pessoal; g) restauração de obras de arte e de bens de valor histórico; h) controles de qualidade e tecnológico, análises, testes e ensaios de campo e laboratoriais, instrumentação e monitoramento de parâmetros específicos de obras e do meio ambiente e demais serviços de engenharia que se enquadrem no disposto neste inciso; IV – objetos que devam ou possam ser contratados por meio de credenciamento; V – aquisição ou locação de imóvel cujas características de instalações e de localização tornem necessária sua escolha. [...]."

[109] ANDRADE, Adriano; MASSON, Cleber; ANDRADE, Landolfo. **Interesses difusos e coletivos**, v. 1. 11. ed. Rio de Janeiro: Método, 2021, p. 752.

e lei orçamentária anual, nos termos dos artigos 4º e seguintes da Lei Complementar n. 101/2000, que estabelece normas de finanças públicas voltadas para a responsabilidade na gestão fiscal e dá outras providências.

Adriano Andrade, Cleber Masson e Landolfo Andrade ensinam que despesa pública consiste na utilização de "recursos financeiros previstos nas leis orçamentárias e em leis específicas (créditos adicionais) para o pagamento de obrigações correntes e de capital". E prosseguem os autores:

> As despesas públicas devem ser executadas em conformidade com as normas constitucionais e infraconstitucionais. Em regra, tais despesas só podem ser realizadas quando autorizadas em lei orçamentária. Portanto, o agente público que ordena ou permite, dolosa ou culposamente, a realização de despesas sem expressa autorização legal ou regulamentar terá sua conduta enquadrada no tipo legal de improbidade em estudo.[110]

Exemplo: prefeito que determina o pagamento de 14º salário aos servidores municipais, sem haver qualquer norma jurídica autorizando tal gasto.

2.2.10. Atuação ilícita na arrecadação de tributo ou renda, ou na conservação do patrimônio público

> X – agir ilicitamente na arrecadação de tributo ou de renda, bem como no que diz respeito à conservação do patrimônio público;

O inciso X do artigo 10 da Lei n. 8.429/1992 sofreu pequena alteração pela Lei n. 14.230/2021, que trocou a palavra "negligentemente" por "ilicitamente" – assim, incide em tal dispositivo o agente público que agir ilicitamente na arrecadação de tributo ou de renda, bem como no que diz respeito à conservação do patrimônio público.

Em tal contexto, dessume-se que o primeiro requisito consiste em uma atuação ilícita – vale dizer, contrária à lei ou às demais normas de estilo –, levada a cabo durante a atividade estatal de arrecadar tributos

[110] ANDRADE, Adriano; MASSON, Cleber; ANDRADE, Landolfo. **Interesses difusos e coletivos**, v. 1. 11. ed. Rio de Janeiro: Método, 2021, p. 758.

ou rendas. Segundo o artigo 3º do Código Tributário Nacional: "Tributo é toda prestação pecuniária compulsória, em moeda ou cujo valor nela se possa exprimir, que não constitua sanção de ato ilícito, instituída em lei e cobrada mediante atividade administrativa plenamente vinculada." E "renda" refere-se a importâncias recebidas periodicamente como retribuição por um serviço ou frutos provenientes um bem.

A parte final do dispositivo também considera improbidade administrativa a conduta ilícita – desconforme o ordenamento jurídico – relacionada à preservação do conjunto de bens e interesses de natureza moral, econômica, estética, artística, histórica, ambiental e turística pertencentes às entidades apontadas no artigo 1º da lei.

Anteriormente à alteração empreendida pela Lei n. 14.230/2021, a culpa era admitida como elemento subjetivo, decorrente da negligência, então expressamente prevista no inciso *sub examine*: "negligentemente". Todavia, com a mudança da redação para "ilicitamente", exige-se agora o dolo para ambas as condutas: arrecadação de tributo/renda ou conservação do patrimônio público.

Exemplos: a) fiscal que dolosamente deixa de autuar e tributar determinada empresa faltosa; b) servidor público que dolosamente deixa de guardar no refrigerador alimentos perecíveis destinados à merenda escolar, tornando-os impróprios ao consumo.

2.2.11. Liberação ou aplicação indevida de verba pública

> XI – liberar verba pública sem a estrita observância das normas pertinentes ou influir de qualquer forma para a sua aplicação irregular;

O inciso XI do artigo 10 tipifica como ato de improbidade administrativa a liberação de verba pública sem a estrita observância das normas pertinentes ou influir de qualquer forma para a sua aplicação irregular.

A primeira conduta consiste na indevida liberação (entrega) de verba pública, pois o agente público age em desrespeito às normas aplicáveis à espécie. Nesse sentido:

> Quanto ao primeiro comportamento, é oportuno salientar que a liberação de verba pública é ato final de um procedimento jurídico minuciosamente

regrado pela Constituição Federal, pelas leis orçamentárias e ainda pela Lei de Licitações. Daí que a liberação de verba pública em desconformidade com as normas pertinentes dá ensejo à nulidade do ato praticado e tipifica a conduta do agente público, que assim proceder, no inciso comentado.[111]

E a segunda conduta traduz-se na atuação de agente público para a aplicação irregular de verba pública. Nesta hipótese, o agente não possui atribuição para realizar a aplicação dos valores, mas exerce influência perante aquele que detém tal legitimidade, induzindo-o ou estimulando-o.

Antes da reforma empreendida pela Lei n. 14.230/2021, era punível a conduta daquele que realizava influência perante quem possuía atribuição para aplicar verba pública, mesmo que este último assim não procedesse: *v.g.*, subordinado que, apesar da indução perpetrada por seu superior hierárquico, não aplica a verba pública de forma irregular. A referida Lei n. 14.230/2021, ao incluir a exigência de "efetiva [...] perda patrimonial" no *caput* do artigo 10 da Lei n. 8.429/1992, extinguiu essa possiblidade, demandando, agora, que ocorra a aplicação irregular dos valores públicos, o que constitui a perda patrimonial efetiva.

Exemplos: a) gestor público que autoriza o município pagar o valor total por obra pública ainda incompleta; b) servidor público que aplica em paisagismo uma verba municipal que, segundo a lei, era destinada à educação.

2.2.12. Permissão, facilitação ou concorrência para o enriquecimento ilícito de terceiro

> XII – permitir, facilitar ou concorrer para que terceiro se enriqueça ilicitamente;

O inciso XII do artigo 10 veda a conduta de permitir, facilitar ou concorrer para que terceiro se enriqueça ilicitamente.

[111] Andrade, Adriano; Masson, Cleber; Andrade, Landolfo. **Interesses difusos e coletivos**, v. 1. 11. ed. Rio de Janeiro: Método, 2021, p. 760.

A presente disposição é um complemento da norma existente no inciso XI do artigo 9º: "XI – incorporar, por qualquer forma, ao seu patrimônio bens, rendas, verbas ou valores integrantes do acervo patrimonial das entidades mencionadas no art. 1º desta lei". Nesse sentido:

> Diferentemente das situações tipificadas no art. 9º da LIA, nas quais quem aufere a vantagem indevida é o próprio agente público, no inciso em exame quem aufere a vantagem indevida é o terceiro, mas, graças à colaboração do agente público que empresa seu concurso, cria facilidades ou permite a consumação do enriquecimento ilícito. Observe-se que o inciso em estudo, de ampla densidade, tem a mesma finalidade dos incisos I, II, IV, V e VIII do art. 10 da LIA, qual seja censurar o enriquecimento ilícito de terceiros, em razão de ação ou omissão dolosa ou culposa do agente público, lesiva ao erário. Daí ser correto afirmar que o inciso XII do art. 10 tem natureza residual, isto é, terá aplicação quando a conduta dolosa ou culposa do agente público, com a qual o particular lucro, não se subsumir à tipologia dos sobreditos incisos.[112]

São previstos três verbos, todos relacionados ao enriquecimento ilícito de terceiro: permitir (autorizar, consentir), facilitar (tornar exequível) e concorrer (participar).

Tal enriquecimento refere-se ao erário, vale dizer, a pessoa que se beneficiou indevidamente auferiu algum bem pertencente a ente público ou outra pessoa jurídica indicada no artigo 1º da Lei n. 8.429/1992.

O Código Civil trata do enriquecimento sem causa em seus artigos 884 a 886, *in verbis*:

> Art. 884. Aquele que, sem justa causa, se enriquecer à custa de outrem, será obrigado a restituir o indevidamente auferido, feita a atualização dos valores monetários.
>
> Parágrafo único. Se o enriquecimento tiver por objeto coisa determinada, quem a recebeu é obrigado a restituí-la, e, se a coisa não mais subsistir, a restituição se fará pelo valor do bem na época em que foi exigido.

[112] ANDRADE, Adriano; MASSON, Cleber; ANDRADE, Landolfo. **Interesses difusos e coletivos**, v. 1. 11. ed. Rio de Janeiro: Método, 2021, p. 760-761.

> Art. 885. A restituição é devida, não só quando não tenha havido causa que justifique o enriquecimento, mas também se esta deixou de existir.
>
> Art. 886. Não caberá a restituição por enriquecimento, se a lei conferir ao lesado outros meios para se ressarcir do prejuízo sofrido.

Desse modo, o ordenamento jurídico proscreve o enriquecimento indevido e sem lastro, determinando a restituição dos bens ou valores mesmo nas relações privadas. E, com mais razão, o dispositivo *sub examine* tutela os bens e demais bens componentes do patrimônio público, pois pertencem a toda a sociedade.

Exemplo: servidor público que autoriza terceiro a se apropriar indevidamente de um computador pertencente ao Estado. Observação: se o terceiro também for agente público, ele incidirá no artigo 9º, inciso XI, da Lei n. 8.429/1992.

2.2.13. Permissão da utilização de bens ou servidores públicos em atividades particulares

> XIII – permitir que se utilize, em obra ou serviço particular, veículos, máquinas, equipamentos ou material de qualquer natureza, de propriedade ou à disposição de qualquer das entidades mencionadas no art. 1º desta lei, bem como o trabalho de servidor público, empregados ou terceiros contratados por essas entidades;

O inciso XIII do artigo 10 veda a seguinte conduta: permitir que se utilize, em obra ou serviço particular, veículos, máquinas, equipamentos ou material de qualquer natureza, de propriedade ou à disposição de qualquer das entidades mencionadas no artigo 1º da lei, bem como o trabalho de servidor público, empregados ou terceiros contratados por essas entidades.

A presente disposição é um complemento da norma constante no inciso IV do artigo 9º: "utilizar, em obra ou serviço particular, qualquer bem móvel, de propriedade ou à disposição de qualquer das entidades referidas no art. 1º desta Lei, bem como o trabalho de servidores, de empregados ou de terceiros contratados por essas entidades".

Neste inciso XIII do artigo 10 é previsto apenas um verbo – permitir (autorizar, consentir) –, também necessariamente relacionado ao enriquecimento ilícito de terceiro.

Tal enriquecimento refere-se a algum bem público, vale dizer, pertencente a ente público ou outra pessoa jurídica elencada no artigo 1º da Lei n. 8.429/1992.

Também constitui tal ato de improbidade administrativa a permissão para se utilizar o trabalho de servidor público, empregado ou terceiro contratado pelas referidas entidades.

O dano ao erário nestas hipóteses é evidente, pois são utilizados em atividades particulares bens ou servidores públicos, obviamente em desrespeito às normas postas e sem a adequada e devida retribuição aos cofres públicos.

Exemplo: a) servidor público que autoriza terceiro a utilizar indevidamente em sua obra particular um trator pertencente ao Estado; b) prefeito que permite seus subordinados a pintarem a casa de um parente. Observação: se o terceiro também for agente público, ele incidirá no artigo 9º, inciso IV, da Lei n. 8.429/1992.

2.2.14. Celebração indevida de contrato de prestação de serviços públicos por meio de gestão associada

> XIV – celebrar contrato ou outro instrumento que tenha por objeto a prestação de serviços públicos por meio da gestão associada sem observar as formalidades previstas na lei;

O inciso XIV do artigo 10 considera improbidade administrativa a celebração de contrato ou outro instrumento que tenha por objeto a prestação de serviços públicos por meio da gestão associada sem observar as formalidades previstas na lei.

Esse dispositivo foi incluído pela Lei n. 11.107/2005, que dispõe "sobre normas gerais de contratação de consórcios públicos e dá outras providências".

A "gestão associada" é prevista no artigo 241 da Constituição Federal:

> A União, os Estados, o Distrito Federal e os Municípios disciplinarão por meio de lei os consórcios públicos e os convênios de cooperação entre os

entes federados, autorizando a gestão associada de serviços públicos, bem como a transferência total ou parcial de encargos, serviços, pessoal e bens essenciais à continuidade dos serviços transferidos.

Conforme ensina Maria Sylvia Zanella Di Pietro, trata-se de uma atuação conjunta da União, dos estados, do Distrito Federal e dos municípios nas matérias competência comum. Tal instituto é formalizado por meio de convênio de cooperação ou de consórcio púbico, nos termos da Lei n. 11.107/2005.[113]

Para a configuração do ato de improbidade administrativa em questão, o próprio inciso XIV do artigo 10, *caput*, da Lei n. 8.429/1992 reforça a necessidade de a conduta ser ilícita, vale dizer, "sem observar as formalidades previstas em lei".

Assim, citam-se, a título exemplificativo, os requisitos elencados no artigo 4º, inciso XI, alíneas "a" a "e", da referida Lei n. 11.107/2005:

> Art. 4º São cláusulas necessárias do protocolo de intenções as que estabeleçam: [...] XI – a autorização para a gestão associada de serviços públicos, explicitando: a) as competências cujo exercício se transferiu ao consórcio público; b) os serviços públicos objeto da gestão associada e a área em que serão prestados; c) a autorização para licitar ou outorgar concessão, permissão ou autorização da prestação dos serviços; d) as condições a que deve obedecer o contrato de programa, no caso de a gestão associada envolver também a prestação de serviços por órgão ou entidade de um dos entes da Federação consorciados; e) os critérios técnicos para cálculo do valor das tarifas e de outros preços públicos, bem como para seu reajuste ou revisão [...].

Relembra-se, por oportuno, a necessidade de a conduta em apreço causar perda patrimonial efetiva, conforme exige expressamente o *caput* do artigo 10.

113 Di Pietro, Maria Sylvia Zanella. **Entenda o conceito de parceria e gestão associada.** Disponível em: http://genjuridico.com.br/2019/08/08/parceria-gestao-associada/. Acesso em: 19 out. 2021.

Exemplo: prefeito que firma contrato visando à prestação de serviço público por meio de gestão associada, mas que não respeita as normas de regência e que acaba gerando prejuízo ao erário.

2.2.15. Celebração indevida de contrato de rateio de consórcio público

> XV – celebrar contrato de rateio de consórcio público sem suficiente e prévia dotação orçamentária, ou sem observar as formalidades previstas na lei;

O inciso XV do artigo em questão veda a celebração de contrato de rateio de consórcio público sem suficiente e prévia dotação orçamentária, ou sem observar as formalidades previstas na lei.

Esse dispositivo foi incluído pela Lei n. 11.107/2005, que dispõe "sobre normas gerais de contratação de consórcios públicos e dá outras providências".

O "contrato de rateio", referente ao consórcio público, encontra-se regulamentado no artigo 8º da mencionada Lei n. 11.107/2005:

> Art. 8º Os entes consorciados somente entregarão recursos ao consórcio público mediante contrato de rateio.
>
> § 1º O contrato de rateio será formalizado em cada exercício financeiro, e seu prazo de vigência não será superior ao das dotações que o suportam, com exceção dos contratos que tenham por objeto exclusivamente projetos consistentes em programas e ações contemplados em plano plurianual.
>
> § 2º É vedada a aplicação dos recursos entregues por meio de contrato de rateio para o atendimento de despesas genéricas, inclusive transferências ou operações de crédito.
>
> § 3º Os entes consorciados, isolados ou em conjunto, bem como o consórcio público, são partes legítimas para exigir o cumprimento das obrigações previstas no contrato de rateio.
>
> § 4º Com o objetivo de permitir o atendimento dos dispositivos da Lei Complementar nº 101, de 4 de maio de 2000, o consórcio público deve fornecer as informações necessárias para que sejam consolidadas, nas contas dos entes consorciados, todas as despesas realizadas com os recursos entregues em virtude de contrato de rateio, de forma que possam ser contabilizadas nas con-

> tas de cada ente da Federação na conformidade dos elementos econômicos e das atividades ou projetos atendidos.
> § 5º Poderá ser excluído do consórcio público, após prévia suspensão, o ente consorciado que não consignar, em sua lei orçamentária ou em créditos adicionais, as dotações suficientes para suportar as despesas assumidas por meio de contrato de rateio.

Para a configuração do ato de improbidade administrativa em questão, o próprio inciso XV do artigo 10, *caput*, da Lei n. 8.429/1992 reforça a necessidade de a conduta ser ilícita, vale dizer, "sem observar as formalidades previstas em lei" ou "sem suficiente e prévia dotação orçamentária".

Reitera-se, ademais, a necessidade de a conduta em apreço causar perda patrimonial efetiva, *ex vi* da disposição expressa encartada no *caput* do artigo 10 da Lei de Improbidade Administrativa.

Exemplos: a) governador que firma contrato de rateio de consórcio público sem o respectivo lastro financeiro, gerando prejuízo ao erário; b) prefeito que assina o referido contrato sem observar as sobreditas formalidades legais (artigo 8º da Lei n. 11.107/2005), causando perda patrimonial efetiva.

2.2.16. Facilitação ou concorrência para a incorporação de bens públicos transferidos a entidades privadas mediante celebração de parceria

> XVI – facilitar ou concorrer, por qualquer forma, para a incorporação, ao patrimônio particular de pessoa física ou jurídica, de bens, rendas, verbas ou valores públicos transferidos pela administração pública a entidades privadas mediante celebração de parcerias, sem a observância das formalidades legais ou regulamentares aplicáveis à espécie;

O inciso XVI do artigo 10 da Lei n. 8.429/1992 tipifica como improbidade administrativa o ato de facilitar ou concorrer, por qualquer forma, para a incorporação, ao patrimônio particular de pessoa física ou jurídica, de bens, rendas, verbas ou valores públicos transferidos pela Administração Pública a entidades privadas mediante celebração de parcerias, sem a observância das formalidades legais ou regulamentares aplicáveis à espécie.

A Lei n. 13.019/2014, conhecida como Novo Marco Regulatório das Organizações da Sociedade Civil, estabeleceu o regime jurídico das parcerias entre a Administração Pública e as organizações da sociedade civil, bem como incluiu ao artigo 10, *caput*, da Lei n. 8.429/1992 os incisos XVI a XXI.

E a disposição constante no inciso XVI do artigo 10 da Lei n. 8.429/1992 consiste em especialização da tipificação realizada pelo inciso I do mesmo artigo, que pune a facilitação ou concorrência, por qualquer forma, para a indevida incorporação ao patrimônio particular, de pessoa física ou jurídica, de bens, de rendas, de verbas ou de valores integrantes do acervo patrimonial das entidades referidas no artigo 1º da lei.

Neste inciso XVI, reforçam-se a tutela e a proteção dos referidos bens – pertencentes a entes públicos e demais pessoas jurídicas – mesmo quando forem transferidos a terceiros nos termos da citada Lei n. 13.019/2014.

Exemplo: servidor público que auxilia terceiro a se apropriar indevidamente de equipamentos médicos transferidos pelo município a uma organização da sociedade civil, durante a vigência do respectivo termo de parceria.

2.2.17. Permissão ou concorrência para a utilização de bens públicos transferidos a entidade privada mediante celebração de parceria

> XVII – permitir ou concorrer para que pessoa física ou jurídica privada utilize bens, rendas, verbas ou valores públicos transferidos pela administração pública a entidade privada mediante celebração de parcerias, sem a observância das formalidades legais ou regulamentares aplicáveis à espécie;

O inciso XVII do artigo 10 da Lei n. 8.429/1992 veda a conduta de permitir ou concorrer para que pessoa física ou jurídica privada utilize bens, rendas, verbas ou valores públicos transferidos pela Administração Pública a entidade privada mediante celebração de parcerias, sem a observância das formalidades legais ou regulamentares aplicáveis à espécie.

Esse dispositivo consiste em especialização da tipificação realizada pelo inciso II do mesmo artigo, que veda permitir ou concorrer para que pessoa física ou jurídica privada utilize bens, rendas, verbas ou valores integrantes do acervo patrimonial das entidades mencionadas no artigo 1º da lei, sem a observância das formalidades legais ou regulamentares aplicáveis à espécie.

O inciso XVII, na linha de seu antecessor, reforça a tutela e a proteção dos referidos bens – pertencentes a entes públicos e demais pessoas jurídicas – mesmo quando forem transferidos a terceiros nos termos da citada Lei n. 13.019/2014.

Exemplo: servidor público que auxilia terceiro a utilizar indevidamente equipamentos médicos transferidos pelo município a uma organização da sociedade civil, durante a vigência do respectivo termo de parceria.

2.2.18. Celebração indevida de parceria da Administração Pública com entidade privada

> XVIII – celebrar parcerias da administração pública com entidades privadas sem a observância das formalidades legais ou regulamentares aplicáveis à espécie;

Também incluído pela Lei n. 13.019/2014, o inciso XVIII do artigo 10 da Lei n. 8.429/1992 considera ato de improbidade administrativa a celebração de parcerias da Administração Pública com entidades privadas sem a observância das formalidades legais ou regulamentares aplicáveis à espécie.

Neste dispositivo, é punido o desrespeito às normas de estilo, previstas na referida Lei n. 13.019/2014, para a celebração de parcerias entre entes públicos e privados. A pareceria é definida por tal lei como o: "conjunto de direitos, responsabilidades e obrigações decorrentes de relação jurídica estabelecida formalmente entre a administração pública e organizações da sociedade civil, em regime de mútua cooperação, para a consecução de finalidades de interesse público e recíproco, mediante a execução de atividade ou de projeto expressos em termos de colaboração, em termos de fomento ou em acordos de cooperação" (artigo 2º, inciso III).

Os mencionados requisitos estão elencados nos artigos 33 a 38 e demais correlatos do diploma em apreço. Citam-se, a título exemplificativo, os seguintes: realização de chamamento público, ressalvadas as hipóteses previstas na lei; indicação expressa da existência de prévia dotação orçamentária para execução da parceria; demonstração de que os objetivos e finalidades institucionais e a capacidade técnica e operacional da organização da sociedade civil foram avaliados e são compatíveis com o objeto; aprovação do plano de trabalho; emissão de parecer de órgão técnico da Administração Pública; emissão de parecer jurídico do órgão de assessoria ou consultoria jurídica da Administração Pública acerca da possibilidade de celebração da parceria.

Por fim, salienta-se a necessidade de haver perda patrimonial efetiva, conforme o comando expresso contido no artigo 10, *caput*, da Lei n. 8.429/1992.

Exemplo: gestor público que celebra a referida parceria sem proceder a chamamento público, gerando prejuízo ao erário.

2.2.19. Atuação ilícita na celebração, fiscalização ou análise da prestação de contas de parceria

> XIX – agir para a configuração de ilícito na celebração, na fiscalização e na análise das prestações de contas de parcerias firmadas pela administração pública com entidades privadas;

O inciso XIX do artigo 10 da Lei n. 8.429/1992 vedava a conduta de agir negligentemente na celebração, fiscalização e análise das prestações de contas de parcerias firmadas pela Administração Pública com entidades privadas.

Porém, a Lei n. 14.230/2021 alterou a referida redação da seguinte forma: "agir para a configuração de ilícito na celebração, na fiscalização e na análise das prestações de contas de parcerias firmadas pela administração pública com entidades privadas".

Na mesma linha dos incisos predecessores, também incluídos pela Lei n. 13.019/2014, a disposição sob comento tutela os temos de parcerias firmados entre a Administração Pública e as organizações da sociedade civil.

No caso *sub examine*, o agente público atua dolosamente e de forma ilícita – vale dizer, contrariamente aos mandamentos legais de estilo –

em três situações diversas – celebração (realização solene, formalização), fiscalização (controle, verificação, vigilância atenta) e análise (estudo pormenorizado, avaliação crítica) das prestações de contas – atinentes às parecerias em questão.

Registra-se, outrossim, a necessidade de essa conduta gerar prejuízo ao erário.

Exemplo: gestor público que deixa de fiscalizar a entidade privada, não procedendo à análise da respectiva prestação de contas, ocasionando perda patrimonial efetiva em razão de o serviço não ter sido prestado pelo particular.

2.2.20. Liberação indevida de recursos de parceria firmada com entidade privada ou influência para sua aplicação irregular

> XX – liberar recursos de parcerias firmadas pela administração pública com entidades privadas sem a estrita observância das normas pertinentes ou influir de qualquer forma para a sua aplicação irregular;

O inciso XX do artigo 10 pune a liberação de recursos de parcerias firmadas pela Administração Pública com entidades privadas sem a estrita observância das normas pertinentes ou a influência de qualquer forma para a sua aplicação irregular.

O último inciso em vigor referente à Lei n. 13.019/2014 tutela os recursos públicos transferidos para entidades privadas. Tal transferência deve respeitar as disposições legais aplicáveis à espécie, conforme estatuído nos artigos 45 e 46 da referida lei, entre outros dispositivos.

Exemplo: prefeito que determina a liberação de valores para parceiro privado que não preencheu os requisitos legais de estilo, causando prejuízo ao erário.

2.2.21. Liberação indevida de recursos de parceria firmada com entidade privada ou influência para sua aplicação irregular

O inciso XXI do artigo 10 da Lei de Improbidade Administrativa, também incluído pela Lei n. 13.019/2014, possuía a mesma redação do inciso anterior, mas foi revogado pela Lei n. 14.230/2021.

2.2.22. Concessão, aplicação ou manutenção indevida de benefício financeiro ou tributário

> XXII – conceder, aplicar ou manter benefício financeiro ou tributário contrário ao que dispõem o *caput* e o § 1º do art. 8º-A da Lei Complementar nº 116, de 31 de julho de 2003.

Por fim, a Lei n. 14.230/2021 apenas remanejou o antigo 10-A da Lei n. 8.429/1992 para o inciso XXII do artigo 10 deste mesmo diploma.

A conduta punida por tal dispositivo consiste na concessão, aplicação ou manutenção de benefício financeiro ou tributário contrário ao que dispõem o *caput* e o § 1º do artigo 8º-A da Lei Complementar n. 116/2003.

Para tanto, é importante citar a norma contida nos dispositivos em apreço:

> Art. 8º-A. A alíquota mínima do Imposto sobre Serviços de Qualquer Natureza é de 2% (dois por cento).
> § 1º O imposto não será objeto de concessão de isenções, incentivos ou benefícios tributários ou financeiros, inclusive de redução de base de cálculo ou de crédito presumido ou outorgado, ou sob qualquer outra forma que resulte, direta ou indiretamente, em carga tributária menor que a decorrente da aplicação da alíquota mínima estabelecida no *caput*, exceto para os serviços a que se referem os subitens 7.02, 7.05 e 16.01 da lista anexa a esta Lei Complementar. [...].

Com o intuito de sancionar severamente os entes que não observassem a norma, criou-se uma modalidade de ato de improbidade administrativa. Frise-se que a previsão legal abrange não apenas a ação, mas também a omissão, razão pela qual eventual prefeito que assumir o cargo em município que já estiver concedendo a isenção e não adotar medidas para saná-la incorrerá em tal ato de improbidade administrativa.

Nessa senda, para a ocorrência do ato de improbidade administrativa em voga, torna-se imprescindível que o prefeito ou o governador do Distrito Federal fixe alíquota do imposto sobre serviços de qualquer natureza (ISS) em patamar inferior a 2%, o que, por óbvio, gera perda patrimonial efetiva em razão da não arrecadação do valor renunciado.

Além disso, também incide em tal vedação se uma das referidas autoridades conceder isenção, incentivo ou benefício tributário ou financeiro que, ao final, implique direta ou indiretamente em carga tributária menor que os referidos 2%. Vale dizer, trata-se de norma que visa a evitar a burla à regra constante no *caput* do citado artigo 2º.

Exemplo: governador do Distrito Federal que fixa a alíquota do ISS em 1%.

2.3. Outras disposições

Registram-se, por derradeiro, as disposições constantes nos §§ 1º e 2º incluídos pela Lei n. 14.230/2021 ao artigo 10 da Lei n. 8.429/1992.

Com efeito, agora a lei dispõe expressamente que não ocorrerá a imposição de ressarcimento nos casos em que a inobservância de formalidades legais ou regulamentares não implicar perda patrimonial efetiva. Em outras palavras, é indispensável a ocorrência de perda patrimonial para que seja cabível o ressarcimento do dano. A disposição veda, assim, o enriquecimento sem causa das entidades públicas e demais pessoas jurídicas elencadas no artigo 1º da Lei de Improbidade Administrativa.

Outrossim, salienta-se que, salvo se comprovado ato doloso praticado com essa finalidade, a mera perda patrimonial decorrente da atividade econômica não acarretará improbidade administrativa. A título de exemplo: se o agente público optar, dentro de sua esfera de discricionariedade, pela prestação de serviço postal e, dessa atividade, sobrevier perda patrimonial controlada e que atenda ao interesse público, não será possível a sua responsabilização a título de improbidade administrativa.

3. Atos de improbidade administrativa que atentam contra os princípios da Administração Pública

3.1. Introdução

O artigo 11 da Nova Lei de Improbidade Administrativa prevê os atos de improbidade administrativa que atentam contra os princípios da Administração Pública.

A redação original do *caput* do citado artigo 11 dispunha que constituía ato de improbidade administrativa que atenta contra os princípios da Administração Pública qualquer ação ou omissão que viole os deveres de honestidade, imparcialidade, legalidade, e lealdade às instituições. Assim, o rol constante nos incisos deste dispositivo era meramente exemplificativo, conforme pacificamente compreendido pela doutrina e jurisprudência (destaques nossos):

> [...] IMPROBIDADE ADMINISTRATIVA. **ART. 11 DA LEI 8.429/1992**. ILÍCITO DECORRENTE DE AFRONTA AOS PRINCÍPIOS ADMINISTRATIVOS. [...] IMPOSSIBILIDADE DE ENUMERAÇÃO JUDICIAL EM *NUMERUS CLAUSUS* DE HIPÓTESES QUE CONFIGUREM TAL MODALIDADE DE IMPROBIDADE. **ADMISSIBILIDADE DE ROL A TÍTULO EXEMPLIFICATIVO**. [...] CARÁTER ABERTO DO ART. 11 DA LEI DE IMPROBIDADE ADMINISTRATIVA 3. Diante do caráter aberto do art. 11 da Lei 8.429/1992, descabe fazer enumeração judicial em *numerus clausus* de modalidades de improbidade administrativa atinentes a afronta aos princípios da Administração Pública. 4. A conduta do agente ímprobo pode, sim, ser emoldurada no próprio *caput* do art. 11, sem a necessidade de se encaixar, obrigatoriamente, em uma das figuras previstas nos oito incisos que integram o mesmo artigo. Máxime porque **os incisos possuem índole claramente exemplificativa e não de *numerus clausus***. Basta conferir o final da redação do *caput* (nave-mãe) que, após indicar a base normativa da conduta ímproba ofensiva a princípios, realça que esse mesmo núcleo estará também caracterizado, "notadamente" (mas não exclusivamente) nas demais condutas identificadas nos incisos subsequentes. Daí resulta que a conduta ímproba realiza-se não só por infração aos incisos do art. 11, mas, antes até, faz-se reconhecível, igual e autonomamente, no tipo genérico e aberto do próprio caput. O STJ já travou discussão anterior e pacificou o entendimento a respeito do caráter exemplificativo das hipóteses previstas no art. 11 da Lei 8.429/1992 (REsp 1.275.469/SP, Rel. Min. Sérgio Kukina, DJe 9/3/2015). [...]. (EREsp 1193248/MG, Rel. Ministro OG FERNANDES, Rel. p/ Acórdão Ministro Herman Benjamin, 1ª Seção, julgado em 26/06/2019, DJe 18/12/2020.)

Já a Lei n. 14.230/2021 alterou a referida redação para salientar que constitui ato de improbidade administrativa que atenta contra os princípios da Administração Pública a ação ou omissão dolosa que viole os deveres de honestidade, de imparcialidade e de legalidade, caracterizada por uma das condutas elencadas nos incisos do referido artigo 11.

A principal diferença nas redações consiste na atual exigência de que, para configurar tal modalidade de improbidade administrativa, a conduta do agente público se amolde em um dos incisos do artigo 11 – trata-se, então, de rol taxativo, ao contrário da redação originária, em que havia um rol exemplificativo.

Critica-se essa mudança, pois situações graves anteriores que eram punidas conforme o *caput* do artigo 11 agora não mais configuram improbidade administrativa. É possível mencionar, a título exemplificativo, o assédio moral, o qual, mais do que provocações no local de trabalho – sarcasmo, crítica, zombaria e trote –, é campanha de terror psicológico pela rejeição. A prática de assédio moral enquadrava-se na antiga redação em razão do evidente abuso de poder, desvio de finalidade e malferimento à impessoalidade, ao agir deliberadamente em prejuízo de alguém. Todavia, com o novo texto tal prática abjeta deixou de ser improbidade administrativa.

Também deixou de ser punida como improbidade administrativa a conduta do agente público que "fura a fila" da vacina contra a Covid-19, em desrespeito às normas que regulamentam a saúde pública, prejudicando a população que certamente deixará de receber aquela dose conforme o calendário oficial. Antes da mudança legislativa em apreço, tal agente público podia ser enquadrado como autor de ato de improbidade administrativa que viola princípios da Administração Pública, notadamente os da legalidade, impessoalidade e moralidade.

O elemento subjetivo, contudo, permanece sendo o dolo, agora incluído expressamente no *caput* do citado artigo 11. Essa inclusão também foi despicienda, pois tanto na doutrina quanto na jurisprudência sempre se entendeu pacificamente que o dolo era requisito dessa modalidade de improbidade administrativa:

> [...] a tipificação do ato de improbidade administrativa descrito no art. 11 somente se aperfeiçoa mediante ação ou omissão dolosa do agente público. Vale dizer: é preciso que o agente pratique a conduta descrita no dispositivo em exame de forma livre e consciente.[114]

[114] Andrade, Adriano; Masson, Cleber; Andrade, Landolfo. **Interesses difusos e coletivos**, v. 1. 11. ed. Rio de Janeiro: Método, 2021, p. 774.

Quanto ao tipo de dolo exigido pela lei, há duas correntes: a) necessidade de demonstração da má-fé ou desonestidade (STJ, REsp n. 1.089.911/PE); ou b) basta apenas o dolo genérico, ou seja, a vontade de realizar a conduta descrita no tipo (STJ, AREsp n. 873.914/RN).

Outrossim, para a configuração dos atos de improbidade administrativa que atentam contra os princípios da Administração Pública, é dispensável a comprovação de efetivo prejuízo aos cofres públicos (STJ, REsp n. 1192758/MG).

A Lei n. 14.230/2021 afasta a configuração de improbidade decorrente de divergência interpretativa da lei, conforme o § 8º incluído ao artigo 1º: "Não configura improbidade a ação ou omissão decorrente de divergência interpretativa da lei, baseada em jurisprudência, ainda que não pacificada, mesmo que não venha a ser posteriormente prevalecente nas decisões dos órgãos de controle ou dos tribunais do Poder Judiciário."

Tal dispositivo busca evitar o denominado "apagão das canetas", ou seja, a situação em que o gestor público, receoso dos riscos jurídicos da tomada de uma decisão que possa contrariar o posicionamento jurisprudencial, deixa de praticar o ato administrativo, ainda que amparado em parecer do respectivo órgão de assessoria jurídica e movido somente pelo interesse público.

"Contudo, condicionar a configuração de ato de improbidade administrativa à existência ou não de "divergência interpretativa da lei, baseada em jurisprudência", viola o princípio constitucional da legalidade, que exige prévia delimitação legal do ilícito."

É preciso deixar claro que "ilegalidade" não é sinônimo de "improbidade". O artigo 11 aduz, de fato, que a violação ao princípio da legalidade configura ato de improbidade administrativa. No entanto, na linha do entendimento de nossos tribunais superiores, não é possível fazer a aplicação literal desse dispositivo, sob pena de toda ilegalidade ser considerada também como improbidade administrativa, o que seria absurdo. Tal entendimento foi reforçado com o rol taxativo imposto pela Lei n. 14.230/2021.

A mencionada lei de 2021 ainda incluiu parágrafos ao artigo 11. Assim, dispôs-se que, nos termos da Convenção das Nações Unidas contra a Corrupção, somente haverá improbidade administrativa, na aplicação do referido artigo 11, quando for comprovado na conduta funcional do agente público o fim de obter proveito ou benefício indevido para si ou para outra pessoa ou entidade.

Aplica-se a disposição ilustrada no parágrafo acima a quaisquer atos de improbidade administrativa tipificados na legislação e a quaisquer outros tipos especiais de improbidade administrativa instituídos por lei.

Outrossim, fixou-se que o enquadramento de conduta funcional na categoria de que trata o artigo 11 pressupõe a demonstração objetiva da prática de ilegalidade no exercício da função pública, com a indicação das normas constitucionais, legais ou infralegais violadas.

Por fim, agora é demandada a observância ao princípio da lesividade, vale dizer, os atos de improbidade que atentam contra os princípios da Administração Pública exigem lesividade relevante ao bem jurídico tutelado para serem passíveis de sancionamento e independem do reconhecimento da produção de danos ao erário e de enriquecimento ilícito dos agentes públicos.

3.2. Condutas elencadas no artigo 11

Conforme salientado acima, são taxativas as subespécies de atos de improbidade administrativa que atentam contra os princípios da Administração Pública elencadas pela lei, em razão do excerto "caracterizada por uma das seguintes condutas" constante ao final do *caput* do referido artigo 11.

3.2.1. Prática de ato com desvio de finalidade

O inciso I do artigo 11, atualmente revogado pela Lei n. 14.230/2021, considerava improbidade administrativa a prática de ato visando à finalidade proibida por lei ou regulamento, bem como objetivando finalidade diversa daquela prevista na regra de competência.

3.2.2. Retardo ou omissão na prática de ato de ofício

O inciso II do artigo 11, atualmente revogado pela Lei n. 14.230/2021, considerava improbidade administrativa a conduta de retardar ou deixar de praticar, indevidamente, ato de ofício.

3.2.3. Violação de sigilo funcional

> III – revelar fato ou circunstância de que tem ciência em razão das atribuições e que deva permanecer em segredo, propiciando beneficiamento por informação privilegiada ou colocando em risco a segurança da sociedade e do Estado;

A redação original do inciso III do artigo 11 vedava a revelação de fato ou circunstância de que o agente público tem ciência em razão das atribuições e que deva permanecer em segredo.

Já a Lei n. 14.230/2021 incluiu uma parte final a este dispositivo, exigindo também que a conduta propicie beneficiamento por informação privilegiada ou coloque em risco a segurança da sociedade e do Estado.

Assim, em primeiro lugar, há a exigência de uma exposição indevida. Vale dizer, o agente público expõe fatos ou circunstâncias sigilosos, aos quais teve acesso em razão de seu trabalho. Nesse sentido:

> Nas situações em que a lei impõe a restrição à publicidade, seja para resguardar interesse público, seja para preservar a intimidade dos cidadãos, surge para o agente público que tem acesso a informações sigilosas o dever de segredo, cujo descumprimento doloso configura o ato de improbidade previsto nesse inciso. A norma protege, portanto, o segredo profissional.[115]

Ademais, há a necessidade, conforme a alteração legislativa em voga, de que esse ato beneficie alguém em razão da informação privilegiada ou cause risco à segurança estatal ou da população.

Exemplo: escrevente que revela fatos sigilosos constantes em processo judicial que está sob seus cuidados, gerando lucro a terceiros que exploram comercialmente tal informação.

3.2.4. Negativa na publicidade de atos oficiais

> IV – negar publicidade aos atos oficiais, exceto em razão de sua imprescindibilidade para a segurança da sociedade e do Estado ou de outras hipóteses instituídas em lei;

[115] ANDRADE, Adriano; MASSON, Cleber; ANDRADE, Landolfo. **Interesses difusos e coletivos**, v. 1. 11. ed. Rio de Janeiro: Método, 2021, p. 778.

A redação originária do inciso IV do artigo 11 considerava improbidade administrativa a conduta de negar publicidade aos atos oficiais.

A Lei n. 14.230/2021 alterou essa redação para incluir uma ressalva ao final do dispositivo: "exceto em razão de sua imprescindibilidade para a segurança da sociedade e do Estado ou de outras hipóteses instituídas em lei".

Os requisitos consistem na negativa de tornar público qualquer ato oficial. Com efeito, o artigo 37, *caput*, da Constituição Federal determina expressamente que a Administração Pública é regida pelo princípio da publicidade. Nesse sentido, a Lei n. 12.527/2011 regula "o acesso a informações previsto no inciso XXXIII do art. 5º, no inciso II do § 3º do art. 37 e no § 2º do art. 216 da Constituição Federal", entre outras providências.

Assim, os atos oficiais são, em regra, públicos, não podendo o agente público negar-lhes tal qualidade.

Todavia, é importante registrar que essa regra não é absoluta, pois há situações em que o sigilo é inafastável, como, por exemplo, nas situações de segurança do Estado e da sociedade. Em tais casos, por óbvio, o agente público não pode ser punido, uma vez que, por dever de ofício, não pode dar publicidade a tais atos.

Exemplo: gestor público que não divulga edital de licitação.

3.2.5. Frustração da licitude de concurso público

> V – frustrar, em ofensa à imparcialidade, o caráter concorrencial de concurso público, de chamamento ou de procedimento licitatório, com vistas à obtenção de benefício próprio, direto ou indireto, ou de terceiros;

A redação original do inciso V vedava a frustração da licitude de concurso público.

Já a Lei n. 14.230/2021 alterou completamente esse dispositivo, dispondo que configura improbidade administrativa a conduta de frustrar, em ofensa à imparcialidade, o caráter concorrencial de concurso público, de chamamento ou de procedimento licitatório, com vistas à obtenção de benefício próprio, direto ou indireto, ou de terceiros.

Assim, o primeiro requisito traduz-se na conduta de dificultar ou impedir a ampla disputa em um concurso público, chamamento ou licitação, prejudicando a equidade.

Há, ademais, a imprescindibilidade de se visar, com essa conduta, a um benefício próprio – do agente público – ou de terceira pessoa.

O concurso público é exigência constitucional para, em regra, se acessar cargos públicos, nos termos do artigo 37, *caput*, inciso II, da Constituição Federal:

> Art. 37. [...] II – a investidura em cargo ou emprego público depende de aprovação prévia em concurso público de provas ou de provas e títulos, de acordo com a natureza e a complexidade do cargo ou emprego, na forma prevista em lei, ressalvadas as nomeações para cargo em comissão declarado em lei de livre nomeação e exoneração; [...].

Em tal contexto, o desrespeito a essa norma sabota todo um sistema engendrado para se respeitar a isonomia e a impessoalidade, objetivando impedir favorecimentos e outras ilegalidades que prejudicam sobremaneira o interesse público. A imparcialidade e o caráter concorrencial são fundamentais para essas finalidades, pois evitam que a população em geral seja preterida em favor dos "amigos do Rei".

Exemplo: prefeito que elabora edital de concurso público para direcioná-lo a um parente seu, exigindo, por exemplo, cursos e outras características que somente essa pessoa possui.

Em razão da mudança legislativa empreendida pela Lei n. 14.230/2021, haverá uma dúvida quanto à conduta de dispensar indevidamente a realização de concurso público. Antes das alterações, era pacífico o entendimento de que tal conduta era enquadrada no *caput* do artigo 11 da Lei n. 8.429/1992:

> E se o agente público dispensar indevidamente a realização de concurso público? Nessa hipótese, sua conduta se enquadrará na descrição genérica do tipo de improbidade previsto no art. 11, *caput*, da LIA. Conforme decidido pelo STJ: "A conduta do recorrente de contratar e manter servidores sem concurso público na Administração amolda-se ao *caput* do art. 11 da Lei n.º 8.429/1992, ainda que o serviço público tenha sido devidamente prestado (REsp 737.279/PR).[116]

[116] Andrade, Adriano; Masson, Cleber; Andrade, Landolfo. **Interesses difusos e coletivos**, v. 1. 11. ed. Rio de Janeiro: Método, 2021, p. 780.

Todavia, como agora é taxativo o rol do artigo 11 da Lei de Improbidade Administrativa, exigindo que a conduta se amolde em um de seus incisos, haverá, no mínimo, duas correntes acerca desse tema:

a) a primeira salientando que, em razão dessa nova redação, a dispensa do concurso público deixa de ser improbidade administrativa, já que inexiste norma específica a considerando como tal, em respeito ao princípio da legalidade;
b) a segunda considerando que a referida dispensa se enquadra no inciso V em apreço, pois "frustrar [...] o caráter concorrencial de concurso público" consiste em qualquer conduta que dificulte ou impeça os objetivos desse instituto constitucional, abrangendo, desse modo, até mesmo a sua completa dispensa.

Considerando os princípios aplicáveis à espécie, bem como o respectivo *standard* probatório atinente à matéria, entendemos que a segunda corrente ("b") é aquela que mais se coaduna com o interesse público, pois a frustração do caráter concorrencial de concurso público não exclui a própria dispensa desse instituto. Em suma, quem dispensa o concurso público não deixa de frustrar o seu caráter competitivo.

3.2.6. Omissão na prestação de contas

> VI – deixar de prestar contas quando esteja obrigado a fazê-lo, desde que disponha das condições para isso, com vistas a ocultar irregularidades;

O inciso VI do artigo 11, em sua redação original, punia a conduta de deixar de prestar contas quando esteja obrigado a fazê-lo.

Contudo, a Lei n. 14.230/2021 incluiu neste dispositivo uma exigência a mais, nos seguintes moldes: "deixar de prestar contas quando esteja obrigado a fazê-lo, desde que disponha das condições para isso, com vistas a ocultar irregularidades".

Assim, o diploma atual considera improbidade administrativa a não prestação de contas por aquele que é legalmente obrigado a fazê-lo. E, conforme a redação conferida pela nova lei, o agente público deve possuir condições para tanto e, mesmo assim, não o faz. Por fim, registra-se a criação do dolo específico, consistente no objetivo de esconder ilícitos.

A Constituição Federal, em seu artigo 70, parágrafo único, salienta que: "Prestará contas qualquer pessoa física ou jurídica, pública ou privada, que utilize, arrecade, guarde, gerencie ou administre dinheiros, bens e valores públicos ou pelos quais a União responda, ou que, em nome desta, assuma obrigações de natureza pecuniária." Veja-se que a obrigação recai sobre qualquer pessoa, física ou jurídica, privada ou pública, desde que exerça qualquer atividade que envolva bens públicos.

Exemplo: prefeito que não presta contas de sua gestão ao respectivo Tribunal de Contas, visando a ocultar irregularidades.

3.2.7. Divulgação indevida de medida política ou econômica

> VII – revelar ou permitir que chegue ao conhecimento de terceiro, antes da respectiva divulgação oficial, teor de medida política ou econômica capaz de afetar o preço de mercadoria, bem ou serviço;

O inciso VII considera improbidade administrativa a conduta de revelar ou permitir que chegue ao conhecimento de terceiro, antes da respectiva divulgação oficial, teor de medida política ou econômica capaz de afetar o preço de mercadoria, bem ou serviço.

O primeiro requisito consiste em revelar ou permitir que chegue ao conhecimento de terceiro. Na primeira conduta, o próprio agente público torna pública a medida em questão. Já na segunda, o agente público autoriza que tal medida seja divulgada a terceira pessoa.

O dispositivo consigna o lapso temporal dessa conduta, o qual deve ser anterior à divulgação oficial da medida em apreço. E esse requisito possui uma evidente razão de ser, já que a difusão posterior não se trata de revelação e muito menos indevida.

Ademais, a norma protege a atividade estatal referente a medidas políticas ou econômicas aptas a influenciarem no mercado, alterando o preço de produtos e serviços.

Registra-se, por oportuno, que não é necessário que os preços de mercadorias, bens ou serviços sejam de fato afetados. Nesse sentido:

Para que a conduta do agente público se amolde ao inciso em exame, não é necessário que efetivamente sejam afetados os preços de mercadoria, bem ou serviço. Basta que a medida política ou econômica protegida pelo sigilo e indevidamente divulgada tenha a potencialidade de provocar essa alteração.[117]

Exemplo: assessor de Ministério da Economia que antecipa a uma empresa a informação de que a alíquota de determinado produto será aumentada no dia seguinte.

3.2.8. Descumprimento das normas atinentes a parcerias firmadas com entidades privadas

> VIII – descumprir as normas relativas à celebração, fiscalização e aprovação de contas de parcerias firmadas pela administração pública com entidades privadas;

O inciso VIII do artigo 11 pune o descumprimento das normas relativas à celebração, fiscalização e aprovação de contas de parcerias firmadas pela Administração Pública com entidades privadas.

O presente dispositivo funciona como uma cláusula subsidiária de proteção às parcerias firmadas pelo Estado com pessoas jurídicas de direito privado, pois complementa a tutela realizada pelos incisos XIV e seguintes do artigo 10 da mesma lei.

Aqui, ao contrário do citado artigo 10, não há a necessidade de ocorrer dano ao erário, bastando que não sejam observadas as respectivas disposições legais aplicáveis a essas parcerias, referentes à sua celebração, fiscalização ou aprovação de contas.

Exemplo: prefeito que firma uma parceria com ente privado que não preenche os requisitos elencados pela lei.

[117] ANDRADE, Adriano; MASSON, Cleber; ANDRADE, Landolfo. **Interesses difusos e coletivos**, v. 1. 11. ed. Rio de Janeiro: Método, 2021, p. 782.

3.2.9. Descumprimento das normas de acessibilidade

O inciso IX foi revogado pela Lei n. 14.230/2021 e considerava improbidade administrativa a conduta de deixar de cumprir a exigência de requisitos de acessibilidade previstos na legislação.

3.2.10. Transferência de recursos a entidade privada, em razão da prestação de serviço público de saúde, sem a prévia celebração de contrato ou convênio

O inciso X, também revogado pela Lei n. 14.230/2021, vedava a transferência de recurso a entidade privada, em razão da prestação de serviços na área de saúde, sem a prévia celebração de contrato, convênio ou instrumento congênere, nos termos do parágrafo único do artigo 24 da Lei n. 8.080/1990.

Apesar dessa revogação, a conduta ainda pode ser punida a depender da forma como ocorrer a transferência dos recursos à entidade privada, nos termos do artigo 9º, inciso I, ou 10, inciso XI, da Lei n. 8.429/1992:

> Art. 9º [...] I – receber, para si ou para outrem, dinheiro, bem móvel ou imóvel, ou qualquer outra vantagem econômica, direta ou indireta, a título de comissão, percentagem, gratificação ou presente de quem tenha interesse, direto ou indireto, que possa ser atingido ou amparado por ação ou omissão decorrente das atribuições do agente público; [...].

> Art. 10. [...] XI – liberar verba pública sem a estrita observância das normas pertinentes ou influir de qualquer forma para a sua aplicação irregular; [...].

3.2.11. Nepotismo

> XI – nomear cônjuge, companheiro ou parente em linha reta, colateral ou por afinidade, até o terceiro grau, inclusive, da autoridade nomeante ou de servidor da mesma pessoa jurídica investido em cargo de direção, chefia ou assessoramento, para o exercício de cargo em comissão ou de confiança ou, ainda, de função gratificada na administração pública direta e indireta em qualquer dos Poderes da União, dos Estados, do Distrito Federal e dos Municípios, compreendido o ajuste mediante designações recíprocas;

O inciso XI foi incluído pela Lei n. 14.230/2021 e considera improbidade administrativa a nomeação de cônjuge, companheiro ou parente em linha reta, colateral ou por afinidade, até o terceiro grau, inclusive, da autoridade nomeante ou de servidor da mesma pessoa jurídica investido em cargo de direção, chefia ou assessoramento, para o exercício de cargo em comissão ou de confiança ou, ainda, de função gratificada na Administração Pública direta e indireta em qualquer dos Poderes da União, dos estados, do Distrito Federal e dos municípios, compreendido o ajuste mediante designações recíprocas.

A necessidade de haver uma disposição expressa punindo o nepotismo como improbidade administrativa foi ventilada pelos autores do presente livro no seminário virtual "Diálogos Interinstitucionais", realizado no dia 26 de abril de 2021. Na oportunidade, também palestraram o ministro Mauro Campbell Marques, do Superior Tribunal de Justiça – presidente da comissão de juristas que confeccionou o projeto de lei que originou a Lei n. 14.230/2021 –, o deputado federal Roberto de Lucena – autor do referido projeto – e o deputado federal Carlos Zarattini – relator de tal projeto –, entre outras autoridades.[118]

O presente dispositivo considera improbidade administrativa tanto o nepotismo direto quanto o nepotismo indireto em sua modalidade cruzada. Na primeira vertente, a autoridade "designa seu parente para cargo comissionado em estrutura administrativa sob sua gestão". Já no nepotismo cruzado, subespécie de nepotismo indireto, "duas ou mais autoridades realizam nomeações recíprocas de parentes, com a finalidade de furtar a aplicação da lei".[119]

Nota-se que a norma sob comento seguiu, a risca, a Súmula Vinculante n. 13, do Supremo Tribunal Federal:

[118] Notícias do evento disponíveis nos seguintes *sites*: http://www.mpsp.mp.br/portal/page/portal/noticias/noticia?id_noticia=24392289&id_grupo=118; https://www.apmp.com.br/noticias/apmp-promove-o-webinar-dialogos-interinstitucionais-pl-10-88718-altera-a-lei-de-improbidade-administrativa/. Acesso em: 22 out. 2021.

[119] Barbosa, Renato Kim. Nepotismo, mesmo indireto, contraria princípios basilares do Direito Público. **Revista Eletrônica Conjur**, 11 abr. 2016. Coluna MP no Debate. Disponível em: https://www.conjur.com.br/2016-abr-11/mp-debate-nepotismo-indireto-nega-principios-basilares-direito-publico. Acesso em: 22 out. 2021.

> A nomeação de cônjuge, companheiro ou parente em linha reta, colateral ou por afinidade, até o terceiro grau, inclusive, da autoridade nomeante ou de servidor da mesma pessoa jurídica investido em cargo de direção, chefia ou assessoramento, para o exercício de cargo em comissão ou de confiança ou, ainda, de função gratificada na administração pública direta e indireta em qualquer dos poderes da União, dos Estados, do Distrito Federal e dos Municípios, compreendido o ajuste mediante designações recíprocas, viola a Constituição Federal.

Contudo, estabeleceram-se requisitos subjetivos para a configuração de improbidade administrativa em virtude da prática de nepotismo: 1) dolo; 2) elemento subjetivo específico, consistente na finalidade ilícita do agente, pois o § 5º do artigo 11 aduz que não configura improbidade administrativa a "mera nomeação ou indicação política por parte dos detentores de mandatos eletivos". Assim, é necessária a aferição de dolo com finalidade ilícita por parte da autoridade nomeante.

Registra-se, ademais, que essa normativa reforçou a tese firmada no Tema n. 66 do Supremo Tribunal Federal, o qual salientou que nosso ordenamento jurídico, por meio de sua Lei Maior, impede a nomeação de parentes para cargos comissionados: "A vedação ao nepotismo não exige a edição de lei formal para coibir a prática, dado que essa proibição decorre diretamente dos princípios contidos no art. 37, *caput*, da Constituição Federal".

Exemplos: a) prefeito que nomeia sua esposa para cargo comissionado no Poder Executivo local; b) prefeito que nomeia filho do presidente da Câmara Municipal para cargo comissionado na Prefeitura Municipal, enquanto esta segunda autoridade nomeia filho daquela primeira autoridade para cargo comissionado na Câmara Municipal.

3.2.12. Publicidade indevida

> XII – praticar, no âmbito da administração pública e com recursos do erário, ato de publicidade que contrarie o disposto no § 1º do art. 37 da Constituição Federal, de forma a promover inequívoco enaltecimento do agente público e personalização de atos, de programas, de obras, de serviços ou de campanhas dos órgãos públicos.

Por fim, o inciso XII também foi incluído pela referida Lei n. 14.230/2021. Tal dispositivo veda a prática, no âmbito da Administração Pública e com recursos do erário, ato de publicidade que contrarie o disposto no § 1º do artigo 37 da Constituição Federal, de forma a promover inequívoco enaltecimento do agente público e personalização de atos, de programas, de obras, de serviços ou de campanhas dos órgãos públicos.

O referido artigo 37, § 1º, da Constituição Federal dispõe o seguinte: "A publicidade dos atos, programas, obras, serviços e campanhas dos órgãos públicos deverá ter caráter educativo, informativo ou de orientação social, dela não podendo constar nomes, símbolos ou imagens que caracterizem promoção pessoal de autoridades ou servidores públicos."

A norma constitucional em epígrafe tutela o princípio da moralidade na publicação de atividades estatais, que deve visar apenas a educar, informar ou orientar socialmente. É vedada expressamente a promoção pessoal de agentes públicos, por meio de quaisquer sinais que remetam a determinado indivíduo.

Assim, o dispositivo em apreço considera improbidade administrativa o desrespeito a essa normativa quando se utiliza dinheiro do erário para a promoção pessoal.

Exemplo: prefeito que, utilizando verba pública, coloca seu nome e sua foto em *outdoors* pela cidade noticiando a construção de escolas públicas.

4. Outras disposições

- Estatuto da Cidade

A Lei n. 10.257/2001, conhecida como Estatuto da Cidade, estabelece diretrizes gerais da política urbana, regulamentando os artigos 182 e 183 da Constituição Federal. O artigo 52 da referida lei criou uma categoria de atos de improbidade de improbidade administrativa específica para prefeitos municipais:

> Art. 52. Sem prejuízo da punição de outros agentes públicos envolvidos e da aplicação de outras sanções cabíveis, o Prefeito incorre em improbidade administrativa, nos termos da Lei no 8.429, de 2 de junho de 1992, quando:

> I – (VETADO)
> II – deixar de proceder, no prazo de cinco anos, o adequado aproveitamento do imóvel incorporado ao patrimônio público, conforme o disposto no § 4º do art. 8º desta Lei;
> III – utilizar áreas obtidas por meio do direito de preempção em desacordo com o disposto no art. 26 desta Lei;
> IV – aplicar os recursos auferidos com a outorga onerosa do direito de construir e de alteração de uso em desacordo com o previsto no art. 31 desta Lei;
> V – aplicar os recursos auferidos com operações consorciadas em desacordo com o previsto no § 1º do art. 33 desta Lei;
> VI – impedir ou deixar de garantir os requisitos contidos nos incisos I a III do § 4º do art. 40 desta Lei;
> VII – deixar de tomar as providências necessárias para garantir a observância do disposto no § 3º do art. 40 e no art. 50 desta Lei;
> VIII – adquirir imóvel objeto de direito de preempção, nos termos dos arts. 25 a 27 desta Lei, pelo valor da proposta apresentada, se este for, comprovadamente, superior ao de mercado.

- Lei Eleitoral

Por seu turno, a Lei n. 9.504/1997, que estabelece normas para as eleições, prevê em seu artigo 73, § 7º, o seguinte: "As condutas enumeradas no *caput* caracterizam, ainda, atos de improbidade administrativa, a que se refere o art. 11, inciso I, da Lei nº 8.429, de 2 de junho de 1992, e sujeitam-se às disposições daquele diploma legal, em especial às cominações do art. 12, inciso III." E as condutas elencadas no *caput*, incisos I a VIII, do mesmo artigo são as seguintes:

> Art. 73. São proibidas aos agentes públicos, servidores ou não, as seguintes condutas tendentes a afetar a igualdade de oportunidades entre candidatos nos pleitos eleitorais:
> I – ceder ou usar, em benefício de candidato, partido político ou coligação, bens móveis ou imóveis pertencentes à administração direta ou indireta da União, dos Estados, do Distrito Federal, dos Territórios e dos Municípios, ressalvada a realização de convenção partidária;

II – usar materiais ou serviços, custeados pelos Governos ou Casas Legislativas, que excedam as prerrogativas consignadas nos regimentos e normas dos órgãos que integram;
III – ceder servidor público ou empregado da administração direta ou indireta federal, estadual ou municipal do Poder Executivo, ou usar de seus serviços, para comitês de campanha eleitoral de candidato, partido político ou coligação, durante o horário de expediente normal, salvo se o servidor ou empregado estiver licenciado;
IV – fazer ou permitir uso promocional em favor de candidato, partido político ou coligação, de distribuição gratuita de bens e serviços de caráter social custeados ou subvencionados pelo Poder Público;
V – nomear, contratar ou de qualquer forma admitir, demitir sem justa causa, suprimir ou readaptar vantagens ou por outros meios dificultar ou impedir o exercício funcional e, ainda, ex officio, remover, transferir ou exonerar servidor público, na circunscrição do pleito, nos três meses que o antecedem e até a posse dos eleitos, sob pena de nulidade de pleno direito, ressalvados:
a) a nomeação ou exoneração de cargos em comissão e designação ou dispensa de funções de confiança;
b) a nomeação para cargos do Poder Judiciário, do Ministério Público, dos Tribunais ou Conselhos de Contas e dos órgãos da Presidência da República;
c) a nomeação dos aprovados em concursos públicos homologados até o início daquele prazo;
d) a nomeação ou contratação necessária à instalação ou ao funcionamento inadiável de serviços públicos essenciais, com prévia e expressa autorização do Chefe do Poder Executivo;
e) a transferência ou remoção ex officio de militares, policiais civis e de agentes penitenciários;
VI – nos três meses que antecedem o pleito:
a) realizar transferência voluntária de recursos da União aos Estados e Municípios, e dos Estados aos Municípios, sob pena de nulidade de pleno direito, ressalvados os recursos destinados a cumprir obrigação formal preexistente para execução de obra ou serviço em andamento e com cronograma prefixado, e os destinados a atender situações de emergência e de calamidade pública;
b) com exceção da propaganda de produtos e serviços que tenham concorrência no mercado, autorizar publicidade institucional dos atos, progra-

> mas, obras, serviços e campanhas dos órgãos públicos federais, estaduais ou municipais, ou das respectivas entidades da administração indireta, salvo em caso de grave e urgente necessidade pública, assim reconhecida pela Justiça Eleitoral;
> c) fazer pronunciamento em cadeia de rádio e televisão, fora do horário eleitoral gratuito, salvo quando, a critério da Justiça Eleitoral, tratar-se de matéria urgente, relevante e característica das funções de governo;
> VII – realizar, no primeiro semestre do ano de eleição, despesas com publicidade dos órgãos públicos federais, estaduais ou municipais, ou das respectivas entidades da administração indireta, que excedam a média dos gastos no primeiro semestre dos três últimos anos que antecedem o pleito; (Redação dada pela Lei nº 13.165, de 2015)
> VIII – fazer, na circunscrição do pleito, revisão geral da remuneração dos servidores públicos que exceda a recomposição da perda de seu poder aquisitivo ao longo do ano da eleição, a partir do início do prazo estabelecido no art. 7º desta Lei e até a posse dos eleitos.

Todavia, a Lei n. 14.230/2021 revogou expressamente o inciso I do artigo 11 da Lei n. 8.429/1992. Assim, podem surgir duas correntes acerca do tema: a) a primeira sustentando que a revogação *sub examine* tornou ineficaz a norma contida no § 7º do artigo 73 da Lei n. 9.504/1997, pois esta refere-se expressamente ao referido inciso hoje revogado. Esse entendimento encontra respaldo no fato de que aplicam nesta seara os princípios do Direito Administrativo Sancionador – *ex vi* da expressa normatização contida no artigo 1º, § 1º, da Lei n. 8.429/1992[120] –, no qual, a exemplo do Direito Penal, vigora o brocardo *nullum crimen, nulla poena sine praevia lege*;[121] b) a segunda preconizando que a punição a título de improbidade administrativa permaneceria em vigor, pois a disposição contida no referido § 7º seria uma norma extensiva quanto ao atual artigo 11 da Lei de Improbidade Administrativa.

[120] "Art. 1º [...] § 4º Aplicam-se ao sistema da improbidade disciplinado nesta Lei os princípios constitucionais do direito administrativo sancionador. [...]."

[121] Cf. artigo 5º, *caput*, inciso XXIX, da Constituição Federal: "não há crime sem lei anterior que o defina, nem pena sem prévia cominação legal".

Excetua-se, contudo, a situação daquelas condutas que se amoldam a outros dispositivos ainda em vigor da Lei de Improbidade Administrativa. Cita-se, a título exemplificativo, a cessão indevida de bem público, que, além de estar prevista no artigo 73, *caput*, inciso I, da Lei n. 9.503/1997, também preenche os requisitos do artigo 10, *caput*, inciso II, da Lei n. 8.429/1992.

CAPÍTULO 3
SANÇÕES

1. Introdução

Uma vez reconhecida a prática do ato de improbidade administrativa, deve ser imposta ao réu uma ou mais das sanções previstas no artigo 12 da Lei n. 8.429/1992.

A Constituição estabelece como sanções, em seu art. 37, § 4º, a suspensão dos direitos políticos, o ressarcimento do dano ao erário e a perda da função, na forma e gradação previstas em lei.[122]

A redação original do artigo 12 da Lei n. 8.429/1992, antes das mudanças empreendidas pela Lei n. 14.230/2021, era a seguinte:

> Art. 12. Independentemente das sanções penais, civis e administrativas previstas na legislação específica, está o responsável pelo ato de improbidade sujeito às seguintes cominações, que podem ser aplicadas isolada ou cumulativamente, de acordo com a gravidade do fato:
> I – na hipótese do art. 9º, perda dos bens ou valores acrescidos ilicitamente ao patrimônio, ressarcimento integral do dano, quando houver, perda da função pública, suspensão dos direitos políticos de oito a dez anos, pagamento de multa civil de até três vezes o valor do acréscimo patrimonial e proibição de contratar com o Poder Público ou receber benefícios ou incentivos fiscais ou creditícios, direta ou indiretamente, ainda que por intermédio de pessoa jurídica da qual seja sócio majoritário, pelo prazo de dez anos;

[122] A indisponibilidade de bens não tem natureza de sanção, mas de medida acautelatória.

> II – na hipótese do art. 10, ressarcimento integral do dano, perda dos bens ou valores acrescidos ilicitamente ao patrimônio, se concorrer esta circunstância, perda da função pública, suspensão dos direitos políticos de cinco a oito anos, pagamento de multa civil de até duas vezes o valor do dano e proibição de contratar com o Poder Público ou receber benefícios ou incentivos fiscais ou creditícios, direta ou indiretamente, ainda que por intermédio de pessoa jurídica da qual seja sócio majoritário, pelo prazo de cinco anos;
> III – na hipótese do art. 11, ressarcimento integral do dano, se houver, perda da função pública, suspensão dos direitos políticos de três a cinco anos, pagamento de multa civil de até cem vezes o valor da remuneração percebida pelo agente e proibição de contratar com o Poder Público ou receber benefícios ou incentivos fiscais ou creditícios, direta ou indiretamente, ainda que por intermédio de pessoa jurídica da qual seja sócio majoritário, pelo prazo de três anos;
> IV – na hipótese prevista no art. 10-A, perda da função pública, suspensão dos direitos políticos de 5 (cinco) a 8 (oito) anos e multa civil de até 3 (três) vezes o valor do benefício financeiro ou tributário concedido.
> Parágrafo único. Na fixação das penas previstas nesta lei o juiz levará em conta a extensão do dano causado, assim como o proveito patrimonial obtido pelo agente.

A Lei n. 14.230/2021, por seu turno, realizou importantes alterações na sistemática das sanções. De início, registra-se que foram mantidas as mesmas sanções anteriormente previstas no citado artigo 12, quais sejam: a) perda de bens e valores acrescidos ilicitamente; b) ressarcimento integral do dano; c) perda da função pública; d) suspensão dos direitos políticos; e) multa civil; f) proibição de contratar com o Poder Público; g) proibição de receber benefícios ou incentivos fiscais ou creditícios.

O legislador ordinário, como se pode ver, não se limitou às sanções elencadas no § 4º do artigo 37 da Constituição Federal. Tal fato não implica, contudo, inconstitucionalidade da multa civil, da proibição de contratar ou receber benefícios ou incentivos e da perda dos bens acrescidos ilicitamente. Com efeito, o Supremo Tribunal Federal tem entendido que a Carta Magna estabeleceu rol exemplificativo, competindo ao legislador ordinário a fixação de outras penalidades, uma vez que "as sanções civis impostas pelo artigo 12 da Lei nº 8.429/92 aos atos de improbidade administrativa estão em sintonia com os princípios constitucionais que regem a Administração Pública."[123]

Em importante modificação, o *caput* do artigo 12 passou a prever que, "Independentemente do ressarcimento integral do dano patrimonial, se efetivo, e das sanções penais comuns e de responsabilidade, civis e administrativas previstas na legislação específica, está o responsável pelo ato de improbidade sujeito às seguintes cominações, que podem ser aplicadas isolada ou cumulativamente, de acordo com a gravidade do fato: [...]."

De forma didática, a nova redação desse dispositivo prevê expressamente: a) o ressarcimento integral do dano patrimonial; b) a possibilidade de aplicação cumulativa de sanções nas esferas civil, administrativa e penal (princípio da independência das instâncias); e c) a possibilidade de responsabilização do agente, cumulativamente, pela prática de crime de responsabilidade.

Extraiu-se das sanções propriamente ditas o ressarcimento integral do dano, tendo em vista o seu caráter reparatório, conforme preceituam os artigos 927, *caput*, e 944, *caput*, do Código Civil: "Art. 927. Aquele que, por ato ilícito (arts. 186 e 187), causar dano a outrem, fica obrigado a repará-lo. [...] Art. 944. A indenização mede-se pela extensão do dano. [...]."

Apesar de a nova redação mencionar apenas o dano patrimonial, nada impede que seja determinada a reparação de todas as espécies de danos, inclusive extrapatrimoniais e sociais. Com efeito, o artigo 5º, *caput*, da Constituição Federal garante, dentre outras determinações, a incolumidade de todos os bens de qualquer pessoa, seja física, seja jurídica. E o Código Civil, conforme os dispositivos acima mencionados, reforça esse entendimento. Assim, devem ser alvo de reparação, após pedido do autor da demanda, todos os danos causados pelo réu: danos individuais causados à pessoa jurídica de direito público interessada, dano social cau-

[123] STF, 2ª Turma, RE 598.588, Rel. Min. Eros Grau, Dje. 25.02.2010.

sado pelo rebaixamento da qualidade de vida da sociedade, dano moral coletivo,[124] dentre outros.[125]

Ademais, quanto ao dano material, é importante registrar que o texto exige que ele seja efetivo, vale dizer, o dano patrimonial não pode ser presumido, conforme se estudou quanto ao ato de improbidade administrativa previsto no artigo 10, *caput*, inciso VIII, da Lei n. 8.429/1992.

De outro vértice, foram mantidas, com pequenas alterações, as demais disposições constantes no *caput* do artigo 12. Ressalvaram-se, desse modo, as sanções penais – comuns e de responsabilidade –, civis e administrativas previstas na legislação específica de cada uma. Exemplo: a aplicação das sanções da Lei de Improbidade Administrativa não impede, em razão do mesmo fato, a imposição de pena (Direito Penal), reparação dos danos (Direito Civil) e demissão (Direito Administrativo).[126]

A parte final do *caput* ainda salienta que as sanções por ato de improbidade administrativa podem ser aplicadas de forma isolada ou cumulativa, sopesando-se para tanto a gravidade do fato. A Lei n. 8.429/1992, quando promulgada, não previa essa individualização da pena, o que fez gerar duas correntes à época: a) uma que entendia ser impositiva a aplicação de todas as sanções ao mesmo tempo; e b) outra que salientava ser necessária um

[124] Segundo o Superior Tribunal de Justiça, o dano moral coletivo é "categoria autônoma de dano que não se identifica com os tradicionais atributos da pessoa humana (dor, sofrimento ou abalo psíquico), mas com a violação injusta e intolerável de valores fundamentais titularizados pela coletividade (grupos, classes ou categorias de pessoas). Tem a função de: a) proporcionar uma reparação indireta à lesão de um direito extrapatrimonial da coletividade; b) sancionar o ofensor; e c) inibir condutas ofensivas a esses direitos transindividuais. 13. Se, por um lado, o dano moral coletivo não está relacionado a atributos da pessoa humana e se configura *in re ipsa*, dispensando a demonstração de prejuízos concretos ou de efetivo abalo moral, de outro, somente ficará caracterizado se ocorrer uma lesão a valores fundamentais da sociedade e se essa vulneração ocorrer de forma injusta e intolerável." (REsp 1.502.967, Rel. Min. Nancy Andrigui, DJe 14/08/2018.)

[125] Cf. Barbosa, Renato Kim. **Dano social decorrente de corrupção e improbidade administrativa**: teoria holística da responsabilidade civil. 2021. 286 f. Tese (Doutorado) – Faculdade de Direito, Universidade de São Paulo, São Paulo, 2021.

[126] A Súmula n. 651 do Superior Tribunal de Justiça aduz o seguinte (1ª Seção, aprovada em 21/10/2021): "Compete à autoridade administrativa aplicar a servidor público a pena de demissão em razão da prática de improbidade administrativa, independentemente de prévia condenação, por autoridade judicial, à perda da função pública."

balanceamento, podendo o juiz escolher uma ou mais sanções. A interpretação autêntica foi realizada pela Lei n. 12.120/2009, que alterou o texto para encampar expressamente a segunda corrente, prevalente até hoje.

1.1. Ressarcimento do dano na hipótese de o contratado receber valores em razão do cumprimento do contrato administrativo

Situação que merece especial atenção diz respeito ao ressarcimento do dano na hipótese de o contratado receber valores em razão do cumprimento do contrato administrativo. A melhor solução para o problema era baseada na verificação do *animus* do particular:

a) caso atuasse de boa-fé, sem indícios de envolvimento na prática do ato de improbidade administrativa, não havia como negar ao contratado o direito ao recebimento dos valores em razão do cumprimento do contrato;
b) o contratado de má-fé que, em conluio com o agente público, participou, auxiliou ou se beneficiou do ato ímprobo, ficava, de modo distinto, obrigado a restituir ao erário todos os valores que recebera com base na avença.

Todavia, o novo § 3º incluído pela Lei n. 14.230/2021 ao artigo 18 da Lei n. 8.429/1992 passou a dispor que, para "fins de apuração do valor do ressarcimento, deverão ser descontados os serviços efetivamente prestados", nada falando sobre boa-fé ou má-fé. Assim, nos parece possível o surgimento de duas posições sobre o tema:

a) deve ser mantida a sistemática anteriormente analisada, ou seja, que traça a distinção entre as situações em que o terceiro atue com boa ou má-fé;
b) a boa-fé do agente é irrelevante para fins de análise do ressarcimento do dano, ou seja, em qualquer hipótese fica o agente que prestou o serviço dispensado de devolver os valores. Essa parece ser, atualmente, a posição do Superior Tribunal de Justiça.[127]

[127] "Portanto, cinge-se a controvérsia em analisar a possibilidade de condenação ao ressarcimento ao Erário por serviços devidamente prestados ao Estado, embora decorrentes de

1.2. Reparação do dano e relação entre as instâncias civil, penal e administrativa

O novo § 6º, também incluído ao artigo 12 pela Lei n. 14.230/2021, determina que, se ocorrer lesão ao patrimônio público, a reparação do dano deverá deduzir o ressarcimento ocorrido nas instâncias criminal, civil e administrativa que tiver por objeto os mesmos fatos:

> Art. 12 [...]. § 6º Se ocorrer lesão ao patrimônio público, a reparação do dano a que se refere esta Lei deverá deduzir o ressarcimento ocorrido nas instâncias criminal, civil e administrativa que tiver por objeto os mesmos fatos. [...].

Trata-se de regra de busca evitar a dupla responsabilização do agente ímprobo em relação à reparação do dano. Com efeito, se já houve o pagamento ainda que parcial de indenização em outra instância, a medida não pode ser desconsiderada, sob pena, inclusive, de enriquecimento indevido da entidade lesada.

Atente-se para o fato de que o verbo "deduzir" deixa claro que não há óbice à complementação do valor da lesão fixado em outra instância por meio da ação civil de improbidade administrativa. Em outras palavras, é possível que, na demanda ajuizada com base na Lei n. 8.429/1992, fique demonstrado que o dano é superior àquele anteriormente indenizado, de modo a justificar a sua complementação.

Importante: com o advento da Lei n. 14.230/2021, caso seja constatado enriquecimento ilícito ou prejuízo ao erário, a perda de bens ou valores

ato ilícito reputado ímprobo. 3. Sobre o tema, esta Corte Superior firmou a compreensão de que a determinação de ressarcimento ao Erário por serviços efetivamente prestados é ilegítima, dado que ensejaria o enriquecimento ilícito do Estado (REsp. 1.659.553/RJ, Rel. Min. Herman Benjamin, DJe 30.6.2017; EREsp. 575.551/SP, Rel. Min. Nancy Andrighi, DJe 30.4.2009). 4. A punitividade de fatos ilícitos não pode ensejar o cometimento de outra ilicitude por parte do Poder Punitivo Estatal. Este está adstrito aos termos da lei e dos princípios gerais do direito. Defender – em vilipêndio ao devido processo e à proporcionalidade das sanções, ainda quando graves os fatos – que sejam ressarcidos os dispêndios estatais que retribuíram força de trabalho efetivamente prestada é afrontoso aos princípios da legalidade e da vedação ao enriquecimento sem causa, bem como à compreensão desta Corte Superior sobre o tema, consoante registrou a decisão agravada." (STJ, AgInt no AREsp 798.081/RJ, Min. Napoleão Nunes Maia Filho, DJe 09/12/2020) acrescidos de forma ilícita e a obrigação de ressarcir o erário serão de aplicação impositiva, sem margem de discricionariedade ao juiz.

1.3. Consequencialismo

A Lei n. 14.230/2021 ainda realizou importantes inovações, conforme o § 3º incluído no artigo 12 da Lei n. 8.429/1992. Com efeito, na responsabilização da pessoa jurídica, devem ser considerados os efeitos econômicos e sociais das sanções, de modo a viabilizar a manutenção de suas atividades.

Trata-se de incorporação ao texto da Lei de Improbidade Administrativa do critério hermenêutico consequencialista, positivado no artigo 20 da Lei de Introdução às Normas do Direito Brasileiro – Decreto-Lei n. 4.657/1942.[128]

O tema será objeto de análise aprofundada no capítulo destinado ao processo judicial.

1.4. Microssistema Anticorrupção e bis in idem

As sanções aplicadas a pessoas jurídicas com base na nova Lei de Improbidade Administrativa e na Lei Anticorrupção Empresarial (Lei n. 12.846/2013) devem observar o princípio constitucional do *non bis in idem* (artigo 12, § 7º, da Lei n. 8.429/1992). A regra encontra-se em consonância com artigo 3º, § 2º, da Lei n. 8.429/1992, que afastou a possibilidade de aplicação das sanções previstas na Lei de Improbidade Administrativa às pessoas jurídicas quando a conduta é sancionada simultaneamente pela Lei Anticorrupção. Assim, conforme já ponderamos no primeiro capítulo, entendemos possível o surgimento de duas correntes sobre o tema.

Uma primeira posição, partindo da literalidade dos dispositivos, poderá entender que não afasta apenas o *bis in idem*, mas, sim, qualquer aplicação da Lei de Improbidade Administrativa na hipótese de o ato ser também sancionado pela Lei Anticorrupção. Em outras palavras, as pessoas físicas se submetem apenas à Lei de Improbidade Administrativa e, as pessoas jurídicas, somente à Lei Anticorrupção.

[128] O tema será objeto de análise aprofundada no capítulo destinado ao Processo Judicial.

Já uma segunda posição, contudo, promoverá interpretação sistemática do dispositivo com o artigo 30, inciso I, da Lei Anticorrupção, que enuncia que suas penas não afastam as da Lei n. 8.429/1992, encampando o princípio da independência das esferas punitivas. Assim, o artigo 3º, § 2º, da Lei de Improbidade Administrativa deve ser compreendido como responsável apenas pelo afastamento das hipóteses de *bis in idem* na aplicação de sanções, permitindo que as pessoas jurídicas se submetam tanto à Lei Anticorrupção quanto à Lei de Improbidade Administrativa.

1.5. Atos de improbidade administrativa insignificantes, de menor potencial ofensivo e de elevado potencial ofensivo

Criou-se, por meio do § 5º do art. 12 da Lei nº 8.429/92, a figura do ato de improbidade administrativa de menor potencial ofensivo: no caso de atos de menor ofensa aos bens jurídicos tutelados pela lei, a sanção será a aplicação de multa, sem prejuízo do ressarcimento do dano e da perda dos valores obtidos, quando for o caso.

Assim, é possível classificar os atos de improbidade administrativa em três grandes categorias:

a) atos de improbidade administrativa insignificantes – trata-se, neste caso, de atos que, em tese, não afetariam a tipicidade material administrativa. Em tal contexto, é preciso lembrar que o Superior Tribunal de Justiça rechaçou a incidência do princípio da insignificância aos atos de improbidade administrativa,[129] de modo que incumbe ao juiz realizar a adequada dosimetria das sanções a serem aplicadas;
b) atos de improbidade administrativa de menor potencial ofensivo – no caso de atos de menor ofensa ao bem jurídico-administrativo tutelado pela lei, a sanção a ser aplicada será a multa, sem prejuízo do ressarcimento do dano e da perda dos valores obtidos;
c) atos de improbidade administrativa de elevado potencial ofensivo – nesta hipótese, a lesão ao bem jurídico-administrativo tutelado é

[129] AgInt no REsp n. 1.774.729, Rel. Ministro Francisco Falcão, DJe 13/12/2019.

de significativa monta, de modo que é possível, ao menos em tese, a aplicação de todas as sanções previstas pela Lei n. 8.429/1992.

Observa-se que o dispositivo não fixou balizas segundo as quais os atos de improbidade administrativa podem ser considerados de menor potencial ofensivo. A ausência de uma normatização segura impõe um cenário de exacerbado subjetivismo, o qual pode ser extremamente prejudicial ou favorável ao réu ou à sociedade.

Por fim, é preciso ponderar que, inobstante uma lesão patrimonial possa ter diminuto valor econômico, a conduta do agente ímprobo pode representar grave violação à moralidade administrativa, justificando a imposição de outras penalidades, além da multa, que devem ser objeto de análise pelo juiz em cada caso concreto.[130]

1.6. Dano moral coletivo e dano social

O "dano moral coletivo", segundo o entendimento da corrente majoritária, correlaciona-se a qualquer direito coletivo *lato sensu*, englobando, desse modo, os direitos individuais homogêneos, coletivos em sentido estrito e difusos. Assim, pode ser definido como uma "injusta lesão da esfera moral de uma dada comunidade, ou seja, é a violação antijurídica de um determinado círculo de valores coletivos".[131]

Já "dano social" foi definido por Antonio Junqueira de Azevedo como as "lesões à sociedade, no seu nível de vida, tanto por seu rebaixamento de seu patrimônio moral – principalmente a respeito da segurança – quanto por diminuição de sua qualidade de vida".[132]

[130] Na seara penal, a Lei n. 9.099/1990 dispôs expressamente que a infração penal de menor potencial ofensivo é aquela cuja pena máxima não ultrapassa dois anos: "Art. 61.Consideram-se infrações penais de menor potencial ofensivo, para os efeitos desta Lei, as contravenções penais e os crimes a que a lei comine pena máxima não superior a 2 (dois) anos, cumulada ou não com multa."

[131] CAMARGO, Paulo Sergio Uchôa Fagundes Ferraz de. **Dano moral coletivo**: uma possibilidade de aplicação dos danos punitivos. São Paulo: Almedina, 2016, p. 135.

[132] AZEVEDO, Antonio Junqueira de. **Novos estudos e pareceres de Direito Privado**. São Paulo: Saraiva, 2009, p. 382.

Ambas as figuras podem ser tuteladas por meio da ação civil de improbidade administrativa.[133] Com efeito, o dano social, caracterizado pelo rebaixamento do patrimônio moral, insere-se no conceito de dano moral coletivo em sentido amplo, pois esta última figura, por ser gênero, abrange todos os danos coletivos morais: individuais homogêneos, coletivos em sentido estrito e difusos; e tal derradeiro instituto traduz-se justamente no dano social, já que, além de possuir objeto indivisível, atinge sujeitos indetermináveis.

Relevância prática: torna-se possível, desse modo, haver a cumulação de pedidos em uma mesma ação. Vale dizer, em relação à responsabilidade civil, o agente público ímprobo também pode ser processado – e, por fim, condenado – a reparar tanto os danos morais coletivos, configurados pelo rebaixamento do patrimônio moral da sociedade,[134] quanto os danos sociais materiais, constatados pela redução da qualidade de vida da população.

Essa compreensão técnica da matéria estende-se, até mesmo, aos procedimentos extrajudiciais investigatórios – *v.g.*, acordo de não persecução cível em que o averiguado, dentre outras cominações, resta obrigado a reparar os danos morais coletivos e os danos sociais.

2. Espécies de sanções

A Constituição Federal, em seu artigo 37, § 4º, elencou algumas sanções para aqueles que praticarem ato de improbidade administrativa: "Os atos de improbidade administrativa importarão a suspensão dos direitos políticos, a perda da função pública, a indisponibilidade dos bens e o ressarcimento ao erário, na forma e gradação previstas em lei, sem prejuízo da ação penal cabível."

Regulamentando a matéria, a depender da modalidade de ato de improbidade administrativa praticado pelo agente público – artigo 9º, 10 ou 11 –, a Lei de Improbidade Administrativa preceitua, no artigo 12, *caput*, incisos I a III, as seguintes penalidades:

[133] Cf. Barbosa, Renato Kim. **Dano social decorrente de corrupção e improbidade administrativa**: teoria holística da responsabilidade civil. 2021. 286 f. Tese (Doutorado) – Faculdade de Direito, Universidade de São Paulo, São Paulo, 2021.

[134] Compreendidos como sinônimos de danos sociais morais.

> [...] I – na hipótese do art. 9º desta Lei, perda dos bens ou valores acrescidos ilicitamente ao patrimônio, perda da função pública, suspensão dos direitos políticos até 14 (catorze) anos, pagamento de multa civil equivalente ao valor do acréscimo patrimonial e proibição de contratar com o poder público ou de receber benefícios ou incentivos fiscais ou creditícios, direta ou indiretamente, ainda que por intermédio de pessoa jurídica da qual seja sócio majoritário, pelo prazo não superior a 14 (catorze) anos;
> II – na hipótese do art. 10 desta Lei, perda dos bens ou valores acrescidos ilicitamente ao patrimônio, se concorrer esta circunstância, perda da função pública, suspensão dos direitos políticos até 12 (doze) anos, pagamento de multa civil equivalente ao valor do dano e proibição de contratar com o poder público ou de receber benefícios ou incentivos fiscais ou creditícios, direta ou indiretamente, ainda que por intermédio de pessoa jurídica da qual seja sócio majoritário, pelo prazo não superior a 12 (doze) anos;
> III – na hipótese do art. 11 desta Lei, pagamento de multa civil de até 24 (vinte e quatro) vezes o valor da remuneração percebida pelo agente e proibição de contratar com o poder público ou de receber benefícios ou incentivos fiscais ou creditícios, direta ou indiretamente, ainda que por intermédio de pessoa jurídica da qual seja sócio majoritário, pelo prazo não superior a 4 (quatro) anos; [...].

De forma didática, a lei elenca as seguintes sanções:

a) perda de bens e valores acrescidos ilicitamente ao patrimônio;
b) perda da função pública;
c) suspensão dos direitos políticos;
d) pagamento de multa civil;
e) proibição de contratar com o Poder Público;
f) proibição de receber benefícios ou incentivos fiscais ou creditícios.

Tais penalidades somente poderão ser executadas após o trânsito em julgado da sentença condenatória. Trata-se de mandamento expresso incluído pela Lei n. 14.230/2021, conforme o novo § 9º introjetado ao artigo 12. A medida vem afastar a possibilidade de "execução provisória" das sanções pela prática de improbidade administrativa. Contraria, contudo, a lógica do sistema recursal cível, ante a ausência de efeito suspensivo nos recursos direcionados ao Superior Tribunal de Justiça e ao Supremo Tribunal Federal.

Passemos à análise detalhada de cada uma das espécies de sanções.

2.1. Perda de bens e valores

A primeira sanção, consistente na perda de bens e valores acrescidos ilicitamente ao patrimônio, é, na realidade, corolário das normas já existentes na legislação civil. Vale dizer, o Código Civil, em seus artigos 884 e 885, determina que aquele que, sem justa causa, se enriquecer à custa de outrem, será obrigado a restituir o indevidamente auferido, feita a atualização dos valores monetários.

Outrossim, se o enriquecimento tiver por objeto coisa determinada, quem a recebeu é obrigado a restituí-la, e, se a coisa não mais subsistir, a restituição se fará pelo valor do bem na época em que foi exigido.

Por fim, a restituição é devida não só quando não tenha havido causa que justifique o enriquecimento, mas também se esta deixou de existir.

2.2. Perda da função pública

No que tange à perda da função pública, antes da reforma legislativa de 2021, a 1ª Seção do Superior Tribunal de Justiça negou provimento ao EREsp 1.701.967/RS (j. 09.09.2020) e uniformizou o entendimento da matéria no âmbito das turmas que julgam direito público na corte. Prevaleceu, assim, o entendimento da 2ª Turma, no sentido de que a sanção prevista no artigo 12 da Lei n. 8.429/1992 alcança todo e qualquer vínculo jurídico que o agente mantém com a Administração Pública.

Todavia, a Lei n. 14.230/2021 colocou uma pá de cal neste debate ao incluir o § 1º ao artigo 12 da Lei n. 8.429/1992, estatuindo de forma expressa que a sanção de perda da função pública atinge apenas o vínculo de mesma qualidade e natureza que o agente público ou político detinha com o Poder Público na época do cometimento da infração.

E, atinente apenas ao ato de improbidade administrativa que importa enriquecimento ilícito (artigo 9º), a nova norma permitiu ao juiz, em caráter excepcional, estender a perda da função pública aos demais vínculos, consideradas as circunstâncias do caso e a gravidade da infração:

> Art. 12. [...] § 1º A sanção de perda da função pública, nas hipóteses dos incisos I e II do caput deste artigo, atinge apenas o vínculo de mesma qualidade

> e natureza que o agente público ou político detinha com o poder público na época do cometimento da infração, podendo o magistrado, na hipótese do inciso I do caput deste artigo, e em caráter excepcional, estendê-la aos demais vínculos, consideradas as circunstâncias do caso e a gravidade da infração. [...].

Então, se um agente público, detentor de cargo em comissão, nomeia o filho para outro cargo em comissão na mesma entidade (nepotismo) e, posteriormente, vem a ser eleito para o cargo de prefeito, não poderá, com o advento de sentença condenatória pela prática de improbidade, perder o mandato.

Não é possível, sequer, a cassação da aposentadoria em razão de condenação pela prática de ato de improbidade administrativa, sob o fundamento de que a não previsão desta sanção no artigo 12 da Lei de Improbidade Administrativa impõe a necessidade de observância da legalidade estrita.[135]

Consigna-se, por fim, que a Lei n. 14.230/2021 excluiu a possibilidade de se aplicar a perda da função pública àquele que praticar ato de improbidade administrativa que viole princípios da Administração Pública.

2.3. Suspensão dos direitos políticos

Os direitos políticos são considerados direitos fundamentais de primeira dimensão e consistem, basicamente, no direito de votar e ser votado.

A Constituição Federal é expressa em vedar a cassação de direitos políticos. Todavia, a perda ou a suspensão é permitida nas situações elencadas pelos incisos I a V do artigo 15 da Carta Magna (destaques nossos):

> Art. 15. É vedada a cassação de direitos políticos, cuja perda ou suspensão só se dará nos casos de:
> I – cancelamento da naturalização por sentença transitada em julgado;
> II – incapacidade civil absoluta;
> III – condenação criminal transitada em julgado, enquanto durarem seus efeitos;

[135] STJ, AgInt no REsp 1.496.346, Dje. 09.08.2018.

IV – recusa de cumprir obrigação a todos imposta ou prestação alternativa, nos termos do art. 5º, VIII;
V – **improbidade administrativa**, nos termos do art. 37, § 4º.

Como se vê, a própria Constituição Federal excepcionou os motivos ensejadores de perda ou suspensão dos direitos políticos, e a improbidade administrativa está em seu rol taxativo (inciso V do artigo 15).

No caso de improbidade administrativa que importa enriquecimento ilícito, a suspensão dos direitos políticos pode ser de até quatorze anos. E naqueles atos de improbidade administrativa que causam prejuízo ao erário, tal suspensão pode ser de até doze anos.

Registra-se, de forma expressa, que a Lei n. 14.230/2021 excluiu a possibilidade de se suspenderem os direitos políticos daquele que praticar ato de improbidade administrativa que viole princípios da Administração Pública.

Por fim, o § 10, incluído na reforma de 2021, reza que, para efeitos de contagem do prazo dessa sanção, computar-se-á retroativamente o intervalo de tempo entre a decisão colegiada e o trânsito em julgado da sentença condenatória. Trata-se de verdadeira "contagem retroativa" do prazo da pena de suspensão dos direitos políticos.

Entendemos, inobstante a exegese literal leve a crer que o termo inicial da contagem do prazo ocorra antes do trânsito em julgado, que o dispositivo deve ser interpretado à luz do art. 12, § 9º, da Lei n. 8.429/1992. Este último só permite que as sanções sejam executadas após o trânsito em julgado da sentença condenatória. Em outras palavras, em sendo inviável a execução provisória de qualquer sanção aplicada pela prática de ato de improbidade administrativa, a regra da retroatividade cede espaço aos princípios da presunção de inocência e da máxima proteção dos bens jurídicos coletivos, devendo ser adotado como termo inicial para a contagem do prazo o trânsito em julgado.

2.4. Multa civil

A multa civil tem natureza punitiva e consiste em sanção pecuniária imposta aos agentes públicos e particulares condenados pela prática de ato de improbidade administrativa.

Em primeiro lugar, é necessário pontuar que o respectivo valor deve ser destinado à pessoa jurídica afetada pelo ato ímprobo.[136]

Ademais, tal sanção não pode ser equiparada à reparação do dano moral suportado pela pessoa jurídica, pois a gradação da multa não se faz em equilíbrio com o dano moral causado à coletividade.[137]

E mais: a multa civil foi mantida para as três modalidades de improbidade administrativa. No caso do artigo 9º – enriquecimento ilícito –, o valor é equivalente ao acréscimo patrimonial. Em relação ao artigo 10 – dano ao erário –, a multa consiste no valor do dano. Já no que tange ao artigo 11 – violação a princípios –, essa sanção pode ser fixada até vinte e quatro vezes o valor da remuneração percebida pelo agente.

Por fim, a Lei n. 14.230/2021 incluiu o § 2º ao artigo 12, aduzindo que os valores podem ser aumentados até o dobro, se o juiz considerar que, em virtude da situação econômica do réu, o valor fixado é ineficaz para reprovação e prevenção do ato de improbidade administrativa.

2.5. Proibição de contratar com o Poder Público ou receber incentivos fiscais ou creditícios

Antes da reforma legislativa de 2021, havia dúvida quanto ao âmbito de aplicação da sanção de proibição de contratar com o Poder Público ou receber incentivos fiscais ou creditícios. Parte da doutrina entendia que não ficava restrita ao sujeito passivo do ato de improbidade administrativa, pois a expressão "Poder Público" deve ser compreendida como toda a Administração Pública direta e indireta, de qualquer dos Poderes da União, dos estados, do Distrito Federal e dos municípios. O Superior Tribunal de Justiça sustentava que tal sanção ficava, sim, restrita ao sujeito passivo do ato de improbidade administrativa.[138]

A celeuma foi resolvida pela Lei n. 14.230/2021, que, ao incluir o § 4º ao artigo 12 da Lei n. 8.429/1992, permitiu, em caráter excepcional e por motivos relevantes devidamente justificados, que a proibição de contratação com o Poder Público pode extrapolar o ente lesado pelo ato de improbidade administrativa. Para tanto, devem ser observados os impac-

[136] GARCIA, Emerson; ALVES, Rogério Pacheco. Op. cit. 711/712.

[137] GARCIA, Emerson; ALVES, Rogério Pacheco. Op. cit. 711.

[138] STJ, AgInt no REsp n. 1.589.661/SP, Rel. Min. Gurgel Faria, 1ª Turma, Dje. 24.03.2017.

tos econômicos e sociais das sanções, de forma a preservar a função social da pessoa jurídica e a manutenção de suas atividades.

A sanção em apreço pode ser de até: quatorze anos, no caso de enriquecimento ilícito; doze anos, no caso de dano ao erário; e quatro anos, no caso de violação a princípios da Administração Pública.

Outrossim, a referida mudança legislativa também impôs, no novo § 8º incluído ao referido artigo 12, que a sanção de proibição de contratação com o Poder Público deve constar do Cadastro Nacional de Empresas Inidôneas e Suspensas (CEIS), de que trata a Lei n. 12.846/2013, observadas as limitações territoriais contidas em decisão judicial, conforme a regra geral constante no mencionado § 4º.

3. Critérios para a aplicação das sanções

A Lei n. 14.230/2021 incluiu o artigo 17-C à Lei n. 8.429/1992, traçando parâmetros para a tarefa de dosimetria da sanção, em especial diante da supressão de limites mínimos das penas de suspensão de direitos políticos e proibição de contratar com o Poder Público.

Assim, o inciso IV do *caput* do art. 17-C dispõe que, para a aplicação das sanções, o juiz deve considerar na sentença, de forma isolada ou cumulativa, as seguintes circunstâncias:

a) os princípios da proporcionalidade e da razoabilidade;
b) a natureza, a gravidade e o impacto da infração cometida;
c) a extensão do dano causado;
d) o proveito patrimonial obtido pelo agente;
e) as circunstâncias agravantes ou atenuantes;
f) a atuação do agente em minorar os prejuízos e as consequências advindas de sua conduta omissiva ou comissiva;
g) os antecedentes do agente;

Também deve ser considerado pelo juiz, na aplicação das sanções, a dosimetria das sanções relativas ao mesmo fato já aplicadas ao agente (inciso V), bem como, na fixação das penas relativamente ao terceiro, quando for o caso, a sua atuação específica, não admitida a sua responsabilização por ações ou omissões para as quais não tiver concorrido ou das quais não tiver obtido vantagens patrimoniais indevidas (inciso VI).

3.1. Pluralidade de condutas

Quando a subsunção da conduta for possível em mais de uma modalidade de ato de improbidade administrativa, deve ser eleita a modalidade que melhor se adeque ao tipo legal, prevalecendo, em regra, aquela com punição mais severa.

Assim, caso o agente tenha praticado ato de improbidade que, simultaneamente, cause enriquecimento ilícito, dano ao erário e violação aos princípios da Administração Pública, sua conduta deve ser capitulada naquela mais grave, ou seja, no tipo previsto no artigo 9º da Lei n. 8.429/1992.

Por fim, no que tange à pluralidade de atos de improbidade administrativa e unificação das penas, remetemos o leitor ao capítulo que promove a análise dos processos judiciais.

CAPÍTULO 4
PROCESSO JUDICIAL

1. Introdução

A corrupção tem refletido nefasto fator de instabilidade em nosso país. Parece quase "natural" que alguns agentes públicos – por desvio de formação, falta de discernimento, escolha própria ou efetiva má-fé – utilizam-se das posições que ocupam para a satisfação de interesses outros que não os da coletividade.

Com o intuito de combater os efeitos desse mal que aflige nossa sociedade, o Ministério Público passou a dispor de meios judiciais – como a ação penal coletiva e o ajuizamento de ação em face da prática de atos de improbidade administrativa – e extrajudiciais – como a recomendação e o acordo de não persecução cível.

Nesse contexto, a ação civil de improbidade administrativa é a via judicial para o reconhecimento da prática de atos de improbidade e consequente aplicação de sanções a agentes ímprobos e terceiros que tiverem concorrido para a conduta ilícita.

Segundo a maior parte da doutrina,[139] tal ação possui natureza cível e não criminal, pois o § 4º do artigo 37 da Constituição da República dispõe inicialmente acerca das consequências decorrentes dos atos improbidade e, ao final, estabelece expressamente que as medidas serão adotadas "sem prejuízo da ação penal cabível".

[139] Conferir DECOMAIN, Pedro Roberto. **Improbidade administrativa**. São Paulo: Dialética, 2014, p. 228.

Ademais, conforme a corrente doutrinária majoritária,[140] a ação de improbidade administrativa é espécie do gênero ação civil pública,[141] razão pela qual a demanda deve seguir o procedimento comum previsto no Código de Processo Civil, observadas as peculiaridades trazidas pela Lei n. 8.429/1992[142] e, subsidiariamente, as disposições do Microssistema de Tutela Coletiva,[143] o que inclui as disposições da Lei n. 7.347/1985.

[140] Por todos, conferir: GARCIA, Emerson; ALVES, Rogério Pacheco. **Improbidade Administrativa.** Rio de Janeiro: Lumen Iuris, 2008, p. 517-523.

[141] "[...] 2. É cabível a propositura de ação civil pública que tenha como fundamento a prática de ato de improbidade administrativa, tendo em vista a natureza difusa do interesse tutelado. Também mostra-se lícita a cumulação de pedidos de natureza condenatória, declaratória e constitutiva nesta ação, porque sustentada nas disposições da Lei nº 8.429/92." (STJ, 2ª Turma, REsp 507.142/MA, Rel. Min. João Otávio Noronha, j. 15.12.2005).

[142] "Art. 17. A ação para a aplicação das sanções de que trata esta Lei será proposta pelo Ministério Público e seguirá o procedimento comum previsto na Lei nº 13.105, de 16 de março de 2015 (Código de Processo Civil), salvo o disposto nesta Lei. [...]."

[143] O Microssistema de Tutela Coletiva é o conjunto de normas processuais e materiais que regulamentam a tutela coletiva em nosso ordenamento jurídico. Como a temática não se encontra codificada, os diversos diplomas normativos se comunicam entre si formando um verdadeiro sistema, composto de um núcleo – Código de Defesa do Consumidor e Lei da Ação Civil Pública – e normas paralelas, que regulamenta a tutela coletiva. O núcleo decorre das normas de reenvio: o Código de Defesa do Consumidor determina a aplicação das normas previstas na Lei de Ação Civil Pública ("Art. 90. Aplicam-se às ações previstas neste título as normas do Código de Processo Civil e da Lei nº 7.347, de 24 de julho de 1985, inclusive no que respeita ao inquérito civil, naquilo que não contrariar suas disposições."), e esta última determina a aplicação do Código de Proteção e Defesa do Consumidor ("Art. 21. Aplicam-se à defesa dos direitos e interesses difusos, coletivos e individuais, no que for cabível, os dispositivos do Título III da lei que instituiu o Código de Defesa do Consumidor.") Assim, "Antes de voltar os olhos para o sistema geral, o intérprete deverá examinar, no conjunto legislativo que constitui o microssistema, se não existe uma norma melhor e mais adequada a correta pacificação com justiça [...] Quando não houver no diploma específico norma que contradiga essa solução, ou mesmo havendo, esta norma for mais estreita na aplicação, deverá prevalecer a interpretação sistemática, decorrente das regras do CDC e da Lei nº 7347/1985." (DIDIER JR., Fredie; ZENETI JR., Hermes. Curso de **Direito Processual Civil**: Processo Coletivo. Salvador: Juspodivm, 2017, p. 123). "Este, em síntese, o sistema integrado de defesa dos interesses supraindividuais em nosso país: interação da legislação específica e suprimento recíproco de lacunas, de sorte que todos os interesses sejam tutelados processualmente do mesmo modo e com um mesmo perfil

2. Legitimidade ativa[144]

Até o advento do Lei n. 14.230/2021, detinham legitimidade ativa para a propositura da ação civil de improbidade administrativa dois grupos de entidades: a) a pessoa jurídica interessada (União, estados, Distrito Federal, municípios, entre outros); e b) o Ministério Público.

Com as modificações empreendidas na Lei n. 8.429/1992, a legitimidade ativa para a propositura da demanda foi restringida, em afronta ao princípio da máxima proteção dos interesses coletivos. Atualmente, uma única instituição tem legitimidade para a propositura da ação de improbidade administrativa: o Ministério Público, nos termos do artigo 17, *caput*, da Lei de Improbidade Administrativa: Art. 17. A ação para a aplicação das sanções de que trata esta Lei será proposta pelo Ministério Público e seguirá o procedimento comum previsto na Lei nº 13.105, de 16 de março de 2015 (Código de Processo Civil), salvo o disposto nesta Lei.

Não se admite, portanto, a propositura da demanda por outras entidades, como associações, Defensoria Pública e pessoas jurídicas de direitos público, elencadas no artigo 5º da Lei n. 7.347/1985, ou mesmo pelo cidadão, legitimado para a propositura de ação popular, nos termos do artigo 1º, *caput*, da Lei n. 4.717/1965. Com efeito, a regra prevista no artigo 17, *caput*, da Lei n. 8.429/1992 é expressa ao conferir legitimidade exclusiva ao Ministério Público.

A legitimidade ministerial, em verdade, deriva do artigo 129, caput, inciso III, da Constituição Federal, que estabelece como função institucional do Ministério Público "promover o inquérito civil e a ação civil pública para a proteção do patrimônio público e social, do meio ambiente e de outros interesses difusos e coletivos".

A jurisprudência do Superior Tribunal de Justiça já se pacificou inclusive nesse sentido. A sua Súmula n. 329 deixa claro que "O Ministério Público tem legitimidade para propor ação civil pública em defesa do patrimônio público".

procedimental e processual; e a aplicação sempre subsidiária do Código de Processo Civil." (Leonel, Ricardo de Barros. **Manual do Processo Coletivo**. São Paulo: RT, 2011, p.138.)

144 No que tange à natureza jurídica da legitimação, importa destacar a existência de três correntes: a) ordinária; b) extraordinária; e c) autônoma para a condução do processo.

Outrossim, o Ministério Público possui legitimidade até mesmo para ajuizar ação civil pública que vise a anular ato administrativo de aposentadoria que importe em lesão ao patrimônio público.[145]

Por fim, é preciso deixar claro que o membro do Ministério Público que promoveu o arquivamento de inquérito civil ou de peças de informação não está impedido de propor a ação civil pública se surgirem novas provas.[146]

3. Legitimidade passiva

A legitimidade passiva é de todo aquele apto a ser considerado sujeito ativo do ato de improbidade administrativa, ou seja, o "agente político, o servidor público e todo aquele que exerce, ainda que transitoriamente ou sem remuneração, por eleição, nomeação, designação, contratação ou qualquer outra forma de investidura ou vínculo, mandato, cargo, emprego ou função" (artigo 2º, *caput*, da Lei de Improbidade Administrativa) ou ainda ao particular que concorra para o ato de improbidade (artigo 3º da mesma lei).

No que se refere a recursos de origem pública, abrange também o particular, pessoa física ou jurídica, que celebra com a Administração Pública convênio, contrato de repasse, contrato de gestão, termo de parceria, termo de cooperação ou ajuste administrativo equivalente.

Importa destacar, em relação aos particulares, que apenas poderão ser responsabilizados com base na Lei n. 8.429/1992 quando também figurarem no polo passivo o agente público ímprobo. Em outras palavras, os particulares não podem ser responsabilizados com base na Lei de Improbidade Administrativa sem que figure no polo passivo o "agente público

[145] STF, RE 409.356/RO, rel. Min. Luiz Fux, j. 25.10.2018.

[146] Sobre o tema, a Súmula n. 16 do CSMP-SP dispõe que: "O membro do Ministério Público que promoveu o arquivamento de inquérito civil ou de peças de informação não está impedido de propor a ação civil pública, se surgirem novas provas em decorrência da conversão do julgamento em diligência." Vale mencionar, ainda, a Súmula n. 17 do CSMP-SP: "Convertido o julgamento em diligência, reabre-se ao Promotor de Justiça que tinha promovido o arquivamento do inquérito civil ou das peças de informação a oportunidade de reapreciar o caso, podendo manter sua posição favorável ao arquivamento ou propor a ação civil pública, como lhe pareça mais adequado. Neste último caso, desnecessária a remessa dos autos ao Conselho, bastando comunicar o ajuizamento da ação por ofício."

responsável pelo ato questionado, o que não impede, contudo, o eventual ajuizamento de Ação Civil Pública para a obtenção do ressarcimento do Erário".[147]

Nota-se que as pessoas jurídicas também podem figurar no polo passivo da ação civil de improbidade administrativa, desde que demonstrado o elemento subjetivo na conduta dos sócios ou representantes legais para a prática do ilícito – sendo desnecessário, contudo, que estes também figurem no polo passivo.[148]

Inexiste óbice, ainda, à ocorrência de litisconsórcio passivo em demandas de improbidade administrativa, desde que exista mais de um sujeito ativo na prática do ato de improbidade administrativa. Exemplo: um agente público mais um particular que concorreu para a prática do ato de improbidade administrativa em questão.

Por fim, existe controvérsia se, nesses casos, o litisconsórcio passivo será, também, necessário, ou seja, se a eficácia da sentença depende da citação de todos que devam ser litisconsortes. Prevalece, no âmbito do Superior Tribunal de Justiça, o entendimento de que não há litisconsórcio necessário entre o agente público e os terceiros beneficiados com o ato ímprobo, uma vez que não estão presentes as hipóteses previstas no artigo 114 do Código de Processo Civil – disposição legal ou relação jurídica unitária.[149]-[150]

4. Posição da pessoa jurídica interessada

A pessoa jurídica interessada deve ser intimada para, caso queira, intervir nas demandas de improbidade administrativa (artigo 17, § 14, da Lei n. 8.429/1992). Uma vez intimada, pode adotar três posturas distintas ("intervenção móvel"):

[147] STJ, REsp 896.044/PA, Rel. Min. Herman Benjamin, 2ª Turma, j. 16.9.2010, DJe 19.4.2011.

[148] Nesse sentido: STJ, RESp 970.393/CE, Min. Benedito Gonçalves, DJe 29.06.2012.

[149] STJ, 2ª Turma, AgRg no REsp 1.486.066/RN, Rel. Min. Herman Benjamin, Dje 11.09.2015.

[150] "Art. 114. O litisconsórcio será necessário por disposição de lei ou quando, pela natureza da relação jurídica controvertida, a eficácia da sentença depender da citação de todos que devam ser litisconsortes."

1) integrar o polo ativo ao lado do Ministério Público (litisconsórcio ativo facultativo);
2) integrar o polo passivo ao lado dos réus (litisconsórcio passivo facultativo);
3) permanecer inerte, não assumindo conduta compatível com o polo ativo ou passivo.

Quando a entidade integrar o polo ativo, a entidade poderá inclusive produzir as provas que entender pertinentes.

Contudo, nas hipóteses em que figurar no polo passivo ou permanecer inerte, é viável a responsabilização de seu representante legal pela prática de improbidade administrativa, caso venha a defender o agente público ímprobo – ainda que de forma indireta – quando clara a prática de ato previsto nos artigos 9º, 10 ou 11 da Lei n. 8.429/1992, tendo em vista que sua conduta deve ser pautada no interesse público.

5. Competência

Até recentemente, a competência de foro na ação civil de improbidade administrativa era, segundo o Superior Tribunal de Justiça, fixada com base no local em que ocorreu o dano, na forma do artigo 2º da Lei n. 7.347/1985.[151]

Agora, a competência para o processamento dessas ações passou a ser concorrente entre:

a) o foro do local onde ocorreu o dano; ou
b) o foro da pessoa jurídica prejudicada.

Vejamos a atual redação do art. 17, § 4º, da Lei n. 8.429/1992: "Art. 17, § 4º-A A ação a que se refere o *caput* deste artigo deverá ser proposta perante o foro do local onde ocorrer o dano ou da pessoa jurídica prejudicada."

A Lei de Improbidade Administrativa não estabeleceu qualquer ordem de preferência entre os foros admitidos para a propositura da

[151] STJ, 2ª Turma, AgRg no REsp no 1356217/SC, Rel. Min. Herman Benjamin, Dje 20.06.2014.

ação civil de improbidade administrativa. Assim, incumbe ao Ministério Público realizar uma análise daquele em que será mais conveniente o ajuizamento da demanda, inclusive em virtude da facilidade na produção das provas.

Em que pese a possibilidade de ajuizamento em dois locais distintos, a competência de foro apresenta natureza funcional. Em outras palavras: a regra geral estabelecida pelo artigo 17, § 4º-A, da Lei n. 8.429/1992 reflete competência funcional, de natureza absoluta, sendo facultado ao Ministério Público escolher entre o seu ajuizamento no foro do local onde ocorrer o dano ou da pessoa jurídica prejudicada.

Em que pese a existência de celeuma acerca da competência da Justiça Federal ou da Justiça Estadual em caso de repasse de verbas da União para municípios,[152] estados e Distrito Federal, por meio de convênios, o Superior Tribunal de Justiça fixou o entendimento de que a mera transferência e incorporação de recursos federais, sujeito à fiscalização do Tribunal de Contas da União, não desloca a competência para Justiça Federal (destaques nossos):

> PROCESSUAL CIVIL E ADMINISTRATIVO. AGRAVO REGIMENTAL NO CONFLITO DE COMPETÊNCIA. AÇÃO DE IMPROBIDADE ADMINISTRATIVA. VERBAS REPASSADAS AO MUNICÍPIO POR MEIO DE CONVÊNIO COM O FNDE. AUSÊNCIA DE INTERESSE DA UNIÃO. COMPETÊNCIA DA JUSTIÇA ESTADUAL. 1. Nos termos do art. 109, I, da CF, a competência da Justiça Federal é ratione personae, exigindo-se a presença da União, de entidade autárquica ou de empresa pública federal na condição de autoras, rés, assistentes ou oponentes. 2. Em regra, é competente a Justiça Estadual para processar e julgar agente público acusado de desvio de verba recebida em razão de convênio firmado com a ente federal. 3. Considerando que na subjacente ação civil pública por ato de improbidade administrativa **não se descortina reflexo direto em interesse da União, consoante se infere dos pedidos formulados na respectiva petição inicial, deve-se manter a competência do Juízo de Direito da Vara de Aurora**

[152] Anote-se a existência de três posições sobre o tema: a) a competência será da Justiça Federal; b) a competência será da Justiça Estadual; e c) a fixação da competência depende da análise das pessoas que figuram nos polos da demanda.

do Pará/PA. 4. Agravo regimental a que se nega provimento. (AgRg no CC 133.619/PA, Rel. Ministro Sérgio Kukina, 1ª Seção, julgado em 09/05/2018, DJe 16/05/2018.)

Em suma, quando há repasse da União, a competência da Justiça Federal somente será atraída se tal ente público figurar em algum dos polos da ação, em atenção ao artigo 109, *caput*, inciso I, da Constituição Federal.[153]

No que tange ao desvio de verbas oriundas do Fundo de Manutenção e Desenvolvimento da Educação Básica e de Valorização dos Profissionais da Educação (FUNDEB), é necessário fazer uma distinção:

a) na hipótese de ausência de repasse de recursos federais a título de complementação, a competência será necessariamente da Justiça Estadual;
b) na hipótese de repasse de recursos federais a título de complementação, apenas na hipótese de a União figurar no polo passivo da demanda é que será atraída a competência da Justiça Federal.[154]

[153] STF, Pleno, ACO no 1.109/SP, Rel. Min. Ellen Gracie, Rel. p/ acórdão Min. Luiz Fux, Dje 07.03.2012.

[154] Nesse sentido: "CONFLITO NEGATIVO DE ATRIBUIÇÕES. CARACTERIZAÇÃO. AUSÊNCIA DE DECISÕES DO PODER JUDICIÁRIO. COMPETÊNCIA DO STF. ART. 102, I, f, CF. FUNDEF. COMPOSIÇÃO. ATRIBUIÇÃO EM RAZÃO DA MATÉRIA. ART. 109, I E IV, CF. 1. Conflito negativo de atribuições entre órgãos de atuação do Ministério Público Federal e do Ministério Público Estadual a respeito dos fatos constantes de procedimento administrativo. 2. O art. 102, I, f, da Constituição da República recomenda que o presente conflito de atribuição entre os membros do Ministério Público Federal e do Estado de São Paulo subsuma-se à competência do Supremo Tribunal Federal. 3. A sistemática de formação do FUNDEF impõe, para a definição de atribuições entre o Ministério Público Federal e o Ministério Público Estadual, adequada delimitação da natureza cível ou criminal da matéria envolvida 4.A competência penal, uma vez presente o interesse da União, justifica a competência da Justiça Federal (art. 109, IV, CF/88) não se restringindo ao aspecto econômico, podendo justificá-la questões de ordem moral. In casu, assume peculiar relevância o papel da União na manutenção e na fiscalização dos recursos do FUNDEF, por isso o seu interesse moral (político-social) em assegurar sua adequada destinação, o que atrai a competência da Justiça Federal, em caráter excepcional, para julgar os crimes praticados em detrimento dessas verbas e a atribuição do Ministério Público Federal para investigar os fatos e propor eventual ação penal. 5. A competência da Justiça Federal na esfera cível somente se verifica quando a União tiver legítimo inte-

De outro modo, nas hipóteses em que praticados atos de improbidade administrativa em três Estados distintos – o que poderia, a princípio, caracterizar a abrangência nacional do dano –, prevalece a competência do local em que ocorreu a maior parte dos elementos probatórios, a maioria dos atos ímprobos e que seja sede dos locais de trabalho dos servidores públicos envolvidos, em conformidade com os princípios da celeridade processual, ampla defesa e duração razoável do processo. Nesse sentido:

> [...] 3. A *ratio legis* da utilização do local do dano como critério definidor da competência nas ações coletivas é proporcionar maior celeridade no processamento, na instrução e, por conseguinte, no julgamento do feito, dado que é muito mais fácil apurar o dano e suas provas no juízo em que os fatos ocorreram. 4. No caso em análise, embora haja ilícitos praticados nos Estados do Paraná, São Paulo e Sergipe, o que poderia, a princípio, caracterizar a abrangência nacional do dano, deve prevalecer, na hipótese, a informação fornecida pelo próprio autor da demanda de que a maior parte dos elementos probatórios da ação de improbidade encontra-se situada em São Paulo. Ressalte-se, ainda, ser tal localidade alvo da maioria dos atos ímprobos praticados e sede dos locais de trabalho dos servidores públicos envolvidos. 5. Interpretação que se coaduna com os princípios da celeridade processual, ampla defesa e duração razoável do processo. 6. Conflito conhecido para declarar competente o juízo federal de São Paulo, o suscitante. (STJ, CC 97.351/SP, Rel. Min. Castro Meira, DJe 10/06/2009.)

resse para atuar como autora, ré, assistente ou opoente, conforme disposto no art. 109, inciso I, da Constituição. A princípio, a União não teria legítimo interesse processual, pois, além de não lhe pertencerem os recursos desviados (diante da ausência de repasse de recursos federais a título de complementação), tampouco o ato de improbidade seria imputável a agente público federal. 6. Conflito de atribuições conhecido, com declaração de atribuição ao órgão de atuação do Ministério Público Federal para averiguar eventual ocorrência de ilícito penal e a atribuição do Ministério Público do Estado de São Paulo para apurar hipótese de improbidade administrativa, sem prejuízo de posterior deslocamento de competência à Justiça Federal, caso haja intervenção da União ou diante do reconhecimento ulterior de lesão ao patrimônio nacional nessa última hipótese." (STF, ACO 1.109/SP, Rel. Min. Ellen Gracie, j. 05/10/11.)

Por fim, importa destacar que prevalece o entendimento de que não incide o foro por prerrogativa de função nas ações de improbidade administrativa. Até mesmo os agentes políticos, com exceção do presidente da República, encontram-se sujeitos a duplo regime sancionatório, submetendo-se tanto à responsabilização civil pelos atos de improbidade administrativa quanto à responsabilização político-administrativa por crimes de responsabilidade. Assim, tais autoridades não dispõem de foro especial por prerrogativa de função na hipótese de improbidade administrativa.[155]

6. Conflito de atribuições

No que concerne à divisão de atribuição entre os diferentes órgãos do Ministério Público para a investigação e o ajuizamento da ação civil de improbidade administrativa, não resta dúvida de que tanto aquele que atuar no local onde ocorrer o dano quanto aquele que atuar no foro da pessoa jurídica prejudicada têm atribuição para fazê-lo, pois se trata de atribuição disjuntiva e concorrente. Contudo, na hipótese de conflito de atribuição,[156]-[157] é possível o surgimento de duas posições:

[155] STF, Pet 3240 AgR/DF, rel. Min. Teori Zavascki, red. p/ o ac. Min. Roberto Barroso, j. 10.5.2018.

[156] Sobre a divisão de atribuições no âmbito do Ministério Público, vale mencionar as Súmulas n. 48 ("Em entendendo não possuir atribuições para atuar em um determinado caso concreto, compete ao Promotor de Justiça providenciar a sua remessa, fundamentada, ao Órgão de Execução que entenda possuir atribuições para tanto, não sendo o caso de arquivamento dos autos, nem de indeferimento da representação e nem de sua remessa ao Conselho Superior do Ministério Público.") e 56 ("Sujeita- se a referendo do Conselho Superior toda decisão que importe em declínio de atribuição em prol do Ministério Público da União ou de outra unidade Federativa.") do CSMP-SP.

[157] No que tange ao conflito de atribuições, vale mencionar a Enunciado n. 73 da Procuradoria-Geral de Justiça do Ministério Público do Estado de São Paulo: "Conflito de atribuição. Licitação e contrato administrativo. Órgão da Administração Pública Estadual Centralizada. Atribuição da Promotoria de Justiça da sede da pessoa jurídica de direito público. É atribuição do órgão de execução da sede da pessoa jurídica de direito público eventualmente lesada a investigação e o processamento de irregularidades em licitação e contratos de órgão público estadual, nos termos do art. 2º da Lei n. 7.347/85 e do art. 55, § 2º, da Lei n. 8.666/93."

a) a primeira corrente entendendo que, em atenção ao princípio da máxima efetividade na tutela dos direitos coletivos, deve prevalecer o local em que existir maior facilidade na produção probatória;
b) a segunda corrente sustentando que a atribuição será daquele órgão ministerial que tiver primeiro tomado contato com o fato, por meio de notícia de fato, representação ou qualquer outro meio de provocação da atuação.

Na hipótese de conflito, o artigo 17, § 19, inciso III, da LIA, passou a dispor expressamente que compete ao Conselho Nacional do Ministério Público dirimir conflitos de atribuições entre membros de Ministérios Públicos distintos,[158] alinhando-se com o posicionamento mais recente adotado pela jurisprudência do Supremo Tribunal Federal.[159]

Contudo, na hipótese de conflito de atribuição entre membros do mesmo Ministério Público (ex., promotores de Justiça do Estado de São Paulo), compete ao procurador-geral de Justiça – ou eventual substituto nomeado – decidi-lo.

7. Requisitos da petição inicial

A materialização do interesse de buscar a tutela jurisdicional ocorre por meio da petição inicial, responsável por identificar a demanda, fazendo referência às partes, à causa de pedir e ao pedido. Nesse sentido, o artigo 319, *caput*, incisos I a VII, do Código de Processo Civil dispõe que a petição inicial deve indicar:

[158] O conflito de atribuições caracteriza-se pela divergência entre dois ou mais órgãos de execução do Ministério Público, que entendem possuir atribuições para agir em determinado ato (conflito positivo) ou delas declinam (conflito negativo).

[159] "[...] 4. EC 45/2004 e interpretação sistemática da Constituição Federal. A solução de conflitos de atribuições entre ramos diversos dos Ministérios Públicos pelo CNMP, nos termos do artigo 130-A, § 2º, e incisos I e II, da Constituição Federal e no exercício do controle da atuação administrativa do *Parquet*, é a mais adequada, pois reforça o mandamento constitucional que lhe atribuiu o controle da legalidade das ações administrativas dos membros e órgãos dos diversos ramos ministeriais, sem ingressar ou ferir a independência funcional." (ACO 843, Rel. Ministro Alexandre de Moraes, DJe 04/11/2020.)

a) o juízo a que é dirigida;
b) os nomes, os prenomes, o estado civil, a existência de união estável, a profissão, o número de inscrição no Cadastro de Pessoas Físicas ou no Cadastro Nacional da Pessoa Jurídica, o endereço eletrônico, o domicílio e a residência do autor e do réu;
c) o fato e os fundamentos jurídicos do pedido;
d) o pedido com as suas especificações;
e) o valor da causa;
f) as provas com que o autor pretende demonstrar a verdade dos fatos alegados;
g) a opção do autor pela realização ou não de audiência de conciliação ou de mediação.

O dispositivo incide de forma ampla no que tange às ações civis de improbidade administrativa, com a ressalva do inciso VII (audiência de conciliação e mediação).

Contudo, o artigo 17, § 6º, da Lei de Improbidade Administrativa passou a prever dois requisitos específicos da petição inicial nas demandas de improbidade administrativa,[160] que podem ser assim sistematizados:

a) necessidade de individualização da conduta do réu e de apontamento dos elementos probatórios mínimos que demonstrem a ocorrência do ato ímprobo e de sua autoria. A exigência de individualização da conduta do réu deve ser interpretada em conformidade com a jurisprudência do Superior Tribunal de Justiça, a qual salienta que nesta fase preliminar é dispensável uma descrição minuciosa da conduta de cada agente, ou seja, é suficiente uma descrição da participação de cada um no ato ímprobo que viabilize

[160] "Art. 17. [...] § 6º A petição inicial observará o seguinte: I – deverá individualizar a conduta do réue apontar os elementos probatórios mínimos que demonstrem a ocorrência das hipóteses dos arts. 9º,10 e 11 desta Lei e de sua autoria, salvo impossibilidade devidamente fundamentada; II – será instruída com documentos ou justificação que contenham indícios suficientes da veracidade dos fatos e do dolo imputado ou com razões fundamentadas da impossibilidade de apresentação de qualquer dessas provas, observada a legislação vigente, inclusive as disposições constantes dos arts. 77 e 80 da Lei nº 13.105, de 16 de março de 2015 (Código de Processo Civil). [...]."

o adequado exercício do contraditório e da ampla defesa, razão pela qual o próprio dispositivo afasta a incidência da regra na hipótese "impossibilidade devidamente fundamentada":

> [...] V – É dizer, neste momento processual, não é necessária a individualização das condutas praticadas por cada um dos agentes. Diante das normas contidas nos arts. 9º, 10 e 11 da Lei n. 8.429/1992, sob pena de esvaziar de utilidade a instrução e impossibilitar a apuração judicial dos ilícitos, a petição inicial das ações de improbidade administrativa não precisa descrever em minúcias as ações ou omissões praticadas pelos réus. (STJ, AgInt no AREsp 1.678.296/SP, Rel Ministro Francisco Falcão, DJe 26/03/2021.)

b) a necessidade de instrução com documentos ou justificação que contenham indícios suficientes da veracidade dos fatos e do dolo imputado. Assim, o Ministério Público deve instruir o feito com um lastro probatório mínimo, ou seja, aquele mínimo capaz de justificar a oferta da inicial em Juízo. Atente-se para o fato de que nesse momento vigorava, segundo o entendimento majoritário, o princípio *in dubio pro societate,* de modo a resguardar o interesse público. Contudo, a alteração fixou critérios objetivos para a aferição da viabilidade inicial do prosseguimento da ação, deixando transparecer o afastamento da ideia traduzida pelo *referido brocardo.*

Diante das peculiaridades da ação civil de improbidade administrativa, o dispositivo ainda excepciona a apresentação dessas provas, ao prever que, em situações limite, a exordial pode ser apresentada com razões fundamentadas da impossibilidade de apresentá-las.

Por fim, no que concerne ao pedido, tem-se uma "tripla face" na ação civil de improbidade administrativa:[161]

[161] Sobre a "dupla face", conferir: Zavascki, Teori Albino. **Processo Coletivo**: tutela de direitos coletivos e tutela coletiva de direitos. São Paulo: Revista dos Tribunais, 2009, p. 109.

a) uma pretensão condenatório-punitiva, que busca a aplicação de sanções de caráter punitivo, como a multa civil;
b) uma pretensão condenatório-reparatória, que busca a reparação dos danos causados;
c) outras pretensões de caráter condenatório, constitutivo ou declaratório, tais como a condenação do agente em não mais fazer determinada conduta que caracterize improbidade administrativa ou o pedido de nulidade de determinado concurso público.

8. Atipicidade das tutelas provisórias em ações de improbidade administrativa

O artigo 17, § 6º-A, da Lei n. 8.429/1992 dispõe que o Ministério Público pode requerer as tutelas provisórias adequadas e necessárias, nos termos dos artigos 294 a 310 do Código de Processo Civil. Há, portanto, ampla admissibilidade nas ações de improbidade administrativa de qualquer tutela provisória prevista no estatuto de rito, desde que presentes os seus requisitos autorizadores, sob pena, inclusive, de violação ao princípio da inafastabilidade da jurisdição (artigo 5º, *caput*, inciso XXXV, da Constituição Federal).

Com efeito, o Livro V do Código de Processo Civil regulamenta a tutela provisória, classificando-a em duas categorias: de urgência e de evidência.

A tutela de urgência, que pode ser de natureza antecipatória (satisfativa) ou cautelar (conservativa), está prevista no artigo 300 do Código de Processo Civil e será concedida sempre que "houver elementos que evidenciem a probabilidade do direito e o perigo de dano ou o risco ao resultado útil do processo". Pode ser pleiteada em caráter antecedente ou incidente (artigos 303 a 310 do estatuto de rito) segundo o seguinte regime:

a) no caso da tutela antecipada antecedente, o autor deve aditar a inicial, com a complementação de seu pedido de tutela final e eventual juntada de documentos, no prazo de quinze dias, sob pena de extinção do processo a sem resolução do mérito (artigo 303, § 2º, do Código de Processo Civil);

b) na hipótese de tutela de urgência cautelar antecedente, o pedido principal deve ser deduzido no prazo de 30 dias (artigos 308 e 309, inciso I, do Código de Processo Civil).

Já a tutela de evidência pode ser concedida independentemente do perigo de dano ou de risco ao resultado útil do processo em relação aos feitos de improbidade administrativa nas seguintes hipóteses:

a) ficar caracterizado o abuso do direito de defesa ou o manifesto propósito protelatório da parte;
b) as alegações de fato puderem ser comprovadas apenas documentalmente e houver tese firmada em julgamento de casos repetitivos ou em súmula vinculante;[162]
c) a petição inicial for instruída com prova documental suficiente dos fatos constitutivos do direito do autor, a que o réu não oponha prova capaz de gerar dúvida razoável.

Partindo dessas premissas, é preciso deixar claro que a Lei de Improbidade Administrativa regulamentou duas modalidades de tutela provisória: a indisponibilidade de bens e o afastamento temporário do cargo.[163]

8.1. Da indisponibilidade de bens

A indisponibilidade de bens é modalidade de tutela provisória que tem como intuito garantir a eficácia do provimento final de ressarcimento ao erário ou perdimento de bens acrescidos ilicitamente, com esteio constitucional (artigo 37, § 4º, da Constituição Federal) e que visa a impedir que o sujeito ativo do ato de improbidade administrativa possa dispor livremente de seus bens.

[162] Entendemos que, inobstante o artigo 17, § 18, da Lei de Improbidade Administrativa – que estabelece que ao réu seja assegurado o direito de ser interrogado sobre os fatos de que trata a ação –, na hipótese de inexistir pedido para que seja realizado o interrogatório, é possível a concessão da tutela de evidência.
[163] Em que pese a regulamentação do sequestro na redação original, a Lei n. 14.230/2021 excluiu da Lei n. 8.429/1992 a disciplina dessa modalidade de tutela provisória.

8.2. Possibilidade de formulação do pedido em caráter antecedente ou incidente

O artigo 16, *caput*, da Lei n. 8.429/1992 prevê que, na ação civil de improbidade administrativa, o pedido de indisponibilidade de bens pode ser formulado em caráter antecedente ou incidente, a fim de garantir a integral recomposição do erário ou do acréscimo patrimonial resultante de enriquecimento ilícito.

A nova redação do dispositivo parece reduzir o escopo da indisponibilidade, ficando restrita à "integral recomposição do erário ou do acréscimo patrimonial resultante de enriquecimento ilícito". Em outras palavras, resta afastada a inclusão do valor da multa no montante sobre o qual incide a indisponibilidade.

Entendemos, contudo, que se o objetivo da tutela provisória de natureza cautelar é garantir o resultado útil do processo, inexiste fundamento para a retirada da sanção pecuniária da abrangência do poder geral de cautela. Trata-se de previsão legislativa que enfraquece sobremaneira a efetividade do combate aos desvios perpetrados por agentes ímprobos, sem qualquer justificativa razoável, de modo que óbice algum existe à sua decretação:

> [...] 2. O Superior Tribunal de Justiça, ao interpretar o art. 7º da Lei n. 8.429/1992, tem decidido que, por ser medida de caráter assecuratório, a decretação de indisponibilidade de bens, ainda que adquiridos anteriormente à prática do suposto ato de improbidade, deve incidir sobre quantos bens se façam necessários ao integral ressarcimento do dano, levando-se em conta, ainda, o potencial valor de multa civil. Precedentes. (AgInt no REsp 1.895.887/MA, Rel. Ministro Gurgel de Faria, DJe 12/05/2021.)

Com efeito, se o objetivo da tutela provisória de indisponibilidade é garantir o resultado útil do processo, não há justificativa para a retirada das sanções pecuniárias do raio de atuação do poder geral de cautela. Tal restrição, sem qualquer justificativa razoável, prejudica a apuração e repressão dos atos de improbidade administrativa.

8.3. Desnecessidade de provocação do Ministério Público

O artigo 7º da Lei n. 8.429/1992 dispõe que, se houver indícios de ato de improbidade administrativa, a autoridade que conhecer dos fatos representará ao Ministério Público competente, para as providências necessárias.

No que concerne ao pedido de indisponibilidade de bens, pode ser formulado pelo Ministério Público independentemente de representação. Em outras palavras, embora a autoridade administrativa que conhecer dos fatos possa representar ao *Parquet* para a indisponibilidade de bens, esta representação não é condição de procedibilidade para o pedido a ser formulado perante a autoridade judicial e não vincula o representante do Ministério Público.

8.4. Abrangência do pedido de indisponibilidade: ativos no exterior

Quando for o caso, o pedido de indisponibilidade de bens pode incluir a investigação, o exame e o bloqueio de bens, contas bancárias e aplicações financeiras mantidas pelo indiciado no exterior, nos termos da lei e dos tratados internacionais (artigo 16, § 2º, da Lei de Improbidade Administrativa).

8.5. Requisitos cumulativos para a decretação da indisponibilidade

Dispõe o artigo 16, § 3º, da Lei de Improbidade Administrativa:

> Art. 16. [...] § 3º O pedido de indisponibilidade de bens a que se refere o caput deste artigo apenas será deferido mediante a demonstração no caso concreto de perigo de dano irreparável ou de risco ao resultado útil do processo, desde que o juiz se convença da probabilidade da ocorrência dos atos descritos na petição inicial com fundamento nos respectivos elementos de instrução, após a oitiva do réu em 5 (cinco) dias. [...].

A partir da análise do mencionado dispositivo, depreende-se que o pedido de indisponibilidade de bens exige a presença cumulativa dos seguintes requisitos:

a) perigo de dano irreparável ou de risco ao resultado útil do processo – ao contrário da regra anterior (artigo 7º da Lei n. 8.429/1992), o novo texto passa a exigir, para fins de decretação da indisponibilidade de bens, a demonstração do "perigo de dano ou de risco ao resultado útil do processo". Trata-se de requisito que contraria a jurisprudência dos tribunais superiores, no sentido de que a decretação da indisponibilidade de bens em caráter liminar na ação de improbidade administrativa:

> [...] não está condicionada à comprovação de que o réu esteja dilapidando seu patrimônio, ou na iminência de fazê-lo, tendo em vista que o periculum in mora encontra-se implícito no comando legal que rege, de forma peculiar, o sistema de cautelaridade na ação de improbidade administrativa, sendo possível ao juízo que preside a referida ação, fundamentadamente, decretar a indisponibilidade de bens do demandado, quando presentes fortes indícios da prática de atos de improbidade administrativa. (REsp Repetitivo 1.366.721/BA, Tema 701, Rel. Ministro Napoleão Nunes Maia Filho, Dje 19/09/2014.)

b) probabilidade da ocorrência dos atos descritos na petição inicial (*fumus boni iuris*);
c) a oitiva do réu em cinco dias, salvo se o contraditório puder comprovadamente frustrar a efetividade da medida ou houver outras circunstâncias que recomendem a proteção liminar – a urgência não pode ser presumida (artigo 16, § 4º, da Lei de Improbidade Administrativa). Atente-se para o fato de que, ao prever uma espécie de "notificação prévia ao réu", permitindo que o agente ímprobo promova a dilapidação de seu patrimônio, o requisito tende a ser relevado pelos tribunais, sob pena de a medida de indisponibilidade não alcançar sua finalidade, como já vem entendendo o Superior Tribunal de Justiça:

> [...] 3. Ocorre que este Superior Tribunal compreende que a concessão da medida de indisponibilidade pode ocorrer sem a oitiva prévia da parte afetada, inaudita altera pars, antes mesmo do recebimento da petição inicial da ação de improbidade administrativa. (AgInt no REsp 1.842.902/MG, Rel. Ministro Og Fernandes, DJe 01/06/2021.)

8.6. Limite da indisponibilidade

Se houver mais de um réu na ação, a somatória dos valores declarados indisponíveis não poderá superar o montante indicado na petição inicial como dano ao erário ou como enriquecimento ilícito (artigo 16, § 5º, da Lei de Improbidade Administrativa).

É esse, inclusive, o entendimento do Superior Tribunal de Justiça, que já vem limitando a constrição, em caso de litisconsórcio passivo, ao valor total do dano, ainda que a medida recaía integralmente sobre o patrimônio de apenas um dos corréus:

> [...] II – Havendo solidariedade entre os corréus da ação até a instrução final do processo, o valor a ser indisponibilizado para assegurar o ressarcimento ao erário deve ser garantido por qualquer um deles, limitando-se a medida constritiva ao "quantum" determinado pelo juiz, sendo defeso que o bloqueio corresponda ao débito total em relação a cada. (REsp 1.731.782/MS, Rel. Ministra Regina Helena Costa, DJe 11/12/2018.)

8.7. Substituição da indisponibilidade por caução

O valor da indisponibilidade deve considerar a estimativa de dano indicada na petição inicial, permitida a sua substituição por caução idônea, fiança bancária ou seguro-garantia judicial, a requerimento do réu (artigo 16, § 6º, da Lei de Improbidade Administrativa).

8.8. Readequação do valor da indisponibilidade durante a instrução

Durante a instrução do processo, é possível a readequação do valor da indisponibilidade (artigo 16, § 6º, da Lei de Improbidade Administrativa). O montante constrito pode ser reduzido ou ampliado, resguardando-se o interesse difuso à probidade administrativa.

8.9. Indisponibilidade de bens de terceiro

No que tange a terceiro, é possível que figure em uma das seguintes situações:

a) terceiro de boa-fé – deve se valer do procedimento previsto para os embargos de terceiros para o levantamento da constrição sobre seu patrimônio (artigos 674 e seguintes do Código de Processo Civil);
b) terceiro pessoa física que tenha relação com o ato de improbidade administrativa – é necessária, para a decretação da indisponibi-

lidade de seus bens, a demonstração de sua efetiva concorrência para os atos ilícitos apurados;

c) terceiro que faça uso de interposta pessoa jurídica para a prática do ato ímprobo – é necessária a instauração de incidente de desconsideração da personalidade jurídica, a ser processado na forma da lei processual (artigos 133, 134, 135, 136 e 137 do Código de Processo Civil).[164]

8.10. Aplicação subsidiária do regime da tutela provisória de urgência previsto no Código de Processo Civil

Aplica-se à indisponibilidade de bens, no que for cabível, o regime da tutela provisória de urgência do Código de Processo Civil (artigo 16, § 8º, da Lei de Improbidade Administrativa).

8.11. Recurso cabível contra a decisão que deferir ou indeferir a indisponibilidade

Da decisão que deferir ou indeferir a medida relativa à indisponibilidade de bens caberá agravo de instrumento (artigo 16, § 9º, da Lei de Improbidade Administrativa).

8.12. Não incidência da indisponibilidade sobre o valor da multa civil

A nova redação do artigo 16, § 10, da Lei de Improbidade Administrativa dispõe que a indisponibilidade recairá sobre bens que assegurem exclusivamente o integral ressarcimento do dano ao erário, sem incidir sobre os valores a serem eventualmente aplicados a título de multa civil ou sobre acréscimo patrimonial decorrente de atividade lícita.

Atente-se para o fato de que o Superior Tribunal de Justiça vinha entendendo que a indisponibilidade pode abranger também a multa civil,[165] pois se trata de medida de caráter assecuratório. Assim, deveria

[164] "Art. 17. [...] § 15 Se a imputação envolver a desconsideração de pessoa jurídica, serão observadas as regras previstas nos arts. 133, 134, 135, 136 e137 da Lei nº 13.105, de 16 de março de 2015 (Código de Processo Civil). [...]."

[165] STJ, 1ª Turma, REsp 1.176.440/RO, rel. Min. Napoleão Nunes Maia Filho, j. 17/09/2013, DJe 04/10/2013. Ressalte-se ser desnecessária a comprovação da dilapidação de bens

incidir sobre quantos bens fossem necessários ao integral ressarcimento do dano, levando-se em conta, ainda, o potencial valor de multa civil.

A modificação, contudo, afastou a aplicação para garantir o pagamento da multa civil. Trata-se de nítido retrocesso frente às conquistas já alcançadas. Nesse sentido, a indisponibilidade tem caráter assecuratório, não devendo o legislador, no exercício da criação normativa, violar o grau de densidade normativa já alcançada pelo direito difuso à probidade administrativa em âmbito jurisprudencial.

Com efeito, deve-se atentar para a necessidade constitucional de os Poderes Públicos atuarem positivamente para o resguardo do direito difuso à probidade, não apenas de modo a manter as conquistas já alcançadas, mas, indo além, avançar no processo de sua concretização.

No caso da modificação empreendida, viola-se, sem razão aparente, a interpretação conferida ao dispositivo pelo Superior Tribunal de Justiça, que atribuía maior densidade normativa à tutela da probidade administrativa, permitindo que a indisponibilidade recaísse sobre a multa civil.

Sobre o tema, colaciona-se a seguinte lição de Daniel Amorim Assumpção Neves:

> [...] o espírito da lei é garantir a eficácia da decisão de procedência na ação de improbidade administrativa e, se essa decisão contém um capítulo condenatório que fixa uma multa civil, não há qualquer sentido lógico ou jurídico em se excluir tal capítulo do âmbito garantidor da medida de indisponibilidade de bens. A exclusão, nesse caso, poderia contribuir com uma ineficácia parcial da ação de improbidade, o que certamente não era a vontade do legislador ao criar o dispositivo ora analisado.[166]

para a decretação da indisponibilidade (STJ, 1ª Seção, REsp 1366721/BA, Dje 19.09.2014, Recurso Repetitivo, Tema 701).

[166] NEVES, Daniel Amorim Assumpção; OLIVEIRA, Rafael Carvalho Rezende. **Manual de improbidade administrativa**: direito material e processual. 7. ed. São Paulo: Método, 2019, p. 278.

8.13. Ordem de prioridade na decretação da indisponibilidade de bens

O Código de Processo Civil prioriza a penhora sobre os bens com maior liquidez, de modo a garantir o valor a ser constrito, determinando, portanto, ser "prioritária a penhora em dinheiro". Vejamos:

> Art. 835. A penhora observará, preferencialmente, a seguinte ordem: I – dinheiro, em espécie ou em depósito ou aplicação em instituição financeira; II – títulos da dívida pública da União, dos Estados e do Distrito Federal com cotação em mercado; III – títulos e valores mobiliários com cotação em mercado; IV – veículos de via terrestre; V – bens imóveis; VI – bens móveis em geral; VII – semoventes; VIII – navios e aeronaves; IX – ações e quotas de sociedades simples e empresárias; X – percentual do faturamento de empresa devedora; XI – pedras e metais preciosos; XII – direitos aquisitivos derivados de promessa de compra e venda e de alienação fiduciária em garantia; XIII – outros direitos. § 1º É prioritária a penhora em dinheiro, podendo o juiz, nas demais hipóteses, alterar a ordem prevista no caput de acordo com as circunstâncias do caso concreto. [...].

Em contradição com o Código de Processo Civil e sob o argumento de "garantir a subsistência do acusado e a manutenção da atividade empresária ao longo do processo", o artigo 16, § 11, da Lei de Improbidade Administrativa dispõe que o bloqueio de contas bancárias deve ocorrer apenas de forma subsidiária, devendo ser adotada a seguinte ordem prioritária:

1) veículos de via terrestre;
2) bens imóveis;
3) bens móveis em geral;
4) semoventes;
5) navios e aeronaves;
6) ações e quotas de sociedades simples e empresárias;
7) pedras e metais preciosos; e
8) apenas na inexistência desses, o bloqueio de contas bancárias.

Vejamos a redação do dispositivo:

> Art. 16 [...] § 11. A ordem de indisponibilidade de bens deverá priorizar veículos de via terrestre, bens imóveis, bens móveis em geral, semoventes, navios e aeronaves, ações e quotas de sociedades simples e empresárias, pedras e metais preciosos e, apenas na inexistência desses, o bloqueio de contas bancárias, de forma a garantir a subsistência do acusado e a manutenção da atividade empresária ao longo do processo. [...].

Nota-se que a ordem prioritária prevista no artigo 16, § 11, da Lei de Improbidade Administrativa é menos eficaz na proteção do patrimônio público, bem como não se trata de ordem peremptória. Assim, inexiste óbice para a sua relativização pelo juiz, o qual pode adotar a sistemática assegurada pelo artigo 835 do Código de Processo Civil, em atenção ao princípio da máxima efetividade na tutela dos direitos coletivos.

8.14. Vedação à indisponibilidade de ativos inferiores a quarenta salários mínimos

O artigo 16, § 13, da Lei de Improbidade Administrativa vedou a decretação de indisponibilidade da quantia de até quarenta salários mínimos depositados em caderneta de poupança, em outras aplicações financeiras ou em conta corrente.

No mesmo sentido, encontra-se o entendimento consolidado no Superior Tribunal de Justiça, o qual sustentando o seguinte:

> [...] todos os valores pertencentes ao devedor, até o limite de 40 (quarenta) salários mínimos, mantidos em conta-corrente, caderneta de poupança ou fundos de investimentos são impenhoráveis. (AgInt no AREsp 1.826.475/RJ, Rel. Ministro Marco Aurélio Belizze, Dje 25/06/2021.)

8.15. Vedação à indisponibilidade de bem de família

O Superior Tribunal de Justiça possui entendimento consolidado no sentido de que a decretação de indisponibilidade de bens pode recair sobre bem de família.[167]

[167] REsp 1.837.848/SC, Rel. Ministro Francisco Falcão, Dje 05/03/2020.

Contudo, o artigo 16, § 14, da Lei n. 8.429/1992 veda expressamente a decretação de indisponibilidade do bem de família do réu. Excepcionalmente, contudo, a lei permite a decretação da indisponibilidade do bem de família desde que comprovado que o imóvel seja fruto de vantagem patrimonial indevida, na forma do artigo 9º da Lei n. 8.429/1992: "É vedada a decretação de indisponibilidade do bem de família do réu, salvo se comprovado que o imóvel seja fruto de vantagem patrimonial indevida, conforme descrito no art. 9º desta Lei."

8.16. Consequencialismo judicial e indisponibilidade de bens

O artigo 20, *caput*, da Lei de Introdução às Normas do Direito Brasileiro (LINDB) dispõe que "Nas esferas administrativa, controladora e judicial, não se decidirá com base em valores jurídicos abstratos sem que sejam consideradas as consequências práticas da decisão."

O dispositivo veda que decisão seja prolatada com base em "valores jurídicos abstratos" sem que sejam consideradas as consequências práticas da decisão. Trata-se de norma em consonância com o artigo 489, § 1º, incisos I e II, do Código de Processo Civil, que dispõe expressamente que não se considera fundamentada qualquer decisão judicial que se limitar à indicação, à reprodução ou à paráfrase de ato normativo, sem explicar sua relação com a causa ou a questão decidida, ou que empregar conceitos jurídicos indeterminados, sem explicar o motivo concreto de sua incidência no caso.[168]

"Valores jurídicos abstratos" é expressão genérica que abrange todas as normas que contenham enunciados abertos, caracterizados por elevado nível de abstração jurídica que exigem sua concretização pelo intérprete. A título de exemplo, podemos mencionar as referências aos "interesses gerais" ou à "segurança jurídica de interesse geral" realizadas pela própria Lei n. 13.655/2018. Nesses casos, o novo diploma exige do julgador que considere as consequências jurídicas da decisão.[169]

[168] COSTA, Rafael de Oliveira. (In)Segurança Jurídica? Breves Comentários à Lei nº 13.655/18. ***Justitia***, v. 208, 2020.

[169] COSTA, Rafael de Oliveira. (In)Segurança Jurídica? Breves Comentários à Lei nº 13.655/18. ***Justitia***, v. 208, 2020.

As considerações acerca das consequências de uma decisão não são algo inédito em nosso ordenamento jurídico. A título de exemplo, o Código Civil de 2002 permitiu ao juiz dar uma interpretação social aos contratos e ao uso da propriedade. Na seara criminal, a dosimetria deve levar em conta se a pena é suficiente para reprimir e prevenir o delito, sem prejuízo de considerar as próprias consequências da infração penal. Assim, o ordenamento impõe ao julgador que considere as consequências de suas decisões, por meio da adoção de técnicas multidisciplinares.[170]

O consequencialismo, contudo, vai além, impondo que sejam considerados os efeitos meta-jurídicos da decisão, levando em conta seus impactos sociais e econômicos. Exemplo: o juiz, ao prolatar sentença em demanda na qual se pleiteia o fornecimento de medicamento de alto custo, deve ponderar o custo orçamentário anual da sua decisão, as consequências para o SUS, bem como as repercussões nas demais políticas públicas adotadas pelo Estado.

O Supremo Tribunal Federal tem afastado a adoção do raciocínio consequencialista puro.[171] Pondere-se, contudo, que isso não significa

[170] Costa, Rafael de Oliveira. (In)Segurança Jurídica? Breves Comentários à Lei nº 13.655/18. ***Justitia***, v. 208, 2020.

[171] Nesse sentido, o ministro Marco Aurélio já entendeu que: "A prevalência das consequências sobre o direito legislado resulta na inversão da lógica jurídica. Esclareço não preconizar, com isso, ignorar-se no processo a quadra vivida. Não perco de vista o horizonte social quando busco a solução dos problemas jurídicos com que me defronto. Aliás, qualquer interpretação jurídica parte da consideração de elementos fáticos, ainda que seja uma interpretação em abstrato, pois, mesmo em casos tais, o magistrado não deixa de formular a hipótese e alcançar conclusões com base na realidade conhecida. O que não posso aceitar é que, presente a obrigação jurídica sob todos os cânones interpretativos – extraída da literalidade, historicidade, sistematicidade e teleologia da Constituição –, simplesmente se deixe de reconhecê-la ante razões de índole pragmática. Impõe-se o contorcionismo técnico para salvar as finanças públicas, mas este é o papel do Tribunal Constitucional? A resposta só pode ser negativa. O Supremo tornou esse enfoque claro ao apreciar casos envolvendo a colisão entre direitos fundamentais, que ficariam submetidos à ineficácia por argumentos de índole financeira. Faço referência a decisões que resultaram no deferimento de coquetéis para tratamento da Aids, direito à matrícula em creche, direito a tratamentos médicos e internação hospitalar – vejam, por exemplo, os acórdãos relativos ao Agravo Regimental no Recurso Extraordinário nº 271.286-8/RS, ao Recurso Extraordinário nº 436.996-6/SP, ambos relatados pelo Ministro Celso de Mello, ao Recurso Extraordinário nº 226.835-6/RS, relatado pelo Ministro Ilmar Galvão. Invaria-

que seja desconsiderada a análise das consequências da decisão. Não há dúvida de que os efeitos de determinada norma jurídica devem ser considerados pelo julgador.

Partindo dessas premissas, o artigo 16, § 12, da Lei de Improbidade Administrativa dispõe que o juiz, ao apreciar o pedido de indisponibilidade de bens do réu, observará os efeitos práticos da decisão. Trata-se, sem sombra de dúvidas, de incorporação da lógica prevista no artigo 20 da LINDB no âmbito da decretação de indisponibilidade de bens.

Contudo, o referido artigo 16, § 12, da Lei n. 8.429/1992 contempla uma ressalva, ao vedar de forma peremptória a adoção de medida capaz de acarretar prejuízo à prestação de serviços públicos: "O juiz, ao apreciar o pedido de indisponibilidade de bens do réu a que se refere o caput deste artigo, observará os efeitos práticos da decisão, vedada a adoção de medida capaz de acarretar prejuízo à prestação de serviços público."

Causa estranheza a parte final do dispositivo, uma vez que a indisponibilidade tende a abranger bens que pertencem a agentes ímprobos – pessoas físicas ou jurídicas –, de modo que não implica qualquer prejuízo à prestação de serviços públicos. Conseguimos vislumbrar, contudo, uma hipótese: ato de improbidade administrativa perpetrado por meio de concessionária de serviços públicos; neste caso, o dispositivo em tela elege a manutenção da prestação do serviço público acima de quaisquer outros valores, não inviabilizando, contudo, que a indisponibilidade venha a recair sobre bens da pessoa física que tenha praticado o ato de improbidade administrativa.

8.17. Indisponibilidade de bens na hipótese de violação ao artigo 11 da Lei n. 8.429/1992

Até o advento do Lei n. 14.230/2021, o Superior Tribunal de Justiça entendia ser possível a indisponibilidade de bens na hipótese de violação ao artigo 11 da Lei n. 8.429/1992.[172]

velmente, este Tribunal tem assentado a plena eficácia da Carta, colocando em segundo plano considerações pragmáticas. O Supremo não deve ser um filtro pragmático quanto a disposições constitucionais cuja eficácia depende de recursos para que seja concretamente observada." (STF, RE 565.089, Relator: Ministro Marco Aurélio, DJ 01.02.2008).

[172] STJ, AgRg no REsp 1.260.737/RJ, Dje 25.11.2014.

Em que pesem as alterações promovidas na Lei de Improbidade Administrativa, entendemos que, diante da ausência de vedação expressa, permanece possível a indisponibilidade de bens na hipótese de violação ao artigo 11 do referido diploma normativo.

8.18. Abrangência da indisponibilidade de bens

No que concerne à abrangência da indisponibilidade de bens, é importante ponderar que:

a) tal medida deve recair sobre bens adquiridos antes ou depois da prática do ato de improbidade administrativa;
b) a constrição deve atingir parcela do patrimônio dos réus que se mostre suficiente para o ressarcimento do dano e não sobre seu patrimônio integral;
c) é desnecessária a comprovação de dilapidação de bens.[173]

9. Afastamento da função pública

A autoridade judicial competente pode determinar o afastamento do agente público do exercício do cargo, do emprego ou da função, sem prejuízo da remuneração, quando a medida for necessária à instrução processual ou para evitar a iminente prática de novos ilícitos. Trata-se de modalidade de tutela provisória de urgência de natureza conservativa, podendo ser manejada em caráter antecedente ou incidente, sendo necessário comprovar a sua:

a) indispensabilidade para a instrução processual; ou
b) idoneidade para evitar a iminente prática de novos ilícitos.

O pedido deve discriminar as razões pelas quais a manutenção do agente público em seu cargo poderá afetar a instrução probatória ou implicar a prática de novos ilícitos, como, por exemplo, a destruição de documentos, a continuidade do desvio de valores, entre outros.

[173] STJ, 1ª Seção, REsp 1.366.721/BA, Dje 19.09.2014, Recurso Repetitivo, Tema 701.

Dúvida existia, contudo, quanto ao prazo máximo de afastamento, sendo possível vislumbrar duas correntes:

a) a primeira sustentando que não há como fixar prazo certo e determinado, mas apenas marco objetivo, qual seja, o término da instrução processual;
b) a segunda advogando que o afastamento deve ficar limitado ao prazo de cento e oitenta dias, contados da data em que foi prolatada a decisão que o decretou ou até o término da instrução processual, o que ocorrer antes (STJ, Corte Especial, Agravo Regimental na Suspensão de Liminar de Sentença 1.957/PB, Rel. Min. Francisco Falcão, Dje 09.03.2015).

A Lei n. 14.230/2021 sedimentou a celeuma, estabelecendo expressamente que o afastamento será de até noventa dias, prorrogáveis uma única vez por igual prazo, mediante decisão motivada, conforme o artigo 20, § 2º, da Lei de Improbidade Administrativa: "O afastamento previsto no § 1º deste artigo será de até 90 (noventa) dias, prorrogáveis uma única vez por igual prazo, mediante decisão motivada."

Atente-se para o fato de que, em casos complexos, o prazo máximo fixado (cento e oitenta dias) pode ser insuficiente. Entendemos, assim, que poderão surgir duas correntes: a) é possível a realização de nova prorrogação, desde que devidamente motivada; b) o prazo é peremptório, não sendo possíveis novas prorrogações.

Finda a medida de afastamento, em sobrevindo elementos que atestem a necessidade de se garantir a instrução probatória ou evitar a prática de novos ilícitos, inexistirá óbice à nova decretação da medida, submetida, novamente, ao prazo de noventa dias, prorrogável por mais uma vez por igual prazo.

Por fim, entendemos que, inobstante o texto legal dispor que o afastamento deva ocorrer sem prejuízo da remuneração, essa regra não tem caráter absoluto. No que tange à remuneração do agente durante o período de afastamento, entendemos que, nas hipóteses de vício na contratação de agentes públicos, havendo cumulação de pedidos – improbidade e nulificação ou anulação do certame ou do ato de nomeação –, é possível a concessão de tutela antecipada, liminarmente, consistente na sustação de todos os efeitos do certame, afastando a pessoa beneficiada com prejuízo de sua remuneração. Nesse sentido (destaques nossos):

> Em outras palavras, não se deve cogitar, em casos tais, de aplicação do art. 20, *caput* ou parágrafo único, da Lei nº 8.429/92. A matéria, em vez disso, está submetida ao art. 5º, §4º, da Lei nº 4.717/65, segundo o qual "na defesa do patrimônio público caberá a suspensão liminar do ato lesivo impugnado". A possibilidade aqui defendida nada tem que ver, outrossim, com a antecipação de efeitos da possível perda do cargo público, sanção essa regulada pela Lei nº 8.429/92. Também não tem relação com o parágrafo único, do art. 20, do mesmo diploma, medida de nítida feição cautelar e que só deve ser mantida até o final da instrução processual, haja vista seu fim último declarado pela Lei nº 8.429/92. Note-se que não se está, aqui, propugnando a legitimidade do afastamento, com prejuízo da remuneração, de todos os envolvidos no ato ímprobo, **mas tão somente daquele beneficiado com a investidura fraudulenta**. De outro modo, a antecipação dos efeitos da pena de perda da função pública, por encontrar embasamento na Lei nº 8.492/92, obviamente não é admitida pela legislação pátria. Em síntese, a partir de uma interpretação sistemática do microssistema processual coletivo, outra não pode ser a conclusão senão aquela de que a concessão de tutela antecipada dos efeitos do provável provimento desconstitutivo ou declaratório de nulidade ligado à ação civil pública – que se encontra "disfarçado" junto à ação de improbidade administrativa – deve implicar a suspensão da remuneração do agente público.[174]

10. Afastamento da "defesa prévia" e novo prazo para contestação

A redação original do artigo 17, § 7º, da Lei n. 8.429/1992 previa uma espécie de "contraditório prévio", antes do recebimento da inicial, permitindo aos réus deduzirem defesa prévia apta a demonstrar, de plano, a inviabilidade da ação.

[174] Costa, Rafael de Oliveira; Junqueira, Gabriel Marson. A possibilidade de afastamento liminar de agentes públicos com prejuízo da remuneração em decorrência de vícios na investidura em cargo ou função pública. **Revista de Direito Administrativo & Constitucional**, v. 16, p. 288, 2017.

A defesa prévia, contudo, não mais se encontra prevista na Lei de Improbidade Administrativa, o que foi uma medida salutar, em razão da morosidade que causava ao respectivo processo judicial.[175]

Com efeito, a nova redação conferida ao artigo 17, § 7º, da LIA dispõe que:

> Se a petição inicial estiver em devida forma, o juiz mandará autuá-la e ordenará a citação dos requeridos para que a contestem no prazo comum de 30 (trinta) dias, iniciado o prazo na forma do art. 231 da Lei nº 13.105, de 16 de março de 2015 (Código de Processo Civil).

O novo dispositivo, além de afastar a defesa prévia, também ampliou para trinta dias o prazo para a apresentação de contestação, cujo termo inicial é regulamentado pelo artigo 231 do Código de Processo Civil.

11. Rejeição da petição inicial

O artigo 17, § 6º-B, da Lei de Improbidade Administrativa passou a prever as hipóteses em que é possível a rejeição da inicial:

> A petição inicial será rejeitada nos casos do art. 330 da Lei nº 13.105, de 16 de março de 2015 (Código de Processo Civil), bem como quando não preenchidos os requisitos a que se referem os incisos I e II do § 6º deste artigo, ou ainda quando manifestamente inexistente o ato de improbidade imputado.

De forma didática, o novo dispositivo regulamenta a rejeição da inicial em três situações distintas:

a) nos casos do artigo 330 do Código de Processo Civil,[176] em que não há análise do mérito;

[175] Barbosa, Renato Kim. Notificação prévia prejudica a razoável duração do processo de improbidade. **Revista Eletrônica Conjur**, 10 out. 2016. Coluna MP no Debate. Disponível em: https://www.conjur.com.br/2016-out-10/mp-debate-notificacao-previa-prejudica-razoavel-duracao-processo. Acesso em: 02 nov. 2021.

[176] "Art. 330. A petição inicial será indeferida quando: I – for inepta; II – a parte for manifestamente ilegítima; III – o autor carecer de interesse processual; IV – não atendidas as

b) quando não preenchidos os requisitos de individualização ou provas das condutas praticadas, em que há sentença definitiva com julgamento de mérito; ou
c) quando manifestamente inexistente o ato de improbidade imputado, em que há sentença definitiva com julgamento de mérito.

Na última hipótese, houve confusão pelo legislador entre a rejeição da inicial, que implica extinção do feito sem a resolução do mérito, e a improcedência do pedido: a manifesta inexistência de ato de improbidade administrativa configura evidentemente questão de mérito, dando ensejo à prolação de sentença de improcedência, na forma do artigo 487, *caput*, inciso I, do Código de Processo Civil. Por este motivo, o artigo 17, § 11, da Lei de Improbidade Administrativa dispõe que, em qualquer momento do processo, verificada a inexistência do ato de improbidade administrativa, o juiz julgará a demanda improcedente.

12. Medidas a serem adotadas após a contestação

Oferecida a contestação e, se for o caso, ouvido o autor, o juiz, nos termos do artigo 17, § 10-B, da Lei de Improbidade Administrativa:

a) procederá ao julgamento conforme o estado do processo, observada a eventual inexistência manifesta do ato de improbidade;
b) poderá desmembrar o litisconsórcio, com vistas a otimizar a instrução processual.

prescrições dos arts. 106 e 321. § 1º Considera-se inepta a petição inicial quando: I – lhe faltar pedido ou causa de pedir; II – o pedido for indeterminado, ressalvadas as hipóteses legais em que se permite o pedido genérico; III – da narração dos fatos não decorrer logicamente a conclusão; IV – contiver pedidos incompatíveis entre si. § 2º Nas ações que tenham por objeto a revisão de obrigação decorrente de empréstimo, de financiamento ou de alienação de bens, o autor terá de, sob pena de inépcia, discriminar na petição inicial, dentre as obrigações contratuais, aquelas que pretende controverter, além de quantificar o valor incontroverso do débito. § 3º Na hipótese do § 2º, o valor incontroverso deverá continuar a ser pago no tempo e modo contratados."

13. Decisão de tipificação da conduta e princípio da congruência

Tradicionalmente, entendia-se que o juiz poderia dar enquadramento legal diverso daquele apontado na petição inicial pelo Ministério Público (artigos 9º, 10 ou 11 da Lei n. 8.429/1992). Assim, o julgador podia proceder à correção da tipificação, pois não ficava vinculado ao fundamento jurídico invocado pelo autor da demanda. Nesse sentido:

> [...] Não é inepta a petição inicial que deixa de apontar o dispositivo de lei, se da narrativa dos fatos decorrer logicamente o pedido. Da mesma forma, a aplicação de legislação diversa daquela utilizada pela parte para fundamentar seu pedido não implica julgamento extra petita. Aplicação dos brocardos *jura novit curia e mihi factum dabo tibi ius*.[177]

Contudo, o artigo 17, § 10-C, da Lei de Improbidade Administrativa ganhou nova redação, dispondo que "Após a réplica do Ministério Público, o juiz proferirá decisão na qual indicará com precisão a tipificação do ato de improbidade administrativa imputável ao réu, sendo-lhe vedado modificar o fato principal e a capitulação legal apresentada pelo autor."

Assim, para cada ato de improbidade administrativa, deverá necessariamente ser indicado apenas um tipo dentre aqueles previstos nos artigos 9º, 10 e 11 da Lei de Improbidade Administrativa, nos termos do artigo 17, § 10-D, do mesmo diploma normativo.

Salienta-se, desse modo, que a decisão de tipificação da conduta é prolatada após a réplica, devendo indicar expressamente o tipo para cada ato de improbidade administrativa, sem modificar a capitulação legal apresentada pelo Ministério Público.[178]

E mais: segundo dispõe o artigo 17, § 10-F, inciso I, da Lei de Improbidade Administrativa, será nula a decisão de mérito total ou parcial da ação de improbidade administrativa que condenar o requerido por tipo diverso daquele definido na petição inicial.

[177] STJ, 2ª Turma, REsp 794.155, Rel. Min. Castro Meira, Dj 04.09.2006.

[178] "Art. 17 [...] § 10-D Para cada ato de improbidade administrativa, deverá necessariamente ser indicado apenas um tipo dentre aqueles previstos nos arts. 9º, 10 e 11 desta Lei. [...]."

Entendemos, no que tange à vinculação, que os dispositivos são inconstitucionais, uma vez que violam o princípio da independência funcional do julgador. A vinculação à tipificação dada pelo autor, além de contrariar o entendimento majoritário em sede jurisprudencial,[179] inclusive na esfera criminal, de que o réu defende-se dos fatos e não da capitulação legal, permite a decretação de nulidades por divergências interpretativas entre o Ministério Público e o juiz mesmo quando não se vislumbre qualquer prejuízo à ampla defesa e ao contraditório. Ora, até mesmo na esfera criminal, *ultima ratio* do ordenamento, o artigo 383 do Código de Processo Penal autoriza ao juiz a correção da capitulação dos fatos.

Em não sendo acolhida a tese da inconstitucionalidade, é possível ainda o surgimento de duas correntes interpretativas dos dispositivos em tela:

a) uma posição restritiva, entendendo que a capitulação dada à conduta deve ser exatamente aquela pela qual o juiz condena o agente ímprobo; e
b) uma posição mais flexível, compreendendo que é suficiente que o autor da ação penal tenha capitulado a conduta dentro do dispositivo legal adequado (artigos 9º, 10 ou 11 da Lei n. 8.429/1992), podendo o juiz, dentro do seu mister, fixar em quaisquer dos incisos do mesmo dispositivo a responsabilização do agente ímprobo.

14. Produção de provas

Após ser proferida a decisão de tipificação da conduta, as partes serão intimadas a especificarem as provas que pretendem produzir (artigo 17, § 10-E, da Lei de Improbidade Administrativa).

Excepcionando a sistemática adotada pelo Código de Processo Civil, não se aplicam na ação de improbidade administrativa (artigo 17, § 19, da Lei de Improbidade Administrativa):

a) a presunção de veracidade dos fatos alegados pelo autor em caso de revelia. O dispositivo afasta-se do Código de Processo Civil,

[179] STJ, RESp 842.428, Rel. Min Eliana Calmon, j. 24.04.2007.

elidindo os efeitos da revelia na ação civil de improbidade administrativa, independentemente da indisponibilidade dos direitos discutidos em litígio;

b) a imposição de ônus da prova ao réu, na forma dos §§ 1º e 2º do artigo 373 do Código de Processo Civil. Ora, o ônus da prova quanto à prática de atos de improbidade administrativa recai, em regra, sobre o Ministério Público. Contudo, acompanhando o entendimento de Eduardo Cambi, não pode ser excluída de forma absoluta a possibilidade de se inverter o ônus da prova, diante das circunstâncias do caso concreto, quando for mais fácil para o agente ímprobo evidenciar a prática do ato de improbidade administrativa, aplicando-se a teoria da inversão dinâmica do ônus da prova. Com efeito, a ação civil de improbidade administrativa busca a proteção da moralidade administrativa, não se sujeitando à teoria estática da distribuição do ônus da prova, desde que exista decisão judicial fundamentada, após análise das circunstâncias da causa e das peculiaridades do fato a ser provado.[180] Nesse sentido:

> O direito fundamental à tutela jurisdicional adequada (art. 5º, inc. XXXV, CF), interpretado juntamente com a regra contida no artigo 13 da Lei 8.429/92, permite, mesmo de lege lata, a inversão do ônus da prova, na ação civil pública por improbidade administrativa, na hipótese do artigo 9º, inc. VII, da Lei 8.492/92, desde que o Ministério Público demonstre nexo de incompatibilidade entre o patrimônio e a renda auferida no exercício do mandato, cargo, emprego ou função pública, constatada pela variação patrimonial injustificada.[181]

[180] O Superior Tribunal de Justiça vem decidindo ser cabível, inclusive, agravo de instrumento contra decisão interlocutória que defere ou indefere a distribuição dinâmica do ônus da prova ou quaisquer outras atribuições do ônus da prova distinta da regra geral, desde que se operem *ope judicis* e mediante autorização legal. (REsp 1.729.110-CE, Rel. Min. Nancy Andrighi, por unanimidade, j. 02/04/2019, DJe 04/04/2019).

[181] Cambi, Eduardo Augusto Salomão. **Tese apresentada ao Congresso Estadual do Ministério Público do Paraná**, 2011. Disponível em: https://escolasuperior.mppr.mp.br/arquivos/File/teses2011/Eduardo_Cambi_02.doc. Acesso em: 2 nov. 2021. De forma mais detalhada, o autor argumenta o seguinte: "Tome-se como exemplo de possibilidade de inversão do ônus da prova, o ato de improbidade administrativa que importa em enri-

Por fim, há previsão de obrigatório interrogatório do réu, em aproximação com o regime processual penal: o artigo 17, § 18, da Lei de Impro-

quecimento ilícito, descrito no artigo 9º, inc. VII, da Lei 8.492/92. Por este dispositivo legal, constitui ato de improbidade administrativa, importando em enriquecimento ilícito, "adquirir, para si ou para outrem, no exercício de mandato, cargo, emprego ou função pública, bens de qualquer natureza cujo valor seja desproporcional à evolução do patrimônio ou à renda do agente público". Havendo nexo de incompatibilidade entre o patrimônio e a renda auferida no exercício do mandato, cargo, emprego ou função pública, constatada pela variação patrimonial injustificada, o desvio de finalidade no dever de probidade administrativa e o enriquecimento ilícito são presumidos (art. 9º, inc. VII, da Lei 8.249/92), o que impõe o dever de o agente público comprovar a origem de seu patrimônio. Assim sendo, é possível a inversão do ônus da prova, mesmo porque é dever do agente público informar a declaração de bens e valores que compõem o seu patrimônio, conforme exigência do artigo 13 da Lei 8.249/92. Pelo artigo 13 da Lei 8.429/92, a posse e o exercício do agente público ficam condicionados à apresentação da declaração dos bens e valores que compõem o seu patrimônio privado, bem como do cônjuge ou companheiro, dos filhos e das demais pessoas que vivam sob a dependência econômica do declarante. A obrigatoriedade da apresentação da declaração de bens não viola o direito fundamental à privacidade, pois o exercício de função pública decorre de escolha pessoal da qual surge o dever de submissão ao controle dos agentes de fiscalização e dos cidadãos. Quem escolhe ter vida pública renuncia à parcela da sua intimidade, para possibilitar o acesso das informações de seu patrimônio e de familiares próximos, indispensável para analisar se o crescimento patrimonial é compatível com os vencimentos do cargo que ocupa. A extensão da obrigatoriedade da apresentação da declaração de bens aos cônjuges, conviventes ou quaisquer pessoas que vivam, sob a dependência econômica do agente público é prevenir a possibilidade fraude na declaração, com a transferência de patrimônio ou a aquisição de bens em nome de parentes, com o objetivo de ocultar o patrimônio pessoa do agente público e até esconder os adquiridos com recursos de origem ilícita. O direito à informação está previsto no artigo 5º, inc. XIV ("é assegurado a todos o acesso à informação e resguardado o sigilo da fonte, quando necessário ao exercício funcional") e XXXIII ("todos têm direito a receber dos órgãos públicos informações de interesse particular, ou de interesse coletivo ou geral, que serão prestadas na forma da lei, sob pena de responsabilidade, ressalvadas aquelas cujo sigilo seja seja imprescindível à segurança da sociedade e do Estado"), ambos da Constituição Federal. Todavia, tal declaração não implica acesso público, amplo e irrestrito de seu conteúdo. Para que o cidadão possa ter acesso ao conteúdo das informações do agente público, é indispensável que motive a sua solicitação. Afinal, a Constituição Federal não instituiu o sistema de open file administrativo (direito ao arquivo aberto) e o artigo 2º da Lei 9.051/95 impõe aos peticionários a indicação dos fins e das razões do pedido. O artigo 13, par. 4º, da Lei 8.249/92 afirma que o declarante, a seu critério, pode entregar cópia da declaração anual de bens apresentada à Delegacia da Receita Federal, na bidade Administrativa estabelece que ao réu seja assegurado o direito de ser interrogado sobre os fatos de que trata a ação, e a sua recusa ou o seu silêncio não implicarão confissão.

15. Acordo de não persecução cível (ANPC)

No âmbito da improbidade administrativa, grande parte dos juristas sustentava até recentemente ser incabível a celebração de acordos, tendo em vista a vedação expressa contida na redação originária do artigo 17, § 1º, da Lei n. 8.429/1992[182-183].

Contudo, em busca da efetividade dos direitos e das garantias fundamentais, passou-se a levar em conta a necessidade de superação da tradição demandista de acesso ao Poder Judiciário na esfera da probidade administrativa, para alcançar novas formas de resolução de conflitos, em nítida consolidação da ideia de Justiça Multiportas.

conformidade da legislação do Imposto sobre a Renda e proventos de qualquer natureza. Bastava a exigência de fornecimento da declaração do Imposto de Renda Pessoa Física, uma vez que é bem detalhada, já está padronizada, e a manipulação dessas informações é menor, o que gera segurança e maior possibilidade de controle. Conforme já salientado, o objetivo do artigo 13 da Lei 8.249/92 é fiscalizar a evolução patrimonial do agente público e de seus familiares. Por isto, a obrigatoriedade da apresentação da declaração de bens deve ser anual e é mantida, quando o agente público deixa o cargo, pois somente desta forma é possível fiscalizar o eventual acréscimo patrimonial e a compatibilidade com os vencimentos percebidos em razão do cargo exercido. O artigo 19, par. 3º, da Lei 8.249/92 pune com demissão o agente público que se recusa a prestar declaração de bens ou que presta declaração falsa. Ora, tal punição é proporcional a que seria aplicada, caso o agente público não entregasse a declaração de bens antes de assumir o cargo, uma vez que não poderia assumi-lo, se não apresentasse a referida declaração. Portanto, a não entrega da declaração gera a presunção de variação patrimonial incompatível com os vencimentos declarados. Tratando-se de servidores do Executivo Federal, a não apresentação anual da declaração de bens enseja a instauração de processo administrativo disciplinar, nos termos do artigo 5º do Decreto 5.483/2005. A técnica da inversão do ônus da prova, nas ações de improbidade administrativa, visa tutelar o modelo republicano, a ética na gestão pública e o direito fundamental ao governo honesto."

182 "Art. 17 [...] § 1º É vedada a transação, acordo ou conciliação nas ações de que trata o *caput*. [...]."

183 Não se descartava, contudo, a possibilidade de se firmar compromisso em matéria não afeta às sanções previstas na Lei de Improbidade Administrativa, ou seja, em relação à reparação dos danos causados pelo agente ímprobo.

Nesse sentido, a Lei n. 12.846/2013 (Lei Anticorrupção), compondo com a Lei de Improbidade Administrativa um "microssistema legal de combate a atos lesivos à Administração Pública", regulamentou o "acordo de leniência", verdadeira composição em relação às pessoas jurídicas que praticaram atos contra a administração pública, nacional ou estrangeira.[184]

[184] A matéria vem regulada nos artigos 16 e 17 da Lei n. 12.846/2013: "Art. 16 -A autoridade máxima de cada órgão ou entidade pública poderá celebrar acordo de leniência com as pessoas jurídicas responsáveis pela prática dos atos previstos nesta Lei que colaborem efetivamente com as investigações e o processo administrativo, sendo que dessa colaboração resulte: I – a identificação dos demais envolvidos na infração, quando couber; e II – a obtenção célere de informações e documentos que comprovem o ilícito sob apuração. § 1º O acordo de que trata o caput somente poderá ser celebrado se preenchidos, cumulativamente, os seguintes requisitos: I – a pessoa jurídica seja a primeira a se manifestar sobre seu interesse em cooperar para a apuração do ato ilícito; II – a pessoa jurídica cesse completamente seu envolvimento na infração investigada a partir da data de propositura do acordo; III – a pessoa jurídica admita sua participação no ilícito e coopere plena e permanentemente com as investigações e o processo administrativo, comparecendo, sob suas expensas, sempre que solicitada, a todos os atos processuais, até seu encerramento. 2º A celebração do acordo de leniência isentará a pessoa jurídica das sanções previstas no inciso II do art. 6º e no inciso IV do art. 19 e reduzirá em até 2/3 (dois terços) o valor da multa aplicável. § 3º O acordo de leniência não exime a pessoa jurídica da obrigação de reparar integralmente o dano causado. § 4º O acordo de leniência estipulará as condições necessárias para assegurar a efetividade da colaboração e o resultado útil do processo. § 5º Os efeitos do acordo de leniência serão estendidos às pessoas jurídicas que integram o mesmo grupo econômico, de fato e de direito, desde que firmem o acordo em conjunto, respeitadas as condições nele estabelecidas. § 6º A proposta de acordo de leniência somente se tornará pública após a efetivação do respectivo acordo, salvo no interesse das investigações e do processo administrativo. § 7º Não importará em reconhecimento da prática do ato ilícito investigado a proposta de acordo de leniência rejeitada. § 8º Em caso de descumprimento do acordo de leniência, a pessoa jurídica ficará impedida de celebrar novo acordo pelo prazo de 3 (três) anos contados do conhecimento pela administração pública do referido descumprimento. § 9º A celebração do acordo de leniência interrompe o prazo prescricional dos atos ilícitos previstos nesta Lei. § 10. A Controladoria-Geral da União – CGU é o órgão competente para celebrar os acordos de leniência no âmbito do Poder Executivo federal, bem como no caso de atos lesivos praticados contra a administração pública estrangeira. Art. 17. A administração pública poderá também celebrar acordo de leniência com a pessoa jurídica responsável pela prática de ilícitos previstos na Lei nº 8.666, de 21 de junho de 1993, com vistas à isenção ou atenuação das sanções administrativas estabelecidas em seus arts. 86 a 88."

O § 4º do artigo 36 da Lei n. 13.140/2015 (Lei da Mediação) também passou a dispor expressamente que:

> Nas hipóteses em que a matéria objeto do litígio esteja sendo discutida em ação de improbidade administrativa ou sobre ela haja decisão do Tribunal de Contas da União, a conciliação de que trata o caput dependerá da anuência expressa do juiz da causa ou do Ministro Relator.

Mais recentemente, o artigo 1º, § 2º, da Resolução n. 179/2017 do Conselho Nacional do Ministério Público passou a permitir a celebração de compromisso de ajustamento de conduta nas hipóteses configuradoras de improbidade administrativa, sem prejuízo do ressarcimento ao erário e da aplicação de uma ou algumas das sanções previstas em lei, de acordo com a conduta ou o ato praticado.[185]

A medida vinha fundamentada no fato de que a suspensão condicional do processo e a colaboração premiada, no campo penal, e o acordo de leniência, nos campos administrativo e civil das pessoas jurídicas, passaram a permitir o afastamento de determinados comandos legais sancionatórios, bem como no fato de que os princípios e as normas estatuídas pelo Código de Processo Civil de 2015 incorporaram inúmeros mecanismos de autocomposição de conflitos, superando-se a forma rígida e tradicional de concretização de direitos por meio da imposição estatal da sentença.[186] Ademais, o acordo de ajustamento de conduta proporciona solução mais célere às lesões a direitos transindividuais e contribui para o descongestionamento do Poder Judiciário.

Com o intuito de colocar um fim à discussão, a Lei n. 13.964/2019 (Pacote Anticrime) introduziu a permissão expressa para o acordo de não persecução cível no artigo 17, § 1º, da Lei n. 8.429/1992: "As ações de que trata este artigo admitem a celebração de acordo de não persecução cível, nos termos desta Lei."

[185] "É cabível o compromisso de ajustamento de conduta nas hipóteses configuradoras de improbidade administrativa, sem prejuízo do ressarcimento ao erário e da aplicação de uma ou algumas das sanções previstas em lei, de acordo com a conduta ou o ato praticado."
[186] Cf. Resolução n. 179/2017 do Conselho Nacional do Ministério Público.

O diploma não delimitou todas as nuances do instituto, deixando um amplo espaço para a criação doutrinária e jurisprudencial. A título de exemplo, houve o surgimento de duas correntes acerca do momento e forma de sua celebração do acordo.

A primeira sustentava que poderia ser celebrado antes mesmo do oferecimento da ação civil de improbidade administrativa, de forma similar ao acordo de não persecução penal. Nesse caso, o acordo deveria ser necessariamente submetido à homologação pelo Conselho Superior do Ministério Público.

A segunda entendia que a sua celebração deveria ocorrer após o oferecimento da petição inicial na demanda de improbidade administrativa, em especial com fundamento no § 10-A do artigo 17, que estabelecia: "Havendo a possibilidade de solução consensual, poderão as partes requerer ao juiz a interrupção do prazo para a contestação, por prazo não superior a 90 (noventa) dias."

Em se encampando a segunda corrente, abriam-se duas possibilidades: a primeira delas admitindo a celebração informal entre as partes, e a segunda exigindo audiência específica para a validade do ato.[187]

Contudo, a Lei n. 14.230/2021 regulamentou detalhadamente o acordo de não persecução cível (ANPC), fixando as bases do instituto e tecendo limites para sua aplicação.

Trata-se, em verdade, de negócio jurídico material e processual que visa a responsabilizar o agente ímprobo pelas condutas praticadas.[188] A título de exemplo, é possível convencionar a forma como se dará o custeio da prova pericial, as sanções aplicáveis ao agente ímprobo, a utilização de prova emprestada, entre outras medidas.

Para tanto, o membro do Ministério Público, único legitimado para a celebração do acordo (artigo 17-B, *caput*, da Lei de Improbidade Administrativa), deve, inicialmente, verificar se o ANPC é mais vantajoso ao interesse público do que o ajuizamento da ação civil de improbidade

[187] Ressalte-se que, para a homologação do acordo de não persecução penal, será realizada audiência na qual o juiz deverá verificar a sua voluntariedade, por meio da oitiva do investigado na presença do seu defensor, e sua legalidade.

[188] A respectiva natureza processual decorre do fato de que pode atuar como verdadeiro negócio jurídico processual.

administrativa, considerando, dentre outros fatores, a provável duração do processo, a efetividade das sanções aplicáveis e a abrangência da responsabilização de agentes públicos e de terceiros envolvidos no ilícito. Assim, embora deva ser priorizada a resolução consensual do conflito, inexiste direito subjetivo à sua celebração.[189]

Uma vez ultrapassada essa primeira etapa, a celebração de acordos de não persecução na esfera da improbidade administrativa não pode ocorrer de forma desregrada. Ao contrário, é preciso que dele advenham, ao menos, os seguintes resultados:

a) integral ressarcimento do dano; e
b) reversão à pessoa jurídica lesada da vantagem indevida obtida, ainda que oriunda de agentes privados.

Atente-se para o fato de que não há intervenção do juiz na fase de celebração do acordo, mas apenas em um segundo momento, na sua homologação. Em outras palavras, as negociações para a celebração do acordo ocorrem entre o Ministério Público, de um lado, e, de outro, o investigado ou demandado e seu defensor (artigo 17-B, § 5º, da Lei de Improbidade Administrativa). E mais: na celebração do acordo, devem ser considerados os seguintes aspectos (artigo 17-B, § 2º, da Lei de Improbidade Administrativa):

a) a personalidade do agente;
b) a natureza, as circunstâncias, a gravidade e a repercussão social do ato de improbidade; e
c) as vantagens, para o interesse público, da rápida solução do caso.

Ademais, § 4º do artigo 17-B passou a admitir expressamente a sua celebração em três momentos distintos:

[189] Nesse sentido, o Superior Tribunal de Justiça já decidiu que "não há razão para retirar o feito da pauta virtual, uma vez que, além de não ser o acordo de não persecução cível um direito subjetivo do réu, o presente processo já ultrapassou a fase de análise dos fatos e provas (primeira e segunda instâncias), já tendo sido até mesmo julgado o agravo em recurso especial submetido a exame desta Corte Superior (que não ultrapassou sequer a admissibilidade recursal)." (STJ, AgInt no RtPaut no AgInt no RE nos EDcl no AgInt no agravo em recurso especial 1.341.323/RS, j. 05.05.2020.)

a) no curso da investigação de apuração do ilícito;
b) no curso da ação de improbidade; ou
c) no momento da execução da sentença condenatória.

No que concerne aos requisitos para sua celebração, eles podem ser divididos em duas categorias: positivos e negativo.

No que tange aos requisitos positivos, devem estar presentes cumulativamente os seguintes (artigo 17-B, § 1º, da Lei de Improbidade Administrativa):

a) oitiva do ente federativo lesado, em momento anterior ou posterior à propositura da ação;
b) aprovação, no prazo de até sessenta dias, pelo órgão do Ministério Público competente para apreciar as promoções de arquivamento de inquéritos civis, se anterior ao ajuizamento da ação;
c) homologação judicial, independentemente de o acordo ocorrer antes ou depois do ajuizamento da ação civil de improbidade administrativa.

Importa destacar que, na hipótese de o ANPC ser celebrado antes da propositura da ação civil de improbidade administrativa, será necessária a sua homologação pelo Conselho Superior do Ministério Público, na esfera estadual, ou pela Câmara de Coordenação e Revisão, no âmbito da União, bem como a homologação judicial. De outro modo, quando o acordo for celebrado após o ajuizamento da demanda de improbidade administrativa, basta a sua homologação judicial.

"Entendemos que a homologação judicial, mesmo nas hipóteses em que antecede ao ajuizamento da demanda de improbidade administrativa, contraria a metodologia adotada pelo Microssistema de Tutela Coletiva, de modo que seria mais prudente houvesse o legislador afastado a necessidade de homologação judicial. A exigência de homologação judicial obrigatória do acordo celebrado extrajudicialmente é passível de inconstitucionalidade, tendo em vista que ofende a autonomia do Ministério Público e a independência funcional (artigo 127, caput e § 1º, da Constituição)."

Entendemos que a homologação judicial, mesmo nas hipóteses em que antecede ao ajuizamento da demanda de improbidade administrativa, contraria a metodologia adotada pelo Microssistema de Tutela Coletiva, de modo que seria mais prudente houvesse o legislador afastado a necessidade de homologação judicial.

De outro modo, o requisito negativo constitui-se na vedação para que o investigado ou o demandado celebre novo acordo pelo prazo de cinco anos, contado do conhecimento pelo Ministério Público do efetivo descumprimento de acordo anteriormente celebrado (artigo 17-B, § 7º, da Lei de Improbidade Administrativa).

Interpretando as recentes alterações promovidas na Lei n. 8.429/1992 com a Resolução n. 179/2017-CNMP e a Resolução n. 1193.2020-CPJ-MPSP, entendemos que o compromissário deve:

a) cessar o envolvimento com o ato ilícito;
b) confessar a prática do ato de improbidade administrativa (artigo 5º, inciso V, da Resolução n. 1.193/2020-CPJ-MPSP);
c) assumir a responsabilidade pela reparação integral do dano sofrido pelo erário (artigo 1º, § 2º, da Resolução 179/2017-CNMP), tendo em vista a natureza irrenunciável do direito tutelado, inclusive no que tange à reparação do dano moral coletivo e do dano social. Observe-se que, para fins de apuração do valor do dano a ser ressarcido, deve ser realizada a oitiva do Tribunal de Contas competente, que se manifestará, com indicação dos parâmetros utilizados, no prazo de noventa dias (art. 17-B, § 3º, da Lei de Improbidade Administrativa);
d) realizar a transferência não onerosa, em favor da entidade lesada, da propriedade dos bens, direitos e/ou valores que representem vantagem ou proveito direto ou indiretamente obtido da infração, quando for o caso (artigo 1º, § 2º, da Resolução n. 179/2017-CNMP);
e) submeter-se a uma ou algumas das sanções previstas no artigo 12 da Lei de Improbidade Administrativa (artigo 1º, § 2º, da Resolução n. 179/2017-CNMP; e artigo 5º, inciso VIII, da Resolução n. 1193/2020-CPJ-MPSP),[190]

[190] Nesse sentido, o Superior Tribunal de Justiça já decidiu inclusive que: "O ressarcimento não constitui sanção propriamente dita, mas sim consequência necessária do prejuízo causado. Caracterizada a improbidade administrativa por dano ao Erário, a devolução dos

f) submeter-se a cláusula específica de aplicação de multa diária ou outra espécie de cominação que se mostre adequada e suficiente para o caso de descumprimento das obrigações assumidas;[191]
g) assumir a obrigação, quando for o caso, de colaborar amplamente com as investigações, promovendo a identificação de outros agentes, partícipes, beneficiários, localização de bens e valores e produção de outras provas, durante o curso do inquérito civil ou do processo judicial;
h) especificar, se for o caso, tantos bens quanto bastem para a garantia do cumprimento das obrigações assumidas, os quais poderão permanecer indisponíveis.

No que tange ao seu conteúdo, o ANPC deve prever o seguinte:

a) identificação do pactuante agente público ou terceiro que, não sendo agente público, induziu ou concorreu para a prática do ato ou dele se beneficiou direta ou indiretamente;
b) descrição da conduta ilícita, com todas as suas circunstâncias, em especial suas condições de tempo e local;[192]
c) subsunção da conduta ilícita imputada à específica previsão legal de modalidade de ato de improbidade administrativa;
d) quantificação e extensão do dano e dos valores acrescidos ilicitamente, quando houver;
e) assunção por parte do pactuante da responsabilidade pelo ato ilícito praticado;
f) compromisso, quando for o caso, de colaborar amplamente com as investigações, promovendo a identificação de outros agentes, partícipes, beneficiários, localização de bens e valores e produção

valores é imperiosa e deve vir acompanhada de pelo menos uma das sanções legais que, efetivamente, visam a reprimir a conduta ímproba e a evitar o cometimento de novas infrações. Precedentes do STJ." (REsp 1.184.897/PE, 2ª Turma, Rel. Min. Herman Benjamin.)

191 Em caso de descumprimento do acordo, é possível o protesto de dívida e a inscrição da dívida em cadastros de proteção ao crédito.

192 Na hipótese de o ANPC ser celebrado apenas com o particular, deverá o membro descrever a conduta ilícita tanto do particular quanto do agente público.

de outras provas, durante o curso do inquérito civil ou do processo judicial;

g) reparação integral do dano atualizado monetariamente, acrescido de juros legais e perdimento de bens e valores acrescidos ilicitamente;
h) aplicação de medidas sancionatórias previstas no artigo 12 da Lei de Improbidade Administrativa;
i) estipulação de cláusula específica de aplicação de multa diária ou outra espécie de cominação que se mostre adequada e suficiente para o caso de descumprimento das obrigações assumidas;
j) especificação, se for o caso, de tantos bens quanto bastem para a garantia do cumprimento das obrigações assumidas, os quais permanecerão indisponíveis;
k) advertência de que a eficácia do acordo extrajudicial estará condicionada a sua homologação pelo Conselho Superior do Ministério Público, no prazo de até 60 (sessenta) dias e, na sequência, pelo órgão jurisdicional.

Quando celebrado com pessoas jurídicas, o acordo pode contemplar, ainda, a adoção de mecanismos e procedimentos internos de integridade, auditoria e incentivo à denúncia de irregularidades, e a aplicação efetiva de códigos de ética e de conduta, se for o caso, bem como de outras medidas em favor do interesse público e de boas práticas administrativas, nos termos do artigo 17-B, § 6º, da Lei de Improbidade Administrativa.

Trata-se de busca pela prevenção da prática de atos de improbidade administrativa e harmonização entre as diferentes instâncias de consensualidade em matéria de ilícitos praticados contra a Administração Pública, sejam as de natureza penal – colaboração premiada e ANPP –, sejam as da Lei de Improbidade Administrativa e da Lei Anticorrupção – acordo de leniência.

Perceba-se, ainda, que inexiste óbice para a celebração de acordos parciais em demandas de improbidade administrativa, ou seja, que envolvem apenas algumas condutas ou alguns dos agentes. Prossegue-se, assim, com o ajuizamento de ação civil de improbidade administrativa em relação aos demais fatos ou agentes. O mesmo entendimento é aplicável à "colaboração premiada coletiva", desde que respeitados os limites e critérios fixados pela Lei n. 12.850/2013.[193]

Por fim, em caso de descumprimento do acordo, é possível a averbação cautelar, o protesto de dívida e a inscrição da dívida em cadastros de proteção ao crédito, tendo em vista a natureza do direito tutelado.

16. Requisitos específicos da sentença em ações de improbidade administrativa

O artigo 489 do Código de Processo Civil estabelece os elementos da sentença e os requisitos para a sua devida fundamentação. No que tange aos seus elementos, deve conter:

a) o relatório, que conterá os nomes das partes, a identificação do caso, com a suma do pedido e da contestação, e o registro das principais ocorrências havidas no andamento do processo;
b) os fundamentos, em que o juiz analisará as questões de fato e de direito;
c) o dispositivo, em que o juiz resolverá as questões principais que as partes lhe submeterem.

No que concerne à fundamentação, dispõe que não se considera fundamentada qualquer decisão judicial – interlocutória, sentença ou acórdão – que realizar algum dos seguintes atos:

a) limitar-se à indicação, reprodução ou paráfrase de ato normativo, sem explicar sua relação com a causa ou a questão decidida;
b) empregar conceitos jurídicos indeterminados, sem explicar o motivo concreto de sua incidência no caso;
c) invocar motivos que se prestariam a justificar qualquer outra decisão;
d) não enfrentar todos os argumentos deduzidos no processo capazes de, em tese, infirmar a conclusão adotada pelo julgador;

[193] DIDIER JR., Fredie; ZANETI JR., Hermes. **Curso de Direito Processual Civil**: Processo Coletivo. 11. ed. Salvador: Juspodivm, 2017, p. 338.

e) limitar-se a invocar precedente ou enunciado de súmula, sem identificar seus fundamentos determinantes nem demonstrar que o caso sob julgamento se ajusta àqueles fundamentos;
f) deixar de seguir enunciado de súmula, jurisprudência ou precedente invocado pela parte, sem demonstrar a existência de distinção no caso em julgamento ou a superação do entendimento.

Contudo, a sentença proferida nos feitos de improbidade deve, além de observar o disposto no artigo 489 do Código de Processo Civil, atentar para os seguintes aspectos (artigo 17-C da Lei de Improbidade Administrativa):

a) indicar de modo preciso os fundamentos que demonstram os elementos a que se referem os artigos 9º, 10 e 11 da Lei n. 8.429/1992;
b) considerar as consequências práticas da decisão, sempre que decidir com base em valores jurídicos abstratos;[194]
c) considerar os obstáculos e as dificuldades reais do gestor e as exigências das políticas públicas a seu cargo,[195] sem prejuízo dos direitos dos administrados e das circunstâncias práticas que houverem imposto, limitado ou condicionado a ação do agente;[196]

[194] Para uma análise aprofundada do tema, remetemos o leitor ao tópico "Consequencialismo judicial e indisponibilidade de bens".

[195] No que tange às políticas públicas, a Súmula n. 53 do CSMP-SP estabelece que: "Não é dever do órgão do Ministério Público instaurar inquérito civil ou outro procedimento investigatório para mero acompanhamento da criação ou execução de programas ou políticas públicas, quando não houver notícia concreta de dano ou risco de lesão a interesses difusos, coletivos ou individuais homogêneos."

[196] Na mesma linha, o artigo 22 da LINDB dispõe que: "Art. 22. Na interpretação de normas sobre gestão pública, serão considerados os obstáculos e as dificuldades reais do gestor e as exigências das políticas públicas a seu cargo, sem prejuízo dos direitos dos administrados. § 1º Em decisão sobre regularidade de conduta ou validade de ato, contrato, ajuste, processo ou norma administrativa, serão consideradas as circunstâncias práticas que houverem imposto, limitado ou condicionado a ação do agente." Sobre o tema, já tivemos a chance de ponderar que: "Tradicionalmente, nas análises realizadas pelos órgãos controladores e pelo Poder Judiciário, a análise fica restrita aos aspectos legais. A título de exemplo, em uma demanda que contem pedido de fornecimento de tratamento médico, o magistrado analisa o direito subjetivo do autor, sem que venha a se perguntar

sobre eventuais dificuldades envolvidas na implementação da política pública de saúde, tal como sói ocorrer com a ausência de veículos para o transporte do doente pelo Município ou pelo Estado-Membro. O novo dispositivo, contudo, impõe que na interpretação de normas sobre gestão pública o julgador considere "os obstáculos e as dificuldades reais do gestor e as exigências das políticas públicas a seu cargo", ponderando, em decisão sobre regularidade de conduta ou validade de ato, contrato, ajuste, processo ou norma administrativa, as circunstâncias práticas que houverem imposto, limitado ou condicionado a ação do agente. Trata-se, portanto, de novo parâmetro de análise da validade que até então estava fora de apreciação nas esferas administrativa ou judicial. Partindo do exemplo acima mencionado e fazendo incidir o novel dispositivo, caso o ente público disponha apenas de um veículo para realizar o transporte escolar, óbice algum existiria em sua utilização para a prestação do tratamento médico, sem que a conduta do administrador venha a implicar em desvio de finalidade, em atenção aos obstáculos impostos ao gestor público. Em que pese não concordarmos com esse posicionamento, o dispositivo tem o mérito de ampliar os limites do controle sobre o ato administrativo. Vejamos. Embora a regra seja que a verificação da oportunidade e conveniência (mérito do ato administrativo) sejam realizadas exclusivamente pelo próprio Poder que praticou a conduta, não incumbindo ao Judiciário o controle de mérito, entendemos que o novo diploma vem estender os "limites" ou "parâmetros" da análise que podem ser adotados pelo magistrado. Ao prever que o controle de legalidade do ato administrativo leve em consideração "os obstáculos e as dificuldades reais do gestor e as exigências das políticas públicas a seu cargo", bem como "as circunstâncias práticas que houverem imposto, limitado ou condicionado a ação do agente", o artigo 22, da LINDB, permite que o Poder Judiciário adote parâmetros mais amplos para a análise da legalidade, aproximando-se do mérito, de modo a atender reclamo de parte da doutrina acerca da possibilidade de verificar se a atuação discricionária da administração está dentro da órbita legal da discricionariedade ou se ocorreu de forma desproporcional. Assim, não obstante ficar o magistrado sempre vinculado à análise da legalidade da conduta estatal, ou seja, se a conduta foi praticada dentro das balizas da discricionariedade, com fulcro nos princípios da razoabilidade e proporcionalidade16, o parâmetro de análise agora pode abranger também "os obstáculos e as dificuldades reais do gestor e as exigências das políticas públicas a seu cargo", bem como "as circunstâncias práticas que houverem imposto, limitado ou condicionado a ação do agente". E mais: em que pese a necessidade de se considerar as limitações estruturais impostas ao gestor público, não pode o Poder Judiciário deixar de conferir efetividade a direitos consagrados na Constituição e na legislação infraconstitucional. Isso porque existe um limite material implícito no ordenamento jurídico, atrelado à força normativa da Constituição e ao princípio da vedação do retrocesso social. Pelo aspecto negativo, impõe-se ao legislador, no exercício da criação normativa, a obediência ao grau de densidade normativa já alcançada pelos direitos fundamentais. De outra forma, sob o aspecto positivo, deve-se atentar para a necessidade constitucional dos poderes públicos atuarem positivamente para a redução das desigualdades sociais e materiais, ou seja, tendentes a um avanço no processo de con-

d) considerar, para a aplicação das sanções, de forma isolada ou cumulativa:[197]
   - os princípios da proporcionalidade e da razoabilidade;
   - a natureza, a gravidade e o impacto da infração cometida;
   - a extensão do dano causado;
   - o proveito patrimonial obtido pelo agente;
   - as circunstâncias agravantes ou atenuantes;[198]
   - a atuação do agente em minorar os prejuízos e as consequências advindas de sua conduta omissiva ou comissiva;
   - os antecedentes do agente;

e) considerar na aplicação das sanções a dosimetria das sanções relativas ao mesmo fato já aplicadas ao agente;[199]

cretização dos direitos fundamentais. Assim, na análise dos "obstáculos e das dificuldades reais do gestor e das exigências das políticas públicas a seu cargo" deve-se considerar, a título de exemplo, o lapso temporal necessário à realização de procedimento licitatório. Contudo, a ausência de concretização dos direitos fundamentais individuais e sociais pelo Administrador Público não elide a adoção de medidas pelos tribunais (tal como sói ocorrer na tutela do direito à educação de crianças e adolescentes, do direito à saúde, entre outros), especialmente quando o fundamento do descumprimento vier embasado na alegação de estar a sua efetivação vinculada à discricionariedade administrativa ou à cláusula de reserva do possível. Ora, é certo que, ordinariamente, não se inclui no âmbito das funções institucionais do Poder Judiciário a atribuição de formular e de implementar políticas públicas, pois, nesse campo, o encargo reside, primariamente, nos Poderes Legislativo e Executivo. De forma excepcional, contudo, tal incumbência passará ao Poder Judiciário, se e quando os órgãos estatais competentes descumprirem os encargos político-jurídicos que lhes foram atribuídos constitucionalmente, vindo a comprometer a eficácia de direitos fundamentais individuais e/ou coletivos. Em suma, o dispositivo não pode inviabilizar a responsabilização do administrador que descumprir a legislação, sendo necessário que, em sede de controle de constitucionalidade, os Tribunais deixem assentado que o artigo 22, da LINDB, só será constitucional se, interpretada conforme a Carta Magna, não afaste o estabelecido no art. 37, § 6º, da Constituição." (COSTA, Rafael de Oliveira. (In)Segurança Jurídica? Breves Comentários à Lei nº 13.655/18. **Justitia**, v. 208, 2020, p. 123.)

[197] O dispositivo estabelece, em verdade, a necessidade de que sejam devidamente analisadas a proporcionalidade e razoabilidade na aplicação das sanções ao administrador público.

[198] A norma demanda complementação no que concerne à incidência das circunstâncias agravantes ou atenuantes, visto que precisam estar expressamente elencadas pelo ordenamento jurídico.

[199] Embora deva ocorrer a devida compensação entre as sanções aplicadas nas diversas instâncias (administrativa, civil e penal) para evitar eventual *bis in idem* (ex., o agente não

f) considerar, na fixação das penas relativamente ao terceiro, quando for o caso, a sua atuação específica, não admitida a sua responsabilização por ações ou omissões para as quais não tiver concorrido ou das quais não tiver obtido vantagens patrimoniais indevidas;
g) indicar, na apuração da ofensa a princípios, critérios objetivos que justifiquem a imposição da sanção.

17. Recursos

No que tange à sistemática recursal no âmbito de Lei de Improbidade Administrativa, sem pretender esgotar a matéria, é preciso observar três situações relevantes:

a) decisão que rejeita a inicial – cabe recurso de apelação;
b) decisão que recebe a petição inicial – cabe recurso de agravo de instrumento;
c) decisões interlocutórias em geral – cabe o recurso de agravo de instrumento, inclusive em face da decisão que rejeitar questões preliminares suscitadas pelo réu em sua contestação (artigo 17, § 21, da Lei de Improbidade Administrativa).

Esta última hipótese reflete nítida ampliação do regime de cabimento do agravo de instrumento previsto no artigo 1.015 do Código de Processo Civil, que restringiu a utilização dessa modalidade recursal, permitindo

pode ser obrigado a ressarcir o montante total do dano no âmbito civil e, novamente, na esfera penal), a previsão legal viola o princípio da independência das instâncias: embora a ilicitude seja única, a responsabilização pode ocorrer de forma independente em cada uma das esferas. A título de exemplo, a dosimetria da pena no âmbito criminal não fica vinculada à dosimetria realizada na aplicação da sanção decorrente da Lei n. 8.429/1992, em razão da independência existente entre as diferentes instâncias. Corroborando essa posição, imagine-se a aplicação de sanção de natureza administrativa ao agente violador de normas de direito. Sobrevindo a anulação da decisão que aplicou a reprimenda, não faria sentido tivesse havido limitação à dosimetria da pena, por exemplo, na esfera criminal. Ressalte-se, ainda, que a sentença absolutória criminal impede a propositura de ação reparatória no âmbito cível, salvo quando: a) implicar em reconhecimento da inexistência do fato; b) ficar provado que o réu não concorreu para a infração penal; ou c) agir amparado em excludente de ilicitude, salvo quando existir legítima defesa com *aberratio ictus* ou estado de necessidade agressivo.

a sua utilização inclusive em face de preliminares. A título de exemplo, caso o suposto autor do ato ímprobo suscite a ocorrência de litispendência e a tese não venha a ser acolhida, é possível a interposição de recurso de agravo de instrumento.[200]

Vale destacar, em que pese o rol do artigo 1.015 do Código de Processo Civil não fazer expressa referência à decisão interlocutória que fixa a incompetência do juízo, é possível a interposição de agravo de instrumento, em razão de exegese analógica ou extensiva do inciso III do art. 1.015 do Código de Processo Civil, visto que também pretende fixar o juízo natural e adequado para a demanda.[201]

Ademais, conforme ficará claro mais à frente, a decisão que converter a ação de improbidade administrativa em ação civil pública será recorrível por meio de agravo de instrumento (artigo 17, § 17, da Lei de Improbidade Administrativa).

Por fim, de forma mais ampla, a 2ª Turma do Superior Tribunal de Justiça entende que o artigo 19, § 1º, da Lei da Ação Popular incide em relação às demandas de improbidade administrativa, de modo que são recorríveis por meio de agravo de instrumento todas as decisões interlocutórias, em atenção ao Microssistema Processual Coletivo (STJ, 2ª Turma. REsp 1.925.492-RJ, Rel. Min. Herman Benjamin, j. 04/05/2021, Info. 695).

18. Reexame necessário

Nos termos do artigo 17, § 19, inciso IV, da Lei de Improbidade Administrativa, não se aplica na ação de improbidade administrativa o reexame obrigatório da sentença de improcedência ou de extinção sem resolução de mérito.[202]

Atente-se para o fato de que o dispositivo contraria a jurisprudência mais recente do Superior Tribunal de Justiça, que entende que a sentença que concluir pela carência ou pela improcedência de ação de improbi-

[200] Em relação à alegação de prescrição, entendemos possível a interposição de recurso com fulcro no art. 1.015, inciso II, do Código de Processo Civil.

[201] Nesse sentido: STJ, 4ª Turma. REsp 1.679.909-RS, Rel. Min. Luis Felipe Salomão, por unanimidade, j. 14/11/2017, DJe 01/02/2018.

[202] No mesmo sentido, o artigo 18, § 3º, da Lei de Improbidade Administrativa dispõe que não haverá remessa necessária nas sentenças de que trata a Lei n. 8.429/1992.

dade administrativa está sujeita ao reexame necessário, com base na aplicação analógica do artigo 19 da Lei nº 4.717/1965.[203]

19. Conversão da ação de improbidade administrativa em ação civil pública

Com o intuito de promover o aproveitamento dos atos processuais e em atenção ao princípio da eficiência, se o juiz identificar a existência de ilegalidades ou de irregularidades administrativas a serem sanadas sem que estejam presentes todos os requisitos para a imposição das sanções aos agentes ímprobos, poderá, em decisão motivada, converter a ação de improbidade administrativa em ação civil pública (artigo 17, § 16, da Lei de Improbidade Administrativa).

Assim, a título de exemplo, finda a instrução e não demonstrado o dolo do agente – embora persista irregularidade administrativa que tenha gerado prejuízo ao erário –, é possível "converter" a ação de improbidade em ação civil pública, evitando-se o ajuizamento de nova demanda praticamente idêntica.

Entendemos, contudo, que a medida é desnecessária. Com efeito, se o autor fez pedidos cumulativos – ou seja, que venham a abranger a tutela de direitos coletivos e a aplicação das sanções previstas na Lei n. 8.429/1992 – e o juiz entende que não há ato de improbidade administrativa, poderia este último, de ofício, afastar a aplicação das sanções previstas na Lei de Improbidade Administrativa e acolher os pedidos que se referem à tutela dos direitos coletivos. Sobre o tema, inclusive, o Superior Tribunal de Justiça já firmou o entendimento, por meio do Tema Repetitivo n. 1.089, de que, na ação civil de improbidade administrativa é possível o prosseguimento da demanda para pleitear o ressarcimento do dano ao erário, ainda que sejam declaradas prescritas as demais sanções previstas no artigo 12 da Lei n. 8.429/1992.

20. Coisa julgada

Existem três correntes que procuram sistematizar o regime da coisa julgada nas ações de improbidade administrativa:

[203] STJ, 1ª Seção, EREsp 1.220.667-MG, Rel. Min. Herman Benjamin, j. 24/5/2017.

a) a primeira corrente entende que incide integralmente o regime do Código de Processo Civil;[204]
b) a segunda corrente entende que incide o regime do Microssistema de Tutela Coletiva, ou seja, a coisa julgada é *erga omnes* na hipótese de procedência e improcedência por fundamento distinto da falta de provas, tendo em vista a tutela do direito difuso à probidade (artigo 16 da Lei da Ação Civil Pública);[205]-[206]
c) por fim, a terceira corrente sustenta que incide um regime misto, ou seja, em relação à aplicação das sanções de caráter punitivo (ex., multa) incide o Código de Processo Civil e, no que tange à reparação dos danos, incide o regime do Microssistema de Tutela Coletiva.[207]

Entendemos que, com o intuito de manter a integridade e congruência do Microssistema de Tutela Coletiva, a razão está com a segunda correte, que sustenta a incidência do regime do Direito Processual Coletivo.[208]

21. Liquidação e cumprimento de sentença

21.1. Medidas executivas atípicas

No cumprimento de sentença proferida em ação de improbidade administrativa é possível a aplicação de medidas executivas atípicas, inclusive a apreensão de passaporte e a suspensão de carteira nacional de habilita-

[204] Por todos, conferir: Meirelles, Hely Lopes; Wald, Arnoldo; Mendes, Gilmar Ferreira. **Mandado de segurança e ações constitucionais**. São Paulo: Malheiros, 2009, p. 256.

[205] Na hipótese de improcedência por falta de provas, não há formação de coisa julgada.

[206] Garcia, Emerson; ALVES, Rogério Pacheco. **Improbidade Administrativa**. Rio de Janeiro: Lumen Iuris, 2008, p. 794.

[207] Zavascki, Teori Albino. **Processo coletivo**: tutela de direitos coletivos e tutela coletiva de direitos. São Paulo: RT, 2009, p. 109.

[208] Em sentido similar, colacionam-se as seguintes súmulas do CSMP-SP: "Súmula n. 1: Homologa-se promoção de arquivamento quando o objeto investigado já tenha sido apreciado em ação popular julgada improcedente em virtude da validade do ato impugnado."; "Súmula n. 61: Se os mesmos fatos noticiados ao Ministério Público já foram objeto de ação popular em andamento, poderá ser promovido o arquivamento do inquérito civil se os pedidos de invalidação de ato lesivo e consequente ressarcimento forem os únicos pedidos possíveis, no caso concreto, de ser formulados em eventual ação civil pública ministerial."

ção (CNH), pois se tutelam a moralidade administrativa e o patrimônio público.[209]

21.2. Legitimidade concorrente da pessoa jurídica lesada para iniciar o procedimento de liquidação e execução da sentença no que diz respeito ao ressarcimento do dano ou à perda/reversão dos bens

Embora o Ministério Público seja o único legitimado à propositura da ação de improbidade administrativa, nada obsta a que a entidade lesada inicie o procedimento de liquidação e execução da sentença para obter o ressarcimento do dano ou a perda/reversão dos bens. Em outras palavras, a fase de imposição das penas só pode ser iniciada pelo Ministério Público; contudo, no que se refere ao ressarcimento do dano e à devolução do proveito ilícito, o ente lesado também tem legitimidade para fazê-lo.

Com efeito, o artigo 18, § 1º, da Lei de Improbidade Administrativa permite que a pessoa jurídica prejudicada proceda à liquidação e ao ulterior procedimento para cumprimento da sentença.

Contudo, caso a pessoa jurídica prejudicada não adote as providências cabíveis no prazo de seis meses, contados do trânsito em julgado da sentença de procedência da ação, incide o princípio da indisponibilidade da execução coletiva: caberá ao Ministério Público proceder à respectiva liquidação do dano e ao cumprimento da sentença referente ao ressarcimento do patrimônio público ou à perda ou à reversão dos bens.[210]

Note-se que o prazo estabelecido para a atuação subsidiária do *Parquet* difere daquele adotado, por exemplo, na Lei da Ação Popular: enquanto no âmbito da ação de improbidade administrativa é de seis meses, nas ações populares será de apenas sessenta dias.[211] Entendemos, contudo, que o prazo alargado implica prejuízo à tutela do interesse público, sem

[209] STJ, 2ª Turma, REsp 1.929.230/MT, Rel. Min. Herman Benjamin, j. 04/05/2021, Info. 695.

[210] Nessas hipóteses, o membro do Ministério Público poderá, ainda, promover eventual responsabilização pela omissão verificada, ou seja, pela ausência de adoção de providências cabíveis para a liquidação e execução de sentença.

[211] "Art. 16. Caso decorridos 60 (sessenta) dias da publicação da sentença condenatória de segunda instância, sem que o autor ou terceiro promova a respectiva execução, o representante do Ministério Público a promoverá nos 30 (trinta) dias seguintes, sob pena de falta grave."

que, contudo, o membro do Ministério Público fique obstado de promover a liquidação e execução antes de seu escoamento.

22. Pluralidade de atos de improbidade administrativa e unificação das penas

Até o advento do Lei n. 14.230/2021, na hipótese da prática pelo agente de mais de um ato de improbidade administrativa, a unificação deveria se dar da seguinte forma:

a) as sanções relativas ao ressarcimento do dano ao erário, perdimentos de bens acrescidos de forma ilícita e a multa civil deveriam ser aplicadas para cada conduta e cada processo;
b) em relação à aplicação de sanção de suspensão de direitos políticos, o Superior Tribunal de Justiça, na hipótese de multiplicidade de condenações, entendia pela aplicação da regra do artigo 111 da Lei de Execuções Penais, com a detração de sanções (STJ, 1ª Turma, ED no REsp 993.658/SC, rel. Min. Luiz Fux, Dje 23/03/10).

Contudo, a nova redação do artigo 18-A da Lei de Improbidade Administrativa passou a dispor de forma diversa. Em primeiro lugar, estabeleceu expressamente dois requisitos para unificação das penas:

a) requerimento do réu;
b) pleito formulado na fase de cumprimento da sentença.

Nesses casos, o juiz unificará eventuais sanções aplicadas com outras já impostas em outros processos, tendo em vista a eventual continuidade do ilícito ou a prática de diversas ilicitudes, observado o seguinte:

a) no caso de continuidade de ilícito, o juiz promoverá a maior sanção aplicada, aumentada de um terço, ou a soma das penas, o que for mais benéfico ao réu. Quanto à expressão "continuidade de ilícito", diante da ausência de expressa definição normativa, entendemos que deve incidir por analogia, naquilo que for cabível, o artigo 71 do Código Penal, ao regulamentar a continuidade delitiva. Contudo, em sendo mais benéfica a regra do concurso material (artigo

69 do Código Penal), as penas deverão ser somadas.[212] Impende destacar que, em relação ao ressarcimento do dano ao erário, perdimentos de bens acrescidos de forma ilícita não é viável a aplicação da regra, devendo ser aplicadas para cada conduta e cada processo. De outro modo, no que tange, por exemplo, à multa civil e à suspensão de direitos políticos, é plenamente possível a aplicação da maior sanção, aumentada de um terço.

b) no caso de prática de novos atos ilícitos pelo mesmo sujeito, o juiz somará as sanções.

A Lei n. 8.429/1992 ainda dispõe que as sanções de suspensão de direitos políticos e de proibição de contratar ou de receber incentivos fiscais ou creditícios do Poder Público observarão o limite máximo de vinte anos, com o intuito de evitar punições excessivas, em analogia ao disposto no artigo 75 do Código Penal.

Por fim, diante da ausência de expressa regulamentação legal, é possível o surgimento de duas correntes no que tange ao direito intertemporal

a) a primeira posição sustentando que o dispositivo não pode retroagir, devendo ser aplicado apenas às infrações perpetradas após o advento da nova lei;
b) a segunda posição admitindo que a intenção do legislador é de que também processos em curso sejam afetados pela nova sistemática.

23. Apuração do valor do ressarcimento e vedação ao enriquecimento sem causa

Seguindo o entendimento do Superior Tribunal de Justiça, o artigo 18, § 3º, da Lei de Improbidade Administrativa dispõe que, para fins de apura-

[212] A medida não pode abranger, contudo, sanções aplicadas em outras esferas, conforme entendimento sedimentado no Superior Tribunal de Justiça: "O art. 12 da Lei 8.429/92 é expresso ao determinar que as penalidades impostas pela prática de ato de improbidade administrativa independem das demais sanções penais, civis e administrativas, previstas na legislação específica. Desta forma, o fato de o agravado ter sido condenado, pela Justiça Eleitoral, ao pagamento de multa, por infringência às disposições contidas na Lei 9.504/97, não impede sua condenação em qualquer das sanções previstas na Lei 8.429/92, não havendo falar em *bis in idem*." (STJ, AgRg no AREsp 606.352/SP, Rel. Ministra Assusete Magalhães, 2ª Turma, j. 15/12/2015, DJe 10/02/2016.)

ção do valor do ressarcimento, deverão ser descontados os serviços efetivamente prestados.[213]

A medida visa a evitar o enriquecimento sem causa do ente público, não sendo possível o ressarcimento de "dispêndios estatais que retribuíram força de trabalho efetivamenteprestada".[214]

24. Possibilidade de parcelamento do débito resultante da condenação pela prática de atos de improbidade administrativa

Com o intuito de facilitar a efetiva reparação dos danos, o juiz pode autorizar o parcelamento do débito resultante de condenação pela prática de improbidade administrativa.

Para tanto, é preciso que o réu demonstre incapacidade financeira de saldá-lo de imediato (artigo 18, § 14, da Lei de Improbidade Administrativa).

Por fim, é possível o parcelamento em até quarenta e oito parcelas mensais corrigidas monetariamente (artigo 18, § 14, da Lei de Improbidade Administrativa).

25. Afastamento da responsabilidade solidária

Nos termos do artigo 942 do Código Civil, todos os que concorrem para a produção de um dano são solidariamente responsáveis.

Excepcionando essa regra, o artigo 17-C, § 2º, da Lei de Improbidade Administrativa dispõe que, na hipótese de litisconsórcio passivo, a condenação ocorrerá no limite da participação e dos benefícios diretos auferidos por cada agente ímprobo, sendo vedada a solidariedade.

Desse modo, a regra enfraquece o sistema de repressão aos atos ímprobos, violando o princípio da moralidade. Em tal contexto, é possível sustentar a sua inconstitucionalidade, em atenção, inclusive, ao princípio da vedação ao retrocesso social.

[213] STJ, AgInt no AREsp 798.081/RJ, Rel. Ministro Napoleão Nunes Maia Filho, 1ª Turma, j. 01/12/2020, DJe 09/12/2020.

[214] STJ, AgInt no AREsp 798.081/RJ, Rel. Ministro Napoleão Nunes Maia Filho, 1ª Turma, j. 01/12/2020, DJe 09/12/2020.

26. Improbidade administrativa e Lei Anticorrupção

Até o advento da Lei n. 14.230/2021, as demandas ajuizadas com base na Lei n. 8.429/1992 e na Lei n. 12.846/2013 seguiam ritos distintos: a primeira possuía rito especial com inúmeras peculiaridades, com a possibilidade, inclusive, de apresentação de defesa prévia, e a segunda seguia o rito comum do Código de Processo Civil, com as peculiaridades elencadas pela Lei da Ação Civil Pública.

Hodiernamente, contudo, ambas as espécies de demandas passaram a seguir, de forma geral, um mesmo rito: o procedimento comum previsto no Código de Processo Civil.

Assim, embora as ações de improbidade administrativa não observem por inteiro o procedimento comum, entendemos possível o ajuizamento de feito único para ambas as pretensões. Em outras palavras, óbice algum existe à propositura de uma única demanda com base de Lei de Improbidade Administrativa e na Lei Anticorrupção, desde que observadas as peculiaridades da demanda de improbidade administrativa – prazo de citação, obrigatoriedade de interrogatório, entre outras –, de modo a afastar eventuais contradições em ambas as esferas de responsabilização.

A medida ainda garante observância ao artigo 12, § 7º, da Lei de Improbidade Administrativa, que dispõe que as sanções aplicadas a pessoas jurídicas com base na Lei n. 8.429/1992 e na Lei n. 12.846/2013 deverão observar o princípio constitucional do *non bis in idem*.

Por fim, o ajuizamento simultâneo apenas será possível quando o Ministério Público for o autor da demanda, tendo em vista que o artigo 19 da Lei Anticorrupção concede legitimidade ativa não apenas ao *Parquet*, mas também à União, aos estados, ao Distrito Federal e aos municípios, de forma distinta da redação atual da Lei de Improbidade Administrativa.

27. Custas, honorários advocatícios e outras despesas

A Lei n. 14.230/2021 encampou a tese firmada no Tema n. 510 do Superior Tribunal de Justiça: "Não é possível se exigir do Ministério Público o adiantamento de honorários periciais em ações civis públicas. Ocorre que a referida isenção conferida ao Ministério Público em relação ao adiantamento dos honorários periciais não pode obrigar que o perito exerça seu ofício gratuitamente, tampouco transferir ao réu o encargo de financiar ações contra ele movidas. Dessa forma, considera-se aplicável, por analogia, a Súmula n. 232 desta Corte Superior ('A Fazenda Pública, quando parte no processo, fica sujeita à exigência do depósito prévio dos honorários do perito'), a determinar que a Fazenda Pública ao qual se acha vinculado o *Parquet* arque com tais despesas."

Assim, a referida lei incluiu o artigo 23-B à Lei n. 8.429/1992. Nesse sentido, a regra expressa em vigor determina que, nas ações e nos acordos regidos por tal lei, não há adiantamento de custas, preparo, emolumentos, honorários periciais ou quaisquer outras despesas. E no caso de procedência dos pedidos iniciais, as custas e as demais despesas processuais serão pagas ao final. Por fim, determina-se que, em se comprovando má-fé, haverá condenação em honorários sucumbenciais em caso de improcedência dos pedidos constantes na exordial.

CAPÍTULO 5
PRESCRIÇÃO

1. Disposições gerais

José Fernando Simão ensina que a prescrição é um fenômeno que torna ineficaz a pretensão.[215] E a redação original do artigo 23 da Lei n. 8.429/1992, que trata desse instituto, dispunha o seguinte:

> Art. 23. As ações destinadas a levar a efeitos as sanções previstas nesta lei podem ser propostas:
> I – até cinco anos após o término do exercício de mandato, de cargo em comissão ou de função de confiança; II – dentro do prazo prescricional previsto em lei específica para faltas disciplinares puníveis com demissão a bem do serviço público, nos casos de exercício de cargo efetivo ou emprego.
> III – até cinco anos da data da apresentação à administração pública da prestação de contas final pelas entidades referidas no parágrafo único do art. 1º desta Lei.

Todavia, o referido dispositivo foi profundamente alterado pela Lei n. 14.230/2021, que, ao revogar os incisos I a III, unificou os prazos para oito anos. Confira-se a nova redação do *caput*: "Art. 23. A ação para a aplicação das sanções previstas nesta Lei prescreve em 8 (oito) anos, contados a

[215] SIMÃO, José Fernando. Prescrição e decadência: tempo de esclarecer controvérsias. *In*: CASSETTARI, Christiano; CAMARGO VIANA, Rui Geraldo (org.). **10 anos de vigência do Código Civil brasileiro de 2002**: estudos em homenagem ao professor Carlos Alberto Dabus Maluf. São Paulo: Saraiva, v. 1, p. 216-238, 2013, p. 230.

partir da ocorrência do fato ou, no caso de infrações permanentes, do dia em que cessou a permanência."

Assim, a pretensão para a aplicação das penalidades elencadas no artigo 12 da Lei de Improbidade Administrativa prescreve em oito anos. E tal prazo é contado a partir da ocorrência do fato; já no caso das condutas permanentes – que se protraem no tempo –, o termo inicial consiste no dia em que termina a permanência.[216]

Deve-se conferir especial atenção ao termo inicial, pois contado da data do ato de improbidade administrativa, não de sua descoberta, como seria natural pela aplicação da teoria da *actio nata*. Assim, ainda que não se tenha tomado ciência da prática do ato de improbidade administrativa, dá-se início à contagem do prazo. A alteração concede azo à discussão de sua constitucionalidade, frente ao princípio da vedação à proteção insuficiente, e de sua convencionalidade, por força da tutela mínima do sistema anticorrupção.

A Lei n. 14.230/2021 ainda criou a figura da pretensão intercorrente, que sobrevém no curso da ação civil de improbidade administrativa. Tal subespécie encontra-se expressamente prevista no § 5º do artigo 23 e possui o prazo de quatro anos.

Para compreender a pretensão intercorrente, é necessário colacionar as causas de interrupção da prescrição, previstas no § 4º do referido artigo 23:

a) ajuizamento da ação de improbidade administrativa;
b) publicação da sentença condenatória;
c) publicação de decisão ou acórdão de Tribunal de Justiça ou Tribunal Regional Federal que confirma sentença condenatória ou que reforma sentença de improcedência;
d) publicação de decisão ou acórdão do Superior Tribunal de Justiça que confirma acórdão condenatório ou que reforma acórdão de improcedência;

[216] Exemplo: utilização indevida em obra particular de um trator pertencente ao município; o prazo prescricional apenas começa a correr após a cessação dessa utilização ilícita, com a restituição do bem.

e) publicação de decisão ou acórdão do Supremo Tribunal Federal que confirma acórdão condenatório ou que reforma acórdão de improcedência.

Assim, uma vez interrompida a prescrição, o mencionado § 5º aduz que o prazo recomeça a correr do dia da interrupção, pela metade do prazo previsto no *caput* do artigo 23, que é de oito anos. A título de exemplo, pode-se citar o ajuizamento de ação civil de improbidade administrativa com um dos primeiros marcos interruptivos da prescrição. Nesse caso, o Poder Judiciário terá quatro anos para prolatar uma sentença condenatória ou, ainda, preferir acórdão que reforme sentença de improcedência.

Ademais, o § 8º, também incluído pela Lei n. 14.230/2021, determina que o juiz ou o tribunal, depois de ouvido o Ministério Público, deve, de ofício ou a requerimento da parte interessada, reconhecer a prescrição intercorrente da pretensão sancionadora e decretá-la de imediato. Vale dizer, por se tratar de norma de ordem pública, criou-se uma obrigação para o membro do Poder Judiciário decretar a prescrição intercorrente assim que tiver notícia de sua ocorrência.

A par das causas de interrupção, a nova redação da Lei de Improbidade Administrativa também prevê uma causa de suspensão da prescrição. Nesse sentido, o § 1º incluído ao seu artigo 23 salienta que a instauração de inquérito civil ou de processo administrativo para apuração dos atos de improbidade administrativa suspende o curso do prazo prescricional. Essa suspensão pode vigorar por até cento e oitenta dias corridos. E o prazo prescricional recomeça a correr após a conclusão do procedimento ou, em não sendo concluído, esgotado o respectivo prazo de suspensão.

Acerca o inquérito civil, a Lei n. 14.230/2021 incluiu os §§ 2º e 3º ao artigo 23. Nesse sentido, determinou-se que o inquérito civil para a apuração do ato de improbidade administrativa será concluído no prazo de trezentos e sessenta e cinco dias corridos. Tal prazo é prorrogável por uma única vez por igual período, mediante ato fundamentado submetido à revisão da instância competente do órgão ministerial, conforme dispuser a respectiva lei orgânica – as respectivas leis orgânicas dos Ministérios Públicos da União e dos Estados deverá regulamentar a matéria e conferir essa atribuição a um determinado órgão do *Parquet*. Por fim, determinou-se que, uma vez encerrado o referido prazo previsto, a ação deverá ser proposta no prazo de trinta dias, se não for caso de arquivamento do inquérito civil.

Critica-se a edição das normas elencadas nos §§ 2º e 3º do artigo 23, pois se ignorou a complexidade dos fatos comumente apurados no bojo de um inquérito civil. Trata-se, geralmente, de casos envolvendo licitações e procedimentos enormes, os quais, como corolário dessa realidade, demandam muito tempo para uma análise cuidadosa e que visa a evitar injustiças. De outra banda, rememora-se a existência do prazo prescricional, o qual já servia para a extinção de procedimentos indevidamente alongados. Todavia, preferiu-se inovar e determinar a observância de um prazo ainda menor para o término das investigações, o que, inequivocamente, fere a tutela do patrimônio público.

A prescrição e a suspensão produzem efeitos relativamente a todos os que concorreram para a prática do ato de improbidade administrativa. A norma aproxima o sistema de improbidade administrativa do regime penal, fazendo com que as circunstâncias objetivas se comuniquem, à semelhança do artigo 580 do Código de Processo Penal. E, nos atos de improbidade administrativa conexos que sejam objeto do mesmo processo, a suspensão e a interrupção relativas a qualquer deles estendem-se aos demais. Esses são os mandamentos incluídos pela Lei n. 14.230/2021, conforme a redação conferida aos §§ 6º e 7º do artigo 23 da Lei n. 8.429/1992.

2. Questões correlatas

1) Com a promulgação da Lei n. 14.230/2021 surge uma dúvida quanto a qual prazo prescricional será aplicado a investigações e processos em trâmite. Haverá, no mínimo, três correntes:

a) a primeira sustentando que os prazos mais favoráveis devem se aplicar ao caso concreto, seja ele o previsto na redação original da Lei n. 8.429/1992, seja ele o previsto na nova redação;
b) a segunda preconizando que se aplicam, sempre, os novos prazos, em razão de se tratar de norma de direito processual;
c) a terceira salientando que, para os fatos praticados antes da vigência da nova lei, devem ser aplicados os prazos antigos, e, para os

fatos praticados após tal vigência, devem ser aplicados os novos prazos, pois se trata de norma de direito material.

Entendemos que a primeira corrente ("a") é aquela que mais se coaduna com o sistema jurídico posto, porque se aplicam, à espécie, os princípios do Direito Administrativo Sancionador – conforme expressa determinação contida no artigo 1º, § 1º, da Lei n. 8.429/1992 –,[217] no qual, a exemplo do Direito Penal, prevalece a retroação da *novatio legis in mellius*.[218]

Contudo, a nova redação da Lei de Improbidade Administrativa não incide integralmente, tendo em vista que alguns de seus elementos (*v.g.*, marcos interruptivos) podem não ser mais favoráveis ao agente que praticou o ato ímprobo.

2) O Supremo Tribunal Federal, interpretando o § 5º do artigo 37 da Constituição Federal,[219] concluiu que "São imprescritíveis as ações de ressarcimento ao erário fundadas na prática de ato doloso tipificado na Lei de Improbidade Administrativa." Tal decisão foi proferida no recurso extraordinário n. 852.475/ SP (Tema n. 897).

Desse modo, inexistindo hoje a figura culposa de improbidade administrativa, a referida decisão aplica-se para toda condenação por ato de improbidade administrativa.

3) Para os particulares, vigora o mesmo prazo prescricional previsto para os agentes públicos. Tal entendimento foi sumulado pelo Superior Tribunal de Justiça: "Súmula 634 – Ao particular aplica-se o mesmo regime prescricional previsto na Lei de Improbidade Administrativa para o agente público." (Primeira Seção, julgado em 12/06/2019, DJe 17/06/2019.)

[217] "Art. 1º [...] § 4º Aplicam-se ao sistema da improbidade disciplinado nesta Lei os princípios constitucionais do direito administrativo sancionador. [...]."

[218] Cf. artigo 5º, *caput*, inciso XL, da Constituição Federal: "a lei penal não retroagirá, salvo para beneficiar o réu".

[219] "Art. 37 [...] § 5º A lei estabelecerá os prazos de prescrição para ilícitos praticados por qualquer agente, servidor ou não, que causem prejuízos ao erário, ressalvadas as respectivas ações de ressarcimento. [...]."

CAPÍTULO 6
APURAÇÃO E MEDIDAS EXTRAJUDICIAIS

1. Introdução

O inquérito civil encontra-se previsto no artigo 129, *caput*, inciso III, da Constituição Federal, *in verbis*: "Art. 129. São funções institucionais do Ministério Público: [...] III – promover o inquérito civil e a ação civil pública, para a proteção do patrimônio público e social, do meio ambiente e de outros interesses difusos e coletivos; [...]."

No âmbito infraconstitucional, inúmeros diplomas regulamentam o inquérito civil, dentre os quais pode-se mencionar o artigo 8º, § 1º, da Lei n. 7.347/1985; o artigo 6º da Lei n. 7.853/1989; o artigo 223, combinado com o artigo 201, inciso V, ambos da Lei n. 8.069/1990; o artigo 26, inciso I, da Lei n. 8.625/1993; e o artigo 6º da Lei Complementar n. 75/1993.

Trata-se, em verdade, de um procedimento administrativo de instauração facultativa pelo membro do Ministério Público. A sua finalidade consiste em angariar provas e elementos de convicção relacionados à violação de bens jurídicos difusos, coletivos em sentido estrito e individuais homogêneos para a adoção de medidas na esfera não penal.[220]

O inquérito civil é mencionado expressamente no artigo 22 da Lei n. 8.429/1992, em razão das alterações empreendidas pela Lei n. 14.230/2021 (destaques nossos):

[220] Nesse sentido, o artigo 1º da Resolução n. 23/2007 do Conselho Nacional do Ministério Público dispõe que: "Art. 1º O inquérito civil, de natureza unilateral e facultativa, será instaurado para apurar fato que possa autorizar a tutela dos interesses ou direitos a cargo do Ministério Público nos termos da legislação aplicável, servindo como preparação para o exercício das atribuições inerentes às suas funções institucionais."

> Art. 22. Para apurar qualquer ilícito previsto nesta Lei, **o Ministério Público**, de ofício, a requerimento de autoridade administrativa ou mediante representação formulada de acordo com o disposto no art. 14 desta Lei, **poderá instaurar inquérito civil** ou procedimento investigativo assemelhado e requisitar a instauração de inquérito policial.
>
> Parágrafo único. Na apuração dos ilícitos previstos nesta Lei, será garantido ao investigado a oportunidade de manifestação por escrito e de juntada de documentos que comprovem suas alegações e auxiliem na elucidação dos fatos.

E, como agora a legitimidade para a ação civil de improbidade administrativa é exclusiva do Ministério Público – *ex vi* da nova redação do artigo 17, *caput*, da Lei de Improbidade Administrativa –, o referido inquérito é o meio adequado para a apuração dos ilícitos previstos em tal diploma normativo.

Presidido pelo membro do Ministério Público, o inquérito deve possuir um objeto bem definido em sua portaria inaugural, consistente em investigar um determinado fato delituoso e respectiva autoria. Nesse sentido:

> Com o fito de determinar a materialidade e a autoria de fatos que possam ensejar o ajuizamento do processo coletivo pelo Ministério Público, por meio do inquérito civil podem-se promover diligências, requisitar documentos, informações, exames e perícias, expedir notificações, tomar depoimentos, proceder a vistorias e inspeções.[221]

Assim, o inquérito civil possui natureza unilateral e facultativa, sendo instaurado para apurar fato que possa autorizar a tutela dos interesses ou direitos a cargo do Ministério Público nos termos da legislação aplicável; serve como preparação para o exercício das atribuições inerentes às suas funções institucionais. Tal procedimento não é condição de procedibili-

[221] MAZZILLI, Hugo Nigro. **A defesa dos interesses difusos em juízo**. 31. ed. São Paulo: Saraiva, 2019, p. 549-550.

dade para o ajuizamento das ações a cargo do *Parquet* nem para a realização das demais medidas de sua atribuição própria.

O inquérito civil é instaurado de ofício ou mediante representação, por meio de portaria inaugural confeccionada pelo membro do Ministério Público. A sua instauração deve estar calcada em fatos concretos, que evidenciem a prática de atos de improbidade administrativa e que justifiquem a utilização do procedimento (justa causa).[222] E mais: não pode ser instaurado de forma genérica, mas deve especificar a irregularidade a ser verificada.

Durante seu trâmite, são produzidas diversas provas: requisição de documentos, informações, exames e perícias, expedição de notificações, oitivas, vistorias, inspeções, entre outras diligências.

Após o término das investigações, duas providências podem ser adotadas. A primeira consiste no arquivamento do inquérito civil, quando não há prova suficiente acerca do fato delituoso, bem como quando não se elucida a respectiva autoria. O membro do Ministério Público, então, elabora de forma fundamentada o arquivamento e remete os autos ao Conselho Superior do Ministério Público para a devida apreciação. Na sequência, este órgão superior do *Parquet* pode homologar o arquivamento, determinar novas diligências ou determinar o ajuizamento de ação, designando novo membro.

Já a segunda providência possível, quando se obtém prova do fato delituoso e da respectiva autoria, refere-se ao ajuizamento de ação civil de improbidade administrativa. Neste caso, o inquérito civil será anexado à petição inicial, para constar como documento no respectivo processo judicial.

1.1. Natureza jurídica

A doutrina não é pacífica acerca da natureza inquisitorial ou contraditória do inquérito civil.

A primeira corrente sustenta que os inquéritos civis *se submetem ao princípio do contraditório*, de modo a prestigiar o direito de defesa de eventuais interessados. A medida permite, inclusive, a dispensa de produção

[222] Ferraresi, Eurico. **Inquérito Civil**. Rio de Janeiro: Forense, 2010, p. 5.

da prova pericial em futura ação civil pública a ser ajuizada, nos termos do artigo 472 do Código de Processo Civil.[223]

Já a segunda corrente advoga que o inquérito civil tem como objetivo angariar elementos de prova para que o membro do Ministério Público venha a formar sua convicção. Assim, é *dispensável a observância do princípio do contraditório*, em especial porque não implica a aplicação de qualquer sanção ao investigado.

E a terceira corrente entende que o inquérito civil tem natureza *"tendencialmente inquisitorial"*, de modo que, embora não deva observância exclusiva ao princípio do contraditório, ele incide de forma mitigada. O foco, contudo, funda-se no aspecto inquisitorial.[224]

Por fim, uma quarta corrente sustenta ser o inquérito civil procedimento *"tendencialmente contraditório"*. Com efeito, embora seja possível a adoção de medidas de forma inquisitiva pelo Ministério Público, a observância ao princípio do contraditório contribui para a preservação do princípio da cooperação entre as partes e para a desnecessidade de reprodução da prova. O foco pauta-se pelo aspecto contraditório.[225]

[223] Art. 472 – "O juiz poderá dispensar prova pericial quando as partes, na inicial e na contestação, apresentarem, sobre as questões de fato, pareceres técnicos ou documentos elucidativos que considerar suficientes."

[224] Cf. DIDIER JR., Fredie; ZANETI JR., Hermes. **Curso de Direito Processual Civil**: Processo Coletivo. 11. ed. Salvador: Juspodivm, 2017.

[225] Nesse sentido, o artigo 22 da Resolução COPJ n. 6/2014 do Ministério Público do Estado do Espírito Santo: "Art. 22. O presidente do inquérito civil ou do procedimento preparatório, deverá ouvir, ao final, o(s) investigado(s), podendo o(s) mesmo(s) se fazer (em) acompanhar por advogado, facultada a apresentação de informações por escrito, no prazo máximo de 15 (quinze) dias. § 1º Não se aplica o disposto no caput, deste artigo, nas hipóteses seguintes: I – quando haja dificuldade justificada em fazê-lo; II – quando em situações justificadas de urgência; III – quando, de qualquer modo, possa refletir prejuízo à eficácia da investigação; IV – quando já fora ouvido em outro procedimento investigatório sobre os fatos investigados, mediante a juntada da respectiva prova emprestada. § 2º Ao ser notificado, o investigado será cientificado dessa condição e da faculdade de se fazer acompanhar por advogado e de trazer os subsídios que entender necessários. § 3º A critério do presidente do inquérito civil, o momento da(s) oitiva(s) do(s) investigado(s) poderá ser antecipado. § 4º No caso do investigado ou seu advogado requerer diligências, o presidente apreciará a conveniência e a oportunidade da sua realização, arcando o(s) investigado(s) com eventuais despesas. 5º É facultado ao investigado, no curso do inquérito civil, requerer pessoalmente ou por seu advogado, a juntada de documentos aos autos

Reforçando esta última corrente, o artigo 22, parágrafo único, da Lei n. 8.429/1992, passou a prever o seguinte: "Na apuração dos ilícitos previstos nesta Lei, será garantido ao investigado a oportunidade de manifestação por escrito e de juntada de documentos que comprovem suas alegações e auxiliem na elucidação dos fatos."

Apesar da característica inquisitorial do inquérito civil, a supracitada alteração legislativa mitigou esse princípio ao inserir tal disposição, que, inequivocamente, se refere ao contraditório. Vale dizer, apesar de o inquérito civil visar a apurar o ato de improbidade administrativa e elucidar a respectiva autoria, é facultado ao investigado o direito de se manifestar por escrito, bem como de juntar documentos aptos a comprovarem suas alegações e auxiliar na elucidação dos fatos.

A referida disposição, apesar de abrandar o caráter inquisitorial do inquérito civil, não o transmudou em procedimento contraditório, pois, se assim fosse, restaria inviabilizada a investigação levada a cabo pelo Ministério Público. Com efeito, caso vigorasse *in totum* o princípio do contraditório, toda e qualquer diligência deveria ser previamente comunicada e debatida com o averiguado, o que, por certo, esvaziaria a finalidade do instituto, tornando-o completamente ineficaz e inoperante, em flagrante prejuízo ao interesse público.

Em suma, o dispositivo em apreço formalizou uma faculdade referente ao Direito Administrativo Sancionador,[226] que, à semelhança do Direito Penal, garante direitos ao investigado. É o caso, na seara criminal, do artigo 6º, inciso V, do Código de Processo Penal, que prevê o interrogatório do averiguado no inquérito policial:

> Art. 6º Logo que tiver conhecimento da prática da infração penal, a autoridade policial deverá: [...] V – ouvir o indiciado, com observância, no que for

do procedimento, cujo deferimento dependerá da pertinência com o fato investigado. § 6º O defensor constituído nos autos poderá assistir o investigado durante a apuração de infrações, sob pena de nulidade absoluta do seu depoimento e, subsequentemente, de todos os elementos investigatórios e probatórios dele decorrentes ou derivados, direta ou indiretamente, podendo, inclusive, no curso da respectiva apuração, apresentar razões e quesitos."

[226] Cf. art. 1º, § 4º, da Lei n. 8.429/1992: "Aplicam-se ao sistema da improbidade disciplinado nesta Lei os princípios constitucionais do direito administrativo sancionador."

aplicável, do disposto no Capítulo III do Título VII, deste Livro, devendo o respectivo termo ser assinado por duas testemunhas que lhe tenham ouvido a leitura; [...].

2. Instauração

Conforme salientado, o inquérito civil pode ser instaurado:

a) de ofício;
b) mediante requerimento ou representação formulada por qualquer pessoa ou comunicação de outro órgão do Ministério Público, ou qualquer autoridade; ou
c) por designação do procurador-geral de Justiça, do Conselho Superior do Ministério Público, das Câmaras de Coordenação e Revisão e dos demais órgãos superiores da instituição.

O Ministério Público deve atuar, independentemente de provocação, em caso de conhecimento, por qualquer forma, de fatos que, em tese, constituam ato de improbidade administrativa. E o conhecimento por manifestação anônima, justificada, não implica ausência de providências, desde que obedecidos os mesmos requisitos para as representações em geral.

Cita-se, nesse sentido, a Súmula n. 611 do Superior Tribunal de Justiça: "Desde que devidamente motivada e com amparo em investigação ou sindicância, é permitida a instauração de processo administrativo disciplinar com base em denúncia anônima, em face do poder-dever de autotutela imposto à Administração."

Procedimento preparatório: o membro do Ministério Público, na posse de informações ou documentos indicativos de improbidade administrativa, pode complementá-las antes de instaurar o inquérito civil, visando a apurar elementos para a identificação dos investigados ou do objeto, instaurando procedimento preparatório. Este deve ser concluído no prazo de noventa dias, prorrogável por igual prazo, uma única vez, em caso de motivo justificável. Vencido este prazo, o membro do Ministério Público deve promover seu arquivamento, ajuizar a respectiva ação civil pública ou o converter em inquérito civil.

Cabe ao membro do Ministério Público investido da atribuição para a propositura da ação a responsabilidade pela instauração de inquérito civil. Eventual conflito negativo ou positivo de atribuição deve ser suscitado, fundamentadamente, nos próprios autos ou em petição dirigida ao órgão com atribuição no respectivo ramo, que decidirá a questão no prazo de trinta dias.

O inquérito civil deve ser instaurado por portaria, numerada em ordem crescente, renovada anualmente, devidamente registrada em sistema informatizado de controle e autuada, contendo:

a) o fundamento legal que autoriza a ação do Ministério Público e a descrição do fato objeto do inquérito civil;
b) o nome e a qualificação possível da pessoa jurídica ou física a quem o fato é atribuído;
c) o nome e a qualificação possível do autor da representação, se for o caso;
d) a data e o local da instauração e a determinação de diligências iniciais;
e) a designação do secretário, mediante termo de compromisso, quando couber;
f) a determinação de remessa de cópia para publicação.

Se, no curso do inquérito civil, novos fatos indicarem necessidade de investigação de objeto diverso do que estiver sendo investigado, o membro do Ministério Público pode aditar a portaria inicial ou determinar a extração de peças para instauração de outro inquérito civil, respeitadas as normas incidentes quanto à divisão de atribuições.

2.1. Prazo para a conclusão do inquérito civil

O artigo 23, § 2º, da Lei n. 8.429/1992 salienta que o inquérito civil instaurado para a apuração de ato de improbidade administrativa será concluído no prazo de trezentos e sessenta e cinco dias corridos, prorrogável uma única vez por igual período, mediante ato fundamentado submetido à revisão da instância competente do órgão ministerial, conforme dispuser a respectiva lei orgânica.

Contudo, a prática tem demonstrado que as investigações complexas podem exigir um tempo superior àquele imposto pela nova lei. A análise de grande volume de material, o cruzamento de dados e o tempo para o encaminhamento de resposta às requisições, dentre outras diligências imprescindíveis, podem justificar um prazo maior para a adequada apuração.

Assim, o artigo 23, § 2º, da Lei n. 8.429/1992 precisa ser interpretado em consonância com o *caput* do mesmo dispositivo, que estabelece o prazo prescricional,[227] de modo a garantir significado relevante a todas as expressões adotadas pelo diploma normativo.

Entendemos possível, portanto, que a investigação ultrapasse o prazo de 720 dias (considerada a possibilidade de prorrogação) em duas hipóteses distintas:

1) em decorrência da instauração de outro procedimento investigativo antes ou depois do inquérito civil. Menciona-se, a título exemplificativo, a realização de investigação inicial dos fatos por meio de procedimento preparatório de inquérito civil (PPIC),[228] instaurando-se o inquérito civil (IC) apenas após o regular trâmite do referido procedimento preliminar. Vale mencionar, ainda, a hipótese de conclusão do prazo do inquérito e instauração de um

[227] "Art. 23. A ação para a aplicação das sanções previstas nesta Lei prescreve em 8 (oito) anos, contados a partir da ocorrência do fato ou, no caso de infrações permanentes, do dia em que cessou a permanência. [...]."

[228] Disciplinado pela Resolução n. 23/2007 do Conselho Nacional do Ministério Público: "Art. 2º [...] § 4º O Ministério Público, de posse de informações previstas nos artigos 6º e 7º da Lei nº 7.347/85 que possam autorizar a tutela dos interesses ou direitos mencionados no artigo 1º desta Resolução, poderá complementá-las antes de instaurar o inquérito civil, visando apurar elementos para identificação dos investigados ou do objeto, instaurando procedimento preparatório. § 5º O procedimento preparatório deverá ser autuado com numeração seqüencial à do inquérito civil e registrado em sistema próprio, mantendo-se a numeração quando de eventual conversão. § 6º O procedimento preparatório deverá ser concluído no prazo de 90 (noventa) dias, prorrogável por igual prazo, uma única vez, em caso de motivo justificável. § 7º Vencido este prazo, o membro do Ministério Público promoverá seu arquivamento, ajuizará a respectiva ação civil pública ou o converterá em inquérito civil."

procedimento investigatório criminal (PIC),[229] permitindo a produção de provas que subsidiem a propositura de denúncia na seara criminal;

2) obtenção de autorização do Conselho Superior ou da Câmara de Coordenação e Revisão para o prosseguimento das investigações, em caso de justificada necessidade. O fundamento consiste na aplicação analógica do entendimento jurisprudencial atinente ao artigo 5º da Lei n. 9.296/1996. Embora tal dispositivo tenha estabelecido o prazo de quinze dias para a conclusão da interceptação telefônica, cuja renovação, segundo a citada lei, pode ser realizada por uma única vez, a jurisprudência vem permitindo sucessivas prorrogações. A justificativa consiste no fato de inexistir qualquer limitação na lei acerca da quantidade de prorrogações quando houver justificada necessidade, concedendo-se novas autorizações se ainda presentes os fundamentos para a conclusão das investigações. Portanto, uma vez fundamentada a decisão de prorrogação e obtida a respectiva autorização, não há que se falar em excesso de prazo ou qualquer nulidade;[230]

[229] Regulamentado pela Resolução n. 181/2071, do Conselho Nacional do Ministério Público.

[230] "[...] EM CRIMES DE CORRUPÇÃO PASSIVA, A COLETA DA PROVA DA PRÁTICA DO FATO TÍPICO TORNA-SE MAIS DIFÍCIL, O QUE JUSTIFICA A INTERCEPTAÇÃO TELEFÔNICA. PRORROGAÇÃO DE INTERCEPTAÇÃO TELEFÔNICA COM BASE NA FUNDAMENTAÇÃO EXPOSTA NA PRIMEIRA DECISÃO. POSSIBILIDADE. A COMPLEXIDADE DOS FATOS INVESTIGADOS JUSTIFICA A PRORROGAÇÃO DA INTERCEPTAÇÃO TELEFÔNICA, MESMO QUE SUCESSIVAS. [...] AGRAVO A QUE SE NEGA PROVIMENTO. [...] II – Em crimes como o de corrupção passiva, o réu não age às claras; ao contrário, perpetra sua ação na surdina, de modo que a coleta da prova da prática do fato típico torna-se mais difícil, o que justifica, dessa forma, a decretação da questionada interceptação telefônica, medida adequada e necessária para o prosseguimento das investigações. III – 'As decisões que autorizam a prorrogação de interceptação telefônica, sem acrescentar novos motivos, evidenciam que essa prorrogação foi autorizada com base na mesma fundamentação exposta na primeira decisão que deferiu o monitoramento' (HC 92.020/DF, Rel. Min. Joaquim Barbosa). IV – Não há falar, na espécie, em violação ao disposto na Lei 9.296/1996, uma vez que o Plenário desta Suprema Corte já decidiu que 'é possível a prorrogação do prazo de autorização para a interceptação telefônica, mesmo que sucessivas, especialmente quando o fato é complexo a exigir investi-

3) obtenção de autorização judicial para o prosseguimento das investigações. Conforme as justificativas colacionadas no parágrafo acima, também é possível a autorização judicial nesse sentido, pois inexiste vedação para o deferimento de tal prorrogação pelo Poder Judiciário, desde que presente uma justificada necessidade.

Atente-se, ainda, para o fato de que, mesmo antes de concluída a investigação, pode ser iniciada a contagem da prescrição, uma vez que, se o inquérito não for concluído nos primeiros 180 dias, o prazo prescricional voltará a fluir.[231]

2.1.2. Prazo para a propositura da ação de improbidade administrativa

Por sua vez, o artigo 23, § 3º, da Lei n. 8.429/1992 determina que, uma vez encerrado o prazo para a conclusão do inquérito civil, a ação deve ser proposta no prazo de trinta dias, se não for caso de arquivamento. Qual a natureza desse prazo? Acerca do tema, vislumbra-se o surgimento de duas posições:

a) a primeira corrente sustentando tratar-se de prazo próprio, não havendo margem para qualquer dilação;
b) a segunda corrente advogando tratar-se de prazo impróprio, o qual, ontologicamente, não gera preclusão e se refere ao cumprimento de um dever. Assim como os prazos conferidos aos juízes são considerados impróprios no curso de um processo, por significarem cumprimento de dever, o mesmo entendimento também se aplica ao membro do Ministério Público em sede de inquérito civil, ou seja, não enseja preclusão.

gação diferenciada e contínua. Não configuração de desrespeito ao art. 5º, *caput*, da Lei 9.296/1996' (HC 83.515/RS, Rel. Min. Nelson Jobim). [...] VI – Agravo regimental a que se nega provimento." (STF, RHC n. 156.593 AgR, Rel. Ministro Ricardo Lewandowski, 2ª Turma, j. 17/08/2018.)

[231] Nos termos do artigo 23, § 1º, da Lei n. 8.429/1992: "A instauração de inquérito civil ou de processo administrativo para apuração dos ilícitos referidos nesta Lei suspende o curso do prazo prescricional por, no máximo, 180 (cento e oitenta) dias corridos, recomeçando a correr após a sua conclusão ou, caso não concluído o processo, esgotado o prazo de suspensão."

Independentemente da posição adotada, na hipótese de abuso, fica facultado ao investigado acionar a respectiva Corregedoria-Geral ou o Conselho Nacional do Ministério Público, visando a apurar eventual responsabilidade disciplinar do Membro que excedeu o prazo de trinta dias.

2.1.3. Propositura da ação após o decurso dos prazos

E como os prazos previstos para a conclusão dos inquéritos civis ou para o ajuizamento da ação de improbidade administrativa não possuem natureza decadencial ou prescricional, nada obsta a propositura da ação após o decurso desses prazos.

Desse modo, decorrido o prazo de trinta dias – para o ajuizamento da demanda – ou de 365 dias – para a conclusão do inquérito civil –, não pode ser admitida a "não intervenção", pois a atuação do Ministério Público constitui um dever. Por conseguinte, eventuais interessados podem oficiar ao chefe da respectiva instituição para que, internamente, seja resolvida de forma célere a questão, objetivando o ajuizamento da ação de improbidade administrativa.

2.1.4. Suspensão do prazo prescricional

Nos termos do artigo 23, § 1º, da Lei n. 8.429/1992, a instauração de inquérito civil ou de processo administrativo para apuração de ato de improbidade administrativa suspende o curso do prazo prescricional por, no máximo, cento e oitenta dias corridos, recomeçando a correr após a sua conclusão ou, caso não concluído o processo, esgotado o prazo de suspensão.

Em regra, os prazos materiais são contados apenas em dias corridos. Como exemplo, podemos citar os prazos de prescrição (artigos 189, 205 e 206 do Código Civil) e decadência (artigos 207 a 211 do Código Civil). Seguindo nessa mesma linha, o artigo 23, § 1º, da Lei n. 8.429/1992, estabeleceu expressamente que haverá a suspensão do prazo prescricional por cento e oitenta dias *corridos*, ou seja, devem ser computados dias não úteis.

E mais: o termo para reinício da contagem é fixado alternativamente:

a) da conclusão (finalização) do inquérito civil; ou
b) caso não concluído o inquérito civil, a partir do esgotamento do prazo de 180 dias de suspensão.

Importa consignar que, embora a lei tenha feito referência expressa ao inquérito civil, entendemos que qualquer procedimento administrativo instaurado no âmbito do Ministério Público para a investigação dos fatos (procedimento preparatório de inquérito civil, notícia de fato, entre outros) é capaz de suspender o curso do prazo prescricional. Com efeito, a finalidade da norma é evitar a ocorrência de prescrição durante o período em que ocorre a apuração do ato de improbidade administrativa.

3. Indeferimento de requerimento de instauração do inquérito civil

Em caso de evidência de que os fatos narrados na representação não configuram ato de improbidade administrativa, se o fato já tiver sido objeto de investigação/ação ou se os fatos apresentados já se encontrarem solucionados, o membro do Ministério Público, no prazo máximo de trinta dias, deve indeferir o pedido de instauração de inquérito civil, em decisão fundamentada, da qual se dará ciência pessoal ao representante e ao representado.

Do indeferimento cabe recurso administrativo, com as respectivas razões, no prazo de dez dias. As razões de recurso devem ser protocoladas junto ao órgão que indeferiu o pedido, as quais são remetidas, em não havendo reconsideração, no prazo de três dias, juntamente com a representação e com a decisão impugnada, ao Conselho Superior do Ministério Público ou à Câmara de Coordenação e Revisão respectiva para a devida apreciação.

Os interessados devem ser notificados acerca do recurso para que, em assim desejando, ofereçam contrarrazões. Expirado o prazo mencionado acima, os autos serão arquivados na própria origem, registrando-se no sistema respectivo, mesmo sem manifestação do representante.

4. Instrução

A instrução do inquérito civil é presidida por membro do Ministério Público a quem for conferida essa atribuição pela lei. O membro do *Parquet* pode designar servidor do Ministério Público para secretariar o inquérito civil.

Com o intuito de esclarecer o fato objeto de investigação, devem ser colhidas todas as provas permitidas pelo ordenamento jurídico, com a juntada das peças em ordem cronológica de apresentação, devidamente numeradas em ordem crescente. Todas as diligências devem ser documentadas mediante termo ou auto circunstanciado.

As declarações e os depoimentos sob compromisso são tomados por termo pelo membro do Ministério Público, assinado pelos presentes ou, em caso de recusa, na aposição da assinatura por duas testemunhas.

Qualquer pessoa pode, durante a tramitação do inquérito civil, apresentar ao Ministério Público documentos ou subsídios para melhor apuração dos fatos.

O defensor constituído nos autos pode assistir o investigado durante a apuração de infrações, sob pena de nulidade absoluta do seu depoimento e, subsequentemente, de todos os elementos investigatórios e probatórios dele decorrentes ou derivados, direta ou indiretamente. O advogado pode, inclusive, apresentar razões e quesitos no curso da respectiva apuração.

Aplica-se ao inquérito civil o princípio da publicidade dos atos, com exceção dos casos de sigilo legal ou em que a publicidade possa acarretar prejuízo às investigações, casos em que a decretação do sigilo legal deve ser motivada. A publicidade é instrumentalizada por meio das seguintes diligências:

a) divulgação oficial, com o exclusivo fim de conhecimento público mediante publicação de extratos na imprensa oficial;
b) divulgação em meios cibernéticos ou eletrônicos, dela devendo constar as portarias de instauração e extratos dos atos de conclusão;
c) expedição de certidão e extração de cópias sobre os fatos investigados, mediante requerimento fundamentado e por deferimento do presidente do inquérito civil. As despesas decorrentes da extração de cópias correm por conta de quem as solicitou;
d) prestação de informações ao público em geral, a critério do presidente do inquérito civil.

A restrição à publicidade deve ser decretada em decisão motivada, para fins de interesse público, e pode ser, conforme o caso, limitada a determinadas pessoas, provas, informações, dados, períodos ou fases, cessando quando extinta a causa que a motivou. Os documentos resguardados por sigilo legal devem ser autuados em apenso.

No que tange ao sigilo, o Supremo Tribunal Federal decidiu ser possível a requisição direta, pelo Ministério Público, de informações financeiras necessárias para a investigação em que existam recursos públicos envolvidos, uma vez que:

> [...] a ordem jurídica confere explicitamente poderes amplos de investigação ao Ministério Público – art. 129, incisos VI, VIII, da Constituição Federal, e art. 8º, incisos II e IV, e § 2º, da Lei Complementar nº 75/1993. 5. Não cabe ao Banco do Brasil negar, ao Ministério Público, informações sobre nomes de beneficiários de empréstimos concedidos pela instituição, com recursos subsidiados pelo erário federal, sob invocação do sigilo bancário, em se tratando de requisição de informações e documentos para instruir procedimento administrativo instaurado em defesa do patrimônio público. Princípio da publicidade, art. 37 da Constituição. 6. No caso concreto, os empréstimos concedidos eram verdadeiros financiamentos públicos, porquanto o Banco do Brasil os realizou na condição de executor da política creditícia e financeira do Governo Federal, que deliberou sobre sua concessão e ainda se comprometeu a proceder à equalização da taxa de juros, sob a forma de subvenção econômica ao setor produtivo, de acordo com a Lei nº 8.427/1992. 7. Mandado de segurança indeferido.[232]

O defensor pode, mesmo sem procuração, examinar autos de investigações findas ou em andamento, ainda que conclusos à autoridade, podendo copiar peças e tomar apontamentos, em meio físico ou digital. Já nos autos sujeitos a sigilo, o advogado deve apresentar procuração para o exercício desses direitos.

O presidente do inquérito civil pode delimitar, de modo fundamentado, o acesso do defensor à identificação do representante e aos elementos de prova relacionados a diligências em andamento e ainda não documentados nos autos, quando houver risco de comprometimento da eficiência, da eficácia ou da finalidade das diligências.

Em cumprimento ao princípio da publicidade das investigações, o membro do Ministério Público pode prestar informações, inclusive

[232] STF, Pleno, MS 21.729/DF, Rel. Min. Marco Aurélio, Rel. p/ ac. Min. Neri da Silveira, Dj 19.10.2001.

aos meios de comunicação social, a respeito das providências adotadas para apuração de fatos em tese ilícitos. Todavia, ele deve abster-se de externar ou antecipar juízos de valor a respeito de apurações ainda não concluídas.

Por fim, no que tange às provas produzidas em inquérito civil, o STJ firmou entendimento no sentido de que possuem valor relativo, devendo prevalecer em caso de ausência de contraprova pelo agente ímprobo à luz do contraditório e ampla defesa.[233]

5. Arquivamento

Uma vez esgotadas todas as possibilidades de diligências, o membro do Ministério Público, caso se convença da inexistência de fundamento para a propositura de ação, deve promover, fundamentadamente, o arquivamento do inquérito civil ou do procedimento preparatório.

Os autos do inquérito civil ou do procedimento preparatório, juntamente com a promoção de arquivamento, devem ser remetidos ao órgão de revisão competente, no prazo de três dias, contado da comprovação da efetiva cientificação pessoal dos interessados, por meio de publicação na imprensa oficial.

A promoção de arquivamento deve ser submetida a exame e deliberação do órgão de revisão competente, na forma de seu Regimento Interno. Até a sessão do Conselho Superior do Ministério Público ou da Câmara de Coordenação e Revisão respectiva, para que seja homologada ou rejeitada a promoção de arquivamento, podem as pessoas colegitimadas apresentar razões escritas ou documentos, que serão juntados aos autos do inquérito ou do procedimento preparatório.

Deixando o órgão de revisão competente de homologar a promoção de arquivamento, deve ser adotada uma das seguintes providências:

a) converter o julgamento em diligência para a realização de atos imprescindíveis à sua decisão, especificando-os e remetendo os autos ao membro do Ministério Público que determinou seu arqui-

[233] STJ, 2ª Turma, AgRg no AREsp, Rel. Min. Humberto Martins, Dje 03/02/2015.

vamento, e, no caso de recusa fundamentada, ao órgão competente para designar o membro que atuará;

b) deliberar pelo prosseguimento do inquérito civil ou do procedimento preparatório, indicando os fundamentos de fato e de direito de sua decisão, adotando as providências relativas à designação, em qualquer hipótese, de outro membro do Ministério Público para atuação.

O desarquivamento do inquérito civil, diante de novas provas ou para investigar fato novo relevante, pode ocorrer no prazo máximo de seis meses após o arquivamento. Transcorrido esse lapso, deve ser instaurado novo inquérito civil, sem prejuízo das provas já colhidas. O desarquivamento de inquérito civil para a investigação de fato novo, não sendo caso de ajuizamento de ação, implica novo arquivamento e remessa ao órgão competente.

O disposto acerca de arquivamento de inquérito civil ou procedimento preparatório também se aplica à hipótese em que estiver sendo investigado mais de um fato lesivo e a ação proposta somente se relacionar a um ou a algum deles.

6. Recomendação

A recomendação, regulamentada pela Resolução n. 164, de 28 de março de 2017, do Conselho Nacional do Ministério Público, é instrumento de atuação extrajudicial do Ministério Público por intermédio do qual este expõe, em ato formal, razões fáticas e jurídicas sobre determinada questão, sendo de grande valia no combate à improbidade administrativa. O seu objetivo consiste em persuadir o destinatário a praticar ou deixar de praticar determinados atos em benefício da melhoria dos serviços públicos e de relevância pública ou do respeito aos interesses, direitos e bens defendidos pela Instituição.

Considerando a natureza indisponível do direito difuso à probidade administrativa, a recomendação é usualmente utilizada para a regularização de determinada situação, mediante mudança de determinado comportamento administrativo, ou a demarcação da responsabilidade do agente, figurando, nesse último caso, como espécie de advertência de possível responsabilização posterior pela prática de ato de improbidade administrativa.[234]

Trata-se, desse modo, de instrumento de prevenção de responsabilidades ou correção de condutas. Por depender do convencimento decorrente de sua fundamentação para ser atendida e, assim, alcançar sua plena eficácia, a recomendação não tem caráter coercitivo, regendo-se, dentre outros, pelos seguintes princípios:

a) motivação;
b) formalidade e solenidade;
c) celeridade e implementação tempestiva das medidas recomendadas;
d) publicidade, moralidade, eficiência, impessoalidade e legalidade;
e) máxima amplitude do objeto e das medidas recomendadas;
f) garantia de acesso à Justiça;
g) máxima utilidade e efetividade;
h) caráter não-vinculativo das medidas recomendadas;
i) caráter preventivo ou corretivo;
j) resolutividade;
k) segurança jurídica;
l) ponderação e proporcionalidade nos casos de tensão entre direitos fundamentais.

O Ministério Público, de ofício ou mediante provocação, nos autos de inquérito civil, de procedimento administrativo ou procedimento preparatório, pode expedir recomendação objetivando o respeito e a efetividade dos direitos e interesses que lhe incumba defender e, sendo o caso, a edição ou alteração de normas.

Antes de expedir a recomendação à autoridade pública, devem ser requisitadas informações ao órgão destinatário sobre a situação jurídica e o caso concreto a ela afetos, exceto em caso de impossibilidade devidamente motivada. Contudo, em casos que reclamam urgência, o Ministé-

[234] GARCIA, Emerson; PACHECO, Rogério Alves. *Op. cit.* p. 911.

rio Público pode, de ofício, expedir recomendação, procedendo, posteriormente, à instauração do respectivo procedimento.

A recomendação pode ser dirigida, de maneira preventiva ou corretiva, preliminar ou definitiva, a qualquer pessoa, física ou jurídica, de direito público ou privado, que tenha condições de fazer ou deixar de fazer alguma coisa para salvaguardar interesses, direitos e bens de que é incumbido o Ministério Público.

A recomendação deve ser dirigida a quem tem poder, atribuição ou competência para a adoção das medidas recomendadas, ou responsabilidade pela reparação ou prevenção do dano. Não pode ser expedida recomendação que tenha como destinatária a mesma parte e objeto o mesmo pedido de ação judicial, ressalvadas as situações excepcionais, justificadas pelas circunstâncias de fato e de direito e pela natureza do bem tutelado, devidamente motivadas, e desde que não contrarie decisão judicial.

Sendo cabível a recomendação, esta deve ser manejada anterior e preferencialmente à ação judicial. A recomendação deve ser devidamente fundamentada, mediante a exposição dos argumentos fáticos e jurídicos que justificam a sua expedição, bem como indicar prazo razoável para a adoção das providências cabíveis, indicando-as de forma clara e objetiva. O atendimento da recomendação será apurado nos autos do inquérito civil, procedimento administrativo ou preparatório em que foi expedida, podendo, na hipótese de descumprimento, servir de meio para *comprovar o dolo do agente.*

O membro do Ministério Público pode requisitar ao destinatário a adequada e imediata divulgação da recomendação expedida, incluindo sua afixação em local de fácil acesso ao público. Também pode requisitar, em prazo razoável, resposta por escrito sobre o atendimento ou não da recomendação, bem como instar os destinatários a respondê-la de modo fundamentado.

Na hipótese de desatendimento à recomendação, de falta de resposta ou de resposta considerada inconsistente, o Ministério Público deve adotar as medidas cabíveis à obtenção do resultado pretendido com a expedição da recomendação.

Com o objetivo de evitar a judicialização e fornecer ao destinatário todas as informações úteis à formação de seu convencimento quanto ao atendimento da recomendação, o Ministério Público, ao expedir a recomendação, pode indicar as medidas que entende cabíveis, em tese, no caso de desatendimento da recomendação, desde que incluídas em sua esfera de atribuições, inclusive eventual incorrência em ato de improbidade adeministrativa. Nesta situação, o *Parquet* não adotará as medidas indicadas antes de transcorrido o prazo fixado para resposta, exceto se fato novo determinar a sua urgência.

7. Compromisso de ajustamento de conduta

Nos casos previstos em lei, o Ministério Público pode firmar compromisso de ajustamento de conduta com o responsável pela ameaça ou lesão aos direitos coletivos, visando à reparação do dano, à adequação da conduta às exigências legais ou normativas e, ainda, à compensação e à indenização pelos danos que não possam ser recuperados. Tal instituto é regulamentado pela Resolução n. 179/2017 do Conselho Nacional do Ministério Público.

Cita-se o exemplo de entidade pública que celebra com o Ministério Público termo de ajustamento de conduta para a elaboração de Sistema de Integridade (*public compliance*) voltado a todos os seus órgãos e servidores.

O compromisso de ajustamento de conduta é instrumento de garantia dos direitos e interesses difusos e coletivos, individuais homogêneos e outros direitos de cuja defesa está incumbido o Ministério Público. Possui natureza de negócio jurídico que tem por finalidade a adequação da conduta às exigências legais e constitucionais, com eficácia de título executivo extrajudicial a partir da celebração.

Não sendo o titular dos direitos concretizados no compromisso de ajustamento de conduta, não pode o órgão do Ministério Público fazer concessões que impliquem renúncia aos direitos ou interesses difusos, coletivos e individuais homogêneos, cingindo-se a negociação à interpretação do direito para o caso concreto, à especificação das obrigações adequadas e necessárias, em especial o modo, tempo e lugar de cumprimento, bem como à mitigação, à compensação e à indenização dos danos que não possam ser recuperados.

É cabível o compromisso de ajustamento de conduta nas hipóteses configuradoras de improbidade administrativa, sem prejuízo do ressarcimento ao erário e da aplicação de uma ou algumas das sanções previstas em lei, de acordo com a conduta ou o ato praticado.

A celebração do compromisso de ajustamento de conduta com o Ministério Público não afasta, necessariamente, a eventual responsabilidade administrativa ou penal pelo mesmo fato, nem importa, automaticamente, no reconhecimento de responsabilidade para outros fins que não os estabelecidos expressamente no compromisso.

Cabe ao órgão do Ministério Público com atribuição para a celebração do compromisso de ajustamento de conduta decidir quanto à necessidade, conveniência e oportunidade de reuniões ou audiências públicas com a participação dos titulares dos direitos, entidades que os representem ou demais interessados.

No exercício de suas atribuições, pode o órgão do Ministério Público tomar compromisso de ajustamento de conduta para a adoção de medidas provisórias ou definitivas, parciais ou totais. Na hipótese de adoção de medida provisória ou parcial, a investigação deve continuar em relação aos demais aspectos da questão, ressalvada situação excepcional que enseje arquivamento fundamentado.

O compromisso de ajustamento de conduta é tomado em qualquer fase da investigação, nos autos de inquérito civil ou procedimento correlato, ou no curso da ação judicial, devendo conter obrigações certas, líquidas e exigíveis, salvo peculiaridades do caso concreto, e ser assinado pelo órgão do Ministério Público e pelo compromissário.

O compromisso de ajustamento de conduta deve prever multa diária ou outras espécies de cominação para o caso de descumprimento das obrigações nos prazos assumidos. Admite-se, em casos excepcionais e devidamente fundamentados, a previsão de que esta cominação seja fixada judicialmente, se necessária à execução do compromisso.

As indenizações pecuniárias referentes a danos a direitos ou interesses difusos e coletivos, quando não for possível a reconstituição específica do bem lesado, e as liquidações de multas deverão ser destinadas a fundos federais, estaduais e municipais que tenham o mesmo escopo do fundo previsto no artigo 13 da Lei n. 7.347/1985.

Nessas hipóteses, também é admissível a destinação dos referidos recursos a projetos de prevenção ou reparação de danos de bens jurídicos da mesma natureza, ao apoio a entidades cuja finalidade institucional inclua a proteção aos direitos ou interesses difusos, a depósito em contas judiciais ou, ainda, podem receber destinação específica que tenha a mesma finalidade dos fundos previstos em lei ou esteja em conformidade com a natureza e a dimensão do dano.

Os valores referentes às medidas compensatórias decorrentes de danos irreversíveis aos direitos ou interesses difusos devem ser, preferencialmente, revertidos em proveito da região ou pessoas impactadas.

O órgão do Ministério Público que tomou o compromisso de ajustamento de conduta deve diligenciar para fiscalizar o seu efetivo cumprimento, valendo-se, sempre que necessário e possível, de técnicos especializados. Podem ser previstas no próprio compromisso de ajustamento de conduta obrigações consubstanciadas na periódica prestação de informações sobre a execução do acordo pelo compromissário.

Descumprido o compromisso de ajustamento de conduta, integral ou parcialmente, deve o órgão de execução do Ministério Público com atribuição para fiscalizar o seu cumprimento promover, no prazo máximo de sessenta dias, ou assim que possível, nos casos de urgência, a execução judicial do respectivo título executivo extrajudicial com relação às cláusulas em que se constatar a mora ou inadimplência.

Tal prazo pode ser excedido se o compromissário, instado pelo órgão do Ministério Público, justificar satisfatoriamente o descumprimento ou reafirmar sua disposição para o cumprimento, casos em que ficará a critério do órgão ministerial decidir pelo imediato ajuizamento da execução, por sua repactuação ou pelo acompanhamento das providências adotadas pelo compromissário até o efetivo cumprimento do compromisso de ajustamento de conduta, sem prejuízo da possibilidade de execução da multa, quando cabível e necessário.

O Ministério Público tem legitimidade para executar compromisso de ajustamento de conduta firmado por outro órgão público, no caso de sua omissão frente ao descumprimento das obrigações assumidas, sem prejuízo da adoção de outras providências de natureza civil ou criminal que se mostrarem pertinentes, inclusive em face da inércia do órgão público compromitente.

CAPÍTULO 7
DECLARAÇÃO DE BENS, PROCEDIMENTO ADMINISTRATIVO E DISPOSIÇÕES PENAIS

1. Declaração de bens

O Capítulo VII da Lei n. 8.429/1992 versa sobre a "Declaração de Bens" – artigo 13, *caput* e parágrafos – e foi inteiramente modificado pela Lei n. 14.230/2021.

Trata-se de importante medida para a preservação do patrimônio público, pois são expressamente registrados, no momento da posse, todos os bens pertencentes ao agente público. Assim, facilita-se a posterior verificação de eventual enriquecimento ilícito, demonstrável a partir de uma incompatibilidade do atual patrimônio do servidor com a remuneração e demais verbas lícitas recebidas no período.

Tal disposição possui sua gênese no artigo 3º da Lei n. 3.164, de 1º de junho de 1957, conhecida como Lei Pitombo-Godoy Ilha. A citada norma, mantida nas legislações subsequentes, instituía o registro público obrigatório, com atualização bienal, dos valores e bens pertencentes ao patrimônio privado daqueles que exerciam cargos ou funções públicas da União e entidades autárquicas, eletivas ou não:

> Art. 3º É instituído o registro público obrigatório dos valores e bens pertencentes ao patrimônio privado de quantos exerçam cargos ou funções públicas da União e entidades autárquicas, eletivas ou não.
> § 1º O registro far-se-á no Serviço do Pessoal competente, mediante declaração do servidor público, incidindo na pena de demissão do serviço público o que fizer falsa declaração.

§ 2º O registro compreenderá, móveis, imóveis, semoventes, dinheiro, títulos e ações e qualquer outra espécie de bens e valores patrimoniais, excluídos os objetos e utensílios de uso doméstico cuja soma não exceda de Cz$ 100.000,00 (cem mil cruzeiros).

§ 3º A declaração será atualizada bienalmente, podendo a autoridade a que estiver subordinado o servidor exigir a comprovação da legitimidade da procedência dos bens acrescidos ao patrimônio do servidor.

§ 4º O registro prévio é condição indispensável à posse do servidor público e deverá ser obrigatoriamente atualizado antes do seu afastamento do cargo ou função.

§ 5º A declaração de que trata êste artigo compreende os bens do casal.

Antes da mudança legislativa realizada em 2021, a Lei n. 8.429/1992 condicionava a posse e o exercício de agente público à apresentação de declaração dos bens e valores que compunham o seu patrimônio privado, com a finalidade de ser arquivada no serviço de pessoal competente.

A declaração compreendia imóveis, móveis, semoventes, dinheiro, títulos, ações, e qualquer outra espécie de bens e valores patrimoniais, localizados no país ou no exterior, e, quando era o caso, abrangia os bens e valores patrimoniais do cônjuge ou companheiro, dos filhos e de outras pessoas que vivam sob a dependência econômica do declarante, excluídos apenas os objetos e utensílios de uso doméstico.

Essa declaração devia ser atualizada anualmente e na data em que o agente público deixasse o exercício do mandato, cargo, emprego ou função.

Também era prevista a pena de demissão, a bem do serviço público, sem prejuízo de outras sanções cabíveis, para o agente público que se recusasse a prestar declaração dos bens, dentro do prazo determinado, ou que a prestasse falsa.

O declarante, a seu critério, podia entregar cópia da declaração anual de bens apresentada à Delegacia da Receita Federal na conformidade da legislação do imposto sobre a renda e proventos de qualquer natureza, com as necessárias atualizações, para suprir a exigência colacionada acima.

Com as alterações empreendidas pela Lei n. 14.230/2021, permitiu-se a apresentação de declaração de imposto de renda e proventos de qualquer natureza, que tenha sido entregue à Secretaria Especial da Receita Federal do Brasil, visando a ser arquivada no serviço de pessoal competente.

Tal declaração de bens deve ser atualizada anualmente e na data em que o agente público deixar o exercício do mandato, do cargo, do emprego ou da função.

Manteve-se a pena de demissão, sem prejuízo de outras sanções cabíveis, para o agente público que se recusar a prestar a declaração dos bens em apreço dentro do prazo determinado ou que prestar declaração falsa.

Registra-se, por fim, a exclusão da exigência de se declararem os bens pertencentes a cônjuge, companheiro, filhos ou outras pessoas que vivem sob dependência do agente público. Tal imposição, atualmente revogada pela Lei n. 14.230/2021, era expressamente prevista no § 1º do artigo 13 da Lei n. 8.429/1992:

> Art. 13 [...] § 1º A declaração compreenderá imóveis, móveis, semoventes, dinheiro, títulos, ações, e qualquer outra espécie de bens e valores patrimoniais, localizado no País ou no exterior, e, quando for o caso, abrangerá os bens e valores patrimoniais do cônjuge ou companheiro, dos filhos e de outras pessoas que vivam sob a dependência econômica do declarante, excluídos apenas os objetos e utensílios de uso doméstico. [...].

Entendemos inconstitucional e inconveniente essa revogação, uma vez que não é possível afastar a apresentação da declaração patrimonial de cônjuge e dependentes, em atenção aos princípios da vedação ao retrocesso social e da "tutela mínima anticorrupção". Com efeito, tal supressão pode facilitar a ocultação de bens indevidamente auferidos pelo agente público, prejudicando uma efetiva proteção do patrimônio público.

2. Procedimento administrativo

A nova redação da Lei de Improbidade Administrativa, conforme as alterações empreendidas pela Lei n. 14.230/2021, manteve em seus artigos 14 e 15, com pequenas alterações, o procedimento administrativo para investigar fatos tipificados como improbidade administrativa. Todavia, tal procedimento não se destina a aplicar as sanções previstas no artigo

12 da Lei n. 8.429/1992, mas, sim, para infligir as penalidades disciplinares cabíveis conforme o respectivo estatuto funcional do agente público ímprobo.

Nesse sentido, permite-se que qualquer pessoa ofereça representação à autoridade administrativa competente – por exemplo, superior hierárquico do servidor faltoso – para que seja instaurada investigação destinada a apurar, em procedimento disciplinar, os fatos que podem configurar improbidade administrativa.

Registra-se, por oportuno, o conteúdo da Súmula n. 611 do Superior Tribunal de Justiça, atinente à "denúncia" anônima: "Desde que devidamente motivada e com amparo em investigação ou sindicância, é permitida a instauração de processo administrativo disciplinar com base em denúncia anônima, em face do poder-dever de autotutela imposto à Administração."

Quanto aos seus requisitos, a representação deve ser escrita ou reduzida a termo e assinada, bem como necessita conter a qualificação do representante, as informações sobre o fato e sua autoria e a indicação das provas de que tenha conhecimento.

Se a representação, contudo, não preencher tais requisitos, a autoridade administrativa a rejeitará em despacho fundamentado. Registra-se, por oportuno, que tal indeferimento não impede o interessado de oferecer nova representação agora ao Ministério Público, nos termos do artigo 22 da lei:

> Art. 22. Para apurar qualquer ilícito previsto nesta Lei, o Ministério Público, de ofício, a requerimento de autoridade administrativa ou mediante representação formulada de acordo com o disposto no art. 14 desta Lei, poderá instaurar inquérito civil ou procedimento investigativo assemelhado e requisitar a instauração de inquérito policial.
>
> Parágrafo único. Na apuração dos ilícitos previstos nesta Lei, será garantido ao investigado a oportunidade de manifestação por escrito e de juntada de documentos que comprovem suas alegações e auxiliem na elucidação dos fatos.

Já no caso de a representação preencher os sobreditos requisitos, a autoridade administrativa determinará a imediata apuração dos fatos, observada a legislação que regula o processo administrativo disciplinar aplicável ao agente. Neste ponto, a Lei de Improbidade Administrativa adequou a redação do § 3º do artigo 13, que antes tratava apenas dos servidores federais e militares, para abranger os agentes públicos de qualquer ente federativo.

E, no artigo 15, *caput*, da lei, consta uma obrigação para a respectiva comissão processante, que deve dar conhecimento ao Ministério Público e ao Tribunal de Contas acerca da existência de procedimento administrativo instaurado para apurar a prática de ato de improbidade administrativa.

Por fim, faculta-se, no parágrafo único do citado dispositivo, ao Ministério Público e ao Tribunal de Contas a designação, a requerimento, de representante para acompanhar o procedimento administrativo em questão.

3. Disposições penais

3.1. Artigo 19

Mantendo a normativa anterior, a Nova Lei de Improbidade Administrativa tipifica o seguinte delito em seu artigo 19:

> Art. 19. Constitui crime a representação por ato de improbidade contra agente público ou terceiro beneficiário, quando o autor da denúncia o sabe inocente.
> Pena: detenção de seis a dez meses e multa.
> Parágrafo único. Além da sanção penal, o denunciante está sujeito a indenizar o denunciado pelos danos materiais, morais ou à imagem que houver provocado.

O crime em apreço consiste na conduta do autor que, ciente da inocência do representado, oferece representação por ato de improbidade administrativa contra agente público ou terceiro beneficiário. As respectivas penas são de seis a dez meses de detenção e multa. A norma ainda ressalva expressamente que tal sanção penal não exclui a reparação dos danos materiais ou morais.

Todavia, se a representação for recebida e, como consequência, for instaurada investigação ou ajuizada ação, prevalece o delito previsto no artigo 339 do Código Penal, que tipifica a denunciação caluniosa:

> Art. 339. Dar causa à instauração de inquérito policial, de procedimento investigatório criminal, de processo judicial, de processo administrativo disciplinar, de inquérito civil ou de ação de improbidade administrativa contra alguém, imputando-lhe crime, infração ético-disciplinar ou ato ímprobo de que o sabe inocente:
> Pena – reclusão, de dois a oito anos, e multa.
> § 1º – A pena é aumentada de sexta parte, se o agente se serve de anonimato ou de nome suposto.
> § 2º – A pena é diminuída de metade, se a imputação é de prática de contravenção.

Assim, o crime previsto no artigo 19 da Lei de Improbidade Administrativa apenas existirá se a representação for indeferida, pois, do contrário, prevalece o delito mais grave previsto no artigo 339 do Código Penal. As penas deste delito mais gravoso são de dois a oito anos de reclusão e multa, as quais podem ser majoradas de um sexto se o agente se utilizar de anonimato ou nome falso.

3.2. Sanções penais – artigos 20 e 21 da Lei n. 8.429/1992

No capítulo referente às disposições penais, a nova redação da Lei de Improbidade Administrativa manteve, com algumas alterações, normatizações concernentes às sanções previstas em seu artigo 12.

A redação do *caput* do artigo 20 foi mantida: “A perda da função pública e a suspensão dos direitos políticos só se efetivam com o trânsito em julgado da sentença condenatória.”

Desse modo, as referidas sanções – perda da função pública e suspensão dos direitos políticos – apenas podem ser aplicadas após o transcurso do referido marco processual: trânsito em julgado da decisão judicial que reconheceu a existência do ato de improbidade administrativa e aplicou tais penalidades.

Na redação originária do parágrafo único do artigo 20, concedia-se tanto à autoridade judicial quanto à autoridade administrativa o poder para afastar o agente público do exercício do cargo, emprego ou função, sem prejuízo da remuneração, quando a medida se fizesse necessária à instrução processual.

Todavia, a Lei n. 14.230/2021 alterou tal dispositivo para restringir esse poder apenas ao juiz. Ademais, fixou-se expressamente um prazo para tal afastamento: até 90 (noventa) dias, prorrogáveis uma única vez por igual prazo, mediante decisão motivada.

Acerca desse assunto, podem surgir duas posições. A primeira preconiza uma interpretação literal do referido dispositivo para permitir um afastamento do agente público de até no máximo cento e oitenta dias (noventa mais noventa). De outro modo, a segunda sugere a realização de uma interpretação teleológica da norma, ou seja, o prazo fixado em lei é apenas um ponto de partida para o juiz da causa, que, diante das peculiaridades fáticas do caso concreto, pode alongar, com base na razoabilidade, o período de afastamento. Nesse sentido (destaques nossos):

> AGRAVO INTERNO NA SUSPENSÃO DE LIMINAR E DE SENTENÇA. AFASTAMENTO DE PREFEITO. PRORROGAÇÃO DO PRAZO POR MAIS 180 DIAS. GRAVE LESÃO À ORDEM E À ECONOMIA PÚBLICAS NÃO DEMONSTRADA. 1. A suspensão de liminar é medida excepcional de contracautela cuja finalidade é evitar grave lesão à ordem, à saúde, à segurança ou à economia públicas. 2. A jurisprudência do Superior Tribunal de Justiça é no sentido de que "o deferimento do pedido de suspensão está condicionado à cabal demonstração de que a manutenção da decisão impugnada causa grave lesão a um dos bens tutelados pela legislação de regência". 3. O afastamento temporário de prefeito municipal decorrente de investigação por atos de improbidade administrativa (art. 20, parágrafo único, da Lei n. 8.429/1992) não tem o potencial de, por si só, causar grave lesão aos bens jurídicos protegidos pela Lei n. 8.437/1992. 4. **O STJ considera razoável o prazo de 180 dias para afastamento cautelar de prefeito. Todavia, também entende que, excepcionalmente, as peculiaridades fáticas do caso concreto podem ensejar a necessidade de alongar o período de afastamento**, sendo o juízo natural da causa, em regra, o mais competente para tanto (AgRg na SLS n. 1.854/ES, relator Ministro Felix Fischer, Corte Especial, DJe de 21/3/2014). 5. No presente caso, as decisões mencionadas apresentam fundamentação idônea e têm prazo determinado. A prorrogação do

afastamento do cargo de prefeito está fundada em elementos probatórios contemporâneos, que apontam para indícios de interferência na instrução processual. Portanto, a excepcionalidade prevista pela legislação de regência não foi devidamente demonstrada. A insatisfação do requerente com a decisão impugnada e o evidente interesse pessoal de retornar ao cargo de prefeito aparentam transcender o interesse público em discussão. Agravo interno improvido. (STJ, AgInt na SLS n. 2.790/ES, Relator: Ministro Humberto Martins, Corte Especial, j. 01/12/2020, DJe 14/12/2020.)

Por fim, conforme determinação expressa encartada no artigo 21 da Lei de Improbidade Administrativa, as sanções previstas no artigo 12 do mesmo diploma legal independem:

a) da efetiva ocorrência de dano ao patrimônio público, salvo quanto à pena de ressarcimento ou quanto ao ato de improbidade administrativa que causa lesão ao erário. Esta última exceção foi incluída pela Lei n. 14.230/2021, de modo que atualmente é indispensável a comprovação da efetiva ocorrência do dano em duas hipóteses: 1) quanto à pena de ressarcimento; e 2) quanto aos atos que causam lesão ao erário;
b) da aprovação ou rejeição das contas pelo órgão de controle interno ou pelo Tribunal ou Conselho de Contas.

3.2.1. Observância das decisões tomadas por órgãos de controle

A Lei n. 14.230/2021 introduziu balizas para as decisões judiciais, que agora devem considerar os atos do órgão de controle interno ou externo quando tiverem servido de fundamento para a conduta do agente público (§ 1º).

Ademais, também devem ser sopesadas as provas produzidas perante os órgãos de controle. E as correspondentes decisões devem ser consideradas na formação da convicção do juiz, sem prejuízo da análise acerca do dolo na conduta do agente (§ 2º).

Pondere-se que, embora devam ser consideradas as decisões dos órgãos de controle, qualquer interpretação que pretenda vincular as decisões do Poder Judiciário é inconstitucional, por violar o artigo 5º, *caput*, inciso XXXV, da Constituição. Nesse sentido:

> [...] O Controle exercido pelo Tribunal de Contas, não é jurisdicional, por isso que não há qualquer vinculação da decisão proferida pelo órgão de controle e a possibilidade de ser o ato impugnado em sede de ação de improbidade administrativa, sujeita ao controle do Poder Judiciário. (STJ, REsp 1032732/CE, Rel. Ministro LUIZ FUX, PRIMEIRA TURMA, julgado em 19/11/2009, DJe 03/12/2009.)

3.2.2. Novo regime de independência das instâncias

Tradicionalmente, o sistema da independência das instâncias permite a propositura de demandas independentes no âmbito penal e não penal, visto que a primeira versa sobre o interesse de punir do Estado e a segunda, sobre o aspecto patrimonial.

Agora, segundo o § 3º do referido artigo 21, as sentenças civis e penais produzem efeitos em relação à ação de improbidade administrativa quando concluírem pela inexistência da conduta ou pela negativa da autoria. E o parágrafo subsequente (§ 4º) determina que a absolvição criminal em ação que se discutem os mesmos fatos, confirmada por decisão colegiada, impede o trâmite da ação de improbidade administrativa, havendo comunicação com todos os fundamentos de absolvição previstos no artigo 386 do Código de Processo Penal.[235]

Tradicionalmente, a sentença absolutória não exerce qualquer influência sobre o processo cível, salvo quando reconhece, categoricamente, a inexistência material do fato ou afasta peremptoriamente a autoria ou participação. Nesse sentido é a disposição do artigo 66 do Código de Processo Penal: "Não obstante a sentença absolutória no juízo criminal, a ação civil poderá ser proposta quando não tiver sido, categoricamente, reconhecida a inexistência material do fato".

Em sentido similar, o artigo 935 do Código Civil estabelece que a responsabilidade civil é independente da criminal, não mais se podendo

[235] "Art. 21 [...] § 3º As sentenças civis e penais produzirão efeitos em relação à ação de improbidade quando concluírem pela inexistência da conduta ou pela negativa da autoria. § 4º A absolvição criminal em ação que discuta os mesmos fatos, confirmada por decisão colegiada, impede o trâmite da ação da qual trata esta Lei, havendo comunicação com todos os fundamentos de absolvição previstos no art. 386 do Decreto-Lei nº 3.689, de 3 de outubro de 1941 (Código de Processo Penal). [...]."

questionar sobre a existência do fato ou sobre quem seja o seu autor quando estas questões se acharem decididas no Juízo criminal.

Assim, a nova regra amplia a vinculação do sistema: não apenas as sentenças penais – como vinha ocorrendo até então – produzem efeitos no âmbito das ações de improbidade administrativa, mas também as sentenças civis.

Ademais, a nova lei fixou que, em caso de absolvição pelos mesmos fatos na esfera penal, deve ser extinta a ação de improbidade administrativa. A alteração modifica por completo o regime estabelecido pelo artigo 935 do Código Civil, pelo artigo 126 da Lei n. 8.112/1990 e pelos artigos 66 e 67, inciso III, do Código de Processo Penal, que preveem a comunicação de efeitos entre as esferas penal e civil apenas em caso de absolvição por demonstração de inexistência do fato ou da autoria.

Sobre o tema, o Superior Tribunal de Justiça entendia que há "independência entre tais instâncias que só é ressalvada quando o juízo criminal (e não a instância administrativa) reconhece a inexistência do fato ou da autoria".[236]

Com efeito, pelo novo regime, mesmo a absolvição na esfera penal por insuficiência de provas ou pelo fato de não haver prova da existência do fato leva à extinção da ação civil de improbidade administrativa. Trata-se, em verdade, de modificação substancial na aplicação do princípio da independência das instâncias e que poderá conduzir a efeitos significativos em todo o ordenamento.

Assim, entendemos possível o surgimento de duas posições a partir da inclusão dos novos dispositivos:

a) a primeira corrente limitando a vinculação à seara da improbidade administrativa;
b) a segunda corrente entendendo que o novo regime do princípio da independência das instâncias deve repercutir em todo o ordenamento jurídico. Assim, caso o agente seja absolvido na esfera penal em decorrência da prática de um crime de dano ao patrimônio, não mais poderá ser responsabilizado, por exemplo, no âmbito

[236] REsp 1.323.123/SP, Rel. Ministro Humberto Martins, 2ª Turma, j. 07/05/2013, DJe 16/05/2013.

administrativo, independentemente dos fundamentos que deram ensejo à sua absolvição.

De qualquer modo, é preciso discutir a constitucionalidade e a convencionalidade dos novos §§ 3º e 4º do artigo 21 da Lei n. 8.429/1992. Com efeito, a alteração no regime da independência das instâncias não encontra paralelo na ordem jurídica e pode causar, caso adotada a primeira corrente, uma contradição sistêmica que atenta contra o princípio da proibição da proteção deficiente, sem prejuízo de eventual inconvencionalidade pela lesão ao princípio da "tutela mínima anticorrupção".

Por fim, o § 5º do mesmo artigo 21 salienta que as sanções eventualmente aplicadas em outras esferas deverão ser compensadas com as sanções aplicadas nos termos da Lei n. 8.429/1992. O dispositivo decreta a obrigação de compensação entre punições originadas em esferas distintas, medida que apenas poderá ser adotada quando as sanções forem de mesma natureza e tiverem a mesma finalidade. A título de exemplo, uma multa imposta com base na legislação eleitoral ou em processo de tomada de contas não poderá ser abatida da multa aplicada em demanda de improbidade administrativa, sob pena, inclusive, de violação ao princípio da independência das instâncias. De outro modo, óbice algum existe ao abatimento dos pagamentos realizados na esfera penal para o ressarcimento dos danos com o montante fixado na esfera cível.

3.2.3. Instauração facultativa de inquérito civil ou procedimento investigativo

O artigo 22, *caput*, da Lei de Improbidade Administrativa recebeu uma adequação da Lei n. 14.230/2021, que tornou expressa a faculdade do Ministério Público para instaurar inquérito civil ou procedimento investigativo assemelhado, além de requisitar a instauração de inquérito policial, para apurar qualquer ilícito previsto em tal diploma (destaques nossos):

> Art. 22. Para apurar qualquer ilícito previsto nesta Lei, o Ministério Público, de ofício, a requerimento de autoridade administrativa ou mediante representação formulada de acordo com o disposto no art. 14 desta Lei, poderá

instaurar inquérito civil ou procedimento investigativo assemelhado e requisitar a instauração de inquérito policial.

Ademais, a nova lei ainda incluiu um parágrafo único ao referido dispositivo, salientando que, na apuração dos ilícitos em questão, deve ser garantida ao investigado a oportunidade de manifestação por escrito e de juntada de documentos que comprovem suas alegações e auxiliem na elucidação dos fatos. Tal mudança foi debatida no capítulo que trata do inquérito civil.

CAPÍTULO 8
QUADRO COMPARATIVO

ANTIGA LEI DE IMPROBIDADE ADMINISTRATIVA	*NOVA* LEI DE IMPROBIDADE ADMINISTRATIVA
Ementa: Dispõe sobre as sanções aplicáveis aos agentes públicos nos casos de enriquecimento ilícito no exercício de mandato, cargo, emprego ou função na administração pública direta, indireta ou fundacional e dá outras providências.	Ementa: Dispõe sobre as sanções aplicáveis em virtude da prática de atos de improbidade administrativa, de que trata o § 4º do art. 37 da Constituição Federal; e dá outras providências.
CAPÍTULO I Das Disposições Gerais	**CAPÍTULO I Das Disposições Gerais**
Art. 1º Os atos de improbidade praticados por qualquer agente público, servidor ou não, contra a administração direta, indireta ou fundacional de qualquer dos Poderes da União, dos Estados, do Distrito Federal, dos Municípios, de Território, de empresa incorporada ao patrimônio público ou de entidade para cuja criação ou custeio o erário haja concorrido ou concorra com mais de cinqüenta por cento do patrimônio ou da receita anual, serão punidos na forma desta lei.	Art. 1º O sistema de responsabilização por atos de improbidade administrativa tutelará a probidade na organização do Estado e no exercício de suas funções, como forma de assegurar a integridade do patrimônio público e social, nos termos desta Lei.
Parágrafo único. Estão também sujeitos às penalidades desta lei os atos de improbidade praticados contra o patrimônio de entidade que receba subvenção, benefício ou incentivo, fiscal ou creditício, de órgão público bem como daquelas para cuja criação ou custeio o erário haja concorrido ou concorra com menos de cinqüenta por cento do patrimônio ou da receita anual, limitando-se, nestes casos, a sanção patrimonial à repercussão do ilícito sobre a contribuição dos cofres públicos.	Revogado.

ANTIGA LEI DE IMPROBIDADE ADMINISTRATIVA	*NOVA* LEI DE IMPROBIDADE ADMINISTRATIVA
	§ 1º Consideram-se atos de improbidade administrativa as condutas dolosas tipificadas nos arts. 9º, 10 e 11 desta Lei, ressalvados tipos previstos em leis especiais.
	§ 2º Considera-se dolo a vontade livre e consciente de alcançar o resultado ilícito tipificado nos arts. 9º, 10 e 11 desta Lei, não bastando a voluntariedade do agente.
	§ 3º O mero exercício da função ou desempenho de competências públicas, sem comprovação de ato doloso com fim ilícito, afasta a responsabilidade por ato de improbidade administrativa.
	§ 4º Aplicam-se ao sistema da improbidade disciplinado nesta Lei os princípios constitucionais do direito administrativo sancionador.
	§ 5º Os atos de improbidade violam a probidade na organização do Estado e no exercício de suas funções e a integridade do patrimônio público e social dos Poderes Executivo, Legislativo e Judiciário, bem como da administração direta e indireta, no âmbito da União, dos Estados, dos Municípios e do Distrito Federal.
	§ 6º Estão sujeitos às sanções desta Lei os atos de improbidade praticados contra o patrimônio de entidade privada que receba subvenção, benefício ou incentivo, fiscal ou creditício, de entes públicos ou governamentais, previstos no § 5º deste artigo.
	§ 7º Independentemente de integrar a administração indireta, estão sujeitos às sanções desta Lei os atos de improbidade praticados contra o patrimônio de entidade privada para cuja criação ou custeio o erário haja concorrido ou concorra no seu patrimônio ou receita atual, limitado o ressarcimento de prejuízos, nesse caso, à repercussão do ilícito sobre a contribuição dos cofres públicos.

ANTIGA LEI DE IMPROBIDADE ADMINISTRATIVA	*NOVA* LEI DE IMPROBIDADE ADMINISTRATIVA
	§ 8º Não configura improbidade a ação ou omissão decorrente de divergência interpretativa da lei, baseada em jurisprudência, ainda que não pacificada, mesmo que não venha a ser posteriormente prevalecente nas decisões dos órgãos de controle ou dos tribunais do Poder Judiciário.
Art. 2º Reputa-se agente público, para os efeitos desta lei, todo aquele que exerce, ainda que transitoriamente ou sem remuneração, por eleição, nomeação, designação, contratação ou qualquer outra forma de investidura ou vínculo, mandato, cargo, emprego ou função nas entidades mencionadas no artigo anterior.	Art. 2º Para os efeitos desta Lei, consideram-se agente público o agente político, o servidor público e todo aquele que exerce, ainda que transitoriamente ou sem remuneração, por eleição, nomeação, designação, contratação ou qualquer outra forma de investidura ou vínculo, mandato, cargo, emprego ou função nas entidades referidas no art. 1º desta Lei.
	Parágrafo único. No que se refere a recursos de origem pública, sujeita-se às sanções previstas nesta Lei o particular, pessoa física ou jurídica, que celebra com a administração pública convênio, contrato de repasse, contrato de gestão, termo de parceria, termo de cooperação ou ajuste administrativo equivalente.
Art. 3º As disposições desta lei são aplicáveis, no que couber, àquele que, mesmo não sendo agente público, induza ou concorra para a prática do ato de improbidade ou dele se beneficie sob qualquer forma direta ou indireta.	Art. 3º As disposições desta Lei são aplicáveis, no que couber, àquele que, mesmo não sendo agente público, induza ou concorra dolosamente para a prática do ato de improbidade.
	§ 1º Os sócios, os cotistas, os diretores e os colaboradores de pessoa jurídica de direito privado não respondem pelo ato de improbidade que venha a ser imputado à pessoa jurídica, salvo se, comprovadamente, houver participação e benefícios diretos, caso em que responderão nos limites da sua participação.

***ANTIGA* LEI DE IMPROBIDADE ADMINISTRATIVA**	***NOVA* LEI DE IMPROBIDADE ADMINISTRATIVA**
	§ 2º As sanções desta Lei não se aplicarão à pessoa jurídica, caso o ato de improbidade administrativa seja também sancionado como ato lesivo à administração pública de que trata a Lei nº 12.846, de 1º de agosto de 2013.
Art. 4º Os agentes públicos de qualquer nível ou hierarquia são obrigados a velar pela estrita observância dos princípios de legalidade, impessoalidade, moralidade e publicidade no trato dos assuntos que lhe são afetos.	Revogado.
Art. 5º Ocorrendo lesão ao patrimônio público por ação ou omissão, dolosa ou culposa, do agente ou de terceiro, dar-se-á o integral ressarcimento do dano.	Revogado.
Art. 6º No caso de enriquecimento ilícito, perderá o agente público ou terceiro beneficiário os bens ou valores acrescidos ao seu patrimônio.	Revogado.
Art. 7º Quando o ato de improbidade causar lesão ao patrimônio público ou ensejar enriquecimento ilícito, caberá a autoridade administrativa responsável pelo inquérito representar ao Ministério Público, para a indisponibilidade dos bens do indiciado.	Art. 7º Se houver indícios de ato de improbidade, a autoridade que conhecer dos fatos representará ao Ministério Público competente, para as providências necessárias.
Parágrafo único. A indisponibilidade a que se refere o *caput* deste artigo recairá sobre bens que assegurem o integral ressarcimento do dano, ou sobre o acréscimo patrimonial resultante do enriquecimento ilícito.	Revogado.
Art. 8º O sucessor daquele que causar lesão ao patrimônio público ou se enriquecer ilicitamente está sujeito às cominações desta lei até o limite do valor da herança.	Art. 8º O sucessor ou o herdeiro daquele que causar dano ao erário ou que se enriquecer ilicitamente estão sujeitos apenas à obrigação de repará-lo até o limite do valor da herança ou do patrimônio transferido.
	Art. 8º-A A responsabilidade sucessória de que trata o art. 8º desta Lei aplica-se também na hipótese de alteração contratual, de transformação, de incorporação, de fusão ou de cisão societária.

ANTIGA LEI DE IMPROBIDADE ADMINISTRATIVA	*NOVA* LEI DE IMPROBIDADE ADMINISTRATIVA
	Parágrafo único. Nas hipóteses de fusão e de incorporação, a responsabilidade da sucessora será restrita à obrigação de reparação integral do dano causado, até o limite do patrimônio transferido, não lhe sendo aplicáveis as demais sanções previstas nesta Lei decorrentes de atos e de fatos ocorridos antes da data da fusão ou da incorporação, exceto no caso de simulação ou de evidente intuito de fraude, devidamente comprovados.
CAPÍTULO II **Dos Atos de Improbidade Administrativa**	**CAPÍTULO II** **Dos Atos de Improbidade Administrativa**
Seção I **Dos Atos de Improbidade Administrativa que Importam Enriquecimento Ilícito**	**Seção I** **Dos Atos de Improbidade Administrativa que Importam Enriquecimento Ilícito**
Art. 9º Constitui ato de improbidade administrativa importando enriquecimento ilícito auferir qualquer tipo de vantagem patrimonial indevida em razão do exercício de cargo, mandato, função, emprego ou atividade nas entidades mencionadas no art. 1º desta lei, e notadamente:	Art. 9º Constitui ato de improbidade administrativa importando em enriquecimento ilícito auferir, mediante a prática de ato doloso, qualquer tipo de vantagem patrimonial indevida em razão do exercício de cargo, de mandato, de função, de emprego ou de atividade nas entidades referidas no art. 1º desta Lei, e notadamente:
I – receber, para si ou para outrem, dinheiro, bem móvel ou imóvel, ou qualquer outra vantagem econômica, direta ou indireta, a título de comissão, percentagem, gratificação ou presente de quem tenha interesse, direto ou indireto, que possa ser atingido ou amparado por ação ou omissão decorrente das atribuições do agente público;	Mesma redação.
II – perceber vantagem econômica, direta ou indireta, para facilitar a aquisição, permuta ou locação de bem móvel ou imóvel, ou a contratação de serviços pelas entidades referidas no art. 1º por preço superior ao valor de mercado;	Mesma redação.

***ANTIGA* LEI DE IMPROBIDADE ADMINISTRATIVA**	***NOVA* LEI DE IMPROBIDADE ADMINISTRATIVA**
III – perceber vantagem econômica, direta ou indireta, para facilitar a alienação, permuta ou locação de bem público ou o fornecimento de serviço por ente estatal por preço inferior ao valor de mercado;	Mesma redação.
IV – utilizar, em obra ou serviço particular, veículos, máquinas, equipamentos ou material de qualquer natureza, de propriedade ou à disposição de qualquer das entidades mencionadas no art. 1º desta lei, bem como o trabalho de servidores públicos, empregados ou terceiros contratados por essas entidades;	IV – utilizar, em obra ou serviço particular, qualquer bem móvel, de propriedade ou à disposição de qualquer das entidades referidas no art. 1º desta Lei, bem como o trabalho de servidores, de empregados ou de terceiros contratados por essas entidades;
V – receber vantagem econômica de qualquer natureza, direta ou indireta, para tolerar a exploração ou a prática de jogos de azar, de lenocínio, de narcotráfico, de contrabando, de usura ou de qualquer outra atividade ilícita, ou aceitar promessa de tal vantagem;	Mesma redação.
VI – receber vantagem econômica de qualquer natureza, direta ou indireta, para fazer declaração falsa sobre medição ou avaliação em obras públicas ou qualquer outro serviço, ou sobre quantidade, peso, medida, qualidade ou característica de mercadorias ou bens fornecidos a qualquer das entidades mencionadas no art. 1º desta lei;	VI – receber vantagem econômica de qualquer natureza, direta ou indireta, para fazer declaração falsa sobre qualquer dado técnico que envolva obras públicas ou qualquer outro serviço ou sobre quantidade, peso, medida, qualidade ou característica de mercadorias ou bens fornecidos a qualquer das entidades referidas no art. 1º desta Lei;
VII – adquirir, para si ou para outrem, no exercício de mandato, cargo, emprego ou função pública, bens de qualquer natureza cujo valor seja desproporcional à evolução do patrimônio ou à renda do agente público;	VII – adquirir, para si ou para outrem, no exercício de mandato, de cargo, de emprego ou de função pública, e em razão deles, bens de qualquer natureza, decorrentes dos atos descritos no *caput* deste artigo, cujo valor seja desproporcional à evolução do patrimônio ou à renda do agente público, assegurada a demonstração pelo agente da licitude da origem dessa evolução;
VIII – aceitar emprego, comissão ou exercer atividade de consultoria ou assessoramento para pessoa física ou jurídica que tenha interesse suscetível de ser atingido ou amparado por ação ou omissão decorrente das atribuições do agente público, durante a atividade;	Mesma redação.

ANTIGA LEI DE IMPROBIDADE ADMINISTRATIVA	*NOVA* LEI DE IMPROBIDADE ADMINISTRATIVA
IX – perceber vantagem econômica para intermediar a liberação ou aplicação de verba pública de qualquer natureza;	Mesma redação.
X – receber vantagem econômica de qualquer natureza, direta ou indiretamente, para omitir ato de ofício, providência ou declaração a que esteja obrigado;	Mesma redação.
XI – incorporar, por qualquer forma, ao seu patrimônio bens, rendas, verbas ou valores integrantes do acervo patrimonial das entidades mencionadas no art. 1º desta lei;	Mesma redação.
XII – usar, em proveito próprio, bens, rendas, verbas ou valores integrantes do acervo patrimonial das entidades mencionadas no art. 1º desta lei.	Mesma redação.
Seção II **Dos Atos de Improbidade Administrativa que Causam Prejuízo ao Erário**	**Seção II** **Dos Atos de Improbidade Administrativa que Causam Prejuízo ao Erário**
Art. 10. Constitui ato de improbidade administrativa que causa lesão ao erário qualquer ação ou omissão, dolosa ou culposa, que enseje perda patrimonial, desvio, apropriação, malbaratamento ou dilapidação dos bens ou haveres das entidades referidas no art. 1º desta lei, e notadamente:	Art. 10. Constitui ato de improbidade administrativa que causa lesão ao erário qualquer ação ou omissão dolosa, que enseje, efetiva e comprovadamente, perda patrimonial, desvio, apropriação, malbaratamento ou dilapidação dos bens ou haveres das entidades referidas no art. 1º desta Lei, e notadamente:
I – facilitar ou concorrer por qualquer forma para a incorporação ao patrimônio particular, de pessoa física ou jurídica, de bens, rendas, verbas ou valores integrantes do acervo patrimonial das entidades mencionadas no art. 1º desta lei;	I – facilitar ou concorrer, por qualquer forma, para a indevida incorporação ao patrimônio particular, de pessoa física ou jurídica, de bens, de rendas, de verbas ou de valores integrantes do acervo patrimonial das entidades referidas no art. 1º desta Lei;
II – permitir ou concorrer para que pessoa física ou jurídica privada utilize bens, rendas, verbas ou valores integrantes do acervo patrimonial das entidades mencionadas no art. 1º desta lei, sem a observância das formalidades legais ou regulamentares aplicáveis à espécie;	Mesma redação.

***ANTIGA* LEI DE IMPROBIDADE ADMINISTRATIVA**	***NOVA* LEI DE IMPROBIDADE ADMINISTRATIVA**
III – doar à pessoa física ou jurídica bem como ao ente despersonalizado, ainda que de fins educativos ou assistências, bens, rendas, verbas ou valores do patrimônio de qualquer das entidades mencionadas no art. 1º desta lei, sem observância das formalidades legais e regulamentares aplicáveis à espécie;	Mesma redação.
IV – permitir ou facilitar a alienação, permuta ou locação de bem integrante do patrimônio de qualquer das entidades referidas no art. 1º desta lei, ou ainda a prestação de serviço por parte delas, por preço inferior ao de mercado;	Mesma redação.
V – permitir ou facilitar a aquisição, permuta ou locação de bem ou serviço por preço superior ao de mercado;	Mesma redação.
VI – realizar operação financeira sem observância das normas legais e regulamentares ou aceitar garantia insuficiente ou inidônea;	Mesma redação.
VII – conceder benefício administrativo ou fiscal sem a observância das formalidades legais ou regulamentares aplicáveis à espécie;	Mesma redação.
VIII – frustrar a licitude de processo licitatório ou de processo seletivo para celebração de parcerias com entidades sem fins lucrativos, ou dispensá-los indevidamente;	VIII – frustrar a licitude de processo licitatório ou de processo seletivo para celebração de parcerias com entidades sem fins lucrativos, ou dispensá-los indevidamente, acarretando perda patrimonial efetiva;
IX – ordenar ou permitir a realização de despesas não autorizadas em lei ou regulamento;	Mesma redação.
X – agir negligentemente na arrecadação de tributo ou renda, bem como no que diz respeito à conservação do patrimônio público;	X – agir ilicitamente na arrecadação de tributo ou de renda, bem como no que diz respeito à conservação do patrimônio público;
XI – liberar verba pública sem a estrita observância das normas pertinentes ou influir de qualquer forma para a sua aplicação irregular;	Mesma redação.
XII – permitir, facilitar ou concorrer para que terceiro se enriqueça ilicitamente;	Mesma redação.

ANTIGA LEI DE IMPROBIDADE ADMINISTRATIVA	*NOVA* LEI DE IMPROBIDADE ADMINISTRATIVA
XIII – permitir que se utilize, em obra ou serviço particular, veículos, máquinas, equipamentos ou material de qualquer natureza, de propriedade ou à disposição de qualquer das entidades mencionadas no art. 1º desta lei, bem como o trabalho de servidor público, empregados ou terceiros contratados por essas entidades.	Mesma redação.
XIV – celebrar contrato ou outro instrumento que tenha por objeto a prestação de serviços públicos por meio da gestão associada sem observar as formalidades previstas na lei;	Mesma redação.
XV – celebrar contrato de rateio de consórcio público sem suficiente e prévia dotação orçamentária, ou sem observar as formalidades previstas na lei;	Mesma redação.
XVI – facilitar ou concorrer, por qualquer forma, para a incorporação, ao patrimônio particular de pessoa física ou jurídica, de bens, rendas, verbas ou valores públicos transferidos pela administração pública a entidades privadas mediante celebração de parcerias, sem a observância das formalidades legais ou regulamentares aplicáveis à espécie;	Mesma redação.
XVII – permitir ou concorrer para que pessoa física ou jurídica privada utilize bens, rendas, verbas ou valores públicos transferidos pela administração pública a entidade privada mediante celebração de parcerias, sem a observância das formalidades legais ou regulamentares aplicáveis à espécie;	Mesma redação.
XVIII – celebrar parcerias da administração pública com entidades privadas sem a observância das formalidades legais ou regulamentares aplicáveis à espécie;	Mesma redação.
XIX – agir negligentemente na celebração, fiscalização e análise das prestações de contas de parcerias firmadas pela administração pública com entidades privadas;	XIX – agir para a configuração de ilícito na celebração, na fiscalização e na análise das prestações de contas de parcerias firmadas pela administração pública com entidades privadas;

ANTIGA LEI DE IMPROBIDADE ADMINISTRATIVA	*NOVA* LEI DE IMPROBIDADE ADMINISTRATIVA
XX – liberar recursos de parcerias firmadas pela administração pública com entidades privadas sem a estrita observância das normas pertinentes ou influir de qualquer forma para a sua aplicação irregular.	Mesma redação.
XXI – liberar recursos de parcerias firmadas pela administração pública com entidades privadas sem a estrita observância das normas pertinentes ou influir de qualquer forma para a sua aplicação irregular.	Revogado.
	XXII – conceder, aplicar ou manter benefício financeiro ou tributário contrário ao que dispõem o *caput* e o § 1º do art. 8º-A da Lei Complementar nº 116, de 31 de julho de 2003.
	§ 1º Nos casos em que a inobservância de formalidades legais ou regulamentares não implicar perda patrimonial efetiva, não ocorrerá imposição de ressarcimento, vedado o enriquecimento sem causa das entidades referidas no art. 1º desta Lei.
	§ 2º A mera perda patrimonial decorrente da atividade econômica não acarretará improbidade administrativa, salvo se comprovado ato doloso praticado com essa finalidade.
Seção II-A **Dos Atos de Improbidade Administrativa Decorrentes de Concessão ou Aplicação Indevida de Benefício Financeiro ou Tributário**	Revogado.
Art. 10-A. Constitui ato de improbidade administrativa qualquer ação ou omissão para conceder, aplicar ou manter benefício financeiro ou tributário contrário ao que dispõem o *caput* e o § 1º do art. 8º-A da Lei Complementar nº 116, de 31 de julho de 2003.	Revogado.

ANTIGA LEI DE IMPROBIDADE ADMINISTRATIVA	*NOVA* LEI DE IMPROBIDADE ADMINISTRATIVA
Seção III Dos Atos de Improbidade Administrativa que Atentam Contra os Princípios da Administração Pública	**Seção III Dos Atos de Improbidade Administrativa que Atentam Contra os Princípios da Administração Pública**
Art. 11. Constitui ato de improbidade administrativa que atenta contra os princípios da administração pública qualquer ação ou omissão que viole os deveres de honestidade, imparcialidade, legalidade, e lealdade às instituições, e notadamente:	Art. 11. Constitui ato de improbidade administrativa que atenta contra os princípios da administração pública a ação ou omissão dolosa que viole os deveres de honestidade, de imparcialidade e de legalidade, caracterizada por uma das seguintes condutas:
I – praticar ato visando fim proibido em lei ou regulamento ou diverso daquele previsto, na regra de competência;	Revogado.
II – retardar ou deixar de praticar, indevidamente, ato de ofício;	Revogado.
III – revelar fato ou circunstância de que tem ciência em razão das atribuições e que deva permanecer em segredo;	III – revelar fato ou circunstância de que tem ciência em razão das atribuições e que deva permanecer em segredo, propiciando beneficiamento por informação privilegiada ou colocando em risco a segurança da sociedade e do Estado;
IV – negar publicidade aos atos oficiais;	IV – negar publicidade aos atos oficiais, exceto em razão de sua imprescindibilidade para a segurança da sociedade e do Estado ou de outras hipóteses instituídas em lei;
V – frustrar a licitude de concurso público;	V – frustrar, em ofensa à imparcialidade, o caráter concorrencial de concurso público, de chamamento ou de procedimento licitatório, com vistas à obtenção de benefício próprio, direto ou indireto, ou de terceiros;
VI – deixar de prestar contas quando esteja obrigado a fazê-lo;	VI – deixar de prestar contas quando esteja obrigado a fazê-lo, desde que disponha das condições para isso, com vistas a ocultar irregularidades;
VII – revelar ou permitir que chegue ao conhecimento de terceiro, antes da respectiva divulgação oficial, teor de medida política ou econômica capaz de afetar o preço de mercadoria, bem ou serviço;	Mesma redação.

ANTIGA LEI DE IMPROBIDADE ADMINISTRATIVA	*NOVA* LEI DE IMPROBIDADE ADMINISTRATIVA
VIII – descumprir as normas relativas à celebração, fiscalização e aprovação de contas de parcerias firmadas pela administração pública com entidades privadas;	Mesma redação.
IX – deixar de cumprir a exigência de requisitos de acessibilidade previstos na legislação;	Revogado.
X – transferir recurso a entidade privada, em razão da prestação de serviços na área de saúde sem a prévia celebração de contrato, convênio ou instrumento congênere, nos termos do parágrafo único do art. 24 da Lei nº 8.080, de 19 de setembro de 1990.	Revogado.
	XI – nomear cônjuge, companheiro ou parente em linha reta, colateral ou por afinidade, até o terceiro grau, inclusive, da autoridade nomeante ou de servidor da mesma pessoa jurídica investido em cargo de direção, chefia ou assessoramento, para o exercício de cargo em comissão ou de confiança ou, ainda, de função gratificada na administração pública direta e indireta em qualquer dos Poderes da União, dos Estados, do Distrito Federal e dos Municípios, compreendido o ajuste mediante designações recíprocas;
	XII – praticar, no âmbito da administração pública e com recursos do erário, ato de publicidade que contrarie o disposto no § 1º do art. 37 da Constituição Federal, de forma a promover inequívoco enaltecimento do agente público e personalização de atos, de programas, de obras, de serviços ou de campanhas dos órgãos públicos.
	§ 1º Nos termos da Convenção das Nações Unidas contra a Corrupção, promulgada pelo Decreto nº 5.687, de 31 de janeiro de 2006, somente haverá improbidade administrativa, na aplicação deste artigo, quando for comprovado na conduta funcional do agente público o fim de obter proveito ou benefício indevido para si ou para outra pessoa ou entidade.

ANTIGA LEI DE IMPROBIDADE ADMINISTRATIVA	*NOVA* LEI DE IMPROBIDADE ADMINISTRATIVA
	§ 2º Aplica-se o disposto no § 1º deste artigo a quaisquer atos de improbidade administrativa tipificados nesta Lei e em leis especiais e a quaisquer outros tipos especiais de improbidade administrativa instituídos por lei.
	§ 3º O enquadramento de conduta funcional na categoria de que trata este artigo pressupõe a demonstração objetiva da prática de ilegalidade no exercício da função pública, com a indicação das normas constitucionais, legais ou infralegais violadas.
	§ 4º Os atos de improbidade de que trata este artigo exigem lesividade relevante ao bem jurídico tutelado para serem passíveis de sancionamento e independem do reconhecimento da produção de danos ao erário e de enriquecimento ilícito dos agentes públicos.
	§ 5º Não se configurará improbidade a mera nomeação ou indicação política por parte dos detentores de mandatos eletivos, sendo necessária a aferição de dolo com finalidade ilícita por parte do agente.
CAPÍTULO III **Das Penas**	**CAPÍTULO III** **Das Penas**
Art. 12. Independentemente das sanções penais, civis e administrativas previstas na legislação específica, está o responsável pelo ato de improbidade sujeito às seguintes cominações, que podem ser aplicadas isolada ou cumulativamente, de acordo com a gravidade do fato:	Art. 12. Independentemente do ressarcimento integral do dano patrimonial, se efetivo, e das sanções penais comuns e de responsabilidade, civis e administrativas previstas na legislação específica, está o responsável pelo ato de improbidade sujeito às seguintes cominações, que podem ser aplicadas isolada ou cumulativamente, de acordo com a gravidade do fato:

***ANTIGA* LEI DE IMPROBIDADE ADMINISTRATIVA**	***NOVA* LEI DE IMPROBIDADE ADMINISTRATIVA**
I – na hipótese do art. 9º, perda dos bens ou valores acrescidos ilicitamente ao patrimônio, ressarcimento integral do dano, quando houver, perda da função pública, suspensão dos direitos políticos de oito a dez anos, pagamento de multa civil de até três vezes o valor do acréscimo patrimonial e proibição de contratar com o Poder Público ou receber benefícios ou incentivos fiscais ou creditícios, direta ou indiretamente, ainda que por intermédio de pessoa jurídica da qual seja sócio majoritário, pelo prazo de dez anos;	I – na hipótese do art. 9º desta Lei, perda dos bens ou valores acrescidos ilicitamente ao patrimônio, perda da função pública, suspensão dos direitos políticos até 14 (catorze) anos, pagamento de multa civil equivalente ao valor do acréscimo patrimonial e proibição de contratar com o poder público ou de receber benefícios ou incentivos fiscais ou creditícios, direta ou indiretamente, ainda que por intermédio de pessoa jurídica da qual seja sócio majoritário, pelo prazo não superior a 14 (catorze) anos;
II – na hipótese do art. 10, ressarcimento integral do dano, perda dos bens ou valores acrescidos ilicitamente ao patrimônio, se concorrer esta circunstância, perda da função pública, suspensão dos direitos políticos de cinco a oito anos, pagamento de multa civil de até duas vezes o valor do dano e proibição de contratar com o Poder Público ou receber benefícios ou incentivos fiscais ou creditícios, direta ou indiretamente, ainda que por intermédio de pessoa jurídica da qual seja sócio majoritário, pelo prazo de cinco anos;	II – na hipótese do art. 10 desta Lei, perda dos bens ou valores acrescidos ilicitamente ao patrimônio, se concorrer esta circunstância, perda da função pública, suspensão dos direitos políticos até 12 (doze) anos, pagamento de multa civil equivalente ao valor do dano e proibição de contratar com o poder público ou de receber benefícios ou incentivos fiscais ou creditícios, direta ou indiretamente, ainda que por intermédio de pessoa jurídica da qual seja sócio majoritário, pelo prazo não superior a 12 (doze) anos;
III – na hipótese do art. 11, ressarcimento integral do dano, se houver, perda da função pública, suspensão dos direitos políticos de três a cinco anos, pagamento de multa civil de até cem vezes o valor da remuneração percebida pelo agente e proibição de contratar com o Poder Público ou receber benefícios ou incentivos fiscais ou creditícios, direta ou indiretamente, ainda que por intermédio de pessoa jurídica da qual seja sócio majoritário, pelo prazo de três anos;	III – na hipótese do art. 11 desta Lei, pagamento de multa civil de até 24 (vinte e quatro) vezes o valor da remuneração percebida pelo agente e proibição de contratar com o poder público ou de receber benefícios ou incentivos fiscais ou creditícios, direta ou indiretamente, ainda que por intermédio de pessoa jurídica da qual seja sócio majoritário, pelo prazo não superior a 4 (quatro) anos;
IV – na hipótese prevista no art. 10-A, perda da função pública, suspensão dos direitos políticos de 5 (cinco) a 8 (oito) anos e multa civil de até 3 (três) vezes o valor do benefício financeiro ou tributário concedido.	Revogado.

ANTIGA LEI DE IMPROBIDADE ADMINISTRATIVA	*NOVA* LEI DE IMPROBIDADE ADMINISTRATIVA
Parágrafo único. Na fixação das penas previstas nesta lei o juiz levará em conta a extensão do dano causado, assim como o proveito patrimonial obtido pelo agente.	Revogado.
	§ 1º A sanção de perda da função pública, nas hipóteses dos incisos I e II do *caput* deste artigo, atinge apenas o vínculo de mesma qualidade e natureza que o agente público ou político detinha com o poder público na época do cometimento da infração, podendo o magistrado, na hipótese do inciso I do *caput* deste artigo, e em caráter excepcional, estendê-la aos demais vínculos, consideradas as circunstâncias do caso e a gravidade da infração.
	§ 2º A multa pode ser aumentada até o dobro, se o juiz considerar que, em virtude da situação econômica do réu, o valor calculado na forma dos incisos I, II e III do *caput* deste artigo é ineficaz para reprovação e prevenção do ato de improbidade.
	§ 3º Na responsabilização da pessoa jurídica, deverão ser considerados os efeitos econômicos e sociais das sanções, de modo a viabilizar a manutenção de suas atividades.
	§ 4º Em caráter excepcional e por motivos relevantes devidamente justificados, a sanção de proibição de contratação com o poder público pode extrapolar o ente público lesado pelo ato de improbidade, observados os impactos econômicos e sociais das sanções, de forma a preservar a função social da pessoa jurídica, conforme disposto no § 3º deste artigo.
	§ 5º No caso de atos de menor ofensa aos bens jurídicos tutelados por esta Lei, a sanção limitar-se-á à aplicação de multa, sem prejuízo do ressarcimento do dano e da perda dos valores obtidos, quando for o caso, nos termos do *caput* deste artigo.

***ANTIGA* LEI DE IMPROBIDADE ADMINISTRATIVA**	***NOVA* LEI DE IMPROBIDADE ADMINISTRATIVA**
	§ 6º Se ocorrer lesão ao patrimônio público, a reparação do dano a que se refere esta Lei deverá deduzir o ressarcimento ocorrido nas instâncias criminal, civil e administrativa que tiver por objeto os mesmos fatos.
	§ 7º As sanções aplicadas a pessoas jurídicas com base nesta Lei e na Lei nº 12.846, de 1º de agosto de 2013, deverão observar o princípio constitucional do *non bis in idem.*
	§ 8º A sanção de proibição de contratação com o poder público deverá constar do Cadastro Nacional de Empresas Inidôneas e Suspensas (CEIS) de que trata a Lei nº 12.846, de 1º de agosto de 2013, observadas as limitações territoriais contidas em decisão judicial, conforme disposto no § 4º deste artigo.
	§ 9º As sanções previstas neste artigo somente poderão ser executadas após o trânsito em julgado da sentença condenatória.
	§ 10. Para efeitos de contagem do prazo da sanção de suspensão dos direitos políticos, computar-se-á retroativamente o intervalo de tempo entre a decisão colegiada e o trânsito em julgado da sentença condenatória.
CAPÍTULO IV **Da Declaração de Bens**	**CAPÍTULO IV** **Da Declaração de Bens**
Art. 13. A posse e o exercício de agente público ficam condicionados à apresentação de declaração dos bens e valores que compõem o seu patrimônio privado, a fim de ser arquivada no serviço de pessoal competente.	Art. 13. A posse e o exercício de agente público ficam condicionados à apresentação de declaração de imposto de renda e proventos de qualquer natureza, que tenha sido apresentada à Secretaria Especial da Receita Federal do Brasil, a fim de ser arquivada no serviço de pessoal competente.

ANTIGA LEI DE IMPROBIDADE ADMINISTRATIVA	*NOVA* LEI DE IMPROBIDADE ADMINISTRATIVA
§ 1º A declaração compreenderá imóveis, móveis, semoventes, dinheiro, títulos, ações, e qualquer outra espécie de bens e valores patrimoniais, localizado no País ou no exterior, e, quando for o caso, abrangerá os bens e valores patrimoniais do cônjuge ou companheiro, dos filhos e de outras pessoas que vivam sob a dependência econômica do declarante, excluídos apenas os objetos e utensílios de uso doméstico.	Revogado.
§ 2º A declaração de bens será anualmente atualizada e na data em que o agente público deixar o exercício do mandato, cargo, emprego ou função.	§ 2º A declaração de bens a que se refere o *caput* deste artigo será atualizada anualmente e na data em que o agente público deixar o exercício do mandato, do cargo, do emprego ou da função.
§ 3º Será punido com a pena de demissão, a bem do serviço público, sem prejuízo de outras sanções cabíveis, o agente público que se recusar a prestar declaração dos bens, dentro do prazo determinado, ou que a prestar falsa.	§ 3º Será apenado com a pena de demissão, sem prejuízo de outras sanções cabíveis, o agente público que se recusar a prestar a declaração dos bens a que se refere o *caput* deste artigo dentro do prazo determinado ou que prestar declaração falsa.
§ 4º O declarante, a seu critério, poderá entregar cópia da declaração anual de bens apresentada à Delegacia da Receita Federal na conformidade da legislação do Imposto sobre a Renda e proventos de qualquer natureza, com as necessárias atualizações, para suprir a exigência contida no *caput* e no § 2º deste artigo .	Revogado.
CAPÍTULO V **Do Procedimento Administrativo e do Processo Judicial**	**CAPÍTULO V** **Do Procedimento Administrativo e do Processo Judicial**
Art. 14. Qualquer pessoa poderá representar à autoridade administrativa competente para que seja instaurada investigação destinada a apurar a prática de ato de improbidade.	Mesma redação.
§ 1º A representação, que será escrita ou reduzida a termo e assinada, conterá a qualificação do representante, as informações sobre o fato e sua autoria e a indicação das provas de que tenha conhecimento.	Mesma redação.

ANTIGA LEI DE IMPROBIDADE ADMINISTRATIVA	*NOVA* LEI DE IMPROBIDADE ADMINISTRATIVA
§ 2º A autoridade administrativa rejeitará a representação, em despacho fundamentado, se esta não contiver as formalidades estabelecidas no § 1º deste artigo. A rejeição não impede a representação ao Ministério Público, nos termos do art. 22 desta lei.	Mesma redação.
§ 3º Atendidos os requisitos da representação, a autoridade determinará a imediata apuração dos fatos que, em se tratando de servidores federais, será processada na forma prevista nos arts. 148 a 182 da Lei nº 8.112, de 11 de dezembro de 1990 e, em se tratando de servidor militar, de acordo com os respectivos regulamentos disciplinares.	§ 3º Atendidos os requisitos da representação, a autoridade determinará a imediata apuração dos fatos, observada a legislação que regula o processo administrativo disciplinar aplicável ao agente.
Art. 15. A comissão processante dará conhecimento ao Ministério Público e ao Tribunal ou Conselho de Contas da existência de procedimento administrativo para apurar a prática de ato de improbidade.	Mesma redação.
Parágrafo único. O Ministério Público ou Tribunal ou Conselho de Contas poderá, a requerimento, designar representante para acompanhar o procedimento administrativo.	Mesma redação.
Art. 16. Havendo fundados indícios de responsabilidade, a comissão representará ao Ministério Público ou à procuradoria do órgão para que requeira ao juízo competente a decretação do seqüestro dos bens do agente ou terceiro que tenha enriquecido ilicitamente ou causado dano ao patrimônio público.	Art. 16. Na ação por improbidade administrativa poderá ser formulado, em caráter antecedente ou incidente, pedido de indisponibilidade de bens dos réus, a fim de garantir a integral recomposição do erário ou do acréscimo patrimonial resultante de enriquecimento ilícito.
§ 1º O pedido de seqüestro será processado de acordo com o disposto nos arts. 822 e 825 do Código de Processo Civil.	Revogado.
	§ 1º-A O pedido de indisponibilidade de bens a que se refere o *caput* deste artigo poderá ser formulado independentemente da representação de que trata o art. 7º desta Lei.

ANTIGA LEI DE IMPROBIDADE ADMINISTRATIVA	*NOVA* LEI DE IMPROBIDADE ADMINISTRATIVA
§ 2º Quando for o caso, o pedido incluirá a investigação, o exame e o bloqueio de bens, contas bancárias e aplicações financeiras mantidas pelo indiciado no exterior, nos termos da lei e dos tratados internacionais.	§ 2º Quando for o caso, o pedido de indisponibilidade de bens a que se refere o *caput* deste artigo incluirá a investigação, o exame e o bloqueio de bens, contas bancárias e aplicações financeiras mantidas pelo indiciado no exterior, nos termos da lei e dos tratados internacionais.
	§ 3º O pedido de indisponibilidade de bens a que se refere o *caput* deste artigo apenas será deferido mediante a demonstração no caso concreto de perigo de dano irreparável ou de risco ao resultado útil do processo, desde que o juiz se convença da probabilidade da ocorrência dos atos descritos na petição inicial com fundamento nos respectivos elementos de instrução, após a oitiva do réu em 5 (cinco) dias.
	§ 4º A indisponibilidade de bens poderá ser decretada sem a oitiva prévia do réu, sempre que o contraditório prévio puder comprovadamente frustrar a efetividade da medida ou houver outras circunstâncias que recomendem a proteção liminar, não podendo a urgência ser presumida.
	§ 5º Se houver mais de um réu na ação, a somatória dos valores declarados indisponíveis não poderá superar o montante indicado na petição inicial como dano ao erário ou como enriquecimento ilícito.
	§ 6º O valor da indisponibilidade considerará a estimativa de dano indicada na petição inicial, permitida a sua substituição por caução idônea, por fiança bancária ou por seguro-garantia judicial, a requerimento do réu, bem como a sua readequação durante a instrução do processo.

***ANTIGA* LEI DE IMPROBIDADE ADMINISTRATIVA**	***NOVA* LEI DE IMPROBIDADE ADMINISTRATIVA**
	§ 7º A indisponibilidade de bens de terceiro dependerá da demonstração da sua efetiva concorrência para os atos ilícitos apurados ou, quando se tratar de pessoa jurídica, da instauração de incidente de desconsideração da personalidade jurídica, a ser processado na forma da lei processual.
	§ 8º Aplica-se à indisponibilidade de bens regida por esta Lei, no que for cabível, o regime da tutela provisória de urgência da Lei nº 13.105, de 16 de março de 2015 (Código de Processo Civil).
	§ 9º Da decisão que deferir ou indeferir a medida relativa à indisponibilidade de bens caberá agravo de instrumento, nos termos da Lei nº 13.105, de 16 de março de 2015 (Código de Processo Civil).
	§ 10. A indisponibilidade recairá sobre bens que assegurem exclusivamente o integral ressarcimento do dano ao erário, sem incidir sobre os valores a serem eventualmente aplicados a título de multa civil ou sobre acréscimo patrimonial decorrente de atividade lícita.
	§ 11. A ordem de indisponibilidade de bens deverá priorizar veículos de via terrestre, bens imóveis, bens móveis em geral, semoventes, navios e aeronaves, ações e quotas de sociedades simples e empresárias, pedras e metais preciosos e, apenas na inexistência desses, o bloqueio de contas bancárias, de forma a garantir a subsistência do acusado e a manutenção da atividade empresária ao longo do processo.
	§ 12. O juiz, ao apreciar o pedido de indisponibilidade de bens do réu a que se refere o *caput* deste artigo, observará os efeitos práticos da decisão, vedada a adoção de medida capaz de acarretar prejuízo à prestação de serviços públicos.

ANTIGA LEI DE IMPROBIDADE ADMINISTRATIVA	*NOVA* LEI DE IMPROBIDADE ADMINISTRATIVA
	§ 13. É vedada a decretação de indisponibilidade da quantia de até 40 (quarenta) salários mínimos depositados em caderneta de poupança, em outras aplicações financeiras ou em conta-corrente.
	§ 14. É vedada a decretação de indisponibilidade do bem de família do réu, salvo se comprovado que o imóvel seja fruto de vantagem patrimonial indevida, conforme descrito no art. 9º desta Lei.
Art. 17. A ação principal, que terá o rito ordinário, será proposta pelo Ministério Público ou pela pessoa jurídica interessada, dentro de trinta dias da efetivação da medida cautelar.	Art. 17. A ação para a aplicação das sanções de que trata esta Lei será proposta pelo Ministério Público e seguirá o procedimento comum previsto na Lei nº 13.105, de 16 de março de 2015 (Código de Processo Civil), salvo o disposto nesta Lei.
§ 1º As ações de que trata este artigo admitem a celebração de acordo de não persecução cível, nos termos desta Lei.	Revogado.
§ 2º A Fazenda Pública, quando for o caso, promoverá as ações necessárias à complementação do ressarcimento do patrimônio público.	Revogado.
§ 3º No caso de a ação principal ter sido proposta pelo Ministério Público, aplica-se, no que couber, o disposto no § 3º do art. 6º da Lei no 4.717, de 29 de junho de 1965.	Revogado.
§ 4º O Ministério Público, se não intervir no processo como parte, atuará obrigatoriamente, como fiscal da lei, sob pena de nulidade.	Revogado.
	§ 4º-A A ação a que se refere o *caput* deste artigo deverá ser proposta perante o foro do local onde ocorrer o dano ou da pessoa jurídica prejudicada.
§ 5º A propositura da ação prevenirá a jurisdição do juízo para todas as ações posteriormente intentadas que possuam a mesma causa de pedir ou o mesmo objeto.	§ 5º A propositura da ação a que se refere o *caput* deste artigo prevenirá a competência do juízo para todas as ações posteriormente intentadas que possuam a mesma causa de pedir ou o mesmo objeto.

***ANTIGA* LEI DE IMPROBIDADE ADMINISTRATIVA**	***NOVA* LEI DE IMPROBIDADE ADMINISTRATIVA**
§ 6º A ação será instruída com documentos ou justificação que contenham indícios suficientes da existência do ato de improbidade ou com razões fundamentadas da impossibilidade de apresentação de qualquer dessas provas, observada a legislação vigente, inclusive as disposições inscritas nos arts. 16 a 18 do Código de Processo Civil.	§ 6º A petição inicial observará o seguinte: I – deverá individualizar a conduta do réu e apontar os elementos probatórios mínimos que demonstrem a ocorrência das hipóteses dos arts. 9º, 10 e 11 desta Lei e de sua autoria, salvo impossibilidade devidamente fundamentada; II – será instruída com documentos ou justificação que contenham indícios suficientes da veracidade dos fatos e do dolo imputado ou com razões fundamentadas da impossibilidade de apresentação de qualquer dessas provas, observada a legislação vigente, inclusive as disposições constantes dos arts. 77 e 80 da Lei nº 13.105, de 16 de março de 2015 (Código de Processo Civil).
	§ 6º-A O Ministério Público poderá requerer as tutelas provisórias adequadas e necessárias, nos termos dos arts. 294 a 310 da Lei nº 13.105, de 16 de março de 2015 (Código de Processo Civil).
	§ 6º-B A petição inicial será rejeitada nos casos do art. 330 da Lei nº 13.105, de 16 de março de 2015 (Código de Processo Civil), bem como quando não preenchidos os requisitos a que se referem os incisos I e II do § 6º deste artigo, ou ainda quando manifestamente inexistente o ato de improbidade imputado.
§ 7º Estando a inicial em devida forma, o juiz mandará autuá-la e ordenará a notificação do requerido, para oferecer manifestação por escrito, que poderá ser instruída com documentos e justificações, dentro do prazo de quinze dias.	§ 7º Se a petição inicial estiver em devida forma, o juiz mandará autuá-la e ordenará a citação dos requeridos para que a contestem no prazo comum de 30 (trinta) dias, iniciado o prazo na forma do art. 231 da Lei nº 13.105, de 16 de março de 2015 (Código de Processo Civil).
§ 8º Recebida a manifestação, o juiz, no prazo de trinta dias, em decisão fundamentada, rejeitará a ação, se convencido da inexistência do ato de improbidade, da improcedência da ação ou da inadequação da via eleita.	Revogado.

ANTIGA LEI DE IMPROBIDADE ADMINISTRATIVA	*NOVA* LEI DE IMPROBIDADE ADMINISTRATIVA
§ 9º Recebida a petição inicial, será o réu citado para apresentar contestação.	Revogado.
§ 10. Da decisão que receber a petição inicial, caberá agravo de instrumento.	Revogado.
§ 10-A. Havendo a possibilidade de solução consensual, poderão as partes requerer ao juiz a interrupção do prazo para a contestação, por prazo não superior a 90 (noventa) dias.	Mesma redação.
	§ 10-B. Oferecida a contestação e, se for o caso, ouvido o autor, o juiz: I – procederá ao julgamento conforme o estado do processo, observada a eventual inexistência manifesta do ato de improbidade; II – poderá desmembrar o litisconsórcio, com vistas a otimizar a instrução processual.
	§ 10-C. Após a réplica do Ministério Público, o juiz proferirá decisão na qual indicará com precisão a tipificação do ato de improbidade administrativa imputável ao réu, sendo-lhe vedado modificar o fato principal e a capitulação legal apresentada pelo autor.
	§ 10-D. Para cada ato de improbidade administrativa, deverá necessariamente ser indicado apenas um tipo dentre aqueles previstos nos arts. 9º, 10 e 11 desta Lei.
	§ 10-E. Proferida a decisão referida no § 10-C deste artigo, as partes serão intimadas a especificar as provas que pretendem produzir.
	§ 10-F. Será nula a decisão de mérito total ou parcial da ação de improbidade administrativa que: I – condenar o requerido por tipo diverso daquele definido na petição inicial; II – condenar o requerido sem a produção das provas por ele tempestivamente especificadas.

***ANTIGA* LEI DE IMPROBIDADE ADMINISTRATIVA**	***NOVA* LEI DE IMPROBIDADE ADMINISTRATIVA**
§ 11. Em qualquer fase do processo, reconhecida a inadequação da ação de improbidade, o juiz extinguirá o processo sem julgamento do mérito.	§ 11. Em qualquer momento do processo, verificada a inexistência do ato de improbidade, o juiz julgará a demanda improcedente.
§ 12. Aplica-se aos depoimentos ou inquirições realizadas nos processos regidos por esta Lei o disposto no art. 221, *caput* e § 1º, do Código de Processo Penal.	Revogado.
§ 13. Para os efeitos deste artigo, também se considera pessoa jurídica interessada o ente tributante que figurar no polo ativo da obrigação tributária de que tratam o § 4º do art. 3º e o art. 8º-A da Lei Complementar nº 116, de 31 de julho de 2003.	Revogado.
	§ 14. Sem prejuízo da citação dos réus, a pessoa jurídica interessada será intimada para, caso queira, intervir no processo.
	§ 15. Se a imputação envolver a desconsideração de pessoa jurídica, serão observadas as regras previstas nos arts. 133, 134, 135, 136 e 137 da Lei nº 13.105, de 16 de março de 2015 (Código de Processo Civil).
	§ 16. A qualquer momento, se o magistrado identificar a existência de ilegalidades ou de irregularidades administrativas a serem sanadas sem que estejam presentes todos os requisitos para a imposição das sanções aos agentes incluídos no polo passivo da demanda, poderá, em decisão motivada, converter a ação de improbidade administrativa em ação civil pública, regulada pela Lei nº 7.347, de 24 de julho de 1985.
	§ 17. Da decisão que converter a ação de improbidade em ação civil pública caberá agravo de instrumento.
	§ 18. Ao réu será assegurado o direito de ser interrogado sobre os fatos de que trata a ação, e a sua recusa ou o seu silêncio não implicarão confissão.

ANTIGA LEI DE IMPROBIDADE ADMINISTRATIVA	*NOVA* LEI DE IMPROBIDADE ADMINISTRATIVA
	§ 19. Não se aplicam na ação de improbidade administrativa: I – a presunção de veracidade dos fatos alegados pelo autor em caso de revelia; II – a imposição de ônus da prova ao réu, na forma dos §§ 1º e 2º do art. 373 da Lei nº 13.105, de 16 de março de 2015 (Código de Processo Civil); III – o ajuizamento de mais de uma ação de improbidade administrativa pelo mesmo fato, competindo ao Conselho Nacional do Ministério Público dirimir conflitos de atribuições entre membros de Ministérios Públicos distintos; IV – o reexame obrigatório da sentença de improcedência ou de extinção sem resolução de mérito.
	§ 20. A assessoria jurídica que emitiu o parecer atestando a legalidade prévia dos atos administrativos praticados pelo administrador público ficará obrigada a defendê-lo judicialmente, caso este venha a responder ação por improbidade administrativa, até que a decisão transite em julgado.
	§ 21. Das decisões interlocutórias caberá agravo de instrumento, inclusive da decisão que rejeitar questões preliminares suscitadas pelo réu em sua contestação.
	Art. 17-B. O Ministério Público poderá, conforme as circunstâncias do caso concreto, celebrar acordo de não persecução civil, desde que dele advenham, ao menos, os seguintes resultados: I – o integral ressarcimento do dano; II – a reversão à pessoa jurídica lesada da vantagem indevida obtida, ainda que oriunda de agentes privados. § 1º A celebração do acordo a que se refere o *caput* deste artigo dependerá, cumulativamente:

ANTIGA LEI DE IMPROBIDADE ADMINISTRATIVA	*NOVA* LEI DE IMPROBIDADE ADMINISTRATIVA
	I – da oitiva do ente federativo lesado, em momento anterior ou posterior à propositura da ação; II – de aprovação, no prazo de até 60 (sessenta) dias, pelo órgão do Ministério Público competente para apreciar as promoções de arquivamento de inquéritos civis, se anterior ao ajuizamento da ação; III – de homologação judicial, independentemente de o acordo ocorrer antes ou depois do ajuizamento da ação de improbidade administrativa.
	§ 2º Em qualquer caso, a celebração do acordo a que se refere o *caput* deste artigo considerará a personalidade do agente, a natureza, as circunstâncias, a gravidade e a repercussão social do ato de improbidade, bem como as vantagens, para o interesse público, da rápida solução do caso.
	§ 3º Para fins de apuração do valor do dano a ser ressarcido, deverá ser realizada a oitiva do Tribunal de Contas competente, que se manifestará, com indicação dos parâmetros utilizados, no prazo de 90 (noventa) dias.
	§ 4º O acordo a que se refere o *caput* deste artigo poderá ser celebrado no curso da investigação de apuração do ilícito, no curso da ação de improbidade ou no momento da execução da sentença condenatória.
	§ 5º As negociações para a celebração do acordo a que se refere o *caput* deste artigo ocorrerão entre o Ministério Público, de um lado, e, de outro, o investigado ou demandado e o seu defensor.

ANTIGA LEI DE IMPROBIDADE ADMINISTRATIVA	*NOVA* LEI DE IMPROBIDADE ADMINISTRATIVA
	§ 6º O acordo a que se refere o *caput* deste artigo poderá contemplar a adoção de mecanismos e procedimentos internos de integridade, de auditoria e de incentivo à denúncia de irregularidades e a aplicação efetiva de códigos de ética e de conduta no âmbito da pessoa jurídica, se for o caso, bem como de outras medidas em favor do interesse público e de boas práticas administrativas.
	§ 7º Em caso de descumprimento do acordo a que se refere o *caput* deste artigo, o investigado ou o demandado ficará impedido de celebrar novo acordo pelo prazo de 5 (cinco) anos, contado do conhecimento pelo Ministério Público do efetivo descumprimento.
	Art. 17-C. A sentença proferida nos processos a que se refere esta Lei deverá, além de observar o disposto no art. 489 da Lei nº 13.105, de 16 de março de 2015 (Código de Processo Civil): I – indicar de modo preciso os fundamentos que demonstram os elementos a que se referem os arts. 9º, 10 e 11 desta Lei, que não podem ser presumidos; II – considerar as consequências práticas da decisão, sempre que decidir com base em valores jurídicos abstratos; III – considerar os obstáculos e as dificuldades reais do gestor e as exigências das políticas públicas a seu cargo, sem prejuízo dos direitos dos administrados e das circunstâncias práticas que houverem imposto, limitado ou condicionado a ação do agente; IV – considerar, para a aplicação das sanções, de forma isolada ou cumulativa: a) os princípios da proporcionalidade e da razoabilidade; b) a natureza, a gravidade e o impacto da infração cometida;

***ANTIGA* LEI DE IMPROBIDADE ADMINISTRATIVA**	***NOVA* LEI DE IMPROBIDADE ADMINISTRATIVA**
	c) a extensão do dano causado; d) o proveito patrimonial obtido pelo agente; e) as circunstâncias agravantes ou atenuantes; f) a atuação do agente em minorar os prejuízos e as consequências advindas de sua conduta omissiva ou comissiva; g) os antecedentes do agente; V – considerar na aplicação das sanções a dosimetria das sanções relativas ao mesmo fato já aplicadas ao agente; VI – considerar, na fixação das penas relativamente ao terceiro, quando for o caso, a sua atuação específica, não admitida a sua responsabilização por ações ou omissões para as quais não tiver concorrido ou das quais não tiver obtido vantagens patrimoniais indevidas; VII – indicar, na apuração da ofensa a princípios, critérios objetivos que justifiquem a imposição da sanção.
	§ 1º A ilegalidade sem a presença de dolo que a qualifique não configura ato de improbidade.
	§ 2º Na hipótese de litisconsórcio passivo, a condenação ocorrerá no limite da participação e dos benefícios diretos, vedada qualquer solidariedade.
	§ 3º Não haverá remessa necessária nas sentenças de que trata esta Lei.
	Art. 17-D. A ação por improbidade administrativa é repressiva, de caráter sancionatório, destinada à aplicação de sanções de caráter pessoal previstas nesta Lei, e não constitui ação civil, sendo vedado seu ajuizamento para o controle de legalidade de políticas públicas e para a proteção do patrimônio público e social, do meio ambiente e de outros interesses difusos, coletivos e individuais homogêneos.

ANTIGA LEI DE IMPROBIDADE ADMINISTRATIVA	*NOVA* LEI DE IMPROBIDADE ADMINISTRATIVA
	Parágrafo único. Ressalvado o disposto nesta Lei, o controle de legalidade de políticas públicas e a responsabilidade de agentes públicos, inclusive políticos, entes públicos e governamentais, por danos ao meio ambiente, ao consumidor, a bens e direitos de valor artístico, estético, histórico, turístico e paisagístico, a qualquer outro interesse difuso ou coletivo, à ordem econômica, à ordem urbanística, à honra e à dignidade de grupos raciais, étnicos ou religiosos e ao patrimônio público e social submetem-se aos termos da Lei nº 7.347, de 24 de julho de 1985.
Art. 18. A sentença que julgar procedente ação civil de reparação de dano ou decretar a perda dos bens havidos ilicitamente determinará o pagamento ou a reversão dos bens, conforme o caso, em favor da pessoa jurídica prejudicada pelo ilícito.	Art. 18. A sentença que julgar procedente a ação fundada nos arts. 9º e 10 desta Lei condenará ao ressarcimento dos danos e à perda ou à reversão dos bens e valores ilicitamente adquiridos, conforme o caso, em favor da pessoa jurídica prejudicada pelo ilícito.
	§ 1º Se houver necessidade de liquidação do dano, a pessoa jurídica prejudicada procederá a essa determinação e ao ulterior procedimento para cumprimento da sentença referente ao ressarcimento do patrimônio público ou à perda ou à reversão dos bens.
	§ 2º Caso a pessoa jurídica prejudicada não adote as providências a que se refere o § 1º deste artigo no prazo de 6 (seis) meses, contado do trânsito em julgado da sentença de procedência da ação, caberá ao Ministério Público proceder à respectiva liquidação do dano e ao cumprimento da sentença referente ao ressarcimento do patrimônio público ou à perda ou à reversão dos bens, sem prejuízo de eventual responsabilização pela omissão verificada.
	§ 3º Para fins de apuração do valor do ressarcimento, deverão ser descontados os serviços efetivamente prestados.

ANTIGA LEI DE IMPROBIDADE ADMINISTRATIVA	*NOVA* LEI DE IMPROBIDADE ADMINISTRATIVA
	§ 4º O juiz poderá autorizar o parcelamento, em até 48 (quarenta e oito) parcelas mensais corrigidas monetariamente, do débito resultante de condenação pela prática de improbidade administrativa se o réu demonstrar incapacidade financeira de saldá-lo de imediato.
	Art. 18-A. A requerimento do réu, na fase de cumprimento da sentença, o juiz unificará eventuais sanções aplicadas com outras já impostas em outros processos, tendo em vista a eventual continuidade de ilícito ou a prática de diversas ilicitudes, observado o seguinte: I – no caso de continuidade de ilícito, o juiz promoverá a maior sanção aplicada, aumentada de 1/3 (um terço), ou a soma das penas, o que for mais benéfico ao réu; II – no caso de prática de novos atos ilícitos pelo mesmo sujeito, o juiz somará as sanções. Parágrafo único. As sanções de suspensão de direitos políticos e de proibição de contratar ou de receber incentivos fiscais ou creditícios do poder público observarão o limite máximo de 20 (vinte) anos.
CAPÍTULO VI **Das Disposições Penais**	**CAPÍTULO VI** **Das Disposições Penais**
Art. 19. Constitui crime a representação por ato de improbidade contra agente público ou terceiro beneficiário, quando o autor da denúncia o sabe inocente. Pena: detenção de seis a dez meses e multa.	Mesma redação.
Parágrafo único. Além da sanção penal, o denunciante está sujeito a indenizar o denunciado pelos danos materiais, morais ou à imagem que houver provocado.	Mesma redação.
Art. 20. A perda da função pública e a suspensão dos direitos políticos só se efetivam com o trânsito em julgado da sentença condenatória.	Mesma redação.

ANTIGA LEI DE IMPROBIDADE ADMINISTRATIVA	*NOVA* LEI DE IMPROBIDADE ADMINISTRATIVA
Parágrafo único. A autoridade judicial ou administrativa competente poderá determinar o afastamento do agente público do exercício do cargo, emprego ou função, sem prejuízo da remuneração, quando a medida se fizer necessária à instrução processual.	§ 1º A autoridade judicial competente poderá determinar o afastamento do agente público do exercício do cargo, do emprego ou da função, sem prejuízo da remuneração, quando a medida for necessária à instrução processual ou para evitar a iminente prática de novos ilícitos.
	§ 2º O afastamento previsto no § 1º deste artigo será de até 90 (noventa) dias, prorrogáveis uma única vez por igual prazo, mediante decisão motivada.
Art. 21. A aplicação das sanções previstas nesta lei independe:	Mesma redação.
I – da efetiva ocorrência de dano ao patrimônio público, salvo quanto à pena de ressarcimento;	I – da efetiva ocorrência de dano ao patrimônio público, salvo quanto à pena de ressarcimento e às condutas previstas no art. 10 desta Lei;
II – da aprovação ou rejeição das contas pelo órgão de controle interno ou pelo Tribunal ou Conselho de Contas.	Mesma redação.
	§ 1º Os atos do órgão de controle interno ou externo serão considerados pelo juiz quando tiverem servido de fundamento para a conduta do agente público.
	§ 2º As provas produzidas perante os órgãos de controle e as correspondentes decisões deverão ser consideradas na formação da convicção do juiz, sem prejuízo da análise acerca do dolo na conduta do agente.
	§ 3º As sentenças civis e penais produzirão efeitos em relação à ação de improbidade quando concluírem pela inexistência da conduta ou pela negativa da autoria.

***ANTIGA* LEI DE IMPROBIDADE ADMINISTRATIVA**	***NOVA* LEI DE IMPROBIDADE ADMINISTRATIVA**
	§ 4º A absolvição criminal em ação que discuta os mesmos fatos, confirmada por decisão colegiada, impede o trâmite da ação da qual trata esta Lei, havendo comunicação com todos os fundamentos de absolvição previstos no art. 386 do Decreto-Lei nº 3.689, de 3 de outubro de 1941 (Código de Processo Penal).
	§ 5º Sanções eventualmente aplicadas em outras esferas deverão ser compensadas com as sanções aplicadas nos termos desta Lei.
Art. 22. Para apurar qualquer ilícito previsto nesta lei, o Ministério Público, de ofício, a requerimento de autoridade administrativa ou mediante representação formulada de acordo com o disposto no art. 14, poderá requisitar a instauração de inquérito policial ou procedimento administrativo.	Art. 22. Para apurar qualquer ilícito previsto nesta Lei, o Ministério Público, de ofício, a requerimento de autoridade administrativa ou mediante representação formulada de acordo com o disposto no art. 14 desta Lei, poderá instaurar inquérito civil ou procedimento investigativo assemelhado e requisitar a instauração de inquérito policial.
	Parágrafo único. Na apuração dos ilícitos previstos nesta Lei, será garantido ao investigado a oportunidade de manifestação por escrito e de juntada de documentos que comprovem suas alegações e auxiliem na elucidação dos fatos.
CAPÍTULO VII **Da Prescrição**	**CAPÍTULO VII** **Da Prescrição**
Art. 23. As ações destinadas a levar a efeitos as sanções previstas nesta lei podem ser propostas:	Art. 23. A ação para a aplicação das sanções previstas nesta Lei prescreve em 8 (oito) anos, contados a partir da ocorrência do fato ou, no caso de infrações permanentes, do dia em que cessou a permanência.
I – até cinco anos após o término do exercício de mandato, de cargo em comissão ou de função de confiança;	Revogado.
II – dentro do prazo prescricional previsto em lei específica para faltas disciplinares puníveis com demissão a bem do serviço público, nos casos de exercício de cargo efetivo ou emprego.	Revogado.

ANTIGA LEI DE IMPROBIDADE ADMINISTRATIVA	*NOVA* LEI DE IMPROBIDADE ADMINISTRATIVA
III – até cinco anos da data da apresentação à administração pública da prestação de contas final pelas entidades referidas no parágrafo único do art. 1º desta Lei.	Revogado.
	§ 1º A instauração de inquérito civil ou de processo administrativo para apuração dos ilícitos referidos nesta Lei suspende o curso do prazo prescricional por, no máximo, 180 (cento e oitenta) dias corridos, recomeçando a correr após a sua conclusão ou, caso não concluído o processo, esgotado o prazo de suspensão.
	§ 2º O inquérito civil para apuração do ato de improbidade será concluído no prazo de 365 (trezentos e sessenta e cinco) dias corridos, prorrogável uma única vez por igual período, mediante ato fundamentado submetido à revisão da instância competente do órgão ministerial, conforme dispuser a respectiva lei orgânica.
	§ 3º Encerrado o prazo previsto no § 2º deste artigo, a ação deverá ser proposta no prazo de 30 (trinta) dias, se não for caso de arquivamento do inquérito civil.
	§ 4º O prazo da prescrição referido no *caput* deste artigo interrompe-se: I – pelo ajuizamento da ação de improbidade administrativa; II – pela publicação da sentença condenatória; III – pela publicação de decisão ou acórdão de Tribunal de Justiça ou Tribunal Regional Federal que confirma sentença condenatória ou que reforma sentença de improcedência; IV – pela publicação de decisão ou acórdão do Superior Tribunal de Justiça que confirma acórdão condenatório ou que reforma acórdão de improcedência;

ANTIGA LEI DE IMPROBIDADE ADMINISTRATIVA	*NOVA* LEI DE IMPROBIDADE ADMINISTRATIVA
	V – pela publicação de decisão ou acórdão do Supremo Tribunal Federal que confirma acórdão condenatório ou que reforma acórdão de improcedência.
	§ 5º Interrompida a prescrição, o prazo recomeça a correr do dia da interrupção, pela metade do prazo previsto no *caput* deste artigo.
	§ 6º A suspensão e a interrupção da prescrição produzem efeitos relativamente a todos os que concorreram para a prática do ato de improbidade.
	§ 7º Nos atos de improbidade conexos que sejam objeto do mesmo processo, a suspensão e a interrupção relativas a qualquer deles estendem-se aos demais.
	§ 8º O juiz ou o tribunal, depois de ouvido o Ministério Público, deverá, de ofício ou a requerimento da parte interessada, reconhecer a prescrição intercorrente da pretensão sancionadora e decretá-la de imediato, caso, entre os marcos interruptivos referidos no § 4º, transcorra o prazo previsto no § 5º deste artigo.
	Art. 23-A. É dever do poder público oferecer contínua capacitação aos agentes públicos e políticos que atuem com prevenção ou repressão de atos de improbidade administrativa.
	Art. 23-B. Nas ações e nos acordos regidos por esta Lei, não haverá adiantamento de custas, de preparo, de emolumentos, de honorários periciais e de quaisquer outras despesas. § 1º No caso de procedência da ação, as custas e as demais despesas processuais serão pagas ao final. § 2º Haverá condenação em honorários sucumbenciais em caso de improcedência da ação de improbidade se comprovada má-fé.

ANTIGA LEI DE IMPROBIDADE ADMINISTRATIVA	*NOVA* LEI DE IMPROBIDADE ADMINISTRATIVA
	Art. 23-C. Atos que ensejem enriquecimento ilícito, perda patrimonial, desvio, apropriação, malbaratamento ou dilapidação de recursos públicos dos partidos políticos, ou de suas fundações, serão responsabilizados nos termos da Lei nº 9.096, de 19 de setembro de 1995.
CAPÍTULO VIII **Das Disposições Finais**	**CAPÍTULO VIII** **Das Disposições Finais**
Art. 24. Esta lei entra em vigor na data de sua publicação.	Mesma redação.
Art. 25. Ficam revogadas as Leis nºs 3.164, de 1º de junho de 1957, e 3.502, de 21 de dezembro de 1958 e demais disposições em contrário.	Mesma redação.

Art. 3º No prazo de 1 (um) ano a partir da data de publicação desta Lei, o Ministério Público competente manifestará interesse no prosseguimento das ações por improbidade administrativa em curso ajuizadas pela Fazenda Pública, inclusive em grau de recurso.

§ 1º No prazo previsto no *caput* suspende-se o processo, observado o disposto no art. 314 da Lei nº 13.105, de 16 de março de 2015 (Código de Processo Civil).

§ 2º Não adotada a providência descrita no *caput*, o processo será extinto sem resolução do mérito.

CAPÍTULO 9
MODELOS

1. Modelo de petição inicial

EXCELENTÍSSIMO(A) SENHOR(A) JUIZ(A) DE DIREITO DA VARA _________

O MINISTÉRIO PÚBLICO DO ESTADO DE ________, pelo(a) Promotor(a) de Justiça que esta subscreve, no uso de suas atribuições constitucionais e legais, vem, respeitosamente, perante Vossa Excelência, ajuizar ACÃO CIVIL DE IMPROBIDADE ADMINISTRATIVA em face de X, (dados qualificativos), e Y, (dados qualificativos), pelos motivos de fato e de direito a seguir aduzidos.

O requerido X, que ocupa o cargo de Prefeito Municipal de ______, nomeou, no dia 27 de outubro de 2021, seu filho Y como Chefe de Seção do Almoxarifado da Prefeitura Municipal local, cargo em comissão, conforme o ato de nomeação juntado aos autos (doc. 01). Em seguida, mais precisamente no dia 28 de outubro de 2021, Y tomou posse e passou a exercer as funções relativas a esse cargo, que possui a remuneração mensal de R$ 10.000,00 (dez mil reais).

Tal fato foi comunicado por *e-mail* ao Ministério Público (doc. 02), o qual instaurou o inquérito civil n. ____ (doc. 03). Durante o trâmite das investigações, foram ouvidos o Prefeito (doc. 04) e seu filho (doc. 05), bem como subordinados do réu Y (doc. 06), além da juntada de diversos documentos e notícias da *internet* (doc. 07).

Em sua manifestação escrita juntada aos autos (doc. 08) e em sua oitiva realizada na Promotoria de Justiça (doc. 04), o Prefeito asseverou que tinha ciência acerca do teor Súmula Vinculante n. 13 do Supremo Tribunal Federal, mas justificou a nomeação de seu filho para o cargo comissionado em questão por acreditar que ele é bastante competente para o desempenho das respectivas funções. Registrou que manterá seu filho no citado cargo, argumentando que o interesse público demanda para tal cargo uma pessoa com a qualificação de Y.

Já o requerido Y também se manifestou por escrito (doc. 09) e foi ouvido na Promotoria de Justiça (doc. 05), quando salientou que tinha ciência acerca do teor Súmula Vinculante n. 13 do Supremo Tribunal Federal, mas que é muito capacitado para ocupar o cargo comissionado de Chefe de Seção do Almoxarifado. Registrou que não vê problema algum em ter sido nomeado pelo seu pai, o Prefeito X, pois a população só tem a ganhar com o seu trabalho. Consignou, por fim, que trabalha muito, inclusive comparecendo presencialmente na repartição pública de segunda a quinta-feira, das 13h às 17h, conforme permite a legislação de estilo.

As testemunhas ouvidas na Promotoria de Justiça confirmaram os fatos investigados (doc. 06), vale dizer, consignaram que o Prefeito X realmente nomeou o seu filho Y para o cargo comissionado de Chefe de Seção do Almoxarifado. Relataram, em suma, que o requerido Y comparece para trabalhar de segunda a quinta-feira, das 13h às 17h, cumprindo sua jornada laboral de forma regular. Consignaram, outrossim, que o requerido Y costuma repetir que foi nomeado para o cargo por ser muito qualificado tecnicamente e não porque é filho do Prefeito X.

Como se vê, ao final das investigações levadas a cabo pelo Ministério Público, restou comprovado que o Prefeito X nomeou seu filho Y para um cargo em comissão, de livre nomeação e exoneração, em flagrante desrespeito aos artigos 37 e demais correlatos da Constituição Federal. Vale dizer, apesar de terem ciência dessa ilicitude, os requeridos aproveitaram-se do mandato eletivo de X, em notório prejuízo da imagem do Município de ____.

Os princípios da impessoalidade e da moralidade estão expressamente previstos no caput do referido artigo 37 da Carta Magna (destaques nossos): "A administração pública direta e indireta de qualquer dos Poderes da União, dos Estados, do Distrito Federal e dos Municípios obedecerá aos princípios de legalidade, impessoalidade, moralidade, publicidade e eficiência [...]." Desse modo, todo e qualquer agente público, notadamente aqueles que ocupam altos cargos na Administração Pública, devem obediência a esses cânones constitucionais, uma vez que a coisa pública a todos pertence, demandando, assim, uma gestão pública pautada pela ética e sem quaisquer favorecimentos indevidos.

Quanto ao assunto, o Supremo Tribunal Federal editou a Súmula Vinculante n. 13, que determina o seguinte: "A nomeação de cônjuge, companheiro ou parente em linha reta, colateral ou por afinidade, até o terceiro grau, inclusive, da autoridade nomeante ou de servidor da mesma pessoa jurídica investido em cargo de direção, chefia ou assessoramento, para o exercício de cargo em comissão ou de confiança ou, ainda, de função gratificada na administração pública direta e indireta em qualquer dos poderes da União, dos Estados, do Distrito Federal e dos Municípios, compreendido o ajuste mediante designações recíprocas, viola a Constituição Federal."

Nota-se, em tal contexto, que é dever de todos os agentes públicos respeitarem o teor da referida súmula, que possui poder vinculante nos termos do artigo 103-A da Constituição Federal, *in verbis* (destaques nossos):

> Art. 103-A. O Supremo Tribunal Federal poderá, de ofício ou por provocação, mediante decisão de dois terços dos seus membros, após reiteradas decisões sobre matéria constitucional, aprovar súmula que, a partir de sua publicação na imprensa oficial, terá **efeito vinculante em relação aos demais órgãos do Poder Judiciário e à administração pública direta e indireta, nas esferas federal, estadual e municipal**, bem como proceder à sua revisão ou cancelamento, na forma estabelecida em lei.
> § 1º A súmula terá por objetivo a validade, a interpretação e a eficácia de normas determinadas, acerca das quais haja controvérsia atual entre órgãos judiciários ou entre esses e a administração pública que acarrete grave insegurança jurídica e relevante multiplicação de processos sobre questão idêntica.
> § 2º Sem prejuízo do que vier a ser estabelecido em lei, a aprovação, revisão ou cancelamento de súmula poderá ser provocada por aqueles que podem propor a ação direta de inconstitucionalidade.

§ 3º Do ato administrativo ou decisão judicial que contrariar a súmula aplicável ou que indevidamente a aplicar, caberá reclamação ao Supremo Tribunal Federal que, julgando-a procedente, anulará o ato administrativo ou cassará a decisão judicial reclamada, e determinará que outra seja proferida com ou sem a aplicação da súmula, conforme o caso.

Por conseguinte, o fato de o familiar nomeado possuir qualificação ou não para exercer um cargo em comissão não justifica o afastamento desse *decisum*. Com efeito, tutela-se por meio da vedação ao nepotismo tanto a imagem da Administração Pública perante terceiros quanto uma gestão pública escorreita e sem favorecimentos, visando a evitar qualquer mácula que possa conspurcar as normas e os princípios constitucionais aplicáveis à espécie.[237]

E, no caso concreto sob análise, o requerido Y é filho – vale dizer, descendente de primeiro grau – do Prefeito X. Assim, quando este nomeou aquele para um cargo em comissão, incidiu-se na proscrição aventada pela Súmula Vinculante n. 13 do Supremo Tribunal Federal.

De outra banda, registra-se que a Lei n. 14.230/2021 mudou profundamente a Lei n. 8.429/1992. Quanto aos atos de improbidade administrativa que violam os princípios da Administração Pública, alterou-se o *caput* do artigo 11 para fixar um rol taxativo de condutas: "Constitui ato de improbidade administrativa que atenta contra os princípios da administração pública a ação ou omissão dolosa que viole os deveres de honestidade, de imparcialidade e de legalidade, caracterizada por uma das seguintes condutas: [...]."

E o inciso XI, incluído ao referido artigo pela Lei n. 14.230/2021, trata justamente do nepotismo, cuja redação reproduziu o teor da citada Súmula Vinculante n. 13: "XI – nomear cônjuge, companheiro ou parente em linha reta, colateral ou por afinidade, até o terceiro grau, inclusive, da autoridade nomeante ou de servidor da mesma pessoa jurídica investido em cargo de direção, chefia ou assessoramento, para o exercício de cargo

[237] Cf. BARBOSA, Renato Kim. Nepotismo, mesmo indireto, contraria princípios basilares do Direito Público. **Revista Eletrônica Conjur**, 11 abr. 2016. Coluna MP no Debate. Disponível em: https://www.conjur.com.br/2016-abr-11/mp-debate-nepotismo-indireto-nega-principios-basilares-direito-publico. Acesso em: 22 out. 2021.

em comissão ou de confiança ou, ainda, de função gratificada na administração pública direta e indireta em qualquer dos Poderes da União, dos Estados, do Distrito Federal e dos Municípios, compreendido o ajuste mediante designações recíprocas".

Nesse sentido, nota-se que a conduta do requerido X, Prefeito Municipal de _____, ao nomear o seu filho Y, também requerido, para o cargo em comissão de Chefe do Almoxarifado, incidiu no artigo 11, *caput*, inciso XI, da Lei n. 8.429/1992.

E, do mesmo modo, a conduta do requerido Y, filho do Prefeito Municipal de _____, ao aceitar a referida nomeação e tomar posse, beneficiando-se de seu parentesco com a autoridade nomeante, incidiu no mesmo artigo 11, *caput*, inciso XI, da Lei n. 8.429/1992. Ademais, quanto ao réu Y, registra-se o conteúdo do artigo 3º, *caput*, da Lei de Improbidade Administrativa: "As disposições desta Lei são aplicáveis, no que couber, àquele que, mesmo não sendo agente público, induza ou concorra dolosamente para a prática do ato de improbidade."

Diante do exposto, o MINISTÉRIO PÚBLICO DO ESTADO DE ________ requer:

a) a citação dos réus para que ofereçam contestação;
b) a intimação pessoal do autor de todos os atos e termos do processo;
c) a intimação do Município de ______, nos termos do § 14 do artigo 17 da Lei n. 8.429/1992;
d) seja julgada procedente a pretensão para anular o ato de nomeação em apreço e condenar os réus X e Y como incursos no artigo 11, *caput*, inciso XI, da Lei n. 8.429/1992, aplicando-lhes as sanções do artigo 12, inciso III, da referida lei: d.1) pagamento de multa civil de vinte e quatro vezes o valor da remuneração percebida pelos réus; e d.2) proibição de contratar com o Poder Público ou de receber benefícios ou incentivos fiscais ou creditícios, direta ou indiretamente, ainda que por intermédio de pessoa jurídica da qual seja sócio majoritário, pelo prazo de quatro anos.

Protesta-se pela produção de todos os meios de provas, em especial o depoimento pessoal, a oitiva de testemunhas e o que for necessário para o deslinde justo da causa.

Requer-se, finalmente, a dispensa do autor do pagamento de custas, emolumentos e outros encargos, nos termos do artigo 23-B, *caput*, da Lei n. 8.429/1992.

Dá-se à causa o valor de R$ ______.

Termos em que pede deferimento.

Local, data.

Promotor(a) de Justiça

2. Modelo de decisão saneadora

Vistos em saneador.

Passo à análise das preliminares arguidas.

A alegação de ilegitimidade passiva não prospera. Com efeito, a responsabilidade dos réus decorre do fato de o requerido X ser o Prefeito que realizou a nomeação de seu filho para o cargo comissionado, bem como o requerido Y ser aquele que se beneficiou do ato em apreço, em razão de o Prefeito ser seu pai.

A preliminar de inépcia da petição inicial é impertinente, pois estão adequados a delimitação dos pedidos, a via eleita e os demais requisitos para se ajuizar esta demanda.

Não há questões preliminares ao mérito ou defesas de mérito indiretas que mereçam acolhimento, razão pela qual não deve ser aplicado o disposto nos artigos 354 e 355 do Código de Processo Civil.

As partes são legítimas e encontram-se representadas, concorrendo as condições da ação e os pressupostos de desenvolvimento válido e regular do processo. E mais: não há nulidades a serem sanadas.

Não se encontram presentes as hipóteses elencadas no artigo 356 do Código de Processo Civil, de modo que é inviável o julgamento antecipado parcial do mérito.

Em atenção ao artigo 17, § 10-C, da Lei n. 8.429/1992, dou o agente público como incurso no artigo 11, *caput*, inciso XI, da mesma lei, uma vez que, como Prefeito, nomeou seu filho para cargo em comissão, nos exatos termos do fato principal e da capitulação legal apresentada pelo Ministério Público.

Assim, fixo os seguintes pontos controvertidos: a) ciência quanto à Súmula Vinculante n. 13 do Supremo Tribunal Federal; b) nomeação do requerido Y; c) relação de parentesco.

O ônus da prova seguirá a regra geral estabelecida pelo artigo 373 do Código de Processo Civil.

Especifiquem as partes, no prazo de 15 (quinze) dias, as provas que pretendem produzir.

Local, data.

Juiz(a) de Direito

3. Modelo de sentença

Trata-se de AÇÃO CIVIL DE IMPROBIDADE ADMINISTRATIVA proposta pelo MINISTÉRIO PÚBLICO DO ESTADO DE _____ em face de X, qualificado a fls., e de Y, qualificado a fls.

O autor sustentou em sua exordial que o requerido X, Prefeito Municipal de _____, nomeou seu filho Y para o cargo em comissão de Chefe do Almoxarifado da Prefeitura Municipal local. Assim, solicitou a anulação do ato de nomeação, bem como a condenação dos requeridos como incursos no ato de improbidade administrativa previsto no artigo 11, *caput*, inciso XI, da Lei n. 8.429/1992.

Os requeridos, citados a fls., sustentaram em sua contestação que, apesar de conhecerem o teor da Súmula Vinculante n. 13 do Supremo Tribunal Federal, o réu Y possui todas qualificações técnicas exigidas para o cargo, motivo pelo qual não haveria óbice para a sua nomeação e consequente posse. Aduziram que o Ministério Público está agindo por vingança e querendo ditar os rumos da Prefeitura Municipal de _____.

Réplica do Ministério Público a fls.

Decisão saneadora a fls.

Audiência realizada a fls., quando se ouviram testemunhas e os requeridos.

Alegações finais do Ministério Público a fls.

Alegações finais dos requeridos a fls.

É o relatório. Passo a decidir.

Os pedidos contidos na petição inicial são PROCEDENTES.

O Ministério Público aduziu, em sua exordial a fls., que o requerido X, ocupante do cargo de Prefeito Municipal de _____, nomeou o seu filho Y para o cargo comissionado de Chefe do Almoxarifado da Prefeitura local. Assim, o *Parquet* requereu a anulação da nomeação e dos demais atos subsequentes, bem como a condenação dos réus pela prática do ato de improbidade administrativa previsto no artigo 11, *caput*, inciso XI, da Lei n. 8.429/1992.

No inquérito civil instaurado para apurar os fatos em apreço – juntado aos autos pelo Ministério Público a fls. –, constam os documentos referentes à nomeação e à posse do requerido Y, bem como a manifestação escrita dos então investigados. Além disso, também há a oitiva de testemunhas e dos requeridos.

Em suas contestações (fls.), os requeridos X e Y basicamente confirmaram que possuíam ciência quanto à Súmula Vinculante n. 13 do Supremo Tribunal Federal. Todavia, eles salientaram que, apesar disso, acreditavam que a nomeação do réu Y pelo seu pai X, Prefeito Municipal de ____, para o cargo em comissão de Chefe de Almoxarifado da Prefeitura local era vantajosa para o interesse público, pois o requerido Y é qualificado tecnicamente para o desempenho das respectivas funções. Por esse motivo, eles entendem que não podem ser condenados pela prática de ato de improbidade administrativa, já que visavam apenas a bem atender a população.

Além dos documentos já juntados aos autos comprovando a relação de parentesco entre X e Y (fls.) e os atos de nomeação e posse para o cargo comissionado (fls.), foram ouvidos testemunhas e os requeridos.

As testemunhas confirmaram na audiência de instrução os fatos narrados na exordial (fls.), vale dizer, consignaram que o Prefeito X realmente nomeou o seu filho Y para o cargo comissionado de Chefe de Seção do Almoxarifado. Relataram, em suma, que o requerido Y comparece para trabalhar de segunda a quinta-feira, das 13h às 17h, cumprindo sua jornada laboral de forma regular. Consignaram, outrossim, que o requerido Y costuma repetir que foi nomeado para o cargo por ser muito qualificado tecnicamente e não porque é filho do Prefeito X.

Durante seu depoimento pessoal realizado na audiência de instrução (fls.), o requerido X asseverou que tinha ciência acerca do teor Súmula Vinculante n. 13 do Supremo Tribunal Federal, mas justificou a nomeação de seu filho para o cargo comissionado em questão por acreditar que ele é bastante competente para o desempenho das respectivas funções. Registrou que manterá seu filho no citado cargo, argumentando que o interesse público demanda para tal cargo uma pessoa com a qualificação de Y. Registrou, em contrapartida, que acatará eventual decisão em contrário do Poder Judiciário.

Já o réu Y, em audiência de instrução (fls.), salientou que tinha ciência acerca do teor Súmula Vinculante n. 13 do Supremo Tribunal Federal, mas que é muito capacitado para ocupar o cargo comissionado de Chefe de Seção do Almoxarifado. Registrou que não vê problema algum em ter sido nomeado pelo seu pai, o Prefeito X, pois a população só tem a ganhar com o seu trabalho. Consignou, por fim, que trabalha muito, inclusive comparecendo presencialmente na repartição pública de segunda a quinta-feira, das 13h às 17h, conforme permite a legislação de estilo.

Em alegações finais, tanto o autor quanto os réus apenas reiteraram as teses anteriormente consignadas. Assim, ao final do regular trâmite processual, restou comprovado que o Prefeito X nomeou seu filho Y para um cargo em comissão, de livre nomeação e exoneração, em flagrante desrespeito aos artigos 37 e demais correlatos da Constituição Federal. Vale dizer, apesar de terem ciência dessa ilicitude, os réus aproveitaram-se do mandato eletivo de X, em notório prejuízo da imagem do Município de ____.

Os princípios da impessoalidade e da moralidade estão expressamente previstos no caput do referido artigo 37 da Carta Magna (destaques nossos): "A administração pública direta e indireta de qualquer dos Poderes da União, dos Estados, do Distrito Federal e dos Municípios obedecerá aos princípios de legalidade, impessoalidade, moralidade, publicidade e eficiência [...]." Desse modo, todo e qualquer agente público, notadamente aqueles que ocupam altos cargos na Administração Pública, devem obediência a esses cânones constitucionais, uma vez que a coisa pública a todos pertence, demandando, assim, uma gestão pública pautada pela ética e sem quaisquer favorecimentos indevidos.

Quanto ao assunto, o Supremo Tribunal Federal editou a Súmula Vinculante n. 13, que determina o seguinte: "A nomeação de cônjuge, companheiro ou parente em linha reta, colateral ou por afinidade, até o terceiro grau, inclusive, da autoridade nomeante ou de servidor da mesma pessoa jurídica investido em cargo de direção, chefia ou assessoramento, para o exercício de cargo em comissão ou de confiança ou, ainda, de função gratificada na administração pública direta e indireta em qualquer dos poderes da União, dos Estados, do Distrito Federal e dos Municípios, compreendido o ajuste mediante designações recíprocas, viola a Constituição Federal."

Nota-se, em tal contexto, que é dever de todos os agentes públicos respeitarem o teor da referida súmula, que possui poder vinculante nos termos do artigo 103-A da Constituição Federal, *in verbis* (destaques nossos):

> Art. 103-A. O Supremo Tribunal Federal poderá, de ofício ou por provocação, mediante decisão de dois terços dos seus membros, após reiteradas decisões sobre matéria constitucional, aprovar súmula que, a partir de sua publicação na imprensa oficial, terá **efeito vinculante em relação aos demais órgãos do Poder Judiciário e à administração pública direta e indireta, nas esferas federal, estadual e municipal**, bem como proceder à sua revisão ou cancelamento, na forma estabelecida em lei.
>
> § 1º A súmula terá por objetivo a validade, a interpretação e a eficácia de normas determinadas, acerca das quais haja controvérsia atual entre órgãos judiciários ou entre esses e a administração pública que acarrete grave insegurança jurídica e relevante multiplicação de processos sobre questão idêntica.
>
> § 2º Sem prejuízo do que vier a ser estabelecido em lei, a aprovação, revisão ou cancelamento de súmula poderá ser provocada por aqueles que podem propor a ação direta de inconstitucionalidade.
>
> § 3º Do ato administrativo ou decisão judicial que contrariar a súmula aplicável ou que indevidamente a aplicar, caberá reclamação ao Supremo Tribunal Federal que, julgando-a procedente, anulará o ato administrativo ou cassará a decisão judicial reclamada, e determinará que outra seja proferida com ou sem a aplicação da súmula, conforme o caso.

Por conseguinte, o fato de o familiar nomeado possuir qualificação ou não para exercer um cargo em comissão não justifica o afastamento desse *decisum*. Com efeito, tutela-se por meio da vedação ao nepotismo tanto a imagem da Administração Pública perante terceiros quanto uma gestão pública escorreita e sem favorecimentos, visando a evitar qualquer mácula que possa conspurcar as normas e os princípios constitucionais aplicáveis à espécie.[238]

E, no caso concreto sob análise, o requerido Y é filho – vale dizer, descendente de primeiro grau – do Prefeito X, conforme os documentos juntados a fls. Assim, quando este nomeou aquele para um cargo em comissão, incidiu-se na proscrição aventada pela Súmula Vinculante n. 13 do Supremo Tribunal Federal.

De outra banda, registra-se que a Lei n. 14.230/2021 mudou profundamente a Lei n. 8.429/1992. Quanto aos atos de improbidade administrativa que violam os princípios da Administração Pública, alterou-se o *caput* do artigo 11 para fixar um rol taxativo de condutas: "Constitui ato de improbidade administrativa que atenta contra os princípios da administração pública a ação ou omissão dolosa que viole os deveres de honestidade, de imparcialidade e de legalidade, caracterizada por uma das seguintes condutas: [...]."

E o inciso XI, incluído ao referido artigo pela Lei n. 14.230/2021, trata justamente do nepotismo, cuja redação reproduziu o teor da citada Súmula Vinculante n. 13: "XI – nomear cônjuge, companheiro ou parente em linha reta, colateral ou por afinidade, até o terceiro grau, inclusive, da autoridade nomeante ou de servidor da mesma pessoa jurídica investido em cargo de direção, chefia ou assessoramento, para o exercício de cargo em comissão ou de confiança ou, ainda, de função gratificada na administração pública direta e indireta em qualquer dos Poderes da União, dos Estados, do Distrito Federal e dos Municípios, compreendido o ajuste mediante designações recíprocas".

[238] Cf. Barbosa, Renato Kim. Nepotismo, mesmo indireto, contraria princípios basilares do Direito Público. **Revista Eletrônica Conjur**, 11 abr. 2016. Coluna MP no Debate. Disponível em: https://www.conjur.com.br/2016-abr-11/mp-debate-nepotismo-indireto-nega-principios-basilares-direito-publico. Acesso em: 22 out. 2021.

Nesse sentido, nota-se que a conduta do requerido X, Prefeito Municipal de _____, ao nomear o seu filho Y, também requerido, para o cargo em comissão de Chefe do Almoxarifado, incidiu no artigo 11, *caput*, inciso XI, da Lei n. 8.429/1992.

E, do mesmo modo, a conduta do requerido Y, filho do Prefeito Municipal de _____, ao aceitar a referida nomeação e tomar posse, beneficiando-se de seu parentesco com a autoridade nomeante, incidiu no mesmo artigo 11, *caput*, inciso XI, da Lei n. 8.429/1992. Ademais, quanto ao réu Y, registra-se o conteúdo do artigo 3º, *caput*, da Lei de Improbidade Administrativa: "As disposições desta Lei são aplicáveis, no que couber, àquele que, mesmo não sendo agente público, induza ou concorra dolosamente para a prática do ato de improbidade."

Como corolário, são eivados de nulidade o ato de nomeação e os demais atos subsequentes. Ademais, passo à análise das penalidades previstas no artigo 12, *caput*, inciso III, da Lei n. 8.429/1992.

Sopesando o caso *sub examine*, fixo a multa civil, para cada um dos réus, em dez vezes o valor da remuneração percebida pelo Prefeito Municipal. Também aplico a proibição de contratar com o Poder Público ou de receber benefícios ou incentivos fiscais ou creditícios, direta ou indiretamente, ainda que por intermédio de pessoa jurídica da qual seja sócio majoritário, pelo prazo de dois anos.

Diante do exposto, nos termos do artigo 487, *caput*, inciso I, do Código de Processo Civil, JULGO PROCEDENTE os pedidos formulados pelo MINISTÉRIO PÚBLICO DO ESTADO de ______ para ANULAR o ato de nomeação e os demais atos subsequentes correlatos do requerido Y para o cargo em comissão de Chefe do Almoxarifado, bem como para CONDENAR os réus X e Y, consoante o artigo 12, *caput*, inciso III, da Lei n. 8.429/1992, pela prática do ato de improbidade administrativa previsto no artigo 11, *caput*, inciso XI, da mesma lei.

Condeno os réus ao pagamento das custas processuais e taxa judiciária.

Ciência ao Ministério Público. Publique-se. Intimem-se.

Local, data.

Juiz(a) de Direito

EPÍLOGO

O aprimoramento dos instrumentos jurídicos que objetivam conferir efetividade às garantias e direitos fundamentais individuais e coletivos é fundamental para se trilhar a evolução da sociedade. E, em tal contexto, indispensável a atualização da Lei nº 8.429/1992, visando solucionar obstáculos e dificuldades vislumbrados nas quase três décadas de sua vigência, para avançar em defesa da sociedade e do interesse público.

Todavia, as alterações empreendidas pela Lei nº 14.230/2021 não foram apenas nessa direção. Por exemplo, critica-se nesta obra a criação de 365 dias para o término do inquérito civil, apesar da existência da prescrição. Também prejudica o interesse público o rol taxativo imposto ao artigo 11, da Lei n. 8.429/1992, impedindo uma proteção mais abrangente do patrimônio público.

De outro vértice, é necessário enaltecer, *verbi gratia*, a supressão da vetusta figura da "notificação prévia", que atrasava o rito processual e pouco auxiliava na condução dos trabalhos.

Assim, a "Nova" Lei de Improbidade Administrativa é uma realidade, devendo os operadores do Direito manejá-la adequadamente para uma efetiva tutela do patrimônio público. O diploma normativo serve de norte para todo agente público, o qual deve, sempre, respeitar os princípios norteadores da Administração Pública, independentemente de seu vínculo com o Estado.

Apenas desse modo será possível a construção de uma sociedade justa e, em cujo seio, sejam efetivos os direitos de todo cidadão, curando a nossa democracia, na medida do possível, de sua pior doença: a corrupção.

REFERÊNCIAS

ABED, George T.; GUPTA, Sanjeev. **Governance, corruption and economic performance**. Washington: International Monetary Fund, 2003.

AGAPITO, Luis Roca. **El delito de malversación de caudales públicos**. Barcelona: J. M. Bosch Editor, 1999.

— La influencia de la Unión Europea en la lucha contra la corrupción pública. *In*: GARCÍA, F. Javier Álvarez (ed.). **La adecuación del derecho penal español al ordenamiento de la Unión Europea, la política criminal europea**. Valencia: Tirant lo Blanch, p. 759-800, 2009.

ALBA, Ubaldo Nieto de. **Ética de Gobierno, economía y corrupción**. Madrid: Editorial Complutense, 1996.

ALEMANN, Urich Von. The unknown depths of political theory: the case for a multidimensional concept of corruption. **Crime, Law and Social Change**, v. 42, n. 1, p. 25-34, 2004.

ALLDRIDGE, Peter. Reforming the criminal law of corruption. **Criminal Law Forum**, v. 11, p. 287-322, 2000.

ALMEIDA, Fernando Menezes de. Combate à corrupção pelo Direito brasileiro: perspectiva constitucional e nova tendência trazida pela Lei das Empresas Estatais. *In*: CUNHA FILHO, Alexandre Jorge Carneiro da (coord.) *et al.* **48 visões sobre a corrupção**. São Paulo: Quartier Latin, 2016.

ALMEIDA, João Batista de. **Aspectos controvertidos da ação civil pública**. São Paulo: Revista dos Tribunais, 2001.

ALVARENGA, Aristides Junqueira. Reflexões sobre improbidade administrativa no Direito brasileiro. *In*: BUENO, Cássio Scarpinella; PORTO FILHO, Pedro Paulo de R. (coord.). **Improbidade administrativa**: questões polêmicas e atuais. São Paulo: Malheiros, 2001.

ANDVIG, Jens Christopher; MOENE, Karl Ove. How corruption may corrupt. **Journal of Economic Behavior and Organization**, v. 13, p. 63-76, 1990.

ANECHIARICO, Frank; JACOBS, James Barret. **The pursuit of absolute integrety**: how corruption control makes government ineffective. Chicago: The University of Chicago Press, 1996.

ARAÚJO, Felipe Dantas de. Corrupção e novas concepções de direito punitivo: rumo a um direito de intervenção anticorrupção? **Revista de Direito Internacional**, Brasília. v. 8. n. 2. p. 205-253. jul./dez. 2011.

ARÊDES, Sirlene. Âmbito constitucional de aplicação do Direito Penal e do Direito Administrativo sancionador. **Revista Brasileira de Ciências Criminais**, São Paulo, v. 25. n. 129, p. 435-477, mar. 2017.

— **Responsabilização do agente público**: individualização da sanção por ato de improbidade administrativa. Belo Horizonte: Fórum, 2012.

ARIS, Thalita Abdala. **Improbidade administrativa no Direito Eleitoral**. Rio de Janeiro: Lumen Juris, 2014.

ARNIM, Hans Herbert Von. **Korruption und korruptionsbekampfung**. Berlin: Duncker & Humblot, 2007.

ARNONE, Marco; ILIOPULOS, Eleni. **La corruzione costa**: effetti economici, istituzionali e sociali. Milano: Vita e Pensiero, 2005.

ARZAMENDI, José Luis de la Cuesta. Iniciativas internacionales contra la corrupción. **Eguzkilore**: Cuadernos del Instituto Vasco de Criminología, San Sebastián, n. 17, p. 5-26, dez. 2003.

AUREANO, Guillermo. R. Financements et corruption. La corruption en Amérique Latine: définitions et stratégies de recherche. **Studia Diplomatica**, v. 55, n. 5-6, p. 75-86, 2002.

AZEVEDO, Antonio Junqueira de. **Novos estudos e pareceres de Direito Privado**. São Paulo: Saraiva, 2009.

BALBI, Giuliano. **I delitti di corruzione**: un'indagine strutturale e sistematica. Napoli: Jovene, 2003.

BALLÉN, Rafael. **Corrupción**: los otros bandidos. 2. ed. Bogotá: Ediciones Juridicas Gustavo Ibañez, 2004.

BARRANCO, Norberto Javier de la Mata. El delito de cohecho activo. **Revista Arazandi de Derecho y Proceso Penal**, n. 12, p. 29-76, 2004.

BARBOSA, Renato Kim. Além da PEC 37: poderes investigatórios do MP e o Projeto de Lei 233/2015. **Revista Eletrônica Conjur**, 19 out. 2015. Coluna MP no Debate. Disponível em: https://www.conjur.com.br/2015-out-19/mp-debate-poderes-investigatorios-mp-projeto-lei-2332015. Acesso em: 1º nov. 2021.

— **Dano social decorrente de corrupção e improbidade administrativa**: teoria holística da responsabilidade civil. 2021. 286 f. Tese (Doutorado) – Faculdade de Direito, Universidade de São Paulo, São Paulo, 2021.

— Nepotismo, mesmo indireto, contraria princípios basilares do Direito Público. **Revista Eletrônica Conjur**, 11 abr. 2016. Coluna MP no Debate. Disponível em: https://www.conjur.com.br/2016-abr-11/mp-debate-nepotismo-indireto-nega-principios-basilares-direito-publico. Acesso em: 22 out. 2021.

— Notificação prévia prejudica a razoável duração do processo de improbidade. **Revista Eletrônica Conjur**, 10 out. 2016. Coluna MP no Debate. Disponível em: https://www.conjur.com.br/2016-out-10/mp-debate-notificacao-previa-prejudica-razoavel-duracao-processo. Acesso em: 02 nov. 2021.

BARRANCO, Norberto Javier de la Mata. **La respuesta penal a la corrupción pública**: el tratamiento penal de los particulares que contribuyen a ella. Granada: Comares, 2004.

BASTOS, Celso Ribeiro. A tutela dos interesses difusos no Direito Constitucional brasileiro. **Revista de Processo**, São Paulo, ano 6, n. 23, p. 36-44, 1981.

—; MARTINS, Yves Gandra. **Comentários à Constituição do Brasil**. 2. ed. São Paulo: Saraiva, v. 3, t. 3, 1999.

BASTOS, Rosaura Moreira Brito. **Improbidade administrativa**: conteúdo jurídico e dimensão constitucional. Belo Horizonte: Fórum, 2010.

BAUTISTA, Oscar Diego. **Ética para corruptos**: una forma de prevenir la corrupción en los gobiernos y administraciones públicas. Bilbao: Desclée de Brouwer, 2008.

BECHARA, Ana Elisa Liberatore Silva. A criminalização do enriquecimento ilícito de funcionário público: lições ao Brasil sobre o perigo de retrocesso do Direito Penal ao período pré-iluminista. **Revista Brasileira de Ciências Criminais**, São Paulo, v. 20, n. 98, p. 503-538, set./out. 2012.

BECHARA, Fábio Ramazzini; RODRIGUES, Amanda de Carvalho. Corrupção e justiça penal negocial: a necessária releitura da obrigatoriedade da ação penal pública no Direito brasileiro. *In*: CASTRO, Manuella Santos de (org.) *et al.* **Governança, *compliance* e corrupção**. São Paulo: Almedina, 2019.

BENÍTEZ, José Manuel Gómez. Corrupción y delito de administración desleal. **La Ley**: Revista jurídica española de docrtina, jurisprudencia e bibliografia, n. 7, p. 1283-1288, 2000.

BENJAMIN, Antônio Herman Vasconcellos. A insurreição da aldeia global contra o processo civil clássico: apontamentos sobre a opressão e a libertação judiciais do meio ambiente e do consumidor. *In*: MILARÉ, Édis (coord.). **Ação civil pública – Lei 7.347/85**: reminiscências e reflexões após dez anos de aplicação, São Paulo: Revista dos Tribunais, 1995.

BERALDI, Carlos Alberto. Control de la corrupción mediante la desregulación. **Pena y Estado**: Revista Latinoamericana de Política Criminal, n. 1, Buenos Aires, p. 33-54, 1995.

BERNAL, Andrés Botero. La corrupción: tensión entre lo político y lo jurídico. **Revista Opinión Jurídica**, Faculdade de Derecho de la Universidad de Medellín, Medellín, v. 3, n. 6, p. 37-58, 2004.

BERTONCINI, Mateus. **Ato de improbidade administrativa**: 15 anos da Lei 8.429/92. São Paulo: Revista dos Tribunais, 2007.

BEZERRA, Marcus Otávio; COSTA, Carla; SOUZA JÚNIOR, Homero de. O controle dos representantes eleitos. *In*: SPECK, Bruno W. (org.). **Caminhos da transparência**, Campinas: Ed. Unicamp, 2002.

BITENCOURT NETO, Eurico. **Improbidade administrativa e violação de princípios**. Belo Horizonte: Del Rey, 2005.

BITTENCOURT, Sidney. **Comentários à Lei Anticorrupção**: lei 12.846/2013. São Paulo: Revista dos Tribunais, 2014.

BJORVATN, Kjetil; SOREIDE, Tina. Corruption and privatization. **European Journal of Political Economy**, v. 21, n. 4, p. 903-914, 2005.

BLACKBURN, Keith; BOSE, Niloy; HAQUE, M. Emranul. The incidence and persistence of corruption in economic development. **Journal of Economic Dynamics and Control**, v. 30, n. 12, p. 2447-2468, 2006.

BOBBIO, Norberto. **Teoria do ordenamento jurídico**. 10. ed. Brasília: Editora Universidade de Brasília, 1999.

BOCK, Dennis. **Criminal compliance**. Baden-Baden: Nomos, 2011.

BOEHM, Frédéric; LAMBSDORFF, Johann Graf. Corrupción y anticorrupción: una perspectiva neo institucional. **Revista de Economía Institucional**, v. 2, n. 21, p. 45-72, 2009.

BOERSMA, Martine. **Corruption**: a violation of human rights and a crime under internacional law? Cambridge: Intersentia, 2012.

BOTELHO, Ana Cristina Melo de Pontes. **Corrupção política**: uma patologia social. Belo Horizonte: Fórum, 2010.

BRASIL. Controladoria-Geral da União. **Relatório sobre a Avaliação do Sistema de Integridade da Administração Pública Federal Brasileira feita pela OCDE**, 2011. Disponível em: https://www.gov.br/cgu/pt-br/assuntos/articulacao-internacional/convencao-da-ocde/arquivos/avaliacaointegridadebrasileiraocde.pdf. Acesso em: 10 mai. 2021.

BRASILEIRO, Renato. **Pacote anticrime**: comentários à Lei 13.964/2019 artigo por artigo. Salvador: Juspodivm, 2020.

BRIOSCHI, Carlo Alberto. **Breve historia de la corrupción**: de la antigüedad a nuestros días. Milano: Taurus, 2004.

BUENO, Cassio Scarpinella; PORTO FILHO, Pedro Paulo de Rezende (coord.). **Improbidade administrativa**: questões polêmicas e atuais. São Paulo, Malheiros, 2001

BURLE FILHO, José Emmanuel. Ação civil pública e a tutela da probidade administrativa. In: MILARÉ, Edis (coord.). **Ação civil pública após 20 anos**: efetividade e desafios, São Paulo: Revista dos Tribunais, 2005.

CACIAGLI, Mario. **Clientelismo, corrupción y criminalidad organizada**: evidencias empíricas y propuestas teóricas a partir de los casos italianos. Madrid: Centro de Estudios Politicos y Constitucionales, 1996.

CAGGIANO, Monica Herman. Corrupção, *lobbies* e esvaziamento da democracia. *In*: BECHARA, Fábio Ramazzini (coord.) *et al.* **Corrupção**. São Paulo: Almedina, 2020.

CALDERONE, Carmelo Renato. Lotta alla corruzione in campo comunitario ed internazionale. **Rivista Trimestrale di Diritto Penale dell'Economia**, n. 42, p. 607-619, 2001.

CAMARGO, Paulo Sergio Uchôa Fagundes Ferraz de. **Dano moral coletivo**: uma possibilidade de aplicação dos danos punitivos. São Paulo: Almedina, 2016.

CAMBI, Eduardo Augusto Salomão. **Tese apresentada ao Congresso Estadual do Ministério Público do Paraná**, 2011.

—; Lima, Diogo de Araujo; Novak, Mariana Sartori. Reflexões sobre regime jurídico do acordo de não persecução cível. *In*: CAMBI, Eduardo; SILVA, Danni Sales Silva; MARINELA, Fernanda Marinela (org.). **Pacote Anticrime**: volume I. Curitiba: Escola Superior do MPPR, p. 56-91, 2020.

CAPARRÓS, Eduardo A. Fabián. **La corrupción de agente público extranjero e internacional**. Valencia: Tirant lo Blanch, 2003.

— Relaciones entre blanqueo de capitales y corrupción. Algunas valoraciones a propósito de las previsiones contenidas en la Convención de la OCDE sobre soborno de funcionarios públicos extranjeros en las transacciones comerciales internacionales (1997). In: OLIVÉ, Juan Carlos Ferré (ed.). **Delitos financeiros, fraude y corrupción em Europa**: blanqueo de dinero y corrupción en el sistema bancário. Salamanca, v. 2, p. 103-110, 2002.

—; CEPEDA, Ana Isabel Pérez (coord.). **Estudios sobre corrupción**. Salamanca: Ratio Legis, 2010.

CAPPELLETTI, Mauro. Tutela dos interesses difusos. **Revista Ajuris**, n. 33, Porto Alegre: Associação dos Juízes do Rio Grande do Sul, p. 169-182, 1985.

CARRARO, André; FOCHEZATTO, Adelar; HILLBRECHT, Ronald Otto. O impacto da corrupção sobre o crescimento econômico do Brasil: aplicação de um modelo de equilíbrio geral para o período 1994-1998. **Anais do XXXIV Encontro Nacional de Economia** – ANPEC, Salvador, 2006.

CARVALHO FILHO, José dos Santos. **Improbidade administrativa**: prescrição e outros prazos extintivos. 3. ed. São Paulo: Atlas, 2019.

— **Manual de Direito Administrativo**. 27. ed. São Paulo: Atlas, 2014.

CASTRO, Manuella Santos de. *Compliance* em meio digital: análise de casos icônicos de responsabilidade civil. *In*: ___________ (org.) *et al.* **Governança, *compliance* e corrupção**. São Paulo: Almedina, 2019.

CAZZOLA, Franco. **Della corruzione**: fisiologia e patologia di un sistema politico. Bologna: Il Mulino, 1988.

CELENTANI, Marco; GANUZA, Juan-José; PEYDRÓ, José-Luis. Combating corruption in international business transactions. **Economica**, n. 71, p. 417-448, 2004.

CICHOCKI, Patrícia Toledo de Campos. **Infração disciplinar e improbidade administrativa**: limites e pontos de interação. Novas Edições Acadêmicas, 2018.

CIERVA, Ricardo de la. **Historias de la corrupción**. 2. ed. Barcelona: Planeta, 1992.

CINCUNEGUI, Juan Bautista; CINCUNEGUI, Juan de Dios. **La corrupción y los factores de poder**. Rosario: Dunken, 1996.

CLARKE, George R. G.; XU, Lixin Colin. Privatization, competition, and corruption: how characteristics of bribe takers and payers affect bribe payments to utilites. **Journal of Public Economics**, v. 88, n. 4, p. 2067-2098, 2004.

CLAUSSEN, Hans Rudolf. **Korruption im öffentilichen dienst**. München: Heymanns, 1995.

COLLIER, Michael. W. Explaining corruption: An institutional choice approach. **Crime, Law & Social Change**, v. 38, p. 1-32, 2002.

COLOMBATTO, Enrico. Why is corruption tolerated? **The Review of Austrian Economics**, v. 16, n. 4, p. 363-379, 2003.

COPOLA, Gina. **A improbidade administrativa no Direito brasileiro**. Belo Horizonte: Fórum, 2011.

CORDERO, Isidoro Blanco. La corrupción desde una perspectiva criminológica: un estudio de sus causas desde las teorías de las actividades rutinarias y de la elección racional. *In*: ÁLVAREZ, Fernando Pérez (coord.). **Serta**: in memoriam Alexandri Baratta, Salamanca: Universidad de Salamanca, p. 267-296, 2004.

—; ARZAMENDI, José Luis de la Cuesta. Los nuevos delitos de corrupción en las transacciones comerciales internacionales. **Revista de Ciencias Penales**: Revista de la Asociación Española de Ciencias Penales, n. 4, p. 9-29, 2001-2002.

COSTA, Helena Regina Lobo da. "Ne bis in idem" e Lei Anticorrupção: sobre os limites para a imposição de sanção pelo Estado. **Revista Fórum de Ciências Criminais**, v, 2, n. 3, Belo Horizonte, p. 73-90, jan./jun. 2015.

COSTA, José Armando da. **Conteúdo jurídico da improbidade administrativa**. Brasília: Brasília Jurídica, 2000.

COSTA, José de Faria; GODINHO, Inês Fernandes; SOUSA, Susana Aires de (org.). **Os crimes de fraude e a corrupção no espaço europeu**. Coimbra: Coimbra Editora, 2014.

COSTA, Rafael de Oliveira. Fortalecimento do Ministério Público e efetividade no combate à corrupção. **Jornal digital do Estadão**, 29 out. 2020. Blog do Fausto Macedo. Disponível em: https://politica.estadao.com.br/blogs/fausto-macedo/fortalecimento-do-ministerio-publico-e-efetividade-no-combate-a-corrupcao/. Acesso em: 31 out. 2021.

— **Do Ministério Público como Superego da Sociedade**: *design* institucional e legitimidade na atuação judicial e extrajudicial. Florianópolis: Sequencia, v. 38, 2017.

— ***Dubitando ad veritatem parvenimus***: da responsabilidade do legislador por improbidade administrativa na edição de leis inconstitucionais de efeitos concretos. Porto Alegre: Direito Público, v. 68, p. 95-108, 2016.

—. Entre o direito e a política: A criatividade e o "fechamento hermenêutico" no exercício da jurisdição constitucional. **Pensar - Revista de Ciências Jurídicas**, v. 21.

— (In)Segurança Jurídica? Breves Comentários à Lei n° 13.655/18. ***Justitia***, v. 208, 2020.

— Judicializando a política: da responsabilidade por improbidade administrativa em razão do descumprimento de "compromisso eleitoral". **Revista Direitos Fundamentais & Democracia** (UniBrasil), v. 18, p. 3-13, 2015.

— *Public Compliance*, Processos Estruturais e a Tutela do Direito Difuso à Probidade Administrativa. *In*: João Luiz Barbosa. (Org.). **Constituição, Direito e Temas Transversais.** Osasco: EdiFieo, v. 1, 2021.

—; ALMEIDA, Gregório Assagra de. **Direito Processual Penal Coletivo**: a tutela penal dos bens jurídicos e coletivos. 2. ed. Belo Horizonte: D'Plácido, 2021.

—; BUZZETTI, Bruno Starke. Da Inconstitucionalidade do art. 45, § 2°, da Lei 12.594/2012. **Revista de Direito da Infância e da Juventude** (RDIJ), v. 3, p. 73-85, 2014.

—; JUNQUEIRA, Gabriel Marson. A possibilidade de afastamento liminar de agentes públicos com prejuízo da remuneração em decorrência de vícios na investidura em cargo ou função pública. **Revista de Direito Administrativo & Constitucional**, v. 16, p. 288, 2017.

COSTA, Susana Henriques da. Aplicação da lei de improbidade administrativa. *In*: CUNHA, Alexandre dos Santos; SILVA, Paulo Eduardo Alves da (coord. e org.). **Pesquisa empírica em Direito**: Anais do I Encontro de Pesquisa Empírica em Direito, Ribeirão Preto, 29 e 30 set. 2011, Rio de Janeiro: IPEA, 2013.

— **O processo coletivo na tutela do patrimônio público e da moralidade administrativa**: ação de improbidade administrativa, ação civil pública e ação popular. 2. ed. São Paulo: Atlas, 2015.

CREMER, Georg. **Corruption & development aid**: confronting the challenges. London: Lynne Rinner, 2008.

CUNHA, Alcides Alberto Munhoz da. Evolução das ações coletivas no Brasil. **Revista de Processo**, São Paulo, ano 20, n. 77, jan./mar. 1995.

DAL POZZO, Antonio Araldo Ferraz *et al.* **Lei Anticorrupção**: apontamentos sobre a Lei 12.846/2013. Belo Horizonte: Fórum, 2014.

DECOMAIN, Pedro Roberto. **Improbidade administrativa**. São Paulo: Dialética, 2014.

DEL MASSO, Fabiano Dolenc; ROVAI, Armando Luiz. Corrupção e desenvolvimento econômico. *In*: CASTRO, Manuella Santos de (org.) *et al.* **Governança, *compliance* e corrupção**. São Paulo: Almedina, 2019.

DIAS, Bruno Fernandes. Responsabilidade de pessoas jurídicas e físicas em matéria de corrupção: o regime jurídico da Lei nº 12.846/2013. **Fórum Administrativo**, Belo Horizonte, ano 15, n. 167, p. 20-35, jan. 2015.

DÍAZ, M. Magadán; GARCÍA, J. Rivas. **Corrupción y fraude**: economía de la trasgresión. Madrid: Editorial Dykinson, 1999.

DIDIER JR., Fredie; ZENETI JR., Hermes. **Curso de Direito Processual Civil**: Processo Coletivo. Salvador: Juspodivm, 2017.

DONNINI, Rogério José Ferraz. Fundamento legal da função punitiva na responsabilidade civil. *In*: ________________ (coord.). **Risco, dano e responsabilidade civil**. Salvador: Juspodivm, 2018.

DUPUIS, Maria Benedetta. **La corruzione**. Padova: Cedam, 1995.

EMERSON, Patrick M. Corruption, competition and democracy. **Journal of Development Economics**, v. 81, n. 1, p. 193-212, 2006.

ESTEVES, João Luiz Martins; MONIZ, Tania Lobo. Elementos jurídico-políticos da formação da corrupção no Estado brasileiro. *In*: CASTRO, Manuella Santos de (org.) *et al.* **Governança, *compliance* e corrupção**. São Paulo: Almedina, 2019.

FABRETTI, Humberto Barrionuevo. Panorama crítico da lei anticorrupção (Lei 12.846/2013). **Revista dos Tribunais**, São Paulo, v. 103, n. 947, p. 25-36, set. 2014.

FAINI, Fernanda. **Legge Anticorruzione**: analisi della legge n. 190/2012. Disponível em: https://www.altalex.com/documents/news/2013/02/19/legge-anticorruzione-analisi-della-legge-n-190-2012. Acesso em: 29 abr. 2021.

FAVRETO, Rogerio; GOMES JUNIOR, Luiz Manoel; ARAUJO LIMA, Diogo de. **O Direito Intertemporal e a nova Lei de Improbidade Administrativa**. Disponível em: https://www.conjur.com.br/2021-out-18/opiniao-direito-intertemporal-lei-improbidade. Acesso em: 26 out. 2021.

FAZZIO JÚNIOR, Waldo. **Corrupção no poder público**: peculato, concussão, corrupção passiva e prevaricação. São Paulo: Atlas, 2002.

— **Improbidade administrativa**. São Paulo: Atlas, 2014.

— **Improbidade administrativa e crimes de prefeitos**: de acordo com a lei de responsabilidade fiscal. 2. ed. São Paulo: Atlas, 2001.

FEDERAÇÃO DAS INDÚSTRIAS DO ESTADO DE SÃO PAULO (Brasil). **Relatório – Corrupção**: custos econômicos e propostas de combate. São Paulo, 2010.

FERRARESI, Eurico. **Inquérito civil**. Rio de Janeiro: Forense, 2010.

FERRAZ JUNIOR, Tercio Sampaio. Corrupção: um mito político. *In*: **Jornal Folha de São Paulo**, São Paulo, 9 nov. 2015.

FERRAZ, Luciano. Reflexões sobre a Lei n. 12.846/2013 e seus impactos nas relações público-privadas: lei de improbidade empresarial e não lei anticorrupção. **Revista Brasileira de Direito Público**, Belo Horizonte, ano 12, n. 47, p. 33-43, out./dez. 2014.

FIGUEIREDO, Marcelo. **Probidade administrativa**: comentários à Lei 8.429/92 e legislação complementar. 6. ed. São Paulo: Malheiros, 2009.

FILGUEIRAS, Fernando. **Corrupção, democracia e legitimidade**. Belo Horizonte: Editora UFMG, 2008.

FLORÊNCIO FILHO, Marco Aurélio; SILVA, Amanda Scalisse. A (des)necessidade do ato de ofício para configuração da corrupção passiva no Direito Penal brasileiro. *In*: BECHARA, Fábio Ramazzini (coord.) *et al.* **Corrupção**. São Paulo: Almedina, 2020.

FURTADO, Lucas Rocha. **As raízes da corrupção no Brasil**: estudos de casos e lições para o futuro. Belo Horizonte: Fórum, 2015.

GADAMER, Hans-Georg. **Verdade e Método**. Tradução de Flávio Paulo Meurer. Petrópolis: Vozes, 1997.

GALLARDO, Nancy Barra. **Fenómenos de corrupción en el mundo actual**: relación entre lo privado y lo público. Santiago de Chile: Lexisnexis, 2007.

GARCÍA, Alejandro Nieto. ¿Es inevitable la corrupción? **Responsa Iurisperitorum Digesta**, v. 4, Salamanca, Ediciones Universidad de Salamanca, p. 101-114, 2000.

— **Corrupción en la España democrática**. Barcelona: Ariel, 1997.

— **Derecho Administrativo Sancionador**. 5. ed. Madri: Tecnos, 2017.

GARCIA, Emerson; ALVES, Rogério Pacheco. **Improbidade administrativa**. 9. ed. São Paulo: Saraiva, 2017.

GARCÍA, Germán Silva. La problemática de la corrupción dentro de una perspectiva socio-jurídica. **Derecho Penal y Criminología**, v. 21, n. 68, p. 129-143, 2000.

GARCÍA, Nicolás Rodríguez. La cooperación internacional en la lucha contra la corrupción: perspectivas de futuro. **Revista Uruguaya de Derecho Procesal**, Montevideo, n. 2, p. 125-148, 2001.

GASPARINI, Diógenes. **Direito Administrativo**. 11. ed. São Paulo: Saraiva, 2006.

GERBINO, Aldo. **La corruzione e l'ombra: civiltà figurativa siciliana**. Roma: Salvatore Sciascia Editore, 1990.

GHIDETI, Luís Gustavo Casillo. **Improbidade administrativa e a figura dos terceiros**. 2014. 128 f. Dissertação (Mestrado em Direito do Estado) – Faculdade de Direito, Universidade de São Paulo, São Paulo, 2014.

GLOECKNER, Ricardo Jacobsen. Anticorrupção ou corruptibilidade das formas? **Boletim IBCCRIM**, São Paulo, v. 23, n. 277, p. 19-21, dez. 2015.

GODOY, Alfonso Sabán. **El marco jurídico de la corrupción**. Madrid: Civitas, 1991.

GOMES, Lucas Medeiros. O combate internacional à corrupção como política externa desenvolvimentista. **Revista Jus Navigandi**, Teresina, ano 22, n. 5131, 19 jul. 2017. Disponível em: https://jus.com.br/artigos/58794. Acesso em: 21 abr. 2021.

GOMES, Luiz Flávio; SANTANA, Artur Cardoso Carvalho. A interdisciplinaridade no Direito brasileiro e a multiplicidade de instrumentos jurídicos no combate à corrução. *In*: BECHARA, Fábio Ramazzini (coord.) *et al*. **Corrupção**. São Paulo: Almedina, 2020.

GOMES, Maria Tereza Uille. Corrupção sistêmica desestruturda: inovação, inteligência artificial, classificação de delitos. *In*: BECHARA, Fábio Ramazzini (coord.) *et al*. **Corrupção**. São Paulo: Almedina, 2020.

GONZÁLEZ, Joaquín. González. **Corrupción y justicia democrática**: introducción a una teoría de la función judicial en las sociedades en cambio. Madrid: Clamores, 2000.

GRAY, Cheryl. W.; KAUFMANN, Daniel. Corruption and development. **Finance and Development**, v. 35, n. 1, p. 7-10, mar. 1998.

GRINOVER, Ada Pellegrini. A tutela jurisdicional dos interesses difusos. **Revista de Processo**, São Paulo, n. 14-15, ano 4, abr./set. 1979.

GUARDIA, Gregório Edoardo Raphael Selingardi. Princípios processuais no Direito Administrativo sancionador: um estudo à luz das garantias constitucionais. **Revista da Faculdade de Direito da Universidade de São Paulo**, São Paulo, v. 109, p. 773-793, jan./dez. 2014.

HABIB, Sérgio. Brasil: **Quinhentos anos de corrupção**: enfoque sócio-histórico-jurídico-penal. Porto Alegre: Sérgio Antonio Fabris Editor, 1994.

HARRIS, Robert. **Political corruption**: in and beyond the nation state. London: Routledge, 2003.

HERNÁNDEZ, Francisco Jesús Carrera. La persecución penal de la corrupción en la Unión Europea. *In*: GONZÁLEZ, S. Álvarez; TEJADA, J. R. Remacha (ed.). **Cooperación jurídica internacional**. Madrid, p. 207-234, 2001.

HONISCH, Paula; SUMICKY, Alejandro Patuna. Algunas cuestiones derivadas de la organización estatal en materia de investigación de hechos de corrupción. **Nueva Doctrina Penal**, n. 2, p. 581-611, 2007.

HUBER, Barbara. La lucha contra la corrupción desde una perspectiva supranacional. **Revista Penal**, n. 11, p. 41-52, 2003.

IBÁÑEZ, Perfecto Andrés. Estado de derecho, jurisdicción y corrupción: una reflexión desde España. **Pena y Estado**: Revista Latinoamericana de Política Criminal, v. 1, Buenos Aires, n. 1, p. 23-32, 1995.

— La corrupción en el banquillo: jurisdicción penal y crisis del estado de derecho. **Claves de Razón Práctica**, Madrid, n. 40, p. 2-11, mar. 1994.

JELLOUN, Tahar Ben. **Corruption**. New York: New Press, 1995.

JOHNSTON, Michael. **Syndromes of corruption**: wealth, power and democracy. Cambridge: Cambridge University Press, 2012.

JORGE, Flávio Cheim. A improbidade administrativa (Lei n. 8.429 de 2 de junho de 1992). *In*. FARIAS, Cristiano Chaves de; DIDIER JR., Fredie (coord.). **Procedimentos especiais cíveis**: legislação extravagante. São Paulo: Saraiva, 2002.

JUNQUEIRA, Gabriel Marson. **A prevenção da corrupção na administração pública**: contributos criminológicos, do *corporate compliance* e *public compliance*. Belo Horizonte: D'Plácido, 2019.

KINDHAUSER, Urs. Presupuestos de la corrupción punible en el Estado, la economía y la sociedade: los delitos de corrupción en el Código Penal alemán. **Política Criminal**, v. 2, n. 3, p. 1-18, jul. 2007.

KLITGAARD, Robert. ***Adressing corruption together***. Organisation for Economic Co-operation and Development (OECD), 2015.

— **Controlando la corrupción**: una indagación práctica para el gran problema social de fin de siglo. Buenos Aires: Sudamericana, 1994.

LAMEIRA, José António de Sousa. Ética e corrupção nas relações contratuais. *In*: CASTRO, Manuella Santos de (org.) *et al*. **Governança, *compliance* e corrupção**. São Paulo: Almedina, 2019.

LEONEL, Ricardo de Barros. **Manual do Processo Coletivo**. São Paulo: RT, 2011.

LESSA, Sebastião José. **Improbidade administrativa**: doutrina e jurisprudência. Belo Horizonte: Fórum, 2011.

LIMA, Renato Brasileiro de. **Pacote Anticrime**: comentários à Lei 13.964/2019 artigo por artigo. Salvador: Juspodivm, 2020

LIVIANU, Roberto. **Corrupção**. 3. ed. São Paulo: Quartier Latin, 2018.

LOBO FILHO, Fernando Rissoli. **A Lei Anticorrupção e o Direito Administrativo sancionador**. São Paulo: IASP, 2019.

LOPEZ, Teresa Ancona. Responsabilidade civil na sociedade de risco. **Revista da Faculdade de Direito da Universidade de São Paulo**, São Paulo, v. 105, p. 1223-1234, 2010.

LUCON, Paulo Henrique dos Santos. Improbidade administrativa no microssistema anticorrupção e viabilização dos acordos de leniência. *In*: BECHARA, Fábio Ramazzini (coord.) *et al.* **Corrupção.** São Paulo: Almedina, 2020.

— Procedimento e sanções na Lei Anticorrupção (Lei 12.846/2013). **Revista dos Tribunais**, São Paulo, v. 103, n. 947, p. 267-279, set. 2014.

—; COSTA, Eduardo José da Fonseca; COSTA, Guilherme Recena (coord.). **Improbidade administrativa**: aspectos processuais da Lei n. 8.429/92. São Paulo: Atlas, 2015.

—; SILVA, Bruno Freire e. Efeitos de sentenças na ação de improbidade e o princípio da proporcionalidade. *In*: ARRUDA ALVIM, Eduardo; JORGE, Flavio Cheim; RODRIGUES, Marcelo Abelha. **Temas de improbidade administrativa**. São Paulo: Lumen Juris, 2010.

LUZ, Yuri Corrêa da. O combate à corrupção entre Direito Penal e Direito Administrativo sancionador. **Revista Brasileira de Ciências Criminais**, São Paulo, v. 19, n. 89, p. 429-470, mar./abr. 2011.

MACEDO, Alexander dos Santos. Da ação popular – retratabilidade da posição assumida pela pessoa jurídica no processo – possibilidade. **Revista Forense**, v. 90. n. 328, p. 3-7, out./dez. 1994.

MAEDA, Bruno Carneiro. Programas de *compliance* anticorrupção: importância e elementos essenciais. *In*: DL DEBBIO, Alessandra; MAEDA, Bruno Carneiro; AYRES, Carlos Henrique da Silva (coord.). **Temas de anticorrupção e compliance**. Rio de Janeiro: Elsevier, 2013.

MAGALHÃES JÚNIOR, Alexandre Alberto de Azevedo. A Tutela do Patrimônio Público. *In*: Vitorelli, Edilson (Org.). **Manual de Direitos Difusos**. Salvador: Juspodivm, 2019.

— **Convenção processual na tutela coletiva**. Salvador: Juspodivm, 2020.

MALA NETO, Cândido Furtado. Corrupção e impunidade: estudo criminológico da atuação da justiça penal. **Pena y Estado**: Revista Latinoamericana de Política Criminal, n. 1, Buenos Aires, p. 129-148, 1995.

MALKIN, Michelle. **Culture of corruption**. 4. ed. New York: Regenery, 2009.

MANCUSO, Rodolfo de Camargo. **Interesses difusos**: conceito e legitimação para agir. 5. ed. São Paulo: Revista dos Tribunais, 2000.

MARTINS JUNIOR, Wallace Paiva. **Ministério Público**: a Constituição e as Leis Orgânicas. São Paulo: Atlas, 2015.

— **Probidade administrativa**. São Paulo: Saraiva, 2001.

MARTINS, Fernando Rodrigues. **Controle do patrimônio público**: comentários à Lei de Improbidade Administrativa. 3. ed. rev., atual. e amp., São Paulo: Revista dos Tribunais, 2009.

MARTINS, Ives Gandra da Silva. Responsabilidade dos agentes públicos por atos de lesão à sociedade – inteligência dos §§5º e 6º do artigo 37 da CF – improbidade administrativa por culpa ou dolo – disciplina jurídica do *impeachment* presidencial (artigo 85 inciso V da CF). **Fórum Administrativo**, Belo Horizonte, ano 15, n. 169, p. 85-96, mar. 2015.

MATTARELLA, Bernardo Giorgio. Controllo della corruzione amministrativa e regole di etica pubblica. **Rivista Italiana di Diritto Pubblico Comunitario**, n. 5, p. 1029-1054, 2002.

MAURÍCIO JÚNIOR, Alceu; MORAES, Francisco de Assis Basílio de; BERTOLDE, Ingridy Silva. A lei da ficha limpa e o princípio da moralidade na administração pública. **Fórum Administrativo**, Belo Horizonte, ano 14, n. 156, p. 21-33, fev. 2014.

MAURO, Paolo. Corruption and growth. **Quarterly Journal of Economics**, v. 110, n. 3, p. 681-712, 1995.

MAZZILLI, Hugo Nigro. **A defesa dos interesses difusos em juízo**. 31. ed. São Paulo: Saraiva, 2019.

— O inquérito civil e o enriquecimento ilícito de administradores públicos. ***Justitia***, São Paulo, v. 53, n. 156, p. 35-38, out./dez. 1991.

— **Regime jurídico do Ministério Público**. 8. ed. São Paulo: Saraiva, 2014.

MECANISMO DE ACOMPANHAMENTO DA IMPLEMENTAÇÃO DA CONVENÇÃO INTERAMERICANA CONTRA A CORRUPÇÃO. **Relatório final da trigésima reunião da comissão de peritos** – Brasil. Washington: OEA, 2018.

MEDEIROS, Sérgio Monteiro. **Lei de Improbidade Administrativa**: comentários e anotações jurisprudenciais. São Paulo: Juarez de Oliveira, 2003.

MEIRELLES, Hely Lopes; WALD, Arnoldo; MENDES, Gilmar Ferreira. **Mandado de segurança e ações constitucionais**. São Paulo: Malheiros, 2009.

MENDONÇA, André Luiz de Almeida. Recuperação de ativos e combate à corrupção. *In*: BECHARA, Fábio Ramazzini (coord.) *et al.* **Corrupção**. São Paulo: Almedina, 2020.

MENDONÇA. Andrey Borges de. Os benefícios possíveis na colaboração premiada: entre a legalidade e a autonomia da vontade. *In*: BOTTINI, Pierpaolo Cruz; MOURA, Maria Thereza de Assis (orgs.). **Colaboração Premiada**. São Paulo: Revista dos Tribunais, 2017.

MERÇON-VARGAS, Sarah. **Teoria do processo judicial punitivo não penal**. Salvador: Juspodivm, 2018.

MEXÍA, Pablo García. **Los conflictos de intereses y la corrupción contemporânea**. Pamplona: Arazandi, 2001.

MIRANDA, Gustavo Senna. **Princípio do juiz natural e sua aplicação na Lei de Improbidade Administrativa**. São Paulo: Revista dos Tribunais, 2007.

MONGILLO, Vincenzo. **La corruzione tra sfera interna e dimensione internazionale**: effeti, potenzialità e limiti di un dirito penale "multilivello" dallo Stato-nazione alla globalizzazione. Napoli: Edizioni Scientifiche Italiane, 2012.

MONTE, Alfredo del; PAPAGNI, Erasmo. The determinants of corruption in Italy: regional panel data analysis. **European Journal of Political Economy**, v. 23, n. 2, p. 379-396, 2007.

MORALES, Luis Gerardo González. **The economics of corruption and bureaucratic inefficiency in weak states**: theory and evidence. Frankfut am Main: Peter Lang Publishing, 2003.

MOREIRA NETO, Diogo de Figueiredo; FREITAS, Rafael Véras de. A juridicidade da Lei Anticorrupção: reflexões e interpretações prospectivas. **Fórum Administrativo**, Belo Horizonte, ano 14, n. 156, p. 9-20, fev. 2014.

—; GARCIA, Flávio Amaral. A principiologia no Direito Administrativo sancionador. **Revista Brasileira de Direito Público**, Belo Horizonte, v. 11, n. 43, p. 9-28, out./dez. 2013.

MOREIRA, Egon Bockmann; BAGATIN, Andreia Cristina. Lei Anticorrupção e quatro de seus principais temas: responsabilidade objetiva, desconsideração societária, acordos de leniência e regulamentos administrativos. **Revista de Direito Público da Economia**, Belo Horizonte, ano 12, n. 47, p. 55-84, jul./set. 2014.

MOREIRA, José Carlos Barbosa. A ação popular do Direito brasileiro como instrumento da tutela jurisdicional dos chamados "interesses difusos". **Revista de Processo**, São Paulo, ano 7, n. 28, out./dez. 1982.

— A legitimação para a defesa dos interesses difusos no Direito brasileiro. *In*: **Temas de Direito Processual** – Terceira Série. São Paulo: Saraiva, 1984.

MULAS, Nieves Sanz. Corrupción urbanística (la mezcla de cemento, ayuntamientos y comisiones ilegales). **La Ley Penal**: Revista de Derecho Penal, Procesal y Penitenciario, n. 45, p. 66-91, 2008.

NASCIMENTO, Melillo Dinis do (org.). **Lei Anticorrupção Empresarial**: aspectos críticos à Lei n. 12.846/2013. Belo Horizonte: Fórum, 2014.

NEISSER, Fernando Gaspar. **Dolo e culpa na corrupção política**: improbidade e imputação objetiva. Belo Horizonte: Fórum, 2019.

NEVES, Daniel Amorim Assumpção; OLIVEIRA, Rafael Carvalho Rezende. **Improbidade administrativa**: direito material e processual. 8. ed. São Paulo: Forense, 2020.

—; OLIVEIRA, Rafael Carvalho Rezende. O sistema brasileiro de combate à corrupção e a Lei n. 12.846/2013 (Lei anticorrupção). **Revista Brasileira de Direito Público**, Belo Horizonte, ano 12, n. 44, p. 9-21, jan./mar. 2014.

NOHARA, Irene Patrícia; PEREIRA, Flávio de Leão Bastos. Introjeção da disciplina legal de combate à corrupção no Brasil: inspiração e regime jurídico. *In*: CASTRO, Manuella Santos de (org.) *et al.* **Governança, *compliance* e corrupção**. São Paulo: Almedina, 2019.

OCAMPO, Luis Moreno. La corrupción es una forma de abuso de poder. **Pena y Estado**: Revista Latinoamericana de Política Criminal, n. 1, Buenos Aires p. 205-228, 1995.

OLIVEIRA, José Roberto Pimenta. **Improbidade administrativa e sua autonomia constitucional**. Belo Horizonte: Fórum, 2009.

ORTONAL, Marcelo Augusto Biehl. **O novo papel dos Tribunais de Contas no microssistema de combate à corrupção administrativa**. Tese de Doutorado. Universidade Federal do Paraná, Curitiba, 2019.

OSÓRIO, Fábio Medina. **Improbidade administrativa**. Porto Alegre: Síntese, 1998.

— **Teoria da improbidade administrativa**: má gestão pública, corrupção e ineficiência. São Paulo: Revista dos Tribunais, 2013.

PAGOTTO, Leopoldo Ubiratan Carreiro. **O combate à corrupção**: a contribuição do Direito Econômico. 2010. 409 f. Tese (Doutorado em Direito Econômico, Financeiro e Tributário) – Faculdade de Direito, Universidade de São Paulo, São Paulo, 2010.

PAZZAGLINI FILHO, Marino. Lei **de improbidade administrativa comentada**. São Paulo: Atlas, 2002.

PEIXOTO, Ravi. ***Standards* probatórios no Direito Processual brasileiro**. Salvador: Juspo-divm, 2021.

PERDOMO, Alberto Poveda. **La corrupción y el régimen**. 2. ed. Santa Fe de Bogotá: Ediciones Libreria del Profesional, 2000.

PEREIRA, Rafael. Parâmetros para aplicação do acordo de não persecução cível criado pelo Pacote Anticrime (Lei n. 13.964/2019). *In*: CAMBI, Eduardo; SILVA, Danni Sales Silva; MARINELA, Fernanda Marinela (org.). **Pacote Anticrime**: volume I. Curitiba: Escola Superior do MPPR, p. 211-235, 2020.

PÉREZ, Jesús González. **Corrupción, ética y moral en las administraciones públicas**. Pamplona: Civitas, 2014.

PEREZ, Marcos Augusto. Acordos de leniência no processo administrativo anticorrupção brasileiro. *In*: Alexandre J. Carneiro da Cunha Filho; Glaucio Roberto Brittes de Araújo; Roberto Livianu; Ulisses Augusto Pascolati Junior (org.). **48 Visões sobre a corrupção**. São Paulo: Quartier Latin, v. 1, p. 655-670, 2016.

PETEAN, Fabiano Augusto. **Lei Anticorrupção**: sanções na defesa da livre concorrência. Curitiba: Appris, 2019.

PIETRO, Maria Sylvia Zanella Di. **Direito Administrativo**. 27. ed. São Paulo: Atlas, 2014.

— **Lei Anticorrupção comentada**. Belo Horizonte: Fórum, 2017.

PINOTTI, Maria Cristina. Corrupção, instituições e estagnação econômica: Brasil e Itália. *In*: ___________ (org.). **Corrupção**: Lava Jato e Mãos Limpas. São Paulo: Portfolio-Penguin, 2019.

PINTO, Felipe Chiarello de Souza; SILVA, Amanda Scalisse. A exigência de compliance nas contratações públicas. *In*: CASTRO, Manuella Santos de (org.) *et al.* **Governança, *compliance* e corrupção**. São Paulo: Almedina, 2019.

PIRES, Antonio Cecilio Moreira; PIRES, Lilian Regina Gabriel Moreira. Governança pública como forma de controle da corrupção. *In*: CASTRO, Manuella Santos de (org.) *et al.* **Governança, *compliance* e corrupção**. São Paulo: Almedina, 2019.

PIRES, Luis Manuel Fonseca; Zocun, Mauricio; ADRI, Renata Porto (coord.). **Corrupção, ética e moralidade administrativa**. Belo Horizonte: Fórum, 2008.

POLILLO, Renato Romero. **Responsabilidade e corrupção**. São Paulo: Contracorrente, 2020.

POMER, Leon. **La corrupción**: una cultura argentina. Buenos Aires: Leviatan, 2004.

PORTA, Donatella Della. **Corruzione politica e amministrazione pubblica**: risorse, meccanismi, attori. Bologna: Il Mulino, 1994.

POZO, Miguel Ángel Encinar Del. **El delito de corrupción privada en el ámbito de los negocios**. Cizur Menor: Editorial Aranzadi, 2016.

PRADO, Francisco Octavio de Almeida. **Improbidade administrativa**. São Paulo: Malheiros, 2001.

PROENÇA, José Marcelo Martins. Custo econômico da corrupção para as empresas. *In*: BECHARA, Fábio Ramazzini (coord.) *et al.* **Corrupção**. São Paulo: Almedina, 2020.

PUERTA, Maria José Rodríguez. **El delito de cohecho**: problemática jurídico penal del soborno de funcionários. Pamplona: Aranzadi, 1999.

QUEIROZ, Maria Regina Ferro. **Perfil processual da lei de improbidade administrativa**. 2004, 434 f. Dissertação (Mestrado em Direito Processual Civil) – Faculdade de Direito, Universidade de São Paulo, São Paulo, 2004.

QUIROZ, Alfonso W. Corrupción, burocracia colonial y veteranos separatistas en Cuba, 1868-1910. **Revista de Indias**, v. 61, n. 221, p. 91-112, 2001.

— Redes de alta corrupción en el Perú: poder y venalidad desde el Virrey Amat a Montesinos. **Revista de Indias**, v. 66, n. 236, p. 237-248, abr. 2006.

RAINS, Luisa; FEBRES, Jorge. La corrupción en el ámbito de la administración tributaria. **Seminario Regional de Política Fiscal**, Santiago de Chile, v. 10, p. 1-23, enero 1998.

REGIANI, Tatiana. *Compliance* como ferramenta no âmbito da governança corporativa de empresas em crise. *In*: CASTRO, Manuella Santos de (org.) *et al.* **Governança, *compliance* e corrupção**. São Paulo: Almedina, 2019.

REISMAN, William Michael. **¿Remedios contra la corrupción?** Cohecho, cruzadas y reforma. México: Fondo de Cultura Económica, 1984.

REOS, Orlando A. Efectos económicos de la corrupción. **Ética y Gobernabilidad**, n. 7, 2005.

REZZOAGLI, Bruno Ariel. **Corrupción y contratos públicos**: una visión desde la fiscalización del Tribunal de Cuentas. Salamanca: Ratio Legis, 2005.

— **Licitaciones públicas, corrupción y control fiscalizador**. México: Instituto de Estudios Superiores en Derecho Penal, 2004.

RIBAS JUNIOR, Salomão. **Corrupção pública e privada:** quatro aspectos: ética no serviço público, contratos, financiamento eleitoral e controle. Belo Horizonte: Fórum, 2014.

RIMONDI, Jorge Luis. **Calificación legal de los actos de corrupción en la Administración Pública**. Buenos Aires: Ad-Hoc, 2006.

RIPOLLÉS, José Luis Díez; GÓMEZ-CÉSPEDES, Alejandra. La corrupción urbanística: estrategias de análisis. **Revista Española de Investigación Criminológica**, n. 6, p. 1-37, abr. 2008.

ROCK, Michael T.; BONNETT, Heidi. The comparative politics of corruption: accounting for the East Asian paradox in empirical studies of corruption, growth and investment. **World Development**, v. 32, n. 6, p. 999-1017, 2004.

RODRÍGUEZ, Víctor Gabriel Oliveira. Mensalão: Liberdade, injusto massacre da imprensa e algum testemunho pessoal. *In*: PEDRINA, Gustavo Mascarenhas Lacerda (org.). **AP 470**: análise da intervenção da mídia no julgamento do mensalão a partir de entrevistas com a defesa, São Paulo: LiberArs, p. 21-30, 2013.

ROSE-ACKERMAN, Susan. Corruption. *In*: NEWMAN, Peter (ed.). **The New Palgrave Dictionary of Economics and the Law**. London: Macmillan, p. 517-522, 1998.

— **Corruption**: a study in political economy. New York: Academic Press, 1978.

— Desarrollo y corrupción: gestión y análisis de políticas públicas. **Gestión Análisis de Políticas Públicas**, n. 21, p. 5-21, mayo/agosto 2001.

— **La corrupción y los gobiernos**: causas, consecuencias y reforma. Madrid: Siglo XXI de España Editores, 2001.

— Medidas anticorrupción. **Conferencia sobre Transición y Consolidación Democráticas**, Madrid, 19-27 oct. 2001, p. 63-138, 2002.

— The challenge of poor governance and corruption. **Revista Direito GV**, v. 1, p. 207-266, 2005.

— The economics of corruption. **Journal of Public Economics**, n. 4, issue 2, p. 187-203, 1975.

—; PALIFKA, Bonnie J. **Corruption and government**: causes, consequences and reform. 2. ed. New York: Cambridge University Press, 2016.

ROTHSTEIN, Bo; USLANER, Eric M. All for one: equality, corruption, and social trust. **World Politics**, v. 58, n. 1, p. 41-72, oct. 2005.

SAGUIER, Eduardo R. La corrupción administrativa como mecanismo de acumulación y engendrador de una burguesía comercial local. **Anuario de Estudios Americanos**, v. 46, 1989.

SANCHEZ, Demelsa Benito. **El delito de corrupción en las transacciones comerciales internacionales**. Madrid: Iustel, 2012.

—; CERINA, Giorgio Dario M. Apuntes sobre los delitos de corrupción: problemas actuales y perspectivas de reforma. *In*: DIAZ-SANTOS, Maria Rosario; RODRÍGUEZ, Nuria Matellanes; CAPARRÓS, Eduardo A. Fabían (coord.). **De los delitos y de las penas, hoy**: la nueva reforma del Código Penal. Salamanca: Rattio Legis, p. 61-94, 2009.

SANTOS, Carlos Frederico Brito dos. **Improbidade administrativa**: reflexões sobre a Lei n. 8.429/92. Rio de Janeiro: Forense, 2002

SANTOS, Christiano Jorge; MARQUES, Silvio Antonio. Pacote Anticrime (Lei 13.964/2019) e acordo de não persecução cível na fase pré-processual: entre o dogmatismo e o pragmatismo. **Revista de Processo**, v. 303, p. 291-314, mai. 2020.

SANTOS, Kleber Bispo dos. **Improbidade administrativa e atentado aos princípios da administração pública**. Belo Horizonte: Fórum, 2011.

SANTOS, Roberto Lima. Direito fundamental à probidade administrativa e as convenções internacionais de combate à corrupção. **Revista de Doutrina da 4ª Região**, Porto Alegre, n. 50, out. 2012.

SAPELLI, Giulio. **Cleptocracia**: el "mecanismo único" de la corrupción entre economía y política. Buenos Aires: Losada, 1998.

SAUTU, Ruth. **Catálogo de prácticas corruptas**: corrupción, confianza y democracia. Buenos Aires: Lumiere, 2004.

SCAFF, Fernando Facury; SILVEIRA, Renato de Mello Jorge. Lei Anticorrupção é substancialmente de caráter penal. **Revista Eletrônica Conjur**, 5 fev. 2014. Coluna Lei da Compliance. Disponível em: https://www.conjur.com.br/2014-fev-05/renato-silveira-fernando-scaff-lei-anticorrupcao-carater-penal. Acesso em: 13 mai. 2021.

SEÑA, Jorge F. Malem. **La corrupción**: aspectos éticos, económicos políticos y jurídicos. Barcelona: Gedisa, 2002.

SERRANO, Pedro Estevam Alves Pinto. A responsabilidade objetiva da lei anticorrupção. **Revista do Advogado**, São Paulo, v. 34, n. 125, p. 106-114, dez. 2014.

SHAH, Anwar; SCHACTER, Mark. Combating corruption: look before you leap. **Finance Development**, n. 41, p. 40-43, dec. 2004.

SICA, Heitor Vitor Mendonça. Aspectos do pedido na ação de improbidade administrativa. **Revista de Processo**, São Paulo, v. 34, n. 178, p. 76-105, dez. 2009.

SILK, J. Riffault. La lutte contre la corruption nationale et internationale par les moyens du droit pénal. **Revue Internationale de Droit Comparé**, v. 54, n. 2, p. 639-662, 2002.

SILVA, De Plácido e. **Vocabulário jurídico**. Rio de Janeiro: Forense, v. I, 1984.

SILVA SÁNCHEZ, Jesús-Maria. Deberes de vigilância y compliance empresarial. *In*: KUHLEN, L.; MONTIEL, J. P.; GIMENO, I. O. U. (Org.). **Compliance y teoría del Derecho Penal**. Madrid: Marcial Pons, 2013.

SILVEIRA, Renato de Mello Jorge. O acordo de leniência na lei anticorrupção. **Revista dos Tribunais**, São Paulo, v. 103, n. 947, p. 157-78, set. 2014.

—; SAAD-DINIZ, Eduardo. ***Compliance*, Direito Penal e lei anticorrupção**. São Paulo: Saraiva, 2015.

SIMÃO, José Fernando. Prescrição e decadência: tempo de esclarecer controvérsias. *In*: CASSETTARI, Christiano; CAMARGO VIANA, Rui Geraldo (org.). **10 anos de vigência do Código Civil brasileiro de 2002**: estudos em homenagem ao professor Carlos Alberto Dabus Maluf. São Paulo: Saraiva, v. 1, p. 216-238, 2013.

SIMÃO, Valdir Moysés. *Compliance* e setor privado. *In*: BECHARA, Fábio Ramazzini (coord.) *et al.* **Corrupção**. São Paulo: Almedina, 2020.

SOUSA, Monica Teresa Costa; VILELA, Alex Bruno Canela. A contribuição das Nações Unidas no combate à corrupção: evolução normativa e perspectiva internacional. **Revista de Direito da Administração Pública**, Rio de Janeiro, ano 3, v. 1, n. 2, p. 135-160, jul./dez. 2018.

SOUZA, Luciano Anderson de. Lei Anticorrupção: avanços e desafios. **Revista Brasileira de Ciências Criminais**, São Paulo, v. 22, n. 256, p. 4-5, mar. 2014.

— Lei Anticorrupção: balanço de um semestre de muitos desacertos. **Revista Brasileira de Ciências Criminais**, São Paulo, v. 22, n. 260, p. 11-12, jun. 2014.

SOUZA, Patrícia Veronica Nunes Carvalho Sobra de. **Corrupção e improbidade**: críticas e controle. Belo Horizonte: Fórum, 2012.

SPINELLI, Mário. Mecanismos de prevenção e controle da corrupção: a estruturação de sistemas de integridade na Administração Pública. *In*: BECHARA, Fábio Ramazzini (coord.) *et al.* **Corrupção**. São Paulo: Almedina, 2020.

STRECK, Lenio Luiz. **Verdade e Consenso**: Constituição, hermenêutica e teorias discursivas. Rio de Janeiro: Editora Lumen Juris, 2006.

TAMASAUSKAS, Igor Sant'Anna; BOTTINI, Pierpaolo Cruz. A interpretação constitucional possível da responsabilidade objetiva na lei anticorrupção. **Revista dos Tribunais**, São Paulo, v. 103, n. 947, p. 133-155, set. 2014.

TORRE, Ignacio Berdugo Gómez de la. La respuesta penal internacional frente a la corrupción. Consecuencias sobre la legislación española. **Revista de la Universidad de Deusto**, p. 229-265, 63/2015.

UBIETO, Emilio Octavio de Toledo y. Poderes públicos y corrupción: delitos contra el correcto ejercicio de los poderes públicos y alcance de la noción jurídico penal de corrupción. *In*: CONDE, Francisco Muñoz; PITA (coord.). **Problemas actuales del Derecho Penal y la criminologia**: estudios penales en memoria de la Profesora Dra. María del Mar Díaz Pita. Valencia: Tirant Lo Blanch, p. 1009-1030, 2008.

VALENTE, Victor Augusto Estevam. Lei anticorrupção: aspectos penais e processuais penais à luz do diálogo das fontes. **Boletim IBCCRIM**, São Paulo, v. 23, n. 278, p. 6-8, jan. 2016.

VANEGAS, Farid Samir Benavides. Corrupción, violencia y Derecho Penal. **Derecho Penal y Criminología**, v. 21, n. 68, p. 145-169, enero 2000.

VÁZQUEZ, Manuel A. Abanto. La lucha contra la corrupción en un mundo globalizado. *In*: PUERTO, Ricardo Predo del (coord.). **Apuntes de Derecho Penal Económico**. Asunción: Instituto de Estudios para la Consolidacion del Estado de Derecho, v. 3, p. 9-71, 2013.

VÁZQUEZ, Rodolfo. Corrupción política y responsabilidad de los servidores públicos. **Doxa, Cuadernos de Filosofia del Derecho**, n. 30, p. 205-216, 2007.

VERÍSSIMO, Carla. ***Compliance***: incentivo à adoção de medidas anticorrupção. São Paulo: Saraiva, 2018.

VIGLIAR, José Marcelo Menezes. **Tutela jurisdicional coletiva**. 3. ed. São Paulo: Atlas, 2001.

VILLA, Fernando Gil. **La cultura de la corrrupción**. Madrid: Maia Ediciones, 2008.

VILLAREJO, Julio Díaz-Maroto y. La corrupción en las transacciones comerciales internacionales: el art. 445 del código penal español. **Icade, Revista Cuatrimestral de las Facultades de Derecho y Ciencias Económicas y Empresariales**, n. 74, p. 199-223, mayo/agosto 2008.

ZANELLA, Everton Luiz. O combate da corrupção e o princípio da eficiência no Direito Penal. *In*: CASTRO, Manuella Santos de (org.) *et al.* **Governança, *compliance* e corrupção**. São Paulo: Almedina, 2019.

ZAVASCKI, Teori Albino. **Processo coletivo**: tutela de direitos coletivos e tutela coletiva de direitos. São Paulo: Revista dos Tribunais, 2006.

ZILLI, Marcos Alexandre. A colaboração premiada nos trópicos. Autonomia das partes e o imperativo controle judicial. Leituras sobre a Lei 12.850/13 à luz da eficiência e do garantismo. *In*: CUNHA FILHO, Alexandre Jorge Carneiro da (coord.) *et al.* **48 visões sobre a corrupção**. São Paulo: Quartier Latin, 2016.

— Ainda sobre as saúvas. *In*: BECHARA, Fábio Ramazzini (coord.) *et al.* **Corrupção**. São Paulo: Almedina, 2020.

ZUGAZA, Laura Alcaide. Corrupción: obstáculo al desarrollo económico. **Economía Exterior**, n. 31, p. 125-132, 2004.

ZULAUF, Urs. Fondi provenienti da corruzione e fondi di potentati. **Rivista Trimestrale di Diritto Penale dell'Economia**, v. 45, n. 3, p. 629-643, 2002.

SOFIA SANTOS E RITA ALMEIDA DIAS
COORDENAÇÃO DE CONTEÚDOS

SUSTENTABILIDADE, COMPETITIVIDADE E EQUIDADE AMBIENTAL E SOCIAL

ALMEDINA

SUSTENTABILIDADE, COMPETITIVIDADE
E EQUIDADE AMBIENTAL E SOCIAL

COORDENAÇÃO
SOFIA SANTOS E RITA ALMEIDA DIAS

EDITOR
EDIÇÕES ALMEDINA, SA
Av. Fernão de Magalhães, n.° 584, 5.° Andar
3000-174 Coimbra
Tel.: 239 851 904
Fax: 239 851 901
www.almedina.net
editora@almedina.net

PRÉ-IMPRESSÃO | IMPRESSÃO | ACABAMENTO
G.C. – GRÁFICA DE COIMBRA, LDA.
Palheira – Assafarge
3001-453 Coimbra
producao@graficadecoimbra.pt

Abril, 2008

DEPÓSITO LEGAL
273798/08

Biblioteca Nacional de Portugal - Catalogação na Publicação

Sustentabilidade, competitividade e equidade ambiental e
social / coord. Sofia Santos, Rita Almeida Dias
ISBN 978-972-40-3466-9

I - SANTOS, Sofia
II - DIAS, Rita Almeida

CDU 005
502
316

ÍNDICE

PREFÁCIO

A revista Im))pactus foi lançada em Abril de 2004, com o objectivo de informar as empresas, universidades e o cidadão em geral sobre os desafios e o valor do conceito de sustentabilidade empresarial na gestão das organizações e no desenvolvimento nacional. Foi uma iniciativa inovadora sendo, até agora, a única revista Portuguesa totalmente dedicada a este tema, mantendo uma rede de contactos e de parcerias relevantes com as principais organizações internacionais que trabalham neste tema.

Tendo o tema da sustentabilidade empresarial vindo, de forma crescente, a fazer parte dos conteúdos de alguns dos principais jornais nacionais, conferências, debates e até programas televisivos, a equipa da Im))pactus acredita que este projecto teve uma contribuição significativa para esse facto. Acreditamos também que a sustentabilidade não é uma moda, mas antes a primeira manifestação da tão falada "mudança de paradigma", onde a economia de mercado internaliza os aspectos ambientais e sociais nos seus processos de decisão. A sustentabilidade é um processo evolutivo, criativo e sistémico, cada vez mais valorizado pelos investidores e consumidores, sendo um tema que passará a ser parte integrante dos cursos universitários e mesmo do conteúdo formativo ao nível do ensino secundário.

Ao longo dos últimos 4 anos, o número de empresas Portuguesas que realiza relatórios de sustentabilidade tem vindo a aumentar consideravelmente, existindo hoje cerca de 50 organizações do sector privado que relatam o seu desempenho integrado. Apesar da mera publicação de um relatório desta natureza não significar o empenho efectivo da empresa para com a minimização dos seus impactes ambientais, para com a sua partilha de valor com a sociedade e para com os seus *stakeholders* – através de um modelo de governance transparente e participativo, esta evolução significa que o reconhecimento do tema está presente nas empresas Portuguesas. Atendendo a que a sustentabilidade empresarial não se ensina (ainda) nas escolas e universidades (a não ser em algumas pós-graduações que começam agora a surgir), e que as empresas necessitam cada vez mais de trabalhar este tema, esta área pode também ser vista como uma oportunidade de se desenvolverem competências específicas, uma vez que poderão surgir oportunidades de emprego.

É neste contexto – o da partilha de conhecimento e da sua divulgação máxima – que a Im))pactus entra agora numa nova fase. Após onze edições trimestrais, a Im))pactus aposta agora na publicação deste livro inserido num ciclo de 4 conferências com a Editora Almedina, e na criação de um portal na internet em Inglês, que pretende ser o local virtual onde quem quiser iniciar a sua busca de informação sobre o tema, conseguirá identificar os principais players, temas e tendências futuras. Uma vez que a Im))pactus vinha a receber de forma crescente trabalhos realizados por alunos sobre o tema da sustentabilidade e, não existindo uma base de dados centralizada sobre o que o mundo académico Português faz nesta àrea, o portal abre também um secção unicamente dedicada à componente académica, que pretende ser um depositório de todos os trabalhos que as escolas, universidades e outros institutos realizem neste âmbito.

A opção por um site em Inglês está também associado ao objectivo máximo da Im))pactus – o de transmitir conhecimento. As edições anteriores da Im))pactus já estão disponíveis online em Portuguê e em Inglês e continuarão a estar. Numa sociedade globalizada, os jovens gestores de hoje e de amanhã devem pensar à escala global, de forma a que a economia Portuguesa possa crescer para fora e não curvada sobre si mesma. Devido às parcerias e contactos internacionais que temos, optámos por apostar na projecção internacional do site, dos seus conteúdos e das empresas que o apoiam. Pensamos que desta forma podemos por um lado atingir mais público-alvo com as nossas edições, mas principalmente, facilitar o diálogo e a troca de conteúdos com aqueles que têm experiências interessantes para partilhar connosco – uma pequena economia europeia.

Esta nova fase da Im))pactus passa também pela sua mudança de propriedade, passando agora a ser propriedade da Sustentare Lda, uma empresa de consultoria. Não obstante este facto, a linha editorial da Im))pactus, os seus objectivos e abertura para a divulgação de conteúdos escritos pelos vários *stakeholders*, não sofrem qualquer alteração, mantendo-se assim uma linha orientadora de insenção e imparcialidade. A Im))pactus foi e continuará a ser, um canal de diálogo e de divulgação de conhecimento.

Todo este percurso teve o apoio de várias pessoas e entidades, que desde sempre nos incentivaram a desenvolver e a melhorar este projecto. A Fundação Luso-Americana, em particular o Sr. Charles Buchanan, merece todo o nosso respeito e agradecimento profundo, por ter acreditado na capacidade mobilizadora que a Im))pactus poderia trazer. O Grupo Portucel Soporcel, em particular o Eng. João Soares, constituiu também um parceiro constante ao longo destes anos, tendo contribuído não só para a execução física da revista, mas também para a "manutenção" de um espírito motivador que nos ajudou a superar alguns momentos mais complicados. Um agradecimento muito especial à Gráfia Fernandes & Terceiro, na pessoa da Arquitecta Leonilde Terceiro, que nos financiou as primeiras duas edições impressas da Im))pactus. Sem este apoio, não teria sido possível criar o projecto que temos hoje. Para além deste apoio incondicional ao arranque da Im))pactus, esta parceria tem-nos vindo a dar também fortes lições de vida que nos acompanharam nas nossas acções como, empresárias e como cidadãs. À Professora Constança Peneda segue também um especial agradecimento pelo incentivo que nos tem vindo a dar ao longo dos anos. Agradecemos a todo o Conselho Editorial por ter acreditado neste projecto, e ter assim conferido a relevância institucional necessária ao arranque de qualquer projecto desta natureza.

Esperamos continuar a responder aos desafios, melhorando cada vez mais a qualidade dos conteúdos. Mas, principalmente, ambicionamos poder contribuir para a criação de um país assente num crescimento sustentável, onde o ambiente, o bem-estar social, a transparência, a igualdade de oportunidades e uma cultura de méritocracia, estejam presentes no core business de qualquer organização.

Sofia Santos e Rita Almeida Dias

ENQUADRAMENTO

O Papel da Sustentabilidade na Globalização Económica

A COMPETITIVIDADE RESPONSÁVEL

Por SIMON ZADEK
Im))pactus n.° 0 Abril 2004

A Competitividade Responsável

Um estudo recente da AccountAbility demonstra que a responsabilidade corporativa pode ter um papel importante na promoção da competitividade responsável das nações. O estudo, que lançou ainda o primeiro Índice de Competitividade Responsável, ordena os países de acordo com a importância que a responsabilidade corporativa tem no impulsionamento da sua competitividade internacional.

Por Simon Zadek*

Poderá a prática crescente da responsabilidade corporativa ter um papel significativo, quer na definição dos mercados futuros, quer no modo como exerce pressão no sentido de mudanças sociais e ambientais? Se sim, deve-se ambicionar que estas práticas passem a ser perfeitamente usuais. Se não, precisamos de seguir em frente, e deixar que a responsabilidade corporativa se afunde na história como um cenário incomum de empresas responsáveis.

Um novo estudo da *AccountAbility* sugere que a responsabilidade corporativa pode ter um papel importante na promoção da competitividade responsável das nações: a chave para o avanço do desenvolvimento económico sustentável equitativo. O estudo, lançado em Dezembro de 2003 no Brasil, aquando da presença de Kofi Annan no *Business Responsibility Initiative* do *UN Global Com-*

---

* Simon Zadek é *Chief Executive* da *AccountAbility*. Este texto tem por base um artigo publicado em Fevereiro na edição *AccountAbility Forum*, que foca o desenvolvimento económico e a responsabilidade competitiva. A informação acerca do Índice de Responsabilidade Competitiva 2003, bem como outras publicações, podem ser encontradas em www.accountability.org.uk

pact, lança o primeiro Índice mundial de Competitividade Responsável. O índice, proveniente de dados e metodologias de diversas fontes como a *Standard & Poor's*, a *Transparency International,* as Nações Unidas e o Fórum Económico Mundial, ordena os países de acordo com a importância que a responsabilidade corporativa tem no impulsionamento da sua competitividade internacional. Existem duas etapas em causa neste trabalho:

1 – Desenvolver um subíndice de responsabilidade corporativa nacional, de modo a captar a existência, ou não, de um ambiente nacional que promova as práticas de responsabilidade corporativa, para depois analisar a relação entre esta medida e desempenho económico do país;

2 – Incorporar esta medida como uma componente adicional aos já existentes índices de competitividade, criando o Índice de Competitividade Responsável (ICR), que permitiria iniciar uma análise exploratória sobre que papel a responsabilidade corporativa tem na competitividade quando comparada com os outros factores comuns como a tecnologia, a inovação, a estratégia da empresa, o capital humano, as instituições públicas, as infra-estrututas e o contexto macroeconómico.

O Índice da Competitividade Responsável foi construído usando dados organizados segundo sete temas, tal como definido na tabela.

Variáveis e indicadores na base da construção
do subíndice de responsabilidade corporativa nacional

Temas	Dados
Corporate governance	Transparência e existência de dados de *rating* (*Standard & Poor's*; não existente para todos os países) Importância das auditorias e das normas utilizadas nessas auditorias (questionários) Os conselhos de administração são independentes? (questionários)
Práticas éticas	Índice de Corrupção (questionários, *Transparency International*; não existente para todos os países) Medidas *anti-dumping* contra um país / biliões de dólares em exportações (OMC/BM) Os negócios e os custos da corrupção (questionários) A força da ética corporativa (questionários)
Formulação progressiva das políticas a implementar	Serão os ganhos ambientais hostis? (questionários) Os regulamentos pretendidos são muito exigentes? (questionários) Ratificação do Protocolo de Quioto (*UN FCCC*) Quem assinou o *UN Global Compact* (empresas por bilião de dólares do RNB, dados difíceis de obter, *UN GC*)

Construção de capital humano	Acidentes fatais por 100.000 trabalhadores (OIT; não existente para todos os países) Formação dos trabalhadores (questionários) Legislação sobre a protecção dos trabalhadores (OCDE; não existem para todos os países) Índices de empregabilidade por lei (*World Bank Doing Business*)
Compromisso com a sociedade	Grau de liberdade cívica (*Freedom House*) Número de grupos de consumidores por dez mil pessoas (*Consumers International*) Confiança pública nas empresas (questionário da *Environics*; não existentr para todos os países) Sofisticação dos consumidores (questionários) Empresas orientadas para o cliente (questionários)
Contribuição para as finanças públicas	Níveis de impostos sobre as empresas (FEM / OCDE) Existência de irregularidades no pagamento dos impostos (questionários) Gastos públicos em educação como % da despesa total pública e do PNB (PNUD)
Gestão ambiental	Cumprimento com a legislação ambiental (questionários) Existência de sistemas de gestão ambiental (questionários) Emissões de dióxido de carbono por unidade de Produto Internacional Bruto (*International Energy Institute*) Número de empresas cotadas no *Dow Jones Sustainability Index* como % da totalidade das empresas (*DJSI* / Banco Mundial)

Neste contexto, algumas das conclusões interessantes são:

Os países escandinavos e do norte da Europa têm um elevado desempenho. A Finlândia é claramente o vencedor, e a Nova Zelândia e a Austrália juntam-se aos europeus nos oitavo e décimo lugar respectivamente; o Canadá, o Panamá, a Costa Rica e Israel ocupam posições superiores a alguns países europeus, entre os 25 primeiros classificados. O Japão, os EUA e os ex-Tigres Asiáticos ocupam posições centrais na escala, seguidos de muito perto por alguns dos países mais dinâmicos economicamente, como o Chile, a África do Sul, a Índia e o Brasil. Os países da Europa de Leste estão apenas ligeiramente à frente de alguns dos países mais pobres como o Vietname e a Bolívia.

A segunda etapa deste estudo implicou que se estabelecesse uma ligação entre responsabilidade corporativa e competitividade, através da integração do subíndice de responsabilidade corporativa nacional nos índices de competitividade já existentes, nomeadamente nos índices do Fórum Económico Mundial (FEM).

Na nossa amostra de 51 países constatámos que os índices mais conhecidos (tal como o Índice de Crescimento Competitivo do FEM que inclui componentes associadas à tecnologia, às instituições públicas e macroeconómicas) já estão fortemente correlacionados com o Rendimento Nacional Bruto. Mas descobrimos que o seu poder explicativo pode ser ainda mais aperfeiçoado se lhe for adicionado o subíndice sobre a responsabilidade corporativa nacional como uma componente adicional. O resultado principal deste estudo é que, de facto, a responsabilidade corporativa tem impacto na competitividade nacional. Isto vem acrescentar novos dados ao modo como as empresas e os governos podem trabalhar em conjunto na recriação dos mercados globalizados do futuro. Tal como Peter Cornelius, agora na Shell, e até há pouco tempo director do Programa de Competitividade do FEM, conclui, "a competitividade das nações e a produtividade subjacente, é claramente afectada pelo modo como a comunidade empresarial lida com os assuntos sociais e ambientais. Este estudo oferece, pela primeira vez, um conhecimento profundo sobre como esta relação pode ser, e como deve ser gerida de modo a avançarmos em direcção ao futuro".

É crucial reter que alguns dos países abrangidos por esta análise, como os EUA mas também a China, o Japão e a Coreia, têm um défice de responsabilidade significativo, sugerindo um crescimento económico potencial mais baixo do que previamente projectado. Dezasseis dos 51 países, incluindo a Dinamarca, a Costa Rica e a Bolívia, têm um superavit de responsabilidade, sugerindo que poderiam realizar ganhos competitivos com base na sua responsabilidade corporativa. Mas, tal como todos os almoços políticos, eles não são de graça. Ser simplesmente responsável não implica competitividade. A directiva europeia dos Químicos é um exemplo a apontar, já que existe uma preocupação partilhada de que o modo como foi descrita terá um impacto negativo na competitividade.

O estudo mostra a necessidade em se ser inteligente no modo como se avança na implementação dos vários aspectos da responsabilidade corporativa, para que se verifiquem os resultados desejados. O Cambodja e El Salvador, por exemplo, estão activamente a analisar de que modo a responsabilidade corporativa poderá representar uma vantagem competitiva sem preço para as indústrias têxteis e outras paralelas, devido ao receio da competição chinesa, que surgirá com o fim do Acordo das Multi-Fibras, este ano.

À nossa escala, a *Accountability* está actualmente a trabalhar com a Assembleia de Londres, na análise de como a responsabilidade corporativa poderá promover a competitividade global da cidade, uma vez que existem algumas agências de desenvolvimento regional que usam a ajuda concedida pela *Business in the Community* (BiTC).

Uma responsabilidade competitiva é fundamental para o que a globalização nos deve legar. Como Oded Grajew, ex-conselheiro especial do Presidente do Brasil e fundador e presidente do Instituto Ethos, afirma, "a responsabilidade competitiva das nações é essencial para se alcançar o desenvolvimento sustentável no mundo globalizado de hoje". A medição não é a solução, mas é essencial que se inicie um debate de modo a estruturar-se um processo de gestão de políticas potencialmente implementáveis no futuro. Como Grajew conclui, "o índice oferece uma fantástica ferramenta, permitindo que cada país meça o seu comportamento na promoção desta abordagem, bem como centrar governos, empresas e sociedade civil nas políticas necessárias para melhorar a sua posição".

Desenvolver e lançar o Índice de Competitividade Responsável é mais um passo no trabalho realizado pela *AccountAbility,* que pretende intensificar o trabalho das grandes empresas através da introdução da responsabilidade em políticas e práticas mais abrangentes. A este trabalho acresce um trabalho inicial e a uma publicação com o Centro de Copenhaga, nas ligações entre a competitividade das nações e a responsabilidade corporativa. O aspecto crucial para que qualquer índice deste tipo funcione é não só a necessidade continuada de refinamento da metodologia e dos dados, bem como que ele atinja o seu objectivo de influenciador da política pública e do pensamento e da prática das empresas. De modo a alcançar este objectivo, a *AccountAbility* está a construir um consórcio de organizações de estudo e de investigação de todas as partes do mundo, actualmente incluindo o INCAE, uma escola de gestão e instituto de investigação da Costa Rica, o Instituto de Gestão Asiático com sede nas Filipinas, a ProHumana no Chile, o Centro para Assuntos Sociais do Reino Unido e da Índia, o Instituto Africano de Cidadania Corporativa na África do Sul, o Instituto Ethos e o FDC no Brasil, a *LandCare Research* na Nova Zelândia e a unidade *Business in the Community* no Reino Unido, bem como conselheiros de muitas outras organizações incluindo a Henderson, a Comissão Europeia e o Banco Mundial. Este consórcio continuará a desenvolver o Índice de Responsabilidade Corporativa e colaborará também nas análises sectoriais e regionais lideradas por cada parceiro.

A responsabilidade corporativa não é "um negócio fechado". Não existe lei na natureza que garanta um final feliz a esta experiência social. Tal como já afirmei noutras circunstâncias, o *business case* não está aqui para ser encontrado, mas sim criado pelos líderes empresariais com inspiração, disciplina e sorte. O impacto negativo do desenvolvimento económico pode ser reduzido pelas empresas que não pagam os seus impostos, que usem a corrupção como principal ferramenta de marketing, ou que deixam um rasto irreversível de destruição humana e ambiental. A competitividade nacional pode ser alcançada de muitas formas, quer pela atribuição de subsídios à agricultura, quer pela produção e venda de drogas e armas.

A competitividade responsável pretende alcançar um papel mais activo e progressivo para as empresas, para os governos e para a sociedade civil. Mais do que isso, o conceito está relacionado com a mudança a uma escala de impacte que faça efectivamente a diferença e que dê sentido à responsabilidade corporativa. O Índice de Competitividade Responsável é uma das contribuições para que se alcance esse objectivo com práticas efectivas.

ENTREVISTA A DENNIS MEADOWS

Im))pactus n.° 7 Abr-Mar 2006

Dennis Meadows 34 Anos Depois

Im))pactus: Escreveu um livro que apresentava uma visão dramática sobre os recursos mundiais e agora, passados 30 anos, o mundo não acabou e o petróleo também não. Que comentário faz?

Dennis Meadows: Um mal-entendido comum é imaginar que, em 1972, previmos, de alguma forma, que a situação estaria complicada por volta do ano 2000. Alguns críticos disseram até, em relação ao nosso livro, em 1972, que o petróleo se esgotaria em 1990 e, até agora, o petróleo ainda não se esgotou, pelo que estávamos errados. Na verdade, se analisar o nosso livro, o cenário informático que apresentamos, verá que, até ao ano 2000, imaginamos que tudo irá correr bem relativamente a cada cenário e a cada coisa que escrevemos. Só nos períodos de 2010 e 2030 é que veremos algo acontecer. Que poderei dizer, então? No ano passado, efectuámos a nossa análise e comparámos a nossa previsão de 1972 com dados estatísticos dos últimos 20 anos. Há alguns desvios nas percentagens, mas, até aqui, estamos como esperávamos. Devo dizer ainda que, tendo em conta as notícias, os relatórios sobre as alterações climáticas dos cientistas e por aí fora, parece-me que o cenário ainda é bom.

I.: Relativamente ao seu novo livro, "Limits to Growth: The 30-Year Update", quais são as principais diferenças?

D.M.: Bem, o livro é bastante novo, principalmente em duas vertentes. Em primeiro lugar, os dados estatísticos são agora do ano 2000, ao passo que antes se referiam a 1972. E, de um modo informal, a principal razão pela qual escrevi o livro advém do facto deste se destinar a professores, pois este livro é bastante utilizado em termos académicos, e tornou-se-lhes muito difícil usar dados estatísticos que terminavam em 1999. Assim, o livro oferece mais dez anos de dados estatísticos. Esta é a primeira diferença. Em relação à segunda diferença, penso que fizemos um trabalho melhor, centrámo-nos na mensagem principal do livro.

A mensagem principal do nosso livro é sobre padrões de comportamento, da dinâmica de um sistema global que está a atingir o seu limite. Continuo a pensar que o nosso livro é único neste aspecto. Há tantos livros sobre problemas globais, mas nem um que fale sobre o padrão do comportamento dinâmico. Demonstramos que o padrão dominante do comportamento é ir longe demais. Debatemos bastante a questão sobre qual deveria ser o título do livro. Penso que o título não deveria ser "limites ao crescimento", mas, antes, "ir longe de mais", porque é essa a mensagem principal. São estas as duas principais diferenças. Utilizámos o mesmo modelo. Chegámos mais ou menos às mesmas conclusões, à excepção de que, passados 32 anos, a população é muito maior, a indústria é muito maior e os recursos naturais são muito menores. Assim, é muito mais difícil para nós imaginar mudanças que poderiam causar um resultado desejável. O colapso ligado ao facto de se ir longe de mais é agora muito mais predominante. Como pode imaginar, gastámos 32 anos, pelo que o futuro não é o mesmo que teria sido se pudéssemos começar de outro ponto em 1972.

I.: Os economistas gostam de ter modelos quantitativos que suportem as suas ideias. Neste livro, existem dois cenários principais. Como os descreve?

D.M.: Bem, na verdade, há 10 cenários no livro, mas divididos em dois tipos.

I.: Então quais são as questões-chave que tornam um deles positivo e o outro negativo?

D.M.: Permita-me, antes de tudo, salientar que a nossa análise tem sido criticada pelos economistas, penso que por duas razões: uma delas é o facto de dizermos que o crescimento não pode continuar a ser o objectivo da sociedade, e para os economistas crescer é o objectivo; em segundo lugar, afirmar que a economia é uma ciência estática, em que a oferta é igual à procura, e por aí fora. Na realidade, as teorias dizem que este sistema não é estático. Os economistas imaginam que, de alguma forma, está a encaminhar-se para a igualdade, neste momento. E nós temos uma visão totalmente diferente. Não acreditamos que a sociedade funciona em equilíbrio, mas que está em instabilidade permanente. Por isso, todo o nosso método de análise é bastante diferente daquele utilizado pelos economistas.

Qual a diferença entre estes dois sistemas? Necessitamos absolutamente de um tipo de tecnologia, não há dúvida, necessitamos absolutamente de melhorar a racionalidade do sistema de mercado, mas estas pequenas mudanças não oferecem o desenvolvimento sustentável. O desenvolvimento sustentável só surge por intermédio de uma mudança realmente profunda na cultura e na ética. Se tentarmos compreender o desenvolvimento sustentável da água como um conjunto de mudanças no mercado e na tecnologia, perdemo-nos. E nunca conseguiremos criar um sistema sustentável simplesmente por meio de alguns reajustamentos económicos no sistema económico ou técnico, que são, por natureza, insustentáveis. Porquê? Por muitas razões, mas, acima de tudo, porque têm uma perspectiva temporal muito curta. E a sustentabilidade é um processo de 30 ou 50 anos. Não se consegue alcançar a sustentabilidade optimizando o mercado nos próximos meses. Tem de se olhar mais para a frente. Assim, a principal diferença reside numa mudança cultural e ética. Há que abordar ambas as forças em crescimento. Existem duas questões que estão a forçar-nos a caminhar para o colapso: o crescimento populacional e o crescimento industrial. O crescimento populacional tem de se alterar, caminhando em direcção a uma dimensão familiar desejável, muito mais pequena. O crescimento industrial implica a necessidade de se encontrar uma forma das pessoas alcançarem a sua satisfação com um certo nível de riqueza material, em vez de definirem a sua felicidade, como o fazem hoje, através de um aumento percentual dos seus rendimentos. Os chineses estão muito mais felizes do que os indianos, porque a sua economia cresce a cerca de 10%, ao passo que os indianos registam um crescimento de apenas 5%. Eu estou mais desafogado do que estava no ano passado, porque este ano tenho um rendimento 3% superior ao que tinha no ano passado. Assim, enquanto continuarmos a pensar na felicidade como uma taxa de expansão, é óbvio que nos encaminhamos para o colapso, pelo que temos de encontrar um sistema cultural. É verdade que vemos na sociedade exemplos da diminuição da dimensão das famílias, o que é uma espécie de tendência comum dos países ricos, mas não vejo exemplo nenhum de uma sociedade em que as pessoas digam: "Já chega, temos riqueza material suficiente, agora devemos usar isto de alguma outra forma".

I.: Qual é o papel que as empresas deveriam ter no desenvolvimento sustentável?

D.M.: É claro que as empresas não cotadas em bolsa são diferentes. Algumas delas oferecem serviços de cuidados de saúde, outras fornecem água... Depende da sua actividade. Penso que temos de compreender que as empresas, na sua maioria, estão aprisionadas num sistema de lucros e impostos, crescimento e exigências dos accionistas, e por aí fora. Assim, a solução final e total não reside no sector empresarial. Por outro lado, as empresas são a principal fonte de dois problemas verdadeiramente sérios. A sua publicidade encoraja os consumidores a desejarem mais e mais. Então, se pudéssemos imaginar alguma forma pela qual a publicidade empresarial pudesse promover um conjunto diferente de objectivos, seria útil. Pessoalmente, não penso que seja muito realista. As actividades das empresas têm uma influência muito forte na deterioração do ambiente e na redução dos recursos básicos. Na verdade, há oportunidades interessantes para mudar, porque, em muitos casos, as empresas chegam até a ganhar mais dinheiro se conseguirem comportar-se de uma forma racional, poupando energia, reduzindo a emissão de materiais tóxicos, etc. A estas mudanças chamo ecoeficiência – elas reduzem o impacto no ambiente. Não resolvem o problema, mas dão-nos mais tempo para encontrar outras soluções.

I.: Que pensa de empresas como a Shell? Empresas que tiveram problemas do foro ambiental e que mudaram as suas actuações ou, pelo menos, que comunicam a sua mudança e passam a ser activas através dos seus departamentos de comunicação e de responsabilidade social. Qual a sua opinião sobre esta questão?

D.M.: A Shell é uma empresa petrolífera bastante interessante, porque tem consciência de que estamos a chegar ao fim da era do petróleo. E está a tentar poupar para comprar alternativas. Mas há mais formas de produzir energia. De facto, as soluções consistem em reduzir o nível de energia que utilizamos, o que é difícil para estas empresas, porque não obtêm lucro algum através da redução da utilização de energia. Podem ter lucros se utilizarem energia eólica ou proveniente das águas da chuva ou algo semelhante. A Shell é interessante de uma forma diferente, porque ilustra, em certa medida, a dinâmica da mudança de opinião. Até muito recentemente, qualquer pessoa que sugerisse que a produção global de petróleo iria atingir o seu pico e começar a cair seria considerado um lunático. Ainda há poucos meses, alguns "doidos" afirmavam-no e toda a gente dizia: "Você simplesmente não compreende o mercado". Mas, ao longo de 18 meses, começámos a ver a questão debatida nos *media*, que falam sobre o pico do petróleo e tudo o que lhe está subjacente. A questão é bastante controversa, mas, à excepção da *British Petroleum*, todas as empresas o negaram e, na realidade, envidaram grandes esforços políticos para bloquear qualquer desvio político a este respeito. Isto vai mudar, tem de mudar, mas é muito interessante ver quanto tempo demorará a indústria estabelecida a começar a ter estas novas ideias. Pessoalmente, penso que a maioria das empresas petrolíferas compreende perfeitamente a situação, mas, se falássemos sobre a questão, a cotação das suas acções cairia. Por isso, não é aceitável.

I.: Quando falamos de responsabilidade social das empresas, existe alguma empresa que lhe ocorra de imediato, em termos de referência positiva?

D.M: Bem, creio que, em vez de pensarmos numa empresa ou num sector económico, devemos pensar nas exigências nacionais em termos de legislação e de administração, que têm uma grande influência a este respeito. No Japão, por exemplo, há muitas empresas bastante avançadas em eficiência energética, reciclagem e redução de emissões tóxicas. Na Holanda, um país que também está bastante avançado nestas questões, vêem-se algumas estruturas industriais com um comportamento positivo nesta matéria. Relativamente a outras regiões, segundo a minha experiência, a maioria das empresas que fala sobre desenvolvimento sustentável actua apenas ao nível das relações públicas e tenta justificar algo que faz por outras razões. Por isso, não penso que a solução para a sustentabilidade resida no sector empresarial. Podemos é ter esperança de que o sector empresarial lute rapidamente por estes ideais ou que os negue rapidamente.

I.: Vemos agora surgir índices financeiros como o DJSI e o FTSE4Good, ou seja, índices bolsistas associados à sustentabilidade e à ética. O que pensa deste movimento?

D.M.: De facto, há vários. Há fundos mútuos, que de alguma forma, se especializaram no desenvolvimento sustentável. Eu próprio sou consultor de um grupo nos Estados Unidos, chamado *Investors' Circle*, composto por 140 membros. Cada um deles investe muito dinheiro, quer seja próprio quer proveniente de fundos mútuos ou de outras estruturas semelhantes. O objectivo destes fundos é que os investimentos realizados promovam o desenvolvimento sustentável. E, geralmente, conseguem bons retornos. Ao que parece, quando não geram bons retornos, simplesmente não se fala sobre isso. Estas coisas são úteis, mas de impacto muito reduzido. Mais uma vez, não resolvem o problema, mas é útil poder contar com este tipo de sistemas.

I.: Então não acredita que a economia de mercado possa internalizar riscos ambientais e sociais, como faz com os riscos financeiros?

D.M.: Não. Na verdade, não acredito que a economia de mercado possa internalizar os riscos ambientais e sociais. Vejamos o caso das alterações climáticas, do esgotamento da energia e dos problemas da água. Para resolver este problema, há duas direcções a tomar: ou inovamos e apresentamos um tipo de indicador que, embora contrariado pela evolução da realidade, mostra pelo menos que a situação está a melhorar, ou alargamos o horizonte temporal o suficiente para que esta política comece a ser estabelecida. E isto pode significar 20 ou 30 anos. Nenhum sistema de mercado ou político pensa a 20 ou 30 anos. Simplesmente não o fazem. Assim, toda a base conceptual da economia é construída em torno de um conjunto de crenças, que, em parte, são simplesmente impotentes em termos de desenvolvimento sustentável. A noção de que mexer numa unidade monetária ou num mecanismo de mercado é importante é totalmente inconsistente, assim como muitas outras suposições. A economia é vista como uma caixa. Ver apenas o que está a acontecer lá dentro não é interessante. Se nos concentrarmos nisso, nunca compreenderemos o que se está a passar.

I.: Acredita que as empresas, ao assumirem riscos ambientais ou sociais, possam, de alguma forma, contribuir para melhorar a situação?

D.M.: Sim, é óbvio que ajuda, mas irá resolver o problema? É claro que não. As empresas têm de mudar o seu comportamento. O actual padrão de comportamento é catastrófico. Algumas empresas não têm capacidade para destruir toda a base, mas é necessário que alguma parte da tomada de decisões funcione à margem. Portanto, estas acções são muito úteis. A indústria dos seguros é a que tem o horizonte temporal mais longo. Mas uma empresa que fabrique produtos de consumo com um ciclo de vida do produto de 12 meses não se importará.

I.: Caso mais empresas comecem a ter esta atitude, considera que a economia de mercado conseguirá encontrar um equilíbrio? Incluirá riscos ambientais e sociais?

D.M.: É absolutamente uma boa ajuda, que pode dar mais tempo para lidar com os outros sistemas.

I.: Então qual é a solução? Ter todos os agentes económicos a pensar em termos de 30 anos?

D.M.: Não há um botão em que carreguemos para passarmos a ter desenvolvimento sustentável. Se toda a gente, e as empresas, pensarem num horizonte de 30 anos, será uma enorme ajuda. Não uma ajuda em si, mas uma condição necessária, embora não suficiente.

I.: Então qual é a condição suficiente?

D.M.: No que respeita às empresas, vemos este problema vezes sem conta. Aquilo de que precisamos, diga-se, é que todas as empresas que vendem refrigerantes, por exemplo, se unam e que concordem numa norma comum, para que todos cresçam, para que nenhuma empresa possa ter vantagem actuando de forma lenta e pouco inteligente. Significa que tem de haver um acordo colectivo para fazer cumprir normas colectivas.

I.: Concorda, por exemplo, que o Governo ou a União Europeia deveriam criar directivas para a questão da responsabilidade social empresarial? Ou seja, que se deva tornar menos numa atitude voluntária das empresas, mas, sim, uma obrigação legal?

D.M.: É claro que a directriz europeia que recomenda aumentar a proporção de energia gerada por fontes renováveis ou a que diz respeito às embalagens e outras são normas administrativas, não voluntárias. Primeiro, há algum tempo de habituação, mas, depois, tem de haver conformidade. Há algumas coisas que é importante fazer, como aumentar os lucros no curto prazo. Muitos projectos de eficiência energética são viáveis. Não é preciso que haja normas, mas apenas partilha de informação. Mas há algumas coisas que se devem fazer que são efectivamente dispendiosas, e isto, a curto prazo, pode significar alguma perda de competitividade. As empresas têm agora muitas acções de boas causas dirigidas a terceiros, pelo que, mesmo que deixem de as fazer, a sociedade continua a lucrar, porque não tem de pagar o preço. Mas, na verdade, as empresas pagam mais. Portanto, é necessário haver normas.

I.: Relativamente ao papel do consumidor, pensa que este pode escolher um produto produzido por uma empresa com padrões mais elevados, mas que, exactamente por isso, tem um preço mais elevado?

D.M.: Vemos exemplos disso, mas há que separar as águas. Se as acções desejáveis poupam dinheiro, o que permite, efectivamente, ao consumidor comprar um produto mais barato, então não há problema. Mas vemos também exemplos em que os consumidores querem pagar mais. Nos Estados Unidos, por exemplo, posso ir à companhia de electricidade e dizer que quero pagar mais dois cêntimos por quilowatt/hora se a minha electricidade for gerada por uma fonte verde. A alimentação orgânica é mais dispendiosa, mas algumas pessoas compram produtos orgânicos, mesmo que tenham de pagar mais, porque pensam que é mais saudável. Os automóveis híbridos são mais caros, mas também há quem os compre. Existem, portanto, exemplos, mas isto exige informação do consumidor e a existência de normas. Uma das ameaças reais ao movimento de alimentação orgânica nos EUA é que as grandes empresas começam a distorcer a norma existente nesta área. Quer dizer, até nos Estados Unidos pode haver um grande produtor que decide que quer entrar no sector orgânico e que, apesar de não ter capacidade para o fazer, pensa que não deve ser penalizado por causa disso. E o Governo diz: "Está bem". Ou seja, os rótulos orgânicos não significam nada, pelo que é necessário que haja normas, informação e rendimentos. Ou seja, os consumidores pobres não podem fazê-lo. Os ricos, sim, podem pagar mais por um automóvel, mas quem é pobre, a ponto de não poder comprar nenhum carro, ou apenas um carro velho, então é esse que vai comprar. Num estudo apresentado por Luísa Schmitt, numa conferência da Fundação Luso-Americana, os dados mostram que os consumidores portugueses são realmente subdesenvolvidos nesta matéria. Num conjunto de 30 ou 15 países, Portugal está sempre em companhia da Estónia, da Letónia, da Polónia.

I.: Pensa que as empresas podem ajudar a desenvolver os consumidores portugueses, que não detêm tanta informação?

D.M: Podiam, mas a questão é: irão fazê-lo? Não sei. A minha impressão é que as empresas pensam que têm muito mais liberdade do que realmente têm. Todas elas dizem: "Posso fazer isto, posso fazer aquilo..." Na verdade, podiam fazê-lo. Há quem faça publicidade na sua revista, certo? Presumo que não seja sobre bens de consumo, mas sobre valores...

I.: Em relação à energia nuclear, pensa que agora existe, de facto, um movimento nesse sentido?

D.M.: Se forçarem os promotores da energia nuclear a pagar o custo total da sua tecnologia, eles não o farão. A única forma de a energia nuclear ser interessante reside nos avultados subsídios, como os seguros contra catástrofes. Quem não fizer o seguro de uma empresa nos EUA está sujeito a que o Governo norte-americano lhe diga que, ainda que o total da energia nuclear resulte numa catástrofe total, há um limite para as obrigações financeiras dos proprietários. A energia nuclear é, para mim, um grande problema, e um dos maiores problemas é a proliferação. Onde é que a Coreia do Norte, o Paquistão ou o Irão obtiveram armas nucleares? Sim, porque têm indústrias de energia nuclear. Se não se encaminham imediatamente para as armas nucleares, e antes disso passam pela indústria de energia nuclear, começam por formar os engenheiros de energia nuclear e depois ganham o conhecimento de engenharia necessário para trabalhar com material radioactivo. E, finalmente, estão aptos para construir uma bomba. Se quisermos evitar bombas nucleares, o que acaba por ajudar toda a gente, temos de evitar a energia nuclear. Em certa medida, é já demasiado tarde, mas, pelo menos, não deveríamos deixar o problema agravar-se.

O grande problema do esgotamento do petróleo reside nas dificuldades para o sector de transportes, e a energia nuclear não o resolve de forma nenhuma. Nem resolverá. Há quem fale de utilizar energia nuclear para produzir hidrogénio, mas isso é uma fantasia. As pessoas nem sequer compreendem o sistema da energia muito bem, pelo menos de uma maneira geral. Ou seja, a questão principal é a intensidade energética do combustível.

I.: Por vezes, um grupo de empresas privadas anuncia que está disposto a investir em energia nuclear. Podemos então afirmar que, nos países europeus, tal só pode ser feito com subsídios?

D.M.: Se lhes disser: "Óptimo, vão em frente! Se houver um acidente, vocês têm de pagar", eles nunca o farão, porque não terão seguros. E terão de ficar calados, porque o problema de uma fábrica de energia nuclear é tão catastrófico que leva toda a gente à falência. Não irão em frente. Qual foi o custo de Chernobyl? Milhares de milhões. E ninguém paga.

I.: Então não vê as seguradoras ou os bancos financiar a energia nuclear?

D.M.: Não. Não vejo as seguradoras ou os bancos financiar investimentos para a energia nuclear se forem responsáveis por pagar o custo no final. Poderão dizer ao Governo que é necessário promulgar uma lei que limite a sua responsabilidade e que, nesse caso, seguirão em frente. Pagando o Governo o resto ou, então, ninguém o paga. Há também a questão da eliminação de resíduos. Alguém me disse que Espanha tem, efectivamente, locais para eliminação de resíduos... Tenho muitas desconfianças a esse respeito. Nos EUA, ainda receamos o conhecimento dos engenheiros e, em 30 anos, ainda não conseguimos encontrar um local que seja realmente seguro para depositar os resíduos nucleares, em todo o nosso país. E Espanha tem um sítio assim? Desconfio muito disso.

I.: Passando para o tema da água, pensa que algum dia teremos um Quioto para a água?

D.M.: Existe uma diferença entre um problema universal e um problema global. Um problema universal pode afectar toda a gente, mas pode ser resolvido localmente. Os problemas globais afectam toda a gente, mas só podem ser resolvidos por um acto colectivo. Ora, as alterações climáticas constituem um problema global. Não há maneira de Portugal conseguir evitar as alterações climáticas sem o Japão e a China. A erosão do solo é um problema universal. Toda a gente tem problemas com a erosão do solo, mas, efectivamente, em Portugal, rapidamente pomos fim ao problema, sem ter de esperar pela China e pela Índia. A água é também um problema universal. Ou seja, se fizermos uma exploração excessiva das águas subterrâneas ou se contaminarmos os rios aqui, podemos fazer algo a esse respeito, sem termos de cooperar com a China ou com a Índia. No entanto, a água começa a ser um problema global. Veja-se a China, por exemplo, que tem problemas de água muito, muito sérios. Mas, para produzir uma tonelada de cereais, é necessário ter mil vezes mais água. A proporção é de mil para um. Como a China já não tem mais água para a agricultura, começa a importar cereais e, dentro de quatro ou cinco anos, tornar-se-á no maior importador mundial de cereais. Depois, crescem os preços e passam a depender de cereais importados, pelo que é necessário pagar mais. Uma abordagem como a de Quioto funciona para problemas globais, não para os universais. Enquanto a água for considerada um problema universal, não haverá um acordo de Quioto. A União Europeia está a tentar fazer qualquer coisa a este respeito, como estabelecer preços oficiais para a água ou algo semelhante. Ainda a respeito de Quioto, os países ricos estão preocupados com isso, mas, em relação à água, os países pobres irão realmente sofrer e os países ricos não se preocuparão muito com os países pobres. Desta forma, os países ricos não farão grandes esforços para resolver os problemas da água nos países pobres. Por isso, não vejo nenhum Quioto para a água.

I.: E quanto aos Objectivos do Milénio da ONU, considera que são realistas?

D.M.: Os Objectivos do Milénio da ONU são patéticos. Quero dizer, são tão pequenos e, mesmo assim, não são nada. Na imprensa, pelo menos, não estão a ser alcançados.

I.: Em termos gerais, qual é o papel da ONU, do Banco Mundial e do Fundo Monetário Internacional na promoção do desenvolvimento sustentável?

D.M.: A ONU consiste numa série de diferentes agências, pelo que não faz sentido falar sobre a ONU. Há que pensar no Programa das Nações Unidas para o Ambiente (PNUA/UNEP) e nos outros vários programas na área do desenvolvimento sustentável que têm vindo a ser implementados ao longo dos anos. O Fundo Monetário Internacional (FMI) e o Banco Mundial reflectem principalmente os objectivos de alguns países ricos e poderosos. Como esses países estão interessados no desenvolvimento sustentável, o FMI e o Banco Mundial também estão. O Banco Mundial, devido a algumas críticas, teve de alterar o que afirmou. E até, em certa medida, aquilo que faz. O Banco Mundial é suposto, realmente, ajudar os países mais pobres. E o FMI destina-se, em certa medida, aos países médios. O Banco Mundial tenta, realmente, promover o desenvolvimento genuíno, mas é claro que é dominado por economistas, pelo que o seu entendimento do que é desenvolvimento é muito especial. Penso que podemos dizer que todas as instituições reflectem os objectivos dos membros do Governo. E será que os membros do Governo quererão realmente o desenvolvimento sustentável?

I.: Que sectores considera serem os que mais podem contribuir de forma positiva para o desenvolvimento sustentável?

D.M.: Bem, há duas questões relativamente a esse ponto: que sectores estão a ser mais prejudiciais? Poderão contribuir mais se abandonarem o mercado, mas não se espera que o façam. O sector com maior potencial positivo para o desenvolvimento sustentável é, certamente, o sector dos transportes. Todas as tendências, como os automóveis energeticamente eficientes, os meios de transporte pessoal, como bicicletas e outros, não podem, em grande medida, ser responsabilidade exclusiva das empresas. Estas podem fazê-lo em parceria com a cidade, por exemplo. Se a cidade decidir ter muitas ciclovias, a indústria produzirá as bicicletas, mas, se a cidade não decidir fazer as ciclovias, a indústria não conseguirá vender qualquer bicicleta. Portanto, é necessário uma parceria. É nas indústrias que geram mais resíduos tóxicos, e mais emissões tóxicas para a água ou para o ar, que residem muitas oportunidades de melhoria. A indústria tem a capacidade de mudar rapidamente, se houver alguma informação disponível. Os indicadores não podem simplesmente estar associados ao emprego e aos rendimentos, devem construir-se outros indicadores menos simplistas. Nos EUA, por exemplo, durante muito tempo, tentámos forçar as construtoras de automóveis a colocarem cintos de segurança. Tentámos forçá-las a incoporá-los por lei, já que os cintos de segurança são mais seguros. Elas resistiram e contrataram lobbies muito caros no congresso, para bloquearem a questão. Então, alguém começou a publicar alguns indicadores sobre o número de pessoas mortas em diferentes tipos de carros. Não houve qualquer regulação, apenas indicadores. Quase imediatamente, as construtoras automóveis começaram a colocar cintos de segurança. E porquê? Porque não queriam estar associadas àqueles elevados números. Tentámos regular as emissões tóxicas e mostrou-se muito difícil. Assim, simplesmente voltámos a publicar a quantidade de tóxicos emitidos por cada empresa. Não houve nenhuma exigência, mas, assim que isto foi feito, quase imediatamente as empresas começaram a mudar, porque não queriam estar associadas àqueles elevados números. Assim, o segredo é descobrir onde se podem introduzir indicadores que poderão dar sinais de um comportamento construtivo. Sem esses indicadores, não penso que se possa esperar que as indústrias levem a cabo muitas mudanças. Já alguma vez viu um automóvel híbrido da Toyota? Ao invés de fazer 12,5 quilómetros aos 100, faz cinco. Mas o que é interessante neste avanço é que metade advém da força do motor, ao passo que a outra metade advém do padrão de condução, da forma como realmente se conduz o carro. E de forma a consegui-lo, a empresa colocou no carro um novo tipo de indicador: um automóvel híbrido tem um indicador que mostra a eficiência da condução no momento exacto. Ou seja, assim que se carrega no acelerador, diminui imediatamente. Portanto, até que colocassem aquele indicador, não tinham atingido o valor total da tecnologia. Tenho um amigo que tem um automóvel híbrido e, no início, tinha uma quilometragem bastante boa, mas, depois, começou a prestar atenção e, após algum tempo, tornou-se realmente bom. Agora, conduz o seu próprio carro e está a fazer uma boa quilometragem, graças a este indicador. Portanto, necessitamos de indicadores para a sociedade.

I.: E quando é que isso será espontâneo?

D.M.: Bem, a indústria tem, em comparação com o governo, uma enorme capacidade de mudança, mas necessita de um incentivo para mudar. Mas também não deve ser suicida. Não podemos esperar que uma empresa efectue uma mudança que a leve à falência. Assim, ou a mudança é rentável ou tem de ser algo que passe a ser obrigatório em toda a indústria.

Os Principais Factos Históricos da Sustentabilidade (1971-2006):

1971 – Publicação do livro "Os Limites do Crescimento"[1], de Dennis Meadows.

1972 – Criação do Programa das Nações Unidas para o Ambiente (PNUA/ /UNEP)[2].

1987 – Publicação do relatório "O Nosso Futuro Comum"[3], da Comissão Bruntland para o Desenvolvimento Sustentável. Definição de desenvolvimento sustentável:

"Desenvolvimento sustentável é aquele que satisfaz as necessida-

---

[1] Do original em inglês: "*Limits to Growth*".

[2] Do original em inglês: *United Nations Environmental Programme (UNEP)*.

[3] Do original em inglês: "*Our Common Future*".

des do presente sem comprometer a capacidade das gerações futuras satisfazerem as suas próprias necessidades".

1992 – Criação do Conselho Empresarial Mundial para o Desenvolvimento Sustentável (BCSD)[4], estando 48 gestores a representar o sector privado na Cimeira Mundial do Rio de Janeiro.

1992 – Cimeira Mundial do Rio Janeiro (Earth Summit). Os 178 países presentes aceitaram as seguintes resoluções:

– Definição da Agenda 21;
– Declaração do Rio sobre Ambiente e Desenvolvimento;
– Declaração dos Princípios para uma Floresta Sustentável.

1995 – Criação do Conselho Empresarial Mundial para o Desenvolvimento Sustentável (WBCSD). Hoje, tem mais de 160 empresas, tendo como objectivo a promoção da sustentabilidade no sector privado.

1997 – Criação da *Global Reporting Initiative*. Esta organização tem como principal objectivo promover e divulgar a utilização de directrizes para a elaboração de relatórios de sustentabilidade por parte das várias organizações.

1999 – Helsínquia – o Conselho Europeu[5] convida a Comissão Europeia a preparar uma proposta para uma estratégia de longo prazo que englobe políticas económicas, sociais, ecológicas e de desenvolvimento sustentável, para ser apresentada em 2001.

2000 – Kofi Annan cria *The Global Compact*, uma iniciativa das Nações Unidas que pretende agregar as empresas, as Nações Unidas e a sociedade. Assume-se que as empresas são o motor para o desenvolvimento sustentável. Em Portugal, a EDP, a PT, o BES e o Millennium bcp são membros.

Estratégia de Lisboa: o Conselho Europeu define uma estratégia de 10 anos, com o objectivo de tornar a União Europeia a região mundial mais dinâmica e competitiva em 2010. Nesta estratégia, existe, pela primeira vez, uma ligação clara entre a necessidade de uma economia forte ser desenvolvida em paralelo com a criação de políticas ambientais e sociais que garantam o desenvolvimento sustentável e a inclusão social .

2001 – O Conselho Europeu concorda com uma estratégia para o desenvolvimento sustentável que "complete o compromisso político da União Europeia para com as questões económicas e sociais, adicionando uma terceira dimensão – a dimensão ambiental – à Estraté-

[4] Do original em inglês: *Business Council for Sustainable Development (WBCSD).*

[5] Do original em inglês: *European Council.*

gia de Lisboa, estabelecendo uma nova abordagem de elaboração de políticas." Os países-membros são convidados a definirem a sua própria estratégia nacional de desenvolvimento sustentável.

Publicação do Livro Verde – Promover um Quadro Europeu para a Responsabilidade Social das Empresas.

2002 – Cimeira Mundial para o Desenvolvimento Sustentável, em Joanesburgo. Vários países apresentam a sua estratégia nacional de sustentabilidade, incluindo Portugal.

Publicação da Comissão Relativa à Responsabilidade Social das Empresas: "Um Contributo das Empresas para o Desenvolvimento Sustentável".

Criação do Fórum Europeu *Multistakeholder* sobre *Corporate Social Responsibility* (CSR). Pretende ser uma plataforma para a promoção de transparência e convergência de práticas e instrumentos de CSR.

2003 – Publicação dos níveis de cumprimento de cada estado-membro face aos compromissos assumidos na Cimeira de Joanesburgo.

2004 – Publicação do último relatório do Fórum *Multistakeholder* sobre CSR da União Europeia, centrado na importância das pequenas e médias empresas.

A Comissão Europeia lança uma campanha de divulgação sobre CSR nas pequenas e médias empresas.

Publicação da Directiva de Responsabilidade Ambiental.

Publicação do relatório final do Fórum *Multistakeholder.*

A Estratégia Europeia para o Desenvolvimento Sustentável iniciou o seu processo de consulta pública, de forma a efectivar a sua revisão.

2005 – Um ano de várias revisões e de novos documentos:

Revisão da Estratégia Europeia para o Desenvolvimento Sustentável e apresentação de futuras orientações.

Revisão da Estratégia de Lisboa.

Adopção, por parte dos estados-membros, da Declaração dos Princípios para o Desenvolvimento Sustentável que deverão estar na base de todas as políticas e acções.

2006 – Março de 2006:

Publicação, pela Comissão Europeia, de um documento ("An European Alliance for CSR") onde é explicitada a importância do sector privado para atingir a sustentabilidade, sendo também indicado um conjunto de acções a serem implementadas nas várias áreas de intervenção.

ENTREVISTA A GEORG KELL

Im))pactus n.° 8 Jul-Set 2006

Im))pactus: Pode explicar-nos as razões que levaram as Nações Unidas a criarem os princípios do *Global Compact*?

Georg Kell: Quando, em 1999, o secretário-geral das Nações Unidas, Kofi Annan, no Fórum Mundial de Economia, em Davos, desafiou, pela primeira vez, os líderes empresariais de todo o mundo a formarem um pacto global, segundo o qual todos os intervenientes partilhassem e defendessem um conjunto de valores, tinha como objectivo dar continuidade à globalização, que permanecia uma experiência ainda bastante fragilizada. Apesar da globalização ter trazido, indiscutivelmente, riqueza e prosperidade a muitas regiões do mundo, biliões de pessoas continuavam a viver em extrema pobreza. Ao mesmo tempo, o debate público focava a responsabilidade das organizações de todo o mundo e o seu impacte, quer positivo quer negativo. O secretário-geral reconheceu que o sector empresarial tinha que ser visto como parte da solução para os desafios mais urgentes, que passavam pela pobreza, pelo VIH/SIDA, entre outros.

I.: Na sua opinião, quais são os projectos de maior relevância desenvolvidos desde que o *Global Compact* das Nações Unidas foi criado?

G.K.: É difícil resumir os feitos do *Global Compact* em algumas frases, mas uma coisa é certa: a nossa iniciativa conseguiu lançar o verdadeiro debate sobre a responsabilidade empresarial dos principais sectores, quer na teoria quer na prática. Os líderes compreenderam, como nunca o tinham feito antes, que tomar uma posição relativamente aos desafios sociais e ambientais não era só uma questão moral, mas também uma decisão indispensável ao nível da gestão. Uma boa gestão passa pela adopção de políticas correctas e por assegurar que elas são cumpridas.

A responsabilidade empresarial é uma questão de gestão de riscos e oportunidades, num mundo feito de crescentes interdependências. Vemos que há um forte estímulo por parte das empresas, tanto no caso das multinacionais como das pequenas e médias empresas, nos países em desenvolvimento.

Um dos desenvolvimentos recentes mais importantes é o facto de os mercados financeiros estarem a começar a olhar para estes temas numa perspectiva da gestão do risco a longo prazo. Em algumas áreas, como as alterações climáticas e a luta contra a corrupção, os benefícios conseguidos com a mudança para este paradigma são nítidos. Afinal, tudo isto contribui para a viabilidade de longo prazo das empresas. A nossa iniciativa "*Who Cares Wins*", que conta com o apoio de 25 das maiores instituições financeiras do mundo, já deu passos importantes neste sentido.

Neste contexto, também é importante referir os Princípios para o Investimento Responsável (PRI – Principles for Responsible Investment), uma iniciativa conjunta entre o *Global Compact* e o UNEP (*United Nations Environment Programme*), que foi lançada pelo secretário-geral das Nações Unidas, no passado dia 27 de Abril, na Bolsa de Valores de Nova Iorque. Mais de 50 investidores institucionais e empresas gestoras de activos financeiros de todo o mundo, responsáveis por mais de cinco triliões de dólares de activos, assinaram estes princípios, que integram as considerações sociais e ambientais nas decisões de investimento. Esta iniciativa veio dar um impulso extraordinário à nossa causa, nos mercados financeiros e no seu potencial para transformar profundamente a forma de avaliar o desempenho dos negócios no mercado global.

O *Global Compact* não deseja apenas divulgar os dez princípios do desenvolvimento de negócios no sector privado, também quer encorajar a acção das empresas no apoio ao desenvolvimento de objectivos mais amplos, como os *Millennium Development Goals* das Nações Unidas. Em cooperação com o Programa de Desenvolvimento das Nações Unidas (UNDP), lançámos, por esse mesmo motivo, a *Growing Sustainable Business Initiative* (GSBI), que procura estimular o investimento estrangeiro de forma a apoiar os países mais pobres. Os primeiros projectos da GSBI foram implementados na Tanzânia, em Madagáscar e no Quénia e tiveram resultados muito promissores, mostrando, de forma impressionante, que é possível contribuir de forma sólida para o desenvolvimento sustentável e produzir um retorno do investimento a longo prazo. Estas são as nossas intenções quando falamos de parcerias para o desenvolvimento.

I.: Na sua opinião, qual é o sector que tem maior participação nos diferentes projectos do *Global Compact* das Nações Unidas? Em que país?

G.K.: Como o *Global Compact* cresceu para quase 3000 participantes, em aproximadamente 100 países, nota-se que é sustentado por quase todos os sectores. É claro que algumas indústrias têm de enfrentar questões de maior complexidade, que representam também um maior desafio. Este talvez seja o motivo pelo qual as indústrias extractivas, de energia e do sector do vestuário estão fortemente representadas no *Global Compact* desde o início. Também se tem notado um aumento na participação de empresas do sector financeiro, nos últimos anos. Isto deve-se ao facto de termos desenvolvido esforços para integrar os factores ambientais, sociais e de governança nas decisões financeiras, sendo também cada vez mais divulgada esta nova forma de encarar os serviços financeiros e de investimento na comunidade.

No que diz respeito à distribuição geográfica, refira-se que a maioria dos participantes do *Global Compact* pertence aos países em desenvolvimento. As redes locais do *Global Compact*, de diferentes dimensões, emergiram em mais de 50 países.

I.: Pode indicar-nos diferenças entre países, tendo em conta o seu envolvimento nos princípios do *Global Compact* das Nações Unidas? Quais são as grandes diferenças entre os países em desenvolvimento e os mais desenvolvidos no modo como implementam os princípios do *Global Compact*?

G.K.: Países diferentes enfrentam diferentes desafios; alguns dos dez princípios incluídos no *Global Compact* podem ser mais relevantes num determinado contexto local do que noutro. Na maioria do mundo desenvolvido, as convenções das Nações Unidas e as declarações sustentadas nos princípios do *Global Compact* foram homologadas e decretadas como legislação, sendo, actualmente, impostas. O desafio reside no envolvimento das empresas na implementação do *Global Compact* na sua cadeia de valor, até às suas subsidiárias, fornecedores e empresas contratadas noutras regiões do mundo, onde a legislação não existe ou não é suficientemente imposta.

Do mesmo modo, muitos dos assinantes nos países em desenvolvimento lutam por dois fins: em primeiro lugar, porque, muitas vezes, se deparam com um sector público que está mal estruturado ou que simplesmente não deseja sujeitar-se às boas práticas empresariais – muitas vezes, devido à falta de capacidades para tal, ou devido à fraca governança e/ou à corrupção generalizada; em segundo lugar, essas empresas deparam-se, frequentemente, com os seus próprios desafios no que diz respeito aos recursos internos e às suas próprias capacidades. Ao contrário de muitas empresas multinacionais, na maioria dos casos, estas empresas não estão preparadas para criar grandes departamentos de sustentabilidade, que consigam alinhar estrategicamente as suas práticas empresariais com os princípios da responsabilidade empresarial. Nestes casos, é necessário um esforço adicional e concentrado na capacidade de estruturação e de implementação. As nossas redes locais têm, nestes contextos, um papel determinante. E estamos constantemente a colocar ênfase no desenvolvimento dos instrumentos mais adequados que possam ajudar as pequenas e médias empresas a envolverem-se cada vez mais no *Global Compact*.

I.: Há alguma região em particular que esteja mais envolvida no *Global Compact*? Como pode explicar este facto?

G.K.: É claro que, na Europa, o clima político para a responsabilidade social empresarial parece ser o mais favorável de todos. Em França, assistimos a um aumento da tendência para a criação de um enquadramento legislativo que exige o reporte de informação não-financeira. Também há, cada vez em maior número, esforços no sentido de criar iniciativas que reconheçam as práticas empresariais responsáveis. Todos estes factores – o funcionamento de enquadramentos legislativos e de políticas de ambiente, os incentivos e reconhecimento, aumento da percepção dos consumidores no âmbito destes temas e a pressão dos mesmos, etc. – parecem contribuir para o nível de actividade num dado país ou região. Mas, como é óbvio, há muitos outros factores específicos, como a necessidade de acesso ao mercado ou a existência de bons exemplos a nível local que sirvam de impulsionadores para o envolvimento a esse nível.

I.: Quanto à Europa, há algum país que tenha um envolvimento mais activo com o *Global Compact* das Nações Unidas?

G.K.: Existe um apoio generalizado ao *Global Compact* por parte de toda a Europa. Mas, actualmente, as maiores redes do *Global Compact* na Europa estão em Espanha e em França.

I.: Muitas empresas assinaram os dez princípios do *Global Compact* e fazem referência a isso nos seus relatórios anuais de sustentabilidade. Como se sabe que estas empresas estão em conformidade com estes princípios? Há algum relatório especial que as empresas tenham de entregar ao *Global Compact* das Nações Unidas, de modo a justificar o seu progresso?

G.K.: O *Global Compact* é uma iniciativa puramente voluntária, centrada no diálogo e na aprendizagem. Nós não achamos que temos de ter um papel activo na monitorização da conformidade dos participantes. No entanto, esperamos que as empresas façam uma comunicação pública anual sobre o progresso realizado na implementação dos dez princípios. As empresas que falham esta comunicação passam a estar na lista das empresas que "não comunicam", disponível no nosso site.

Ao que parece, isto surte grande efeito. Cada vez mais, as empresas entendem que a responsabilidade social não é apenas um exercício de relações públicas. As acções falam muito mais alto que as palavras. Questões de ordem ambiental, social ou de governança têm de ser levadas a sério, pois, de outra forma, as empresas correm riscos consideráveis, no que toca à sua reputação, aos seus investimentos e ao seu valor no mercado.

I.: As Nações Unidas desenvolveram vários projectos que se referem aos mercados financeiros, como os Princípios do Equador. Em Abril deste ano, o *Global Compact* das Nações Unidas lançou os Princípios para o Investimento Socialmente Responsável. Porquê todo este esforço para tentar indicar iniciativas e traçar linhas orientadoras voluntárias para que as grandes empresas saibam como usar o seu dinheiro?

G.K.: Os mercados financeiros têm um enorme poder de alavancagem no processo de mudança de atitude no mundo empresarial. Além disso, trata-se certamente de algo que também lhes interessa. As questões ambientais, sociais e de governança ganharam muito peso na avaliação da viabilidade a longo prazo das empresas. Como disse, as boas práticas empresariais e o desenvolvimento de políticas nestas áreas têm sido encarados cada vez mais como um forte indicador da capacidade da empresa de conseguir ter uma gestão e minimização dos riscos em diferentes áreas, desde os direitos humanos às mudanças climáticas, passando por questões como o VIH/SIDA no local de trabalho, entre muitos outros. As implicações na base da pirâmide podem ser dramáticas. Cada vez mais, os investidores institucionais, os gestores de activos e os analistas têm efectuado questionários e, actualmente, exigem respostas que, há dois anos atrás, eram consideradas como incorpóreas. As várias iniciativas no mundo financeiro, incluindo a do *Global Compact "Who Cares Wins"* e os Princípios para o Investimento Responsável, têm como intenção ajudar os actores dos mercados financeiros a encontrarem respostas e a tomar as decisões mais acertadas.

I.: Actualmente, onde considera que reside o problema quando falamos de investimento socialmente responsável? Será que está na parte de quem disponibiliza os fundos, ou será que o problema está no lado de quem compra estes fundos, podendo os investidores não conhecer esta nova forma de olhar para os riscos?

G.K.: Os desafios e as oportunidades residem em ambos os lados. Em primeiro lugar, são necessários mais investidores – os beneficiários de fundos de pensões ou simplesmente investidores mais pequenos ao nível da banca de retalho – e que passem a adoptar a ideia de um investimento socialmente responsável como forma de maximizar o retorno a longo prazo, contribuindo, assim, para os mercados mais sustentáveis. Do lado de quem vende (os gestores de activos, em particular), devem ser considerados os critérios ambientais, sociais e de governança, através de todos os processos relacionados com a gestão da carteira de activos, e não apenas os fundos de investimento socialmente responsável. É este facto que torna esta iniciativa dos Princípios de Investimento Responsável tão poderosa, dado que ela cobre todo o espectro da gestão da carteira de activos. Ao mesmo tempo, é necessário estimular ambos os lados, de forma a que se desenvolvam mais estudos sobre as empresas e as suas classes de activos, nas áreas ambiental, social e de governança, especialmente nos mercados emergentes. Trata-se de um trabalho importante já em curso, através da nossa iniciativa "*Who Cares Wins*" e também através dos Princípios de Investimento Responsável.

I.: Bancos de investimento, como o HSBC, JP Morgan ou o Citigroup, criaram fundos para o CO_2 ou implementaram políticas ambientais. Como pensa que irão aplicar os mais recentes Princípios para o Investimento Socialmente Responsável? Quando será possível ver os resultados – dentro de um ano, dois anos?

G.K.: Com certeza que se trata de um processo que leva o seu tempo. Como investidores institucionais e gestores de activos, terão de adaptar as suas políticas aos princípios. O mais importante é que se perceba que os Princípios para o Investimento Socialmente Responsável não constituem uma estratégia para "não se investir em determinados negócios", mas, sim, uma estratégia de envolvimento. Não é pedido aos investidores que abandonem certas carteiras de activos, mas sim, que façam uma gestão que também tenha em consideração o desempenho nas áreas ambiental, social e de governança. Temos de ver como tudo se desenrola nos próximos dois anos, mas acredito que estamos no bom caminho. De momento, estamos a planear um estudo sobre o impacto dos Princípios de Investimento Responsável, que está previsto ser divulgado em meados de 2007.

I.: Na sua opinião, quais são os desafios, no que diz respeito ao desenvolvimento sustentável, para os próximos dez anos?

G.K.: Estamos cientes dos desafios reais que o mundo enfrenta relativamente à pobreza, à saúde do planeta, à segurança global, às alterações climáticas, entre outros. Estas questões apenas podem ser resolvidas de forma eficaz através de um envolvimento activo do sector privado. Sem dúvida nenhuma, há muito para se progredir nesta área e também muito para se fazer. Na nossa perspectiva, um dos grandes desafios reside em alargar este movimento de responsabilidade social a muitas mais empresas em todo o mundo. No entanto, o número de participantes do *Global Compact* já atingiu perto de 3.000 empresas em todo o mundo. Representam apenas uma pequena parte do número total de empresas que estão classificadas como multinacionais. A noção de responsabilidade empresarial e de boas práticas como um propulsionador para o desenvolvimento sustentável, que promete retornos elevados para ambos os lados da equação, deve fazer parte do pensamento empresarial global.

Por outro lado, também precisamos de construir relações mais fortes entre a actividade empresarial e as políticas públicas, especialmente no que diz respeito ao encorajamento dos governos na criação de espaços e de mecanismos de incentivos que permitam esforços positivos por parte das empresas ao procurarem resolver os problemas acima mencionados. Felizmente, os governos estão cada vez mais cientes de que a competitividade relativa de um país no mercado global está directamente correlacionada com as matrizes da boa governança e com os enquadramentos legais que capacitam o desenvolvimento da actividade privada.

I.: Como pode definir o *Global Compact* das Nações Unidas em Portugal? Que actividades aqui foram desenvolvidas pelo *Global Compact* das Nações

Unidas? O que gostaria de ver concluído e que expectativas tem para Portugal, em termos de envolvimento com os ideais do *Global Compact* das Nações Unidas? Existe alguma área específica que gostaria de ver mais desenvolvida em Portugal?

G.K.: A terceira reunião plenária da *International Organization for Standardization* (ISO) para a Responsabilidade Social, que teve lugar em Lisboa, em Maio deste ano, despoletou um interesse renovado relativamente ao *Global Compact* no seio das empresas portuguesas e entre outras organizações. Novas empresas e associações, como a revista Im))pactus e a Associação Portuguesa para a Ética Empresarial, aderiram ao *Global Compact* das Nações Unidas e deixaram claro o seu interesse na promoção do mesmo. Espero que estes esforços ajudem a estabelecer uma rede forte e activa do *Global Compact* em Portugal.

Os Dez Princípios do *Global Compact* das Nações Unidas

Princípios dos Direitos Humanos

1. Respeitar e proteger os direitos humanos.
2. Impedir violações dos direitos humanos.

Princípios do Direito do Trabalho

3. Apoiar a liberdade de associação no trabalho.
4. Abolir o trabalho forçado.
5. Abolir o trabalho infantil.
6. Eliminar a discriminação no ambiente de trabalho.

Princípios de Protecção Ambiental

7. Apoiar uma abordagem preventiva aos desafios ambientais.
8. Promover a responsabilidade ambiental.
9. Encorajar tecnologias que não agridam o meio ambiente.

Princípio contra a Corrupção

10. Combater todas as formas de corrupção, incluindo a extorsão e o suborno.

SERÃO OS PAÍSES SUSTENTÁVEIS?

Por MICHAEL HOPKINS
Director da MHC International, Ltd.
Im))pactus n.° 10 Jan-Mar 2007

As cidades fazem parte de países, e não poderão ser sustentáveis se o ambiente, macro ou nacional, envolvente não o for também. Neste artigo quero explorar o que quer dizer sustentabilidade a nível nacional e como pode ser posta em acção.

Para começar, vale a pena mencionar que considero esta questão como algo que abrange o sector do Ambiente – de onde esta terminologia é originária , mas também aspectos do foro económico, social e financeiro. Da mesma forma que se discute acerca da sustentabilidade empresarial (também denominada responsabilidade social empresarial ou RSE), podemos também colocar questões sobre a sustentabilidade de um Estado-Nação – *National Social Sustainability* (NSS). Se a sustentabilidade empresarial se debruça sobre a forma de relacionamento com os *stakeholders* de uma empresa, de forma socialmente responsável, então o NSS está centrado nos *stakeholders* de uma nação, de forma ética e socialmente responsável (ver o meu artigo mensal "www.mhcinternational.com/articles/nation_states.htm" que serve de base a este)

Índices de sustentabilidade para os países

Pelo que tenho conhecimento, até à data ninguém mediu e classificou os países pelo seu *National Social Sustainability* (de acordo com a definição anterior). No entanto, existem alguns índices aproximados. Por exemplo, em certas publicações podemos encontrar países classificados de acordo com o nível de observância de corrupção entre funcionários públicos e governantes (*Transparency International's Corruption Perception Index* – www.transparency.org) – a Finlândia, Islândia, seguidas pela Nova Zelândia ocupam os lugares cimeiros deste índice. Os últimos lugares são ocupados pelo Iraque, Myanmar e Haiti.

Podemos ainda encontrar um índice de liberdade, criado pela prudente *Heritage Foundation* (www.heritage.org/research/features/index/topten.cfm), embora este se baseie em liberdades económicas, o que explica o facto de Hong Kong e Singapura encabeçarem a lista.

Fazendo a ligação ao meio ambiente, nos índices sobre a sustentabilidade dos países, algum país terá alguma coisa a dizer acerca das condições do meio ambiente – um índice de desenvolvimento sustentável, por exemplo. A Universidade de Yale apresentou um índice de sustentabilidade com estas características (www.yale.edu/epi/2006EPI_Rankings.pdf) onde encontramos a Nova Zelândia, Suécia e Finlândia, nos primeiros três lugares. Podemos observar que, sem ser de todo surpreendente, as nações que estão bem classificadas na luta contra a corrupção também o estão nos indicadores ambientais. Este último ponto ilustra a estreita relação entre hábitos sociais e o meio ambiente.

Uma outra forma de examinar a sustentabilidade dos países, a um nível mais detalhado do que sob a forma de índice, seria utilizando o modelo de *stakeholder* que uso frequentemente para medir a RSE (www.mhcinternational.com/measurement.htm) e, posteriormente, verificar se cada um está a ser tratado de uma forma socialmente responsável, o que para mim é essencial em termos de sustentabilidade.

Avaliando a sustentabilidade dos países

Com o intuito de examinar a sustentabilidade/responsabilidade social dos Estados Unidos da América, apliquei este modelo. De novo, a maioria colocaria os EUA num lugar elevado em qualquer ranking, acima de países socialmente responsáveis, quando comparados com países em que a legislação e a democracia não fazem parte da sua agenda política. A responsabilidade social de uma nação muda tardiamente e muito depende do CEO da altura – actualmente trata-se do presidente Bush e a sua administração.

Primeiro, quem ou quais são os *stakeholders* dos EUA?

Fazendo um paralelismo com o sector empresarial, os *stakeholders* internos são os gestores (a própria administração, os seus apoiantes como o Partido Republicano e os seus interesses financeiros, o Congresso e a Câmara dos Deputados); os seus colaboradores (a administração pública, o exército, a segurança interna); os *stakeholders* externos são a comunidade ou o povo (dentro e fora do país) e a comunidade internacional (em particular, os seus instrumentos legais).

A avaliação da sustentabilidade/responsabilidade social de um país é, obviamente, muito mais complicada do que a de uma empresa, até mesmo as maiores empresas que operam e com influência no mundo inteiro. Por exemplo, um dos problemas-chave é saber o que fazer em relação a problemas isolados? A contratação de uma criança por uma empresa que produzisse sapatos ou outros produtos, como a Nike, seria responsável por uma enorme onda de críticas na imprensa e ONG, ao ponto da Nike ver a sua classificação, numa das várias escalas de CSR no mundo inteiro, descer, assim como o investimento por parte de fundos sociais, e possivelmente sofrer uma queda das suas acções. Incidentes isolados tais como danos indirectos numa guerra ou até mesmo as baixas em incidentes como *friendly fire* (onde soldados são mortos ou feridos por acções militares do seu lado) não podem ser julgados da mesma forma – ou será que podem? Deveremos nós esperar que um país seja imolado só por causa de um incidente? Não, cada país deve minimizar este tipo de incidentes e, se os houver, adoptar procedimentos de forma a assegurar que não se repitam. Isto acontece nos EUA até um certo ponto, mas é sabido que os Estados Unidos podem ser um aliado perigoso em guerras e vários países já sofreram com o *friendly fire.*

Segundo, terão os EUA uma Declaração de Valores ou um Código de Conduta para com os seus *stakeholders*?

Sim, têm uma constituição vigorosamente supervisionada pelo Supremo Tribunal que é a mais alta entidade para os *stakeholders,* mas só no território dos EUA. No entanto, a responsabilidade da Constituição é tutelada pelo Supremo Tribunal, cujos membros são nomeados pelos antigos representantes políticos. A Declaração de Valores foi gravemente atingida, no início desta administração, quando os políticos conseguiram que prevalecesse a decisão de parar a recontagem de votos na Florida, permitindo a George Bush assumir a presidência. Este incidente teria destruído uma empresa mas não o governo dos EUA. Uma vez que a votação foi tão renhida entre os dois candidatos, poder-se-ia argumentar que tinha havido uma ligeira transição e um candidato tinha sido melhor aceite pelos eleitores. O que é curioso para quem está de fora é que, seja como for, o candidato perdedor não teve uma palavra a dizer no processo político dos EUA, embora tenha tido mais votos do que o outro candidato vencedor. Não existe nenhuma oposição organizada que possa utilizar o líder político que chegou mais de perto a vencedor das eleições.

Terceiro, tem uma gestão socialmente responsável?

Certamente que os *stakeholders* da administração, anteriormente referidos, são muito bem tratados. De facto pode-se alegar que foram os interesses económicos que levaram George Bush ao poder, neste caso prevaleceu o poder e a influência das grandes companhias petrolíferas. Aparentemente, estes poderes dissimulados dominam a abordagem dos Estados Unidos ao tema da protecção do meio ambiente, a título interno e externo, o que tem sido deveras negativo, nomeadamente quando se permitiu a prospecção de petróleo em terras antigas e selvagens, bem como a anulação do Protocolo de Quioto sobre o aquecimento global.

Quarto, não existem dúvidas que os EUA tratam os seus empregados muito bem, apesar de muitos desvalorizarem a necessidade de expandir as suas forças armadas e de segurança, quando o presidente anterior já detinha uma das forças mais poderosas do mundo, este último conseguiu evidenciar aparentemente o contrário. Existe bastante controlo das forças armadas visto que as suas acções são muito divulgadas pelos *media*. Mas não existe qualquer controlo dos serviços secretos por parte dos cidadãos. Claro que os segredos não o seriam se fossem divulgados, mas afinal de contas por que razão necessita um estado democrático de segredos?

Quinto, então e os *stakeholders* externos?

Como foi referido anteriormente, estes são as pessoas, o meio ambiente e a comunidade internacional (e os seus instrumentos legais, em particular). Internamente a população do país detém uma voz activa nas acções desenvolvidas pelo seu governo e é ouvida com muita atenção. Externamente, a actual administração não está a proceder tão bem. Renunciou a um grande número de tratados internacionais – desde os Direitos Humanos, ao meio ambiente, ao controlo de armamento – e demonstrou um grande desdém pela comunidade internacional, como pelas Nações Unidas.

Comentário final

Que sentido faz então avaliar alvos maiores como países, e o seu envolvimento na sustentabilidade e responsabilidade social, quando a responsabilidade social empresarial está a tornar-se cada vez mais corrente hoje em dia (especialmente, após o enorme impacto provocado pelos escândalos da Enron e da WorldCom)?

A razão é bastante simples: se os países não se comportarem de forma responsável, que esperança existirá para as outras entidades tais como as próprias empresas, muitas delas registando um volume de negócios maior do que o PIB de alguns países?

O DESENVOLVIMENTO SUSTENTÁVEL: DAS NAÇÕES UNIDAS À UNIÃO EUROPEIA E EM PORTUGAL

A CSR, OS NEGÓCIOS, AS NAÇÕES UNIDAS E O DESENVOLVIMENTO

Por MICHAEL HOPKINS

Im))pactus n.º 5 Set-Out 2005

Introdução

Um dos aspectos da CSR é a sua ligação entre as grandes empresas e o desenvolvimento. Mas, atendendo a que *"the business of business is business"*, por que razão algumas corporações se deveriam envolver na área do desenvolvimento? Deveriam fazer mais para além daquilo que já fazem?

A mensagem principal deste texto[1] é a de que os governos e as suas influências, as agências internacionais agrupadas nas Nações Unidas (NU) falharam nas suas tentativas de eliminar a pobreza e o subdesenvolvimento no planeta. Depois de meio século de esforços e um trilião de dólares em ajuda ao desenvolvimento, mais de 2 mil milhões de pessoas ainda vivem com menos de 2 dólares por dia. Na realidade, algumas das economias mais pobres estão a regredir[2].

A falha dos governos tem sido exemplificada pelo facto de agora existirem estrelas da música *pop* que tentam chamar a atenção dos mesmos para a necessidade de reduzir a pobreza. Mas se a *Live Aid* não funcionou há 10 anos atrás, por que razão deveria resultar agora? A resposta simples é a de que a ajuda sob a forma de fundos perdidos raramente é bem sucedida.

A dedução óbvia é que quanto mais desenvolvimento ocorre mais o sector privado tem de carregar esse peso. As grandes empresas, com o seu poder e força económica, têm tido praticamente carta branca, por parte dos governos, para se expandirem e investirem. Uma das partes dessa troca de serviços implica que as grandes empresas têm de ter, hoje, muito mais responsabilidade sobre o seu investimento do que anteriormente.

---

[1] Excerto de um livro de Michael Hopkins, sobre CSR e Desenvolvimento, a ser ainda publicado em 2005 (*Earth-scan*, London, UK, 2005). Ver também outros artigos sobre "The Fortune from CSR", disponíveis em: www.mhcinternational.com.

[2] Simon Caulkin, *The Observer*, Londres, Reino Unido, 13 de Março de 2005.

As Limitações das Agências das Nações Unidas na Estimulação do Desenvolvimento

Para mim, é curioso escrever acerca das limitações do desenvolvimento das actividades das Nações Unidas, das suas agências, dos seus bancos de desenvolvimento, uma vez que trabalhei para as NU como investigador e, depois, como consultor, durante várias décadas. Na realidade, devido à forte pressão negativa que existe actualmente sobre as NU, sobretudo por parte dos Republicanos nos EUA (e agora temos aquele terrível Bolton), a minha impressão geral é que as NU fazem, de facto, um bom trabalho na área do desenvolvimento, por vezes, mesmo muito bom, com os reduzidos recursos que têm à sua disposição. Mas, tal como irei referir ao longo do texto, o seu impacte no desenvolvimento do planeta é apenas uma gota no oceano.

A Dimensão das Nações Unidas

Um problema que actualmente se coloca é que as Nações Unidas, na realidade, consistem numa organização pequena. As despesas totais operacionais para o total das Nações Unidas – incluindo o Banco Mundial, o Fundo Monetário Internacional, todos os programas, fundos e agências específicas – atingem os 18.2 mil milhões de dólares por ano. Este montante é menor do que o de muitas empresas internacionais – a *General Electric*, por exemplo, teve uma capitalização bolsista de 350 mil milhões de dólares, em 2004. O orçamento para as principais funções das Nações Unidas – o secretariado em Nova Iorque, Genebra, Nairobi, Viena e 5 comissões regionais – é de 1.25 mil milhões de dólares por ano. Este valor representa cerca de 4% do orçamento anual dedicado à gestão da cidade de Nova Iorque, sendo quase menos mil milhões de dólares que os custos anuais do departamento de incêndios de Tóquio. É também cerca de 3.7 mil milhões de dólares a menos que o orçamento anual do sistema universitário do Estado de Nova Iorque[3].

Apesar das alegações de que as NU estão a crescer, existem menos postos de trabalho hoje do que em anos anteriores. O orçamento das NU para 2004-2005, por exemplo, reflecte 9.288 postos de trabalho, em vez dos 10.021 no período de 1996-1997[4]. No entanto, e por mais de uma década, as NU têm sido confrontadas com uma crise financeira, tendo sido forçadas a cortar programas em todas as áreas. Muitos dos estados-membros não têm pago as suas quotas e têm também diminuído os seus donativos aos fundos voluntários das NU. Em 31

---

[3] Fonte: http://www.ldb.org/vl/top/unfacts.htm.

[4] Fonte: http://www.un.int/usa/fact3.htm.

de Dezembro de 2004, as dívidas dos países-membros às NU ascendiam a 357 milhões de dólares, sendo os Estados Unidos responsáveis por 241 milhões de dólares.

Autoprofecia (*Self-Fulfilling Prophecy*)

É aqui que recai um dos maiores problemas das NU. Uma organização decadente ou estagnada é um local muito difícil para se trabalhar. O constante cinismo e bloqueio liderados pelos EUA, desde o tempo da criação das NU[5], não têm ajudado a organização, não sendo surpreendente que a actual administração das NU afirme que esta organização "sofre de uma gestão pobre, de um nível de moralidade miserável, de falta de responsabilização e ética profissional"[6]. Os EUA também têm a sua influência no orçamento das NU – cerca de 22% do orçamento deveria provir deste que é o seu maior membro. Por isso, poderíamos afirmar que a actual situação das NU se deve mais aos EUA do que a qualquer outro país.

Numa organização decadente ou estagnada, a maior ameaça é a segurança do trabalho, e o que acontece é que os sortudos que têm os chamados "contratos efectivos" sobrevivem a este cenário, enquanto os restantes colaboradores – jovens trabalhadores com contratos precários – é rapidamente eliminado. No entanto, a vida e as ideias entram nas organizações via pessoas jovens e dinâmicas. Os que ficam nas organizações não são, na maioria dos casos, os mais competentes e, muitas vezes, ocupam posições de chefia simplesmente por estarem ligados a um ditador ou político incompetente e porque o secretário-geral das NU tem também contas a pagar (o apoio, por exemplo, àqueles que o elegeram e apoiaram).

O chamado *Peter Principle*, em que todos atingem o seu nível de incompetência, surgiu no sistema das NU – o *Peter Principle* desencadeia a promoção de pessoal competente até que se torne incompetente e, a partir daí, não existe mais progressão. Nas NU, muitas das posições de chefia estão preenchidas por pessoas incompetentes. Como tal, o *Peter Principle* trabalha a uma velocidade dupla.

[5] A ONU ficou sedeada em Nova Iorque, em 1948, sobretudo para apaziguar o receio de que os EUA pudessem vir a sair de um organismo que se tornasse supranacional.

[6] Relatório do Congresso, Warren Hodge, *New York Times*, 13 de Junho de 2005.

Mas Isso Importa?

Se é assumido que as NU são ineficientes, o facto de se estar a diminuir o número de *staff* ou de pessoal ineficiente não deveria ser relevante. No entanto, ninguém coloca seriamente em causa os ideais morais das NU. Contudo, não podemos assumir que as dificuldades crescentes das Nações Unidas para cumprir com os seus programas sejam saudáveis ou que uma organização não-governamental (ONG) ou privada possa solucionar o problema.

Torna-se necessária uma reforma. No entanto, e como se verá a seguir, os apoiantes desta reforma defendem as questões de transparência e responsabilização, não se debruçando sobre a forma como o trabalho é feito nem sobre as desastrosas políticas internas da organização.

Mais Transparência e Responsabilização Serão a Solução?

Hoje em dia, nenhuma organização pode mostrar-se indiferente em relação à transparência e responsabilização, que, por sua vez, têm vindo a entrar nas organizações através da *Corporate Social Responsibility* (CSR). Questiono-me sobre o esforço que tem sido feito por empresas de CSR, como a AccountAbility, para equilibrarem os custos e benefícios da transparência e responsabilização, bem como na identificação de "para quem". Que eu saiba, nenhum.

Quando, no Verão de 2005, o ministro do Trabalho e Pensões do Reino Unido foi pressionado, na conferência de Verão da Organização Internacional do Trabalho (OIT), a explicar por que razão o RU e os EUA vetaram o orçamento da OIT, ele afirmou que havia necessidade de mais transparência e responsabilização (T&R), uma vez que existiam gastos excessivos.

Em princípio, esta afirmação é positiva. No entanto, na prática, esta ideia simples leva as organizações a entrarem numa dimensão em que se dá mais poder de controlo aos burocratas e menos aos pensadores inovadores. Alguém que trabalha na OIT disse-me que o processo associado ao orçamento de 2005 triplicou o uso de quadros superiores que foi retirado de outros projectos mais produtivos. Assim, a T&R está a levar as organizações das NU para uma área ainda mais burocrática do que de concretização de acções, o que não é o que se pretende. Assim, é evidente que, por parte dos órgãos das NU que pretendem mais T&R, existe a necessidade de analisar cautelosamente as implicações do actual processo.

Outra organização internacional que se está a aproximar de uma esclerose devido à obsessão por T&R é a União Europeia. Senta-se em cima de um monte de dinheiro, sendo difícil o seu escoamento. De forma a preservar a T&R de uma série de escândalos, o seu sistema de atribuição de fundos é provavelmente o mais complicado de todas as organizações internacionais. Nenhuma empresa pode concorrer e ser aceite para um contrato pequeno, por exemplo de 100.000 euros, sem ter provado que já trabalhou com contratos semelhantes no passado. Podemos argumentar que não podemos ter empresas com zero experiência a entrarem nestes apoios. No entanto, a maioria do emprego gerado na Europa provém das pequenas empresas (com menos de 10 trabalhadores), que terão poucas hipóteses de usufruírem dos projectos europeus.

Na prática, o que temos são grandes empresas, que têm recursos, a colocar indivíduos a tempo inteiro na análise de contratos e propostas. Estas empresas têm tendência para se transformarem em "lojas" onde colocam em conjunto profissionais que conhecem de nome, mas que não trabalham para eles. As empresas de maior dimensão definem os preços/hora dos indivíduos e pressionam a descida dos salários dos contratados, que não conseguem entrar neste sistema de outra forma. Na realidade, se uma pequena empresa consegue, de facto, estabelecer um contrato com a União Europeia, terá de esperar uma eternidade para ser paga, uma vez que se tem de garantir a transparência e a responsabilização de todo o processo. Assim, a União Europeia encontra-se cheia de dinheiro que não consegue alocar, devido aos aspectos processuais dos concursos.

Os Principais Instrumentos de Desenvolvimento das NU

As NU têm dois instrumentos principais para a promoção do desenvolvimento: o Banco Mundial e o Programa de Desenvolvimento das Nações Unidas (PDNU), que competem fortemente entre si. O Banco Mundial não se considera como parte do sistema das NU, apesar de, por exemplo, os seus colaboradores terem os tão desejados passaportes das NU, e é bastante independente face às influências externas, o que é bem visível quando analisamos as publicações – estas raramente se referem a fontes de informação fora do Banco Mundial. O seu presidente é nomeado pelos EUA e, consequentemente, as políticas do Banco Mundial estão fortemente ligadas às dos EUA.

A nomeação mais recente do presidente do Banco Mundial causou uma mistura de sentimentos, uma vez que o homem por detrás da guerra do Iraque não era visto como o que iria trazer harmonia para as relações entre o Banco Mundial e os países em vias de desenvolvimento. Os principais países industrializados constataram o "mal" potencial que este homem, Wolfowitz, poderia provocar e, pela primeira vez, convidaram-no a visitar a Europa, para ser "entrevistado" pelos principais países europeus. No entanto, este processo de "entrevista" foi uma vergonha, uma vez que não existiam grandes dúvidas de que os países europeus (mesmo a França e a Alemanha, com perspectivas diferentes) seguiriam os EUA. Assim, Wolfowitz foi duplamente nomeado.

O Programa de Desenvolvimento das Nações Unidas (PDNU - *United Nations Development Programme*) é o principal braço desta organização, na medida em que promove o desenvolvimento humano nos 170 países onde opera. Tem um orçamento pequeno, cerca de 3 milhões de dólares por país, em média. Estes fundos são, muitas vezes, complementados com dinheiro dos governos locais – em países mais ricos, esse dinheiro pode suportar todo o orçamento. Ou então, em países como as Honduras, com um orçamento médio de 3 milhões de dólares, conseguiu-se aumentar esse valor até aos 300 milhões de dólares com parcerias com o sector privado. Estes valores podem ser enganosos, uma vez que o PDNU apenas retira uma percentagem destes fundos para as suas acções em prol do desenvolvimento.

A principal diferença entre o PDNU e o Banco Mundial é que o primeiro tem representantes de todos os países e cada país tem um voto, enquanto o Banco Mundial adopta a filosofia de "um dólar – um voto", isto é, os países mais ricos têm mais opinião sobre os assuntos.

Mais recentemente, os modelos de desenvolvimento defendidos pelo Banco Mundial e o PDNU têm convergido, particularmente porque o PDNU, até há pouco tempo, era presidido por um ex-oficial do Banco Mundial – Mark Malloch Brown.

A Política de Desenvolvimento dos Dois Instrumentos das NU

Estes dois instrumentos têm vindo a promover esforços de desenvolvimento no sector privado, pelo que, nos últimos anos, tem-se dado ênfase à questão da *Corporate Social Responsibility*. O Banco Mundial tem pelos menos cinco unidades que trabalham com os assuntos da CSR, enquanto o PDNU tem trabalhado sob a alçada do *Global Compact* das NU[7].

O modelo de desenvolvimento que cada um deles segue é diferente. O Banco Mundial, o Fundo Monetário Internacional e a Organização Mundial do Comércio, nos últimos 20 anos, têm seguido o chamado "Washington Consensus", que é, essencialmente, um modelo de mercado livre baseado na escola monetária de Chicago. Todos os países que desejam receber apoios do Banco Mundial e do Fundo Monetário Internacional têm de exercer esforços evidentes de forma a permitir que as forças de mercado atinjam o seu potencial e que o poder do Estado sobre o mercado seja reduzido. Na teoria, esta abordagem é positiva. No entanto, na prática, poucos países têm as instituições necessárias para desenvolver o sector privado sem que haja uma saída de fundos para bancos no estran-

[7] Sobre o papel eficaz do *Global Compact* das Nações Unidas, pode consultar: http://www.globalpolicy.org/reform/business/2004/0623countersummit.htm.

geiro. Tendo-se verificado que essa abordagem não foi bem sucedida em todos os casos, a nova tendência é defender a democracia, transparência, anticorrupção e responsabilização. Mais uma vez, e na teoria, tudo isto soa bem, mas, na prática, a necessidade de se aumentar a T&R pode levar a um aumento da burocracia e menos eficiência, precisamente o que as instituições do *Bretton Woods* não querem.

Tal como foi dito por Jan Vandemoortelle[8], do PDNU, a sabedoria convencional destas instituições mantém "a visão de que a redução da pobreza como um bem universal resultará como um subproduto automático do crescimento económico e da estabilidade macroeconómica. Os governos e os seus parceiros sentem dificuldade em traduzir, na prática, o conceito de "crescimento apropriado".

O PDNU não pode ignorar o "Washington Consensus", mas tende a ser muito mais pragmático na forma como lida com os países em desenvolvimento. Há quem defenda que isto se deve ao facto da organização estar mais próxima dos problemas concretos, devido à existência de escritórios em quase todos os países em desenvolvimento. Como tal, lida com problemas mais práticos do que os típicos empréstimos e créditos. Também a esfera de influência dos EUA é menor, sendo o Conselho Executivo[9] constituído por vários países em desenvolvimento, em que a filosofia das NU de "um país – um voto" é dominante (e não a de "um dólar – um voto", típico das organizações de *Bretton Woods*[10]).

Os críticos do modelo de desenvolvimento do PDNU podem argumentar que está muito centrado na melhoria da eficiência da governação, redução da pobreza, através de programas públicos, e no trabalho com ONG radicais. Certamente que o PDNU tem de ter os seus programas aprovados pelo Governo do país em causa, mas também o Banco Mundial passa por esse processo. A questão está no detalhe. O Banco Mundial lida com as instituições mais importantes de um país, como o seu banco central, Ministérios da Economia e Finanças. Muitos dos colaboradores destes ministérios já trabalharam, a dada altura, para as instituições de *Bretton Woods*, ou está prestes a fazê-lo. Por outro lado, o PDNU lida preferencialmente com os ministérios mais "fracos", como os da

---

[8] Jan Vandemoortelle, "*A Look at MDG Progress*", *Sustainable Development International*, 13ª edição, Março de 2005 – disponível em: http://www.sustdev.org/index.php?option=com_content&task=view&id=365&Itemid=34.

[9] O Conselho Executivo do PDNU é composto por representantes de 36 países, numa base rotativa. Fonte: www.undp.org

[10] Quem gere o Grupo do Banco Mundial? O Banco Mundial é gerido como uma cooperativa, tendo os seus países membros como accionistas. O número de acções que um país tem é baseado no tamanho da sua economia. Os EUA são os maiores accionistas, com 16.41% dos votos, seguidos pelo Japão (7.87%), Alemanha (4.49%), Reino Unido (4.31%) e a França (4.31%). O restante é dividido pelos outros membros. Fonte: www.worldbank.org

Educação, Saúde, Trabalho e Ambiente, sendo o principal ponto de contacto o Ministério dos Negócios Estrangeiros, que, por sua vez, tem menos poder sobre o país. No entanto, pelo facto de o PDNU lidar com os ministérios mais "fracos", tem mais oportunidades de difundir as ideias e, assim, ser mais eficaz na luta em prol do desenvolvimento.

Em Conclusão

Pode então a CSR ser uma forma para o desenvolvimento, para ajudar o mundo a mover-se, ultrapassando os detalhes dos jogos das NU, e de contribuir para a existência de lucros honestos por parte das empresas?

Uma resposta curta é: sim. A CSR tem mostrado o caminho para as empresas examinarem o seu papel mais vasto na sociedade em moldes nunca antes realizados. A CSR é um conceito sistémico que toca em todas as partes da empresa, tendo efeitos positivos e negativos. O seu papel abrangente, conjuntamente com o poder e a tecnologia das empresas e ainda mais impulsionado pelas falhas da maioria dos esforços para promover o desenvolvimento realizados até à data, concede às empresas uma força adicional para se envolverem nas questões do desenvolvimento de uma forma sem precedentes.

Os governos serão claramente os árbitros do desenvolvimento, através do reconhecimento público. Mas as suas falhas em muitos países, bem como a falha das ajudas internacionais, originaram a existência de um espaço vazio, que tem de ser preenchido por outra entidade, e a única que existe é o sector privado e os seus campeões, ou seja, as grandes empresas. É relativamente fácil argumentar que as empresas se devem dedicar unicamente ao lucro e deixar as questões do desenvolvimento para os governos. No entanto, isto é um contra-senso, na medida em que o mercado, ao estar direccionado unicamente para a maximização do lucro, tem sido incapaz de preencher os papéis sociais como a redução do emprego, a criação de escolas primárias e secundárias para todos, o combate às principais doenças no Terceiro Mundo, entre muitos outros aspectos.

Apenas o tempo dirá se as empresas levarão este novo desafio avante. De certa forma, as empresas multinacionais irão implementar acções do foro do desenvolvimento simplesmente para diminuir os problemas associados ao aumento dos preços da energia, aos boicotes dos consumidores, etc. Se irão ou não tomar acções mais abrangentes e a forma como o farão, se decidirem levar por diante a questão do desenvolvimento de uma maneira mais abrangente, são ainda aspectos sujeitos a uma larga discussão.

ENTREVISTA A MIRA AMARAL, O DESENVOLVIMENTO SUSTENTÁVEL É UM IMPERATIVO MUNDIAL

Im))pactus n.º 0 Abril 2004

O Desenvolvimento Sustentável é um Imperativo Mundial

Por MARGARIDA HENRIQUES, RITA ALMEIDA DIAS E SOFIA SANTOS

Luís Mira Amaral, vice-presidente da Caixa Geral de Depósitos e ex-ministro da Indústria, considera que em Portugal há alguma vontade política em implementar estratégias de desenvolvimento sustentável mas é muito crítico em relação à forma como isso tem sido gerido. Mira Amaral acusa o poder político e as elites de não saberem dialogar e persuadir o tecido empresarial português para esta causa, o que considera um sinal de subdesenvolvimento.

Impactus: Até que ponto considera que em 2010 o desenvolvimento sustentável pode contribuir para que a economia europeia seja mais competitiva?

Mira Amaral: Isso é um tema que oferece algumas dúvidas, dado que o desenvolvimento sustentável é uma necessidade deste mundo. Sem desenvolvimento sustentável não preservaremos recursos naturais e não poderemos dar aos nossos vindouros as coisas necessárias para se continuarem a desenvolver. O problema põe-se a curto prazo dado que, se for apenas a Europa a preocupar-se com estas matérias, não se resolve o problema mundial – porque é um problema mundial – e isso pode afectar a sua competitividade a curto prazo.

O continente americano não tem estas preocupações. Não faz sentido que os Estados Unidos, a maior potência mundial, que devem ter aqui também um grau de responsabilidade muito grande, não queiram aplicar o Protocolo de Quioto. Até porque são eles que mais consomem energia e mais contribuem para este problema. Quando países mais desenvolvidos como os Estados Unidos não têm consciência das suas obrigações internacionais, não nos podemos admirar que países menos desenvolvidos ou emergentes, como a China, também não os queiram aplicar. Se a Europa fica sozinha a fazer de bom aluno, é evidente que isto não é suficiente porque o desenvolvimento sustentável é um imperativo mundial; todos têm de contribuir para ele.

I.: E quanto ao objectivo de redução da pobreza em 50% até 2015? Parece demasiado ambicioso...

M.A.: Muitas vezes, em termos práticos, essas coisas não são exequíveis mas têm um efeito emblemático importante. Mesmo que se saiba que não é para cumprir, o simples facto de ser posto na agenda mostra uma preocupação correcta pelo problema.

I.: Então considera correcta a estratégia europeia para o desenvolvimento sustentável na prossecução destes objectivos?

M.A.: Infelizmente parece-me que a Europa é o único bloco que se está a preocupar com isto.

I.: Na sua opinião, a União Europeia (UE) deve ser a responsável pela criação destas medidas e pela sua implementação em cada Estado-membro, ou cada um deverá avançar por si?

M.A.: Se existe uma UE – que existe, e isso é positivo para todos nós – isso é matéria que deve ser concebida e executada a nível europeu, deixando aos Estados-membros alguma descentralização nas execuções. Esta matéria deve ser desenhada e tratada no contexto europeu. Isso não significa que se chegue a um pormenor excessivo, como às vezes querem os burocratas de Bruxelas. Isso é totalmente irrealista e é contrário à filosofia da UE, que é de subsidiariedade.

I.: Como vê o caso do Reino Unido, que tem um ministro para estas questões?

M.A.: Isso não significa que esse ministro não deva ir aos Conselhos de Ministros europeus e contribuir para a formação de uma política europeia, nem significa que a Inglaterra desrespeite ou não queira seguir uma linha de orientação europeia. Significará talvez que se preocupou mais com o assunto do que os outros países.

O Caso Português

I.: Em Portugal a primeira estratégia para o desenvolvimento sustentável surgiu em 2002. Qual é a sua opinião em relação a esse primeiro plano?

M.A.: A ideia foi positiva, estou de acordo com o enunciado político mas, o que verifiquei, é que do plano à prática vai uma grande diferença. Acho que também aí Portugal enunciou uma estratégia política cheia de boas intenções mas que tem sido difícil de executar.

I.: O que falhou?

M.A.: Há uma questão geral portuguesa: muitas vezes não estamos mal nas leis nem naquilo que está no papel – muitas vezes até somos dos mais avançados da Europa – mas não conseguimos executar. E isso não é só um problema de capacidade política mas também da qualidade da Administração Pública, que está muito pouco apetrechada. Veja as leis do ambiente: temos leis excelentes, mas acha que a Administração Pública tem capacidade para as fazer cumprir? Não tem.

I.: Ainda em relação à estratégia nacional para o desenvolvimento sustentável, considera-a distante da sua aplicabilidade nas empresas?

M.A.: Acho que aquele documento foi feito com muito pouca consulta às empresas. E há aqui uma incoerência. Quando se fala da política de saúde, diz-se que não pode ser implementada sem os profissionais de saúde e sem os médicos; fala-se da política de educação e é logo aqui d'el rei, que não pode ser implementada sem os professores. Mas quando se chega ao ambiente têm sempre a mania que isso pode ser implementado de forma majestática, de cima para baixo, sem consultar os agentes. E isso é totalmente irrealista, porque se vivemos numa economia de mercado, não podemos esquecer as empresas e os empresários. A minha experiência de quando estive no Governo é que, em termos práticos, é muito mais realista discutirmos com os empresários e tentarmos encontrar consensos, mesmo que para isso não possamos implementar imediatamente tudo o que pensávamos, do que esquecer os empresários e tentar impor medidas que depois não são executadas. Assim há mais garantias de execução daquilo que foi estabelecido. Há nos empresários portugueses uma grande crítica, uma grande queixa de que isso foi feito de forma bastante majestática. E, de facto, a realidade é assim. As empresas portuguesas não têm a capacidade de outras mais desenvolvidas e, portanto, terão dificuldades na execução.

I.: Por que não são os empresários a tomarem a iniciativa e a adoptarem essas medidas em vez de ficarem à espera da regulamentação do Estado?

M.A.: Os empresários têm as suas virtudes e defeitos. Não podemos pensar que estão na primeira linha das preocupações ambientais. Felizmente em Portugal já há empresários evoluídos, com grandes preocupações com as questões ambientais. Já há empresas que começaram por fazer o balanço social e agora fazem também o balanço ambiental junto às suas demonstrações financeiras. Mas não podemos esperar que os empresários sejam perfeitos nesta matéria quando vemos o público em geral sem ter preocupações ambientais. Se a população em geral não tem essas preocupações, como podemos esperar que os empresários que vêm do povo português sejam perfeitos?

I.: Então como podemos solucionar esta questão, se por um lado temos os empresários que não têm essas preocupações e, por outro, o consumidor, o cidadão, também não as tem?

M.A.: Só há duas maneiras de o fazer: pelo sistema da sensibilização e pelo sistema de penalizações e sanções.

I.: Defende que essas questões sejam incorporadas nos currículos académicos, nos vários cursos de gestão, de economia ou de contabilidade?

M.A.: Tenho leccionado economia industrial na universidade e a questão do desenvolvimento sustentável é incorporada. Até porque isto é uma componente de uma área nova da economia – a economia do ambiente. Também nos cursos de engenharia já há cadeiras a preocuparem-se com isto. Mas não acho que o problema resida tanto na universidade. A incorporação disto tem que vir antes, do ensino básico e secundário.

I.: Mas ainda há muitos passos a dar nesse sentido.

M.A.: Pois há. Mas não acredito que seja de um dia para o outro que tenhamos o problema resolvido. Porque nas escolas a questão passa também por uma acção de formação contínua e pela reciclagem dos professores.

I.: Quais são as suas expectativas em relação ao actual grupo de trabalho e de reflexão estratégica para o desenvolvimento sustentável em Portugal, recentemente criado sob a alçada do primeiro-ministro?

M.A.: Esse grupo devia preocupar-se em dar estas noções logo no ensino básico e secundário e devia preocupar-se com a sensibilização dos ecologistas no sentido de que isto não pode ser imposto de forma majestática à sociedade. É necessária uma grande acção de diálogo e de consenso com os agentes económicos para que isso seja implementado. Mas como iniciativa política e emblemática, acho que é extremamente positiva. Quando o Primeiro-Ministro faz isto, mostra que no topo do poder político já existe preocupação sobre esta questão. Quando estive no Governo, o que fiz com a então ministra do Ambiente Teresa Patrício Gouveia, que foi extremamente positivo, foi persuadir os empresários sobre isto. Eu era mais credível que a ministra do ambiente junto dos empresários porque, quando falava, eles sabiam que eu tinha preocupações de competitividade empresarial. Quando falamos para um público específico, não podemos esquecer os seus problemas.

I.: Então qual é o relacionamento que o Estado deve ter com o tecido empresarial de modo a que essas directrizes macroeconómicas possam ser aplicadas no dia-a-dia das empresas?

M.A.: Não se pode impor de forma majestática, sem dar informação, sem explicar aos agentes como é que as coisas funcionam e quais são os desafios. Não se resolve o problema como alguns políticos pensam: faz-se o decreto-lei e está resolvido. Falta toda uma acção de persuasão, de consciencialização dos empresários. E este problema não existe apenas no ambiente mas em todas as questões da competitividade internacional. Numa economia de mercado, o poder político deve ter uma grande preocupação de saber comunicar de forma clara essas mensagens para o povo e para a classe empresarial. O que sinto no poder político em Portugal e nas elites políticas e universitárias, nas quais incluo os ecologistas e os ambientalistas, é que não têm uma linguagem simples e clara para comunicar isto. A meu ver, isto é um sintoma de subdesenvolvimento de um país. Mas essa é a primeira questão. Depois, como é exemplo a lei do poluidor-pagador, tem de haver penalizações, porque o discurso não chega. Estas questões resolvem-se com uma grande capacidade de comunicação, de persuasão e com uma linguagem simples e clara para as populações, para os empresários e para os trabalhadores e depois montando sistemas de incentivos e penalizações.

I.: Considera que as questões do desenvolvimento sustentável são um factor competitivo das empresas e que, como tal, estas devem ser pró-activas e não ficar à espera da regulamentação?

M.A.: Exactamente. Temos empresários que já perceberam isso, que já incorporam isso na sua estratégia empresarial, mas há outros que ainda não o fizeram e é necessário que o poder político os alerte e lhes explique essas questões. Há empresários que já perceberam que o ambiente é hoje uma arma e um factor de diferenciação. Os ecoprodutos e as ecomarcas mostram que há uma estratégia empresarial que já percebeu que o símbolo eco e as acções consequentes são elementos de diferenciação em relação aos concorrentes e, portanto, são um factor de competitividade. Esses empresários já perceberam que o ambiente não é uma chatice mas pode ser uma oportunidade.

Boas Práticas Versus Lucro

I.: Fala-se também do *business case* da sustentabilidade das empresas, em que não há uma relação causal mas sim uma correlação entre a implementação de boas práticas e o lucro. Qual é a sua opinião em relação a isso?

M.A.: A longo prazo não existe contradição entre rentabilidade e desenvolvimento sustentável. A curto prazo pode existir algum *trade off* ou conflito porque, quando temos uma dada tecnologia, se queremos que o processo produtivo seja menos poluente, há um custo adicional para a empresa. Mas quando há crescentes preocupações ambientais numa sociedade, a tecnologia reage fazendo ecotecnologias, mais eficientes. O desenvolvimento sustentável significa minimizar o uso dos recursos naturais para os preservar para as gerações futuras. Ora, quando se minimiza o uso de recursos naturais para se obter a mesma unidade de produto industrial, está-se a aumentar a rentabilidade da empresa. Em termos económicos, melhor utilização dos recursos significa mais eficiência e maior rentabilidade.

I.: Têm surgido os designados fundos financeiros éticos, principalmente em Inglaterra. Qual a sua opinião em relação ao aumento do número de fundos e à sua rentabilidade? Considera que são investimentos positivos?

M.A.: Tratam-se de instrumentos financeiros de proveniência estatal pois numa fase de arranque tem de haver algum contributo financeiro público, dado que o mercado à partida não percebe a sua mais-valia. Mas só se consegue atrair o dinheiro dos privados se esses instrumentos forem rentáveis. Na medida em que o ambiente se torna um negócio no bom sentido, esses fundos são rentáveis e será mais fácil atrair o dinheiro dos privados. Há uma diferença entre o arranque e a sustentabilidade no mercado desses mecanismos. Para o arranque, muitas vezes é preciso algum financiamento público – é a socialização do custo de arranque, que tem de ser feita pelo Estado. À medida que a economia e a estrutura empresarial percebem que o ambiente é um negócio, uma oportunidade, vai ser mais fácil atrair financiadores porque esses instrumentos têm rentabilidade. Já há casos em que os ecofundos financeiros se diferenciam dos fundos tradicionais e, portanto, têm o efeito de novidade e até se podem tornar mais rentáveis, mas isso vai levar algum tempo.

I.: E como vê essa evolução em Portugal?

M.A.: Estamos mais atrasados mas, no caso das energias renováveis, há um fundo criado pelo engenheiro Carlos Pimenta que é altamente rentável (à volta dos 15%). Isso mostra que no campo da energia ligado ao desenvolvimento sustentável esses fundos já têm pernas para andar. As próprias instituições financeiras já estão a entrar de livre vontade, em termos de negócio, nesse fundo – a Caixa Geral de Depósitos, por exemplo, é accionista.

I.: E há incentivos fiscais?

M.A.: Se os Estados quiserem incentivar estas coisas, podem fazê-lo de duas formas: ou dão uma contribuição financeira ou criam benefícios fiscais que possam incentivar e diferenciar esses fundos em relação aos outros.

I.: Em 2002, em Londres, foram criados os Princípios do Equador, em que vários bancos internacionais assinaram voluntariamente um acordo onde se comprometiam a ter determinados comportamentos éticos e morais em relação aos empréstimos que fazem. Como vê este tipo de acções por parte da banca internacional e como vê a banca portuguesa neste contexto?

M.A.: Isso insere-se num movimento mais amplo, que é o da ética empresarial. As grandes empresas já perceberam que, com uma crescente consciência social e ambiental, precisam de começar a assumir preocupações de ética, sem as quais a opinião pública as põe em causa, o que acaba por afectar o lucro. Isso já chegou ao sistema financeiro e vai chegar à banca portuguesa. Mas, neste momento, ainda não há um banco português que tenha ido nesta linha. Penso que é uma questão de tempo.

ENTREVISTA A CARLOS ZORRINHO

Im))pactus n.° 7 Abr-Jun 2006

Im))pactus: A Estratégia de Lisboa estabeleceu, em 2000, um conjunto de directrizes e ferramentas que levariam à construção de uma economia europeia mais competitiva, mas que teria também em consideração o progresso ambiental e social. Essa estratégia falhou na maioria dos países. Porquê?

Carlos Zorrinho: A Europa tinha necessariamente que ter uma estratégia que passasse por aumentar o valor incorporado nos seus produtos e competir, não só com base no factor custo, mas sobretudo com base no factor valor. A resposta a este desafio foi consubstanciada na Estratégia de Lisboa, que encontrou uma resposta global e ambiciosa. Penso que não podemos dizer que a Estratégia tenha falhado, podemos é dizer que os resultados obtidos ficaram muito aquém da ambição que tinha sido traçada.

Im))pactus: Que razões é que explicam esse desfasamento?

C.Z.: Variadíssimas razões. Umas decorrem da estrutura e da evolução estrutural, em termos globais, bem como do facto de algumas variáveis terem evoluído de uma forma que não estava prevista como, por exemplo, a grande repressão internacional ou o aumento brutal dos custos de energia. Por outro lado, houve factores internos que conduziram a esses resultados "menos bons". Mas penso que, de uma maneira geral, se verificou que os países que já tinham uma estratégia que era de alguma forma compatível com a Estratégia de Lisboa partiram à frente dos outros, o que lhes possibilitou obter melhores resultados. Foi o que aconteceu, por exemplo, com os países nórdicos.

Im))pactus: Mas esses foram a excepção face à maioria dos países que não conseguiram cumprir a Estratégia de Lisboa. Como foi, aliás, o caso de Portugal.

C.Z.: De facto, também se verificou que aqueles que partiram mais atrasados não conseguiram recuperar o atraso. Nalguns casos, o fosso até aumentou. Uma outra questão fundamental que pode explicar os resultados "menos bons" decorre do facto de a Estratégia de Lisboa ter sido pensada como uma estratégia para ser aplicada em termos comunitários. E nós sabemos que, em tempos de dificuldade, os países acabam, normalmente, por se virar mais para as questões conjunturais, acabando por usar as estratégias comunitárias como bodes expiatórios. Foi um pouco o que aconteceu em Portugal com a Estratégia de Lisboa. É por isso que, neste relançamento da Estratégia, incluímos, além de um conjunto de directivas que lhe dão consistência em termos globais, um compromisso nacional. Tal como Portugal elaborou o seu programa nacional, os outros 24 países também elaboraram um programa nacional de reformas o que, de alguma maneira, assume o compromisso de cada país.

Im))pactus: Acha então que esta reestruturação é, no caso português, mais realista? Ou seja, não corremos o risco de ter uma nova reestruturação puramente idealista?

C.Z.: De uma maneira global, julgo que há uma maior convicção da urgência de aplicar esta Estratégia, que, em Portugal, é ainda maior, porque somos dos países da União Europeia que dependem mais da competitividade através do custo.

Im))pactus: Esta reestruturação elege o mar, o território e a língua portuguesa como marcos fundamentais. Acha que o tecido empresarial português é sensível a estes activos?

C.Z.: Não. Mas a estratégia do Programa Nacional de Acção para o Crescimento e Emprego (PNACE) é uma estratégia que aposta fortemente nos factores de combate à não-produtividade, aos constrangimentos. Portugal tem problemas fortíssimos a esse nível.

Im))pactus: Desde logo no ordenamento do território...

C.Z.: O nosso ordenamento do território e todo o processo de ordenamento e planeamento é um processo de restrição que não é impulsionador do nosso desenvolvimento. Por outro lado, as qualificações em Portugal são fortemente limitativas. A questão reside em criarmos a capacidade de usar de forma integrada algumas tecnologias. Nós já obtivemos facilmente algumas tecnologias, mas tivemos alguns problemas na sua aplicação no contexto integrado da inovação. A criação de parcerias e a passagem de tudo o que é resultado da investigação científica e tecnológica para o mercado são factores críticos. São aqueles que temos de atacar de forma directa. E são esses, fundamentalmente, para os quais o tecido empresarial está de certa forma mais sensibilizado e para os quais nós contamos com o tecido empresarial e com a sociedade civil como aliados para a mudança que pretendemos efectuar.

Im))pactus: Mas a mobilização das empresas e, sobretudo, da sociedade civil não será mais um projecto utópico, como o foi a Estratégia de Lisboa?

C.Z.: Penso que não. Mas isso não implica que não tenhamos de ter uma estratégia mobilizadora que faça com que as pessoas acreditem. Há dois dados fundamentais que temos de ter em consideração: o primeiro é que a situação é muito difícil, e temos de ter, de facto, em consideração, o nosso passado.

Im))pactus: O que poderá não ser muito estimulante...

C.Z.: Pelo contrário. A nossa História mostra que os portugueses reagem muito melhor em situações difíceis do que em situações favoráveis. Psicologicamente, funcionamos muito melhor em situação de pré-ruptura do que em situação de conforto, em que temos a tendência para ficarmos acomodados. E esta é uma mensagem extremamente importante para que as pessoas acreditem.

Im))pactus: Em que é que os portugueses devem acreditar?

C.Z.: No que é absolutamente crítico para Portugal. Sempre que tivemos momentos de alguma afirmação foi quando não fomos periféricos. E é nesse sentido que entendemos que Portugal tem de apostar nos factores que o tornam central. A Estratégia de Lisboa, num sentido geral, dá uma centralidade ao país.

Im))pactus: Quais são os factores que contribuem para a centralidade de Portugal?

C.Z.: Há factores que nos tornam centrais sob o ponto de vista económico. Do ponto de vista do território, e num contexto global, porque hoje só faz sentido pensarmos assim, o nosso território é central em relação aos fluxos de mercadorias e pessoas à escala mundial, o que representa uma enorme oportunidade como plataforma logística e comercial para o país. E essa centralidade tem de ser aproveitada. Se nós nos afirmarmos à escala global, isso é fundamental. Somos ainda centrais em relação a uma comunidade linguística e isso não significa apenas uma grande oportunidade afectiva ou uma grande oportunidade para conteúdos em Português, significa, sobretudo, uma forte ligação com essa comunidade em termos de investimento e de circulação de pessoas. Portugal pode e deve ser uma referência central nessa comunidade. Quando os portugueses pensam no Portugal ligado ao oceano, pensam num Portugal vencedor. Quando os portugueses pensam em Portugal no continente, pensam em Portugal, pelo menos, na cauda do pelotão. Depois, evidentemente que há grandes oportunidades associadas à exploração do oceano, ao nível científico, ao nível de algumas funções, ao nível da energia.

Im))pactus: Mas se, hoje, Portugal é acusado de deixar escapar o capital humano, nomeadamente os investigadores que serão necessários para explorar esse mesmo activo…

C.Z.: O capital intelectual tem hoje uma enorme mobilidade. Nós criámos focos de interesse, associados, por exemplo, à logística, ao mar e a outros sectores que considerámos fundamentais. Evidentemente que a vontade desses mesmos investigadores que partiram é regressar. Uma das coisas para as quais temos feito força em Portugal, e que temos de continuar a fazer, é no sentido de deixarmos de ser um país fechado. Temos de nos transformar num país cosmopolita. E um país com uma economia completamente aberta não pode ser um país que, do ponto de vista intelectual e do conhecimento, seja um país fechado.

Im))pactus: Como sabe, a União Europeia tem uma estratégia sustentável, em que convida o sector privado a contribuir através do exercício de uma gestão que, para além do objectivo económico, seja também promotora do progresso social e ambiental. De que forma é que a reestruturação da Estratégia de Lisboa contempla a promoção da sustentabilidade empresarial? De que forma é que este PNACE incorpora medidas para a gestão sustentável?

C.Z.: O PNACE, o plano nacional de emprego, é fundamental para as áreas da gestão, qualificação, emprego, empregabilidade e sustentabilidade. O plano nacional de emprego tem um conjunto de medidas que valorizam a responsabilidade social, dando benefícios sociais a quem aplica esse tipo de práticas. É certo que, hoje em dia, cada vez mais a prática da responsabilidade social das empresas é uma prática ela própria auto-sustentável. Já não é necessário, como algumas vezes se pensaria, prestar uma espécie de apoio financeiro à responsabilidade social.

Im))pactus: Isso quer dizer que a responsabilidade social não é uma prioridade estratégica?

C.Z.: Não. O que temos de perceber é que o factor crítico da sociedade portuguesa é o salto em relação ao modelo económico, pois é a alteração do modelo económico que nos poderá permitir, por um lado, responder aos compromissos que temos, nomeadamente quanto às contas públicas e ao cumprimento do famoso défice, e, ao mesmo tempo, ganhar fôlego para termos políticas sociais mais modernas, de maior sucesso e eficácia, bem como ter uma economia baseada em actividades mais amigas do ambiente. Com efeito, um dos problemas mais complicados de Portugal reside no facto de termos, simultaneamente, uma economia que não é muito produtiva, mas que é fortemente predadora de recursos energéticos. E isso não só vai ter custos no cumprimento do Protocolo de Quioto como custos diários, pois todos nós respiramos quotidianamente um ar menos saudável do que poderíamos respirar, se tivéssemos uma economia baseada em modelos mais eficazes.

Im))pactus: Aliás, são assustadores os valores que alguns especialistas têm lançado na comunicação social quanto às multas que se prevê que Portugal possa pagar perante o incumprimento do Protocolo de Quioto.

C.Z.: Sim, é assustador, mas tudo isso mostra uma coisa que o Sr. Primeiro-Ministro repete até à exaustão. Neste momento, estamos numa situação de urgência, e o que é importante é que esses sinais mostram que a sociedade portuguesa já interiorizou isso. Portanto, não mudar agora, ainda que isso choque com muitos interesses, é perder uma grande oportunidade. E não podemos perder uma oportunidade dessa dimensão. Neste momento, o que está em cima da mesa é uma viragem para voltarmos a convergir com os níveis de desenvolvimento ou uma derrapagem acelerada, e é isso que é preciso dizer aos portugueses. Não é dizer que "estamos de tanga", como alguém disse no passado, mas é dizer que estamos no momento de voltar a ter uma oportunidade para sermos competitivos, ou então a derrapagem será acelerada e os custos serão brutais, sobretudo para as novas gerações. É fundamental reformar e tornar mais eficiente o relacionamento da administração pública com os cidadãos, fazer evoluir modelos de produção para modelos mais adequados à competição internacional de hoje, reforçar parcerias ou ligar as empresas às universidades.

Im))pactus: Com que indicadores, pois falamos num horizonte temporal de quatro anos, é que gostaria de ver Portugal após a aplicação deste planos?

C.Z.: Por um lado, é preciso consolidar os níveis de emprego, tornar o emprego mais sustentável e baseado em competências voltadas para o mercado, e que não são descartáveis, procurando, por outro lado, e se possível, subir essa taxa. Por outro lado, é necessário aumentar o índice de criação de conhecimento na sociedade. Precisamos muito de aumentar o nosso investimento e investir no desenvolvimento. Precisamos de resolver alguns parâmetros, uma vez que estes acabam por nos colocar para trás na maior parte das classificações internacionais, com repercussões negativas no nosso desenvolvimento económico e social. E isso é muito importante. Gostaria ainda que Portugal voltasse a convergir, em termos de crescimento económico, com a UE. Eu sei que o PIB é apenas um número, mas sei também que é um número que, depois, permite gerar bons resultados nas equações da sustentabilidade, nas equações do equilíbrio das contas públicas, nas equações de tudo aquilo que possa ser afecto a cada uma das políticas sociais e ambientais. O PIB é um número essencial, porque é a criação da riqueza que depois permite a redistribuição. Finalmente, com esses indicadores, e pode parecer filosófico mas é a minha forte convicção que, na sociedade complexa em que vivemos, a componente psicológica é muito importante, gostaria sinceramente que os portugueses tivessem condições para, com os factos a acontecerem, chegar a daqui a quatro anos com uma atitude mais optimista em relação ao trabalho e em relação ao futuro. Eu sei que nós variamos muito entre o optimismo e o pessimismo; julgo que o pessimismo que conduz à acção pode ser interessante, mas o pessimismo sem acção não nos leva a lado nenhum e nada resolve.

A SUSTENTABILIDADE À ESCALA GLOBAL

Por Sofia Santos

O uso da palavra sustentabilidade tem crescido exponencialmente nos últimos dois anos. As palavras "sustentabilidade", "sustentável", "sustentado" são utilizadas para descrever a tendência do défice, uma situação financeira específica, campanhas de *marketing* e de comunicação, entre muitas outras aplicações. Por vezes confunde-se sustentabilidade com responsabilidade social, outras vezes com ambiente. Esta dispersão de conceitos e expressões, deve-se à interdisciplinaridade necessária para a discussão, apreensão e aplicação do conceito englobante de sustentabilidade.

O desenvolvimento sustentável, ou a Sustentabilidade do planeta, foi definido em 1987 como aquele que "permite a satisfação das necessidades presentes sem comprometer a possibilidade de satisfação das necessidades de gerações futuras". Ou seja, muito simplesmente, que o desenvolvimento económico das nações promova a qualidade de vida no presente e no futuro. Esta definição tem subjacente uma visão de progresso que faz uma ligação clara entre o desenvolvimento económico, protecção do ambiente e equilíbrio social.

É aqui que reside a essência da palavra: compatibilização do crescimento económico do Produto Interno Bruto (PIB) com a escassez futura dos recursos naturais e com as implicações sociais que esse mesmo crescimento económico traz para a sociedade. Esta compatibilização implica por sua vez que as acções desenvolvidas pelas nações e pelos seus agentes, consumidores e empresas, tenham um horizonte temporal de longo prazo e não o imediatismo dos retornos de curto prazo que ignoram as consequências futuras desses investimentos. No fundo, a sustentabilidade é uma nova visão da gestão do risco: não apenas do risco financeiro, mas também dos riscos ambientais e sociais que são hoje valorizados monetariamente pela economia de mercado. O desenvolvimento sustentável está assim ligado à *governance, better regulation* e *impact assessment.* (http://europa.eu.int/comm/sustainable/pages/idea_en.htm)

Desde os anos 70 até aos nossos dias, a evolução da sustentabilidade na agenda internacional e, consequentemente nacional, tem passado de uma abordagem assente no papel do Estado na resolução destes problemas para uma outra em que o sector privado é reconhecido como o *driver* da sustentabilidade. De notar que subjacente a esta mudança de paradigma não está a ideia de que as empresas se devem substituir ao Estado, mas sim que, no mundo da tecnologia de informação e interligação entre negócios à escala global, os impactes das empresas ao nível do ambiente e da sociedade vale dinheiro, e como tal pode valorizar ou desvalorizar o *good will* de uma empresa, que poderá afectar os dividendos distribuídos aos accionistas.

Neste contexto, ao nível internacional as Nações Unidas têm vindo a ter um papel fulcral através da organização das Cimeiras Mundiais de 1992 e de 2002. Na Cimeira da Terra que teve lugar no Rio de Janeiro em 1992, foi definida a Agenda 21 – um plano de acção a ser implementado à escala global, nacional e local pelas organizações das Nações Unidas, governos e principais grupos em todas as áreas em que a actividade humana gera impactes no ambiente; A Declaração do Rio de Janeiro em prol do Ambiente e Desenvolvimento e a Declaração de princípios para a gestão sustentável das florestas foram, nessa Cimeira, aceites por 178 países das Nações Unidas. Em 2002, a Cimeira do Desenvolvimento Sustentável que teve lugar em Joanesburgo, trazia subjacente uma preocupação visível com a falta de acções concretas e que tinham sido definidas em 1992, mas que, na prática tinham sido pouco implementadas. Nesta Cimeira uma das principais mensagens foi a de que o sector privado tem de facto um papel catalisador para se atingir um desenvolvimento sustentável. Na realidade a declaração política das resoluções adoptadas explicitamente refere que:

"*concordamos que o sector privado no desenrolar das suas legítimas actividades, incluindo as pequenas e grandes empresas, tem o dever de contribuir para a criação de sociedades e comunidades equitativas e sustentáveis*";

"*Concordamos que existe a necessidade do sector privado reforçar a sua responsabilização corporativa, o que deveria ocorrer dentro de um enquadramento regulamentar ambiental estável e transparente.*"

Nesta Cimeira o sector privado esteve fortemente representado quer pelo *World Business Council for Sustainable Development* – a voz internacional do sector privado e das grandes corporações nas questões associadas ao ambiente e à sustentabilidade –, bem como por várias outras associações empresariais e sectoriais europeias e mundiais.

Nesta mesma Cimeira, vários países apresentaram as suas estratégias nacionais para o desenvolvimento sustentável, como resultado dos esforços por parte da Comunidade Europeia em implementar políticas concretas na área do Desenvolvimento Sustentável.

A Sustentabilidade na Europa

A Comunidade Europeia tem assumido uma forte posição na necessidade de uma acção conjunta e a vários níveis, na implementação de critérios de sustentabilidade nas economias. Neste âmbito existe já uma intensa legislação ambiental, sendo expectável que mais legislação, e do ponto de vista mais económico, surja no futuro. O caso da Directiva da Responsabilidade Ambiental das empresas é já um exemplo concreto sobre o modo como as acções das empresas no meio envolvente passarão a ser valorizadas e contabilizadas. Este comprometimento da Comunidade Europeia para com as práticas de sustentabilidade tem evoluído de uma visão macroeconómica expressa na Estratégia Europeia para o Desenvolvimento Sustentável (EEDS) publicada em 2001, para uma abordagem mais prática e dirigida ao papel específico do sector privado para se alcamçar a sustentabilidade e do papel fundamental que as Pequenas e Médias Empresas têm em todo este processo. De facto a EEDS esteve até ao final de Outubro do corrente ano em processo de consulta pública, uma vez que a Comissão está a revê-la, tendo igualmente a Comissão lançado em Outubro uma Campanha Pan-Europeia de Divulgação da *Corporate Social Responsibility* nas PME. Em Portugal estão previstas acções em Lisboa e Porto durante o ano de 2005.

Europa pressiona no sentido da internalização dos custos ambientais no processo de produção

Na EEDS é evidente a nova abordagem de fazer política que a União Europeia quer promover. Esta nova abordagem é baseada no princípio de que os efeitos económicos, sociais e ambientais de cada política devem ser examinados de um modo coordenado e devem ser tidos em conta no processo de decisão final. Isto tem igualmente subjacente a necessidade de que os preços de mercado reflictam os verdadeiros custos de produção totais. Citando uma frase da própria EEDS, é necessário "*obter os preços correctos, de modo a que estes reflictam o verdadeiro custo para a sociedade das diferentes actividades, forneçam incentivos para as decisões de compra de bens e serviços que os consumidores e produtores efectuam diariamente.*"

O princípio que está subjacente à EEDS bem como às políticas ambientais defendidas pela Comissão, tem por base a ideia de que o preço de mercado deve reflectir o custo real de produção através da inclusão do custo desse processo produtivo para a sociedade . Isto implica que as empresas internalizem os custos ambientais e sociais. A Directiva sobre Responsabilidade Ambiental é já um exemplo concreto sobre a aplicação deste princípio. Atendendo aos processos contabilísticos existentes de momento, e ao modo como a própria contabilidade nacional é realizada, existe um imenso caminho que teremos de percorrer ao nível do desenvolvimento de métodos contabilísticos e de valorização destes activos até agora intangíveis, mas que passarão a ser valorizados pelo mercado.

A Sustentabilidade em Portugal

Em Portugal, os primeiros passos na área da sustentabilidade foram dados em 1998, com o Plano Nacional para o Desenvolvimento Económico e Social (2000-2006). Neste documento, o Governo define os vários objectivos ambientais a serem alcançados no período em questão, e reconhece "*que o desenvolvimento sustentável é simultaneamente o maior desafio e a maior oportunidade para a sociedade durante o próximo século*". Um dos objectivos definidos neste documento assenta na necessidade de se integrar o ambiente em todas as políticas sectoriais e locais.

Uma vez que Portugal foi um dos Estados a assinar os princípios defendidos na Cimeira da Terra em 1992, bem como pelo facto da União Europeia ter convidado todos os estados-membros a elaborarem a sua estratégia nacional para o desenvolvimento sustentável, Portugal apresentou um documento intitulado "Estratégia Nacional de Desenvolvimento Sustentável" (ENDS 2002), na preparação da Cimeira Mundial de Joanesburgo.

Após a conclusão da Discussão Pública ENDS em 2002, e na sequência da Cimeira de Joanesburgo sobre Desenvolvimento Sustentável a coordenação política deste dossier passou a ser assegurada pelo Gabinete do Primeiro-Ministro, uma vez que o seu carácter transversal implicava a colaboração de todos os Ministérios.

Em 2003, procedeu-se à criação de um Plano de Implementação da Estratégia (PI-ENDS), definindo metas e prazos concretos, meios de implementação e indicadores de avaliação. Este Plano tem um vasto leque de indicadores para vários sectores, mas recebeu algumas críticas por parte dos vários *stakeholders*, uma vez que, por um lado a lista de indicadores era extensa e com alguma falta de integração dos três pilares (económico, social e ambiental), e por outro as referidas metas e objectivos continuavam afastados do necessário pragmatismo que uma estratégia desta natureza necessita.

Em Janeiro de 2004, é criado um grupo de trabalho que tem como objectivo a elaboração do Plano Nacional para o Desenvolvimento Sustentável, reformulando e adaptando o trabalho realizado anteriormente. Esta estratégia foi lançada à discussão pública em Julho de 2004.

No passado dia 15 de Novembro no Lançamento da Versão Portuguesa das Directrizes para a Elaboração dos Relatórios de Sustentabilidade, o ministro-adjunto do Primeiro-Ministro, Henrique Chaves, reconheceu a importância da sustentabilidade para o desenvolvimento e para a competitividade do país.

Os Principais Marcos da Sustentabilidade ao Nível Internacional

Anos 70
Início do problema

Debate sobre o impacto da poluição e da actividade produtiva do Homem nas gerações futuras, expresso no livro "Os Limites do Crescimento" de 1972, resultado de um projecto de investigação do MIT iniciado em 1970 e dirigido ao Clube de Roma.

Os modelos analisados indicavam que apenas com ataque concertado e unido sobre todos os problemas mais relevantes, o Homem poderia alcançar um estado de equilíbrio necessário à sua sobrevivência.

1972
Criação do Programa Ambiental das Nações Unidas (UNEP).

Missão: promover parcerias em prol da conservação do ambiente, ajudando, informando e capacitando as nações e os indivíduos no sentido de desenvolverem acções que melhorem a sua qualidade de vida sem comprometer as gerações futuras

1983 – As Nações Unidas criam a *World Commission on Environment and Development* liderada por Gro Harlem Brundtland, Primeira-Ministra da Noruega.

Objectivo: examinar os probelmas críticos ao nível do ambiente e desenvolvimento à escala mundial, e criar propostas realistas para a resolução desses problemas.

1987 – A Comissão Bruntland publica o relatório final, onde consta a primeira definição de desenvolvimento sustentável: " aquele que permite a satisfação das necessidades presentes sem comprometer a possibilidade de satisfação das necessidades de gerações futuras".

1992
Cimeira do Rio de Janeiro:

- Definição da Agenda 21;
- Declaração do Rio de Janeiro em prol do Ambiente e Desenvolvimento;
- Declaração de princípios para a gestão sustentável das florestas.

Estes princípios foram adoptados por 178 países das Nações Unidas.

Criação do *Business Council for Sustainable Development* (BCSD), representado por 48 gestores que iriam ser o espelho do sector empresarial na Cimeira da Terra, no Rio de Janeiro, em 1992.

1995
Criação do *World Business Council for Sustainable Development* (WBCSD).
Actualmente é composto por 160 empresas de várias partes do mundo, e pretende promover a responsabilidade social e a ecoeficiência num contexto empresarial e de inovação.

1997
Criação da *Global Reporting Initiative* (GRI), que se tornou num organismo independente sem fins lucrativos em 2002.
A GRI é actualmente um centro de colaboração oficial do UNEP, actuando também em cooperação com Kofi Annan através do *Global Compact*.

Missão da GRI: desenvolver e disseminar globalmente as directrizes que estão subjacentes à elaboração dos relatórios de sustentabilidade.

O lançamento da versão portuguesa destas directrizes aconteceu a 15 de Novembro de 2004.

1999
Kofi Annan desafiou os líderes empresariais a juntarem-se à iniciativa internacional "*The Global Compact*" que tem como objectivo promover a aproximação das empresas às agências das Nações Unidas e à sociedade civil.

↓

1999
Primeira reacção da União Europeia na área da Sustentabilidade, em Helsínquia.

2000
Lançamento do *Global Compact* com o objectivo de difundir os valores da responsabilidade empresarial.

O Sector Privado, em parceria com outros actores, é apontado como um agente importante na contribuição para uma economia global, mais sustentável e inclusiva.

Presentemente, conta com o compromisso de mais de 2.000 empresas e outros *stakeholders* na sua rede existente em 70 países.

2002
Cimeira Mundial sobre Desenvolvimento Sustentável, emJoanesburgo

Vários países apresentam as suas estratégias nacionais para o desenvolvimento sustentável, nomeadamente Portugal.

Os Principais Marcos da Sustentabilidade ao Nível Europeu

1999 - Helsínquia

O Conselho Europeu convida a Comissão Europeia a preparar uma proposta para uma estratégia de longo prazo que englobe políticas económicas, sociais, ambientais e de desenvolvimento sustentável a ser apresentado ao Conselho Europeu em 2001.

2000 - Lisboa

O Conselho Europeu define uma estratégia de 10 anos com o objectivo de tornar a União Europeia a região mundial mais dinâmica e competitiva em 2010.

Nesta estratégia existe pela primeira vez uma ligação clara entre a necessidade de uma economia forte ser desenvolvida em paralelo com a criação de polítcias ambientais e sociais que garantam o desenvolvimento sustentável e a inclusão social .

2001 - Gotemburgo

O Conselho Europeu concorda com uma estratégia para o desenvolvimento sustentável que "complete o compromisso político da União Europeia para com as questões económicas e sociais, adicionando uma terceira dimensão – a dimensão ambiental – à Estratégia de Lisboa, estabelecendo uma nova abordagem de elaboração de políticas."[1]

Os países-membros são convidados a definirem a sua própria estratégia nacional de desenvolvimento sustentável.

2001

Publicação da Estratégia Europeia para o Desenvolvimento Sustentável
"Desenvolvimento Sustentável na Europa para um mundo melhor: Estratégia da União Europeia a favor do desenvolvimento sustentável".

Publicação do Livro Verde
"Promover um quadro europeu para a Responsabilidade Social das Empresas".

2002

Publicação da Comissão Relativa à Responsabilidade Social das Empresas
"Um contributo das empresas para o desenvolvimento sustentável".

Criação do Fórum Europeu *Multistakeholder* sobre *Corporate Social Responsibility* (CSR)
Pretende ser uma plataforma para a promoção da transparência e convergência de práticas e instrumentos de CSR.

2004

Publicação da Directiva de Responsabilidade Ambiental.

Publicação do relatório final do Fórum *Multistakeholder*.

A Estratégia Europeia para o Desenvolvimento Sustentável esteve em processo de consulta pública até Outubro de 2004, uma vez que a Comissão está a preparar uma revisão deste documento.

A Comissão lança uma campanha de divulgação sobre CSR nas Pequenas e Médias Empresas (PME).

Os Principais Marcos da Sustentabilidade em Portugal

1998
Plano Nacional para o Desenvolvimento Económico e Social (2000-2006)

Principais áreas de Intervenção:

- Elevar o nível de qualificação dos portugueses;
- Promover o emprego e a coesão social;
- Alterar o perfil produtivo em direcção às actividades do futuro;
- Afirmar a valia do território e da posição geoeconómica do País;
- Promover o desenvolvimento sustentável das regiões;
- Promover a qualidade de vida urbana e o desenvolvimento rural;
- Garantir a melhoria sustentada da protecção social.

2002

Estratégia Nacional para o Desenvolvimento Sustentável (ENDS) foi definida em torno de quatro grandes Domínios Estratégicos:

- O território como um bem a preservar;
- Melhorar a qualidade do ambiente;
- Produção e consumo sustentáveis das actividades económicas;
- Em direcção a uma sociedade solidária e do conhecimento.

2003

Plano de Implementação da ENDS definindo metas e prazos concretos, meios de implementação e indicadores de avaliação. Foram criados documentos para os seguintes sectores:

- Pescas;
- Agricultura, Desenvolvimento Rural e Florestas
- Transportes;
- Economia;
- Ambiente e Ordenamento do Território;
- Aspectos Sociais;
- Questões Financeiras e Fiscais.

A REVISÃO DA ESTRATÉGIA DE LISBOA, A SUSTENTABILIDADE E A COMPETITIVIDADE

Por Sofia Santos

Estratégia de Lisboa – Compromisso com factores económicos, sociais e ambientais
Jornal de Negócios, Janeiro de 2005

"*A estratégia de Lisboa é um compromisso, no qual se assume que as questões económicas, sociais e ambientais têm de estar integradas nas políticas europeias. Em Março de 2000, o Conselho Europeu decidiu, em Lisboa, implementar uma estratégia a 10 anos com o objectivo de tornar a Europa na economia mais dinâmica e competitiva do mundo. A ideia subjacente a esta estratégia é a de que uma economia forte ajudará, quer à criação de emprego, quer à criação de políticas sociais e ambientais que assegurem o desenvolvimento sustentável e a inclusão social.*"[1] Esta é a definição dada pela Comissão Europeia acerca da estratégia de Lisboa, nos vários documentos públicas existentes a respeito do tema.

Em 2000, o Conselho Europeu constatou que a economia europeia estava perante uma mudança de paradigma, liderada pela globalização e pela sociedade do conhecimento. Como tal, a Europa necessitava de uma estratégia que indicasse o caminho que os vários Estados-Membros deveriam seguir.

Citando o documento divulgado em Abril de 2004 pelo Fórum Económico Mundial que analisa o cumprimento de cada Estado-Membro face aos objectivos da Estratégia de Lisboa, esta pode ser dividida em oito dimensões distintas, consideradas críticas para a competitividade das nações:

- Criação de uma sociedade de informação para todos;
- Desenvolver uma área europeia de inovação, investigação e desenvolvimento;
- Liberalização: finalização da implementação do mercado único; ajuda estatal e a política de concorrência;
- Construir indústrias de rede: nas telecomunicações, nos serviços públicos e nos transportes;

[1] Ver: http://europa.eu.int/comm/lisbon_strategy/intro_en.html

- Criar serviços financeiros eficientes e integrados;
- Melhoria do enquadramento empresarial: na criação de empresas; da matriz de regulamentação;
- Aumentar a coesão social: inserir pessoas no mercado de trabalho, melhoramento das capacidades e apetências técnicas, modernização da protecção social;

Promover o desenvolvimento sustentável.

Na base da existência de um enquadramento macroeconómico estável, a Comissão Europeia defendeu que a resposta da União deveria centrar-se em duas políticas principais:

- Implementar reformas na economia de forma a preparar a economia do conhecimento;

Fortalecer o modelo social europeu investindo nas pessoas.

Os Problemas que a Estratégia de Lisboa Ambicionava Resolver

Referindo mais uma vez o estudo do Fórum Económico Mundial, em Março de 2000 quando se definiu a estratégia, estávamos a passar pelo auge do *boom* do mercado de acções das empresas de tecnologias de informação, tendo a UE atingido um período de relativa estabilização macroeconómica, com baixas taxas de inflação e de juro, com a criação de um mercado interno com cerca de 380 milhões de consumidores, alguns com os rendimentos *per* capita mais elevados do mundo. O Europa tinha agora novos problemas estruturais de longo prazo e em vários sectores, por resolver. Era necessário:

- Implementar reformas no mercado de trabalho de modo a evitar: o crescimento da taxa de desemprego, a fraca participação da mulher no mercado de trabalho e um distanciamento do tipo de qualificações necessárias à sociedade vigente. Neste contexto Lisboa deu um grande ênfase ao desenvolvimento do enquadramento legal para a implementação de estruturas de comércio electrónico;

Melhorar o enquadramento legal para a promoção de parcerias de Investigação & Desenvolvimento, para a criação de empresas de tecnologia e para a remoção das barreiras à mobilidade de cientistas e investigadores europeus;

Remover as barreiras burocráticas na criação de empresas, de modo a que a Europa se torne mais empreendedora e inovadora, uma vez que esta nova economia terá por base a dinâmica das pequenas e médias empresas;

Acelerar o processo de liberalização do gás, electricidade, serviços postais e transportes;

Implementar o Plano de Acção dos Serviços Financeiros, que inclui compromissos na eliminação de barreiras fronteiriças face aos fundos de pensão e à venda em geral de serviços financeiros;

Modernizar o sistema de protecção social, devido às implicações fiscais de longo prazo que o envelhecimento da população irá trazer.

Pode-se facilmente concluir que a estratégia era ambiciosa, centrada em alterações estruturais e nas reformas institucionais subjacentes.

Figura 1: Classificação dos Países da UE-15, face ao Cumprimento dos Objectivos da Estratégia de Lisboa

	Índice Final		Subíndices							
	Classificação	Pontuação	Sociedade da informação	Inovação e I&D	Liberalização	Indústrias de Rede	Serviços Financeiros	Empresas	Inclusão Social	Desenvolvimento Sustentável
Finlândia	1	5.80	5.78	5.87	5.36	6.33	6.13	5.48	5.46	5.97
Dinamarca	2	5.63	5.68	4.87	5.14	5.51	5.96	5.60	5.52	5.78
Suécia	3	5.62	5.71	5.57	4.91	6.37	5.80	5.29	5.46	5.89
Reino Unido	4	5.30	4.96	4.67	5.11	5.78	6.10	5.62	4.86	5.30
Holanda	5	5.21	4.99	4.46	4.94	6.04	5.67	4.71	5.29	5.57
Alemanha	6	5.18	4.95	4.90	4.64	6.36	5.62	4.64	4.37	5.96
Luxemburgo	7	5.14	4.98	3.57	4.96	6.22	5.72	5.17	5.19	5.28
França	8	5.03	4.52	4.68	4.65	6.10	5.68	4.68	4.72	5.20
Áustria	9	4.94	4.69	4.27	4.54	5.76	5.48	4.28	4.88	5.64
Bélgica	10	4.88	4.08	4.45	4.63	5.74	5.39	4.69	5.12	4.91
Irlanda	11	4.69	4.14	4.18	4.47	4.89	5.59	5.30	4.62	4.35
Espanha	12	4.47	3.71	3.93	4.50	5.34	5.14	4.32	4.38	4.48
Itália	13	4.38	3.94	3.87	4.40	5.30	4.92	3.64	4.24	4.74
Portugal	14	4.25	3.88	3.44	4.10	5.35	4.90	3.89	4.15	4.29
Grécia	15	4.00	3.16	3.44	3.96	4.99	4.74	3.78	3.90	4.00
EUA		5.55	5.86	6.08	5.11	5.85	5.82	5.71	5.04	4.96

A Classificação dos Estados-Membros face aos Objectivos de Lisboa

No relatório do Fórum Económico Mundial, foi elaborada uma classificação de cada país-membro face aos seus desenvolvimentos em relação a cada uma das oito áreas específicas acima referidas. Facilmente se verifica que a Finlândia, a Dinamarca, a Suécia e o Reino Unido são os países que melhor desempenho tiveram. Por outro lado, a Grécia, Portugal, a Itália e a Espanha são os piores. Esta classificação pontua os países numa escala de 1 a 7, em que uma maior pontuação indica melhor desempenho.

Este estudo evidencia que ainda existe um longo caminho a percorrer para se alcançar a tão falada competitividade.

Figura 2: Comparação entre Desempenhos na prossecução da Estratégia de Lisboa

	Os 3 melhores países do grupo que aderiu à UE em 2004	Os 4 piores países da UE
Uma sociedade de informação para todos	Estónia, Malta, Eslovénia	Grécia, Espanha, Portugal, Itália
Inovação, Investigação & Desenvolvimento	Eslovénia, Letónia, Estónia	Portugal, Grécia, Luxemburgo, Itália
Liberalização mercado único ajuda estatal e política de concorrência	Letónia, Estónia, Lituânia	Grécia, Portugal, Itália, Irlanda
Indústrias de Rede Telecomunicações *Utilities* e Transportes	Eslovénia, República Checa, Estónia	Irlanda, Grécia, Itália, Espanha
Sistemas Financeiros Eficientes e Integrados	Estónia, Malta, Hungria	Grécia, Portugal, Itália, Espanha
Ambiente para as Empresas Criação de empresas Legislação	Estónia, Letónia, Hungria	Itália, Grécia, Portugal, Áustria
Inclusão Social Reencaminhamento das pessoas para o trabalho Melhoria das competências Modernização do sistema de protecção social	Malta, Letónia, República Checa	Grécia, Portugal, Itália, Alemanha
Desenvolvimento Sustentável	Eslovénia, Eslováquia, República Checa	Grécia, Portugal, Irlanda, Espanha

Revisão da Estratégia de Lisboa

Em Março de 2004, o Conselho Europeu reunido em Bruxelas convidou a Comissão a criar um grupo de trabalho liderado por Wim Kok, que efectuasse uma análise independente da estratégia de Lisboa, que pudesse contribuir para a sua futura revisão. Este relatório foi entregue à Comissão em Novembro passado, e constituiu a base de trabalho para a revisão da estratégia de Lisboa que será apresentada a 1 de Fevereiro próximo.

No relatório de Kok, a mensagem-chave é a de que "*os Estados-Membros contribuíram claramente para um progresso lento devido à incapacidade de agir com a urgência suficiente para se atingirem os objectivos de Lisboa. Este resultado desolador deve-se a uma agenda demasiado extensa, à fraca coordenação e ao conflito de prioridades. Mesmo assim, o elemento-chave tem sido a falta de determinação política*". Kok não defende que a data de 2010 seja adiada, mas afirma que "*o processo nunca há-de terminar numa data única, mas sim será sujeito a revisões continuadas, reavaliações e recomendações*".

De modo a que os objectivos sejam alcançados, Kok identifica cinco áreas urgentes de actuação política que vão recair sobre os objectivos iniciais:

- promover a sociedade do conhecimento atraindo investigadores para a Europa e fazer da I&D uma prioridade;
- completar a criação do mercado único com especial ênfase no mercado único de serviços;
- reduzir o peso burocrático e facilitar a criação de novas empresas;
- desenvolver parcerias para a promoção do emprego e desenvolver estratégias para a aprendizagem ao longo da vida;
- apostar na sustentabilidade ambiental, através da divulgação de eco-inovações e na criação de capacidades de liderança em processos eco-industriais, bem como através da prossecução de políticas que impliquem melhorias sustentáveis e de longo prazo com o objectivo de melhorar a produtividade através da ecoeficiência.

O Ambiente como uma Vantagem Competitiva para a Europa

Uma das inovações da estratégia de Lisboa foi introduzir a variável ambiental nas preocupações das políticas nacionais. Ao fazer isto, a Europa assume que a implementação de boas políticas ambientais promove oportunidades de inovação, a criação de novos mercados e novas oportunidades de investimento. Neste sentido, as políticas ambientais podem ajudar a alcançar os objectivos de crescimento e emprego ambicionados por Lisboa.

Como exemplo, o relatório refere o caso da China. Actualmente apenas três em cada mil indivíduos têm carro, mas com a riqueza a aumentar, este país pode tornar-se no maior mercado mundial de carros (este raciocínio está associado à teoria da Base da Pirâmide, já referida na edição do mês de Dezembro). Devido ao problema da poluição e procura de combustível, a China pretende aplicar o Esquema Europeu de Normas de Emissões de Veículos em 2010, o que vai levar os consumidores a procurarem veículos mais amigos do ambiente. Cabe aos produtores europeus anteciparem este mercado.

Se por um lado este relatório assume que "*tomar conta do ambiente deverá continuar a ser uma dimensão importante na estratégia uma vez que pode ser uma vantagem competitiva nos mercados*" por outro, deixa em aberto o modo como os governos devem escolher e decidir equilibradamente entre os impactes ambientais, sociais e económicos, no curto e longo prazo. Cabe a cada Estado--Membro desenvolver competências nesta matéria.

Para que esta vantagem competitiva seja desenvolvida pela economia de mercado, o relatório deixa claro que é necessário a criação de um enquadramento legal apropriado:

É necessário promover inovações ecoeficientes nas decisões de investimento de grande dimensão, principalmente na energia e transportes. O mercado de carbono e a directiva de responsabilidade ambiental são disso exemplos.

É necessário que as empresas activas na eco-inovação tenham acesso a financiamento. Uma vez que investimentos desta natureza têm retorno a médio/longo prazo, tal implica um elevado risco para os investidores.

Uma Estratégia de Lisboa em Cada Estado-Membro

As recomendações finais do relatório apontam para que a estratégia de Lisboa seja o ponto central do mandato do Presidente da Comissão Europeia e que cada Estado-Membro desenvolva e se comprometa com a sua agenda de Lisboa. Cada Estado-Membro deverá designar um responsável pela implementação diária da estratégia no seu país.

O relatório recomenda que: "*No conselho Europeu da Primavera de 2005, os Estados-Membros se comprometam a alcançar as reformas acordadas. Os governos de cada país devem apresentar o seu programa nacional até ao final de 2005. De modo a envolver todas as forças neste objectivo-chave, estes programas nacionais deverão ser sujeitos a debates entre os parlamentos e os parceiros sociais.*"

Teremos de aguardar mais uns dias para sabermos o que o Conselho decide a respeito destas e de outras recomendações. Na reunião da Presidência do Conselho Europeu em Bruxelas, no passado mês de Novembro, onde este relatório foi apresentado, ficou decidido que a revisão intercalar da Estratégia de Lisboa apontada para Fevereiro, deverá ter em conta o relatório de Wim Kok, as opiniões dos Estados-Membros bem como a próxima revisão da Estratégia de Desenvolvimento Sustentável.

Revisão da Estratégia Europeia para o Desenvolvimento Sustentável

Esta estratégia já está também a ser revista, tendo já contado com uma análise realizada pelo Comité Económico e Social apresentado em Abril de 2004, bem como com o processo de consulta pública no final de 2004. Espera-se assim que em meados de 2005 a UE nos apresente um novo documento. Atendendo às acções e projectos que a Comissão tem vindo a realizar, bem como aos discursos do vice-presidente da Comissão e do Comissário da Direcção-Geral da Empresa e Indústria, Günter Verheugen, a aposta da UE vai ser a implementação de programas mais práticos e integrados no âmbito da estratégia de Lisboa e da estratégia de sustentabilidade, mas centrado nas necessidade das pequenas e médias empresas que constituem 99% das empresas europeias.

Sendo este o cenário europeu, cabe aos governos de cada Estado-Membro antecipar e planear as suas actividades internas de acordo com as directrizes europeias e que resultam do reconhecimento de que o funcionamento da economia é hoje mais complexo e interactivo.

A SUSTENTABILIDADE: DA TEORIA E ESTRATÉGIA DE GESTÃO À PRÁTICA

CORPORATE SOCIAL RESPONSIBILITY, UMA NOVA ESTRATÉGIA ORGANIZACIONAL

Por MICHAEL HOPKINS
Im))pactus n.° 0 Abril 2004

Afinal o que é a CSR?

Do grande grupo económico à mais pequena empresa, o tecido empresarial começou a pensar e a agir, de uma forma inédita, sobre a sua responsabilidade social. Uma das razões que explica este fenómeno prende-se com o facto dos governos terem falhado, à escala mundial, a salvaguarda dos cidadãos pobres. Paralelamente, o sector privado assume hoje um papel dominante na actual sociedade, o que explica que comecem a ser exigidas às empresas informações sobre o seu papel na sociedade. É este o pressuposto por detrás do conceito de *Corporate Social Responsibility* (CSR), embora este não exclua que o principal para um negócio é a sua viabilidade económica. A questão que a CSR levanta é o modo como a responsabilidade social contribui, ou não, para essa *performance*.

Actualmente, "*business in society*", "*corporate citizenship*", "*ethical corporation*", "*corporate responsibility*", "*corporate sustainability*" são exemplos da variedade de terminologias usadas. No entanto, CSR – *Corporate Social Responsibility* é a expressão dominante e pode ser definida da seguinte forma:

A CSR preocupa-se em tratar os vários *stakeholders* da empresa de um modo ético e responsável. Ser "eticamente responsável" significa interagir com os *stakeholders* de um modo aceitável numa sociedade civilizada. Responsabilidade social inclui responsabilidade económica. Os *stakeholders* existem, quer dentro, quer fora da empresa – esse é o ambiente natural de um *stakeholder*. O objectivo mais vasto da responsabilidade social é o de criar níveis de vida mais elevados, quer para os trabalhadores, quer para os restantes *stakeholders*, preservando simultaneamente o lucro da empresa[1].

---

[1] Ver: www.mhcinternational.com/glossary.htm

De onde surge o conceito de CSR?

A CSR tem tido várias interpretações e aplicações em várias empresas de todo o mundo. No entanto, não é um assunto totalmente novo. Desde os anos 30, e de uma forma crescente desde os anos 60, que a responsabilidade social se tem vindo a tornar "um assunto importante não apenas para as empresas, mas também para a teoria e prática do direito, da política e da economia"[2]. No início de 1930, Merrick Dodd, da *Harvard Law School*, e Adolf Berle, da *Columbia Law School*, debateram a seguinte questão, "A quem devem reportar os gestores empresariais de topo?"[3], sendo que Dodd defendia que a empresa cumpre um serviço social com uma função lucrativa, visão repudiada por Berle. Segundo Gary von Stange, este debate prolongou-se discretamente pelos 50 anos que se seguiram, antes de se tornar novamente relevante nos anos 80, numa atmosfera frenética de *takeovers* hostis.

A queda do muro de Berlim, símbolo do colapso do comunismo e da aceleração do processo de globalização, marcou também uma crescente preocupação das empresas pela responsabilidade social, que voltou a conhecer nova ênfase nos últimos anos. As preocupações globais ganharam uma nova dimensão com os horríveis acontecimentos de 11 de Setembro. Os colapsos da *Enron*, da *World Com* e do seu auditor Anderson e, agora, da Parmalat, com as suas duvidosas práticas contabilísticas, aumentaram o nível de exigência das grandes empresas e dos seus auditores. Isto ocorre, à data da elaboração deste artigo, apesar do grande amigo das empresas – o Presidente dos EUA, como é conhecido nos tempos modernos – ter ele próprio um passado dúbio em vários negócios, tal como Paul Krugman analisou nas colunas *Op-Ed*, do *New York Times*. No entanto, até o Presidente Bush tem referido, mesmo que timidamente, a noção de responsabilidade das organizações[4]. Administradores habitualmente discretos começaram também a constatar a pressão que existe nesta área. Como exemplo, pode-se referir a afirmação do presidente da *Goldman Sachs*, Henry M. Paulson Jr., numa rara aparição pública, em Junho de 2002, depois do colapso da *Enron Corporation*, em que coloca a tónica na má reputação empresarial existente na altura: "Não me ocorre na memória nenhuma época no passado em que o mundo dos negócios em geral, tenha tido pior reputação"[5-6].

---

[2] James McKie (ed.) (1974) "Social Responsibility and the Business Predicament", Brookings Institution, Washington DC, USA.

[3] Título original: *"For whom are corporate managers trustees?"*

[4] Ver discurso do Presidente George W. Bush no início de 2002 e depois em Julho desse mesmo ano: http://www.whitehouse.gov/news/releases/2002/03/20020307.html

[5] Ver: www.nytimes.com

[6] Ethical Investor Newsletter, No. 41 (10/9/01-16/9/01), em http://www.ethicalinvestor.com.au/default.asp

Hoje

Os consumidores começam actualmente a evitar produtos que consideram socialmente irresponsáveis, ou que provenham de empresas que tenham alegadamente agido sem atender ao interesse da sociedade. O público, ao ficar mais informado e preocupado com as consequências negativas de algumas empresas socialmente irresponsáveis, fica também alertado para os bons produtos e para as actividades socialmente responsáveis. Em paralelo, as empresas têm de ficar igualmente consciencializadas para o facto de existirem, de um modo crescente, consumidores e investidores bem informados sobre estas questões. Muitas empresas em todo o mundo têm já incorporada esta constatação no seu plano de negócios. A interiorização deste comportamento do consumidor nas suas estratégias prende-se com o facto de a considerarem positiva para o seu negócio. *Body Shop*, *Shell*, *BP*, *BT*, *Unilever*, *BAT*, *Danone* e *ABB* são apenas algumas das maiores empresas europeias que têm produzido relatórios em CSR com regularidade. As empresas constataram que a responsabilidade social é boa para os negócios dos seus principais *stakeholders,* que são: os accionistas; os actuais e potenciais investidores; os gestores; os colaboradores; os clientes; os parceiros de negócios, assim como os subcontratados e os fornecedores; o meio ambiente; e as comunidades nas quais operam, incluindo os governos nacionais. A ênfase nos *stakeholders* não evita o lucro, bem pelo contrário; eventos sociais negativos, tais como uma má política interna de recursos humanos, despedimentos em massa, um desastre ambiental causado por questões industriais ou uma condenação por crime corporativo terão efeitos bastante negativos no lucro e no retorno do investimento. De acordo com o *US Social Investment Forum*, mais de um bilião de dólares de activos estão, pela primeira vez, a ser aplicados e geridos em *portfolios* de investimento ambiental e socialmente responsáveis nos EUA. As estimativas variam, uma vez que tudo depende da definição. No entanto este número foi validado na edição de Setembro do *The Cerulli Edge-Global Edition*, publicada pela *Cerulli Associates*, consultora e centro de investigação de grande prestígio, com actividade em Boston e em Londres, que estimou que, em Setembro de 2001, o valor dos *portfolios* de investimentos éticos à escala mundial foi de 1,42 biliões de dólares aproximadamente. Os fundos de pensão e outros veículos financeiros têm milhões de dólares disponíveis e tornam-se mais visíveis com a crescente preocupação dos seus investidores em como e onde o seu dinheiro é investido. De facto, horrorizados por poderem estar envolvidos indirectamente em práticas anti-sociais, milhares de investidores estão a utilizar critérios éticos na tomada de decisão sobre onde aplicar o seu dinheiro. Como resposta, gestores de fundos estão a criar *portfolios* para acalmar os receios sentidos pelos investidores. Nesta altura, os gestores de milhões de dólares de fundos de investimento, têm vindo a canalizar o dinheiro para empresas que passam num ou noutro teste de responsabilidade social e ética. Várias empresas gestoras de fundos mantêm, para os investidores privados, listas negras de empresas consideradas ética e socialmente irresponsáveis.

Futuro?

Existem quatro tópicos principais no futuro da CSR:

Primeiro, as empresas irão reter as ideias da CSR, mas não o conceito como é actualmente expresso. Depois de uma interminável e maçadora fase de discussão sobre os activos não financeiros, será criado um novo grupo de activos incorpóreos ou de especialistas em *Corporate Governance*. Só então se irá conhecer efectivamente o sentido prático da CSR.

Segundo, existirão sempre peças legislativas que se poderão agrupar em questões da CSR e não há grande dúvida de que mais legislação será criada e registada sob diferentes prismas. No entanto, não existirão propostas de lei ou leis propriamente ditas.

Terceiro, não há dúvida de que os primeiros relatórios das empresas actuarão como parte da sua estratégia de relações públicas, não representando ainda a incorporação da essência da CSR na cultura da empresa. Tal como a Associação dos Contabilistas Certificados do Reino Unido (ACCA)[7] referiu, em 2002, no relatório do concurso que promove no Reino Unido para a escolha do melhor relatório de sustentabilidade, "reportar a sustentabilidade está ainda a evoluir, e ainda tem algum caminho a percorrer antes de atingir um grau de sofisticação que alguns *stakeholders* gostariam de ver. O júri, no entanto, ficou satisfeito com o aumento de relatórios candidatos...".

Quarto, os analistas financeiros estão agnósticos, se não completamente hostis, à ideia de investimento social. Não estão interessados em relatórios sociais e acreditam ser difícil fazer dinheiro com investimentos sociais que são, de certa forma, promovidos por esquerdistas antiquadros, estando igualmente muito cépticos acerca dos indicadores de investimento social, como os KLD, FTSE4good, Dow Jones Sustainability e Jantsi, apenas para referir alguns. Estamos, certamente, numa fase inicial dos fundos de investimento social, apesar das crescentes análises evidenciarem que os fundos sociais têm tido um rendimento relativamente melhor do que os restantes índices. No entanto, tal pode apenas dever-se ao mau comportamento dos mercados financeiros nos últimos dois anos. Por isso, os analistas financeiros desejam ver claramente o *business case*

---

[7] Ver: www.acca.co.uk

para o investimento social. Tal como mostrámos nas primeiras edições mensais da MHCI monthly features[8], o *business case* para investimentos em CSR está ainda em consideração por parte de alguns analistas financeiros, apesar do nosso modelo já indicar ganhos.

O *business case*

Milton Friedman afirmou várias vezes que "a responsabilidade social dos negócios começa e acaba com o aumento dos lucros", defendendo que os assuntos sociais deverão estar a cargo de alguém que não as empresas. No entanto, algumas organizações internacionais como a Organização das Nações Unidas e as agências do Banco Mundial têm vindo a evidenciar um menor impacto no desenvolvimento humano e sentido uma redução nos seus fundos. Por outro lado, os governos têm sentido pressões crescentes para gastarem cada vez menos, embora os problemas do subdesenvolvimento e do desemprego se recusem a desaparecer. É portanto lógico que, na ausência de fundos públicos ou de parcerias com instituições existentes, o mundo dos negócios tenha de desempenhar um papel bem mais relevante na questão do desenvolvimento humano do que o que efectivamente realizou anteriormente. Numa visão de longo prazo, consumidores mais ricos, bem como uma distribuição do rendimento médio mundial mais equitativa seriam factores obviamente positivos para as empresas. Mas deverão as empresas estar directamente envolvidas nestas matérias, ou deverão simplesmente pagar os impostos e confiar que os governos e organizações públicas usem esses impostos de forma apropriada? É difícil, estatística ou quantitativamente, deduzir uma forte relação causal entre acções de CSR e indicadores financeiros, tais como o preço das acções, o valor de mercado, o retorno do investimento e o valor acrescentado. Isto decorre do facto de uma correlação não significar necessariamente uma relação causal, já que uma boa correlação poderia ocorrer por acaso. O que a maioria dos comentadores desta matéria têm feito até à data é discutir, qualitativamente, que de facto existe um *business case*. Nesta discussão existem pelo menos seis questões principais:

Primeira: o valor associado à reputação da marca de uma empresa pode ser facilmente destruído, ou mesmo completamente perdido. Isto tem particular importância para as empresas em que o valor da marca depende da reputação da empresa. A reputação é construída à volta de activos intangíveis e inquantificáveis, tais como a confiança, a segurança, a qualidade, a consistência, a credibi-

[8] Ver: www.mhcinternational.com/j-curve.htm

lidade, o relacionamento e a transparência e em activos corpóreos como o investimento em pessoas, a diversidade e o ambiente.

Segunda: o acesso ao financiamento é uma questão importante, uma vez que o mercado dos fundos socialmente responsáveis, mesmo que ainda relativamente pequeno, está em franca expansão. Um aumento que é resultado, por um lado, do apoio dos empresários ao *business case* e, por outro, da regulamentação (como, por exemplo, dos fundos de pensão no Reino Unido), da pressão social e do mercado. A criação de novos índices financeiros é um exemplo desta tendência. O FTSE4Good e o Dow Jones Sustainability Index avaliam e ordenam a grande maioria das empresas internacionais de acordo com o seu comportamento ambiental e social.

Terceira: a CSR é um factor importante para a motivação do trabalhador, atraindo, motivando e mantendo trabalhadores de elevada qualidade.

Quarta: o desenvolvimento da inovação, da criatividade, do capital intelectual e de processos de aprendizagem é impulsionado com estratégias positivas de CSR. Atendendo a que 80% do valor de muitas novas empresas reside no seu capital intelectual, a preservação desses trabalhadores na empresa torna-se vital. Assim, a existência de uma atitude e de um comportamento positivo por parte da empresa, face aos seus *stakeholders* internos, é cada vez mais necessária.

Quinta: uma melhor gestão de risco pode ser alcançada com uma análise profunda das relações com os *stakeholders* externos. Factores como as novas tecnologias, a regulamentação e as expectativas de mercado pressionam e encaminham as empresas para a criação de perspectivas mais vastas quando analisam os vários riscos que poderão, eventualmente, vir a encontrar. Os gastos e o consumo de tempo associado à implementação da legislação existente e à consequente perda de investimento, estão a levar as empresas à implementação de atitudes mais pró-activas, estabelecendo linhas orientadoras necessárias e processos que minimizem esses tipos de riscos. Face ao aumento de negócios internacionais e à ameaça de eventuais litígios, os gestores de topo necessitam ainda de ter em consideração a gestão do risco dos seus parceiros e dos seus fornecedores. A CSR promove positivamente o cumprimento das regulamentações para evitar sanções legais. Tem, ainda, uma implicação igualmente positiva no que toca ao cumprimento de regulamentações, à construção de uma relação com os governos, com as comunidades e com outros *stakeholders*, podendo assim favorecer a reputação e a credibilidade da empresa. Este facto é de vital importância se a empresa tiver, mais tarde, dificuldades associadas às decisões dos seus investidores.

Sexta: o público em geral está progressivamente a criar expectativas acerca do debate público sobre CSR, das desvantagens da globalização e do papel assumido pelas empresas neste processo. O número de empresas transnacionais aumentou de 37 mil, em 1990, para mais de 60 mil no presente. O número de filiais no estrangeiro é de aproximadamente 800 mil, contra 170 mil em 1990. No entanto, para cada benefício existe um custo. Até agora têm existido poucas análises de custo/benefício em termos da implementação da CSR nas empresas. No entanto, o banco *Co-operative* do Reino Unido declarou que cerca de 15% a 18% do seu lucro bruto poderia ser atribuído directamente ao seu comportamento ético. Sem dúvida alguma, este tipo de análises tornar-se-á mais comum no futuro.

A necessidade de uma negociação no planeta

Concluindo: a CSR é muito mais do que uma questão de relações públicas e terá de ser parte do futuro da governação organizacional e da sua estratégia. O meu recente livro, "The Planetary Bargain: CSR Matters"[9], evidencia a ligação entre o desenvolvimento do conceito de CSR e a globalização. Nele, defendo que, "para inverter as tendências negativas da crescente pobreza e desigualdade à escala mundial, existe a necessidade de que o sector privado e o sector público negoceiem o modo como gerem o planeta. Nesta negociação, o sector público irá ajudar os organismos privados a operar com regras mais claras e o sector privado terá uma atenção reforçada sobre os assuntos sociais de longo prazo."

A negociação será iniciada com a pressão dos *stakeholders*, pressão esta que se tornará na "mão invisível", orientando, sugerindo, protestando e regulando alguns excessos selvagens... Ela não ocorrerá de forma espontânea, sem uma acção vigorosa ou, pelo menos, sem tentativas de documentar e de sugerir modos alternativos de conduzir um negócio. A socialmente responsável "mão invisível" terá de ser orientada pelos milhões de pessoas que se preocupam, pensam e agem sobre estes assuntos. Atendendo a que cada vez mais as empresas têm consciência desta tendência e da sua importância para o seu negócio a longo prazo, as condições estão criadas para que este seja o caminho a seguir."

[9] Michael Hopkins, "The Planetary Bargain: CSR Matters", Earthscan, London, Aug., 2003.

"Este livro analisa de uma forma global a Corporate Social Responsibility quer ao nível da matriz conceptual quer ao nível da exemplificação através de casos práticos", International Labour Review.

"A leitura do The Planetary Bargain foi bastante interessante. É um livro muito informativo e de excelente leitura", Stephanie Draper, *The Industrial Society.*

"Penso que a ideia de uma negociação do planeta é muito interessante ... uma leitura estimulante", Kay Sexton, *AccounAbility*, Reino Unido.

SOBRE A DIRECTIVA DE RESPONSABILIDADE AMBIENTAL

Por MÁRIO MELO ROCHA
*Advogado – Simmons & Simmons Rebelo de Sousa.
Im))pactus n.° 3 Jan-Mar 2005

A regulação das matérias ambientais iniciou-se durante a década de 70 do século XX, através de instrumentos jurídicos pedidos de empréstimo a outras áreas clássicas do Direito, com particular ênfase para o direito administrativo. Durante essa década, as empresas não só não conheciam como quase não tinham de conhecer essa legislação, dada a sua incipiência. Acresce que os primeiros passos de regulação jus-ambiental eram fortemente tributários de posturas políticas dirigidas sobretudo contra vertentes em que o Estado intervinha, o que passava completamente ao lado das empresas.

A década de 80 veio trazer a consolidação do direito do ambiente, o que foi crucial para evitar o seu desaparecimento. Aqui, foi o direito comunitário que prestou às matérias ambientais um contributo decisivo, designadamente através dos planos comunitários de protecção do ambiente. Por esta altura, as grandes empresas (*v.g.*, as grandes multinacionais) começaram a ser alertadas para o facto e a chamada Directiva Seveso, referente a acidentes industriais, fez soar a campainha de alarme.

Mas foi a década de 90 do século passado que operou a real dogmatização do direito do ambiente, sobretudo na sequência da aprovação e ratificação do Tratado da UE (TUE), na sua versão de Maastricht. Nele, aliás, na sequência, do TUE, são consagradas duas fundamentais linhas de força:

- O princípio da integração, pelo qual as políticas de ambiente devem ser integradas nas demais políticas comunitárias;
- O princípio do desenvolvimento sustentável, pelo qual o crescimento das gerações presentes só será benéfico se não puser em causa iguais possibilidades para as gerações futuras.

Estes dois princípios foram, e são, centrais para se perceber todo o resto. As linhas de legislação ambiental, as linhas doutrinárias e as linhas jurisprudenciais, todas e cada uma delas, tiveram, e têm, em conta o salto qualitativo decorrente destes dois princípios. De modo que, depois de ter usado a estratégia de invasão de todos os ramos clássicos do Direito, fazendo notar a sua presença e fazendo-se indispensável, o direito do ambiente percebeu que, uma vez alcançado esse estatuto, entretanto obtido, podia afirmar-se sozinho. Foi isso que fez. Pensou, e pensou bem, que há tempo de usar de coruja e tempo de voar como um falcão.

Nos trinta anos que leva de vida, o direito do ambiente conheceu um importante desvio da sua rota e, como se verá, as empresas foram cruciais para esse desvio. Até 1987, muito por responsabilidade do uso de instrumentos alheios, todos de cariz marcadamente repressivo, o direito do ambiente dirigiu a sua atenção para todos os focos poluentes, agindo em quantidade e tentado concretizar o princípio do poluidor-pagador. O sucesso foi limitado. Por isso, a partir desse ano e, concretamente, a partir do chamado Relatório Bruntland, o direito do ambiente, ao mesmo tempo que elege áreas prioritárias de actuação, vai diversificar os seus instrumentos de tutela, juntando aos repressivos os não-confrontacionais, instrumentos de sedução para as empresas, como as ecoauditorias, os acordos voluntários ou até a medição ambiental. Tratou-se de um convite às empresas para serem *players* no complexo mundo da regulação jurídica das matérias que interessam sempre às empresas, uma vez que, sendo matérias transversais a vários domínios, acabam por se cruzar, directa ou indirectamente, com a actividade empresarial.

Ocorre que o referenciado desvio da rota, levando à abordagem dos instrumentos não-confrontacionais, não fez perder de vista a necessidade de concretizar realmente o princípio do poluidor-pagador. Seria, contudo, necessário fazê-lo de maneira diversa da inicialmente pretendida. Para isso, foram necessários quinze anos de espera, até à Directiva 2004/35/CE, relativa à responsabilidade ambiental e que dá corpo e concretiza aquele princípio estruturante do direito do ambiente.

Importa conhecer as grandes linhas quanto à sua aplicação prática. Assim:

- O seu campo de aplicação reporta-se a quase todo o tipo de danos ambientais e à ameaça iminente desses danos, aí incluídos os causados à água, ao solo e às espécies e habitats naturais;
- Os sectores abrangidos são quase todos: as indústrias do sector energético, dos metais, dos minérios, a indústria química, a gestão de resíduos, a exploração de aterros, as descargas poluentes, as represas de água, o fabrico, uso e transporte de substâncias perigosas ou poluentes e as emissões poluentes; mesmo no caso de algum sector escapar à malha da directiva, é imediatamente incluído se o operador tiver agido com culpa ou tiver sido negligente;

– As acções de reparação são exaustivamente tratadas e sobre os operadores impendem obrigações específicas, no caso da ocorrência de danos, atribuindo-se às autoridades competentes poderes coercivos das acções de prevenção e reparação.

Vem a ser no quadro das acções de reparação que o novo regime jurídico prevê a figura das garantias financeiras de cobertura das responsabilidades que para os operadores económicos e financeiros, decorram desta mesma directiva. Trata-se de uma das mais delicadas matérias sobre a qual se debruça a directiva. De um modo geral, o mercado dos seguros ambientais exige calma e etapas bem doseadas, sendo óbvia, porém, a pertinência e a importância do tema. O desincentivar de comportamentos negligentes, mediante a aplicação de prémios diferenciados para operadores mais merecedores de confiança, a redução da carga burocrática em processos complexos e a redução de litígios judiciais em caso de sinistro são, normalmente, apontados como pontos positivos deste tipo de instrumentos. Mas é certo, independentemente das diversas denominações que a matéria conhece nos vários países, que se trata de temática a equacionar com cuidado.

Neste contexto, a directiva é prudente, limitando-se, por agora, a dizer que os Estados-Membros devem incentivar os operadores a usarem instrumentos e mercados de garantias financeiras para cobertura de responsabilidades. Não se consagrou, assim, a obrigatoriedade de constituição daquelas garantias. Mas, como a directiva fixou meta precisa (30 de Abril de 2010) para proceder à avaliação da sua eficácia na reparação efectiva dos danos ambientais e o diz no mesmo artigo em que estatui aquela garantia financeira, não sofre a mais pequena dúvida de que qualquer aferição de menor eficácia do instrumento legal conduzirá, fatalmente, àquela obrigatoriedade.

A directiva em questão foi publicada e entrou em vigor. O prazo para a transposição para os direitos internos termina no dia 30 de Abril de 2007, mas, como se sabe, a directiva poderá ser invocada em juízo, após esse prazo, independentemente da sua transposição. 2007 é já amanhã e as empresas devem, desde já, no contexto de fundo da sustentabilidade, iniciar a preparação para o novo regime legal, conhecendo as suas condicionantes e percebendo que está em curso uma verdadeira revolução no que respeita ao regime jurídico da responsabilidade ambiental.

O CRESCIMENTO E A ASCENSÃO DA RESPONSABILIDADE SOCIAL DAS EMPRESAS

Por MICHAEL HOPKINS
Im))pactus n.º 7 Abr-Jun 2006

"Um economista é um especialista que saberá amanhã por que é que as coisas que previu ontem não aconteceram hoje", Evan Esar

O que aconteceu com a responsabilidade social das empresas desde que comecei a trabalhar nesta matéria, há mais de dez anos?

O meu envolvimento com a RSE foi estimulado pelo sentimento de que as agências públicas com as quais trabalhava – a Organização Mundial do Trabalho, o Programa de Desenvolvimento das Nações Unidas, o Banco Mundial, etc. – tinham feito coisas maravilhosas na área do desenvolvimento (e, com mais notoriedade, alguns fracassos bem conhecidos), mas que os seus esforços não tinham passado de uma gota no oceano. Depois de sair de uma reunião na sede das Nações Unidas, em Nova Iorque, senti que a ONU não estava a chegar a lado nenhum rapidamente e, como o novo milénio estava apenas a cinco anos de distância, era claro que o mesmo seria entregue ao sector privado. Não sem desafios nem dúvidas, mas o sector privado mostrara, e continua a demonstrar, uma robustez e um dinamismo que, infelizmente, as agências do nosso sector público, quer nacionais quer internacionais, ainda não conseguiram demonstrar.

Temos visto quer a Microsoft quer o Google inovar a um ritmo extraordinário. As Nações Unidas ofereceram-nos o *Global Compact*, os objectivos de desenvolvimento do milénio e as normas básicas do trabalho da Organização Mundial do Trabalho. Não é de se desprezar, mas tudo tem prosseguido a passo de caracol.

Quinze Elementos-Chave

Existem pelo menos 15 elementos-chave na agenda da responsabilidade social das empresas que têm vindo a ser desenvolvidos ao longo dos últimos dez anos:

1. Escândalos empresariais: Certamente que a responsabilidade social das empresas não era uma questão nova em meados dos anos 90, já que a preocupação relativa às questões sociais nas empresas remonta a Adam Smith, ou mesmo a épocas anteriores, como a bolha da *South Sea* (1720). Contudo, em meados dos anos 90, assiste-se a um renovado interesse, graças à diminuição do envolvimento do sector público em indústrias-chave, particularmente depois do colapso da União Soviética, e por intermédio de escândalos empresariais que faziam os títulos da imprensa – o caso de Ken Saro Wiwa, que afectou gravemente a imagem internacional da Shell, foi talvez a "gota de água".

2. A terminologia continua desfasada: Tínhamos esperança de que houvesse uma convergência na terminologia, para que soubéssemos, pelo menos, do que é que estávamos a falar. Contudo, com o breve domínio da expressão responsabilidade social das empresas (RSE), no início da década de 2000, os termos responsabilidade empresarial (RE) ou sustentabilidade empresarial (SE) têm vindo a dominar os círculos empresariais. O que está implícito na RSE conduziu a uma espécie de convergência – o tratamento socialmente responsável dos *stakeholders* é aceite, as preocupações ambientais continuam a ser muito proeminentes, mas cabem no chapéu da sustentabilidade empresarial. No entanto, questões como o governo das sociedades mantiveram-se firmemente aprisionadas no fechado universo empresarial e não são frequentemente abordadas em conjunto com as preocupações de RSE.

3. As fases da RSE: (Continuamos a usar o termo RSE, já que deixar de fora a palavra "social" retira a ênfase às questões sociais.) Nos últimos dez anos, parece que temos seguido o caminho clássico da introdução de uma nova tecnologia: inovação, difusão (através de documentos, debates, seminários, etc.) e implementação, que está apenas a começar, particularmente na Europa. Os Estados Unidos seguem a tendência da Europa, assim como o Japão. O mundo em vias de desenvolvimento tem consagrado um grande interesse à RSE, especialmente a Índia e a África do Sul, apesar de poucas grandes empresas terem a sua sede nos países em vias de desenvolvimento.

4. Os relatórios de RSE (ou documentos semelhantes, como os relatórios de responsabilidade social ou de sustentabilidade) são agora produzidos regularmente pelas maiores empresas na Europa e nos EUA e há sinais de que mesmo empresas de países em vias de desenvolvimento com rendimentos médios estão a efectuar relatórios de RSE. Tem-se registado também um desvio dos documentos escritos para os relatórios na *web*.

5. Existem agora muitas *newsletters* e *newsgroups* sobre RSE, desde o popular grupo do *Yahoo*, *CSR-Chicks*, que acabou por dar origem ao *CSR-Blokes*, e *newsgroups* regionais, até ao *Ethical Markets, Csrwire, Ethike, Ethical Corporation, Ethical Performance*, e todo um conjunto de *newsletters* regionais, como a *CSR Ásia*, a *Philippine for Social Progress*, etc. Embora exista agora

muita informação para ler, para quem tem tempo, é gratificante a quantidade de "boa" matéria que existe sobre as empresas e o seu desempenho, bem como sobre os principais actores no terreno.

6. Poucas novas leis, directamente relacionadas com a RSE, viram a luz do dia, o que foi uma das preocupações dos capitalistas de mercado, como correspondentes do *The Economist* e do *Financial Times*. No entanto, em estreita associação com a RSE, surgiu a lei Sarbanes-Oxley para o governo das sociedades, que tem produzido efeitos prejudiciais, como o crescimento dos custos dos relatórios e a redução do número de novas entradas em bolsa no mercado de acções de Nova Iorque, a favor dos regimes ligeiramente mais liberais, como o de Londres.

7. Normas de desempenho social: Tem havido um crescimento das normas de desempenho social "voluntárias" para a RSE – a *AccountAbility,* por exemplo, com a norma AA1000 e, depois, a SA8000, de Alice Tepper Marlin. Ambos os grupos, por acaso, recusam firmemente usar o termo RSE. Está também em preparação a norma ISO 26000, sobre responsabilidade empresarial, pela *International Standards Organization* (ISO), com sede em Genebra. Contudo, as empresas aperceberam-se de que cumprir a RSE não significa apenas colocar cruzes em caixas de inquéritos – a abordagem é mais complexa e não pode ser abrangida pela legislação.

8. A *Global Reporting Initiative* (GRI), que teve origem no movimento ambiental CERES, continua a concentrar-se mais nas preocupações ambientais do que nas sociais e económicas, mas tem exercido um forte impacto nos relatórios sociais das empresas que tentam seguir as orientações da GRI, quer para o *reporting,* quer para a produção de indicadores bastante úteis. Certamente que a medição melhorou muito ao longo de dez anos, enquanto, em 1995, tive sérias dificuldades em obter indicadores sociais das empresas.

9. Os governos aderiram à onda da RSE, especialmente o do Reino Unido, que tem um animado *site* que promove a RSE e também nomeou uma série de representantes da RSE, que, infelizmente, não parecem fazer muito. Mesmo os EUA elaboraram, embora de forma hesitante, um relatório sobre a RSE, que poderá ser o contributo governamental, depois de terem ignorado a matéria durante muitos anos.

10. As organizações governamentais internacionais: A União Europeia, o Banco Mundial, o Programa de Desenvolvimento das Nações Unidas e o Banco Interamericano de Desenvolvimento têm sido as mais relevantes. O meu antigo empregador, a Organização Internacional do Trabalho, ganhou relevância através da aplicação e citação das suas normas básicas do trabalho, mas não tem qualquer política semelhante para a RSE, devido a conflitos internos entre organizações de trabalhadores, governamentais e de empregadores (nomeadamente no que se refere à impressionante Organização Internacional de Empregadores). A União Europeia, em particular, tem feito um bom trabalho, ao financiar ini-

ciativas de RSE por toda a Europa, embora a minha experiência pessoal prove que a sua burocracia exige muita paciência da parte de quem lida com ela.

11. As Organizações Não-Governamentais têm-se multiplicado muito rapidamente, desde a *Tomorrow's Company* e a *SustainAbility*, no Reino Unido, até ao *Center for Social Markets*, na Índia, a *Ethos*, no Brasil, a *Philippine for Social Markets*, em Manila, a *Triple Bottom Line*, na Holanda, e a *Business Ethics*, nos Estados Unidos, entre outras.

12. Desenvolvimento do terceiro mundo: Cada vez mais empresas estão a considerar o mundo em vias de desenvolvimento nas suas actividades de RSE e, como refere o meu novo livro, as actividades de desenvolvimento do Tipo 3 estão a aumentar rapidamente. No meu livro, refiro que existem três tipos principais de actividades de desenvolvimento: Tipo 1 – desenvolvimento filantrópico; Tipo 2 – assistência aos países em vias de desenvolvimento exclusivamente através do alojamento de operações no local; Tipo 3 – assistência ao desenvolvimento como parte da criação de reputação, o que, por sua vez, faz parte da RSE.

13. Cepticismo do Centro Financeiro: À medida que a RSE cresce em relevância, pelo menos nas suas várias manifestações, os chamados "think tanks" da ala direita têm argumentado que a maximização dos lucros deve ser o principal objectivo dos negócios, mantendo-se sujeitos (mais ou menos) aos limites da lei. De uma forma simples, defendem que a RSE apenas aumenta os custos e não tem qualquer resultado imediato sobre os lucros. Até aqui, a argumentação negocial que enuncia lucros acrescidos, através de uma melhor reputação e menores riscos que acompanham a RSE, tem sido ignorada pela direita. Apesar das crescentes evidências em como que as "empresas éticas" tendem, em média, a apresentar melhores cotações das suas acções, os negociadores de *Wall Street* e os seus congéneres nos principais centros financeiros de Londres, Frankfurt e Tóquio continuam a insistir que não compreendem qual é o objectivo da RSE, não deixando de encher os bolsos com os seus negócios mundiais.

14. Cursos universitários: Poucas universidades, ou nenhuma, tinham cursos de RSE, embora algumas tivessem lançado cursos sobre ética nos negócios. Hoje, praticamente nenhum *MBA* é leccionado sem, pelo menos, um debate sobre cursos universitários de Responsabilidade Social, Responsabilidade Social das Empresas ou Responsabilidade Empresarial. A minha própria caixa de correio electrónico dá provas da popularidade do tema entre licenciados, mestres e doutores. Tenho dois estudantes de doutoramento a trabalhar comigo e já tive de recusar outros.

15. O Investimento Socialmente Responsável tem sido o instrumento financeiro de mais rápido crescimento nos centros financeiros dos EUA e da Europa, ao longo dos últimos dez anos. A estranha contradição pela qual a matéria é ignorada na *City* mas importante para os investidores alterar-se-á, indubitavel-

mente, nos próximos anos. À medida que profissionais com melhores habilitações ingressam nas casas de investimento, e que o registo dos investimentos socialmente responsáveis passa a ser mais conhecido, os "think tanks" da ala direita e seus adeptos na *City* e em *Wall Street,* em breve, seguirão a mesma onda.

Qual é o Futuro da RSE?

Que irá acontecer à RSE no futuro, pelo menos no que respeita à próxima década?

- Enraizar-se-á. Não há dúvida de que a RSE se enraizará na cultura e no perfil organizacional das organizações, de tal forma que deixará de ser notada explicitamente, como agora acontece. De igual forma, também não restam muitas dúvidas de que o termo RSE irá desaparecer, mas que os sentimentos que lhe subjazem permanecerão intactos. A área empresarial e da sociedade continuará a estar muito sujeita a debates e a empresa, como hoje é percepcionada, irá por certo mudar a sua forma. Arriscaria lançar o palpite de que o sector privado irá continuar a prosperar durante os próximos 50 anos, mas o seu poder passará a ser profundamente controlado, tal como as nossas liberdades continuarão, infelizmente, a ser também cada vez mais controladas.
- Não há necessidade de estratégia de saída. Não haverá necessidade de uma estratégia de saída da RSE simplesmente porque as empresas só poderão sobreviver se conseguirem demonstrar (e forem avaliadas na sua demonstração) uma clara responsabilidade social no tratamento contínuo dos seus *stakeholders*. Não será necessária uma estratégia de saída simplesmente porque a responsabilidade social será apenas uma parte integrante da prática empresarial corrente.
- Importantes incursões nos países em vias de desenvolvimento. A RSE continuará a realizar incursões nos países em vias de desenvolvimento, particularmente através dos principais fornecedores das grandes empresas dos países desenvolvidos, mas também porque os povos dos países em vias de desenvolvimento não tolerarão empresas que não possuam qualquer ligação com as culturas e aspirações locais.
- As PME terão RSE. A RSE estender-se-á às PME, através de ferramentas de avaliação e de implementação rápida.
- As organizações não podem ignorar as preocupações globais. As empresas terão de lidar com as grandes questões, simplesmente porque encaram o fracasso como sendo mau para o negócio. O subdesenvolvimento, a exploração do trabalho, as curvas na migração, o aquecimento global,

as barreiras ao comércio e o terrorismo global são grandes desafios para os governos e para as empresas. Já começamos a ver sinais destas crescentes preocupações para as empresas nas conferências anuais do Fórum Económico Mundial, em Davos.

- Cooperação entre a ONU e o terceiro sector. Já que as empresas não podem moldar facilmente a agenda macro, haverá uma crescente cooperação entre as organizações, a ONU e as suas agências, bem como as ONG, o chamado "terceiro sector"[1].
- A liderança política irá melhorar. Se a liderança das nossas nações continuar a ser fraca – tem havido muito poucos líderes decentes, nos últimos 50 anos, que tenham sido capazes de aliar a decência à justiça social (Nelson Mandela, Jimmy Carter, Julius Nyrere, Nye Bevan, Harold Wilson e até Bill Clinton são praticamente todos e mesmo estes não foram perfeitos) – então, quer se queira quer não, as empresas irão tornar-se ainda mais poderosas e influentes. Mas irão elas desenvolver uma agenda social coerente? Algumas irão, outras não, mas as suas agendas serão examinadas de uma forma que, até há pouco, era praticamente impensável.

Então, o que é que é provável que aconteça nos próximos tempos? A economia "pura e dura" está a dar lugar a versões mais brandas. A cultura e a etnia têm dominado os acontecimentos mundiais recentes e esta tendência tem grandes probabilidades de se manter. A pura concentração no crescimento económico, pelos países, ou nos lucros, pelas empresas, será, certamente, fulcral na mente dos nossos líderes. Mas as subcorrentes mais brandas de mudança, como a RSE, exigirão uma nova liderança inspirada e, como diz Jem Bendell[2]:

"Compreender o poder e a sua utilização responsável é provavelmente a pedra de toque subjacente a grande parte do trabalho na cidadania empresarial da actualidade".

E a ONU? Até que haja uma mudança na Casa Branca, a Casa de Vidro da ONU permanecerá subfinanciada e incapaz de viabilizar as suas inúmeras e excelentes iniciativas de desenvolvimento... Empresas... estejam atentas!

---

[1] O "terceiro sector" e a sua relação com os sectores público e privado foram o tema de um aceso debate numa conferência em Siena, Itália, em Fevereiro, em que o autor proferiu o discurso inaugural. Para mais informações, contacte-nos através de: enquiries@mhcinternational.com.

[2] Jem Bendell (2005), "Lifeworth Annual Review of Corporate Responsibility", disponível em www.lifeworth.net.

ENTREVISTA A BELMIRO DE AZEVEDO

Im))pactus n.° 2 Nov-Dez 2004

"A sustentabilidade é o caminho a seguir pelas empresas de sucesso"

Im))pactus: Face ao enquadramento internacional da sustentabilidade, qual é, na sua opinião, o papel da Organização das Nações Unidas (ONU), da União Europeia (UE) e de outras instituições?

Belmiro de Azevedo: A sustentabilidade é um desafio que tem como base três factores fundamentais: o progresso social e o desempenho ambiental, ambos aliados ao sucesso económico.

No mundo globalizado de hoje, estas três dimensões são indissociáveis e não conhecem fronteiras. Por isso, o desenvolvimento sustentável é também um desafio global, que afecta toda a sociedade. Não é possível criar um país ou uma região verdadeiramente sustentável fora de um contexto internacional, mais vasto, também ele sustentável.

Por esta razão, observamos as maiores e mais prestigiadas organizações internacionais, como a ONU e a UE, a investirem neste tema e a torná-lo parte importante das suas agendas.

A nível da UE, a evolução tem sido significativa em termos das preocupações ambientais. Se, há algumas décadas atrás, nenhum país da UE tinha uma política ambiental claramente definida, hoje cerca de 40% dos processos de infracção abertos na UE dizem respeito a questões ambientais. A sustentabilidade é um conceito mais recente e, como tal, ainda menos estabelecido, mas a tendência para integrar os factores sociais e económicos com as questões ambientais é crescente.

A ONU criou, em 1992, a Comissão sobre Desenvolvimento Sustentável (CSD), com o intuito de dar continuidade aos objectivos da Cimeira do Rio. Na Cimeira da Terra, em 2002, o seu papel saiu reforçado, como a responsável por monitorizar e comunicar a implementação dos acordos estabelecidos a nível local, nacional, regional e internacional neste encontro. Também o Programa das Nações Unidas para o Ambiente (PNUA) tem desenvolvido acções ligadas à sustentabilidade, algumas das quais em parceria com o *World Business Council for Sustainable Development* (WBCSD). A ONU tem um papel mais abrangente e encontra-se na importante posição de estabelecer a ligação entre os países mais desenvolvidos e os países em vias de desenvolvimento (PVD).

O WBCSD, enquanto organização mundial líder nas questões do desenvolvimento sustentável, na perspectiva empresarial, constituiu-se como fórum de reflexão e de acção sobre esta temática, quer para os países desenvolvidos quer para os PVD. Muitas empresas começam agora a perceber que a sua presença nos PVD será uma condição para o seu sucesso e sobrevivência a longo prazo. Ao contrário de uma visão filantrópica ou de caridade, a possibilidade de realizar negócios em países pobres ou em vias de desenvolvimento constitui uma oportunidade fantástica de criar riqueza, tanto para as populações locais como para as empresas, num contexto de respeito e de promoção dos pilares base do desenvolvimento sustentável.

I.: Face às preocupações ambientais existentes, que pensa do desafio do Protocolo de Quioto e do modo como as empresas deverão integrar esta nova variável na sua gestão financeira?

B.A.: O Protocolo de Quioto é um excelente exemplo das oportunidades que podem ser configuradas por uma abordagem séria ao desenvolvimento sustentável. Grandes indústrias emissoras de gases com efeito de estufa que estão, neste momento, abrangidas pelo novo mercado europeu de emissões, no qual as suas emissões são contabilizadas, concorrem directamente com outras que não estão sujeitas a essas restrições. Embora constitua uma dificuldade imediata, em termos competitivos, a resposta a esta exigência poderá ser uma oportunidade de criar maior eficiência e de reduzir custos de forma sustentada. A perspectiva do WBCSD é clara: o desenvolvimento sustentável não é um acto de caridade ou de filantropia; é, na realidade, vantajoso para o negócio.

Contudo, este desafio global tem algumas particularidades, quando aplicado a cada país em particular. No caso português, os nossos responsáveis governamentais negociaram, no quadro da UE, níveis de emissão extremamente baixos, que condicionam, de uma forma dramática, a evolução e o desenvolvimento da nossa economia, remetendo para níveis médios de emissão abaixo de qualquer país da UE. Tal facto coloca um desafio de natureza extraordinária ao tecido empresarial português, bem como aos consumidores finais, de uma forma geral. A produtividade dos diferentes factores, bem como a visão táctica e estratégica das empresas, vai ser, assim, posta à prova na prossecução do cumprimento dos objectivos de Quioto. Na realidade, o prosseguimento de políticas de desenvolvimento sustentável deverá fazer parte integrante da actividade empresarial, não como um elemento "estranho", mas como mais uma variável do negócio.

I.: No âmbito da sustentabilidade, em que áreas deverá Portugal apostar? Quais são os principais pontos fracos e os principais pontos fortes?

B.A.: O levantamento das vias a prosseguir e dos principais constrangimentos e vantagens do nosso país ainda está por fazer, de uma forma integrada e consensual, entre os diferentes actores. Os diferentes governos têm multiplicado as estratégias e os planos de implementação dessas estratégias, mas ainda não sabemos qual o resultado final que irá ser adoptado. Contudo, podemos referir que o método que tem vindo a ser utilizado não augura bons resultados, uma vez que se tem apostado em processos muito pouco participados, em que não são auscultados os verdadeiros agentes destas acções. Como consequência, têm sido produzidos documentos muito teóricos, em que, recorrentemente, muita coisa tem ficado por considerar. Entendemos que, mais do que documentos perfeitos, dever-se-ão construir estratégias exequíveis, em que cada passo seja cuidadosamente planeado, com objectivos claros, e monitorizado por um conjunto de indicadores adequados à nossa realidade.

I.: Que pensa do primeiro documento da Estratégia Nacional para o Desenvolvimento Sustentável (ENDS) lançado para discussão pública, em 2002? Como abordar as questões práticas, como o papel que as empresas e a indústria têm para alcançar o desenvolvimento sustentável?

B.A.: Quando, em 2002, foi apresentado para discussão pública o documento que refere, o BCSD-Portugal emitiu um parecer, que, resumidamente, dizia que o documento apenas pecava por ser tardio e por ser curto o tempo dedicado à sua discussão pública. Na realidade, o documento, ainda que mais tarde lhe tivesse sido adicionado o Plano de Implementação 2003, era sobretudo uma declaração de princípios. Dele dificilmente se deduziam as prioridades e a sua hierarquização, a calendarização de acções, a definição de indicadores e a criação de instrumentos de avaliação de desempenho. Por tudo isto, o BCSD-Portugal recomendava a reformulação da ENDS e, adicionalmente, a promoção mobilizadora dos cidadãos para o desenvolvimento sustentável. Ora, recentemente, foi publicitada a nova ENDS* – Vol. I, que, mais uma vez, peca pelo não envolvimento dos actores fundamentais da sociedade civil e por não colmatar as deficiências já detectadas na versão de 2002. Mais uma vez, remete para o PIENDS, o que pressupõe a aceitação da ENDS sem uma discussão de fundo como o tema merece. Nada disto põe em causa a competência dos membros do grupo de trabalho que produziu o documento nem a qualidade do seu conteúdo, mas parece-me estranho que não tenha sido realizado com uma participação efectiva dos

* ENDS – Estratégia Nacional para o Desenvolvimento Sustentável.

** PIENDS – Plano de Implementação da Estratégia Nacional para o Desenvolvimento Sustentável.

principais actores. Vamos aguardar pelo momento de discussão pública para podermos voltar a dar os nossos contributos e desafios, com o objectivo de mobilizar a sociedade civil em torno de objectivos concretos de sustentabilidade, prosperidade económica e de bem-estar social.

I.: Atendendo a que o tema da sustentabilidade empresarial é ainda muito recente em Portugal, como é que a indústria pode ser motivada eficazmente para este problema?

B.A.: A principal via é a da participação no processo de mudança que este desafio representa. Há que aumentar a percepção das vantagens do desenvolvimento sustentável para o funcionamento das empresas, como principal motor da adesão dessas mesmas empresas a estas práticas. A demonstração de que estamos perante um factor concorrencial positivo, gerador de vantagens no médio e longo prazo, é fundamental. Depois, há que disponibilizar ferramentas de trabalho, que tanto poderão ser baseadas no *benchmarking* de experiências de sucesso já desenvolvidas, nacional e internacionalmente, nas metodologias de monitorização, nos mecanismos de comunicação, como também no alargamento das relações entre os diferentes *stakeholders*. Para os mais descrentes, há que disponibilizar projectos que, pelo seu funcionamento, criem valor para as empresas, funcionando como catalisadores das mudanças, enfatizando a constatação directa de experiências-piloto.

I.: Como é que a visão estratégica da Sonae em relação ao ambiente tem vindo a ser incorporada na empresa ao nível da sustentabilidade?

B.A.: Por todo o mundo, as empresas, bem como outras organizações, estão a ser confrontadas com uma necessidade de "prestação de contas", de uma forma bastante distinta daquela que era normal no passado recente. Este conjunto de novas exigências lança, pois, um desafio significativo no que respeita ao tema da *accountability*. Em Portugal, com algum atraso em relação a outros países, o conceito de desenvolvimento sustentável parece estar actualmente a entrar mais no léxico organizacional, embora quer a reflexão quer as práticas estejam ainda muito longe da massa crítica mínima que se possa considerar razoável e que se encontra já noutros espaços económicos. Eu próprio e a Sonae, desde muito cedo, adoptámos uma postura de introdução das melhores práticas mundiais neste tema, tanto mais que a exposição internacional que temos em muitos negócios nos permitiu perceber as vantagens competitivas que adviriam para o grupo de tal atitude. O tema da sustentabilidade, na Sonae, está presente aos mais diferentes níveis, quer no processo de planeamento estratégico quer no esforço de prática quotidiana de gestão e ainda nos diferentes *fora* horizontais de partilha de conhecimento e experiências que estão disseminados pelo grupo.

I.: Aquando de um investimento, como devem ser pesados os três pilares da sustentabilidade no processo de decisão?

B.A.: A sustentabilidade deve fazer parte da estratégia da empresa e não se reflectir apenas em acções pontuais. Todo o processo de decisão deve já incluir a perspectiva da sustentabilidade e dos pilares em que esta assenta. Já não é possível encarar qualquer investimento sem se ter em consideração, para lá do retorno financeiro, as suas implicações sociais e ambientais. O conjunto de bens ou serviços a disponibilizar aos mercados não pode surgir desenquadrado da sustentabilidade. Eu diria que uma estratégia só é resistente se for sustentável. As preocupações com a base de recursos das matérias-primas a utilizar, os impactes do processo, a sua eficiência energética e o relacionamento com a sociedade em geral são factores determinantes a considerar no processo de decisão.

I.: Nas várias áreas de actividade da Sonae – indústria, madeiras, imobiliária e distribuição –, como é que o princípio da sustentabilidade é desenvolvido? Que etapas há ainda a percorrer?

B.A.: A Sonae, que, em vários dos seus negócios, tem uma forte exposição internacional, gere este tema a dois níveis: do ponto de vista global, existem orientações muito claras, através dos princípios de governação de cada *sub-holding* e da *holding*, que privilegiam uma orientação inequívoca para o desenvolvimento sustentável. Estes princípios têm tradução, inclusive, ao nível de funções corporativas ou de reflexão no que respeita à orientação geral, desafio e partilha de práticas de referência, que não conhecem fronteiras e são muitas vezes geridos por equipas multidisciplinares e de vários países. Adicionalmente, ao nível local, há uma responsabilização objectiva da gestão local, quer face ao cumprimento das diferentes legislações locais quer face à resposta que tem de ser dada, dentro de cada negócio, no âmbito do desafio e da partilha das melhores práticas globais. O caminho do desenvolvimento sustentável é longo e, por isso mesmo, quer *per si* quer na interacção com os diferentes actores de cada cadeia de valor, os diferentes negócios da Sonae têm ainda um longo percurso a percorrer. A nossa vantagem advém do facto de, conscientemente, estarmos dispostos a liderar este percurso.

I.: Quais são as principais vantagens e desvantagens da aplicação dos princípios de sustentabilidade numa empresa?

B.A.: Quando foi introduzido o conceito de qualidade, nos anos 80, este foi avaliado por muitos como mais um custo para as empresas, que diminuía a sua capacidade competitiva. Hoje em dia, garantir a qualidade do produto ou do serviço prestado é uma exigência do mercado, sem a qual uma empresa não pode sobreviver. Do mesmo modo, as questões ambientais e sociais serão, cada vez mais, factores essenciais em qualquer negócio e as empresas que se aperceberem da oportunidade que é intrínseca ao caminho do desenvolvimento sustentável poderão criar vantagens imediatas de redução de custos pela ecoeficiência e pela inovação, vantagens essas de longo prazo, pela antecipação das tendências do mercado, pela melhoria da sua imagem e pela transparência das suas actividades.

I.: Porque é que a Sonae esteve na base da criação do BCSD-Portugal? Quais são as funções e as prioridades desta organização?

B.A.: A minha relação pessoal com o desenvolvimento sustentável vem de há muito tempo. Em primeiro lugar, porque quer o conceito de preservação quer a proximidade com a natureza estão presentes no meu próprio desenvolvimento pessoal desde criança. Em segundo lugar, e por razões profissionais a que não são alheias as minhas origens, comecei e continuei a minha vida profissional numa relação simbiótica com "as fontes da vida", nomeadamente, com a floresta, sector que está na origem do próprio grupo Sonae. Em terceiro lugar, porque o contacto pessoal com alguns "apóstolos" do desenvolvimento sustentável me confirmou, pessoal e profissionalmente, a bondade e a oportunidade de aprofundar nas empresas que constituem o grupo Sonae, bem como na intervenção cívica que assumo, a necessidade de fazer do desenvolvimento sustentável uma missão de disseminação quotidiana. Neste sentido, e por tudo o que atrás fui dizendo, já não lhe parecerá estranho que a Sonae se tenha envolvido fortemente no processo de criação do BCSD-Portugal.

O BCSD-Portugal foi fundado em 2001, como parte integrante da rede regional do WBCSD, com o objectivo de reunir as empresas nacionais líderes nas questões do desenvolvimento sustentável, para divulgar e promover no nosso tecido empresarial e na sociedade em geral os princípios e os valores do desenvolvimento sustentável.

Nestes primeiros anos de existência, organizaram-se múltiplos eventos de formação e divulgação, elaboraram-se diversas traduções de publicações e estreitaram-se as relações internas, com os membros e com o WBCSD, e as relações externas, na comunicação das nossas actividades e do nosso papel. Estabilizado o funcionamento da organização, temos agora condições para lançar projectos mais ambiciosos, que envolvam as empresas-membros e outros grupos de interesse, como as universidades, que têm um enorme potencial e com as quais se podem criar sinergias muito interessantes.

É nossa intenção começar a disponibilizar ferramentas às empresas, que lhes permitam, de uma forma mais eficaz, desenvolver as suas actividades segundo os princípios do desenvolvimento sustentável, criando condições para que a via da adopção das práticas correctas se efectue de uma forma mais rápida e eficiente. Como uma organização empresarial, queremos, utilizando os mesmos métodos que nas empresas, que as nossas metas sejam cumpridas, com a criação do máximo valor para todos os participantes neste processo, quer sejam os nossos associados quer seja qualquer um dos nossos *stakeholders*, acreditando que todos temos a ganhar com este objectivo.

I.: Quais são os principais desafios que a sustentabilidade coloca às empresas, às associações industriais e empresariais e à administração pública?

B.A.: A sustentabilidade é o caminho a seguir pelas empresas, pelas associações e pela administração pública de sucesso, mas não se atinge de um dia para o outro. São necessárias mudanças, por vezes, profundas, que exigem uma melhoria contínua do desempenho da organização. Mas, para estarmos preparados para este desafio, é necessário, antes de tudo, preparar as pessoas e a sua mentalidade face a estas questões, a todos os níveis da organização. A capacidade de mudança e de adaptação tem de começar sobretudo na mentalidade das pessoas, pela vontade de aprender e de assimilar os novos conceitos da sustentabilidade. Só assim teremos a desejada *learning organization*, uma organização capaz de aprender e de se adaptar aos novos desafios, tal como o desafio da sustentabilidade.

OS OBJECTIVOS DO MILÉNIO DAS NAÇÕES UNIDAS, DAVOS, POLÍTICA DE SUSTENTABILIDADE EUROPEIA E NOVAS OPORTUNIDADES DE NEGÓCIO. ENCONTRE AS LIGAÇÕES

Por SOFIA SANTOS

Jornal de Negócios, Fevereiro de 2005

Os temas do desenvolvimento das nações, quer se fale ao nível das Nações Unidas, Davos ou à escala europeia, estão ligados entre si. Existe uma mensagem única que convém ser captada pelos gestores portugueses: o crescimento sustentável da economia passa, também, por fortalecer o capital humano, dinamizar o comércio externo de forma inovadora preservando o ambiente.

Os *Millennium Development Goals* das Nações Unidas

Em 2000, foi adoptada a Declaração do Milénio das Nações Unidas por cerca de 189 países pertences a esta organização, entre os quais Portugal. Esta declaração exprime os compromissos que cada país signatário assumiu de forma a alcançar os chamados *Millennium Development Goals* (Objectivos de Desenvolvimento do Milénio), que deverão ser alcançados em 2015.

Os *Millennium Development Goals* (MDG) são os objectivos mais quantitativos existentes à escala mundial e que abordam os problemas associados à pobreza extrema. Cada um dos 8 objectivos tem um conjunto de metas específicas que se ambicionam alcançar em 2015. (para mais informação ver: www.unmillenniumproject.org)

Figura 1: Lista dos *Millennium Development Goals*:

1	Erradicação da pobreza extrema e da fome
2	Alcançar a educação universal na educação primária
3	Promover a igualdade entre os géneros
4	Reduzir a mortalidade infantil
5	Melhorar a saúde materna
6	Combater a SIDA, a malária e outras doenças
7	Assegurar a Sustentabilidade Ambiental
8	Desenvolver uma parceria Global para o Desenvolvimento

Objectivo 7: Assegurar a Sustentabilidade Ambiental

Metas a alcançar:
Integrar os princípios de desenvolvimento sustentável nas políticas e programas nacionais, diminuindo as perdas associadas aos recursos ambientais.
Diminuir para metade, em 2015, a proporção de pessoas sem acesso sustentável à água e saneamento básico.
Alcançar, em 2020, um melhoramento significativo nas vidas de pelos menos 100 milhões de pessoas.

Segundo as Nações Unidas, se os Objectivos forem alcançados, mais de 500 milhões de pessoas terão saído da pobreza, mais de 250 milhões já não sofrerão de fome; 30 milhões de crianças e dois milhões de mães, que seria expectável terem morrido, conseguirão assim viver.

Em 2002 foi criado pelas Nações Unidas o *UN Millennium Project*, cujo objectivo consiste em desenvolver um plano mundial concreto com acções em prol da redução da pobreza, da fome e de doenças que afectam milhões de pessoas. Este projecto é liderado por Jeffrey Sachs, um dos economistas mais conhecidos à escala mundial, tendo sido ele o responsável pela apresentação, em Janeiro último, ao Secretário-Geral da Nações Unidas, Kofi Annan, de um relatório dos progressos alcançados na consecução desses objectivos. A apresentação desse relatório foi a primeira de várias iniciativas neste âmbito que decorrerão em 2005. Estes eventos terminarão com uma cimeira sobre os MDG em Setembro próximo.

Este relatório intitula-se "*Investing in Development: A Practical Plan to Achieve the Millennium Development Goals*". O documento reconhece que o mundo já tem a tecnologia e o conhecimento necessários para resolver muitos dos problemas que os países pobres enfrentam. No entanto, estas soluções não têm sido implementadas à escala necessária. De modo a colmatar esta falha, o relatório apresenta um conjunto de recomendações e propostas que poderão ser implementadas quer nos países ricos, quer nos países mais pobres.

Recomendações do Relatório e as oportunidades para o sector privado

O relatório apresenta um conjunto de 10 recomendações-chave que abrangem várias áreas desde a governação, saúde, políticas de investimento, etc. Nestas recomendações está subjacente uma linguagem semelhante à existente ao nível europeu, no que se refere ao papel do sector privado na consecução destes objectivos, e nas oportunidades de mercado que esta nova abordagem pode trazer. Neste âmbito, enuncia-se de seguida algumas das recomendações ligadas ao sector privado:

- As estratégias a desenvolver deverão criar uma matriz que promova o sector privado;
- As estratégias deverão centrar-se na produtividade rural, urbana, saúde, água, educação, sustentabilidade ambiental, ciência, tecnologia e inovação;
- Dever-se-á promover a formação;
- Dever-se-á envolver a sociedade civil no processo de decisão;
- Dever-se-á definir uma estratégia de promoção do sector privado e uma estratégia de criação de riqueza para as populações pobres;
- A ajuda financeira deve ser orientada para apoiar projectos que vão ao encontro directo dos Objectivos, e não de objectivos exclusivos dos doa dores;
- Os países de rendimento médio deverão também procurar oportunidades de realizarem investimentos e apoiarem os países de baixo rendimento com ajuda técnica;

Os doadores internacionais deverão mobilizar recursos para a investigação destinada a resolver problemas específicos dos países pobres nas áreas da saúde, agricultura, recursos naturais, gestão ambiental, energia e clima.

A importância do sector privado na consecução destes Objectivos está associada não só ao desenvolvimento de actividade económica nos países pobres, mas também ao aumento das vendas das grandes empresas, agora dedicadas à satisfação de milhões de consumidores. O mercado ocidental está saturado e com taxas de crescimento pouco animadoras. O potencial de crescimento das empresas está agora centrado nas regiões com forte densidade populacional, com necessidades específicas e com fortes potenciais. A identificação de necessidades específicas, conjuntamente com as preocupações ambientais e sociais associadas à exploração desse mercado por parte das Organizações Internacionais como as Nações Unidas,o Fórum Económico Mundial e a Comissão Europeia, faz com que a pressão pela inovação seja evidente, e conduz também à criação de novos produtos e empregos. As populações pobres são já hoje compradores de produtos específicos, sendo, a médio/longo prazo, potenciais compradores de outro tipo de bens.

O encontro anual de Davos: Acções concretas na área da Pobreza, Educação e Ambiente precisam-se!

O encontro anual de 2005 do Fórum Económico Mundial, em Davos, intitulado "*Taking Responsibility for Tough Choices*" ocorreu em Janeiro passado e contou com mais de 2.250 participantes de 96 países, provenientes de posições governamentais, sindicatos, organizações religiosas, ONG e sector privado. Cerca de 50% dos participantes foram representantes de empresas internacionais espalhadas por vários países e sectores.

O tema deste Fórum expressa bem a necessidade de se reconhecer quais são os principais desafios do planeta. Apesar do Fórum ter reconhecido que o problema mais importante é a obtenção da paz mundial, identificou também 12 temas considerados como mais relevantes:

China;
Alterações Climáticas;
Globalização Equitativa;
Europa;
Economia Global;
Governação Global;
Islão;
Médio Oriente;
Pobreza;
Liderança dos EUA;
Armas de destruição massiva;
Comércio Mundial.

O Fórum concluiu que é necessário implementar uma série de medidas concretas que dêem origem a resultados imediatos e duradouros ao nível da redução da pobreza e ao nível ambiental. Na sessão de encerramento, os líderes do mundo empresarial, governos, académicos e sociedade civil, apelaram à necessidade de adopção de tecnologias para a redução da emissão de gases com efeito de estufa, à criação de um fundo que acelere a ajuda financeira aos países pobres e à remoção de barreiras comerciais que privam os países em vias de desenvolvimento dos dividendos provenientes do crescimento da economia global.

No âmbito do tema deste Fórum foram efectuadas duas sondagens, pela *Gallup International*: uma delas abrangeu mais de 60.000 cidadãos de todo o mundo tendo sido pedido que identificassem o principal problema à escala mundial; a outra incidiu sobre os participantes do Fórum, tendo-lhes sido pedido também para identificar os assuntos que mais os preocupavam. Como se poderá ver pelas tabelas abaixo, os Objectivos do Milénio são reconhecidos quer pelos 60.000 cidadãos, quer pelos líderes presentes no Fórum como as preocupações prioritárias.

A Responsabilidade Social Empresarial em Davos

"*A primeira coisa a perceber acerca da responsabilidade social empresarial é que o business case é muito forte*", afirmou Michael Rake, Presidente da KPMG. "*O que é importante agora é que as empresas sejam vistas a fazer e não apenas a falar. Há o perigo de que a responsabilidade social empresarial seja vista como um meio enganador de ganância e de obtenção de lucro*", acrescenta.

Em relação ao papel das corporações e das actividades económicas nos países em desenvolvimento afirma também que "*Não é apenas uma questão moral. O continente mais subdesenvolvido é a África. As empresas vêm uma oportunidade mas não sabem bem o que fazer. Na mesma situação estão as Nações Unidas, a Organização Mundial do Comércio ou o Banco Mundial.*"

Figura 2: Principais problemas mundiais identificados por 60 mil cidadãos

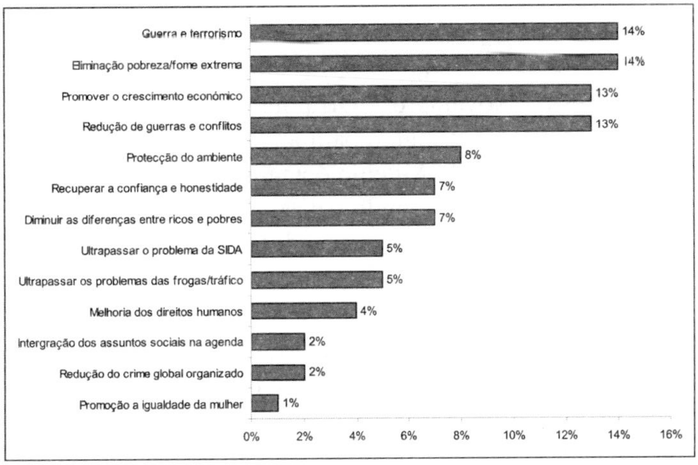

Figura 3: Principais problemas mundiais identificados pelos líderes presentes no Fórum de Davos

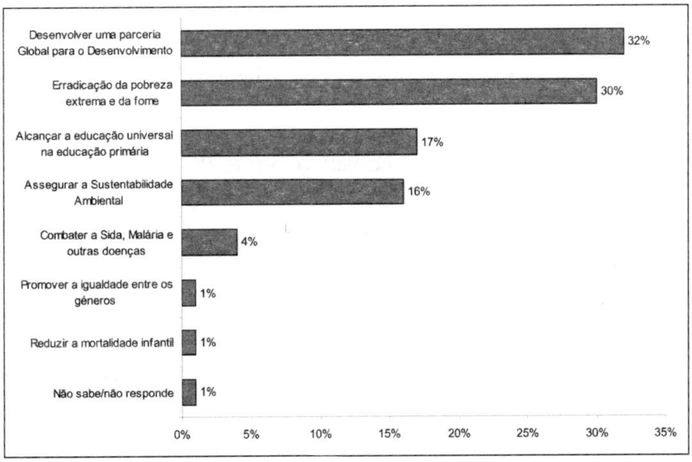

Fonte: *Gallup International*

O facto de 50% dos participantes de Davos pertencerem ao sector privado, indica que os problemas identificados e partilhados farão já parte da agenda do sector privado internacional. Atendendo a que o objectivo do sector privado é a obtenção de lucro, e que as empresas privadas estão a interessar-se por este assunto de um modo crescente, é expectável que estes novos desafios já estejam a ser analisados como novas oportunidades de negócio.

A União Europeia e os Objectivos do Milénio

No passado mês de Novembro a UE publicou um relatório que analisa a forma como a Europa tem contribuído para a consecução dos Objectivos, entre 2000 e 2004. Cada Objectivo do Milénio é analisado em relação às várias políticas e documentos que a UE tem vindo a desenvolver. Assim, por exemplo, no âmbito do Objectivo 7 (Assegurar a Sustentabilidade Ambiental), este relatório inclui todo o trabalho realizado pela Comissão no âmbito da estratégia de desenvolvimento sustentável.

É reconhecido que existe muito caminho a percorrer para alcançar estes 8 Objectivos, e que existe agora uma urgência na implementação dos passos futuros. Em relação às duas principais dimensões dos Objectivos – Financiamento de acções de desenvolvimento e Comércio – a UE afirma que irá explorar possibilidades de aumentar a sua contribuição no âmbito das parcerias globais. Ao nível das prioridades em termos geográficos a UE admite um desconforto com a falta de progressos associados aos países africanos, e está disponível para analisar potenciais acções que promovam esse desenvolvimento.

Está previsto que em Abril de 2005 a UE publique em pormenor os planos de acção para a implementação dos Objectivos.

Ainda sem entrar em pormenores, a UE afirma que este plano poderá incidir em 3 áreas:

- políticas de financiamento do desenvolvimento;
- política coerente de desenvolvimento, defendendo os princípios da sustentabilidade nas relações comerciais;
- focalização em África.

O papel da Europa nas trocas comerciais com países em desenvolvimento tem vindo a ganhar peso nos últimos anos, tal como demonstra a figura 4.

Figura 4: Importações da UE de países em vias de desenvolvimento, em milhões de euros.

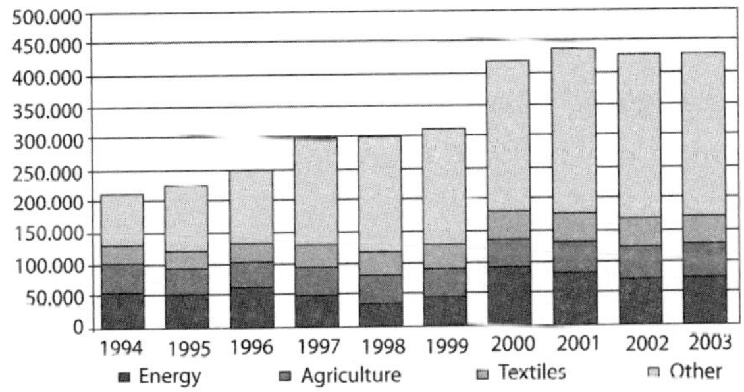

Fonte: *European Commission Report, Millennium Development Goals* 2000-2004. Novembro 2004.

Perante este cenário é expectável que políticas referentes ao comércio internacional, passem a ter integrados princípios ligados aos Objectivos do Milénio e, como tal, ligados a questões ambientais e/ou de sustentabilidade (impostos ambientais, tarifas reduzidas a produtos que tenham uma gestão sustentável, entre outros exemplos possíveis).

Atendendo a que várias empresas portuguesas têm negócios em países em vias de desenvolvimento, é importante compreender que começa a existir uma abordagem empresarial centrada nas potencialidades de novos mercados, que conjuntamente com um grupo de linhas orientadoras, e cuja passagem para directrizes mais vinculativas ao nível europeu não está fora do cenário, poderá constituir uma oportunidade de expansão. Tendo Portugal relações privilegiadas com África, talvez faça sentido acompanhar de perto os próximos passos da UE.

A SUSTENTABILIDADE
AO SERVIÇO DA COMPETITIVIDADE DAS EMPRESAS

CRIAÇÃO DE VALOR ATRAVÉS DA SUSTENTABILIDADE A CSR E AS PEQUENAS E MÉDIAS EMPRESAS

Por Michael Hopkins e Julian Roche
Im))pactus n.º 2 Nov-Dez 2004

O Que Existe de Novo?

Os governos não têm estado inactivos. Por exemplo, no ano passado, o apoio do governo do Reino Unido (RU) foi dado através da implementação de novas directrizes ao nível da CSR e dos relatórios das instituições financeiras. Estas directrizes serão as primeiras a ser desenvolvidas no RU. Elas têm por base as já existentes "directrizes na gestão ambiental e nos relatórios do sector dos serviços financeiros", lançadas em Novembro de 2000, e preparadas pelo grupo *Financial Organisations Reporting Guidelines* (FORGE). O FORGE engloba várias empresas líderes na área de serviços financeiros do RU, lideradas pela CGNU, incluindo representantes do *Abbey National*, *Barclays*, *Legal & General*, *Lloyds TSB*, *Royal Bank of Scotland*, *Royal & SunAlliance* e *Zurich Financial Services*. A *British Bankers' Association* e a *Association of British Insurers* estão também presentes, ao passo que os consultores da *PwC Global Sustainability Services* estão a actuar como conselheiros do grupo.

A nível internacional, o Banco Mundial liderou um acordo em que dez dos maiores bancos mundiais de sete países concordaram, voluntariamente, em cumprir uma série de directrizes conhecidas como "Os Princípios de Equador", que pressupõem a existência de critérios sociais e ambientais em empréstimos realizados a investimentos em países em desenvolvimento. Os bancos aplicarão globalmente os princípios a financiamentos em todos os sectores, incluindo os sectores do minério, petróleo, gás e florestal. Os bancos que adoptaram estes princípios foram os seguintes: *ABN AMRO Bank* e *Rabobank*, da Holanda; *Barclays PLC* e *Royal Bank of Scotland*, do Reino Unido; *Citigroup, Inc.*, dos Estados Unidos; *Crédit Lyonnais*, de França; *Credit Suisse Group*, da Suíça; *HVB Group* e *WestLB AG*, da Alemanha; *Westpac Banking Corporation*, da Austrália. Em conjunto, estes bancos foram responsáveis por 14.5 mil milhões de dólares de empréstimos, em 2002, dos quais 30% foram destinados a projectos de países em desenvolvimento.

Quais São os Assuntos-Chave da CSR e do Mundo das Finanças?

1. **Tópicos-Chave com os Quais o Sector Financeiro se Depara**

Em primeiro lugar, temos aqueles que são comuns a outras indústrias:

- Todos os assuntos associados à *Corporate Governance*, tais como: os directores não-executivos, procedimentos do Conselho de Administração, normas ao nível da contabilidade e medidas de anticorrupção;
- Rigor ao nível das campanhas de publicidade (incluindo uma escolha de estatísticas que demonstrem o seu desempenho);
- Apoio a medidas de voluntariado e de auxílio à comunidade;
- Existência de regras não discriminatórias (associadas ao anti-racismo e anti-sexismo), boas condições ao nível da saúde e segurança e direito à existência de sindicatos. Tal como foi comentado no *Financial World* de Novembro de 2002, "Com bancos como o *Lloyds TSB* e *HSBC*, que estão sob fogo, devido ao facto de exportarem trabalho para a Índia, e sendo o sector, no seu geral, um alvo para as actividades sindicais, é de lamentar que estes assuntos não sejam tratados com mais detalhe nas directrizes estipuladas pelo FORGE";
- Procedimentos ao nível da existência de relatórios para a própria empresa, no que diz respeito ao uso interno de energia e a sua eficiência, o uso de transportes públicos pelos seus colaboradores, o uso de transporte aéreo, consumo de papel, entre muitos outros;
- Existência de um relatório de sustentabilidade, honesto e transparente, publicado pelo menos uma vez por ano.

Como devem as empresas de serviços financeiros agir em relação à elaboração de relatórios?

Num passado recente, as empresas de serviços financeiros rejeitavam a ideia da existência de obrigações ao nível da publicação de relatórios. Veja-se, por exemplo, a resposta do *Zurich Financial Services* ao Livro Verde de 2001 da Comissão Europeia: "A CSR necessita de ser vista como parte dos mecanismos de protecção e de valorização da reputação de uma empresa. Este reconhecimento está a ter desenvolvimentos e qualquer esquema obrigatório, quer a nível europeu, quer local, pode, na realidade, vir a bloquear os avanços que se têm verificado". Estes comentários foram tidos em conta pelo governo do RU, uma vez que os relatórios se mantêm ainda como voluntários.

2. Tópicos-Chave Específicos do Sector Financeiro

Em segundo lugar, existem assuntos ao nível da CSR que são específicos do sector financeiro. Não sendo uma lista exaustiva, alguns destes assuntos são:

- Critérios existentes ao nível dos empréstimos, incluindo uma análise dos impactes ambientais e sociais dos projectos financiados e a sua ligação com o próprio negócio do banco, bem como a existência de uma análise ao nível da "Economia Verde" (*Green Economics*) da taxa de desconto a projectos financiados. Alguns académicos defendem que a análise de risco ambiental ao nível dos créditos concedidos é positiva para os accionistas, uma vez que melhora a satisfação do cliente, a lealdade e a quota de mercado. No entanto, não existe ainda uma grande certeza destas práticas, e os maiores críticos ao nível do uso da energia e da aviação continuam activos valiosos para a maioria dos clientes do sector bancário;
- Níveis aceitáveis de proveitos provenientes de linhas individuais de produtos financeiros;
- Capacidade de decisão ao nível das falências e crédito malparado, incluindo uma análise da relevância do factor trabalho e das suas implicações para as empresas que são suas clientes;
- A existência de directrizes quanto ao ciclo de vida do investimento;
- A existência de possíveis escolhas ao nível do investimento ético e de outros aspectos associados aos investimentos, sobre os quais organizações como o Banco Mundial têm tido um papel importante. Relativamente a este assunto, a Associação Britânica de Seguradoras (ABS) preparou directrizes sobre o Investimento Socialmente Responsável – Riscos e Oportunidades. Nestas directrizes, abordam-se temas como o trabalho infantil e direitos humanos nas empresas alvo de investimento. No entanto, as empresas de armamento e energia nuclear são dois dos exemplos em que continuam a existir opiniões contrárias;
- Assuntos relacionados com a existência de informação privilegiada e abuso da mesma.

A ABS afirma que as directrizes por si criadas constituem "planos de acção práticos para funções internas, como a definição de uma estratégia corporativa, gestão de risco, gestão dos recursos humanos e carreiras profissionais, bem como para as unidades de negócio, tais como: actividades associadas aos seguros de vida, gestão de fundos, gestão de activos mobiliários, banca de retalho, investimentos corporativos, empréstimos comerciais e serviços de reembolso de crédito malparado". No entanto, estes planos de acção estão expressos em termos muito gerais.

As Pequenas e Médias Empresas e o Sector Financeiro

Existem assuntos relevantes para as Pequenas e Médias Empresas (PME) que se aplicam ao sector financeiro. O grupo FORGE centra-se nas preocupações e na capacidade de resposta às grandes empresas. Todavia, uma parte significativa dos serviços financeiros (tais como: seguros de vida, empréstimos à habitação, aconselhamento quanto a investimentos e pensões) é levada a cabo por pequenas empresas ou consultores independentes. A posição destas empresas financeiras mais pequenas face à CSR é dúbia, se é que existe de facto. Com o crescimento do peso dos assuntos da CSR junto das grandes empresas, a vantagem competitiva das pequenas empresas poderá aumentar. No entanto, a tendência indica que será expectável que estas pequenas empresas de serviços financeiros (com dez a quinze empregados) venham também a ter programas activos de CSR.

Algumas ideias defendidas no âmbito da CSR, e já propostas, são:

- Junção de forças para que se implementem melhorias a nível ambiental, bem como das oportunidades de trabalho;
- Incentivo ao investimento em iniciativas formativas para a força de trabalho, disponibilizando tempo para esse efeito.

Estas actividades mais genéricas terão de se revelar também em iniciativas específicas do sector, como, por exemplo:

- Compromisso real de que o produto deve estar adaptado ao cliente;
- Provisão conjunta de actividade seguradora;
- Publicação de informação comparativa e credível;
- Formação contínua;
- Análise integrada de escrutínio ao nível dos aspectos sociais e ambientais, tendo em conta potenciais empresas alvo de investimento, incluindo a possível existência de uma "lista negra" de empresas em que se opta por não investir.

Assim, é fácil concluir que a existência do FORGE é um passo na direcção certa, mas ainda longe de alcançar a resposta correcta. Há ainda muito a fazer antes que o sector financeiro do RU tenha uma função desenvolvida ao nível da CSR.

Muitos destes tópicos foram analisados em profundidade na formação que a *MHC International Ltd.* realizou a 30 de Setembro de 2004, sobre a CSR e o sector financeiro. Esta formação forneceu às empresas de serviços financeiros um conhecimento sobre as melhores práticas existentes, as dificuldades e falhas ainda presentes na implementação de políticas de CSR no sector financeiro. Este seminário contou também com as últimas conclusões, provenientes de peritos ao nível da CSR, sobre quais serão os próximos passos a dar pelas empresas de serviços financeiros no âmbito da CSR.

ENTREVISTA A LEONILDE TERCEIRO

Im))pactus n.° 4 Mai-Jul 2005

Fernandes & Terceiro: Gestão Ambiental Exemplar

Em termos ambientais, a gráfica Fernandes & Terceiro (F&T) é um exemplo a seguir.

Em Portugal, esta PME foi a quarta empresa a ter o EMAS. O exercício da sua actividade responde a um Sistema de Gestão Integrado que atende aos requisitos das normas ISO 9001, ISO 14001 e OHSAS 18001/NP 4397, operando, do ponto de vista da qualidade, ambiente e segurança, de uma forma correcta. Um investimento que tem origem na visão estratégica de Leonilde Terceiro, a gerente da empresa.

Im))pactus: Quando e como é que nasceu a F&T?

Leonilde Terceiro: A F&T é uma organização do sector das artes gráficas que produz e comercializa produtos de impressão *offset* para as áreas do *marketing* e da cartonagem. Foi fundada em 1960, por dois sócios, tendo a sua gestão sido assumida por mim, em 1992.

I.: Porque é que a F&T decidiu ser líder, no sector das artes gráficas, em termos ambientais?

L.T.: A F&T teve, desde sempre, uma especial preocupação com a qualidade do seu trabalho e o bem-estar dos seus colaboradores. As suas instalações, onde se encontra desde 1990, foram, desde o início, pensadas e construídas de acordo com a legislação comunitária para a classe industrial, de forma a optimizar a produção e rentabilizar a actividade. O contacto com diversas multinacionais, nossas fornecedoras e clientes, também nos alertou para as crescentes preocupações ambientais que se começavam a fazer sentir. A indústria gráfica é um sector extremamente competitivo, proporcionando margens de lucro cada vez mais pequenas. A estrutura dos sistemas de gestão possui custos significativos face à concorrência do sector, mas é um investimento a menor prazo do que se julga. Porque terão as empresas portuguesas de estar sempre na cauda da Europa? Somos tão bons ou melhores.

I.: Com que obstáculos é que se defrontou no processo de valorização ambiental da sua empresa?

L.T.: Os encargos financeiros que estão associados ao processo de certificação.

I.: Que certificações é que a F&T já obteve?

L.T.: Como modelo de gestão, a gerência resolveu adoptar a norma NP EN ISO 9002:1995 (sistemas de garantia da qualidade) para gerir a organização. Deste modo, foi iniciado o projecto de implementação do Sistema de Qualidade, tendo sido nomeada uma Direcção de Qualidade e criada uma Comissão de Qualidade para concretização do mesmo, contando com o apoio de serviço externo de consultadoria.

Em 1998, foi atribuído à F&T o Certificado de Qualidade no âmbito da impressão e acabamentos nas áreas do *marketing* e embalagem, sendo alterado, em 2000, para artes gráficas.

O processo de implementação do Sistema de Gestão Ambiental começou em 1998 e, em 2000, foi iniciado o desenvolvimento do Sistema de Gestão da Segurança e Saúde no Trabalho, sendo obtidas as certificações dos sistemas em Setembro de 2002. Em Março de 2003, foi obtido o registo no EMAS.

Actualmente, a F&T dispõe de um Sistema de Gestão Integrado (Qualidade, Ambiente e Segurança) certificado, para facilitar a coordenação e interacção com a produção, reduzir os custos de manutenção e desenvolvimento dos sistemas, de forma a optimizar os recursos, considerando que ambiente e segurança são sinónimo de qualidade, pressupondo, assim, a sua abordagem integrada.

I.: Porquê a certificação?

Que vantagens tem ou esperava que tivesse?

L.T.: A certificação foi uma opção estratégica para proporcionar valor acrescentado e prestígio à organização, fortalecer a confiança da organização, fornecedores, clientes e sociedade em geral, para além de reconhecimento externo. O Sistema de Gestão Integrado que atende aos requisitos das normas ISO 9001, ISO 14001 e OHSAS 18001/NP 4397 opera, quer do ponto de vista da qualidade, ambiente e segurança, de uma forma correcta. A F&T pretende ainda aproveitar a mais-valia de uma gestão exemplar certificada na procura de um mercado internacional, porventura através de parcerias e fusões. Teve, por isso, como perspectiva ser um factor de diferenciação no mercado da indústria gráfica.

I.: No entanto, o EMAS não era uma exigência do mercado...

L.T.: A filosofia da F&T baseia-se num relacionamento dinâmico entre oportunidades de mercado, capacidade técnica, engenho dos colaboradores, tendo sempre presentes os princípios da integridade, sustentabilidade, optimização e inovação. A evolução da certificação do Sistema de Gestão Ambiental, tendo como base a norma ISO 140001 e o registo no EMAS, resultou da perspectiva de beneficiar da majoração de 5% prevista no Sistema de Incentivos à Modernização Empresarial (SIME). Para além disso, o registo no EMAS traduz-se numa ajuda válida para a prevenção de contra-ordenações do foro ambiental, agora que a fiscalização se encontra mais eficaz.

I.: Quais são as obrigações que decorrem do EMAS?

L.T.: As obrigações da certificação de um Sistema de Gestão Ambiental com base na norma ISO 14001 são: controlar os aspectos ambientais significativos, através de monitorizações e medições contínuas; consciencializar e formar os colaboradores cujas actividades têm impactes ambientais significativos; assegurar o cumprimento da legislação ambiental relevante; prevenir e dar resposta a acidentes e situações de emergência; controlar periodicamente o sistema de gestão; detectar inconformidades, implementar acções preventivas, correctivas e de melhoria; realizar auditorias internas e externas; rever e melhorar continuamente o Sistema de Gestão Ambiental.

O registo no EMAS tem obrigações adicionais relativamente à ISO 14001, nomeadamente: a realização de um levantamento ambiental de todas as actividades, produtos e serviços; a conformidade legal; o envolvimento activo de todos os colaboradores; a elaboração de uma declaração ambiental, actualizada anualmente; o reporte público da melhoria do desempenho ambiental.

I.: Como é que as conseguem cumprir?

L.T.: Através de um espírito de equipa aberto e participativo (facilitado pela faixa etária jovem dos nossos colaboradores), de uma comunicação transparente e activa e do empenho e envolvimento de todos os colaboradores neste processo.

I.: Consta que faltam recursos às PME para assumir as questões ambientais e de sustentabilidade. Como é que a F&T geriu o factor investimento?

L.T.: É preciso ter em consideração que, da implementação do sistema, não decorrem apenas despesas. Dela poderão decorrer lucros, através da valorização dos resíduos, ou, pelo menos, a redução de custos.

I.: Já obteve o retorno do investimento?

L.T.: Em 2002, a aquisição de um programa informático para optimização dos formatos de cartolina permitiu uma poupança de 18 toneladas de cartolina e uma redução dos resíduos do papel. A aquisição de um *Computer to Plate* (CTP) permitiu-nos ainda a redução de consumo de película fotográfica, reveladores e fixadores. Por outro lado, a aquisição da máquina a 10 cores, feita em 2003, permitiu-nos reduzir em 9,1% o consumo de água por papel consumido e em 12,1% o consumo de energia por papel consumido, em relação a 2002. Ainda em 2003, adquirimos um sistema de alimentação de tintas de impressão às máquinas, que nos permitiu efectuar uma redução dos desperdícios de tintas de selecção, dos resíduos e embalagens metálicas.

I.: Comercialmente, a F&T merece a preferência dos clientes pela certificação?

L.T.: No estado actual do sector, um Sistema de Gestão Ambiental não traz mais-valias directas face aos clientes. Apenas casos pontuais, sobretudo alguns clientes do sector farmacêutico, exigem a certificação na ISO 14001, a par da ISO 9001.

I.: No sector gráfico, a gestão de resíduos tem uma grande importância. Como é que ela se processa na F&T?

L.T.: A gestão de resíduos da F&T tem como objectivo prioritário a prevenção e redução de resíduos e, em segundo lugar, a garantia da sua valorização, através da reciclagem ou eliminação adequada. Os resíduos são segregados e acondicionados em recipientes próprios, devidamente identificados, consoante a sua tipologia e perigosidade, sendo transportados para o parque de resíduos, construído especificamente para este efeito, até serem recolhidos por operadores de gestão de resíduos licenciados.

Actualmente, encontra-se em estudo a substituição dos óleos de lubrificação minerais por óleos sintéticos, assim como a substituição de produtos químicos nocivos por outros menos nocivos.

I.: A Comunidade Europeia tem desenvolvido um intenso trabalho de divulgação da sustentabilidade numa linguagem simples. Como é que a F&T encara o desafio da sustentabilidade na sua empresa? E nas restantes PME?

L.T.: É uma maneira ainda pouco comum de encarar o papel da organização na sociedade. A atitude passa por assumir que uma actividade industrial lucrativa pode ser perfeitamente compatível com a protecção ambiental e uma protecção social. Numa óptica da gestão responsável, e das exigências do mercado perante o conceito de desenvolvimento sustentável, a par da eficácia e eficiência produtiva, a F&T tem projectado a qualidade, ambiente, segurança, higiene e saúde no trabalho como factores determinantes da sua competitividade. O próximo passo será a certificação da empresa com a norma SA 8000 de responsabilidade social.

Todas as actividades económicas deverão ser sustentáveis e compatíveis com a preocupação de preservar e garantir a qualidade de vida das gerações futuras. As organizações devem ter este compromisso ético e demonstrar uma atitude responsável face ao uso dos recursos naturais e à capacidade de sustentação do planeta. Hoje em dia, as organizações têm de ser, simultaneamente, eficazes e eficientes, devendo os gestores ter uma visão antecipada, orientada e estratégica, criar uma cultura de mudança e obter resultados sustentáveis e socialmente responsáveis.

NÃO HÁ QUE TER VERGONHA DO QUE SE FAZ BEM

Por Roger Mor
Im))pactus n.° 7 Abr-Jun 2006

Por que é que os empresários e gestores têm tanto receio em admitir claramente que a responsabilidade social tem motivos económicos subjacentes? Em 2003, a *Inforpress* apresentava o estudo "A Responsabilidade Social das Empresas – A Comunicação com o Pequeno Accionista", cujas conclusões mostravam exactamente esta realidade. Entre as 123 empresas cotadas ou com obrigações na Euronext Lisboa que serviram de base ao estudo, apenas 15% seguiram o caminho da responsabilidade social (RS), porque acreditavam que tal conduta iria melhorar os seus resultados económicos. Apenas 15%. Se a razão não se traduz em motivos económicos, então por que se adoptam políticas de responsabilidade social? Por mero altruísmo? Ou será que, afinal, os fundamentos económicos existem, mas admiti-los publicamente poderá levar a más interpretações?

Dois anos após o estudo, em 2005, Portugal continuou a assistir à mesma relutância das empresas em admitirem que a responsabilidade social pode ter motivações económicas subjacentes. Mas a verdade é que aí não reside mal algum. É legítimo que assim seja. Ora, se o objectivo primeiro da empresa é gerar riqueza, que possa, inclusive, garantir a sua própria sustentabilidade, que desvantagem existe em se admitir que se adoptam políticas socialmente responsáveis que, consequentemente, se irão converter em lucros? E aí, sim, faz sentido falar em investimento em RS e não em gastos. Se, em última análise, a RS não tem como intuito um aumento dos lucros, por que falam os empresários e gestores em investimento em RS? Podem sempre, é claro, argumentar que é um investimento a nível reputacional. E daí? Querem as empresas ser recordadas apenas como uma boa organização? Ou querem ser recordadas como boas empresas e, por isso, determinar o comportamento dos consumidores? Talvez seja mais esta segunda hipótese. Acredito que gestores e empresários continuam a ser cuidadosos quando falam na responsabilidade social e nas suas motivações, sobretudo devido à desconfiança que a opinião pública mostra sempre que uma empresa fala da sua RS. E tem razão de ser esta precaução. Se, mesmo mostrando as mais nobres das intenções e evitando admitir que o fazem por dinheiro, as empresas são olhadas de soslaio sempre que aparecem em público a falar destes temas, imaginemos que as empresas admitem publicamente que todo o seu envolvimento na RS prende-se, afinal, com o desejo de garantir que, a longo prazo, a empresa ganhará mais...

Tudo seria mais fácil com uma opinião pública mais formada. Mas, para isso, as associações de consumidores e o próprio Governo têm um compromisso que ainda não quiseram assumir. Que 2006 seja diferente e que possamos assistir a um maior envolvimento da sociedade em geral, porque, afinal, este não é um trabalho das empresas, mas, sim, um trabalho de todos. Contudo, penso que, para se iniciar esta mudança, será necessário que as empresas assumam as suas motivações. Fazer o bem só pelo bem é nobre, mas pertence mais ao domínio da ética do que propriamente ao da RS. Há que admitir que a responsabilidade social, de uma forma simplista, mais não é do que saber gerir as relações com todos os *stakeholders*. Gerir estas relações acaba por ser um factor de competitividade, ou seja, a empresa socialmente responsável apresentará melhores resultados. Trata-se apenas de falar de boa gestão e de cumprir, de uma forma ampla e correcta, o seu principal objectivo: gerar lucro.

Outro factor que não deixa que os empresários e gestores assumam publicamente, e com todas as letras, que optam pela RS a pensar nos lucros é o facto da responsabilidade social ter aparecido como a resposta das empresas à antiglobalização. Falar em dinheiro neste contexto seria complicado. Mas esta situação vai mudar, e acredito que seja já este ano. Uma empresa socialmente responsável aposta na transparência. Como pode uma empresa dizer-se socialmente responsável quando, em público, não é cristalina ao ponto de admitir as motivações que a levam à RS? É importante que a RS passe a ser vista, desde logo, como uma forma de boa gestão, cujo objectivo é apostar em relações *win-win* que levem a um aumento dos lucros, a longo prazo. Negar este facto é negar a própria essência da empresa.

A realidade já começou a mudar, pelo menos fora de Portugal. Sinal desta mudança é o estudo elaborado pela KPMG, "*International Survey of Corporate Sustainability Reporting* 2005", que avaliou cerca de 1.600 empresas de maior dimensão a nível mundial. Quando questionadas sobre as motivações que as levam a aderir à RS, 74% já admitiram fazê-lo por razões meramente económicas. Este é um sinal de que as empresas começam a assumir o seu posicionamento empresarial. E a empresa que não o fizer, sempre que em público disser que é socialmente responsável simplesmente porque compensa fazer o bem, poderá ter a certeza de que quem a está a ouvir não vai acreditar.

Se o não assumir das motivações é dos pontos menos positivos de 2005, o envolvimento das empresas, mesmo as de média dimensão, nestas matérias traduz-se no mais positivo a destacar. Sabemos que muitas dizem ser socialmente responsáveis e todos vemos que as suas acções não passam, no fundo, de meras operações cosméticas. Filantropia isolada, caridade, marketing, mecenato... tudo cabe na RS para algumas empresas. Nos antípodas, estão as empresas que agarraram em todas as boas práticas existentes e começaram a pensar a responsabilidade social de uma forma estratégica. É de salientar também o número de empresas que fazem questão em apresentar o seu relatório de RS. A este propósito, é de realçar um destes relatórios, nomeadamente o primeiro apresentado pela Sopol, uma média empresa de construção civil cujo primeiro relatório é, em si, já uma acção de RS. O relatório de RS da Sopol pretende ser "um contributo para uma reflexão sobre o sector". E não se pense que esteve com "falinhas mansas" ao falar do sector onde está integrada. Todos os problemas do sector foram abordados, desde a imigração ilegal até à poluição, passando pelas subcontratações, pela economia informal, pelos acidentes de trabalho ou pelas preocupações ambientais. Destaque-se também o facto de todos os *stakeholders* terem sido ouvidos, o que faz deste relatório um exemplo a seguir. Associações, clientes, jornalistas e até as empresas concorrentes têm voz no relatório da Sopol. Uma outra ideia interessante é a preocupação em "aprender fazendo", o que denota uma consciência da necessidade de melhoria contínua. É de louvar, bem como o facto de ter traçado compromissos, todos calendarizados, o que permitirá à empresa avaliar a concretização dos mesmos. Outro dos pontos exemplares neste relatório é, sem dúvida, o seu quadro final, onde os índices da GRI estão associados aos seus indicadores. Não bastou dizer que o relatório tinha sido elaborado segundo os princípios da GRI, a Sopol mostra muito claramente em que medida o fez.

Em 2006, este exemplo poderá ser seguido, mesmo pelas grandes empresas que, muitas vezes, se concentram mais no aspecto gráfico do relatório do que na qualidade dos conteúdos. A Sopol pode, assim, servir de exemplo, pese embora o facto desta média empresa não estar ainda preparada nem disponível para falar com alguns dos seus parceiros, nomeadamente com os *media*, sobre a sua RS. Tal como não admitir as motivações para a responsabilidade social, refugiar-se na modéstia, para não falar, acaba por ser pouco socialmente responsável. Não há que ter vergonha do que se faz bem. Ou há?

"PORTUGAL NÃO ESTÁ PREPARADO PARA O MERCADO DO CARBONO"

Entrevista com Nuno Ribeiro da Silva
Por Margarida Caetano
Im))pactus n.° 3 Jan-Mar 2005

Com uma forte conhecimento sobre o sector energético nacional, Nuno Ribeiro da Silva passa em revista os principais desafios que o mercado de carbono traz à economia nacional e faz o ponto da situação em relação às energias nuclear e renováveis.

Im))pactus: A Sustentabilidade empresarial é um conceito novo em Portugal. Como vê esta questão? Considera que os empresários estão preparados para esta nova realidade?

Nuno Ribeiro da Silva: Acho que não estão preparados, mas não é só em Portugal que isso acontece. Há uma confusão, que, em parte, é justificável. Ou seja, não conseguem ainda passar dos ingredientes para a "sopa". Têm investido em aspectos como a certificação em higiene e segurança no trabalho, na qualidade, no mecenato social, convivem – melhor ou pior – com normativos ambientais, e esses aspectos singulares têm de ser postos numa calda coerente a que se chama "sopa". Por outro lado, julgo que há alguma razão que esta dificuldade de interpretação, tendo em conta que há ainda bastante a fazer em termos de *tangibilizar*, de dar forma e estrutura metodologicamente a este grande "bolo".

I.:Agora temos também mercado de carbono. Na sua opinião, que desafios é que isso traz à economia portuguesa?

N.R.S.: O país está condenado a pagar uma factura que considero "estúpida". Fala-se que podemos vir a ter de suportar um encargo entre 200 a 400 milhões de euros por ano. Isto merece particular atenção na avaliação da decisão económica das politicas ambientais. Se regularmente, de ano a ano, está sujeito a um dreno de centenas de milhões de euros para continuar a ultrapassar os direitos de emissão, na realidade, está a sair dinheiro sem que tenha qualquer tipo de retorno ou de efeitos positivos na economia. Para além dos bons princípios ambientais e da nossa quota-parte de responsabilidades para com a bolha global dentro do problema das alterações climáticas, é algo que deve ter o seu próprio mecanismo. E o esforço de investimento de qualquer maneira, induz alguns efeitos positivos para a economia mas pagamos de forma pacífica.

Há um perigo a ter em conta e há, de facto, uma certa injustiça relativa e que só tenderá a agravar-se porque os seis sectores que estão a coberto da directiva estão sujeitos a um *spread* no sentido de controlarem as suas emissões, *versus* os outros, como é o caso dos transportes, que não têm qualquer tipo de constrangimento e são deixados à solta. E a tendência política será pressionar mais os sectores mais fáceis de controlar – que são, basicamente, os seis que já estão a coberto da directiva.

I.: Concorda então que os transportes são um dos sectores que ficam de fora apenas por razões políticas?

N.R.S.:Sim. Para já, por razões prática. No caso dos seis sectores agora a coberto da directiva, está-se a falar de 300 unidades que se tem de controlar e de monitorizar; se se está a tratar de transportes, vai-se falar de cinco milhões de unidades geradoras de emissões. É muito mais difícil ter regras de controlo administrativo e de fiscalização quando se está a actuar sobre milhões de unidades. Daí que tenda a haver uma complacência ou um deixar para quem vier a seguir o assumir esse problema.

I.: Os principais sectores da economia nacional são também aqueles que têm um forte impacte ambiental. Na sua opinião, as políticas publicas têm, de alguma forma, isso em consideração?

N.R.S.: Têm de ser vários pontos de vista, ao serem sensíveis a tomar medidas que podem ferir sectores que são pilares da dinâmica económica do país, que correspondem aos sectores que têm mais voz em termos da dinâmica política.

I.: Esta questão do mercado do carbono, juntamente com a directiva da responsabilidade ambiental, vai ter um forte impacto na gestão diária das empresas. Na sua opinião, os empresários estão preparados para isso?

N.R.S.:Não aquilo que até agora fizemos foi produzir normativos específicos e pontuais relativamente às mais variadas questões. Estamos a entrar numa segunda geração legislativa, que é mais genérica. A directiva da responsabilidade ambiental é, no fundo, uma responsabilidade com este carácter. As empresas têm de se comportar da maneira responsável, sem quer isso esteja desdobrado em 500 pormenores de actuação. A verdade é que, para as empresas, com esta profusão de normativos e regulamentos que surgem no mais variados domínios, todas esta multiplicidade de caminhos que se direccionam para a rotunda que é a empresa torna extremamente difícil ao empresário e ao gestor ponderar e gerir todas estas múltiplas frentes de acção.

I.: Isso significa que há ainda um grande trabalho a fazer. Como?

N.R.S.: Não há uma receita que seja uma panaceia. O que há a fazer é dar uma informação ao tecido empresarial e, por outro lado, ao nível do legislador, deve haver bastante parcimónia nesta profusão de "doces" que se estão a pôr em cima da mesa. Partindo do princípio de que é necessário que o gestor e a cultura da empresa sejam pró-activos e adaptáveis em relação à responsabilidade ambiental, entendo também que não é fácil para a empresa preparar-se e daptar--se a toda essa multiplicidade de requisitos que estão a cair constantemente.

O facto de a questão ambiental e da sustentabilidade ser polivalente obriga que haja, de facto, uma coordenação horizontal. Estes problemas acontecem porque os diversos actores não sabem o que se está a passar. Como isto não entrosa, cada um na sua quinta faz um trabalho zeloso, mas não tem em linha de conta que está a haver o tal multicentro. Tem de haver uma articulação e um *timing* digerível para toda esta multitude de afinações que é necessário ir introduzindo.

I.: Agora surgem também o mercado de activos de carbono e o mercado de seguros associado à cobertura de riscos ambientais. Em que estado é que se encontra o mercado português?

N.R.S.: É de relativo atraso – o que é preocupante, na minha opinião – na visão dessas matérias e na criação de documentos que comecem a "armar o edifício". Em todo o mundo, está-se a desbravar caminho em relação a esta questão. Algumas sociedades empresariais e políticas são mais pró-activas ou mais adaptáveis ou têm mais inércia. E nós estamos aí. Perante o estímulo de uma nova temática, que é também uma nova área de negócio, o nosso tecido empresarial mostra as inibições clássicas.

I.: Mas não há nenhuma empresa nacional que se esteja a movimentar nesse sentido?

N.R.S.: Há níveis diferentes de adaptação. Há as empresas que têm o posicionamento clássico, que são mais tocadas por estas novas regras e que têm uma atitude reactiva – é o caso da EDP, cimenteiras, papeleiras, cerâmicas, que vêem que vem ai um problema e que estão na linha de tiro.

I.: Então não há nenhuma empresa que tenha detectado a oportunidade de negócio e se esteja a preparar para isso?

N.R.S.: Não tenho tido exemplos de iniciativas de grande pró-actividade.

Cá não se verificou o que aconteceu noutros países europeus – e que está a acontecer em Espanha – que é as próprias empresas criarem um fundo para mecanismos de implementação conjunta ou qualquer outro tipo de postura pró-activa. O que acontece em Portugal é uma atitude reactiva ou defensiva das empresas e dos sectores afectados pela directiva.

Na Somague, criámos uma empresa para nos acompanhar com inteligência neste tema, para tentarmos estar por dentro do que se vai passando e para, com as áreas de negócio que temos, nomeadamente no âmbito da energia e do ambiente, termos algum pensamento próprio e irmos percebendo onde há oportunidades de sermos mais activos.

Talvez esse empurrão que falta às empresas nacionais venha a ser dado pelas multinacionais.

Num campeonato de primeira divisão, vê empresas como a Shell e a BP, mas também a Dupont e outras, que começaram a explorar e a ganhar contacto, a entender esta matéria para serem pró-activas, mesmo antes de a directiva estar em vigor e muito antes de a questão de Quioto ganhar expressão e força.

A Inglaterra, a França e a Holanda estão num despique para saber que praça financeira virá a ganhar mais expressão no *trading* de acções. E isto é uma coisa que nem nos passa pela cabeça. É em áreas novas, em que as cartas ainda não estão lançadas, que podemos ter alguma pró-actividade. Se Portugal tivesse a preocupação, sensibilidade e argúcia estratégica nestes domínios, podia não ficar tão de fora e para trás.

O Caso da Energia Nuclear...

I.: A energia nuclear é um assunto de que se começa a falar, embora ainda seja tabu. Qual é o ponto da situação, não só em Portugal, mas também em todo a Europa?

N.R.S.: Essa é uma questão muito complexa e que virá a colocar-se com mais pressão, talvez não pelas boas razões, mas porque surgem preocupações em que o nuclear tem alguns argumentos. O nuclear estagnou em meados dos anos 80 e ainda não resolveu os seus calcanhares de Aquiles – o ciclo do combustível, o desenho dos reactores e a não-competitividade económica de uma central nuclear, na lógica do investidor.

Nos últimos anos em que o nuclear praticamente foi metido na gaveta, com o evoluir das preocupações centrais, como a questão do CO2 e das alterações climáticas, o nuclear ganhou um mais a seu favor. Por outro lado, este contexto de tensão faz com que as pessoas comecem a olhar para todos os sacos que têm na despensa. Terá de haver uma opção entre "nuclear, não, nem que seja obrigado", no sentido "do mal, o menos". Mas não se tenha a ideia de que o nuclear é uma panaceia para os problemas energéticos ligados aos combustíveis fósseis. No quadro actual, o nuclear serve exclusivamente para produzir electricidade. Ora, a electricidade é importante, mas é um terço da energia final que o mundo consome.

Há outro domínio em que poderá vir a ser muito útil: o problema central em termos ambientais e estratégicos é o sector dos transportes. Pode-se desenvolver a tecnologia para os transportes fazerem o *swop* dos 98% de petróleo que utilizam para passar a usar hidrogénio, e então coloca-se o problema de produção de hidrogénio. As centrais nucleares podem ter um papel na produção do hidrogénio que depois é utilizado, nomeadamente, nos transportes. Portanto, o nuclear deixa de ser visto unicamente como uma fileira de produção de electricidade, mas também na produção de hidrogénio. E aí estamos a atacar um grande problema, que são os transportes, por serem um sector que, esmagadoramente consome petróleo e por ser uma utilização extremamente poluente.

... e das Renováveis

I.: Na sua opinião, quais são as principais energias renováveis disponíveis em Portugal?

N.R.S.: O potencial tem a ver com o preço que a sociedade está disposta a pagar. Temos uma representação simpática das principais famílias das energias renováveis. No hídrico, temos uma utilização razoavelmente conseguida, embora pudéssemos fazer mais em termos de pequenas e grandes barragens; temos o vento, com um potencial bastante elevado e em que levámos muito tempo a avançar, a afinar a máquina – e ainda hoje estrebucha um bocadinho – mas, sem dúvida, este e os próximos dois ou três anos marcam um salto qualitativo muito sensível no desenvolvimento desta componente; no domínio do solar, nomeadamente térmico, temos um potencial bastante importante, mas é, incompreensivelmente, um domínio da pedra lascada – nos anos 70\80, houve o arranque de iniciativas ligadas ao solar convencional, mas depois caiu de forma brutal e hoje estamos numa situação quase de estagnação e de muita pouca atenção; há algum potencial de biomassas e pode ser feita alguma coisa em termos de produção de biocombustíveis. Sem dúvida que esta será uma área muito empurrada pela União Europeia, não só pela questão energética, mas também como forma de mitigar os problemas provocados pelo recuo da Política Agrícola Comum naquelas modalidades mais sensíveis em que a Organização Mundial do Comércio cria barreiras às políticas de "subsidite" que a Europa tem mantido.

No hídrico, estamos no estado da arte; no eólico, estamos a afinar a batuta pelo *standart*; no solar, estamos estagnados; a biomassa tem também o seu contributo num domínio agora sensível (vai sair uma directiva que obriga a aditivar até 2% de biocombustíveis nos derivados do petróleo e, em 2010, esse valor passa para 5%). As biomassas são, até pela possibilidade de se fazer uma endogeneização quase a 100% da produção de biocombustíveis na economia nacional, uma área com potencial.

I.: Diz-se que os preços irão subir.

Na sua opinião, os consumidores estão dispostos a pagar mais por energias renováveis?

N.R.S.: Os consumidores começam a ter mais sensibilidade. Estou convicto, e tenho visto muitos estudos sobre isso, de que, por exemplo, a produção eólica com uma certa expressão no *mix* da produção de electricidade pode ser pequena em termos de onerosidade por *kilowatt*-hora, e a conclusão a que se chega é que, mesmo com o contributo dos tais 39% de renováveis no consumo de electricidade em 2010, esse custo oscilará entre os 0% e 3%. *Last bue not the least*, se calhar, tenho mesmo de pagar mais.

I.: Na sua opinião, quais são os principais desafios, em termos energéticos, que se colocam a Portugal?

N.R.S.: Em qualquer parte do Mundo surgem os três desafios clássicos: segurança no abastecimento, interface ambiente-energia e a eficiência do sistema energético. Daqui retiramos frentes prioritárias de intervenção: a continuação da diversificação das fontes energéticas, como se fez com o gás natural, e aproveitando as energias que temos ao nosso dispor em Portugal, nomeadamente as renováveis. No que respeita às questões ambientais, há que mudar a eficiência energética. Quanto à eficiência do sistema energético, temos um desafio particular, que é desembrulhar o imbróglio e o novelo em que os desígnios e a sapiência política dos governos nos meteram relativamente à EDP, Gás de Portugal, Petrogal, e que são factores de ineficiência das empresas energéticas e de desenvolvimento de um mercado concorrencial.

UMA GESTÃO SUSTENTÁVEL: DA CRIATIVIDADE À MEDIÇÃO DOS RESULTADOS

RESPONSABILIDADE SOCIAL NA UNIVERSIDADE

Por Maria do Rosário Partidário
Professora Associada com Agregação, IST-UTL
Im))pactus n.° 7 Abr-Jun 2006

Introdução

O tema da responsabilidade social é, hoje, um tema de grande actualidade no sector empresarial. Já com meio século de evolução teórica, nos últimos 15 anos, tem-se assistido à sua adopção sistemática pelas grandes empresas e, nos últimos três anos, à sua generalização. Os estudos internacionalmente realizados pelo WBCSD, KPMG e outras organizações, embora ainda revendo sobretudo a experiência das 250 maiores empresas (G250), são disso reveladores.

Nesta expansão do conceito de responsabilidade social das empresas (RSE), ou de responsabilidade corporativa, na sua designação mais recente, é evidente a influência crescente do paradigma da sustentabilidade. Incapazes de lidar de forma pragmática com o conceito de sustentabilidade, as empresas encontram na expressão responsabilidade social a oportunidade de expressarem, de forma mais tangível, os domínios da sua responsabilidade para com a sociedade, em escalas de longo prazo e numa perspectiva de sustentabilidade.

A iniciativa da AIESEC Universidade Nova, sedeada na Faculdade de Economia da UNL, levantou a questão sobre a responsabilidade social nas universidades, no contexto de um *workshop* sobre responsabilidade social, em Novembro de 2005. Poder-se-ia afirmar que a responsabilidade social é inerente ao estatuto de uma universidade pública, como entidade de interesse e financiamento público, que reflecte o papel social do Estado. Apesar disso, a responsabilidade social é um conceito que não está necessariamente e imediatamente presente nas universidades públicas e que, por isso, merece alguma reflexão e iniciativa. Naturalmente que as universidades privadas se afirmam sobretudo como empresas e, como tal, será normal esperar um comportamento semelhante a uma PME, mas as universidades públicas são outra questão.

Conceito de Responsabilidade Social

Partindo de questões relativas aos direitos dos trabalhadores (condições de trabalho, saúde, horários, entre outras), o conceito de responsabilidade social evoluiu e alargou-se significativamente até aos dias de hoje. Os instrumentos de incentivo e controlo multiplicaram-se, bem como o conhecimento e a oferta de serviços neste domínio.

De entre os diversos códigos, princípios e outras normas já existentes nesta matéria, seleccionaram-se, para ilustração, duas iniciativas internacionais fundamentais neste domínio, cujo âmbito se apresenta no Quadro 1: *The Global Compact*, uma iniciativa da Organização das Nações Unidas, que, na viragem do milénio, desafia as empresas a abraçarem e a implementarem, na sua esfera de acção, princípios e valores no domínio dos direitos humanos, das condições de trabalho, do ambiente e das acções anticorrupção; e a Norma SA 8000, a primeira norma no domínio específico da responsabilidade social, produzida e promovida pela *Social Accountability International*, em 2001.

Quadro 1
Duas Iniciativas Internacionais no Domínio da Responsabilidade Social

The Global Compact (2000)	Norma SA 8000 (2001)
Direitos Humanos (DH) Apoio e respeito pela protecção dos DH Garantia da não cumplicidade com abusos contra os DH Trabalho Apoio à liberdade de associação e negociação colectiva Eliminação de todas as formas de trabalho forçado Abolição efectiva de trabalho infantil Eliminação da discriminação no emprego e ocupação Ambiente Abordagem preventiva dos desafios ambientais Iniciativas que promovem a responsabilidade ambiental Apoio ao desenvolvimento e difusão de tecnologias ambientais Anticorrupção Contra todas as formas de corrupção (incluindo extorsão e subornos)	Trabalho infantil Trabalho forçado Saúde e segurança Liberdade de associação e direito à negociação colectiva Discriminação Práticas disciplinares Horário de trabalho Remuneração Sistemas de gestão

Perante estes exemplos, pode afirmar-se que o conceito de responsabilidade social integra três dimensões fundamentais:

- Direitos humanos;
- Justiça social;
- Investimento social.

Como refere *Alyson Warhurst* (2005), no quadro da governação global envolvendo as várias partes interessadas (*stakeholders*), há uma clara expectativa, e exigência, quanto ao papel e à responsabilidade das empresas em evoluírem do paradigma da obrigação de não fazer mal para a responsabilidade de serem uma força positiva, contribuindo para objectivos mundiais de desenvolvimento social.

A Responsabilidade das Universidades Relativamente ao Desenvolvimento Sustentável

O papel das universidades na educação para a sustentabilidade é revisto em Fouto (2002), que realça o incentivo da Organização das Nações Unidas relativamente ao papel das universidades no caminho global para o desenvolvimento sustentável. Os documentos associados às conferências mundiais de 1972, sobre desenvolvimento humano (UNCHD), e de 1992 sobre ambiente e desenvolvimento (UNCED), explicitam objectivos e medidas dirigidos às instituições de ensino superior, definindo o papel das universidades na:

- Produção de informação sobre os problemas que desviam o desenvolvimento humano de um modelo sustentável;
- Proposta de soluções para ultrapassar esses problemas;
- Educação para o desenvolvimento sustentável, quer directamente de alunos quer por influência junto de decisores e outros agentes de desenvolvimento.

A promoção de programas de ensino orientados para a sustentabilidade, de acesso mais abrangente e contínuo, e a participação das universidades em painéis de peritos que aconselham os governos e outros agentes da sociedade são formas de actuação sugeridas.

A resposta das universidades, no sentido de analisar, discutir e vincular o papel do ensino superior, expressa-se numa série de declarações, apresentadas em Fouto (2002), que traduzem o compromisso de criar uma cultura institucional e uma dimensão ética para a sustentabilidade, através da educação, investigação, formação de políticas, intercâmbio de informação sobre ambiente e desenvolvimento e criação de centros de excelência regionais.

Destaca-se a Carta Universitária para o Desenvolvimento Sustentável (CRE/COPERNICUS, 1993), conhecida como Carta COPERNICUS, lançada na conferência dos reitores das universidades europeias, promovida no âmbito do programa europeu homónimo e já assinada por 324 universidades europeias (www.copernicus-campus.org, em 2005-11-23), das quais 8 portuguesas. Em 2002, era definida a estratégia europeia do Programa COPERNICUS-Campus, que visa tornar a sustentabilidade uma marca registada no espaço europeu (Quadro 2).

Respondendo à questão colocada na Cimeira de Joanesburgo (WSSD, 2002): "Qual o papel do ensino superior no desenvolvimento sustentável?", Ferrer-Ballas, da Universidade Politécnica da Catalunha, sugere o modelo reproduzido na Figura 1.

Neste modelo, surgem quatro níveis distintos de intervenção para as universidades:

1. Educação dos decisores para um futuro sustentável;
2. Investigação de soluções, paradigmas e valores que sirvam uma sociedade sustentável;
3. Operação dos campus universitários como modelos e exemplos práticos de sustentabilidade à escala local;
4. Coordenação e comunicação entre os níveis anteriores e entre estes e a sociedade.

A análise apresentada por Fouto (2002) refere-se aos esforços universitários em Portugal, reflectindo, todavia, uma orientação dominada pelo paradigma ambiental no quadro do desenvolvimento sustentável.

- Universidade do Algarve – que incentivou os seus alunos a realizarem um levantamento ambiental numa das suas faculdades;
- Universidade de Aveiro – em que já foi conduzido um estudo sobre políticas ambientais em universidades;
- Universidade Técnica de Lisboa – que promoveu, através dos seus alunos, uma auditoria ambiental às instalações do Instituto Superior Técnico;
- Universidade Nova de Lisboa – que promoveu, em Outubro de 2000, a assinatura da Carta de Princípios de Ambiente do seu campus universitário, na Caparica.

Acresce a estas experiências a iniciativa da Escola Superior Agrária de Bragança, que montou um sistema de gestão ambiental na Escola.

Quadro 2
Estratégia do Programa COPERNICUS para o Desenvolvimento Sustentável

Objectivos gerais	Prioridades	Áreas-chave	Acções COPERNICUS
Identificar formas de as universidades ajudarem a sociedade a responder ao desafio do desenvolvimento sustentável	Gerar conhecimento em DS	Investigação multidisciplinar Redes de peritos	Seminário virtual sobre expansão e desenvolvimento sustentável
	Divulgar conhecimento em DS entre os alunos	Formação de professores *Curricula* universitários em DS	
	Disseminar conhecimento em DS pela sociedade	Parcerias e redes de trabalho a nível local Serviço à sociedade em: ciência e investigação definição de políticas desenvolvimento de capacidades transferência tecnológica	Conferências anuais, desde 1998: "*Sustainable Universities: inter, multi and trans disciplinary issues and options*" (Barcelona, 1999)
Alcançar a sustentabilidade nas universidades	Implementar práticas ambientalmente responsáveis pelas e nas universidades	Promover a gestão ambiental das universidades Promover padrões sustentáveis de produção e consumo nas universidades	Projectos: Universidade de baixa energia *Campus* solar europeu Química sustentável

Fonte: http://www.copernicus-campus.org

Figura 1
O Papel da Universidade na Sociedade, relativamente ao Desenvolvimento Sustentável

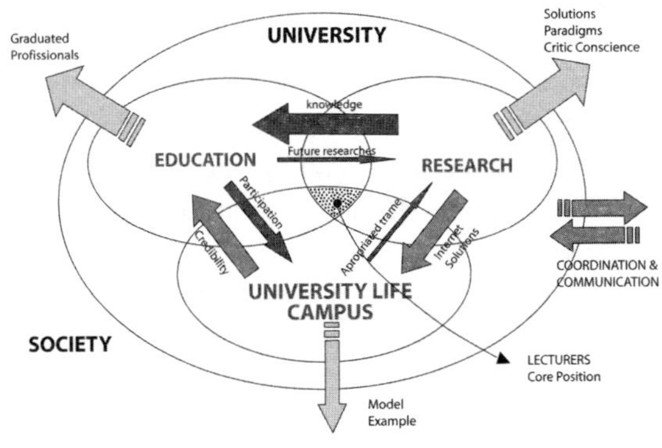

Fonte: D. Ferrer-Ballas (2002)

A Década das Nações Unidas da Educação para o Desenvolvimento Sustentável

Merece destaque a iniciativa, mais uma vez lançada no quadro da Organização das Nações Unidas, da Década das Nações Unidas – Educação para o Desenvolvimento Sustentável no Ensino Superior, que decorre de 2005 a 2014.

Por ocasião do lançamento desta iniciativa, teve lugar em Graz, Áustria, em Abril de 2005, uma conferência internacional, promovida conjuntamente pelo Programa COPERNICUS-Campus, a Universidade Karl-Franzens de Graz, a Universidade Técnica de Graz, a Oikos International e a UNESCO. O objectivo desta conferência foi exactamente discutir o papel da Universidade e de outras instituições de ensino superior na transição global da sociedade para processos de desenvolvimento sustentável e na adopção de estratégias para a abertura da Universidade à sociedade.

O Processo de Graz surge também no quadro da Estratégia Europeia de Desenvolvimento Sustentável, do Processo de Bolonha, sobre a reforma do ensino superior na Europa, e da responsabilidade da Europa no cumprimento dos Objectivos do Milénio, estabelecidos na Cimeira de Joanesburgo, em 2002.

O Processo de Graz constitui-se, assim, como base apoio para a integração do desenvolvimento sustentável no Processo de Bolonha e a nível global, usando o Programa COPERNICUS como ponto de partida. Os participantes na conferência de Graz acordaram a seguinte Declaração de Graz:

1. Às universidades caberá o papel de inovar para integrar a sustentabilidade na sua estratégia, actividades e acções, actuando nas suas três principais áreas de responsabilidade:

- Aprendizagem e ensino;
- Investigação;
- Responsabilidade social interna e externa (em relação a parceiros interessados e às comunidades).

2. Ao Conselho Europeu de Ministros do Ensino Superior caberá usar o quadro do desenvolvimento sustentável para melhorar a dimensão social, contribuir para a atractividade da educação no ensino superior e integrar critérios de sustentabilidade no Processo de Bolonha, usando o Programa COPERNICUS como um ponto de partida.

3. À UNESCO – agência líder nas Nações Unidas, em colaboração com outras instituições do sistema das Nações Unidas, cabe apoiar estes esforços e promover a cooperação académica internacional, tornando-se, assim, um parceiro-chave nos esforços europeus para a promoção global do desenvolvimento sustentável no ensino superior.

A Responsabilidade Social da Universidade

As secções anteriores ilustram as múltiplas áreas de actuação possível da Universidade no quadro da sustentabilidade, enquanto instituição fundamental na geração e promoção do conhecimento e na educação e formação profissional de nível superior. A nível de intervenção da Universidade, relevante na perspectiva da responsabilidade social, distinguem-se o nível interno e o nível externo.

Na estratégia do Programa COPERNICUS, surgem claramente os dois níveis de intervenção da Universidade: a nível interno, a sustentabilidade da instituição Universidade; a nível externo, a relação com a sociedade. A dimensão social surge explícita apenas a nível externo, em relação à sociedade. A nível interno, tal como descrito no Quadro 2, surgem sobretudo a gestão ambiental e os padrões sustentáveis de produção e consumo nas universidades. Já na Declaração de Graz, a dimensão social surge de forma explícita na responsabilidade da Universidade em relação aos parceiros interessados e às comunidades, enquanto áreas de responsabilidade social interna e externa da Universidade.

Partindo de uma classificação de parceiros interessados, tal como normalmente considerada no âmbito da responsabilidade social das empresas, sugere-se no Quadro 3 um conjunto de agentes interessados, internos e externos, no âmbito da responsabilidade social da Universidade:

Quadro 3
Tipologias de Agentes Interessados

Agentes interessados tipo – RS de empresa	Agentes interessados tipo – RS da Universidade	
Clientes	Alunos	Parceiros internos
Trabalhadores	Docentes Investigadores Funcionários administrativos e técnicos	
Investidores	Contribuintes	Parceiros externos
ONG	ONG	
Comunidade	Outras instituições de investigação ou ensino superior Comunidade envolvente e relacionada	
Governo	Governo	

Pode então colocar-se a seguinte questão: além do encorajamento internacional da Década das Nações Unidas e do Processo de Graz, o que pode motivar a Universidade a encetar processos que conduzam ao fortalecimento da sua responsabilidade social, interna e externa?

Para responder a esta questão, recorre-se ao conjunto de motivações apresentado pela KPMG (2005) para justificar a RS das empresas:

1. Razões económicas – O sistema financeiro das universidades depende cada vez mais do número de alunos que conseguem atrair, bem como da capacidade dos seus docentes e investigadores gerarem projectos de investigação. Como tal, a motivação económica é uma razão fundamental para a Universidade atrair mais e melhores estudantes e investigadores, elevando, assim, a sua credibilidade e tornando-a competitiva, não apenas a nível nacional, mas, face ao Processo de Bolonha, também a nível europeu e mesmo internacional.

2. Razões éticas, de integridade e valores – A ética e a integridade são factores determinantes de credibilidade e, consequentemente, de atractividade da Universidade relativamente a novos alunos, docentes e investigadores com qualidade. De igual modo, contribui para a valorização dos espaços territoriais em que se situam e, consequentemente, da comunidade envolvente, servindo designadamente de bons exemplos de práticas mais sustentáveis a nível ambiental e social.

3. Inovação e aprendizagem – A qualidade dos seus alunos, docentes e investigadores, na produção do conhecimento científico, e as condições oferecidas são factores potenciadores da capacidade inovadora e de aprendizagem conferida pela Universidade. O seu contexto e ligação em rede a parceiros estratégicos preferenciais, sejam indústrias, autarquias, entidades governamentais e não-governamentais, entre outros, serão cruciais na capacidade de distinção da Universidade nas suas funções privilegiadas de produção e partilha de conhecimento.

4. Motivação dos funcionários, alunos e docentes – Uma postura pró-activa, de qualidade e de liderança constitui um factor crítico no encorajamento e motivação de todos os que internamente contribuem para a imagem de credibilidade da Universidade e para as suas crescentes vantagens competitivas relativamente a outras universidades no espaço nacional, europeu e internacional. De igual modo, a função educativa da Universidade revela-se na transmissão de boas práticas possibilitando, o envolvimento de funcionários, alunos e docentes na educação ambiental e social dos seus familiares e comunidade envolvente.

5. Gestão e redução do risco – O grande risco das universidades é a perda da sua capacidade de inovar, de se distinguir pela sua competência e pela capacidade de gerar e partilhar conhecimento e informação e educar. Uma atitude de responsabilidade social, que motive os actores internos e parceiros externos na promoção da qualidade e da competência, pode ajudar a reduzir substancialmente esse risco.

Âmbito da Responsabilidade Social da Universidade

Face ao exposto, podem, então, identificar-se diversas áreas onde se deverá investir para valorizar as universidades relativamente à sua responsabilidade social:

1. Liderança nas competências académicas e científicas – Este factor determina efeitos a vários níveis: no país, no local ou região de implantação da Universidade, na comunidade e na própria instituição. Os reflexos das competências geradas por universidades como Harvard, nos EUA, ou Cambridge e Oxford, no Reino Unido, são evidentes nas vantagens competitivas destas escolas nas suas áreas de competência, determinando o processo de desenvolvimento económico, social e ambiental.

2. Promoção e valorização de capacidades de indivíduos e grupos – O nível de exigência e de oportunidades oferecido aos indivíduos e grupos que actuam na esfera interna ou externa da Universidade são determinantes quanto à geração de capacidades que marca a competência da Universidade.

3. Gestão das oportunidades – a capacidade de gestão da Universidade é visível não apenas na gestão do pessoal ou na gestão financeira, mas também na criação de oportunidades que podem motivar inovação e melhores desempenhos ao nível académico e científico, seja em novas áreas de investigação seja no estabelecimento de parcerias estratégicas que tragam vantagens competitivas.

4. Promoção do bem-estar – O ambiente de relações sociais numa Universidade deve estimular uma certa agressividade competitiva, mas também a cooperação, o diálogo e a justiça, para que se mantenham os ciclos positivos de desempenho.

5. Atractividade e gestão do espaço físico – O espaço físico, a sua qualidade e composição, é fundamental na psicologia do indivíduo e dos grupos. Neste campo, a responsabilidade social cruza igualmente os domínios da designada gestão ambiental, que, como se viu, já oferece exemplos manifestamente influenciados pelo Programa COPERNICUS-Campus.

6. Qualificação de territórios e atractividade de investimentos – A Universidade é um importante catalisador de actividades económicas, seja pela infra-estruturação que determina nos territórios, seja pelos serviços que disponibiliza ou pelas redes que estabelece, por exemplo através de parques de ciência e tecnologia. Este efeito catalisador determina igualmente responsabilidades sociais na qualificação dos espaços territoriais envolventes.

Sinergia nas Plataformas Universidade-Empresa

As universidades são o espaço privilegiado de ensino, aprendizagem e de produção científica na sociedade. A sua responsabilidade social oferece múltiplas vertentes, como foi exposto. É importante, então, estimular iniciativas que permitam à Universidade potenciar as capacidades de responsabilidade social.

Cruzando as responsabilidades sociais das universidades e das empresas, parecem existir razões de forte sinergia que justificam uma acção concertada e de colaboração.

Conclui-se, então, este breve documento sobre a responsabilidade social das universidades apontando no Quadro 4 actividades concretas e viáveis numa plataforma universidade-empresa, que poderão estimular as responsabilidades sociais mútuas.

Quadro 4
Actividades concretas viáveis numa plataforma universidade

Iniciativa da Universidade	Iniciativa da Empresa
Investigação multidisciplinar dirigida à RSE e áreas complementares (liderança, cooperação e negociação, comunicação, estratégias de sustentabilidade, gestão integrada, etc.) Redes de peritos, envolvendo técnicos de empresas Prémios para empresas	Financiamento de investigação e desenvolvimento Teste de protótipos e outras inovações tecnológicas Prémios para estudantes e investigadores Conselho consultivo / redes de peritos envolvendo investigadores
Formação profissional em RSE e outras áreas complementares Formação sénior	Formação aplicada
Realização de seminários e conferências	Promoção de seminários e conferências
Parcerias estratégicas – expansão das fronteiras mútuas de responsabilidade / apoio à comunidade em serviços e infra-estruturas	

Referências:

D. Ferrer-Ballas (2002), *Global Environmental Planning at the Technical University of Catalonia. Proceedings, International Conference on Environmental Management for Sustainable Universities: The Role of Higher Education in Sustainable Development. EMSU and Rhodes University,* 11–13 September 2002, Rhodes University, Grahamstown, South Africa [http://www.ru.ac.za/emsu].

Ana Rita F. Fouto (2002), *O Papel das Universidades Rumo ao Desenvolvimento Sustentável: Das Relações Internacionais às Práticas Locais*, Mestrado em Gestão e Políticas Ambientais, Relações Internacionais do Ambiente, FCT-UNL, Caparica (http://campus.fct.unl.pt/campusverde/pt_DSU.html).

KPMG (2005), *International Survey of Corporate Responsibility Reporting*, KPMG, Junho.

WARHURST (2005), *Future Roles of Business in Society: The Expanding Boundaries of Corporate Responsibility and a Compelling Case for Partnership*, *Futures*, 37:151-168.

Ligações:

Ver: http://campus.fct.unl.pt/campusverde/pt_DSU.html
Ver: http://www.copernicus-campus.org
Ver: http://www.uni-graz.at/sustainability/
Ver: http://portal.unesco.org/education/en/ev.php-URL_ID=23279&URL_DO=DO_TOPIC&URL_SECTION=201.html

UM MUNDIAL MAIS VERDE

Por ROGER MOR
Im))pactus n.º 8 Jul-Set 2006

Um Mundial Mais Verde

Entre 9 de Junho e 9 de Julho, todos os olhos estão postos num dos maiores eventos desportivos, senão o maior. Por detrás deste mega-evento estão alguns números interessantes: 3.2 milhões de espectadores, muitos milhões de telespectadores, 3.3 milhões de turistas, 12 estádios, 32 selecções, 64 jogos no total, a emissão de 100 mil toneladas de dióxido de carbono, um sem número de incertezas quanto ao campeão do mundo e uma certeza absoluta – os grandes eventos começaram a olhar para o ambiente. O programa "Green Goal" resulta do trabalho conjunto da Federação Internacional de Futebol (FIFA), do Programa das Nações Unidas para o Meio Ambiente (PNUMA) e do governo alemão e pretende minimizar os efeitos que o Mundial de Futebol de 2006 vai ter no ambiente. A meta do programa é compensar o ambiente pelas tais 100 mil toneladas de dióxido de carbono (estimativa oficial), resultantes da preparação e realização do evento.

Segundo o responsável pelo "Green Goal", Klaus Toepfer, o objectivo é neutralizar as 100 mil toneladas de dióxido de carbono geradas pelo sistema de transportes, construção e manutenção dos 12 estádios do Mundial na Alemanha. Klaus Toepfer, em declarações à imprensa, defendeu que "este não é um projecto pequeno, marginal, mas o começo de uma nova cultura". A defesa do ambiente (e nomeadamente as compensações da emissão de carbono) parece que veio para ficar. A FIFA assegurou, em comunicado, que o projecto "Green Goal" está já a ser analisado pela organização do Campeonato Europeu da UEFA, que se realizará em 2008, na Áustria e na Suíça. O objectivo é reproduzir as acções deste projecto, para minimizar os efeitos ambientais que o evento terá.

O "Green Goal" é o segundo projecto de preservação ambiental em eventos desportivos. Já Sydney, com os Jogos Olímpicos de 2000, tinha abraçado esta causa, com um projecto que incluía muitas das acções presentes no "Green Goal". Em Sydney, a Vila Olímpica funcionou a energia solar, o estádio armazenava e reaproveitava a água da chuva, o parque aquático tinha o ar condicionado voltado para o público, para que não roubasse o calor das piscinas, a mobília dos escritórios dos voluntários era feita de papelão reciclável, era garantido transporte público gratuito para todos os que tinham entrada comprada e 4 milhões de árvores foram plantadas em toda a Austrália entre 1998 e 2000.

Para a FIFA, e como se pode ler no site oficial do "Green Goal" (http://greengoal.fifaworldcup.yahoo.net), este projecto assume um papel central na protecção do clima global. Pela primeira vez na história do Campeonato Mundial da FIFA, os efeitos do evento sobre o clima serão minimizados, através de métodos convencionais de eficiência energética, do uso de energias renováveis e através de transportes amigos do ambiente.

Toda esta preocupação com o ambiente vem abrir precedentes e os próximos grandes eventos vão ter de se preocupar com isso, porque, caso contrário, são as organizações ambientais que vão entrar em campo. O Campeonato do Mundo de 2006 deverá, assim, ficar como um marco histórico na defesa do meio ambiente no que diz respeito ao impacto da realização de um grande evento desportivo. "Durante o Mundial, todo o planeta estará de olhos em nós e claro que queremos ser exemplares na defesa do ambiente", disse Franz Beckenbauer, presidente do comité organizador, ao anunciar o programa "Green Goal". Numa análise posterior, esta acção da FIFA poderá vir a alargar-se a todos os grandes eventos, mesmo os não-desportivos.

De uma maneira geral, o programa poderia chamar-se "Programa 20", uma vez que prevê a redução em 20% da quantidade de lixo, 20% do consumo de energia e água nos 12 estádios, em comparação com os valores actuais do Campeonato Alemão. O mesmo valor foi estipulado para a redução das emissões de gases dos veículos que vão transportar adeptos e jornalistas para os jogos do Mundial.

Pensar neste projecto poderá levar-nos a concluir que a organização teve de investir mais no evento. Ideia errada. Um dos responsáveis pela elaboração do "Green Goal", Christian Hochfeld, do Instituto Ecológico (Öko-Institut) de Freiburg, desmistifica esse facto e afirma que "existem muitas alternativas de optimização que são também economicamente rentáveis". Por falar em investimento, desconhece-se o valor total do "Green Goal". Sabe-se apenas que existe um financiamento total de 600 mil euros. Metade será disponibilizada pelo comité organizador e a outra caberá à Fundação Alemã de Meio Ambiente (BDU), que já havia garantido os 90 mil euros gastos só na elaboração do programa. A iniciativa conseguiu atrair a atenção de grandes empresas, que patrocinaram o projecto e entre as quais se destacam a *Deutsche Telekom*, a *Plastics Europe*, a *Coca-Cola*, a *Deutsche Bahn*, que administra a rede ferroviária alemã, a *EnBW* e a *Total*.

Estádios Sustentáveis

Mas, na realidade, como se materializa um programa destes?

Durante o Mundial, os estádios, os centros de imprensa e as áreas de alojamento, em apenas um mês, representam um consumo equivalente ao consumo anual de quatro mil lares. Havia mesmo que compensar os efeitos. Economia de água, reciclagem de lixo e redução de emissões para a atmosfera, através da utilização de transportes públicos e energias limpas, são algumas metas do "Green Goal".

Nos 12 estádios, foram instalados tanques de recuperação de água da chuva, para abastecer instalações sanitárias. No caso concreto do *Olympiastadion*, para além da relva ser regada por um sistema especial que capta a água da chuva, os mictórios funcionam sem água – sistemas de limpeza a seco garantem a higiene dos mesmos. Outros estádios estão a retirar água directamente de fontes naturais, como poços ou rios, evitando, assim, um consumo excessivo de água da rede.

Sistemas de gestão de energia de última geração foram instalados no estádio de Munique e devem promover uma redução em 20% no consumo de energia todos os dias, mesmo depois de acabado o Mundial de Futebol. Vários estádios, entre eles o Fritz-Walter, na cidade de Kaiserslautern, dispõem de sistemas fotovoltaicos, com uma superfície total de painéis solares de 20 mil metros quadrados, capazes de gerar qualquer coisa como 2500 kilowatts de energia, a quantidade suficiente para alimentar um estádio durante um ano inteiro. Para além dos estádios, a Alemanha equipou ainda estações ferroviárias e outros locais públicos com células solares.

Os espectadores que assistirem aos jogos do Mundial vão ver de perto outra das acções do "Green Goal": a reciclagem. Todos os estádios estão equipados com caixotes adequados à separação do lixo. Vidro, papel e resíduos sólidos passam a ter um lugar próprio. Trata-se de uma medida simples, mas que permitirá poupar o ambiente. Mas, para isso, é preciso sensibilizar os vários milhões de pessoas que passam pelos estádios. Com efeito, já que os objectivos do "Green Goal" só serão alcançados com o esforço de todos, a organização apostou numa forte divulgação. Nas cidades onde se realizam jogos do Mundial, indicações em diversos idiomas informam os visitantes sobre como reduzir o lixo. Existem também cerca de 300 voluntários, preparados para "educar" os espectadores sobre os objectivos do "Green Goal" e que vão estar nos estádios. Uma brochura sobre o "Green Goal" pode ser encontrada em todas as estações de comboio e metro e, muito antes do Mundial dar o pontapé de saída, a organização fez questão de fazer chegar este documento a 25 mil jornalistas de todo o mundo.

A organização decidiu também apresentar nos ecrãs espalhados pelas cidades do Mundial um curto filme com mensagens sobre o meio ambiente. O filme termina com o *slogan* "Campeão mundial do meio ambiente – Estamos a trabalhar para isso".

O projecto "Green Goal" pretende também passar pelas mãos dos espectadores de uma outra forma. Os tradicionais copos de plástico, para os milhões de litros de cerveja que serão vendidos, foram postos de lado. Em lugar de garrafas ou latas descartáveis, as bebidas serão vendidas em recipientes recicláveis. O Copo do Mundial, reutilizável, é uma espécie de decreto contra o uso de vasilhames de plástico descartáveis. Os espectadores farão um depósito-caução de um euro pelo copo que utilizarem.

Investimento de Dois Milhões em Transportes Públicos

Com a intenção de reduzir o uso do automóvel, os bilhetes para os 64 jogos dão acesso aos serviços públicos de transporte durante 24 horas. Como parte de um plano sólido de preservação ambiental, quem comprar os ingressos para qualquer uma das partidas nos 12 estádios do Mundial poderá usá-los para ter acesso gratuito ao local do jogo por meio de transportes públicos. O acordo assinado pela organização com a empresa de transportes públicos ronda os dois milhões de euros, mas deverá evitar a emissão de vários gases responsáveis pelo efeito de estufa, ao reduzir o uso de veículos particulares.

Para compensar a emissão de dióxido de carbono, a Alemanha investiu ainda perto de 1.5 milhões de euros em projectos de protecção ambiental em África e na Ásia. Por exemplo, no contexto do "Green Goal", a Alemanha financiou, na Índia, instalações que produzem biogás a partir de estrume de vaca fermentado, para substituir o uso de combustíveis fósseis em cozinhas comunitárias.

Críticas ao "Green Goal"

Mas, apesar do envolvimento da organização do Mundial neste projecto, várias vozes se levantaram para criticar o "Green Goal". Grupos ecologistas consideram que as medidas adoptadas não são suficientes. Muitos ambientalistas criticam inclusive a empresa Nici, por usar um produto químico perigoso no fabrico da mascote do Mundial, o "Goleo", um leão vestido de jogador de futebol. A empresa desmentiu a denúncia feita pelo grupo alemão Okotest, que examina a segurança de produtos de consumo. Recorde-se que o proprietário da empresa Nici, Ottmar Pfaff, confessou, em Maio passado, ter defraudado bancos e empresas financeiras em cerca de 40,5 milhões de euros. Ottmar Pfaff foi detido, para ser interrogado, e confessou que contava com as vendas do leão

"Goleo" para ajudar a resolver os problemas financeiros da empresa, que acabaria por declarar falência.

Várias organizações ambientais alemãs destacam que o balanço oficial ambiental do Mundial 2006 subestima as emissões de dióxido de carbono provocadas pelos voos comerciais extraordinários, que transportam equipas, convidados de honra e turistas. Em lugar das cem mil toneladas de dióxido de carbono, estimadas oficialmente, os ambientalistas calculam que os transportes associados ao torneio emitirão cerca de 250 mil toneladas. As contas oficiais de protecção ambiental também não incluem os custos suplementares derivados das transmissões internacionais de televisão nem, em geral, o consumo adicional de electricidade associado ao Mundial, acusam as associações.

A revista alemã Neue Energie, na sua última edição, afirma que apenas um dos 12 estádios – o Frankenstadion, na cidade de Nuremberga – cumpre todos os critérios ambientais. Mas elogia os esforços feitos em Dortmund, Hamburgo e Estugarda. Os outros oito estádios, segundo o "Green Goal", mostram um balanço ecológico negativo. Em geral, afirma a revista, "o 'Green Goal' só compensará metade das emissões suplementares de dióxido de carbono durante o Mundial". Christian Hochfeld, vice-director do Instituto de Ecologia Aplicada, prefere não alimentar polémicas e defende que "um balanço real só poderá ser feito depois". O Instituto defende ainda que as associações ambientalistas estão a esquecer que muitas das melhorias agora realizadas nos estádios irão, a longo prazo, continuar a contribuir para um melhor ambiente. No futuro, a Liga de Futebol Alemã será mais amiga do ambiente, graças às inovações agora adoptadas nos estádios.

Críticas à parte, o facto da FIFA ter adoptado este conjunto de medidas, pela primeira vez, é, em si, um sinal de que as coisas estão a mudar. Se compensa todas as emissões de dióxido de carbono ou não, ficamos sem saber. No entanto, sabemos que este é, de todos, o Mundial mais verde.

A TRÍADE VIRTUOSA

Por Idalina Dias
Investigadora do Instituto Superior Técnico
Im))pactus n.° 7 Abr-Jun 2006

Não parece haver suspeitas de que a inovação contribui para a competitividade. O mesmo não é possível afirmar quanto à contribuição da responsabilidade social para a competitividade de um país. Mais nebuloso ainda é o conhecimento das inter-relações entre a tríade virtuosa: responsabilidade social, inovação e competitividade.

Do eco de múltiplas vozes, desde instituições a investigadores, o caminho para o desenvolvimento sustentável está intrinsecamente ligado à prática da inovação, da responsabilidade social e da deontologia. A Estratégia Europeia de Desenvolvimento Sustentável (2001, revisão em 2005), a Estratégia de Lisboa (2000, revisão em 2005) e o recente Plano Tecnológico (2005) são instrumentos políticos do eco dessas múltiplas vozes, ou seja, de uma consciência política e pública do caminho sem fuga para o desenvolvimento sustentável. Carlos Zorrinho, coordenador nacional da Estratégia de Lisboa e do Plano Tecnológico, afirma que o Plano contém as linhas mestras para a melhoria da competitividade, baseada no conhecimento, na tecnologia e na inovação, permitindo criar condições de reforço da coesão social e melhorar a sustentabilidade ambiental do país (14 de Janeiro de 2006, Expresso). De forma menos subliminar e mesmo mais audível, Michael Porter, na conferência "Ambiente e Competitividade", que teve lugar em Lisboa, a 25 de Janeiro do corrente ano, afirmou que os instrumentos de política do ambiente exigentes induzem a excelência e a eficiência económica, estimulam a inovação e permitem obter ganhos de competitividade.

Como é que se prevê a inter-relação entre a responsabilidade socioambiental, a inovação e a competitividade real?

Antes de mais, consideramos os conceitos básicos. 'Inovação' significa a introdução de novos produtos e fontes de materiais, de novos métodos de produção, sistemas ou dispositivos e a exploração de novos mercados e formas de organização. Ou seja, a inovação surge quando se alteram, melhoram e renovam ideias ou práticas (Freeman e Soete, 1997; Hampton, 2002). A inovação também tem vindo a ser considerada como tal quando contribui como valor acrescentado na dimensão económica, apesar da inovação poder também contribuir com valores ambientais e sociais (Hines e Marin, 2004), intervindo, assim nas outras dimensões do desenvolvimento sustentável, podendo ser designadas inovações sustentáveis. A principal característica destas inovações sustentáveis é o facto de permitirem uma redução directa dos impactes ambientais e sociais negativos ou potenciarem os positivos. Para tal, é crucial assegurar o conhecimento e a avaliação sistemáticos desses impactes no processo criativo da inovação, tal como nos processos do seu desenvolvimento e da sua aplicação. Ou seja, através da sinergia entre inovação e responsabilidade múltipla, não parece haver dúvidas de que se pode contribuir para o desenvolvimento sustentável.

A 'competitividade', segundo Cornelius e Porter (2002/3), é apoiada pela produtividade. Ou seja, "*productivity depends both on the value of a nation's products and services, measured by the prices they can command in open markets, and the efficiency with which they can be produced. True competitiveness, then, is measured by productivity*". A competitividade ao nível de um país é comummente avaliada através de índices dirigidos que classificam os diferentes países segundo um conjunto de indicadores relativos a factores de produtividade, que demonstram a flexibilidade do mercado, dinamismo tecnológico e organizacional, inovação e estabilidade política e social. Muitos dos critérios intangíveis, tais como os valores sociais e a discriminação, estão incluídos na avaliação dos índices de competitividade nacional, mas de forma diluída, sem demonstração da sua específica contribuição.

A *AccountAbility e The Copenhagen Centre* (2003) desenvolveram um índice que permite classificar os países quanto à RS (*National Corporate Responsibility Index*). Portugal surge classificado em 21.° lugar (num total de 51 países), atrás de todos os restantes países da UE dos 15, à excepção da Grécia e imediatamente à frente do Japão e dos EUA. Mas o mais relevante deste índice é que permite verificar uma correlação positiva entre a evolução da competitividade nacional e a evolução da prática da responsabilidade social nos países, apesar do formato da relação entre a responsabilidade social e o mercado não ser clara.

A prática da Responsabilidade Social (RS) implica o cumprimento legal compulsivo, em termos de um comportamento responsável, mas, para além disso, saber porquê, quando e como as empresas fazem a gestão ambiental, social e económica, conscientes do seu desempenho e impactes, reflectindo o interesse dos *stakeholders* e tendo um potencial de influência na evolução da legislação e das políticas públicas.

Segundo Ligteringen e Zadek (2005), existem cerca de trezentos instrumentos para integrar a RS nas estratégias e processos de gestão das empresas. De facto, esses instrumentos, tais como o *Global Compact* da ONU, as directrizes da OCDE para as multinacionais, as directrizes para a elaboração de relatórios de sustentabilidade do GRI, a norma AA1000 e a certificação SA8000, foram desenvolvidos por iniciativas individuais e por parcerias múltiplas, sendo os organismos públicos até agora espectadores. Neste momento, não há um formato global de gestão da RS que interliga uma hierarquia de modelos normativos, guias de processo e sistemas de gestao e que seja genericamente aceite. Neste sentido, o Conselho da *International Organization for Standardization* (ISO) aprovou, em 2004, a elaboração de uma norma internacional de directrizes de RS, a ISO 26000, sendo previsto ficar concluída até 2008. Ou seja, a prática da RS é ainda variável e sem fronteiras de actuação bem definidas, sendo praticada, na sua maioria, por grandes empresas. As PME não são integradoras sistemáticas da RS nas suas estratégias.

Em geral, as empresas concordam, que a RS ajuda a gerir os riscos, os intangíveis, os processos internos e as relações que têm com os *stakeholders* internos e externos (COM(2002)347). A postura mais comum é mesmo a de considerar que a RS é um *business case* e que contribui para a competitividade individual, apesar de, particularmente a longo prazo, as empresas não terem sido capazes de, até agora, quantificar efectivamente este efeito (COM(2002)347). Recentemente, Bob Willard (2004, 2005), tendo em atenção factores que contribuem para a competitividade, tais como o dinamismo organizacional e a estabilidade social, veio demonstrar, através da quantificação dos benefícios resultantes da prática de estratégias de sustentabilidade nas empresas, que estas estratégias fazem sentido para o negócio, facilitando a contratação e retenção de talentos de relevo, aumentando a produtividade dos colaboradores, reduzindo as despesas de fabrico e comerciais, melhorando os lucros e as acções no mercado, reduzindo o risco e aumentando a facilidade de financiamento. Tais resultados permitem a este autor afirmar que a competitividade individual de certas empresas beneficia com a RS.

Podemos admitir que, se umas empresas tendem a beneficiar mais com a RS que outras, e se essas empresas constituem o tecido económico do país onde operam ou onde têm o seu negócio, pode também acontecer que alguns países possam também beneficiar mais do que outros da prática da RS (*AccountAbility* and *The Copenhagen Centre*, 2003). No caso em que as grandes multinacionais influenciam a economia de um país, ou seja, lideram o mercado dos preços, têm impacto no tipo de produtos e na escolha efectuada pelos consumidores, servem de referência à I&D sectorial e nacional, definem as regras e as normas para toda a comunidade empresarial e formam o mercado futuro do país. A forma como a RS é liderada por estas grandes empresas é orientadora do desenvolvimento da RS nesse país, e até da sua contribuição para a competitividade nacional. Outros países há em que a sua economia e a sua competitividade estão mais ligadas à força actual e potencial das suas PME, como é o caso de Portugal. Neste caso, o impacto que a RS pode ter nessas PME e, portanto, na competitividade nacional pode ser negativo ou positivo, dependendo da sua especificidade (tecnologia, sector, etc.). Se o objectivo dessas PME é o de entrar no comércio internacional liberalizado e liderado por grandes empresas líderes responsáveis, a RS pode ser uma barreira a essas PME e aos países que não conseguem cumprir normas sociais e ambientais impostas pelo mercado, e se essas PME não pertencem a sectores competitivos. No entanto, num mercado sem práticas responsáveis e num cenário em que a RS cresce e orienta o mercado, e.g. através da multiplicação das auditorias sociais, a RS pode servir como vantagem económica à entrada de PME inovadoras e responsáveis, mesmo em presença de sectores tradicionais. É nestas condições que as inovações sustentáveis, que contribuem, simultaneamente, como valor acrescentado na dimensão económica e nas dimensões sociais e ambientais, podem contribuir para promover a competitividade individual e nacional.

Contudo, dos parágrafos anteriores, percebemos que não existe uma fórmula que possa ser aplicada para implementar a responsabilidade social e as inovações sustentáveis, sendo necessário que essa fórmula seja adequada à economia em questão e aos múltiplos cenários económicos.

Não há estudos e políticas nacionais que orientem uma possível fórmula nacional e desenvolvam actividades para evitar a suspeita, ou melhor, a dificuldade em provar que há sinergia entre responsabilidade social, inovação e competitividade nacional. Estamos na altura de pensar e trabalhar as evidências em como esta tríade se interliga.

Resultantes da política ambiental, em múltiplos países, incluindo Portugal, têm vindo a ser implementados, pelos poderes públicos, instrumentos para promover a criação de mercados de bens ambientais, com efeitos nos preços, nos benefícios e na competitividade nacional e internacional. Como ilustração, referimos a iniciativa *Environment Canada's Corporate Environmental Innovation* – CEI (2001), que tem como objectivos acelerar a inovação e melhorar o desempenho ambiental das empresas, fazendo a ligação com a competitividade a longo prazo (Moffat e Auer, 2005). É uma iniciativa voluntária, baseada em parcerias, com a colaboração das indústrias, universidades, ONG e departamentos governamentais. A CEI desenvolve e implementa projectos de investigação e divulgação de informação. A abordagem inclui três grandes linhas de intervenção: 1) conhecimento e informação (e.g. projectos sobre reporte da sustentabilidade, *accountability* e *insurance* e classificação do desempenho); 2) ligação entre sustentabilidade e valor para o negócio (e.g. *networking*, casos de estudo de valor, estudos de *mainstream*); 3) instrumentos e capacidades (e.g. desenvolver empresas inovadoras).

No quadro político nacional, em particular no Plano Tecnológico, um elemento que aí se revela fundamental à necessária transformação do modelo económico nacional é a melhoria estruturada da comunicação e das suas práticas, e a criação de parcerias entre os *stakeholders* e empresas, nomeadamente dos investidores e empresas e das instituições de investigação nacional. Ou seja, quando aplicada a responsabilidade social, estes objectivos nacionais podem permitir melhorar os resultados da responsabilidade social e da inovação das empresas já existentes, promover o desenvolvimento de novas empresas e mercados, bem como reduzir conflitos de interesse entre os envolvidos. A aplicação do Plano Tecnológico ganha em conjugar a responsabilidade social com a inovação, sendo estes processos consistentes com os outros processos com que o país assegura a sua competitividade.

ENVOLVIMENTO COM *STAKEHOLDERS* E CRIAÇÃO DE VALOR

Por Rita Almeida Dias
JANEIRO DE 2008

A nova dinâmica económica é caracterizada por uma reorganização do poder, hoje disseminado entre estado, sociedade civil, ong's, empresas e indivíduos. É desta nova estrutura política e social, que influencia o funcionamento dos mercados, que emerge uma nova corrente na estratégia empresarial: a teoria do stakeholder.

Correntes normativa e instrumental da teoria do *stakeholder*

A origem da teoria do stakeholder é atribuída a Freeman quando este, na década de 80, publica o primeiro livro dedicado à função que o envolvimento com os *stakeholders* deverá, na estratégia empresarial. Nas duas décadas posteriores a publicação de inúmeros trabalhos e artigos académicos de diversos autores proliferam, bem como as taxonomias de divisão das teorias descritas em duas grandes correntes: a teoria normativa e a teoria instrumental (embora cada uma delas possua diversas linhas de desenvolvimento). Enquanto que a teoria normativa encontra os seus fundamentos no campo da ética, defendendo o valor intrínseco dos stakeholders na criação de valor da empresa, a teoria instrumental está antes centrada no estabelecimento de relações de causalidade entre a prática de incorporação dos *stakeholders* na gestão da empresa e a criação de valor daí decorrente.

A teoria normativa defende uma abordagem categórica, onde os *stakeholders* são descritos como tendo um interesse legítimos nos aspectos processuais ou substantivos da empresa, devendo ser identificados pelos interesses que têm sobre a empresa, indiferentemente da empresa ter, ou não, um interesse funcional correspondente. Consequentemente, os *stakeholders* devem ser tratadas como fim em si mesmo e não como um meio para atingir um objectivo; Ao contrário da corrente instrumental, o motivo e intenção da acção é mais importante do que a sua consequência. São estas as ideias centrais propostas por Freeman nos princípios da legitimidade e do dever fiduciário para com o *stakeholder*: o primeiro advoga que a empresa deve ser gerida para o benefício dos seus stakeholders e que, de forma a assegurar os seus direitos, estes devem participar nas decisões que afectam o seu bem-estar. O segundo preconiza a relação fiduciária que a gestão deve ter com os *stakeholders* e com a empresa. Os gestores devem, nesta óptica, agir no interesse dos *stakeholders* como agente dos interesses da empresa para assegurar a sobrevivência da organização. É neste enquadramento que Freeman propõe dois mecanismos que poderão ajudar a empresa, enquanto organização, a adaptar-se aos princípios da sua teoria: a constituição do conselho de administração por representantes das 5 categorias de stakeholders – clientes, colaboradores, fornecedores, comunidade local, *shareholders*, acrescido de um mais 1 representante da empresa eleito por todos os outros. Por outro lado, Freeman propõe uma redefinição jurídica, que deveria reconhecer o princípio da gestão do stakeholder como legítimo propósito da empresa. Para além da teoria de autores como Bowie e Philips, ainda fundamentadas na filosofia da ética, ou de Argandona, teoria do bem comum fundamentada em valores religiosos, outra das sub correntes da teoria normativa, defendida por Blair, Etzioni e Schlossberger, fundamenta-se na ideia de que os *shareholders* não podem ser percepcionados como os únicos investidores da empresa. Segundo estes autores, os stakeholders, são também investidores da empresa, com formas de capital específico. É este o pressuposto que deverá justificar a sua participação na tomada de decisões da empresa, afastando os do papel que os coloca como mero receptores das decisões da gestão da organização.

A corrente instrumental, fundada sobre uma abordagem hipotética, que procura relações de conexão entre a prática de relações com stakeholders e o alcance dos objectivos tradicionais da empresa – o crescimento e o lucro, está fundamentar na proposição de que empresas que aderem aos princípios e praticas do envolvimento com o stakeholder têm uma performance mais elevada que as suas concorrentes. Um pressuposto que faz com que autores como Mitchell, Agle ou Wood defendam que a empresa deve estratificar os stakeholders de acordo com a capacidade de afectar o desempenho da empresa.

A análise do comportamento do *stakeholder*, bem como o seu poder efectivo em afectar o desempenho da empresa torna-se fundamental. A estratégia a adoptar pela empresa em relação a cada uma das categorias do stakeholder deve resultar do poscionamento que o *stakeholder* ocupa enquanto ameaça competitiva ou agente cooperante com a empresa.

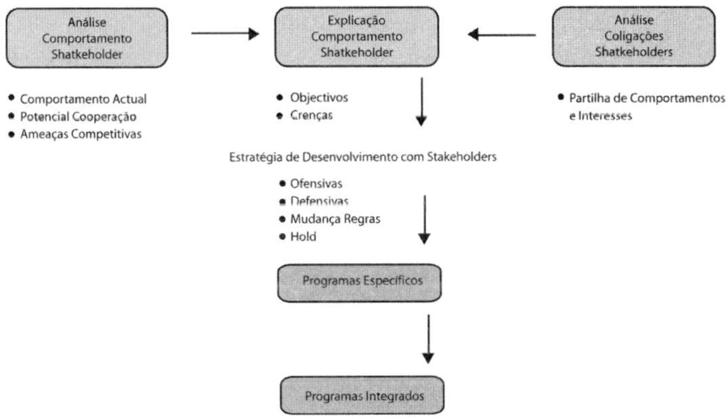

A unir as duas correntes mais relevantes da teoria do *stakeholder* – a teoria normativa e a instrumental – reside o pressuposto de que a empresa deve ser gerida no equilíbrio dos interesses e expectativas dos diferentes *stakeholders* que afectam ou são afectados pela sua actividade.

Hierarquização dos Stakeholders na Visão Tradicional Económica

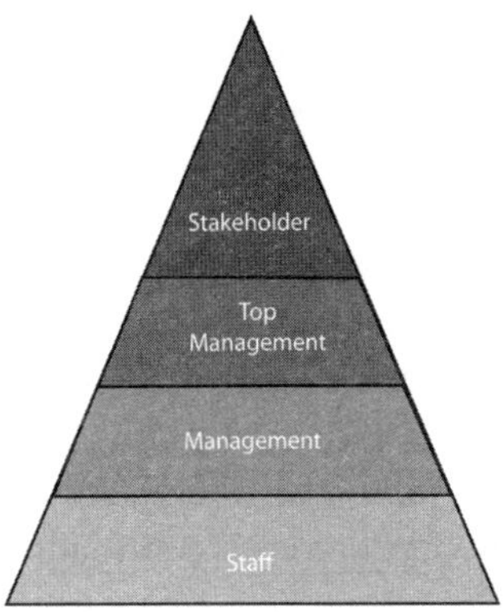

Representação da Relação da Empresa com Stakeholders

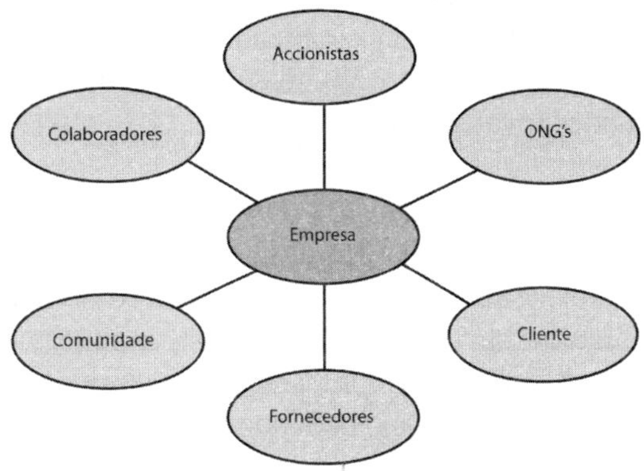

A função do envolvimento com os *stakdeholders* no quadro de uma gestão sustentável

À medida que a relação com os *stakeholders* são percebidas, pelas empresas, e pelos diferentes agentes dos mercados financeiros, como uma variável de risco que tem de ser gerida pela influência que aqueles detêm sobre o valor da empresa, o envolvimento dos *stakeholders* transformou-se numa variável crítica na gestão do valor do negócio. Neste sentido, o envolvimento com os stakeholders pode ser percepcionado como uma ferramenta de gestão de risco que permite à empresa evitar e monitorizar potenciais riscos que poderão afectar em termos reputacionais e ou financeiros a empresa.

Entender as atitudes, percepções, expectativas e comportamentos dos stakeholders transformou –se num factor crítico para a gestão dado que, se, por um lado, os *stakeholders* podem ser parceiros entusiásticos ou aliados das actividades da empresa, podem também encarnar o papel de opositores ferozes, sobretudo quando estão envolvidos factores sociais e ambientais de grande sensibilidade. Assumindo este último papel, os *stakeholders* poderão comprometer activos importantes da empresa – capital humano, capital financeiro – desiquilibrando a actividade da empresa.

Uma das questões de grande importância quando falamos do diálogo com os stakeholders prende-se com as razões que levam as empresas a investir na sua realização. A literatura sobre o tema tem sistematizado os seguintes benefícios:

GESTÃO DO RISCO E DA REPUTAÇÃO – A realização de diálogos com os *stakeholders*, possibilita a introdução de *inputs* na empresa e na sua estratégia de negócio, permitindo a gestão de potenciais riscos de reivindicações sobre acções ou práticas de gestão realizadas pela empresa. A gestão do risco é particularmente sensível em actividades económicas de longo prazo e que pressupõem grandes investimentos de capital.

GESTÃO DE EXPECTATIVAS – A gestão de expectativas dos *stakeholders*, enquanto princípio estruturante do diálogo, permite à empresa incorporar os contributos como variáveis para o sucesso do negócio. A gestão de expectativas é sobretudo importante em negócios de investimento de capital intensivo, naqueles que interagem com recursos naturais sensíveis, nos que interagem com comunidades pobres, bem como em negócios em que, por lei, estão obrigados a desenvolver negociações com alguns *stakeholders*.

DESENVOLVIMENTO DO MERCADO E DE PRODUTOS/SERVIÇOS – Através da realização de diálogos com os *stakeholders* a empresa tem a possibilidade de comunicar com vários agentes económicos integrados no processo produtivo (clientes, organizações não governamentais, fornecedores, associações de consumidores, entidades reguladoras, etc.). O reforço de relações com estas partes interessadas permite potenciar o desenvolvimento de mercado, criando, a montante e a juzante, oportunidades de melhorar a rentabilidade do negócio.

PRODUTIVIDADE, RETENÇÃO DE TALENTO E INOVAÇÃO NO PROCESSO PRODUTIVO – Nos actuais modelos de negócio, onde o capital humano desempenha um papel estratégico para a rentabilidade do negócio, a realização de diálogos com os colaboradores permite, ao aferir, gerir e introduzir expectativas e *inputs* dos seus colaboradores, podendo ainda contribuir para o desenvolvimento de processos produtivos inovadores e para a retenção de talento.

ATRACTIVIDADE DE CAPITAL – A manutenção ou o potencial aumento de reputação e a gestão de riscos mais adequada e eficiente, gerada pelo diálogo com os *stakeholders*, constitui um factor de melhoria da atractividade do capital para a empresa.

FORTALECE A LICENÇA PARA OPERAR – Ajuda a criar uma agenda comum, podendo fortalecer a licença para operar por parte das partes interessadas.

CONTRIBUI PARA O VALOR ACCIONISTA – uma análise das 500 maiores empresas da Fortune, conduzida pelo Boston College Caroll School of Management, conclui que o desempenho financeiro sólido está relacionado com a existência de diálogos eficientes e com a existência de um bom tratamento com os colaboradores, clientes e comunidades. O estudo concluiu ainda que as empresas que tratam bem os seus *stakeholders* são avaliadas pelo seu *peer group* como tendo uma melhor gestão.

CONTRIBUI PARA A REDUÇÃO DE CUSTOS – ao fortalecer a comunicação e confiança com os *stakeholders*, a empresa pode reduzir custos. Um exemplo de carácter prático será a exigência de uma menor monitorização de fornecedores com os quais se construiu uma relação de grande confiança. A redução dos custos de monitorização dos fornecedores conduz à criação de potenciais vantagens competitivas em relação à concorrência.

FACILITA A CONSTRUÇÃO DE MERCADOS – o diálogo com clientes e outros *stakeholders* pode contribuir para que as empresas desenvolvam novos produtos ou serviços, entrem em novos mercados, nomeadamente os mercados emergentes, ou fortaleçam a sua posição competitiva nos actuais mercados.

AUMENTA A EFICIÊNCIA ORGANIZACIONAL – Estabelecer diálogos e parcerias com os stakeholders pode contribuir para que as empresas alinhem a sua estratégia e processos operacionais de acordo com as expectativas e percepções das partes interessadas com maior impacte junto da empresa.

Qualidade no processo de envolvimento com os stakeholders

A norma AA 1000, elaborada pela *AccountAbility*, apresenta o envolvimento com os *stakeholders* como um processo baseado em princípios, desenrolando-se ao longo de 10 etapas.

1. Identificar stakeholders
2. Identificar os assuntos materiais
3. Determinar objectivo e âmbito do envolvimento
4. Definir plano e período do envolvimento
5. Definir as formas de diálogo
6. Reforçar a capacidade
7. Promover um diálogo eficiente
8. Internalizar os resultados do diálogo
9. Monitorizar e avaliar
10. Redefinir e remapear

A definição de um mapa dos *stakeholder* estratégicos, ie, aqueles que introduzem valor para o negócio é uma das primeiras etapas do processo. Na definição desses grupos a empresa deve considerar potenciais ligações históricas com alguns *stakeholders*, bem como responder às seguintes questões:

a) Que benefícios poderão ser gerados com o desenvolvimento de diálogo com este grupo?
b) Que riscos e problemas poderão advir da perda de credibilidade junto deste *stakeholder*?
c) Qual é o nível de influência e de dependência do *stakeholder* em relação à empresa?
d) Quais são os assuntos que são relevantes para os principais *stakeholders* da empresa?

A resposta a estas perguntas deve ser complementada com a determinação do âmbito e objectivos do diálogo. É de extrema importância que o *stakeholder* tenha capacidade de influência no âmbito do diálogo determinado, dado que a sua ausência transformará o diálogo numa acção destrutiva e decepcionante. Neste sentido, a empresa deverá ser responsável pela disponibilização dos recursos necessários para a realização de um diálogo eficiente. A empresa deve ainda ter em consideração os objectivos e a agenda de cada stakeholder que, para além de poder ser diferente do da empresa poderá, em determinados pontos, contrariar ou opor-se à agenda e objectivos da empresa.

Os meios e instrumentos de comunicação assumem uma importância fundamental para a eficiência do diálogo. A utilização de instrumentos valorizados por todos os *stakeholders*, bem como a utilização de linguagem perceptível contribuem para a qualidade do processo. Outro factor relevante é a compreensão dos processos de decisão dos *stakeholders* envolvidos.A empresa deve também procurar conhecer os objectivos de cada *stakeholder* e, consequentemente, desenhar as actividades desse diálogo para tentar concretizar esses objectivos. Não fazê-lo poderá comprometer a continuidade do envolvimento do *stakeholder*.

A operacionalização do diálogo não deve, no entanto, ser entendida como a etapa final deste processo. A sua realização deve ser procedida da internalização dos resultados nele adquiridos, convertendo-os em indicadores de gestão que devem ser monitorizados pela empresa.

A SUSTENTABILIDADE NOS MODELOS DE *GOVERNANCE* DAS EMPRESAS

QUAL É A RELAÇÃO ENTRE CSR E *CORPORATE GOVERNANCE*?

Por MICHAEL HOPKINS
Im))pactus n.° 1 Julho 2004

"A *corporate social responsibility* preocupa-se em tratar os vários *stakeholders* da empresa de um modo ético e responsável."

Michael Hopkins, Im))pactus, Abril 2004

"A *corporate governance* preocupa-se em obter um balanço entre os objectivos económicos e sociais e os objectivos individuais e da sociedade. A matriz da *corporate governance* existe para encorajar o uso eficiente de recursos e, igualmente, para exigir a responsabilização pelo modo como esses recurso são usados. O objectivo é alinhar o mais próximo possível os interesses dos indivíduos, das corporações e da sociedade".

Sir Adrian Cadbury, *Global Corporate Governance Forum*, Banco Mundial 2000

Um exame pormenorizado destas duas definições mostra a existência de pouca diferenciação entre os conceitos. A excepção maior é que o conceito de *corporate social responsibility* é explícito na sua definição de *stakeholders* – os externos, ligados às questões ambientais, aos investidores, aos fornecedores, aos meios de comunicação, às comunidades, ao Governo; e os internos tais como colaboradores, gestores e o conselho de Administração. No entanto, uma interpretação liberal da afirmação de Cadbury´s pode também apontar para o que se tem vindo a praticar efectivamente.

A *corporate governance* tem-se centrado na gestão corrente da empresa em relação a quem constitui o conselho de administração, que responsabilidades tem e no papel dos directores não executivos. Mais recentemente, e devido a preocupações do foro público, principalmente na Europa, o assunto dos salários dos trabalhadores e dos pagamentos dos directores executivos tem tido uma vasta discussão.

O progresso recente ao nível da CSR, testemunhado pelo número crescente de empresas a publicarem relatórios de sustentabilidade, tem mostrado que, nestas publicações, todos os aspectos da empresa são, ou deveriam ser, contemplados. Curiosamente, as áreas tradicionais de gestão de uma empresa e aquelas contempladas pela *corporate governance* são raramente referidas nos relatórios de sustentabilidade. Assim, e apesar da diferenciação das definições ser pouca, na prática vemos o surgimento de duas áreas distintas de análise e de cobertura ao nível da empresa.

Contexto Internacional

A base para a maioria dos trabalhos internacionais (por exemplo, o trabalho do Banco Mundial)[1] em *corporate governance* tem sido:

- os "Princípios da *corporate governance*" da OCDE que cobrem os direitos dos *stakeholders*, o tratamento equitativo dos accionistas, o papel dos *stakeholders* na *corporate governance*, a divulgação, a transparência e a responsabilidade do conselho de administração;
- os princípios da *Commonwealth Association for corporate governance* (CACG) dirigidos a 56 países pertencente à *Commonwealth*;
- os princípios da *International Corporate Governance Network* (ICGN).

O Banco Mundial realça, no entanto, que não existe um modelo único de *corporate governance*, verificando-se sim a existência de diferentes sistemas entre países, sectores, e mesmo dentro de cada corporação ao longo do tempo. Dos sistemas mais proeminentes destacamos os modelos dos Estados Unidos da América e do Reino Unido, que se focam em controlos dispersos; e os modelos provenientes da Alemanha e do Japão que reflectem uma atribuição de responsabilidade mais centrada nos donos da organização.

Tal como foi referido, a *corporate social responsibility* preocupa-se em tratar os vários *stakeholders* da empresa de um modo ético e responsável. Os *stakeholders* existem quer dentro da empresa quer fora dela. Consequentemente, um comportamento socialmente responsável irá aumentar o desenvolvimento humano dos *stakeholders*, dentro e fora de organização.

---

[1] Ver: www.gcgF.org

Um estudo da McKinsey, em 2002, indicou que na América Latina, na Europa, nos Estados Unidos da América e na Ásia mais de 80% dos entrevistados estariam disponíveis para pagar mais por empresas com boas práticas de *corporate governance.*

Esta definição[2] é muito mais abrangente do que a definição de *stakeholder* usada até à data, quer pela OCDE, quer pelo Banco Mundial. Por exemplo, os princípios da OCDE implicam que um dos principais papéis dos *stakeholders* esteja associado à preocupação de assegurar a circulação de capital externo para empresas, e que os *stakeholders* estejam protegidos por lei e que tenham acesso à informação. Por outro lado, o Banco Mundial ficou intrigado quando em Junho de 2000, o estudo da McKinsey *"Investor Opinion Survey"*[3] pôs em evidência que os investidores dão tanta importância à *corporate governance* ao nível da administração como ao desempenho financeiro, aquando da escolha de activos a investir. Do mesmo modo, esse estudo indicou que, na América Latina, Europa, Estados Unidos da América e Ásia, mais de 80% dos entrevistados estariam dispostos a pagar mais por empresas com boas práticas de *corporate governance.*

Má *corporate governance* foi definida, pela McKinsey no estudo já referido, como:

- Existência de uma minoria de directores externos;
- Existência de ligações entre os directores externos e os gestores;
- Os directores detêm poucas ou nenhumas acções;
- Os directores são apenas compensados monetariamente;
- Não existência de um processo formal de avaliação do director;
- Dificuldade em dar resposta às perguntas colocadas pelos investidores ao nível da *corporate governance.*

Boa *corporate governance* foi definida pela McKinsey como:

- A maioria dos directores são externos;
- Os directores externos são verdadeiramente independentes, sem qualquer tipo de ligação à gestão existente;
- Os directores detêm uma quantidade significante de acções;
- Grande parte dos pagamentos realizados aos directores são feitos na forma de acções ou *options*;
- Existência de um processo formal de avaliação dos directores;
- Facilidade e rapidez nas respostas a pedidos de informação associados à *corporate governance.*

---

[2] Para uma definição mais elaborada do autor, consulte www.mhcintertnational.com/glossary.htm

[3] Ver: http://www.gcgf.org/docs/72CGBrochure.PDF

Dado que este foi o modelo criado pela McKinsey e que esteve na base das perguntas restritas colocadas no estudo, não é surpreendente que 80% dos entrevistados estivessem dispostas a pagar mais por uma empresa com boas práticas. Mas a questão é que a "boa *corporate governance*" tem uma ligação muito fraca com os princípios da OCDE e ainda mais frágil quando comparada com o conceito de *corporate social responsibility*.

Curiosamente, as áreas tradicionais de gestão de uma empresa e aquelas contempladas pela *corporate governance* são raramente referidas nos relatórios de sustentabilidade.

Propostas de Definições mais Abrangentes de *Corporate Governance*

Dadas as limitações referidas anteriormente, alguns observadores criaram uma definição de *corporate governance* muito mais abrangente, onde a definição de *stakeholder* é mais global do que a da OCDE. Por exemplo, Judge Mervyn King tem utilizado um conceito mais completo de *corporate governance* nos seus dois relatórios (King Report), um para o Governo da África do Sul, e outro para as organizações empresariais. Esta abordagem foi também seguida quando Mervyn King presidiu ao *Commonwealth Group*, que pretendia desenvolver as boas práticas de negócio a serem implementadas pelos vários países da *Commonwealth*. A figura seguinte esquematiza os tópicos considerados no seu relatório e na sua abordagem. Pode assim constatar-se, no âmbito do conceito de *corporate governance*, a ênfase dada a um leque mais vasto de *stakeholders*, o que ainda não se tinha verificado no passado.

Conclusões

A noção de *corporate governance* assenta bem nas preocupações correntes na estrutura de gestão ao nível de topo das organizações, e tem vindo a sofrer mudanças positivas na sua definição graças ao trabalho do Banco Mundial e da OCDE, mas não inclui no entanto as preocupações básicas da *corporate social responsibility*. Por outro lado, o conceito de *corporate social responsibility* não tem avançado tanto quanto a escola da *corporate governance*, com os seus princípios de base acordados. Existe uma luz ao fundo do túnel graças, entre outros, ao trabalho de King e à definição de Cadbury, em que se pode ler que o objectivo da *corporate governance* é o de alinhar o melhor possível os interesses dos indivíduos, das organizações e da sociedade.

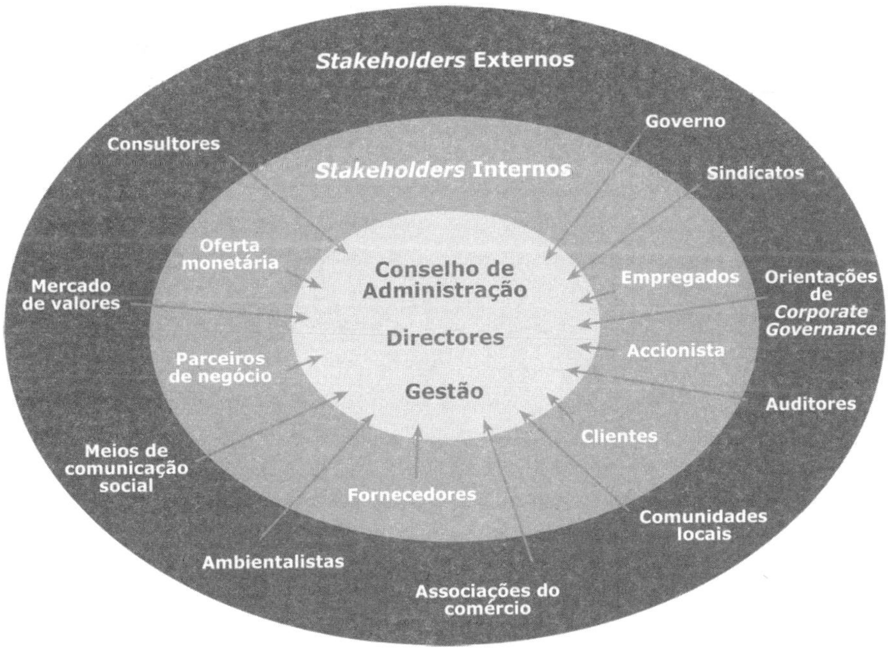

A utilização deste esquema contou com a permissão de Mervyn King da *King Commission*, África do Sul.

O FUTURO DA *GOVERNANCE*

A Governance da Sustentabilidade nos Bancos Internacionais

Por Sofia Santos e Daniel Amaral

Janeiro de 2008

Governança como pilar de transparência e responsabilidade

Governança corporativa é um dos pilares empresariais promotores de transparência e responsabilidade. A estrutura de Governo especifica a distribuição de direitos e responsabilidades da administração, dos administradores executivos, não executivos, independentes, accionistas e outros *stakeholders*. Especifica também as regras e os processos para a tomada de decisões dentro das organizações. A importância do modelo de *governance* deve estar fortemente associado ao profissionalismo dos seus altos quadros, à independência, transparência e desempenho, de forma a definir e implementar as estratégias e objectivos que melhor defendem os interesses dos vários *stakeholders*.

As empresas cotadas estão comprometidas com uma rede de *stakeholders* externos tais como accionistas, reguladores, fornecedores, colaboradores e sociedade, os quais estão dependentes do sucesso da organização para o seu próprio sucesso. Acima de tudo, todas as organizações devem corresponder às expectativas dos accionistas que investem na empresa remunerando o seu capital, tanto no curto como no longo prazo.

Também em Portugal são esperadas alterações significativas ao nível do reconhecimento das boas práticas de *governance*. O novo Código para as Sociedades Comerciais Cotadas no mercado de capitais (cuja discussão pública terminou em Julho de 2007) evoluiu significativamente convergindo para os códigos internacionais. Temas como a independência dos administradores supervisores, a composição de comissões de supervisão especializadas de auditoria, remuneração, nomeação e avaliação dos órgãos sociais, a transparência na comunicação com investidores, credores e analistas, ou a implementação de sistemas de comunicação para os colaboradores e códigos que previnam o conflito de interesses dos administradores e confiram a sua independência estão consagrados neste novo código da CMVM, bem como no código holandês (2004) ou

Inglês (2006). Todas estas novas orientações irão influenciar a forma como as empresas Portuguesas são geridas.

A ligação com a sustentabilidade é clara: muitos dos indicadores da *Global Reporting Initiative*, que devem constar num relatório de sustentabilidade e muitos dos indicadores analisados pelos *ratings* de sustentabilidade (FTSE4GOOD e DJSI, por exemplo), estão relacionados com os aspectos de *governance*, transparência, independência, auditoria, entre outros.

Temas de *governance* tradicional	**A sustentabilidade nos assuntos de *governance*, de acordo com indicadores da GRI, DJSI e FTSE4GOOD**
Ligação entre remuneração e *performance* das empresas.	É necessário explicar a forma como os administradores são recompensados pelas suas contribuições em prol dos objectivos económicos, ambientais e sociais da empresa.
Conflito de interesses.	Códigos e Políticas Internas.
Supervisão da gestão do risco.	Gestão de riscos ambientais e sociais.
Compliance	Acordos e compromissos internos e externos sobre sustentabilidade, e.g: direitos humanos.
Sistemas de comunicação dos trabalhadores com a administração (confidenciais).	É considerada uma boa forma de relatar inconformidades das chefias aos órgãos superiores.
Gabinete do investidor.	Uma forma de fornecer transparência a organização.
Modelo de *governance* (implica a explicação clara da distribuição de responsabilidades entre os órgãos executivos e os consultivos de supervisão).	Uma boa estrutura de *governance*, que vai de encontro a regulação implica que a organização é transparente e responde às necessidades de todos os *Stakeholders*.
Governance para a sustentabilidade.	Reporta como a organização está a gerir a sustentabilidade, desde os órgãos sociais a unidade de negócio.

Fonte: Sustentare

Governance implica um modelo de gestão coerente

As acções das empresas devem ser coerentes e focalizadas, devendo existir uma ligação entre a Missão e Valores da empresa, com os produtos e serviços oferecidos. Nem sempre esta coerência é visível, sendo, na realidade, até de difícil alcance.

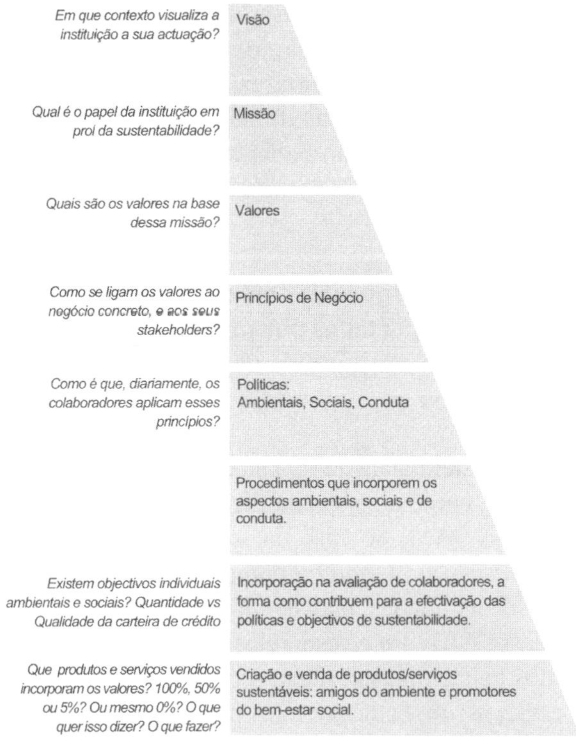

Fonte: Sustentare

Em termos concretos, quando falamos de coerência, estamos a referir-nos, entre outros exemplos, às seguintes situações:

Uma instituição financeira começa a desenvolver produtos de crédito e seguros para casas mais "amigas do ambiente", o que é inovador e prático. No entanto, essa instituição também cria e comercializa fundos de investimento imobiliário. Estará esta área também alertada para a valorização que o imobiliário "ambiental" possa vir a ter na sua carteira? Tem conhecimento das tendências internacionais sobre o "green property"? Está a realizar algum trabalho nesta área? Incorpora critérios ambientais quando está à procura de um imóvel para acrescentar à sua carteira?

Uma instituição financeira pertence a um grupo de empresas com várias áreas de negócio: turismo, construção, serviços, entre outros. Essa instituição, ao identificar uma lista de riscos ambientais por sector, e passando a exigir a quem solicita esse empréstimo evidências de como esses riscos são acautelados, tem essas mesmas exigências incoporadas nas restantes empresas do grupo que operam nesse mesmo sector económico? E as empresas do grupo, estão alertadas para este facto?

A sustentabilidade não pretende causar revoluções nas empresas. Pretende, antes, contribuir para o aumento da sua competitividade e produtividade. Por isso, é expectável que, nos primeiros anos, exista alguma incoerência, própria da evolução diferenciada das várias áreas de negócio. No entanto, se essa incoerência continuar a ser evidente, então poder-se-à concluir que existe uma separação entre a estratégia, os valores defendidos e a forma de operacionalizar o negócio.

Este facto pode ter consequências nefastas, na medida em que os valores e a estratégia não são suportados por práticas efectivas, o que coloca em causa a legitimidade de um conjunto de acções, à priori valorizadas para a sociedade e para a empresa.

Actualmente, já existem analistas financeiros que incorporam a sustentabilidade nas suas análises, como é o caso da Eiris, quando avalia as empresas para o FTSE4GOOD, ou do SAM, no caso da selecção de empresas para o DJSI. Mesmo ao nível do *research de equity*, como é o caso do West LB, Goldman Sach entre outros, estas entidades analisam já com muito detalhe, a *governance* da empresa. Parte dessa *governance* está relacionada com a forma como os compromissos assumidos pela empresa estão a ser geridos e cumpridos. Os temas da sustentabilidade estão, assim, cada vez mais presentes na gestão corrente e quotidiana das empresas.

Sendo a sustentabilidade um tema tão transversal às empresas, esta está também relacionada com alguns dos temas tradicionalmente associados à Governance. Na realidade, os sistemas de *governance* contemporâneos têm vindo a incluir progressivamente assuntos como "responder às expectativas dos *stakeholders*".

A CMVM reconhece que a existência de políticas de desenvolvimento sustentável e de responsabilidade social, bem como a existência de um Administrador responsável por este assunto, constituem práticas de boa gestão. Progressivamente, os modelos de *governance* vão passar a incluir aspectos da sustentabilidade, até que estes se transformem em práticas correntes na organização.

Como têm os bancos internacionais gerido a sustentabilidade?

A Sustentare analisou a forma como os bancos líderes em sustentabilidade incorporaram a sustentabilidade no seu modelo de Governance. Foram analisados 10 bancos, o ABN Amro, A&NZ, BBVA Dexia, Fortis, Barclays, Citigroup, HSBC, Unicrédito Italiano e o Royal Bank of Canada uma vez que pertenciam ao DJSI e/ou FTS4GOOD.

Os modelos de Governo societário, apenas descrevem as responsabilidades gerais de cada conselho de supervisão/administração, e dos comités especializados. O cruzamento dessa informação com a informação disponibilizada pelas empresas nos relatórios de sustentabilidade sobre a sua estrutura para a sustentabilidade permite perceber como é que a sustentabilidade está a ser gerida, qual a evolução e importância que este assunto tem na organização e se a organização consegue realmente ser competitiva em sustentabilidade, apresentando normalmente resultados diferenciadores a nível internacional.

Assim apresentamos aqui alguns dos resultados a que chegámos com esta análise detalhada, evidenciando a existência de comités especializados, de supervisão e os assuntos debatidos nesses comités. De seguida, aprofundamos um pouco mais a análise, tentando identificar de que forma a sustentabilidade é gerida.

Os Comités especializados existentes

Os comités especializados são formados pelos conselhos de supervisão/ /Administração das Sociedades com o objectivo destes supervisionarem e aconselharem a gestão com maior eficiência. Neste benchmark analisamos o tipo de comités que as empresas formam e os assuntos que cada comité supervisiona e quantos comités especializados de supervisão cada empresa possuí. Ao nível da denominação dos comités, em dez empresas analisadas encontramos dezanove comités diferentes. Apesar de cada empresa escolher diferentes estruturas de supervisão, existem comités comuns a todas as empresas.

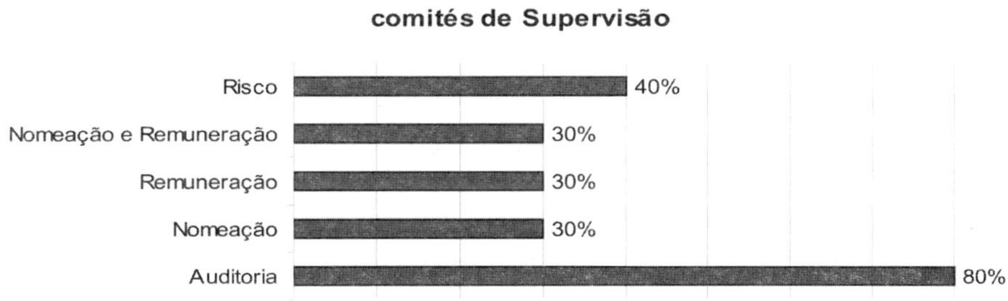

Numa análise promenorizada percebemos quais os assuntos que são alvo de supervisão pelos comités especializadas de supervisão.

Como podemos observar auditoria, remuneração e nomeação são os assuntos que são especificamente discutidos em comités especializados.

Os assuntos discutidos em relação a remuneração são tipicamente, a remuneração dos executivos da empresa e dos gestores séniores, tendo como objectivo principal ligar a remuneração da comissão executiva com a *performance* da

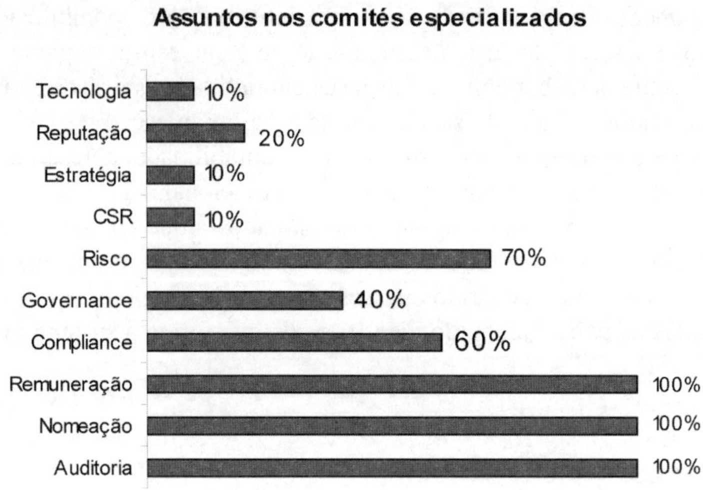

empresa. Esta função é na grande maioria decidida por administradores independentes. Estes administradores também têm a função de decidir e estabelecer a remuneração do restante orgão de Administração/Supervisão. Em algumas empresas, é também neste orgão que se decide os *stock options* para todos os colaboradores da empresa.

A Nomeação é outra função discutida nos comités especializados de todas as empresas internacionais analisadas. Geralmente nestes comités discutem-se os planos de sucessão dos executivos e dos administradores, a estrutura dos orgãos sociais e a avaliação dos orgãos sociais. A avaliação do papel da supervisão é feita nestas comissões.

A função Compliance, significa que determinados administradores têm a obrigação de revêr se a empresa está a cumprir com a legislação, com os códigos de conduta interna, com os valores e princípios da própria organização e sobretudo se está a cumprir com o os compromissos externos que assume com entidades externas. Um exemplo típico é o compromisso com os objectivos do milénio ou os princípios do equador. São compromissos com organizações externas a organização que têm de ser cumpridos. É função da *compliance* verificar se estão. Na grande maioria das empresas esta função está associada ao comité de auditoria, que no caso do BBVA por exemplo o comité denomina-se como auditoria. No entanto Grupos como o ABN Amro prefere formar um comité que discuta exclusivamente compliance.

Por último, tem sido muito debatido pelos organismos reguladores se o risco da organização deve fazer parte da supervisão. As dez empresas analisadas dão uma resposta positiva a esta questão, sete em dez analisa, controla e revê o perfil de risco do Grupo, analisa os sistemas de controlo de risco, a sua eficiência e eficácia e a estratégia de gestão de riscos.

Um estudo de 2004 feito às empresas do "Fortune 1000" apresenta alguns dados interessantes sobre a composição dos conselhos de administração/Supervisão das mil maiores empresas:

95% das empresas têm um ex-director executivo a servir como administrador

82% têm um executivo de outra empresa

58% têm um académico

58% têm um antigo membro governamental

82% têm uma mulher como directora

76% têm um director que pertence a uma minoria étnica

Governance para a Sustentabilidade

Os Valores, Principios e Códigos de Conduta

Uma estratégia em sustentabilidade tem de ser comunicada e justificada dentro da organização em termos gerais. A fórmula encontrada foi o desenvolvimento de valores e principios empresariais institucionais, regidos por códigos de conduta internos que abrangem todos os colaboradores, desde o funcionário do balcão ao CEO passando necessáriamente pelos administradores independentes. Apesar de muito gerais, estas variáveis permitiram às intituições financeiras internacionais a construção de uma identidade interna que transparecesse externamente ao público em geral. Os melhores exemplos de implementação de valores, principios e códigos de actuação permitiram a construção de uma identidade forte e presente no mercado.

Valores, Principios e Códigos de Conduta

Em relação aos códigos de conduta todas as empresas possuem códigos de conduta interno. Estes códigos de conduta de uma forma geral explicam o que é esperado de um colaborador no relacionamento com os clientes, com os colegas, no trabalho em si, constituindo um espelhado da cultura organizacional da empresa evidenciando os padrões de comportamento exigidos.

Valores bem comunicados combinados com uma forte performance ambiental, social e financeira, significa a construção de uma identidade forte. Exemplo disso é o caso do HSBC que demonstra uma forte coerência entre relatório de sustentabilidade, relatório anual, *web-site* e na publicidade que faz.

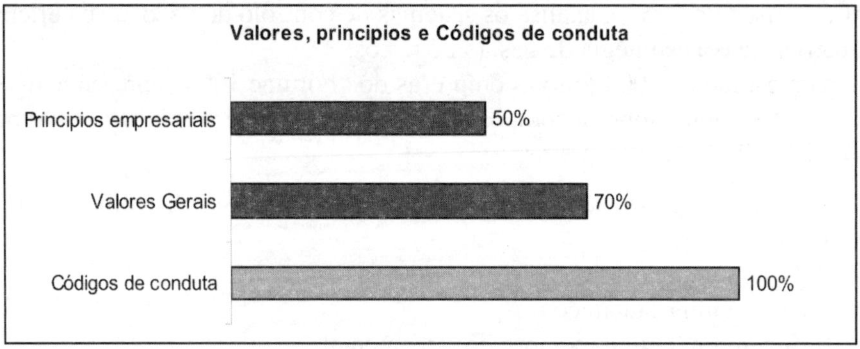

Comissão Executiva – O principal orgão de Gestão

A excepção do Unicredito Italiano e do *Royal Bank* of Canada, todas as empresas reportam que o conselho executivo é o responsável pela aprovação de uma estratégia em sustentabilidade. O que significa que o orgão executivo, em 8 de 10 empresas analisadas, analisam, discutem e aprovam a estratégia da empresa em sustentabilidade.

Ao atribuir a pasta da sustentabilidade a um responsável faz sentido explicar as valências que este tem de possuír. O melhor exemplo desta explicação é dado pelo Fortis, que tem como responsável máximo o *chief strategic officer*. O Fortis justifica dizendo que uma estratégia em sustentabilidade só faz sentido dentro da estratégia geral da empresa. O que implica que a pessoa mais adequada para trazer este assunto para o conselho executivo é o administrador encarregue da estratégia.

Comissão de Supervisão/Administração – Comissões Especializadas

Dos bancos analisados, existe apenas um banco, o HSBC, com um comité de sustentabilidade e/ou responsabilidade social. No entanto isto não significa que o orgão responsável pela supervisão nos outros nove Bancos, não analisem a performance em sustentabilidade do banco.

Sendo um assunto tão transversal ao negócio e a vida das organizações, existem vários aspectos que são supervisionados dentro de outros comités de especialização do conselho de supervisão.

Tal como podemos observar pelo gráfico, sustentabilidade também é discutida nos diferentes comissões. Sete das dez empresas discutem assuntos relacionados com o risco da organização. Nesta análise do risco, maior parte das empresas reporta que a gestão dos riscos ambientais e sociais são supervisionados pelas comissões. Tendo em conta o facto de que 60% das empresas possuem uma equipa transversal de gestão de riscos ambientais e sociais, faz todo o sentido os administradores que supervisionam analisem também a performance da organização na gestão e controle destes riscos. No entanto é importante referir, que para a grande maioria das organizações, a análise destes riscos apenas é feita para projectos de *Project Finance*, sendo esta a forma de cumprirem o compromisso assumido ao assinarem os Principios do Equador.

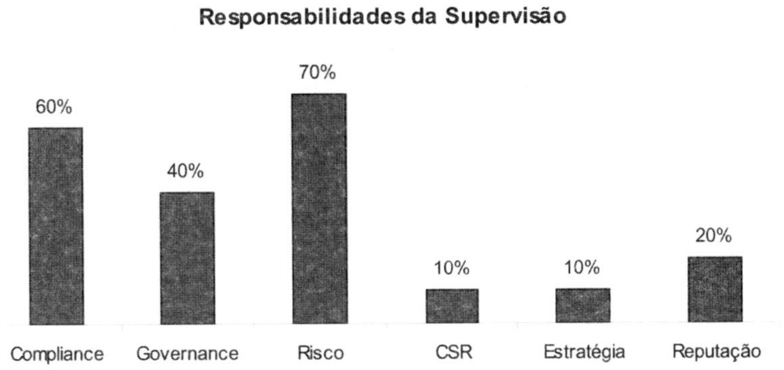

Os comités de estratégia, responsabilidade social e reputação são outros exemplos de comissões especializadas onde os administradores também discutem a estratégia e perfomance em sustentabilidade.

Estrutura transversal de sustentabilidade e unidade de negócio

Das dez empresas analisadas, duas não reportam a estrutura de governance que gere os a sua estratégia em sustentabilidade. As restantes oito empresas apresentam oito estruturas diferentes em Sustentabilidade.

Tal como podemos observar pelo gráfico, seis empresas possuem um departamento de sustentabilidade e seis possuem pelo menos um comité que discute e coordena uma estratégia de sustentabilidade. Quatro empresas chegam mesmo a possuír departamentos e comités executivos de sustentabilidade.

Os comités de sustentabilidade em geral funcionam de uma forma completamente diferente dos departamentos. Em geral o comité é composto por executivos, gestores séniores, directores de unidades de negócio diferentes e directores de funções transversais como a de recursos humanos ou comunicação. Esta composição justifica-se, porque estes comités são responsáveis por discutir e planear a estratégia de sustentabilidade da organização e as linhas orientadoras de execução dessa mesma estratégia. No entanto, este comité delega a responsabilidade de execução às unidades de negócio. A diversidade e pluralidade de funções dos representantes permite no entanto que a estratégia seja comunicada em toda a organização. Estes comités conseguem assim congregar os mais diversos assuntos em sustentabilidade e formular as prioridades e planos de acção.

O Departamento de sustentabilidade, por seu lado funciona como um catalisador de conhecimento em sustentabilidade das mais diversas áreas da empresa. Em alguns casos é o responsável por elaborar e discutir a estratégia em sustentabilidade, porém não é esse o seu principal objectivo. O seu principal objectivo é articular é executar o plano estratégico em todas as funções transversais e unidades de negócio, controlar e avaliar a performance, e fazer os relatórios necessários aos orgãos sociais de gestão e supervisão da empresa. No entanto esta estrutura típica descrita muda de empresa para empresa tal como iremos analisar de seguida.

Em Portugal

O tema da sustentabilidade e da incorporação dos riscos ambientais, sociais e de governance na gestão das empresas é recente, mas com uma evolução considerável. Ao longo dos últimos 4 anos, as empresas têm vindo a reconhecer a importância transversal deste tema, sendo cada vez mais frequente ter o CA a discutir e decidir sobre sustentabilidade, até porque implica falar de *compliance*, risco, produtos, ou seja, implica falar do core business. No sector bancário essa evolução também tem ocorrido, sendo expectável que esses esforços comecem a ganhar visibilidade a curto-médio prazo. Existe ainda um caminho a percorrer neste sentido.

É interessante reflectir sobre as mudanças que as empresas, e bancos portugueses deverão passar de futuro, nomeadamente no que respeita à existência de administradores independentes, potenciais stakeholders externos a opinar sobre a empresa, *shareholder activism,* directiva de crédito ao consumo, pressão por parte dos consumidores .... se a estas novas questões juntarmos os desafios da sustentabilidade, da ética, da transparência, dos códigos voluntários e das exigências dos investidores internacionais em que tudo isto esteja assegurado, iremos sem dúvida ter nos próximos 5 anos situações interessantes.

OS MERCADOS DA BASE DA PIRÂMIDE E A NOVA MATRIZ COMPETITIVA

O NORTE, O SUL, OS RICOS E OS POBRES

Por Rita Almeida Dias
Jornal de Negócios, Agosto de 2006

A economia ocidental desenvolveu-se em torno de um conjunto de dicotomias: o Norte e o Sul, os Ricos e os Pobres. Em torno destas divisões, generalizou-se a assumpção de que o sector privado desenvolveria a sua actividade para os ricos, enquanto que a função de governos, organismos internacionais, agências de desenvolvimento e ONG deveria centrar-se na protecção dos pobres.

A incapacidade da globalização resolver problemas como a pobreza, a degradação ambiental e a estabilidade da economia mundial tem ditado o prenúncio de uma nova função histórica para cada um daqueles agentes económicos, inscrevendo na lógica da sua existência um conjunto de novas funções, decorrentes da alteração dessa perspectiva dicotómica. A oportunidade surge, para os autores das recentes teorias dos mercados na base da pirâmide, onde se situam cerca de 4 biliões de novos potenciais clientes, quando se quebra esta lógica instalada – e se estabelece uma relação entre ricos e pobres num mercado organizado em torno do conceito de crescimento sustentável e desenvolvimento e que, simultaneamente, pode constituir uma das maiores oportunidades na história do comércio da humanidade.

O futuro positivo do nosso planeta depende, por isso, de um novo paradigma que relacione sector privado e desenvolvimento, e que promova o desenvolvimento económico, social e ambiental equilibrado, em todo o mundo. Estimulando o comércio e o desenvolvimento dos mercados na base da pirâmide, onde se mantêm praticamente ignorados 4 biliões de potenciais consumidores, as multinacionais podem melhorar a vida de biliões de pessoas e ajudar o mundo a tornar-se um espaço mais estável e menos perigoso. O alcance deste objectivo não exige que as empresas desenvolvam iniciativas de cariz social com fins de caridade. Elas necessitam apenas agir de acordo com os seus próprios interesses, uma vez que poderão retirar enormes benefícios da sua entrada nestes mercados. Os exemplos não abundam, mas o sector privado integra já um conjunto de experiências bem sucedidas nestes mercados. Destaque para a Unilever que desenvolveu especificamente para estes mercados emergentes, o PUR, um sistema de tratamento de água para casas sem sistema de abastecimento de água potável. Desde a sua introdução, o PUR já forneceu 260 milhões de litros de água potável em países como o Bangladesh, o Zimbabwe, o Sudão e a Etiópia, entre outros. Pelo preço aproximado de 0,10 cêntimos, o PUR fornece 10 litros de água potável. Nos testes realizados em 514 habitações de 14 cidades da Guatemala, a sua utilização provou diminuir a incidência da diarreia, uma das principais causas de morte daquele país. Os exemplos criados por estas empresas inovadoras não se esgotam na moral destas novas experiências empresariais na conquista de segmentos de mercado até agora ignorados.

Os impactes da integração destes mercados na economia dos países emergentes são reais, sobretudo se atendermos aos modelos de negócio que normalmente caracterizam a estratégia seguida por estas multinacionais: sempre que possível, os recursos naturais (se esse for o caso) são locais e a maior percentagem da produção é realizada por fornecedores locais. A distribuição, um dos maiores obstáculos que a empresa poderá conhecer na abordagem destes mercados, é quase sempre reforçada com a construção de uma rede de novos distribuidores, normalmente empreendedores que a empresa forma, promovendo, desta forma, a oportunidade de milhares de pessoas aumentarem os seus rendimentos substancialmente. No sector da habitação para pobres, a *Holcim* e a *Cemex* são dois dos *business case* mais citados, talvez pelo modelo de microcrédito que associaram à venda de produtos que permite, hoje, a milhares de pessoas construírem de forma mais rápida, mais eficiente, e menos onerosa, a sua própria casa. Mas estes são apenas 3 das várias dezenas de casos na área do desenvolvimento de produtos e serviços para os mercados da base da pirâmide que algumas multinacionais estão a levar a cabo. A sua história recente parece promissora, pelo poder que poderá a vir a ter na redefinição da equação dicotómica entre o Norte e o Sul, os Ricos e os Pobres.

MEDIDAS DE RESPONSABILIDADE SOCIAL CORPORATIVA EM PAÍSES EM VIAS DE DESENVOLVIMENTO

Por Michael Hopkins
Im))pactus n.° 6 Out-Dez 2005

Quais são as principais medidas que podem ser executadas pelas empresas para melhorar o desenvolvimento no âmbito de um modelo de responsabilidade social corporativa?

Existem, por um lado, medidas internas à própria multinacional que afectam os seus *stakeholders* internos e, por outro, medidas exteriores à multinacional que têm impacte junto dos seus *stakeholders* externos. A maior parte das medidas de uma multinacional, senão de todas elas, têm, de alguma forma, impacte no desenvolvimento. Obviamente que algumas de uma forma mais acentuada do que outras. Por exemplo, um bom sistema de governação de uma empresa, escrito e aplicado num código de conduta para quadros e directores, terá um impacte mais marginal no desenvolvimento do que intervenções directas efectuadas ao nível da comunidade.

Uma multinacional que analise o seu envolvimento com o desenvolvimento, poderá efectuar uma aproximação ao tema de três formas distintas, podendo:

1. Simplesmente afirmar que o seu enfoque é dado à maximização do lucro dos seus *shareholders*, assumindo que o desenvolvimento não faz parte das suas competências;
2. Trabalhar numa aproximação parcial, tal como no *Global Compact* das UN, e apoiar esse processo.
3. Envolver-se totalmente com os seus *stakeholders* e explorar opções para a realização de esforços de desenvolvimento futuros, ao mesmo tempo que assegura que as medidas que toma estão totalmente em linha com a preservação de valor para os seus *shareholders*.

A minha opinião é que a terceira opção é a que, no longo prazo, mais interessa às multinacionais, sendo, simultaneamente a que é capaz de fazer com que o desenvolvimento decorra de forma mais rápida do que tem acontecido até à data. Resta, por isso, a pergunta: quais poderão ser as áreas-chave para o envolvimento das multinacionais no processo de desenvolvimento?

• *Medidas de desenvolvimento dentro das empresas*

1. A adopção de uma estratégia de responsabilidade social corporativa traz consigo uma série de benefícios. A demonstração dos efeitos das boas práticas internas de CSR não deve ser esquecida, apesar destes serem indirectos e dificilmente mensuráveis.

Dentro de uma empresa, as politicas de responsabilidade social corporativa podem funcionar como um *driver* para a implementação de boas práticas noutras empresas, tanto no mercado local onde a multinacional está sedeada, como a nível internacional. A responsabilidade social corporativa tem, ainda, um valor estratégico para o negócio ao permitir, por exemplo, que os consumidores desenvolvam um grau mais elevado de identificação com empresas que tenham boas práticas e boas politicas.

2. As empresas que mantêm padrões elevados de ambiente e saúde, que têm práticas de negócio transparentes, que respeitam e protegem os direitos humanos no local de trabalho e trabalham contra a corrupção são, para além de altamente respeitadas, uma opção mais atractiva para os *shareholders*, para além de potenciarem a existência de uma produtividade dos seus colaboradores mais elevada.

3. Uma forte cultura anticorrupção deve ser construída dentro da organização através de um apoio activo da administração. Actualmente, a anticorrupção é largamente discutida, tanto dentro da empresa, como nos negócios que esta realiza com o mundo exterior. Por outro lado, as empresas também valorizam a existência de boas práticas de *governance* dos governos dos países onde operam a nível internacional, uma vez que a corrupção ocorre, muitas vezes, entre fontes externas de financiamento e o governo anfitrião. A fronteira entre corrupção e aceitar pequenas ofertas ou hospitalidade é por vezes enevoada e confusa. Num palco maior, muitas empresas quase que são forçadas a pagar subornos, de forma a ganharem contratos. Um facto que não ocorre apenas em países em vias de desenvolvimento, como o testemunham escândalos como o da *Enron*, o do *Crédit Lyonnais*, que envolveu governantes de topo em França, ou o da *Volkswagen* na Alemanha, entre outros. Por isso, todas as empresas deviam ter um painel de directrizes e princípios de negócio, que deveriam ser seguidos por todos os seus colaboradores nas suas operações e processos profissionais. Este código de conduta deve ser seguido em todos os escritórios locais e internacionais da empresa. Cultura e práticas de negócio locais não devem influenciar ou alterar as directrizes da organização. O sistema de comunicação e formação interno tem ainda de

ser fortalecido por forma a que todos os trabalhadores da empresa estejam ao corrente destas políticas e princípios.

4. Criar a visão de como a multinacional deve dar o seu contributo para o desenvolvimento. Isto não significa criar uma simples lista das actividades filantrópicas que a empresa pretende efectuar. O desenvolvimento requer um estudo cuidado sobre como é que, após a injecção de fundos ter sido efectuada, as iniciativas para o desenvolvimento podem ser sustentáveis, isto é, continuar sem a necessidade de mais fundos. As iniciativas de desenvolvimento das empresas têm sido demasiado genéricas, não sendo concebidas para fazer face a circunstâncias específicas.

- *Acções de Desenvolvimento fora da empresa*[1]

1. Participação do sector privado no combate à pobreza: não há muito que uma empresa possa fazer para reduzir a pobreza nacional *per si*. Contudo, trabalhar com os Governos Nacionais para encontrar o melhor contributo que o sector privado pode dar para estimular o crescimento económico da população empobrecida, é do interesse tanto do Governo, como da empresa. Para além deste factor, as parcerias público-privadas para travar desastres naturais ou criados pelo homem podem também acelerar as actividades de reconstrução de um país.

2. Melhorar as capacidades das pessoas de múltiplas formas é, sem dúvida, a melhor maneira de promover o desenvolvimento. Educação, formação e desenvolvimento de capacidades são aspectos que se integram no mesmo tema – desenvolver as capacidades humanas. As multinacionais, com a sua experiência e formação interna, possuem uma enorme capacidade de contribuição para o desenvolvimento. No mínimo, as multinacionais podiam ser envolvidas nas políticas nacionais de formação para assegurar que as necessidades do sector privado são incorporadas nos planos de formação do governo. Poderá ser surpreendente para alguns, mas os esquemas de formação em governos de países em vias de desenvolvimento têm muito pouco contacto com as necessidades do sector privado. As multinacionais podem, por isso, organizar, talvez em parceria com outras entidades, cursos de formação.

3. Nos países em vias de desenvolvimento, a maior parte dos novos empregos são formados por PME. As multinacionais têm, no entanto, um papel a desempenhar, quer ajudando as PME a melhorar as suas qualidades de gestão, *marketing*, tecnológicas e financeiras, quer indirectamente, desburocratizando processos das PME que são suas fornecedoras.

---

[1] Ver: http://www.unglobalcompact.org/content/NewsEvents/mdg_bus/mdg_jamshed.pdf

4. Ajudar as pessoas a ajudarem-se a si mesmas é um conceito-chave para encorajar o desenvolvimento. Contribuir para a implementação de projectos empreendedores ou mesmos já existentes, através do aconselhamento, pode ajudar à criação de novos negócios e melhorar os já existentes.

5. Essencial é, naturalmente, possibilitar que os países em vias de desenvolvimento possam exportar livremente para os países ricos – um forte e controverso tema que estará no centro das atenções nas décadas que se seguem. Não irão estas novas importações danificar os mercados locais nos países industrializados, onde as multinacionais se encontram, assim como muitos dos seus colaboradores? O meu ponto de vista é de que os países ricos irão inovar mais rapidamente que as empresas desses países, dado o seu elevado nível de capacidades.

6. Para muitos, CSR significa simplesmente trabalhar com a comunidade local. Claramente, as multinacionais têm todo o interesse em melhorar as condições locais para fortalecer a sua reputação e preservar a harmonia. A assistência prestada às comunidades locais pode também ajudar a melhorar o poder de compra que levará, consequentemente, à expansão da dimensão do mercado. Mas estas acções não são tão fáceis como parecem, quando vistas à superfície.

Há três questões de difícil resposta.

- Qual é o papel e quais são os limites do papel interventivo das multinacionais em relação às comunidades onde se encontram inseridas?
- Quais são os temas-chave em que devem estar envolvidos?
- Devem as multinacionais envolver-se em questões de direitos humanos e se sim, como muitos defendem, quais são os limites?

7. A filantropia sempre foi parte integrante das acções das multinacionais. Mas poucas acções filantrópicas são sustentáveis no sentido em que, uma vez terminado o projecto, as actividades com ele relacionadas têm, forçosamente, de terminar. Como argumentei num dos meus *papers* mensais[2], sou bastante céptico em relação às actividades filantrópicas. Para mim, o grande teste de um projecto "filantrópico" é o de que a sua implementação deve levar, tanto quanto possível, a um resultado de desenvolvimento sustentável.

8. A ajuda ao desenvolvimento é um factor-chave em muitos países. E esse factor seria muito melhor implementado através de agências para o desenvolvimento, tal como a UNDP, que possui uma vasta experiência em desenvolvimento. As multinacionais não devem, claramente, tomar o lugar das Nações Unidas ou dos Governos. Simplesmente, o poder e a capacidade financeira das

[2] Ver: www.mhcinternational.com

multinacionais não devem ser, nem ignorados, nem subaproveitados na realização de esforços para o desenvolvimento. Deverão esses esforços existir como "suplemento" aos impostos que as multinacionais já pagam? A resposta não é fácil. Mas muitos dos impostos que as multinacionais pagam nos países em vias de desenvolvimento são mal utilizados. Um governo democrático tenderá a utilizar o lucro obtido com os impostos de uma forma que beneficie o seu eleitorado, por forma a assegurar a sua reeleição nas próximas eleições. No entanto, a maioria dos governos dos países em vias de desenvolvimento não são democráticos. Fica, por isso, a seguinte pergunta: Deverão as multinacionais estar envolvidas com os governos desses países e, se sim, o que deverão fazer exactamente? Primeiro, as multinacionais deverão avaliar a sua posição, tendo por base as relações existentes com o governo. Se um governo anfitrião afirma que a forma como utiliza o dinheiro proveniente dos impostos não diz respeito às empresas investidoras, então a multinacional tem toda a legitimidade para decidir se deverá investir, ou não, nesse país. Em segundo lugar, até onde é que as multinacionais podem ajudar o governo a assegurar que o lucro dos impostos é utilizado de forma efectiva para promover o desenvolvimento? As multinacionais têm uma vasta experiência em assuntos fiscais e podem, facilmente, emprestar parte dessa experiência para o desenvolvimento das capacidades (melhor governação) dentro do governo. Em terceiro lugar, quando as multinacionais desenvolvem os seus próprios projectos de desenvolvimento, estes deveriam ser criados com base na experiência existente sobre desenvolvimento das ONG e dos escritórios locais das Nações Unidas, tal como a UNDP. Em quarto lugar, as multinacionais não são Governos e, obviamente, não podem, nem devem, executar os programas mais importantes dos governos, tais como a educação, a saúde, a segurança ou o sistema de emprego. Mas as multinacionais podem, por outro lado, envolver-se enquanto agentes de uma mudança positiva, através do empréstimo da sua experiência, para melhorar a eficiência da oferta do programa do Governo. Em quinto lugar, se mais do que uma multinacional estiver envolvida num país em vias de desenvolvimento, estas deveriam trabalhar em conjunto para assegurar o aumento da eficiência dos programas de desenvolvimento no país anfitrião.

9. Mas quanto é que tudo isto poderá custar? Quanto tempo e dinheiro deverá uma multinacional investir em qualquer uma das actividades acima mencionadas? Não há respostas fáceis para esta questão. Contudo, vale a pena ter em conta que uma multinacional está envolvida em muitos dos processos acima mencionados, mais por defeito do que por uma clara e pensada estratégia. Uma multinacional tem que estar continuamente envolvida com o Governo anfitrião, negociando todos os tipos de temas, desde a aquisição de terrenos, até à aplicação de impostos, passando pela exportação e importação. Muitas vezes, essas negociações influenciam as políticas governamentais. Assim sendo, o que sugiro

é que as multinacionais coloquem um conjunto de questões ao Governo. Para concluir: o que poderia um programa de dez pontos para multinacionais envolvidas em países em vias de desenvolvimento incluir?

Dentro da Empresa

1. Desenvolver uma estratégia de CSR que inclua uma visão global do papel da empresa no desenvolvimento. Decidir que custos e benefícios decorrem do envolvimento em iniciativas internacionais, tais como o *Global Compact* das Nações Unidas, o SA 8000, ou o ISO9000, etc.
2. Investigar se a empresa paga um salário digno e sem atrasos a nível interno bem como aos seus principais fornecedores. Caso tal não se verifique, saber o porquê e depois perguntar quais os passos que devem ser dados para que tal aconteça.
3. Trabalhar com os sindicatos, de forma a assegurar regimes ambientais e de segurança apropriados dentro da empresa.
4. Monitorizar e avaliar, regularmente, a política anticorrupção da empresa.

Fora da Empresa

5. Trabalhar com o Governo do país anfitrião para que as políticas governamentais de anticorrupção sejam realçadas. Trabalhar com a dependência local das Nações Unidas e ONG para aumentar a eficiência das iniciativas de desenvolvimento, incluindo assegurar que as contribuições recebidas através dos impostos sejam utilizadas de forma sensata.
6. Ser pró-activo ao oferecer possibilidades de formação interna a um público mais vasto.
7. Ajudar na criação e desenvolvimento das PME locais, através da instalação de um escritório para aconselhamento e/ou da união com outras empresas do sector privado e ONG.
8. Contribuir para a implementação de projectos locais empreendedores.
9. Apoiar os objectivos de desenvolvimento do país anfitrião.
10. Assegurar que as iniciativas da comunidade ou as iniciativas filantrópicas da empresa são sustentáveis, na medida em que promovem o desenvolvimento.

A SUSTENTABILIDADE NO MUNDO E EM PORTUGAL

A SUSTENTABILIDADE NO SECTOR FINANCEIRO A INFLUÊNCIA DO SECTOR FINANCEIRO NA PROMOÇÃO DA SUSTENTABILIDADE

Por Sofia Santos
Janeiro de 2008

O Sector Bancário como Driver da Sustentabilidade

A promoção da protecção ambiental e do bem estar social é uma responsabilidade de todos os agentes económicos: estado, grandes e pequenas empresas e cidadãos. Na qualidade de alocador de recursos e gestor de risco, o sector financeiro tem um papel acrescido na forma como antecipa as novas necessidades sentidas por clientes particulares e empresas relacionadas com os aspectos ambientais e sociais.

A indústria bancária sendo uma das maiores indústrias a nível mundial, tem como principal função a intermediação dos recursos financeiros. Quando os agentes económicos depositam dinheiro ou compram unidades de participação de um fundo de investimento ou obrigações, estão a financiar, indirectamente, e através dos bancos (que com mais depósitos podem também conceder mais créditos), as actividades de empresas ou Estados que podem estar localizados do outro lado do planeta.

A especificidade do negócio da Banca implica que este sector consiga influenciar, directa e indirectamente, as actividades de cidadãos, famílias, PMEs, grandes empresas e Estados, através da forma como esse capital é investido pelas empresas e/ou consumido pelos privados. Atendendo que a grande maioria dos agentes económicos recorrem ao financiamento bancário para desenvolver as suas actividades económicas, os bancos têm uma influência importantíssima no que respeita aos critérios que podem impor às empresas, de forma a garantir que o dinheiro emprestado é investido num contexto em que os riscos ambientais e sociais que essa empresas enfrentam são devidamente acautelados. São estes pressupostos que explicam a importância fulcral do sector financeiro para o desenvolvimento sustentável nas economias nacionais e na economia global.

O sector bancário é assim o driver para o desenvolvimento sustentável, uma vez que consegue, em simultâneo, desenvolver práticas que minimizam o seu risco de crédito e atraem novos investidores, sendo capaz de induzir os vários agentes económicos em comportamentos mais amigos do ambiente e da sociedade. Estas práticas têm vindo a ser valorizadas pelos investidores, consumidores, trabalhadores e instituições. Os bancos devem, no entanto, procurar garantir coerência entre as políticas de sustentabilidade que defendem e as práticas de negócio implementadas.

Sector Bancário como Motor da Sustentabilidade

Os bancos podem ser indutores de comportamentos mais amigos do ambiente, e, igualmente, defensores dos aspectos sociais através de da criação de produtos inovadores e/ou através da inclusão de critérios ambientais e sociais na concessão de empréstimos.

Finanças "Sustentáveis", o que significa

Neste contexto e aplicando a sustentabilidade ao sector financeiro, surge o conceito de Finanças Sustentáveis – Sustainable Finance. Trata-se de uma abordagem de gestão na qual os bancos incorporam os aspectos ambientais e sociais das suas actividades no seu negócio. Pode ser realizada através do desenvolvimento de produtos financeiros ou da análise de riscos ambientais e sociais associados aos créditos/investimentos/serviços de aconselhamento que a instituição realiza.

No **curto prazo**, este conceito pode ser materializado nas seguintes acções concretas das Instituições financeiras, de forma a:

- **Minimizar** de imediato o **risco do crédito** concedido.

Este objectivo, que afecta essencialmente o sector empresarial das pequenas e médias empresas, pressupoe a criação de uma lista de riscos ambientais por sector de actividade. A avaliação que é feita a um empréstimo solicitado terá de identificar a forma como aqueles riscos estão a ser mitigados pela empresa.

- **Promover alterações nos padrões de escolha** por parte dos consumidores criando, em simultâneo, uma mais valia para a Instituição. Este objectivo poderá ser conseguido através, por exemplo, da criação de linhas de crédito específicas para casas com critérios ambientais, fundos em empresas com negócios em energias renováveis, informação educativa sobre como gerir melhor as poupanças, não incentivando ao consumo exarcebado. Estas acções são susceptíveis de aumentar a atractibilidade da instituição junto dos seus actuais e potenciais clientes, bem como restantes partes interessadas. Este factor de diferenciação pode ser um factor crítico de sucesso contribuindo, consequentemente, para a retenção e captação de clientes.

No **longo prazo**, as Finanças Sustentáveis implicam:

- **Coerência** entre a filosofia de gestão da Instituição e a sua actuação em todas as actividades em que está envolvida. Por exemplo, a aplicabilidade desses princípios ao sector imobiliário, fortemente ligado ao negócio da banca e seguros.
- **Opções de investimento** que promovam, a longo prazo, a minimização do consumo dos recursos naturais escassos.
- Contribuição para a educação financeira dos consumidores, através de informação clara e transparente dos produtos e dos riscos a eles associados, atendendo ao grau de conhecimento que o consumidor tem em relação ao funcionamento dos mercado.

Esta abordagem de gestão promove a prosperidade económica, a protecção ambiental e a justiça social, contribuindo, simultaneamente, para o valor acrescentado dos bancos e seguradoras.

Porquê seguir este caminho

A integração dos aspectos ambientais e sociais no *core business* dos bancos é resultado de dois factores fundamentais: da motivação económica, onde são incorporados os riscos relevantes para o negócio; e do compromisso assumido pelo banco para com o desenvolvimento sustentável, contribuindo positivamente para influenciar comportamentos "amigos do ambiente" e promotores de coesão social, por parte dos vários agentes económicos.

A motivação económica está associada a novas responsabilidades que poderão surgir, quer de um contexto regulamentar por parte dos Estados e outras entidades competentes, através da Lei, quer também, e principalmente, das expectativas da sociedade face à responsabilidade que um banco deve assumir, no âmbito da sua política de sustentabilidade.

Na realidade, ao decidir avançar com uma estratégia de sustentabilidade, a empresa deverá ter consciência de que, com este compromisso, está a criar um conjunto de expectativas junto de vários *stakeholders*. Expectativas que irão exigir a implementação de políticas coerentes entre o discurso estratégico e aplicabilidade dessa visão nas diversas operações que a empresa realiza.

É também importante referir que a implementação de uma política de sustentabilidade, independentemente do sector em que a empresa actue, implica uma vontade da empresa em implementar práticas voluntárias, para além das que lhe são exigidas por lei; em assumir responsabilidades que considera serem importantes para o sucesso de longo prazo do seu negócio.

Neste contexto, e para o sector bancário, algumas dessas responsabilidades poderão ser:

- Responsabilidade pela limpeza de qualquer espaço, propriedade de empresa financiada, e que tenha sido dado como garantia do empréstimo;
- Responsabilidade pela má avaliação dos riscos ambientais de projectos ou actividades financiados;
- Responsabilidade por negligências que levem à não identificação de riscos ou de potenciais riscos ambientais;
- Responsabilidade nos casos em que o banco é também detentor da empresa que causa o dano ambiental.

No que respeita ao seu compromisso com o Desenvolvimento Sustentável, o sector financeiro tem vindo a desenvolver acções no âmbito da sustentabilidade, não só devido aos factores económicos, mas também porque reconhece a existência de uma nova ordem internacional onde os valores associados aos aspectos éticos, ambientais e sociais são cada vez mais importantes para a promoção de uma economia global mais equilibrada e justa. Citando uma frase bastante conhecida *"Companies cannot succeed in societies that fail"*, o sector financeiro reconhece a veracidade desta afirmação e tem consciência de que as suas acções podem influenciar positivamente o comportamento de um conjunto de agentes económicos: quer através do financiamento de actividades que promovam o bem estar social e ambiental, quer através de políticas internas de racionalização da utilização dos recursos naturais, quer através das acções que realizam junto da comunidade em que se inserem, apoiando causas sociais importantes e que, de outra forma, talvez tivessem dificuldades na sua existência.

Todas estas acções trazem também reconhecimento reputacional para o Banco. Não há dúvida. No entanto, é necessário afirmar que o sector financeiro é também responsável pela sociedade em que se insere e, como tal, reconhece a importância das suas acções de forma a contribuir para o desenvolvimento sustentável, onde o bem-estar económico está intimamente ligado ao bem-estar social e ambiental.

O principal risco que as ONGs, as famílias e a comunicação social colocam aos bancos é o risco reputacional. A perda de valor de marca poderá, por outro lado, ter sérias consequências sobre o futuro desempenho comercial dos bancos. Este risco é especialmente importante para os bancos que fundamentam a sua estratégia de negócio no *borrow-short, lend-long*. Esta estratégia depende de forma crítica do estabelecimento e da manutenção de uma relação de confiança com os clientes. Estes três *stakeholders*, isoladamente ou de forma concertada, podem influenciar negativamente certos bancos, podendo provocar graves danos na sua imagem de marca e na sua reputação, conduzindo a reduções significativas dos depósitos que conseguem captar. A diminuição das reservas operacionais tem, por outro lado, impacte no aumento dos custos de financiamento e potencial diminuição do nível de *rating* atribuído pelos analistas.

Numa economia de reduzida dimensão como a portuguesa, caracterizada pela necessidade da expansão bancária, e por uma competitividade muito agressiva, visível nos *spreads* praticados em alguns produtos, os bancos poderão começar a perspectivar a sustentabilidade como factor de diferenciação e de atractibilidade de potenciais clientes.

A criação de novos produtos/serviços

No contexto de crescente valorização por parte dos vários *stakeholders* dos aspectos ambientais e sociais, bem como a existência de legislação específica do foro ambiental para sectores identificados, os bancos têm agora uma oportunidade de criar novos produtos que vão ao encontro das novas necessidades bem presentes no sector empresarial. Essas necessidades estão em muito associadas à capacidade das empresas implementarem as respectivas directivas, ou serem incentivadas a realizar mudanças de equipamento que permitam, por exemplo uma redução das emissões de CO2 de uma máquina.

Assim, ao incorporarem os factores ambientais e sociais no seu *core business,* os bancos, para além de passarem a levar em consideração estas variáveis na análise do risco da sua carteira de créditos, criam também novos produtos e serviços.

A Iniciativa Financeira das Nações Unidas – United Nations Environment Programme Finance Initiative – lançou em Agosto de 2007, a publicação *"Green Financial Products and Services: Current Trends and Future Opportunities in North America"*, onde são identificados e explicados vários produtos já criados por bancos e seguradoras, sendo também divulgadas algumas das oportunidades futuras neste contexto. Esta publicação constitui assim o exemplo que este é um mercado já identificado por alguns bancos.

A título de exemplo, identificamos de seguida alguns dos produtos e serviços financeiros que transformam os riscos ambientais e sociais em oportunidades:

Promoção de empréstimos que pretendam minimizar os impactes ambientais das empresas, nomeadamente PMEs;

Promoção de produtos financeiros específicos para cada sector (por exemplo, construção, turismo, energia, etc), de forma a promover o crescimento sustentável desses sectores;

Empréstimos para Projectos Ambientais tais como centrais de produção e/ou distribuição de energias renováveis, empreendimentos de tratamento de águas e de resíduos industriais. Estes são empréstimos com menor risco de incumprimento do que outros de empresas semelhantes que se dediquem a actividades com maiores riscos ambientais e que, por isso, fazem com que sejam activos com maior valor. Além disso, o envolvimento do banco neste tipo de empreendimentos providencia-lhe ganhos de reputação e de imagem;

Financiamento de Projectos de Eco-Eficiência, ou seja, empresas que desejam aumentar a sua eficiência energética e de consumos de bens. Quando concedidos a empresas que já são suas financiadas fazem reduzir os riscos ambientais da carteira de créditos;

Investimentos Social e Ambientalmente Responsáveis (SRI) o que torna o investimento menos arriscado e gera ganhos de reputação e de imagem junto da opinião pública;

Actividades de Inclusão Financeira que, para além de angariarem novos clientes e criarem novos mercados, representam ganhos de reputação e imagem. Contribuem, ainda, para o progresso social justo e equilibrado, incentivando o empreendedorismo. Alguns exemplos são;

O micro crédito que consiste em conceder financiamento a empresários em nome individual e/ou a micro empresas. Destina-se a uma classe menos privilegiada de clientes que, tradicionalmente, não tinham acesso a este tipo de produto;

As micro finanças que alargam o conceito anterior oferecendo, à mesma classe de clientes, outro tipo de produtos e serviços, tais como o acesso à cobertura do risco de taxas de câmbio, a soluções de gestão de tesouraria e a seguros;

Acções de educação financeira que têm, como objectivo, fazer com que clientes menos informados conheçam e percebam todo o tipo de produtos e serviços financeiros oferecidos, contribuindo para uma utilização responsável dos mesmos;

Créditos em condições favoráveis a projectos social e/ou ambientalmente responsáveis. Por exemplo:

Projectos que tenham como objectivo a produção, distribuição ou utilização de energias renováveis;

Projectos que tenham como objectivo aumentar a eficiência energética e de consumos;

Projectos que tenham como objectivo a criação das condições necessárias para o respeito pelas regras de segurança e higiene no trabalho;

Fazer depender os spreads dos empréstimos para compra de viaturas automóveis do tipo e da quantidade de energia que consomem penalizando os que mais poluem e beneficiando os menos poluentes;

Atendendo aos principais sectores da economia Portuguesa, identificamos de seguida um conjunto de produtos financeiros que poderiam ser desenvolvidos pela banca nacional, e que teriam um impacte positivo no tecido empresarial português.

Sectores globais da economia	Alguns potenciais produtos
Produção e distribuição de electricidade, gás e água	Desenvolvimento de fundos em energia renovável; investimento em empresas de capital de risco no sector das tecnologias ambientais; Linhas de financiamento destinadas à implementação e/ou substituição de tecnologia tradicional por painéis solares e aerogeradores desde a microgeração a maior dimensão. Recurso à co-geração entre outras tecnologias que impliquem menores emissões de CO2 na sua utilização Seguros para fazer face à Directiva de responsabilidade ambiental
Construção	Discriminação positiva nos empréstimos a empresas de construção que apresentem políticas implementadas ao nível ambiental (particularmente a integração de medidas de sustentabilidade para além do cumprimento da legislação) Desenvolvimento de fundos de investimento imobiliário "verdes" Seguros para fazer face à Directiva de responsabilidade ambiental
Alojamento e restauração (restaurantes e similares)	Linhas de financiamento especificas para a Certificação da Gestão Ambiental de Hotéis e particularmente para a atribuição do rótulo ecológico
Transportes, armazenagem e comunicações	Seguros para carros híbridos Seguros para carros com menores emissões de CO2 Empréstimos para renovações da frota de empresas para veículos menos poluentes
Actividades imobiliárias	Desenvolvimento de fundos de investimento imobiliário "verdes"
Indústrias de pasta, de papel e cartão e seus artigos	Empréstimos para os proprietários privados desenvolverem a certificação florestal sustentável Seguros para fazer face à Directiva de responsabilidade ambiental
Turismo	Empréstimos com discriminação positiva no spread para empreendimentos com maior utilização de materiais recicláveis; energias renováveis, menores emissões directas e indirectas de CO2 por m2 e que respeitem a legislação relativa à classificação de áreas com interesse ambiental. Condições idênticas para infra-estruturas envolvidas na atribuição do rótulo ecológico. Seguros para fazer face à Directiva de responsabilidade ambiental

A incorporação dos riscos ambientais e sociais no crédito concedido

Os riscos sociais e ambientais representam um novo desafio para o sector da banca, não só devido às questões legais associadas com directivas comunitárias dirigidas às restantes empresas de serviços e indústria, mas com consequente impacte na banca, mas também devido às pressões da sociedade, investidores, analistas, fundos de pensão entre outros. Gerir os riscos ambientais e sociais, incorporá-los no seu modelo de Governance, constituiu hoje um dos principais desafios do sector bancário. Existem assim imensos exemplos, que nos mostram como estes temas têm vindo já a ser incorporados na gestão diária de muitos bancos internacionais.

Uma vez que desde 1999 existe o índice bolsista *Dow Jones Sustainability Index* onde apenas as empresas cuja gestão é realizada com fortes critérios ambientais, sociais e éticos são cotadas, tendo-se desenvolvido em Londres, o FTSE4GOOD em 2001, pode-se afirmar que existe o reconhecimento de que vários aspectos tradicionalmente não financeiros, passam agora a ter um risco monetário associado.

Este risco decorre da acção de diferentes *Stakeholders*, tais como:

O Estado, através da legislação (sobretudo a ambiental) que afecta o sector directa e indirectamente através da imposição de novas responsabilidades ambientais aos agentes económicos;

As Empresas, que assumem contigências (nomeadamente ambientais) cujos eventuais incumprimentos terão repercussões financeiras, nomeadamente na capacidade de cumprir as suas obrigações crediticiais;

As Famílias, que estão cada vez mais sensibilizadas para temáticas como o aquecimento global, a poluição das águas, os problemas na camada do ozono e os problemas sociais;

As ONGs, que podem provocar boicotes aos seus produtos ou aos produtos das empresas a que concederam créditos, com graves perdas na reputação e na imagem de marca;

A Comunicação Social, que pode influenciar negativamente a opinião pública sobre os bancos ou sobre as empresas a quem estes concederam créditos.

Todas estas potenciais pressões por parte dos *Stakeholders* identificados prendem-se, principalmente, com o risco ambiental associado ao investimento financiado. Ele pode surgir de 3 formas:

Risco financeiro associado à continuidade do negócio do cliente devido, por exemplo, a mudanças de legislação ou condições de mercado:

Potenciais custos que o banco possa ter por danos ambientais resultantes dos investimentos realizados pelos seus clientes (área de seguros);

Dano reputacional devido à associação entre impactes ambientais negativos e o banco.

O mercado financeiro tradicional e a integração dos factores ambientais e sociais.

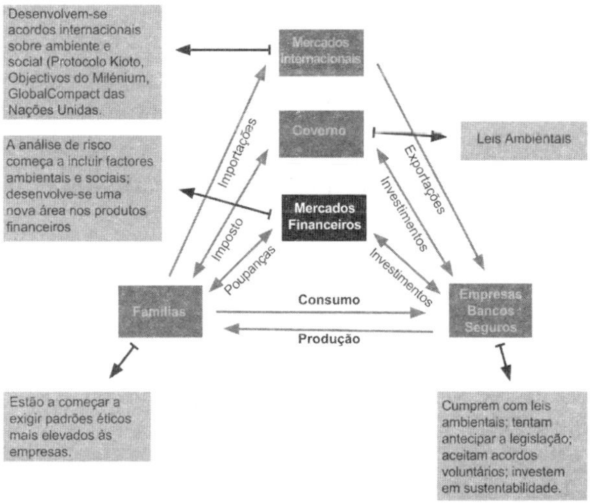

Fonte: Jeuken, "Sustainable Finance and Banking", 1998
Aspectos Ambientais adicionados por Sustentare

Como resposta à evolução das expectativas da sociedade global, onde os factores ambientais e sociais têm ganho cada vez maior importância, o mercado financeiro tradicional tem vindo também a incorporar esses aspectos de forma natural.

Tudo isto evidencia que os aspectos ambientais e sociais têm sido interiorizados pela economia internacional e pelos mercados financeiros, sendo-lhe reconhecido um papel simultâneamente de risco e de oportunidade de negócio. Assim, temos visto um forte movimento ao nível internacional na adopção de práticas que pretendem minimizar o impacte ambiental do financiamento concedido, e o impacte ecológico directo resultante das actividades operacionais dos bancos, e promover o bem estar social.

O que podem os bancos fazer

A actividade dos bancos e os seus resultados económicos dependem fundamentalmente de factores como a Performance Financeira, Satisfação das Expectativas, Reputação e da Licença para operar. Os aspectos ambientais e sociais constituem, antes de mais, novos factores de risco para o sector bancário. Estes riscos podem ser transformados em oportunidades de negócio através da criação de produtos e abordagens, que consigam atrair novos clientes e minimizar os novos riscos.

Pela criação desses produtos e serviços, os bancos têm a capacidade de influenciar comportamentos, uma vez que todos os agentes económicos necessitam de financiamento para consumo e investimento.

Essa capacidade de indução de comportamentos tem vindo a ser cada vez mais valorizada pelo mercado, sendo que, actualmente, os grandes líderes internacionais do sector têm políticas e produtos concretos sobre esta temática.

Os bancos podem assim transformar os novos riscos em novas oportunidades de três formas distintas:

Integrando as questões ambientais e sociais no seu *core business – Impacte ambiental indirecto e gestão do impacto social:*

- Desenvolvendo uma análise do risco ambiental dos empréstimos que concede: antes do empréstimo ser garantido; durante a sua existência; na altura da negociação em caso de não-cumprimento dos pagamentos; na sua liquidação.
- Criando novos produtos e serviços que permitam satisfazer as novas necessidades dos seus clientes e criar novos mercados.

Incorporando estes factores na sua gestão operacional – *Impacte ambiental directo e gestão dos colaboradores, fornecedores e clientes;*

- Aumentando a sua eficiência energética, racionalizando o consumo de bens.
- Promovendo o bem-estar social interno, através do seu relacionamento com os colaboradores e com os fornecedores.

Praticando a filantropia estratégica – *Ligação com a comunidade;*

- Através de mecenato, filantropia e apoios específicos, que têm em simultâneo dois objectivos distintos: obter ganhos de reputação e de imagem de marca e contribuir para o desenvolvimento da comunidade envolvente.

Atendendo ao contexto das preocupações em termos mundiais com as alterações climáticas e com os aspectos sociais, é expectável que o sector financeiro passe a ter um papel cada vez mais activo neste âmbito, podendo também, por esta via, criar um adicional factor de diferenciação que consiga atrair um conjunto de cidadãos e empresas, também eles com preocupações desta natureza.

ENTREVISTA A JOÃO SALGUEIRO

Im))pactus n.° 2 Nov-Dez 2004

Antevendo as grandes mudanças no sector bancário, provocadas pelas novas regras do acordo Basileia II, João Salgueiro explica porque irá existir uma relação obrigatória entre a aplicação destas novas regras e a gestão sustentável das instituições financeiras.

Im))pactus – A teoria económica neoclássica começa a ser questionada, uma vez que se diz que há outros valores intangíveis que falta acrescentar, como sejam a reputação, a ética e o impacte ambiental. Concorda?

João Salgueiro – Isso não é nada de novo. Adam Smith já tinha levantado esse problema logo à partida. O mercado não pode funcionar se não houver padrões elevados de qualidade.

I.: Mas acha que devem ser considerados?

J.S.: Sempre foram.

I.: E fazem?

J.S.: Fazem. Mas uma coisa é o que deve ser o comportamento individual e outra é a realidade. Já há muito tempo que sabemos que as coisas deviam ser diferentes, mas não são.

Quando agora dizemos, muito contentes, que devia ser assim, estamos a pensar que estamos a ter um avanço, mas estamos a colaborar com a inércia que vem bastante de trás. É como se agora descobríssemos que há um problema de mau funcionamento da justiça – há pessoas que dizem isso há dezenas de anos – ou que as normas ambientais deviam ser mais exigentes – também já se diz isso há muito tempo.

I.: Então como podemos dar a volta a esta situação?

J.S.: O problema maior de sustentabilidade que temos em Portugal é a falta de sustentabilidade do desempenho da administração pública. A nossa administração pública é insustentável. Estamos a atribuir culpas às empresas quando a origem disso é o mau desempenho da administração pública. Todos os governos alteram a orgânica do governo, criam novos organismos, alteram as designações, aumentam a confusão e passa o período do seu mandato e continua tudo na mesma.

I.: Mas como podemos resolver esta questão?

J.S.: Quando as pessoas acharem que já basta. Tem de haver uma ruptura com esta ineficácia da nossa administração. Nos sectores em que há concorrência, esta assegura algum controlo automático. Nos outros sectores, não há mais nada a fazer, a não ser exigir que seja assim. Os eleitores portugueses aceitam sucessivamente que as promessas eleitorais não sejam cumpridas e, depois, são capazes de se queixar dos efeitos disso. Mas onde está o problema maior? Está na falta de intervenção cívica dos eleitores portugueses.

I.: Na sua opinião, qual é o papel que a sustentabilidade pode desempenhar na economia nacional?

J.S.: O povo português tem uma frase que diz que "vale mais um pássaro na mão que dois a voar", e nós temos tendência para não resolvermos os problemas imediatos e pensarmos nos problemas do futuro. Quando falamos de sustentabilidade como se fosse uma coisa sofisticada, temos primeiro de resolver os problemas básicos. Não podemos falar em melhorar as leis, se as que temos não estão a ser cumpridas.

I.: Por um lado, precisamos de uma maior intervenção da sociedade civil. Mas considera que, do lado das empresas, os gestores já despertaram para a necessidade de não se preocuparem apenas com o aspecto financeiro, mas também social?

J.S.: É evidente que se preocupam com muitas outras coisas. Preocupam-se com a qualidade da mão-de-obra, do produto que produzem, com os concorrentes. O que um empresário não pode é estar a vender um produto que, por causa do combate à poluição, lhe fica mais caro, quando os concorrentes não estão a respeitar essas normas. Isso não está na mão dele. Isso não é um problema de preocupação. É um problema de regras de jogo. Há um conselho empresarial para o desenvolvimento sustentável em Portugal e há uma série de empresas que aderiram. Mas as regras não estão a ser cumpridas porque as autoridades não actuam.

I.: Na sua opinião, qual é o ponto da situação ao nível da banca?

J.S.: Na banca, estamos, neste momento, com uma transformação gigantesca, como está a banca em toda a Europa, que é a alteração das regras da supervisão. As normas *prudenciais* para o sector bancário estavam sujeitas a um conjunto de regras conhecidas como as exigências do acordo de Basileia. Essas regras vão ser alteradas e são conhecidas como Basileia II. Vai ser uma alteração gigantesca a nível da concessão de crédito – a principal actividade da banca – da transformação da poupança que é captada dos seus clientes em crédito de forma directa ou através de títulos, para particulares, para habitação, para consumo, para as empresas, para fundo de maneio, para investimento ou para o comércio externo. A actividade da banca é insubstituível e é um dos pilares de qualquer sociedade moderna. Gere a relação entre milhões de pessoas que querem preparar o seu futuro poupando e milhões de particulares e centenas de milhares de empresas que precisam de dinheiro para as suas actividades no presente e para *investir*. O crédito e a confiança que se estabelecem entre estes dois universos são a base do sector bancário. Isto, indirectamente, tem um grande papel na orientação da actividade económica: se os bancos dão mais crédito para a habitação e para determinados tipos de habitação, obviamente que os recursos do excesso de poupança se dirigem para esse tipo de desenvolvimento. De acordo com as regras de Basileia II, vamos dar o crédito em função da qualidade da actividade que é exercida. Até agora, isto não era exigido. Os riscos do crédito são cobertos com provisões e esses riscos eram medidos de uma forma média: os bancos tinham de pôr de lado 1% do capital que emprestavam, como garantia para os incumprimentos. Os bancos podiam fazer o seguinte raciocínio: se na média tiver 1% de incumprimento, não tenho problema, porque essa é a obrigação que tenho. Normalmente, não ia tão longe e acumulava-se uma reserva para os períodos piores. Agora, os bancos estão a ser obrigados a ter padrões sector a sector e caso a caso, porque as exigências de recursos próprios que têm de afectar à actividade de crédito variam com a qualidade do seu cliente. Portanto, vão ter todo o interesse em preferir os clientes melhores. O que os bancos em toda a Europa vão fazer é estabelecer métodos internos de *rating* para os seus clientes. Isto é um instrumento muito poderoso, que vai obrigar a exigir maior qualidade das actividades empresariais. Está aqui um passo gigantesco para a sustentabilidade das actividades económicas vir a ser mais assegurada com a colaboração da banca, porque esta vai ser obrigada a preferir as actividades que são mais sustentáveis.

A sustentabilidade do negócio tem a ver com vários tipos de padrões: com a sua capacidade tecnológica, com a economia de meios, de energia, de materiais, com a qualidade da mão-de-obra, com o *marketing*... Já vimos o que representa para uma comunidade o desrespeito por normas ambientais. Por exemplo, a integração da RDA na RFA mostrou os custos que estavam a ser acumulados desnecessariamente. As empresas da RDA tinham níveis de poluição e de desperdício elevadíssimos e essa é uma das razões por que a economia alemã tem tido dificuldades desde 1990.

Se o clima em que as empresas trabalham for mais transparente, o papel da banca é muito mais importante, porque estamos a avaliar situações que são reais.

Se houver situações de tolerância no desempenho fiscal, no desempenho laboral e ambiental, a actividade da banca está muito limitada, porque não nos podemos substituir aos fiscais.

I.: Na sua opinião, o sector bancário está preparado para este desafio? Digo isto porque, nos últimos anos, têm sido desenvolvidos trabalhos pelo Programa das Nações Unidas para o Meio Ambiente em que têm participado muitos bancos internacionais.

J.S.: Os Princípios do Equador são elementaríssimos. É, por exemplo, não emprestarem dinheiro a entidades que tenham trabalho escravo ou que estejam a destruir florestas protegidas. Acho que os bancos portugueses que estão a trabalhar com os países do terceiro mundo – até porque Portugal tem muito pouco envolvimento com países do terceiro mundo, com excepção dos PALOP – têm todo o interesse em respeitar estes Princípios do Equador, e penso que isso se vai generalizar a toda a comunidade bancária internacional.

I.: Considera que a banca nacional está preparada ou, pelo menos, está atenta a esta questão da sustentabilidade?

J.S.: Penso que o problema da sustentabilidade no sector bancário se põe em vários planos: na gestão da sua própria actividade, na concessão de crédito, na venda de produtos financeiros, recomendando empresas que tenham um comportamento correcto, mas, mais uma vez, é preciso que haja entidades reguladoras que controlem a transparência dessas empresas. Os bancos portugueses estão muito conscientes de que esta é uma época de grandes mudanças internacionais. Mas as Nações Unidas, para não dizer a União Europeia, têm um desafio gigantesco. Todos os países mais desenvolvidos defendiam a liberdade de comércio e a globalização da economia mundial, porque achavam que era a maneira das suas multinacionais conquistarem novos mercados. Antigamente, o que estava em causa era exportar para países tecnologicamente *menos* avançados. Quando se começa a tornar evidente que os países asiáticos começam a entrar na produção dos bens mais sofisticados, e que são gigantes demográficos, quando entram nas tecnologias modernas, surge um grande problema. E o problema da sustentabilidade, actualmente, não se está a colocar na devida dimensão. Porque salários mais baixos fazem parte das regras do jogo. Agora, quando eles próprios não respeitam normas de sustentabilidade, é necessário maior rigor no controlo do comércio internacional. Esse problema da sustentabilidade punha-se em termos das relações da Europa com a África. Essa lógica de definir um conjunto de princípios respeitadores de padrões elevados de desempenho moral era necessária e, nesse sentido, os Princípios do Equador foram importantes. Se calhar, os bancos que aderiram já os cumpriam, mas criam um padrão de desempenho mais exigente. E os bancos portugueses estão conscientes disso. O problema da sustentabilidade nas relações mundiais está posto neste momento no Oriente, é compatibilizar o desenvolvimento de grandes economias emergentes com as deslocalizações e o desemprego nos países industrializados. Estamos a falar de refinamentos morais, quando as bases da actividade económica estão a ser postas em causa. E, se a base económica não se mantiver, não são possíveis mais refinamentos, porque os países que vão entrar de novo na revolução industrial são menos exigentes do que nós estamos a ser *e pela sua dimensão podem vir a comprometer os padrões aceites na Europa.*

ENTREVISTA A JOÃO FREIXA

Im))pactus n.° 2 Nov-Dez 2004
Cepticismo sobre Mercado da Sustentabilidade

"Não acredito na necessidade de criar produtos específicos"

João Freixa, ex-presidente da Euronext, é contra a criação de produtos financeiros específicos com base em critérios de sustentabilidade, embora os investidores comecem a ter preocupações nessa área.

Im))pactus – Na sua opinião, como se justifica o aparecimento de uma área relacionada com a sustentabilidade nos mercados financeiros mundiais?

João Freixa – O tema da sustentabilidade ganha relevância e visibilidade pela noção que as empresas têm de que não se podem isolar do meio em que actuam, quer em termos sociais quer ambientais – penso que foi até pelo lado ambiental que a maior parte destas questões se iniciou. Do ponto de vista do sector financeiro, há uma série de iniciativas que dão tradução, do lado da prestação de serviços, a esse interesse, que é tanto das empresas como dos investidores. Encontra aí matérias como o desenvolvimento de índices específicos ou *ratings* de empresas quanto ao desempenho social e ambiental que contribuem depois para a criação de alguns produtos no sector financeiro.

Pessoalmente, não me parece que o sector financeiro, estritamente falando, tenha de ter um papel diferente dos outros intervenientes neste sector. Não sou um crente fervoroso na necessidade de produtos específicos para esta área.

I.: Porquê?

J.F.: A percepção que temos na Euronext é que, neste momento, são produtos de nicho e têm uma procura limitada. Imagino com dificuldade a criação de muitos produtos específicos nesta área, porque, não só são procuras muito focalizadas, como os critérios de seriação, ponderação, avaliação das empresas em matérias que são muito qualitativas são extremamente difíceis de definir. É preciso haver um padrão comummente aceite para fazer o *rating* de uma empresa quanto ao seu desempenho ambiental, por exemplo. E medir o seu desempenho social ainda é mais complexo. Além disso, quem investe cria, no seu processo de investimento, uma série de filtros. E aquilo que se vai adoptar cada vez mais é que esses filtros comecem a incluir também preocupações de natureza social, ambiental ou outras, como o desempenho ético das empresas. Acredito mais que esta área se desenvolva por esse lado, que o interesse em sociedades socialmente responsáveis se manifeste por critérios de filtragem dos investidores, do que pela criação de produtos financeiros específicos.

I.: Mas há mercados em que esses produtos já existem. Quando diz que o crescimento não será muito significativo, está a falar apenas a nível nacional ou também internacional?

J.F.: Internacional. Os dados que temos indicam que o volume do número de produtos financeiros associados especificamente a empresas que declaram estas preocupações, quer em termos do número de produtos quer em termos de volume de negócios que originam, é muito pequeno. São um nicho. Por isso, não acho que o desenvolvimento destas preocupações das empresas tenha de vir daí. Dizer que esperamos que as sociedades cotadas desenvolvam preocupações de natureza social e ambiental e introduzam práticas adequadas nessa área, e que isso dependa de um grupo específico de investidores que se interesse por essas empresas, acho que é muito limitativo, porque sociedades com grande impacte, como as produtoras de energia ou de exploração de petróleo ou outras desse tipo, são demasiado grandes para terem um grupo de investidores muito especializado. Preferia que essas empresas fossem objecto de um *screening* por parte desses investidores, que multassem as empresas que não têm um desempenho adequado e promovessem o crescimento das que o tivessem.

I.: Então em Portugal essa situação é ainda mais limitada...

J.F.: Claro que quanto menor é o mercado, mais difícil é o desenvolvimento desses produtos. Em Portugal, há vários índices de bolsa e, se olhar para o volume de negócios que geram, é muito difícil imaginar que fosse possível poder construir produtos financeiros para empresas cotadas que tivessem a prática e a demonstração de uma inserção social diferente das outras.

I.: No entanto, as bolsas de valores têm criado índices constituídos por acções de empresas com práticas sustentáveis. Qual é a sua opinião sobre o comportamento destes índices?

J.F.: Têm volumes de negócios relativamente pequenos. A nossa sensibilidade enquanto bolsa é que se tratam de produtos de nicho e que o desenvolvimento do sector não será feito por aí. A nossa posição é que devemos participar nessas iniciativas. Se criarmos a expectativa de que as empresas que se envolverem em práticas de crescimento sustentável vão ser premiadas com a presença num índice ou vão ter uns investidores especializados que se vão interessar por elas, acho que não vamos atrair tantas empresas quanto isso. Se, pelo contrário, acreditarmos que os investidores e os analistas vão incluir nos seus critérios de triagem e avaliação das empresas as preocupações que estas tenham em matéria de desenvolvimento sustentável, acho que vamos ter um leque muito maior. Isto porque as empresas vão ter uma punição, se não tiverem essas práticas, e um prémio, se as tiverem.

I.: Quanto aos analistas financeiros portugueses, qual é o seu grau de conhecimento face aos novos desenvolvimentos na área da sustentabilidade do sector financeiro?

J.F.: Daquilo que conheço das práticas internacionais, a introdução de critérios de *corporate governance* é hoje relativamente comum – quase obrigatório – entre todos os analistas. A incorporação de critérios de avaliação de desempenho social ou ambiental é menos comum. É um trajecto que está ainda a ser feito e penso que em Portugal se passa o mesmo.

I.: Disse que um dos travões do desenvolvimento sustentável é a subjectividade na sua avaliação. Como podemos resolver isto?

J.F.: Há critérios. O que não há é critérios comummente aceites, porque os que conhecemos nas bolsas são, sobretudo, de natureza financeira e alguns também de apreciação qualitativa. A medição dos impactes das empresas é feita em momentos curtos, na bolsa há uma avaliação das empresas ao segundo. O impacte social das empresas só se mede em prazos muito dilatados.

I.: A União Europeia tem desenvolvido algum trabalho na área do Investimento Socialmente Responsável. Na sua opinião, quais são os principais benefícios que isso pode trazer para este mercado?

J.F.: O primeiro é a consciencialização – tornar as pessoas conscientes da necessidade de termos um mundo sustentável. O outro traduz-se em coisas práticas. É fazer discriminação positiva de fornecedores públicos ou empresas que concorrem a trabalhos públicos e que têm preocupações claras com o ambiente, as minorias raciais ou determinados segmentos da população, por exemplo.

A Importância da *Corporate Governance*

I.: Ultimamente, fala-se muito de *corporate governance*. Acha que esse debate pode contribuir para o desenvolvimento do investimento socialmente responsável?

J.F.: A *corporate governance* é uma matéria mais antiga nas preocupações das empresas. É um dos elementos da responsabilidade social das empresas e integra as suas preocupações. É um segmento particular desta matéria, que é a inserção social da empresa.

I.: Então vê com bons olhos o aparecimento do Instituto Português de *corporate governance*?

J.F.: Sem dúvida. Aparece com algum atraso, mas é bem-vindo e é útil que tenhamos em Portugal um fórum para debater esses assuntos e para adoptarmos aquilo que já são práticas comuns noutros países.

I.: Em alguns países, são os grupos religiosos ou os sindicatos que conduzem o desenvolvimento deste mercado. Quem é que em Portugal se poderia instituir com essa função?

J.F.: Preferia ver isto como um pacto entre as empresas e as sociedades e não como um campo para utilização de jogos de influências.

I.: O Reino Unido e a Holanda são os dois países europeus onde o investimento socialmente responsável mais tem crescido. Qual é a situação em Portugal?

J.F.: O governo inglês adoptou práticas de discriminação das empresas que tenham comportamentos a incentivar nesta área. Em Portugal, o governo nem sequer fez nenhuma declaração nesta área. O governo tem de dar o exemplo. Mas também tem a ver com aspectos culturais. Não é por acaso que, no Reino Unido e na Holanda, as pessoas têm preocupações sociais e ambientais muito mais arreigadas.

Mercado de CO_2 com Forte Potencial

I.: O mercado europeu das emissões de CO_2 começa no próximo ano. As instituições portuguesas já estão a criar produtos financeiros específicos?

J.F.: Sobre as instituições portuguesas, não sei. Sei que há vários mercados que se estão a organizar nessa área. O interesse da Euronext nessa área existe. Neste momento, há mercados informais já desenvolvidos em CO_2 e admitimos que possamos vir a ter algum papel nessa área.

I.: Considera que este é um mercado importante?

J.F.: Neste momento, não é, mas é um mercado que vai ter grandes taxas de crescimento. É um mercado global.

I.: E acha que as empresas já estão preparadas?

J.F.: Portugal tem obrigações, inclusivamente comunitárias, de fazer reduções de utilização de CO_2. Sei que as grandes empresas já estão preparadas para o fazer.

A SUSTENTABILIDADE NOS MERCADOS FINANCEIROS

Por João Soares e Rúben Barreto
Im))pactus n.º 2 Nov-Dez 2004

Os Valores "Tradicionais" do Paradigma Clássico e as Novas Exigências de Sustentabilidade

Longe vão os tempos em que a economia industrial orientada para a produção, tal como definida por Adam Smith na sua obra "Riqueza das Nações", marcava o ritmo competitivo do capitalismo "moderno". É certo que este conceito ainda impera, num mundo cada vez mais global, em que os valores económicos se curvaram ao poder do capital, alimentados pela lógica da sobrevivência, em torno dos valores tradicionais: preço, competitividade e eficiência.

Nos últimos anos, porém, desenvolveu-se um novo paradigma: o da sustentabilidade corporativa. Tal como referenciam Griffiths e Benn (2003)[1], "as empresas são instrumentos com fins sociais, formados dentro da sociedade, para realizar objectivos de utilidade social". Neste domínio, os objectivos de maximização de utilidade não se confinam aos accionistas, mas ao todo social no qual a empresa se insere. Sendo assim, o crescimento das empresas modernas assenta num desenvolvimento sustentado, orientado para o longo prazo, o que requer a integração de duas novas abordagens, complementares à realidade económica: a sustentabilidade social (humana e organizacional) e ambiental.

A Empresa, os *Stakeholders* e as Regras do Mercado de Capitais

Num primeiro olhar, a consciência que se forma no empresariado sobre este novo modo de actuação induz, desde logo, a ideia latente da exigibilidade de um maior nível de investimento, novas competências organizacionais e atitude pró-

---

[1] A. Griffiths e S. Benn, "Building Corporate Sustainability", *Organisational Change for Corporate Sustainability*, Routledge, London, 2003.

activa por parte dos gestores. É exactamente neste novo cenário que se "jogam" as principais "cartadas" da sustentabilidade.

São os próprios agentes do mercado de capitais a anteciparem oportunidades reais, como resultado deste novo modelo de gestão, conducentes à criação de valor numa simples óptica financeira de custo/benefício. Uma empresa que não actue no sentido da sustentabilidade enfrenta riscos que ameaçam a sua rentabilidade e valor. Entre outros, poderemos destacar os riscos de colocação em causa de licenças legais de operação, de ruptura na cadeia de suprimentos, de danos à imagem de marca, de boicotes por parte de consumidores e organizações ambientais, do pagamento de indemnizações e multas provocadas por externalidades negativas e, por último, da baixa motivação dos seus colaboradores e consequente redução de produtividade.

Segundo Edward Freeman[2], à luz da "teoria dos *stakeholders*", quanto mais fortes forem as relações com o meio envolvente à empresa, mais fácil será conhecer os verdadeiros objectivos do negócio, originando uma vantagem competitiva com reflexo directo no seu desempenho financeiro.

Em finanças, a redução de riscos conhecidos, reduzindo o custo de capital, conduz à criação de valor económico. Actuando numa base de racionalidade económica, os agentes financeiros beneficiam as empresas que actuam na salvaguarda das suas oportunidades, pela redução dos riscos globais de negócio e orientação para políticas de crescimento "saudável".

Por outro lado, a ideia de sustentabilidade pode funcionar como uma oportunidade adicional para as empresas sinalizarem o mercado. Num contexto de assimetria de informação entre gestores (*insiders*) e investidores (*outsiders*), a opção por políticas sustentáveis permite às "boas" empresas apresentarem sinais credíveis que as diferenciem, aos olhos do investidor médio, das organizações menos capazes, tornando-as mais competitivas em ambiente de selecção adversa.

Os *Players* dos Mercados Financeiros

Neste sentido, temos assistido, nos anos mais recentes, a uma progressiva consciencialização, entre os *players* dos mercados financeiros, da necessidade de considerar estes "novos" riscos de negócio no contexto dos mercados financeiros.

As principais instituições financeiras internacionais (bancos, corretoras, seguradoras, gestoras de activos, etc.) têm feito esforços comuns para encontrar

[2] R. E. Freeman, *Strategic Management: A Stakeholder Approach*, Pitman Books, Boston, Mass, 1984.

e estabelecer princípios e medidas concretas que conduzam a práticas responsáveis de investimento[3], conscientes da influência que o sector financeiro mantém nas políticas e processos empresariais, como *drivers* do desenvolvimento sustentável.

Todavia, não se trata apenas de saber o que pode o sector financeiro fazer pelo desenvolvimento sustentável, mas também o que uma actuação socialmente responsável pode proporcionar ao sector financeiro. Estamos na presença de um negócio que apresenta uma atractividade crescente para os mercados: o mercado europeu a retalho de Investimento Socialmente Responsável (ISR) já representa cerca de 12.2 biliões de dólares, enquanto o mercado europeu institucional de ISR poderá representar 336 biliões de dólares. Actualmente, cerca de metade das instituições financeiras europeias já oferece produtos de investimento baseados no ISR.

Ao nível da gestão de activos, foram sobretudo os fundos de pensões (cujas responsabilidades financeiras podem atingir prazos temporais dilatados) que mais rapidamente assimilaram a importância de investirem em empresas com visão de longo prazo.

Por tudo isto, a afirmação do ISR como opção estratégica de investimento criou nos investidores necessidades acrescidas de pesquisa de informação ambiental e social, para além da tradicional informação financeira e organizacional, de forma a melhor compreenderem a posição estratégica das empresas e sectores perante o desenvolvimento sustentável. Como consequência, e em paralelo com o desenvolvimento do ISR, têm surgido novas formas de análise e medição do desempenho das empresas, bem como das suas ameaças e oportunidades, nos domínios social (incluindo a *governance*) e ambiental[4]. A identificação e quantificação dos riscos não-financeiros passaram a fazer parte do processo normal de avaliação de uma empresa ou sector. Mas, apesar dos esforços desenvolvidos, há ainda um longo caminho a percorrer: a escassez de informação ambiental e social nos relatórios empresariais tem dificultado esta nova vertente de *research*; alguns agentes de mercado têm questionado as competências dos analistas financeiros na identificação e quantificação destes "novos" factores de risco, bem como a subjectividade dos critérios utilizados[5]; também a

[3] Por exemplo, a ONU e as principais instituições financeiras internacionais criaram uma iniciativa que procura estabelecer, até Setembro de 2005, uma aliança global dos investidores que conduza às melhores práticas de investimento.

[4] Exemplo disso é o *Carbon Disclosure Project*, solicitado ao *FTSE*, em 2002, por vários investidores institucionais, como forma de obterem informação sobre a emissão de gases das empresas e a importância das alterações climáticas no seu risco de negócio. Este projecto conduziu a uma nova medida: o *Carbon Sustainability Rating*.

[5] Por exemplo, Donald Schepers critica o uso de variáveis demográficas como *proxies* da diversidade dentro das empresas, o que, na sua opinião, pode associar erroneamente estes atribu-

pouca (ou nenhuma) coordenação entre analistas na criação de novas formas de análise, e a consequente diversidade de medidas, não facilita em nada a comparação do comportamento empresarial. É certo que não será simples quantificar, em termos puramente financeiros, todos os riscos de negócio, mas a pesquisa é necessária para reduzir a incerteza associada aos investimentos (se bem que não a pode eliminar por completo).

Por sua vez, as bolsas de valores têm criado índices accionistas constituídos especificamente por acções de empresas com as melhores práticas de sustentabilidade. Entre os índices de sustentabilidade, destacam-se o *Dow Jones Sustainability Index* (DJSI), criado em Setembro de 1999, e o *FTSE4Good Index Series*[6], tendo sido os primeiros a medir o desempenho das empresas que integram políticas de sustentabilidade na sua estratégia global. Estes índices possibilitam a quantificação e avaliação do desempenho das empresas face às oportunidades e riscos resultantes do desenvolvimento económico, social e ambiental, permitindo também a identificação e selecção das empresas mais atractivas do ponto de vista do ISR. Os índices acabam por funcionar como referências importantes para a gestão de carteiras sustentáveis, bem como a base para outros produtos financeiros oferecidos pelas casas de investimento a investidores que as procuram. Por outro lado, permitem às próprias empresas que adoptam estratégias de sustentabilidade a quantificação dos proveitos obtidos e dos riscos de negócio envolvidos.

A análise comparativa destes "novos" índices face aos "tradicionais" não permite ainda retirar conclusões objectivas[7]: por um lado, o DJSI, após ter conhecido, nos quatro primeiros anos (1999-2003), uma rentabilidade anormal significativa face ao mercado, manifestou, no último ano e meio, um desempenho inferior ao índice tradicional – o *Dow Jones Global Index* (Gráfico 1); por outro lado, o *FTSE 4 Good* obteve um desempenho superior ao *FTSE All-World Index*, especialmente nos últimos dois anos (Gráfico 2).

---

tos a determinados valores ou atitudes, na medida em que esta associação resulta da subjectividade do criador destas variáveis. D. Schepers, (2003), "A Critique of Social Investing's Diversity Measures", *Business and Society Review*, Vol. 108 (4), pp. 487-508.

[6] O *Dow Jones Sustainability Index* (DJSI) é constituído actualmente por 314 empresas, de 22 países, e o *FTSE 4 Good Index Series* constituído por 857 empresas, de 23 países.

[7] Esta comparação directa não permite o controlo de factores de risco adicionais, pelo que deve ser vista com cautela.

Gráfico 1

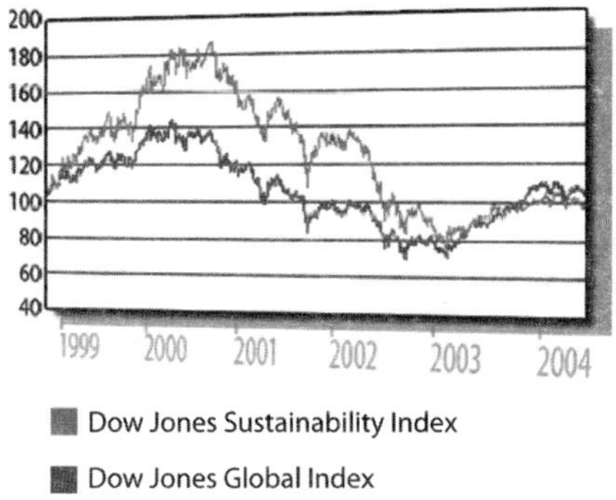

Gráfico 2

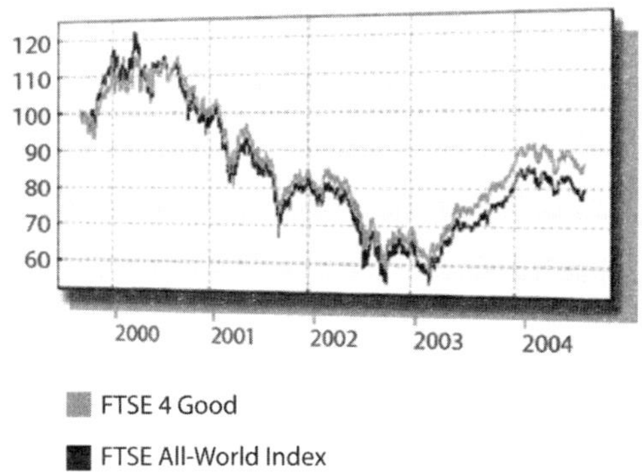

Fonte: FTSE

Esta ambiguidade de resultados serve essencialmente para lançar a questão: a sustentabilidade já se instalou na consciência do mercado? Apesar de contar já com vários seguidores, o ISR terá ainda de convencer parte da comunidade de investidores, sobretudo os mais especulativos, com visão de curto prazo, e os empresários detentores de empresas não cotadas em bolsa (com menores exigências de prestação de informação).

Acreditando na "mão invisível" do mercado, facilmente conseguiremos antever as tendências e os novos rumos que se aproximam. O próprio mercado, ditando regras como mecanismo disciplinador, e, em particular, os próprios accionistas/ /investidores, dominados pela lógica "economicista", exigirão empresas socialmente responsáveis, legitimando-as não só como veículos de desenvolvimento sustentável, mas também como solução de investimento criador de valor.

Economia "Tradicional"	Sustentabilidade Corporativa
•Orientada para o curto prazo;	•Orientada para o médio-longo prazo;
•Variáveis-chave: preço e produção;	•Variáveis-chave: preço, produção, qualidade, ética, transparência, protecção ambiental;
•Maximização da utilidade dos accionistas;	•Maximização da utilidade dos stakeholders: accionistas, clientes, investidores, fornecedores, trabalhadores, etc.;
•Sustentabilidade económica/financeira;	•Sustentabilidade económica, social e ambiental;
•Redução de riscos operacionais;	•Redução de riscos globais do negócio;
•Racionalidade económica.	•Bem-estar social.

INVESTIMENTOS SOCIALMENTE RESPONSÁVEIS

Por Paulo Saraiva
Im))pactus n.° 2 Nov-Dez 2004

Investimentos Socialmente Responsáveis: A Outra Face da Responsabilidade Social das Empresas

No actual cenário de desenvolvimento económico, tem vindo a aumentar a inclusão de critérios de ordem ambiental e social em complemento aos tradicionais critérios económico-financeiros. Tal facto deve-se à insustentabilidade dos padrões de consumo e de produção dos agentes económicos (*i.e.*, empresas, indivíduos, entre outros).

Esta abordagem à realidade económico-empresarial assenta no conceito de Desenvolvimento Sustentável introduzido em 1987 e que significa (sucintamente) proporcionar às gerações futuras pelo menos as mesmas opções que as existentes para as gerações actuais. Na verdade, qualquer decisão/escolha de todo e qualquer agente económico tem impactes a nível financeiro, a nível social e a nível ambiental. Destarte, os agentes económicos não podem dissociar as componentes social e ambiental da (tradicional) componente económico-financeira.

Não se trata de uma escolha em termos de detrimento de uma componente em relação à(s) outra(s), mas, sim, de uma relação de complementaridade entre estes três pilares da chamada Tripla Linha de Base da Sustentabilidade. Trata-se de uma mudança clara e inequívoca: passar da tradicional Linha de Base Económica (*i.e.*, o lucro) para a Tripla Linha de Base (*i.e.*, o lucro, a equidade social e a salvaguarda ambiental).

As empresas têm vindo a mostrar-se, pelo menos na teoria, sensíveis a esta mudança, integrando estes conceitos nas suas decisões e estratégias, optando, assim, por criar valor sustentável.

Referimo-nos a conceitos como Responsabilidade Social das Empresas (*Corporate Social Responsibility*), Governança Corporativa (*Corporate Governance*), Empresas Éticas, entre outros.

A Responsabilidade Social das Empresas

Ser uma empresa socialmente responsável significa essencialmente incorporar, nas suas decisões, estratégias, modo de operar/produzir, missão, valores/princípios, os três pilares da sustentabilidade.

As empresas são, antes de mais, entidades sociais, no sentido em que operam numa sociedade. A Responsabilidade Social das Empresas (RSE) é inerente às práticas diárias e, por ser parte integrante da própria empresa, não pode ser negligenciada nem evitada, sob pena de perda de valor corporativo. As decisões das empresas (*e.g.*: processos, conduta, políticas, decisões, resultados, etc.) têm um nível de responsabilidade, dado que provocam impactes ao nível dos *stakeholders* da empresa (incluindo a nível ambiental).

No entanto, e tradicionalmente, os responsáveis pelas empresas (não socialmente responsáveis) são responsabilizados somente perante os accionistas/ /investidores, sendo que a preocupação é a maximização do retorno económico-financeiro.

Apesar disso, os *stakeholders* não se resumem a estes dois grupos, são bem mais diversificados, o que implica que existem outros interesses (*i.e.*, diferentes *stakes*) para além do económico/financeiro. A questão prende-se com a tradução destes interesses em termos financeiros, pelo que a RSE é mais do que o retorno económico. Falamos de valores intangíveis, como: a marca, a reputação, as características dos produtos/serviços, as políticas de recrutamento (*e.g.*: existência de discriminação), o tratamento de resíduos, entre outros, que, se descurados, poderão implicar perdas de valor corporativo. Por exemplo: posteriormente ao acidente de Bhopal (Índia), a empresa *Union Carbide* (causadora das descargas de poluentes) perdeu cerca de 1 bilião de dólares em termos de capitalização bolsista (o equivalente a 28%).

Parece inquestionável que ser socialmente irresponsável poderá traduzir-se em perdas reais, pelo menos no médio-longo prazo, para as empresas. Por outro lado, ser socialmente responsável (o que, obviamente, implica custos – de mudança, de investimentos em melhorias de processos, por exemplo) traz benefícios, em termos de criação de valor no médio/longo prazo.

Além destes benefícios internos das empresas, existem outros agentes económicos que demonstram interesses explícitos em empresas socialmente responsáveis. Falamos dos investidores socialmente responsáveis, que procuram oportunidades de investimento (*i.e.*, empresas) que incorporem os três pilares da Tripla Linha de Base da Sustentabilidade.

Investimentos Socialmente Responsáveis

Os mercados financeiros têm vindo a refazer as suas exigências quanto à procura e oferta de produtos financeiros. É neste sentido que têm surgido inúmeras oportunidades de criação de produtos financeiros sustentáveis, não só do ponto de vista estritamente económico-financeiro, mas também socialmente responsável e ambientalmente seguro. Falamos, portanto, de Investimento Sustentável ou Investimento Socialmente Responsável (ISR).

Os investidores que procuram o ISR são guiados não só por motivos/necessidades financeiras, mas também por princípios éticos, ecológicos e sociais. Não se deve nem se pode confundir ISR com caridade, pois, como o nome indica, ISR é, antes de mais, investimento, logo, implica um retorno financeiro.

Estudos científicos têm demonstrado que, na generalidade, o ISR apresenta um retorno financeiro pelo menos igual (nalguns casos, superior) ao do investimento não socialmente responsável (o tradicional), com diferenças em termos de volatilidade não muito significativas.

O ISR está ligado a fundos de investimento (socialmente responsável) e também à gestão dos fundos de pensões. Por exemplo, o maior fundo de pensões dos Estados Unidos (o *Calpers*) utiliza critérios de sustentabilidade na gestão dos seus activos, isto é, na forma e no local de investimento desses activos.

Por todo o mundo, este tipo de investimentos tem vindo a crescer. Em termos de valores, na Europa, em 2003, o ISR de cariz institucional apresentava um valor superior a 330 biliões de euros. Nos Estados Unidos, os fundos de ISR representavam cerca de 2 triliões de euros, em 2003. De salientar ainda que este valor representa cerca de 11% do total do mercado de investimentos nos Estados Unidos e cresceu (desde 1995) 240%, valor bastante significativo, quando comparado com o do total do mercado (174%).

Métodos de ISR

Em termos sucintos, existem quatro tipos de métodos de Investimento Socialmente Responsável:

1. Filtragem;
2. Melhor da Indústria/Sector;
3. Influência Accionista;
4. SROI.

O método da "Filtragem" (ou *Screening*) consiste na inclusão ou exclusão de empresas num fundo/*portfolio* de investimento (respectivamente, *um screening* positivo ou negativo), de acordo com critérios previamente definidos pelo investidor socialmente responsável. No fundo, é a aplicação de filtros (os *screens*) pelo responsável do *portfolio* de ISR (por exemplo, a inclusão/exclusão de uma empresa que seja socialmente responsável/irresponsável).

Este método é o mais utilizado pelos investidores socialmente responsáveis, não deixando de transmitir um elevado grau de subjectividade (pois é o investidor que decide se a empresa cumpre os critérios inicialmente definidos para a inclusão/exclusão).

No método "Melhor da Indústria/Sector" (ou *Best in Class*), pretende-se a escolha da(s) empresa(s) que demonstre(m) a melhor *performance*, em termos sustentáveis, numa determinada indústria. Por exemplo, o Banco *Sarasin* da Suíça desenvolveu uma ferramenta de trabalho para aplicação deste método, cruzando informação entre empresas da mesma indústria e entre indústrias.

Relativamente ao método "Influência Accionista" (ou *Shareholder Activism/ /Engagement*), muito comum nos Estados Unidos, consiste em investimentos em empresas para, através de resoluções ou votações nas assembleias de accionistas, se alterarem escolhas, estratégias e/ou decisões dessas empresas para outras mais socialmente responsáveis.

O último método aqui focado é o "SROI" (ou *Social Return on Investment*), que é baseado no tradicional *Return on Investment* (ROI) e pretende calcular o valor de uma empresa (ou de um investimento) através da tradução dos impactes sociais e ambientais em unidades monetárias. Utilizando técnicas usuais das finanças empresariais e informação quantitativa, procura-se calcular os *cash-flows* das empresas segundo os critérios da sustentabilidade.

Independentemente da escolha, podemos verificar que há grandes diferenças em relação à tradicional análise puramente financeira, em que, usualmente, se dá relevância ao retorno, risco e maturidade dos produtos financeiros.

A existência destes métodos, por outro lado, levou à criação de índices de sustentabilidade, compostos por empresas que são socialmente responsáveis. Um exemplo é o grupo de índices *FTSE4Good*, do Grupo FTSE, lançados em 2001 e focalizados na RSE e no ISR. As empresas que fazem parte destes índices têm de demonstrar que seguem critérios de sustentabilidade.

Como podemos verificar na figura (ver gráfico), entre 2001 e 2003, o número de empresas cresceu mais de 17%, sendo que, nos últimos dois anos, os critérios de admissão foram reforçados em termos de aspectos ambientais e sociais.

Essencialmente, tornou-se mais exigente a admissão de empresas no *FTSE4Good*, pois era necessário um maior cumprimento de determinadas características relacionadas com a sustentabilidade.

Conclusão

As questões da sustentabilidade estão comummente relacionadas com o cenário económico-empresarial via conceitos (e sua operacionalização) tais como: Responsabilidade Social das Empresas, Códigos de Ética e *Corporate Governance*. No entanto, o aspecto financeiro tem demonstrado outra sensibilidade para estas questões, através dos Investimentos Socialmente Responsáveis.

As empresas que incorporam a RSE deverão ter em conta os benefícios de poderem ser potenciais alvos de investimento por parte de investidores (individuais e empresas) socialmente responsáveis.

Os valores e taxas de crescimento, em conjunto com os benefícios e desenvolvimentos nesta área (*e.g.*: índices de sustentabilidade), levam a crer que estas questões vão muito além de uma "moda passageira".

Na verdade, há ganhos que as empresas e demais agentes económicos não devem (nem podem) ignorar, se pretenderem ser (sustentavelmente) competitivas nos respectivos mercados de actuação.

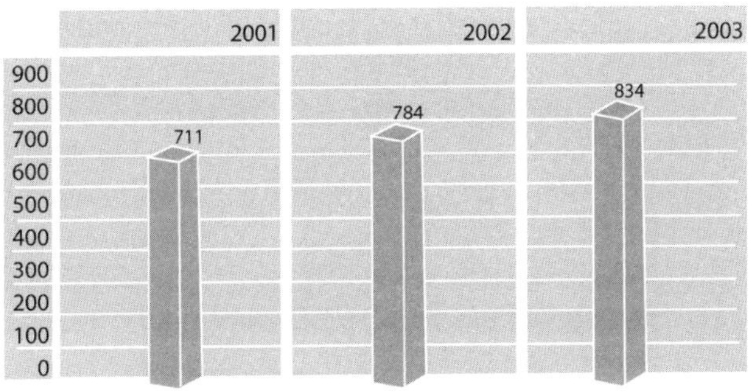

Número de empresas cotadas no FTSE4Good Index

A IMPORTÂNCIA DOS MERCADOS FINANCEIROS COMO *DRIVERS* DA SUSTENTABILIDADE

Por Shami Nissan
Im))pactus n.° 2 Nov-Dez 2004

Shami Nissan é *managing director* da *Innovest Strategic Value Advisors*, em Londres.

Durante os últimos anos, temos testemunhado, na Europa um rápido crescimento do chamado Investimento Sustentável ou Investimento Socialmente Responsável (ISR), estimando-se que este mercado atinja os 336 mil milhões de euros. Tradicionalmente, o mercado de ISR tem-se centrado nos fundos "éticos" ou "verdes", mas cada vez mais investidores institucionais e gestores de fundos estão a adoptar os princípios do ISR e a aplicá-los à maioria das suas estratégias de investimento. Com um crescente número de investidores a incorporarem os factores de ISR nas suas decisões de investimento, poderemos vir a testemunhar o potencial dos mercados financeiros como *drivers* da sustentabilidade.

Um exemplo recente e decisivo da forma como a comunidade financeira se está a comprometer com a agenda da sustentabilidade é a publicação, em Junho passado, da *United Nations Environment Programme Finance Initiatives Group* (UNEP-FI). Esta publicação foi elaborada por um grupo de 12 gestores de fundos, representando 1.6 triliões de dólares de activos. A publicação, intitulada "The Materiality of Social Environment and Corporate Governance Issues" (www.unepfi.net), expressa o reconhecimento público, por parte das principais instituições financeiras mundiais, de que as componentes ambiental e social do desenvolvimento sustentável, bem como o factor económico, devem estar no centro dos critérios de decisão ao nível do investimento e dos mercados. Este documento tem por base 11 análises sectoriais realizadas por analistas financeiros, sendo que o primeiro estudo relaciona o impacte financeiro ao nível ambiental, social e corporativo na gestão de *portfolio* de vários fundos de investimento.

Outro exemplo importante, que revela que as instituições financeiras podem ter um papel importante no desenvolvimento sustentável, é dado pelos Princípios de Equador. Os Princípios de Equador (www.equator-principles.com) fornecem uma matriz voluntária para as instituições financeiras gerirem os assuntos ambientais e sociais relacionados com os seus projectos de investimento. Os princípios foram adoptados por 10 bancos há cerca de um ano, e hoje englobam cerca de 25 instituições, de 14 países. Algumas das instituições que aderiram a estes princípios são o *ABN AMRO*, *Citigroup*, *HSBC*, *UniBanco* e *BBVA*.

A Avaliação do Valor dos Intangíveis Realizada pela Innovest

Apesar do crescimento da indústria do ISR e da confirmação por parte do *UNEP-FI Group* que os factores não-tradicionais devem ser incorporados nas decisões de investimento, apenas uma fracção muito pequena dos activos sob gestão é gerida de uma forma responsável (entre 1% a 3%, dependendo das definições utilizadas). Porquê? Um dos obstáculos mais citados ao desenvolvimento do ISR é a falta de dados empíricos que relacionem a *Corporate Social Responsibility* (CSR) com o desempenho financeiro.

No entanto, as evidências estão a crescer e, entretanto, tem-se tornado evidente que a maioria dos investidores pioneiros e pró-activos estão preparados para investir, tendo como base a convicção de que a CSR pode fortalecer o valor do accionista. Além do mais, existem poderosas "megatendências" globais que irão aumentar o prémio do ISR. Algumas dessas "megatendências" são:

- Maiores exigências nos regulamentos nacionais, regionais e globais sobre o desempenho da empresa e a análise de riscos de negócios considerados como "não-tradicionais";
- Aumento da evidência da ligação existente entre o desempenho da empresa ao nível ambiental, social e de governação e a sua competitividade, rentabilidade e desempenho do preço das acções;
- A globalização e a intensificação do investimento industrial e institucional, principalmente nos mercados emergentes, é um facto que irá aumentar o nível de risco proveniente dos factores "não-tradicionais", quer para as empresas quer para os investidores;
- As alterações demográficas dos consumidores e investidores, que aumentam o risco associando ao desempenho ambiental, social e de governança da empresa;
- A crescente pressão de organizações não-governamentais internacionais apoiadas na existência de recursos, credibilidade e capacidades de comunicação à esfera global, que têm vindo a mostrar um interesse crescente pelo desempenho das empresas nestes assuntos.

Sendo uma empresa de estudos e de consultoria, o negócio principal da *Innovest* é a análise do valor subjacente aos *drivers* não-tradicionais, focando a análise do seu impacte no desempenho da acção cotada em bolsa. Os estudos da *Innovest* são usados por instituições financeiras, no processo de decisão dos investimentos que realizam, e têm por base a convicção de que a gestão dos riscos e oportunidades ao nível ambiental, social e governativo tem um impacte na competitividade, rentabilidade e desempenho financeiro de longo prazo. Assim, o desempenho de uma empresa no âmbito da CSR é considerado como um indicador robusto acerca da qualidade da gestão da empresa.

As análises de sector elaboradas pela *Innovest* fornecem informação sobre as ligações existentes entre os indicadores de CSR e o desempenho da acção da empresa. No caso do sector florestal e dos produtos do papel, a *Innovest* concluiu que empresas com níveis de governança ambiental e sistemas de recolha de dados ambientais também acima da média tiveram um comportamento financeiro melhor em cerca de 43% (4,300 pontos base), em relação a outras empresas com valores abaixo da média. Este facto ocorreu entre Março de 1999 e Março de 2003 (ver figura). Têm também sido encontradas ligações semelhantes noutros sectores.

Variação anual do total do retorno por parte das empresas líderes versus empresas seguidoras, no sector da floresta e dos produtos de papel, de 1999 a 2003

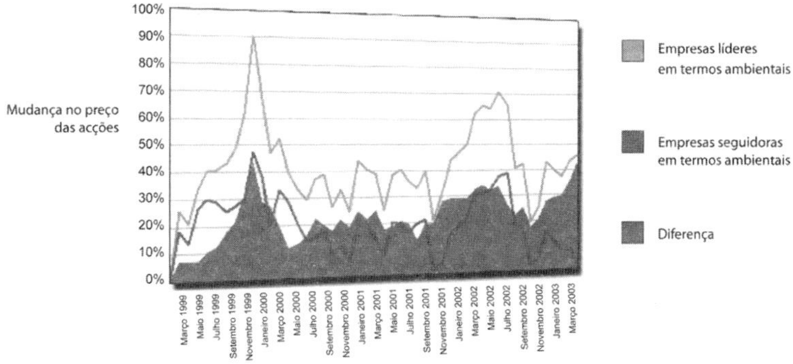

Nota: Os valores e resultados são baseados em informação que é propriedade da Innovest.

O Futuro do ISR

Olhando para o futuro, espera-se que o ISR cresça globalmente a nível institucional. Um estudo recente da Deloitte and Touche concluiu que 79% dos gestores de fundos e analistas europeus acreditavam que a gestão de riscos ambientais e sociais é positivo para o negócio. Um outro estudo recente da Morgan Stanley concluiu que empresas com um bom desempenho de CSR têm resultados financeiros superiores, em cerca de um quarto, aos de outras empresas da mesma dimensão e sector, por mais de quatro anos, tendo levado este banco a aumentar a sua dedicação e alocação de recursos à análise destes assuntos.

Outras tendências futuras associadas ao ISR incluem uma mudança contínua na integração da análise da CSR e de factores não-tradicionais na maioria dos processos de decisão de investimento. Podemos, igualmente, esperar ver o sector dos *brokers* dar mais atenção ao ISR, com os analistas do lado da venda a terem um posicionamento cada vez melhor ao nível da informação pedida pelos seus clientes gestores de fundos. Existem sinais de que o ISR será aplicado a classes de activos em vez de acções individuais cotadas, às quais tem estado, quase exclusivamente, associado. Por último, estima-se que, actualmente, um décimo de 1% de activos de ISR é investido nos mercados emergentes. Paradoxalmente, os riscos que a CSR procura identificar são tipicamente maiores nessas economias e, como tal, existe ainda uma maior razão para a inclusão da análise de CSR na avaliação global do valor dessas empresas. Os investidores estão lentamente mais preparados para direccionar o ISR para os mercados emergentes; na realidade, em Agosto de 2004, ocorreu o lançamento do primeiro fundo emergente de ISR, resultado de uma *joint venture* entre a Rexiter e a Innovest.

A SUSTENTABILIDADE
NO SECTOR DA CONSTRUÇÃO

O PAPEL DO SECTOR DA CONSTRUÇÃO NO COMBATE ÀS ALTERAÇÕES CLIMÁTICAS

Por Eloísa Cepinha
Janeiro de 2006

Apesar das mais recentes publicações em matéria de alterações climáticas, no ano passado foram publicados diversos artigos científicos e outros estudos do mesmo cariz, com o objectivo de fustigar todos aqueles que defendem que o aquecimento global resulta, em grande parte, da actividade humana[1].

A grande questão que hoje se debate gira em torno de alguns argumentos que provocam um debate interessante: por um lado, nos últimos tempos fomos habituados a tomar conhecimento de relatórios, livros, filmes e várias peças de comunicação que nos alertavam para o facto do aquecimento global e das alterações climáticas serem causados, quase exclusivamente, pelas actividades humanas. Por outro lado, têm sido recentemente trazidos para as agendas internacionais, outros documentos[2] que, através de declarações de diversos cientistas e especialistas nesta área, atacam seriamente estas teorias deixando bem claro que a causa principal das alterações climáticas está directamente relacionada com as variações da actividade solar. Assim, tão simplesmente.

De qualquer forma, o debate está lançado e apesar desta ultima teoria se apoiar no facto de se verificar a mesma situação noutros planetas, como é o caso de Plutão ou Júpiter (que em 2006 sofreu uma tempestade, que se acredita terá provocado uma alteração climática no planeta (um aumento da temperatura de aproximadamente 10.°C).

No entanto, nós vivemos no planeta Terra, e é nele que experimentamos estes fenómenos e embora nem todas as causas do aumento da temperatura possam ser de cariz antropogénico, acreditamos que muitas delas, pelo menos, o são.

---

[1] Mais referências podem ser encontradas em *Centre for Research on Globalization* (www.globalresearch.ca)

[2] Recentemente foi apresentado no Canal 4 do Reino Unido o documentário "The Great Global Warming Swindle" (cuja tradução será: "A Grande Burla do Aquecimento Global").

O estudo que a Sustentare tem vindo a desenvolver[3] centra-se na contribuição do sector da construção (definido como as actividades de construção em si e a operação/utilização de edifícios residenciais e de serviços, sem no entanto contabilizar a energia incorporada nas matérias-primas ou necessária para as produzir) para o total das emissões nacionais de CO_2 (principal gás com efeito de estufa) e em quanto essas emissões podem ser reduzidas, com uma sinergia de actuações entre os diversos *players*: os sectores da construção e da promoção imobiliária, os consumidores na sua generalidade, o sector bancário e os agentes governamentais.

Breve caracterização do cenário energético português

A intensidade energética[4] da União Europeia (a média dos 25 estados-membros) é de cerca de 200 kgep/1.000 € (quilogramas equivalentes de petróleo por mil euros de PIB). Portugal apresenta uma elevada intensidade energética, registando um valor de aproximadamente 250 kgep/1.000 €, o que significa que, comparativamente a outros países, a energia consumida por unidade de riqueza gerada é superior à média europeia.

A elevada dependência energética do exterior é outro dado que caracteriza o cenário energético português: em 2005, quase 89% da energia final consumida em Portugal foi importada. Em termos europeus, a média de dependência energética dos 25 países da União Europeia ronda os 50%, de acordo com os dados da *Eurostat*, sendo que Portugal apresenta uma taxa média de 80%.

Por outro lado, entre 1990 e 2005, o consumo de energia final em Portugal aumentou mais de 61%. Mais de 71% das fontes de energia importada tiveram como origem o *fuel* (petróleo), o que significa que Portugal está a importar grandes quantidades de um tipo de energia não renovável e altamente poluente (sobretudo devido à queima deste combustível para transformação noutras formas de energia). A aposta nacional em energias renováveis tem vindo a crescer, mas em 2005 estas representavam apenas cerca de 9% do consumo final de energia em Portugal.

---

[3] Para obter mais pormenores acerca do estudo consulte (www.sustentare.pt/confcontrucao_home1.html)

[4] Fórmula de cálculo do Indicador de Eficiência Energética do país: divisão do consumo de energia pela riqueza gerada (PIB). Fonte: Eurostat

Peso do consumo energético do parque edificado português

Analisando o consumo sectorial de energia final em Portugal, verificamos que o sector dos transportes é o que mais consome energia (cerca de 35%, em 2005), seguido das indústrias transformadoras (quase 28%, em 2005), do sector de serviços e do sector residencial (respectivamente com 13% e 17%, nesse mesmo ano). Em 2005, o sector "construção" (edifícios de serviços, edifícios residenciais e operações de construção) foi responsável por mais de 34% do consumo energético final em Portugal. Entre 1990 e 2005, estes sectores sofreram os maiores aumentos do consumo final de energia (comparativamente aos outros sectores de actividade), registando aumentos na ordem dos 23,6% (sector residencial), 222,1% (sector de serviços) e 118,3% (sector da construção).

Emissões de carbono do edificado português

Quando este consumo é traduzido em emissões de carbono (directas e indirectas), a tendência mantém-se. Em 2004[5], estes três sectores de actividade (residencial, serviços e construção) registaram emissões de CO_2 na ordem das 19,85 Mt (milhões de toneladas), mais de 31% do total de emissões nacionais desse ano, de acordo com os inventários nacionais de emissões disponíveis no Instituto do Ambiente.

Nos sectores residencial e de serviços, a maior parcela destas emissões deve-se ao consumo indirecto de energia, em actividades de iluminação, aquecimento e arrefecimento de espaços interiores e na utilização de equipamentos, pelo que se pode concluir que a melhoria da eficiência energética dos edifícios (com recurso a medidas de melhoria do desempenho térmico e de iluminação natural em detrimento de iluminação artificial) será indutor de uma redução significativa destes consumos de energia e, consequentemente, das emissões de carbono.

Projecções de emissões de CO_2 no edificado português

As medidas acima citadas estão previstas nos novos regulamentos nacionais, nomeadamente no Regulamento das Características de Comportamento Térmico de Edifícios (RCCTE) e Regulamento dos Sistemas Energéticos e de Climatização de Edifícios (RSECE), além de outras medidas adicionais cuja

---

[5] Último ano para o qual se encontraram dados disponíveis acerca da inventariação nacional de gases com efeito de estufa – *National Inventory Report* (em www.iambiente.pt)

implementação se encontra ao abrigo do Programa Nacional para as Alterações Climáticas (PNAC), como o Programa Água Quente Solar para Portugal, o Programa E4 – Energias Endógenas e Produção de Electricidade a partir de Energias Renováveis e medidas de aumento da carga fiscal sobre o gasóleo de aquecimento.

O Centro de Estudos em Economia da Energia, dos Transportes e do Ambiente (CEEETA) tem vindo a estudar as projecções do consumo de energia destes e de outros sectores de actividade, face às expectativas de crescimento económico e demográfico do país (entre outras variáveis incluídas no cálculo destas projecções). Para estimar estas projecções o CEEETA considera sempre dois cenários de cumprimento da aplicação destas medidas – o cenário alto e o cenário baixo – face ao cenário "business as usual", sem a aplicação de medidas de redução de consumos.

Estes cenários projectam a evolução das emissões tendo em conta algumas medidas sectoriais propostas ao abrigo do PNAC 2006 e adoptadas pelo Governo Português. No cenário alto, as medidas de redução dos consumos previstas para os sectores residencial e de serviços poderão permitir, no horizonte de 2020, a redução de cerca de 6,98 Mt de CO_2. Por outro lado, mesmo no cenário baixo, as medidas de redução dos consumos poderão permitir uma redução de 5,97 Mt de CO_2.

Contributo do edificado sustentável para o cumprimento do Protocolo de Quioto

Dado o actual cenário energético português, será difícil a Portugal cumprir com as metas estipuladas no Protocolo de Quioto, que permitia o aumento – até 2012 – de 27% do total das emissões registadas em 1990, valor que entretanto já foi alcançado em 2001. Para complementar as medidas de redução das emissões (previstas ou já implementadas), foi constituído um fundo – Fundo Português de Carbono – com o objectivo de fazer face às despesas decorrentes da aplicação de coimas por incumprimento deste mecanismo. Este fundo foi estimado com uma base de 12 euros por tonelada de carbono emitida, o que resulta num orçamento de 348 milhões de euros (até 2012), de acordo com as estimativas então feitas pelo Governo para adquirir licenças de emissão correspondentes a cerca de 5,8 Mt CO_2/ano.

Um dos problemas deste fundo é que se encontra claramente subestimado, tendo em consideração que as estimativas mais recentes de *European Union Allowances* (EUA) se situam já em valores acima dos 20 euros por tonelada[6].

[6] Para obter mais informações consulte: www.pointcarbon.com

Com este valor indicativo, seria necessário que Portugal dispusesse até 2012 de um orçamento de 696 milhões de euros, sensivelmente o dobro do previsto, face às projecções de aumento das emissões. De acordo com as projecções de consumo de CO_2 nos cenários alto e baixo realizado pelo CEEETA, a introdução de melhorias previstas pelos planos e instrumentos governamentais permitirá que o parque edificado português possa reduzir entre 5 a 7 Mt de emissões de carbono até 2020 (no cenário baixo e alto, respectivamente).

Em termos financeiros, esta redução poderá situar-se entre os 119 e os 140 milhões de euros (face ao valor de 20 euros por tonelada). A valorização financeira das medidas promotoras de uma maior eficiência energética no parque edificado português poderá ser um contributo importante para o cumprimento dos objectivos traçados pelo Protocolo de Quioto. Uma contribuição que poderá ter impacte no desenvolvimento económico de outros sectores, se considerarmos a flexibilidade que poderá introduzir nos tectos de emissões dos sectores abrangidos pelo Protocolo de Quioto.

Além disso, e apesar de não ser abrangido directamente pelo Protocolo de Quioto, o sector da construção, na forma como é aqui entendido, pode realmente contribuir para a redução das emissões nacionais; pode também ajudar outros sectores que não conseguem reduzir as emissões sem perder produtividade e competitividade. O próprio consumidor terá vantagens em dispor de edifícios mais sustentáveis (pelo menos do ponto de vista energético, porque obviamente terá uma factura mensal menor) e o sector em si ganha muito mais competitividade pelo desenvolvimento de um produto diferenciador e de maior qualidade (que não tem necessariamente de ser mais caro).

Apesar da legislação que obriga à certificação energética já existir, é necessário que o Governo dê mais incentivos para que os edifícios não sejam construídos de acordo com a classe mínima de eficiência, mas sim com a melhor possível (classe A ou B) – o que poderia ser feito através de uma hierarquização dos impostos pagos pela empresa, ao estado, de acordo com a classe dos edifícios construídos. E esta é uma questão que interessaria a todas as empresas de construção, uma vez que mais de 10% do seu volume de negócios anual se destina a impostos.

No caso dos consumidores, estes precisam de ser informados acerca das opções que têm à sua disposição, que investimento inicial necessário para ter um edifício mais eficiente do ponto de vista energético, quais os benefícios fiscais dessa opção e em quanto tempo podem recuperar o seu investimento.

Um outro agente muito importante é o mercado financeiro (bancos e seguradoras). Um estudo da *Sustentare*[7] mostrou que num universo de 1.200 consu-

[7] Para obter mais informações consulte: http://www.sustentare.pt/sustainablefinance1.html

midores particulares, cerca de 70% estariam dispostos a optar por casas energeticamente mais eficientes (mesmo que mais caras) se as taxas de juro e os seguros a aplicar a este tipo de edifícios fossem mais favoráveis.

O debate está lançado, os números estão à vista e as partes interessadas estão identificadas. Resta apenas conceber uma forma de as colocar a todas a dialogar para se chegar a formas de incentivo da "Construção" sustentável.

CIDADES EM BUSCA DA SUSTENTABILIDADE PERDIDA

Por Roger Mor
Im))pactus n.º 10 Jan-Mar 2007

Dentro de um ano, metade da população mundial, perto de 3.26 mil milhões de pessoas, viverá em cidades. Esta é a conclusão do relatório anual do *Worldwatch Institute*, "State of the World 2007: Our Urban Future", apresentado em Janeiro. O Homem torna-se assim, pela primeira vez na História, numa espécie essencialmente urbana. De acordo com o relatório, se não forem tomadas medidas de desenvolvimento prioritárias, acautelando a pobreza urbana massiva, metade de 1.1 mil milhões de habitantes – o número de pessoas que até 2030 se vão juntar à população mundial, ficará a viver em condições muito precárias. Este aumento populacional vem agravar um problema existente. É que as cidades de todo o Mundo, que ocupam apenas 0,4% de todo o território do Planeta, são as principais emissoras de carbono. E mais pessoas significam necessariamente mais emissão de carbono.

"A urbanização caótica e não planeada tem consequências graves para a saúde humana, e para a qualidade ambiental, contribuindo para a instabilidade social, económica e ecológica em muitas cidades", alerta o *Worldwatch Institute*. Dos actuais três mil milhões da população urbana, mil milhões vive em bairros de lata. Estima-se ainda que parte dela, 1.6 milhões, morra todos os anos devido à falta de água potável e condições sanitárias. Das 33 cidades mundiais que em 2015 terão mais de oito milhões de habitantes, 21 delas, próximas do mar, têm que enfrentar a subida do nível das águas decorrente do aquecimento global. O relatório diz ainda que todos os anos chegam aos subúrbios das cidades mais 60 milhões de pessoas (o equivalente à população da França). Um fenómeno que se acentua nos países em vias de desenvolvimento acelerado, como a China, a Índia, ou o Brasil. O estudo mostra que em África, actualmente, 35% dos africanos vivem em centros urbanos. Mas em 2030, serão cerca de 50% a viver em cidades.

Mas estão as cidades preparadas para receber todos estes milhões de habitantes? Poderão os centros urbanos comportar esses números sem que a qualidade de vida se degrade ainda mais? A resposta é imediata. Poucas são as cidades que estão preparadas para crescer a este ritmo. Para a maioria delas, a chegada de mais pessoas significa apenas o agravar de um problema já existente: a crescente falta de sustentabilidade.

Manuel Correia Guedes, doutorado em Arquitectura pela Universidade de Cambridge e professor no Instituto Superior Técnico, defende que é urgente "reduzir o fluxo migratório para os grandes centros urbanos e promover o planeamento sustentável das cidades". E explica como. "Para reduzir o fluxo migratório, os governos devem promover políticas de incentivo à fixação das populações nas áreas de origem, promovendo o seu desenvolvimento." Por outro lado, em termos do planeamento urbano sustentável, há que "primeiro de tudo, optimizar o uso do espaço urbano, com prioridade para a reabilitação, e gerir sabiamente as zonas de expansão da cidade, impondo também limites claros ao seu crescimento", clarifica o professor.

"Ao nível da edificação, mais uma vez, há que dar prioridade à reabilitação e promover o uso de estratégias de *design* passivo, de forma a minimizar o consumo energético, mantendo condições de conforto satisfatórias para o utilizador", acrescenta ainda.

Criadas sem grandes preocupações de sustentabilidade, a maioria das cidades do Mundo enfrenta sérios desafios decorrentes da chegada permanente de novas pessoas ao meio urbano.

Aliás o professor Correia Guedes destaca apenas três dos inúmeros problemas. "Por exemplo, a falta de uma política sustentável de gestão do tráfego automóvel pode resultar num aumento da poluição urbana, que pode ter consequências sérias na saúde dos habitantes, particularmente em crianças e idosos. A falta de aplicação de um planeamento urbano sustentável pode causar um crescimento descontrolado da cidade, gerando subúrbios insalubres, com elevadas taxas de criminalidade, como por exemplo as favelas no Rio de Janeiro. A construção de edifícios energeticamente não eficientes contribui para aumentar as emissões de CO_2 associadas ao aquecimento global, além de resultarem em maiores encargos económicos para os seus utilizadores", esclarece.

As cidades estão assim numa encruzilhada. Por um lado querem continuar a crescer economicamente, mas por outro têm consciência de que é preciso fazer alguma coisa para evitar uma maior degradação. A factura que se paga por causa da insustentabilidade das cidades levou a que este assunto ganhasse peso nas agendas mundiais. "Podemos dizer que nos últimos anos tem havido uma preocupação crescente em encontrar soluções realistas para este problema.

Por exemplo, a União Europeia tem apoiado e promovido importantes programas de cooperação na área do desenvolvimento urbano sustentável, como o *Asia-Link*, que visa criar parcerias de cooperação entre instituições europeias e asiáticas", diz.

Mas, apesar da tomada de consciência, pouco se tem feito.

"Os problemas têm sido postos em cima da mesa e estão definidos com alguma clareza, bem como as possíveis soluções para os mesmos, contudo, em termos de aplicação prática, as respostas são ainda embrionárias, essencialmente devido a causas de natureza política".

Retomando a questão do tráfego e da mobilidade, hoje em dia, a maior parte das cidades do mundo estão cheias de carros nas horas de ponta, o que já levou algumas cidades, como Londres ou Madrid, a criar medidas para restringir o trânsito em determinadas partes das cidades. Portagens ou estacionamentos bastante caros dentro das cidades tentam hoje dissuadir as pessoas do transporte privado. Fixar as populações nos centros das cidades e evitar o êxodo diário para as periferias também é uma solução viável para resolver este problema. Lisboa ilustra bem este problema de mobilidade e está continuamente a perder moradores para as periferias.

Em 2001, tinha 564 mil habitantes, mas em 2011 terá apenas 470 mil, e deverá ter sido ultrapassada pelo concelho de Sintra, com 480 mil habitantes. Segundo dados da União Europeia (UE), Lisboa é a capital da Europa que perdeu mais população. Em quatro anos, entre 2001 e 2005, de acordo com número oficiais do Instituto Nacional de Estatística, Lisboa perdeu 45 mil habitantes. Nos últimos dez anos, mais de 20% da população deixou de viver em Lisboa.

Ora, deslocar diariamente estas pessoas para o centro da cidade, para os empregos e serviços, tem elevados custos ambientais e sociais. Um problema que se acentua quando se recorre mais ao transporte privado do que ao colectivo. A especulação imobiliária, a falta de estratégias para segurar moradores são os principais causas para esta saída massiva das populações. A procura de casas mais baratas nas periferias faz com que os subúrbios das cidades cresçam insustentavelmente.

No portal da Câmara Municipal de Lisboa pode ler-se que "o concelho de Lisboa abrange uma área de 84 km^2 e a sua população residente total é de 556 797 habitantes (2001, Censos). A zona da Grande Lisboa ocupa cerca de 2.750 km^2 e conta com 2.1 milhões de pessoas, que diariamente se deslocam para a capital, constituindo uma população flutuante que lhe imprime uma dinâmica cosmopolita". Uma dinâmica também stressante para todos os que querem chegar ao emprego e enfrentam filas intermináveis de trânsito. As doenças ligadas ao stress, com todas as suas implicações a nível económico e social, tendem a crescer. A poluição, agravada pela ineficiência energética; as reviravoltas que o ordenamento do território leva, em função dos *lobbies*; a inexistência de espaços verdes; os sistemas de saneamento, incapazes de responder às necessidades e a crescente insegurança nas cidades exigem das autoridades medidas concretas e efectivas. Mas elas tardam em chegar.

Em Portugal, à semelhança de outros países, fala-se mais do que se faz. "Multiplicaram-se os programas de apoio à cooperação entre instituições da UE, particularmente em termos de ensino e investigação científica. Houve um aumento significativo da consciencialização dos problemas ambientais ao nível das populações. Houve bons exemplos de realização de planos urbanos com integração de preocupações ambientais, por exemplo o Programa Polis em Portugal. Há, contudo, ainda muito por fazer, em particular no caso dos novos países membros da UE, e na cooperação com países terceiros", defende Correia Guedes.

Tornar uma cidade sustentável é um trabalho que pode não ter fim. Segundo a Agenda 21, uma cidade sustentável deverá ser capaz de fazer um uso e ocupação racional do solo, um planeamento e gestão urbana, garantir habitação energicamente mais eficiente, a preservação do ambiente e garantir o saneamento, a água, a recolha e a reciclagem de resíduos. Em simultâneo, deverá ser capaz de fazer a reabilitação do património histórico, diminuir os impactos do crescimento no ambiente, promover uma relação entre a economia e o meio urbano e garantir uma rede de transportes eficiente.

A estes desafios há ainda quem acrescente, actualmente, que uma cidade sustentável tem de promover as relações interpessoais e a proximidade entre os habitantes.

A primeira ecocidade do Mundo

Algumas cidades, sobretudo na Europa do Norte, atempadamente decidiram fazer alguma coisa. Outras, estão a ser construídas de raiz e já têm em conta a sustentabilidade. É o caso de Dongtan, actualmente a ser construída em Xangai. Trata-se da primeira cidade ecológica que irá albergar 500 mil habitantes, e que deverá servir de modelo ao Mundo inteiro. Sem resíduos nem emissões de dióxido de carbono, consumirá dois terços das necessidades actuais de energia, graças a um plano urbano, a infra-estruturas energéticas e a uma arquitectura totalmente repensadas. Correia Guedes alerta exactamente para o papel da arquitectura na construção e reabilitação dos espaços de forma a torná-los sustentáveis.

"A arquitectura tem uma importância de primeira linha. Basta ver que, nas grandes cidades como Lisboa ou Porto os edifícios residenciais e de serviços são responsáveis por cerca de 40% das emissões de CO_2, sendo o restante responsabilidade da indústria e dos transportes, um número idêntico à média europeia. Considerando a hipótese de aumento da população nas referidas cidades, e simultaneamente um estilo de vida mais energívoro da população, o arquitecto tem uma enorme responsabilidade em projectar edifícios e planos urbanos energeticamente eficientes, uma prática infelizmente ainda pouco comum", diz o professor Correia Guedes.

A concretização do projecto de Dongtan está a cargo de uma empresa londrina, a *Arup*. Para o arquitecto chileno Alejandro Gutierrez, chefe de equipa da Arup "a cidade sustentável (Dongtan) promove inovações e mudanças fundamentais na infra-estrutura social, económica e ambiental. As principais operações ajustam estas infra-estruturas como suportes: a infra-estrutura social, como suporte da mobilidade social, inclusão e competitividade; a infra-estrutura económica, como suporte de incentivos que promovam uma base económica sustentável e competitiva; e a infra-estrutura ambiental, como suporte da qualidade de vida. Finalmente, a infra-estrutura física deve ser um suporte flexível e facilitador das outras infra-estruturas."

Pretende-se que a cidade reduza as emissões de CO_2 em cerca de 22 milhões de dólares por ano. Num período de 25 anos representará uma poupança de 500 milhões de dólares. A Im))pactus tentou, sem sucesso, conhecer, junto da equipa de Alejandro Gutierrez, mais pormenores sobre este projecto e se o Mundo sempre verá essa cidade em 2010, aquando da Expo Xangai. Ainda assim, sabe-se já que o principal objectivo é que as energias renováveis satisfaçam todas as necessidades energéticas de Dongtan e que os veículos da cidade não poluam. A energia será produzida a partir de unidades eólicas, biocombustíveis e matérias orgânicas recicladas. A maior parte dos resíduos de Dongtan será reciclada e os resíduos orgânicos transformados em composto ou em biomassa, a fim de produzir energia. As águas residuais servirão para irrigação e não haverá aterros de resíduos. Os bairros de Dongtan devem parecer aldeias e as ruas serão pedonais, em vez de estradas.

O alinhamento das ruas tirará partido dos microclimas criados pelo ordenamento urbano. A largura e o aspecto dos imóveis permitirão tirar partido da sombra e da exposição directa ao sol, a fim de realizar poupanças de energia. Produzida localmente, a energia alimentará ao mesmo tempo os edifícios e os diversos meios de transporte.

Para conceber Dongtan, contou-se com o arquitecto norte-americano William McDonough (http://www.mc.donough.com), um dos "Papas" das novas construções sustentáveis, que não respondeu em tempo útil à entrevista da Im))pactus. McDonough denomina-se "ecoarquitecto e ecodesigner", pertenceu à *Greenpeace* e ainda pretende aplicar muitas das suas ideias aos seus projectos "verdes". Toda a sua filosofia consiste em substituir "lixos" por nutrientes, materiais poluentes por materiais biodegradáveis e reutilizáveis, energias fósseis por energias renováveis. Outro dos projectos do arquitecto fica nos EUA, a antiga fábrica *Ford*, no Michigan, que está a depurar uma grande área em que as águas, o solo e a atmosfera se encontram poluídos, através de sistemas construtivos com materiais recicláveis e reutilizáveis onde se inserem protótipos de energias renováveis.

Mas nem todas as cidades têm a sorte de poder recomeçar do zero e fazer tudo bem, como se espera que seja em Dongtan. Muitas cidades despertaram para este problema e tentam remediar, com óptimos resultados, o caos instalado. Em Londres, em Abril de 2006, o presidente da Câmara de Londres, Ken Livingston, anunciou alguns planos para que Londres deixasse de gerar qualquer emissão de gás carbónico, na zona de *Thames Gateway*. Para tal recuperou um projecto, da autoria da *Greenpeace*, que prevê a construção de 1.000 casas que não emitam qualquer partícula de carbono. A Inglaterra parece ter abraçado estas causas de vez e nem Sua Majestade escapa à tendência: a rainha Isabel II quer que o castelo de Windsor passe a ser mais "amigo do ambiente". Assim, o edifício passou a ser alimentado a partir de uma central hidroeléctrica no rio Tamisa. Só com esta medida deverá reduzir em 600 toneladas a emissão de CO_2 anual. Também está em funcionamento desde 2002, outro ecoempreendimento "real", no palácio de Buckingham, um colector de água para abastecer o sistema de refrigeração.

O equipamento substitui seis refrigeradores antigos e depois de usada, a água vai para os jardins do palácio, de onde foram banidos os pesticidas.

Ainda em Londres, mas desta vez na periferia, está a ser construído um ecobairro, projectado pelo arquitecto Bill Dunster. Trata-se de *BedZed* (Beddington Zero Energy Development), um bairro de 100 apartamentos destinados a pessoas com baixos rendimentos. Este ecobairro é composto por habitações, escritórios, lojas, equipamentos socioculturais e serviços multiusos, financiados pela Fundação *Peabody*, e baseia-se em princípios de desenvolvimento ecologicamente sustentado. A fundação quer mostrar que é possível construir com qualidade, a preços acessíveis e com baixos custos de manutenção. Devido a outras iniciativas, os preços de aluguer e de compra dos apartamentos são mais baixos do que os do mercado imobiliário tradicional. Aqui os tradicionais materiais de construção deram lugar a outros, naturais, recicláveis e reutilizáveis. Toda a energia será renovável e apostou-se na bioclimatização dos edifícios, privilegiando soluções passivas em detrimento de equipamentos sofisticados. Na construção dos edifícios articulam-se técnicas de isolamento térmico, paredes com cerca de 50 cm de espessura com materiais isolantes no interior, ventilação natural, tectos "verdes", recolha das águas pluviais para reabastecer as habitações, reciclagem das águas usadas através de jardins filtrantes que, graças aos sistemas depuradores, são recuperadas e reutilizadas na rega dos espaços verdes. A orientação dos edifícios, as estufas e a implantação de um sistema geotérmico com bombas de recuperação térmica e a organização dos espaços arbóreos envolventes, reforçam o sistema bioclimático.

Em *BedZed* existirá uma pequena central energética que utiliza painéis fotovoltaicos para a produção de energia eléctrica, acumuladores termosolares para a água quente, uma caldeira térmica que funciona a lenha, resultante da limpeza da floresta.

Os carros utilizados neste ecobairro também serão diferentes, são eléctricos e consomem a energia produzida em *BedZed*.

Mas este projecto é mais vasto e a sustentabilidade foi pensada muito a sério, e não se fica pelos edifícios. Para favorecer a economia regional e poupar no custo dos transportes, os habitantes devem realizar uma economia de proximidade: os bens alimentares são provenientes das zonas circundantes. Estabeleceram-se sistemas de múltiplo apoio em relação aos agricultores ecológicos locais, baixando os custos e aumentando a qualidade dos produtos. Só a título de curiosidade, sabia que no Reino Unido, os componentes de uma refeição percorrem, em média, cerca de 3.200 Km antes de chegar à mesa do consumidor? Em *BedZed* é diferente.

Este projecto cativou o professor Correia Guedes. "Em termos de arquitectura contemporânea, há bons exemplos nos países escandinavos, ou, por exemplo, o *BedZed*, no Reino Unido. Noutros termos, sou admirador da arquitectura popular, vernácula, ou até mesmo dos aldeamentos indígenas em diversas regiões do globo, como o caso dos índios do Xingú, no Brasil."

Para o professor, quantidade não quer dizer definitivamente qualidade. "Há quem entenda que uma aldeia, ou uma pequena cidade no espaço rural possa em muitas situações ser um bom exemplo de sustentabilidade. É inegável que, a partir de um determinado limite, o aumento da exigência socioeconómica está directamente relacionado com o decréscimo de parâmetros de sustentabilidade".

Um ecoparque industrial na Dinamarca

A Dinamarca é um dos países onde a sustentabilidade das cidades é bem real. Em Kalundborg, uma pequena cidade de 20 mil habitantes, perto de Copenhaga, construiu-se um parque ecotecnológico seguindo uma estratégia que interliga interesses complementares. Dele fazem parte uma central eléctrica, uma refinaria, uma fábrica, um complexo farmacológico e edifícios públicos. A este parque têm vindo a agregar-se outras empresas que aumentam a simbiose industrial, trazendo benefícios nos multiusos das diferentes estruturas produtivas. A fertilização da terra e a alimentação de animais faz-se graças à biodegradabilidade do fluxo orgânico. O vapor de água, proveniente da central eléctrica, permite o aquecimento geotérmico dos edifícios da comunidade e ainda o aumento térmico nos tanques de piscicultura. As estufas de horticultura beneficiam também do fluxo circular entre os detritos da alimentação provenientes das cantinas, o estrume e os serviços de compostagem.

Esta experiência na Dinamarca teve também repercussões na proposta para uma "City of Tomorrow", em construção em Malmö, na Suécia. Trata-se de um projecto em que, para além do aproveitamento de sinergias industriais, se realizou uma intervenção de grandes repercussões no domínio da Arquitectura e do

Urbanismo. No projecto participaram arquitectos conceituados como Calatrava, Wingardh e Ralph Erskine. Os edifícios são de materiais naturais e recicláveis e o projecto arquitectónico e urbanístico pretende incentivar uma maior socialização dos moradores, num contexto paisagístico com percursos pedonais, parques e jardins biodiversificados. Os edifícios são bioclimatizados graças a este contexto paisagístico e ainda a uma tecnologia passiva bioclimática.

A energia é produzida essencialmente graças a uma das mais potentes centrais eólicas da Suécia que, em conjunto com a energia solar, abastece a nova cidade construída na ex-cidade industrial de Malmö.

Curitiba – Uma Ecopólis no Brasil

Curitiba pode não ser ainda uma cidade sustentável mas já deu os primeiros passos nesse sentido. E o ponto de partida foi, curiosamente, uma filosofia em que o lixo não é lixo. Os nutrientes, o chamado "lixo" que não é lixo, recolhe-se nos ecopontos espalhados pelos bairros com a iniciativa dos utentes. Os nutrientes orgânicos, os restos de comida, depois da compostagem, servem de adubo para a agricultura. Em troca, os cidadãos que participaram na sua recolha recebem géneros alimentares. Por exemplo quem depositar 4 kg de nutrientes orgânicos recebe 1 kg de alfaces. Os responsáveis não explicam contudo como funciona toda esta dinâmica.

O lixo inorgânico como papel, garrafas e objectos metálicos é sujeito a uma reciclagem e reutilização por empresas locais, permitindo aos cidadãos recolectores receber em troca, cadernos, livros, bilhetes para espectáculos e transportes colectivos. Mas outras iniciativas foram levadas a cabo: transformaram em lago de bioclimatização uma pedreira abandonada e a Universidade Livre do Meio Ambiente recuperou para a sua logística os antigos postes telefónicos de madeira. Nesta universidade "amiga do Ambiente" dá-se formação aos cidadãos e aos funcionários municipais no sentido duma melhor participação no projecto municipal. E pelos vistos todos estão a abraçar a causa.

As escolas e liceus cultivam e tratam dos jardins públicos aprendendo assim Botânica e fazendo uma educação prática ambiental. As famílias desses jovens obtêm em troca vasos com plantas medicinais e aromáticas que propiciam uma terapêutica natural.

Os responsáveis municipais plantam árvores nos passeios para que dêem sombra mas são os moradores que cuidam dessas árvores. Por outro lado, os espaços públicos são utilizados em horas diferentes, consoante as necessidades das comunidades, rentabilizando os meios logísticos existentes.

Uma cidade-escola

Paolo Soleri dedicou a sua vida às questões ecológicas e sociais decorrentes das cidades modernas. É o pai do conceito "Arcology", a junção dos conceitos de Arquitectura e Ecologia na língua inglesa. Uma tese que tem vindo a ganhar adeptos e que defende a presença conjunta da Arquitectura e da Ecologia. Este conceito propõe uma "forma urbana compacta tridimensional e altamente integrada em oposição aos subúrbios populosos, com o seu inerente consumo devastador de recursos e a tendência de isolar as pessoas umas das outras e da comunidade", defende Soleri. Actualmente, uma cidade comum dedica mais de metade da sua área aos automóveis.

Na "Arcology", os automóveis são banidos e ficam confinados aos arredores da cidade. Como as áreas de habitação, trabalho e espaços públicos estão próximas umas das outras, andar a pé torna-se no principal meio de transporte dentro da cidade. Garante-se também acesso imediato ao mundo rural e à agricultura, que se encontram bem próximas da cidade. Esta forma de organizar a cidade pode vir a maximizar a eficiência da logística nas redes de distribuição alimentar. A ideia é utilizarem-se técnicas de arquitectura solar passiva. Mas em que consiste a arquitectura solar passiva? O calor resultante da radiação solar pode ser aproveitado para o aquecimento de edifícios sem necessidade de recorrer a sistemas activos que consomem energia. Este aproveitamento é conseguido através da arquitectura do edifício, combinando correctamente o aproveitamento dos raios solares ao longo do dia e do ano, a acumulação de calor na estrutura, o controlo do fluxo de calor através da estrutura do edifício e a ventilação natural. Na"Arcology" utiliza-se a arquitectura para reduzir os consumos de energia principalmente no aquecimento, arrefecimento e iluminação.

Em 1970, Paolo Soleri e a Fundação Cosanti começaram a aplicar este conceito e iniciaram a construção de Arcosanti, um laboratório urbano no deserto do Arizona. A Im))pactus contactou Paolo Soleri que explicou alguns pormenores do projecto. Concebido de acordo com o conceito da "Arcology", no final, o projecto Arconsati incluirá cinco mil pessoas e deverá ensinar formas para melhorar as condições urbanas e minimizar o impacto do Homem no Planeta. Os edifícios, todos sustentáveis, irão ocupar apenas dez hectares dos 1.624 hectares de área total.

Tudo o resto é área protegida o que garante a proximidade entre o meio urbano e o rural. Paolo Soleri tem noção de que falamos apenas de um protótipo, mas para ele "se tiver sucesso, tornar-se-á num modelo para a construção das cidades", onde até a circulação das pessoas é pensada para ser eficiente.

Hoje Arcosanti ainda não é uma cidade, mas já é um centro de formação. "Oferece uma formação de cinco semanas que ensina as técnicas sustentáveis de construção e toda a filosofia da "Arcology", esclarece Soleri. Todos os anos, voluntários e estudantes chegam ao laboratório urbano em pleno deserto e contribuem com ideias "sustentáveis". Actualmente, Arcosanti resume-se a uma dúzia de edifícios construídos pelos seis mil participantes que já passaram pelos *workshops* de Arcosanti.

Cerca de 80 pessoas habitam permanentemente em Arcosanti e garantem o desenvolvimento e a manutenção do projecto. Todos os anos, a "cidade-escola" atrai cerca de 50 mil turistas o que prova o crescente interesse das pessoas nestas matérias. Estes são alguns dos casos de sucesso já desenvolvidos para tornar as cidades e bairros mais sustentáveis. Exemplos que Portugal poderá seguir. Para já, e segundo Correia Guedes, Portugal tem de "limitar o crescimento das grandes cidades, promover políticas socioeconómicas para fixação das populações no seu local de origem; dar prioridade à reabilitação, limitando a nova construção; incentivar programas de informação da população em relação a questões ambientais; exigir a prática de uma arquitectura amiga do ambiente (e do utilizador) penalizando edifícios energeticamente não eficientes; limitar o tráfego automóvel; promover a aplicação e a utlização de energias renováveis, etc." Ideias para colocar as cidades e bairros de Portugal no caminho da sustentabilidade.

***

A Inglaterra parece ter abraçado estas causas de vez e nem Sua Majestade escapa à tendência: a rainha Isabel II quer que o castelo de Windsor passe a ser mais "amigo do Ambiente". Assim, o edifício passou a ser alimentado a partir de uma central hidroeléctrica no rio Tamisa.

"Há quem entenda que uma aldeia, ou uma pequena cidade no espaço rural possa em muitas situações ser um bom exemplo de sustentabilidade. É inegável que, a partir de um determinado limite, o aumento da exigência socioeconómica está directamente relacionado com o decréscimo de parâmetros de sustentabilidade"

Lisboa muito pouco sustentável

A Im))pactus perguntou a alguns jovens portugueses, a residir noutras cidades europeias, qual a percepção que têm da sustentabilidade dos centros urbanos onde agora vivem. São todos jovens do InovContacto (Estágios Internacionais de Jovens Quadros) e têm uma opinião em comum: todas as cidades referidas são mais sustentáveis do que Lisboa. E explicam porquê.

Fernando Pereira, 31 anos estagiário na delegação do ICEP em Haia

"Haia é mais sustentável do que Lisboa. Uma diferença que salta à vista é o trânsito: aqui muitas pessoas usam transportes públicos ou bicicleta (uma coisa impensável em Lisboa) e não há aquele tráfego caótico de Lisboa. As ruas e espaços verdes aqui estão sempre limpos e cuidados. As pessoas não são naturalmente simpáticas mas chegam lá com o tempo. As infra-estruturas em Haia são todas muito boas.

As casas aqui são mais pequenas e porventura mais caras para nós, porque quem ganha um salário médio holandês consegue pagá-las facilmente e ainda assim levar uma vida bastante desafogada."

Raquel Rio Tinto, 24 anos estagiária na delegação do ICEP em Madrid

"A cidade mais sustentável é Madrid. Andar de carro no centro da cidade é um luxo, porque o estacionamento é realmente muito caro.

Em contrapartida, Madrid oferece uma rede de metro com 12 linhas que nos leva a qualquer ponto da cidade. Sente-se segurança nas ruas, que estão sempre muito bem iluminadas. As casas são, em geral, melhores do que em Lisboa, sempre equipadas com aquecimento central e ar condicionado. No entanto, os lisboetas continuam a saber receber melhor e são mais asseados."

Emanuel Curto, 29 anos estagiário da Inmofocus em Barcelona

"Considero Barcelona mais sustentável, pois é uma cidade muito ordenada, agradável e bem estruturada a nível urbanístico, com edifícios bem conservados e casas antigas ou remodeladas, pese embora a preocupante especulação imobiliária. Oferece também maior qualidade de vida, por ser uma cidade plana, com boa sinalização e fácil de percorrer, o trânsito é intenso, mas com maior fluência e tem uma óptima rede de transportes (metro, autocarro, táxi, *night bus* e ciclovia). É igualmente uma cidade muito segura, porque, tem muita gente na rua a qualquer hora e muita vigilância policial, não constituindo um modelo de limpeza, apesar dos esforços.

Os catalães são um povo fechado, embora educado, mas Barcelona é uma cidade cosmopolita e a convivência dá-se com pessoas de todo o Mundo, sem imposições culturais. A oferta cultural e de lazer é também superior, quando comparada com Lisboa, estão sempre coisas a acontecer (espectáculos, cinema, teatro, exposições), muitos sítios históricos para conhecer e uma panóplia de lugares para diversão, que vão dos inúmeros bares, restaurantes e discotecas de diversos ambientes e culturas, aos jardins, praças ou à praia da cidade.

O custo de vida, excluindo a habitação e as saídas nocturnas, é pouco mais elevado do que em Lisboa."

Beatriz Cardoso, 23 anos estagiária na Delegação do ICEP em Estocolmo

"Se falarmos em termos de sustentabilidade, Estocolmo é sem dúvida mais sustentável do que Lisboa, ou não fosse esta cidade uma das capitais mais desenvolvidas e auto-suficientes da Europa. Mas uma cidade deve ser analisada por muitos factores e existem alguns que aqui devem ser referidos: o trânsito é praticamente inexistente no centro da cidade dado que os transportes públicos funcionam bem e cumprem os seus horários, inclusive os autocarros. São bastantes mais retraídos e tensos do que os portugueses, o que depois muitas vezes culmina em acções de violência despropositada (de notar também que aqui, as bebidas alcoólicas são bastante controladas, o que leva a extremos aquando do acesso a esses bens), a limpeza das ruas é óptima e a poluição quase não se faz sentir, fruto do grande civismo deste povo e as casas, lojas, museus estão completamente adaptadas ao clima do país e às necessidades dos cidadãos (os centros comerciais são quase todos subterrâneos). Os horários de trabalho são mais reduzidos do que em Portugal (aqui são pagas horas extraordinárias a partir das 19h). O nível de vida faz com que as pessoas possam desfrutar bem do tempo livre e que se possa viajar, facto facilitado pela posição central da Suécia, apesar de ser a norte, tendo óptimas ligações para toda a Europa."

A SUSTENTABILIDADE NO SECTOR DO TURISMO

TURISMO SUSTENTÁVEL

Por ANDREIA LIMÃO E PEDRO BARBOSA
Janeiro de 208

Introdução

O turismo é um sector que abrange um conjunto de intervenientes e interage com diversos sectores da sociedade. Além de uma forte influência na economia o turismo possui uma relação estreita com a sociedade e o meio ambiente. Constitui deste modo uma actividade com um impacte muito forte no desenvolvimento sustentável.

O desenvolvimento deste sector, sem ter em conta os aspectos sociais e ambientais, pode levar à degradação e destruição destes dois pilares que são tão importantes para o próprio sector. Por outro lado, o desenvolvimento do turismo pode estimular a conservação dos ecossistemas naturais e dos valores culturais das regiões, através da introdução de princípios de sustentabilidade que procuram distribuir os benefícios económicos por toda a cadeia de valor, ao mesmo tempo que potenciam e valorizam os impactes positivos.

Turismo Sustentável

"O desenvolvimento do turismo sustentável vai ao encontro das necessidades dos actuais turistas e também das comunidades que os recebem, ao mesmo tempo que protege e melhora as oportunidades futuras. É encarado como um meio de gerir todos os recursos de forma a que as necessidades económicas, sociais e estéticas sejam satisfeitas, ao mesmo tempo que se mantêm a integridade cultural, os processos ecológicos essenciais, a diversidade biológica e os sistemas de suporte de vida." (*Organização Mundial do Turismo – OMT*)

Os actores envolvidos no turismo desempenham papéis estratégicos para que a sustentabilidade neste sector possa ser uma realidade. Desde os governos, através de leis que combatam as formas de turismo intensivo, o turismo sexual, etc., ao próprio turista que através de um comportamento responsável pode levar a boas práticas neste sector, como sejam a compra de produtos/artesanato local, a separação dos resíduos, o respeito pelo património histórico e pelas infra-estruturas locais, a escolha de destinos que não explorem o local intensivamente, entre outros.

Tabela 1: Turismo Sustentável – breve percurso histórico

Tabela Cronológica – Turismo e Sustentabilidade	
1946	União Internacional de Organizações Oficiais de Viagens: é criada após o Primeiro Congresso Internacional de Organizações Nacionais de Turismo.
1963	Conferência das Nações Unidas sobre Turismo e Viagens Internacionais: resulta da transformação do turismo numa indústria de peso e com importância a nível político e legislativo.
1970	Organização Mundial do Turismo (OMT): os estatutos da OMT são aprovados e ratificados.
1976	A OMT é incluída no Programa da Nações Unidas para o Desenvolvimento (UNDP).
1980	Declaração de Manila sobre o Turismo Mundial: é adoptada após a Conferência Mundial de Turismo. Desde então, esta data – 27 de Setembro – passou a ser considerada o "Dia Mundial do Turismo".
1985	Carta do Turismo e Código do Turista: é adoptada na 6ª Assembleia da OMT em Sofia (Bulgária).
1989	Declaração de Haia sobre Turismo: é produzida após a Conferência Inter-parlamentar sobre Turismo e contém 10 princípios a serem seguidos através da implementação de acções.
1995	Carta para um Turismo Sustentável: é publicada após a Conferência Mundial sobre Turismo Sustentável em Espanha, onde é indicado um plano de acção para o turismo sustentável.
1996	Programa de Acção da Agenda 21 para a Indústria de Viagens e Turismo: este programa é adoptado na sequência da Cimeira da Terra, que teve lugar no Rio de Janeiro, em 1992.
1999	Código de Ética do Turismo: é adoptado pela OMT em Santiago (Chile).
2002	Declaração do Quebeque sobre o Ecoturismo: resultou da Cimeira Mundial sobre Ecoturismo, sendo declarado o "Ano Internacional do Ecoturismo". Cimeira Mundial sobre o Desenvolvimento Sustentável: o turismo sustentável é indicado como sendo uma das estratégias para o desenvolvimento sustentável.
2003	Declaração de Djerba sobre o Turismo e as Alterações Climáticas: é resultado da Primeira Conferência Internacional sobre Alterações Climáticas e Turismo que teve lugar em Djerba (Tunísia). Comité Mundial de Ética no Turismo: a sua constituição foi aprovada na China, na Assembleia-Geral da OMT que apoiou o programa "Turismo Sustentável Eliminando a Pobreza".
2005	12 Metas para o Turismo Sustentável: a OMT e o Programa das Nações Unidas para o Meio Ambiente (PNUMA) identificaram uma agenda com 12 metas para tornar o turismo mais sustentável.

Enquadramento Macroeconómico

A importância do turismo para a economia portuguesa

O sector do turismo tem uma importância vital para a economia portuguesa e é considerado um dos sectores estratégicos para o desenvolvimento económico do país. Esta situação deve-se ao peso relativo que o sector tem nas contas nacionais e ao facto de ser uma das principais actividades exportadoras de Portugal. Podemos ficar uma ideia da importância desta actividade se considerarmos que:

Na óptica da despesa, o peso do turismo no Produto Interno Bruto (PIB) nacional encontra-se entre os 9% e os 10%. Os factores que mais contribuíram para esta situação foram:

Os produtos característicos do turismo. Por ordem decrescente e com pesos relativos muito semelhantes (entre os 20% e os 25%):

Transportes de passageiros;
Restauração e bebidas;
Alojamento.

O turismo representa cerca de 4,6% do VAB (Valor Acrescentado Bruto) da economia nacional;

Gráfico 1: Peso do turismo no PIB (em %)

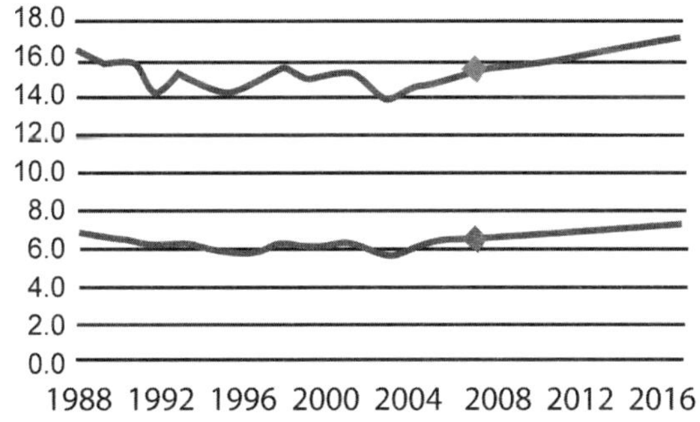

Fonte: WTTC, 2007
Legenda:
Linha azul clara: Contribuição directa do sector do turismo
Linha azul escura: Contribuição directa e indirecta do sector do turismo (economia)

Em termos de emprego, a percentagem de trabalhadores directamente envolvidos nas actividades turísticas, relativamente ao total da economia, é de 7,7% (aproximadamente 400.000).

Gráfico 2: Emprego no sector do turismo (em milhares de postos de trabalho)

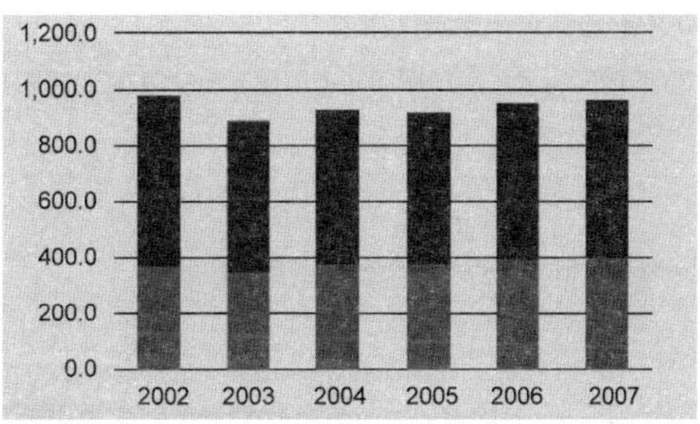

Fonte: WTTC, 2007
Legenda:
Parte azul clara: Emprego directo do sector do turismo
Combinação azul claro/azul escuro: Emprego directo e indirecto do turismo (economia)

Destes trabalhadores, a esmagadora maioria (peso relativo superior a 80%, acima da média da economia nacional) exerce uma actividade por conta de outrem;

No que diz respeito ao nível de escolaridade:

Cerca de três quartos possuem apenas o ensino básico;
Aproximadamente 15% completaram o ensino secundário;
Entre 6% e 7% possuem uma licenciatura.

Sendo o turismo uma actividade exportadora e levando em conta a importância que as exportações têm para a economia portuguesa enquanto pequena economia aberta, deve salientar-se que:

Em 2006, a balança turística portuguesa apresentou um saldo positivo de 4.024,1 milhões de euros o que correspondeu a uma variação homóloga de 7,5%. Os países de origem que mais contribuíram para as receitas foram:

- o Reino Unido (24,2%);
- a França (14,7%);
- a Espanha (14,5%);
- a Alemanha (12,5%);
- os Países Baixos (8,6%).

Este facto contribui de forma decisiva e positiva para a Balança de Transacções Correntes nacional fazendo com que esta seja menos deficitária.

São de salientar o peso relativo e o desempenho do turismo na região de Lisboa que em 2007:

Contribuiu com 9,1% para o PIB em termos de impactes directos e indirectos (economia);

Representou 9,8% do emprego total.

Note-se que as previsões apontam para um forte crescimento, superior à média nacional e internacional.

Dinâmicas recentes e perspectivas de evolução

Analisando a evolução das principais variáveis do sector do turismo a partir do início do milénio e, olhando também para o futuro, pode dizer-se o seguinte no que diz respeito à evolução da procura e da oferta no sector do turismo.

Evolução da procura

Segundo um estudo encomendado pelo *World Travel & Tourism Council (WTTC)*, espera-se para 2007 uma taxa de crescimento da procura de 1,9% e uma taxa de crescimento média de 3% para os próximos dez anos.

Desagregando a informação anterior para distinguir entre aquilo que tem sido o contributo, em termos de consumo do mercado nacional e o contributo do mercado externo verifica-se que o mercado nacional tem tido, nos últimos anos, um peso ligeiramente superior. No entanto, a taxa de crescimento do consumo do mercado externo cresceu acima da do mercado interno no ano anterior esperando-se que essa tendência se mantenha em 2007 e num futuro próximo.

Gráfico 3 Evolução do consumo turístico receptor e do consumo turístico interno + Outras componentes

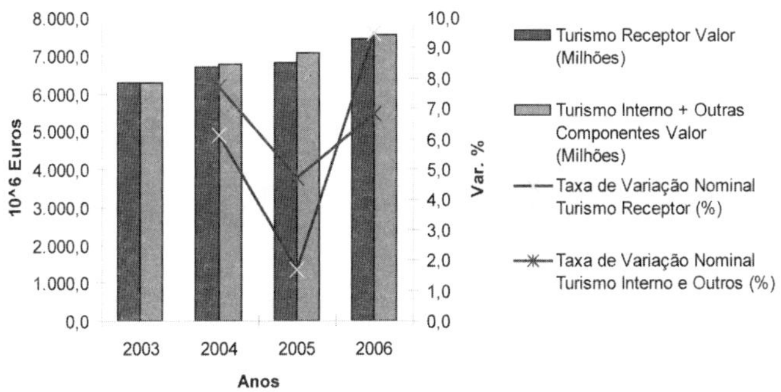

Fonte: INE, 2007

Analisando a procura do turismo receptor[1] e do turismo interno e outras componentes[2] por produtos.

[1] Consumo turístico receptor: o consumo efectuado por visitantes não residentes em Portugal.

[2] Consumo turístico interno + Outras componentes: o consumo dos visitantes residentes que viajam unicamente no interior do país, mas em lugares distintos do seu ambiente habitual (Consumo do Turismo Interno) assim como a componente de consumo interno efectuada pelos visitantes residentes no país aquando de uma viagem turística no exterior do país (componente de consumo interno do Turismo Emissor). O Consumo do Turismo Interior inclui ainda outras componentes do consumo turístico como sejam o turismo de negócios, a valorização dos serviços de habitação das habitações secundárias por conta própria e as componentes não monetárias do consumo.

Gráfico 4:

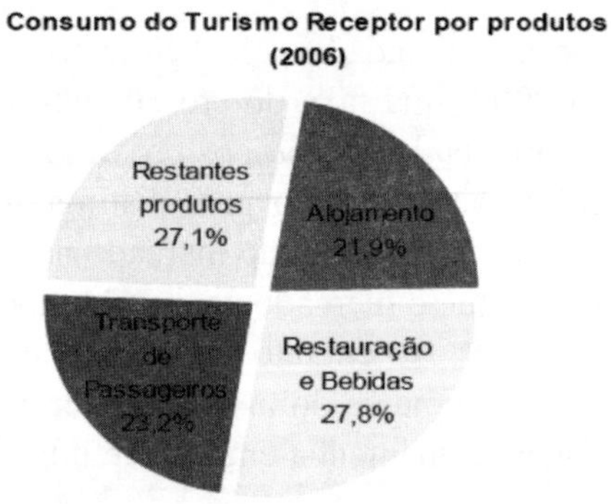

Gráfico 5:

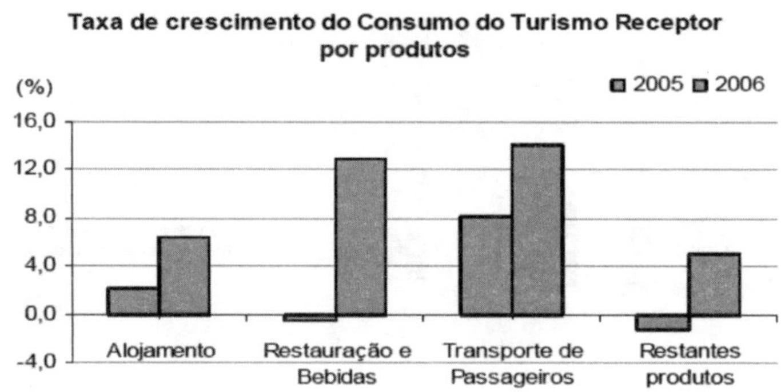

Fonte: INE

Gráfico 6:

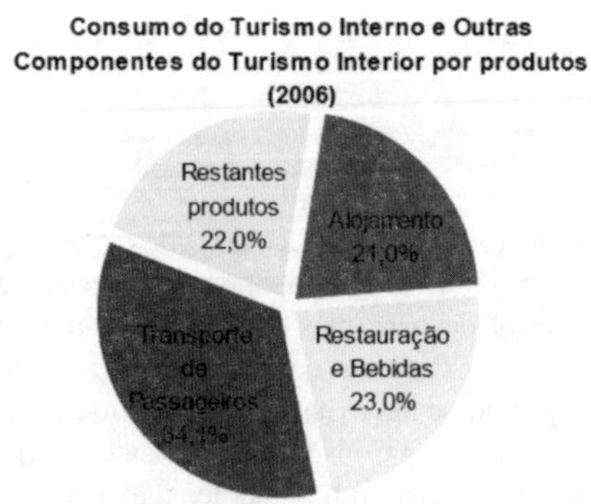

Gráfico 7:

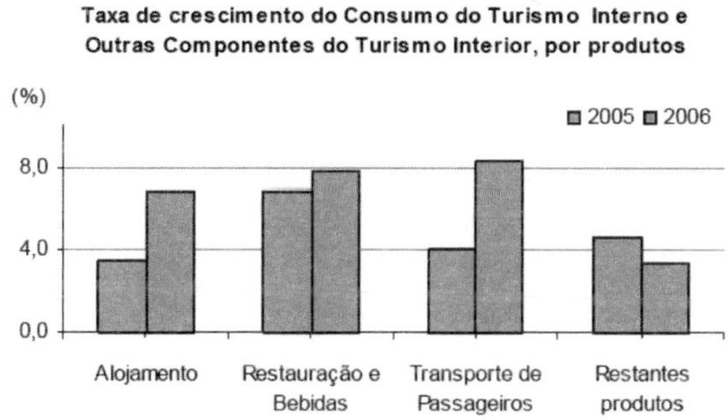

Fonte: INE, 2007

Evolução da Oferta

Já se constatou que o VAB do turismo tem um peso de cerca de 4,6% no total do VAB da economia e podemos agora verificar que, entre 2004 e 2007, o VAB do sector cresceu sempre acima do VAB total da economia nacional, à excepção do ano de 2005.

Gráfico 8:

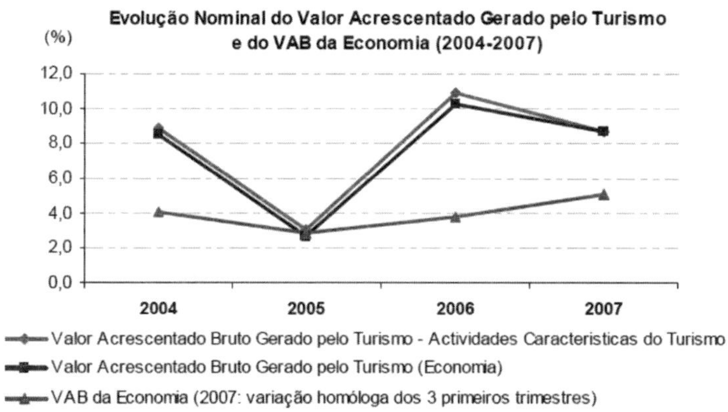

Fonte: INE, 2007

É, por isso, possível afirmar que o sector do turismo tem sido um dos mais dinâmicos da economia nacional.

Gráfico 9:

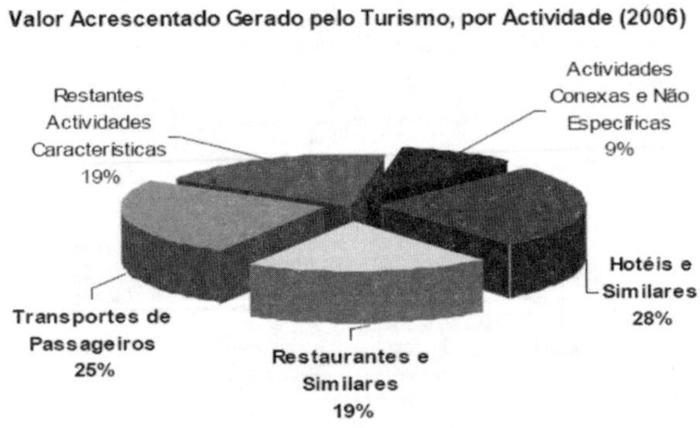

Fonte: INE, 2007

Em termos de valor acrescentado facilmente se verifica que as principais contribuições são dos Hotéis e Similares (28%) e dos Transportes de Passageiros (25%).

Nos dois gráficos que se seguem é possível analisar a distribuição da actividade turística em termos territoriais e de tipologia.

Gráfico 10: Capacidade de Alojamento nos Estabelecimentos Hoteleiros em 2006

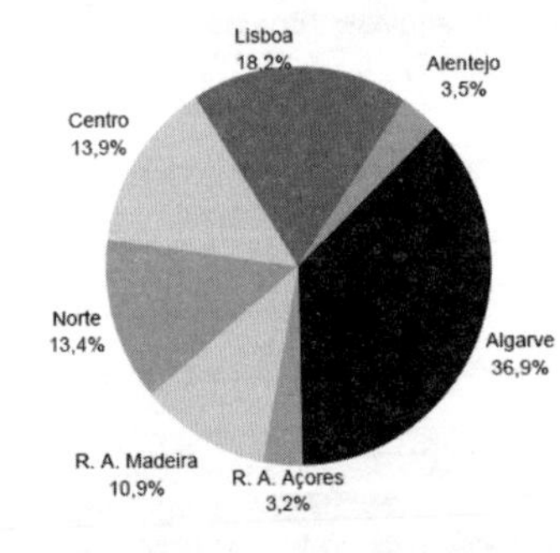

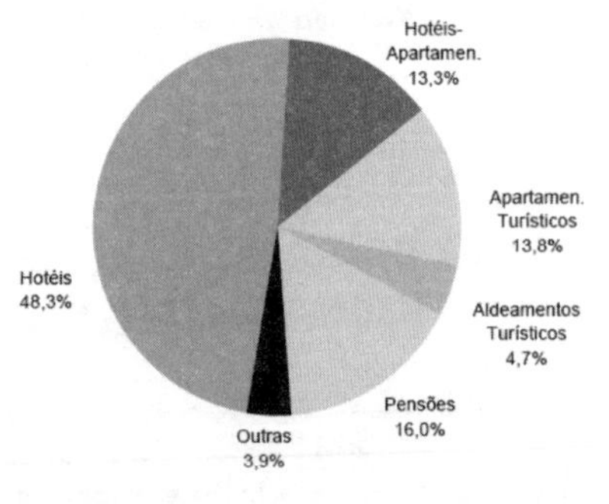

Fonte: INE, 2007

A oferta turística portuguesa ainda passa muito pelo Sol e Mar e pelo Golfe, o que é confirmado pelo peso relativo do Algarve e da Madeira. O elevado peso, com tendência para subir, da região de Lisboa deve-se ao turismo cultural (com vários monumentos classificados pela UNESCO) e de negócios (existem várias infra-estruturas modernas para a realização de conferências e reuniões internacionais).

Gráfico 11:

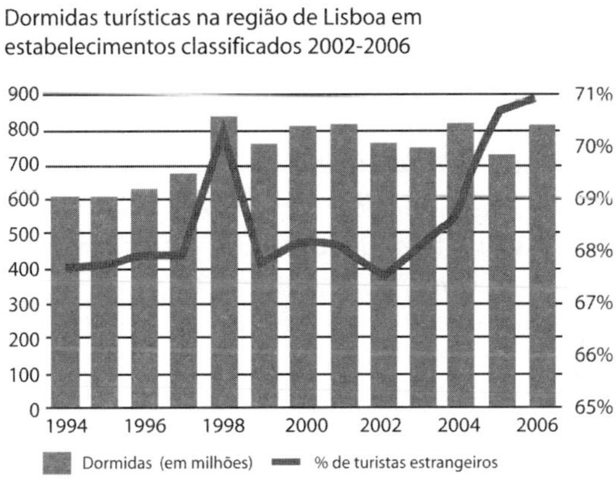

Fonte: WTTC, 2007

Turismo Sustentável

Turismo e Desenvolvimento Sustentável

O conceito de desenvolvimento sustentável tem sido gradualmente internalizado nos processos de gestão e planeamento dos países. Neste processo estão integrados objectivos para a conservação do ambiente, a protecção da biodiversidade, a procura de equidade social, qualidade de vida e preservação da diversidade cultural, e ainda, a criação de uma economia viável e dinâmica capaz de gerar emprego e prosperidade para todos.

A concretização destes objectivos pressupõe um desenvolvimento equilibrado entre as dimensões social, económica e ambiental, de modo a que a terra tenha a capacidade de manter a vida, presente e futura, com toda a sua diversidade e riqueza.

Olhando para a influência que o turismo tem, quer na economia em que este é um sector estratégico, quer no ambiente e sociedade onde existe uma dependência especial de ambientes de qualidade, de diferentes culturas, da interacção social e de questões de bem-estar e segurança, o turismo constitui um sector que pode ter um impacte muito grande no desenvolvimento sustentável.

Neste sentido o turismo pode ser uma ferramenta importante para promover e auxiliar a regeneração e o desenvolvimento económico, aumentar a qualidade de vida dos turistas e das comunidades que os acolhem, e ao mesmo tempo, pode potenciar a protecção do ambiente e do património histórico e cultural.

Para além disso, também se demonstra que as empresas do sector do turismo têm vantagens económicas ao incorporarem os aspectos ambientais e sociais nos seus modelos de gestão.

Relevância da Sustentabilidade para o Sector

A importância da sustentabilidade para o sector pode ser vista a partir de uma análise dos diferentes *stakeholders*.

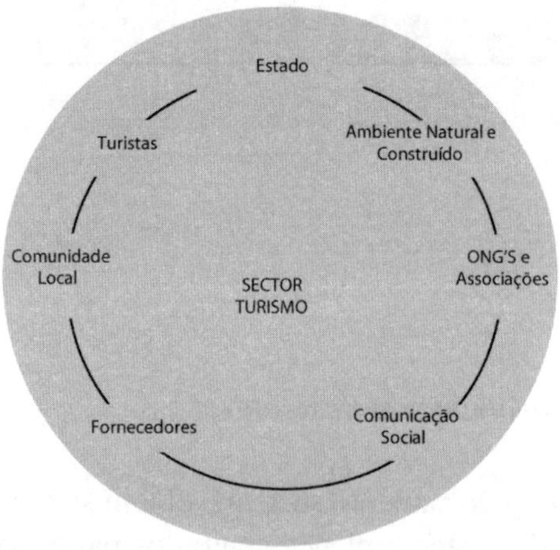

Cada um destes *stakeholders* influencia e é influenciado pela actividade das empresas turísticas o que faz com que o relacionamento destas com todas as partes interessadas assuma um papel importantíssimo. É a partir do relacionamento com os *stakeholders* que os assuntos materiais são identificados[3].

O Estado influencia a actividade através da legislação, da regulação e da definição de políticas de sustentabilidade. Pode ainda estimular o investimento e promover o país ao nível internacional de modo a atrair turistas estrangeiros.

O ambiente natural e construído é crucial pois funciona como um dos principais factores de atracção de turistas e é influenciado através dos impactes provocados pelo desenvolvimento do sector.

As ONG e as associações influenciam o sector através de campanhas para o pressionar a adoptar práticas sustentáveis e publicitando boas práticas já desenvolvidas. Note-se que a Comunicação Social tem um papel muito semelhante.

Os Fornecedores influenciam o sector através dos bens e serviços forneci-

[3] Note-se que todos estes *stakeholders* também interagem entre si.

dos e podem ser influenciados se as empresas do sector começarem a seleccioná-los levando em conta a sustentabilidade.

A Comunidade Local influencia a actividade turística pois, para além de ser uma fonte de mão-de-obra, pode ser também um motivo de atracção dos turistas. Além disso, pode ser influenciada pelo turismo que pode funcionar como motor económico, cultural e de formação.

Os Turistas que podem ser influenciados pelas empresas turísticas através de acções de sensibilização para problemas sociais e ambientais sendo, por sua vez, são também elas influenciadas pela forma como estes dirigem a sua procura para determinado tipo de bens e serviços e dando cada vez mais importância a aspectos relacionados com a sustentabilidade.

Da interacção entre todos estes *stakeholders* resultam os principais impactes positivos e negativos do sector do Turismo na economia, no ambiente e na sociedade que, por sua vez, representam riscos e oportunidades para toda a actividade turística.

Principais Impactes do Sector

Dimensão Económica

A indústria do turismo constitui uma actividade que gera elevados benefícios económicos para os destinos turísticos e respectivas comunidades e para os países promotores desses mesmos destinos. Contudo, esta actividade também provoca impactes negativos, o que implica que o desenvolvimento económico do turismo seja efectuado com base numa gestão onde todos os custos e benefícios associados são levados em consideração.

No quadro seguinte encontram-se alguns exemplos de impactes positivos e negativos associados ao turismo.

Tabela 2: Impactes na Dimensão Económica

Impactes Positivos	Impactes Negativos
Criação de emprego Contributo para a economia local Contributo para a viabilidade de empresas locais Regeneração e reestruturação de economias locais em que outras actividades industriais estão em declínio Estimulação de investimento Ser uma fonte de novas oportunidades de negócio Criação de valor ambiental e cultural	Fuga de riqueza: situação em que a maior parte da riqueza gerada directamente com o turismo, não entra na economia local Turismo fechado: a oferta de pacotes turísticos com tudo incluído leva a que as comunidades locais não beneficiem economicamente, pois os turistas não têm necessidade de fazer mais despesas Aumento dos preços: o aumento na utilização de bens e serviços básicos provocado pela actividade turística, pode conduzir ao aumento dos preços que afectará negativamente os residentes locais Dependência económica do turismo pelas comunidades locais Investimento em novas infra-estruturas que serão usadas apenas parte do ano

Fonte: adaptado de *Sustainable Tourism Management*, J. Swarbrook, 1999

Dimensão Social

A comunidade local, os governos e os turistas desempenham todos um papel fundamental no processo de tornar o turismo mais sustentável. Como intervenientes activos é imprescindível uma atitude responsável e a existência de princípios éticos e honestos.

No quadro seguinte são dados alguns exemplos de impactes, que decorrem do turismo, na dimensão social:

Tabela 3: Impactes na Dimensão Social

Impactes Positivos	Impactes Negativos
Melhoria da qualidade dos museus Maior atenção por parte da comunidade local e do sector público na conservação do património cultural Melhoramento de infra-estruturas e acessos Aumento do respeito pela religião/cultura local Desenvolvimento e comércio de artesanato local Consciencialização de outras formas e estilos de vida Comportamento responsável dos turistas ao valorizarem aspectos ambientais e culturais da comunidade local Formação dos colaboradores	Construção de edifícios fora da arquitectura local Degradação da religião/cultura local Pressão sobre o artesanato local e alteração de artes tradicionais Mudanças nas formas e estilos de vida locais Perda de dignidade ao procurar servir os turistas Aumento do tráfego local Predominância de trabalhadores imigrantes Trabalho sazonal e/ou de baixo salário

Fonte: adaptado de *Sustainable Tourism Management*, J. Swarbrook, 1999

Dimensão Ambiental

O turismo tem uma acção directa na dimensão ambiental, quer pelo uso dos recursos naturais, quer pelo valor económico que esta representa ao oferecer destinos turísticos de atracção ambiental e cultural.

Dentro do universo do turismo, a dimensão ambiental pode ser dividida em ambiente natural e ambiente construído:

No ambiente natural estão integrados todos os recursos naturais como a água, o solo, a energia e os materiais; toda a vida selvagem (fauna e flora) e locais de elevado valor ambiental como, praias, mar, rios e lagos, zonas montanhosas e grutas.

O ambiente construído integra todo o património histórico e cultural, infraestruturas (edifícios, acessos, sistemas de abastecimento e drenagem de águas) e as áreas agrícolas.

Dentro dos impactes provocados pelo turismo (sem atender à procura de sustentabilidade) tanto no ambiente natural como construído, podem identificar-se:

Tabela 4: Impactes na Dimensão Ambiental

Impactes Positivos	Impactes Negativos
Ambiente Natural	
Maior atractividade dos destinos turísticos Promoção das riquezas naturais Incentivos à protecção e conservação da natureza Valorização do local Consciencialização do valor dos recursos naturais	Consumo intensivo de recursos naturais (água, energia e materiais) Alterações do uso do solo e sua degradação (*e.g.* para produção primária, construção de edifícios, etc.) Compactação do solo: aumento do escoamento superficial e erosão Poluição (águas subterrâneas e superficiais, ar e ruído) Destruição e perda de biodiversidade Perturbação dos sistemas ecológicos de apoio Alteração da paisagem natural Produção de resíduos
Ambiente Construído	
Maior atractividade dos destinos turísticos Riqueza e variedade cultural Promoção do património histórico Incentivos à conservação do património cultural Valorização do local	Deterioração de vias de acesso devido ao tráfego Construção de edifícios com estilos arquitectónicos desadequados ao local Aumento de veículos nas zonas urbanas Uso intensivo das infra-estruturas (abastecimento de água e energia, tratamento de resíduos e efluentes, estacionamento, vias de circulação, etc.)

Fonte: adaptado de *Sustainable Tourism Management*, J. Swarbrook, 1999

A cadeia de valor: a importância do sector da construção

O sector do turismo, ao ter como principal actividade a oferta de estadias está bastante ligado ao sector da construção. Note-se que este sector tem também impactes ambientais e sociais que representam oportunidades e riscos financeiros que podem ser transmitidos ou minimizados pelas empresas turísticas.

Recorrendo à construção sustentável, as empresas de turismo conseguem minimizar muitos dos seus impactes ambientais e sociais negativos e potenciar os positivos. A gestão destes impactes proporciona:

Uma redução dos custos operacionais pois são mais eficientes em termos de consumos energéticos e de água;

Uma redução dos riscos de multas por violação de normas ambientais. Note-se que, em casos extremos, todos os empreendimentos podem ter de ser encerrados;

Uma diferenciação no mercado apresentando-se como ambiental e socialmente responsável o que proporciona ganhos de reputação e licença para operar. Tal objectivo atinge-se:

Requalificando áreas degradadas o que pode impulsionar a conservação do património histórico e actuar como motor da actividade económica dessa região;

A preservação e protecção do ambiente natural e/ou construído circundante faz com que este não seja descaracterizado pois se tal ocorresse levaria à perda do interesse dos turistas em visitar o local;

A integração na envolvente natural ou construída.

Pode dizer-se então que o sector turístico, nomeadamente as actividades hoteleiras, tem todo o interesse em recorrer à construção sustentável pelo facto de esta ser economicamente racional. Note-se que, actualmente, esta opção, no curto prazo, ainda é vista como algo que representa investimentos mais elevados que, no entanto, são compensados com rendibilidades previsivelmente mais elevadas e com riscos mais baixos no médio e longo prazo e ao longo de todo o ciclo de vida dos empreendimentos.

Transformar os riscos em oportunidades e potenciar os impactes positivos

A transformação de um risco económico numa oportunidade – Um dos principais riscos económicos do turismo é a fuga de riqueza, ou seja, são as situações nas quais os pacotes turísticos, com tudo incluído, fazem com que os turistas nada consumam na comunidade que os recebe fazendo com que a riqueza gerada pela actividade não fique na região onde está localizado o empreendimento. Em locais nos quais existem gastronomia e artesanato muito típicos, os hotéis e as operadoras podem usar os produtos e os costumes locais como uma atracção o que, em simultâneo, dá um contributo positivo à economia local.

Em Portugal já existem unidades de turismo rural nas quais a interacção directa dos turistas com a população local é estimulada pelas unidades hoteleiras o que faz com que os produtos produzidos a nível local sejam consumidos. Esta é uma forma de criar novas oportunidades de negócio e, em simultâneo, contribuir de forma positiva para as economias locais.

Um impacte social positivo – O sector do turismo tem também impactes sociais positivos. Por exemplo, há turistas que procuram património histórico, cultural e religioso e eventos culturais (exposições de arte, concertos, etc.). Logo, é do interesse dos grupos turísticos a preservação desse património e a promoção de todo o tipo de eventos culturais/religiosos como forma de atrair visitantes obtendo com isso uma mais-valia económica ao mesmo tempo que impulsionam directa ou indirectamente a envolvente social e cultural.

Em Portugal temos vários exemplos de turismo religioso de entre os quais o mais emblemático é o de Fátima. No que diz respeito ao turismo cultural, existem vários lugares em todo o país com festas anuais muito específicas que vão atraindo cada vez mais turistas nacionais e estrangeiros.

O turismo e o ambiente – No que diz respeito ao consumo intensivo dos recursos naturais, de energia e de bens indispensáveis ao seu funcionamento, o sector turístico tem todo o interesse económico em usá-los de forma eficiente. Isto deve-se, essencialmente, às seguintes razões:

Reduzir os custos operacionais;

Evitar situações de escassez (no caso da água, principalmente);
Obter ganhos de reputação junto dos turistas, das autoridades e das ONG.

As situações de escassez de água, por exemplo, fazem com que o conforto dos turistas seja fortemente afectado pondo mesmo em causa as condições de funcionamento das unidades hoteleiras. Assim, como medidas para as evitar encontramos:

A formação e sensibilização dos colaboradores tendo em vista a racionalização do consumo;
A sensibilização dos turistas tendo em vista a racionalização do consumo;
O tratamento das águas residuais e o seu reaproveitamento;
A instalação de equipamentos e sistemas eficientes em termos de consumo de água.

Este tipo de medidas é de especial importância no Algarve e, em especial, nas unidades hoteleiras que possuem campos de golfe. Note-se que estes equipamentos desportivos são extremamente exigentes em termos de consumos de água. Em Portugal, temos um excelente exemplo de boas práticas que é o Campo de Golfe do Belas Clube de Campo. Nesta unidade, a optimização dos consumos de água foi conseguida com as seguintes medidas:

Desenho do campo de forma a aproveitar as águas provenientes da precipitação e da rega;
Sistema de rega de vanguarda e totalmente informatizado;
Instalação de uma estação meteorológica para conhecimento dos dados referentes à zona do campo de forma a compreender as reais necessidades de rega artificial;
Formação dos colaboradores com responsabilidades de rega e sensibilização de todos os outros quanto à importância da poupança de água.

Outras acções típicas são as que se relacionam com a gestão dos resíduos, nomeadamente nas cadeias hoteleiras. Na Madeira, o hotel Jardim Atlântico por exemplo, no que se refere à gestão dos resíduos tem como práticas a:

Separação selectiva de resíduos;
Rejeição/redução e reutilização dos resíduos.

Ainda sobre este hotel, podemos dar o exemplo das medidas adoptadas para aumentar a eficiência energética do empreendimento:

Utilização de lâmpadas de baixo consumo;
Sistema de corte automático de energia nas áreas desocupadas;

Contadores parciais de energia que permitem monitorizar os níveis de energia por área;

Sensores de presença. Todos os equipamentos são de baixo consumo e alguns com sistema de recuperação de energia;

Bom isolamento térmico;

Aplicação de técnicas de construção bioclimáticas.

TURISMO SUSTENTÁVEL

Por IVOR HOPKINS
Im))pactus n.° 4 Mai-Jul 2005

Em 2004, o fogo e a água causaram fortes danos humanos e ambientais. Os fogos de Verão foram intensos em França, Portugal e Espanha; um *tsunami* invadiu o Oceano Índico, no dia 26 de Dezembro, matando milhares de pessoas e deixando várias comunidades totalmente destruídas.

Quando nos confrontamos com tamanhos desastres naturais, na pior das situações, mostramos descrença e, na melhor das possibilidades, mostramos solidariedade para com os sobreviventes, efectuando alguma doação espontânea.

No entanto, devemos também ter consciência da degradação do nosso planeta proveniente de outras actividades, como o turismo. Contudo, nem tudo está perdido. Este artigo centra-se na questão do turismo sustentável, analisa algumas definições e dá algumas indicações práticas quanto àquilo que nós, quer como indivíduos quer como membros de organizações, podemos fazer para marcar a diferença.

Os fogos são destrutivos. "Entre 600.000 e 800.000 hectares de floresta mediterrânica são queimados todos os anos (uma área equivalente à de Creta ou da Córsega), e 95% destes fogos são causados por incendiários ou por negligência"[2]. No entanto, a educação, medidas mais fortes contra os incendiários e uma gestão agrícola e florestal diferente pode reduzir quer o risco quer os estragos. Em Portugal, o uso sustentável de sobreiros[3] tem beneficiado o turismo e a economia local.

Turismo Sustentável

Para perceber o significado de turismo sustentável, é necessário compreender uma das suas raízes: a sustentabilidade.

---

[1] Ver: www.panda.org/about_wwf/what_we_do/forests/news/news.cfm?uNewsID=14477

[2] Ver: www.panda.org/about_wwf/where_we_work/mediterranean/forests/forests_threats.cfm

No seu excelente livro "Sustainability: A Manager's Guide"[4], Adrian Henriques explora em pormenor a definição de sustentabilidade, antes de se dedicar ao chamado *business case*:

"Sustentabilidade, sob ponto de vista empresarial, não é apenas continuar a existir para sempre. Apesar dos negócios precisarem, de facto, de continuidade e de contínuos *cash flows* positivos constituírem uma importantíssima parte desse cenário, a sustentabilidade é também acerca da continuidade de um conjunto mais vasto de fluxos económicos, tais como os impactes ambientais e sociais."[5]

A sustentabilidade resulta de uma interacção positiva entre os elementos ambientais, sociais e económicos e tem uma perspectiva de longo prazo fortemente assente no presente.

O turismo, por outro lado, é uma indústria que tradicionalmente está associada à vertente económica, estando muito pouco associada aos benefícios sociais ou ambientais, principalmente em áreas de turismo para massas.[6] Num seminário com a equipa principal do *Club Mistral*, ocorrido em Outubro de 2004, foram discutidos os efeitos negativos do turismo.

O grupo, constituído por profissionais do turismo, identificou os seguintes problemas:

1. Existência de lixo de todos os tipos;
2. Falta de respeito pela população local, sua cultura e país;
3. Utilização de roupa desapropriada: um biquíni faz sentido numa praia, mas não numa taberna;
4. Os pacotes totais de férias: o lucro não fica distribuído no país de destino;
5. Destruição da biodiversidade;
6. Sobrecapacidade na indústria de aviação, e os consequentes gastos em combustível;
7. Uso desapropriado de dinheiro;
8. Turismo sexual.

Cada um dos problemas mencionados anteriormente é insustentável, o que significa que uma busca contínua e sem constrangimentos destas actividades

---

[3] Ver: www.panda.org/about_wwf/what_we_do/forests/news/news.cfm?uNewsID=14477

[4] Adrian Henriques, *Sustainability: A Manager's Guide* (BSI, 2001).

[5] Ibidem, p.95.

[6] Ver: *The Tour Operator's Initiative* (www.toinitiative.org).

degrada não só o ambiente como também a nossa interacção social, e eventualmente significará que as principais razões que levam à visita dum país são corruptas ou inexistentes.

O turismo sustentável oferece uma resposta, uma vez que implica uma forma de garantir que os aspectos positivos do turismo, vendidos em inúmeros catálogos e anúncios, tragam benefícios de longo prazo a todos os *stakeholders*.

Quando se realiza investigação na área do turismo sustentável, defrontamo nos com os seguintes termos:

- Turismo sustentável;
- Turismo responsável;
- Turismo com base na comunidade;
- Ecoturismo.

1. **Algumas Definições**

Dos termos acima mencionados, o ecoturismo é um subgrupo dentro do turismo sustentável, uma vez que se refere a actividades específicas de turismo na natureza ou em áreas protegidas ao nível da sua biodiversidade. Existem agências de turismo que oferecem férias especiais em ecoturismo.[7] O ambiente e a biodiversidade são naturalmente um recurso chave quer para os viajantes quer para qualquer país que pretenda tirar o máximo partido dos seus activos naturais. No entanto, se o turismo sustentável pretende ser desenvolvido, então o aspecto social passará também a ser um recurso chave.

2. **Que Podemos Fazer?**

"Tire uma fotografia e deixe uma marca" é uma frase simples e romântica, que faz parte das ideias associadas à realização de uma viagem. Podemos analisar este comportamento reflectindo sobre o modo como agimos face a cada um dos oito problemas identificados anteriormente: será que eu constituo parte do problema pela forma como viajo?

Como viajante sustentável, pode considerar-se como parte da solução, uma vez que, ainda antes da partida, já pensou no formato das suas férias:

Como indivíduo, pode fazer uma escolha deliberada e ter um impacte directo nas suas férias.

---

[7] Ver: www.aito.co.uk.

3. Que Pode uma Empresa ou Organização Fazer?

Se trabalha, se gere a sua própria empresa que não está envolvida no sector do turismo, então leia esta secção.

Provavelmente, está envolvido em algum tipo de esquema associado a poupanças ambientais, tal como uma utilização racional do papel e outros recursos. Se o seu negócio tem clientes internacionais, então, sem dúvida, tem directrizes em como deve operar para garantir uma boa interacção entre as empresas. É muito provável que muitos trabalhadores viajem diariamente de comboio, existindo algumas empresas que têm condições para acolher ciclistas. Mas que pode uma empresa fazer para promover a partilha da utilização de um carro, para aqueles que não podem utilizar os transportes públicos? E será que as reuniões muitas vezes existentes não poderiam ser feitas por videoconferência?

Existem três boas razões para isto estar associado ao turismo sustentável. A primeira é que a sua empresa ou organização tem um impacte no seu ambiente local e sociedade e, como tal, tem impacte na atractividade da sua região. A segunda é que turismo sustentável está também associado à educação e criação de padrões de referência. Uma terceira razão prende-se com o facto de estarmos a caminhar ao longo da raiz da CSR, o que é muito positivo para o negócio.

Conclusão

Este artigo começou com o impacte devastador de desastres naturais enormes em áreas onde o turismo é muito importante para a economia, tendo também referido os efeitos negativos e os problemas associados ao turismo – a maior indústria mundial. Não existe razão alguma para nos sentirmos deprimidos ou fascinados pelo tamanho do problema que se nos depara, uma vez que existem acções através das quais, cada um de nós, pode fazer a diferença. O segredo consiste em implementar o turismo sustentável, da forma que nos for possível:

As florestas do Mediterrâneo...

... têm crescido dramaticamente durante as últimas décadas, principalmente devido ao desenvolvimento, à má gestão rural e à sobre-exploração dos recursos naturais, que constituem muitas das principais causas de fogos. Além disto, a mudança de clima está a provocar verões mais longos e fenómenos climatéricos extremos. Relatórios do WWF (World Wildlife Fund) mostram que os fogos florestais estão a ameaçar áreas críticas no Mediterrâneo. Por exemplo, em

Monchique e na serra do Caldeirão, em Portugal – que pertencem à lista das 10 regiões identificadas pelo WWF –, os fogos florestais estão a destruir os habitats do lince ibérico, da águia de Boneli, bem como de muitas outras plantas endémicas. Os fogos de 2004 foram dos piores para Portugal nos últimos 25 anos, destruindo 400.000 hectares de vegetação e 2.500 casas e edifícios com um custo aproximado de 1 bilião de euros[8].

***

"Uma vez existiu um grande incêndio florestal e todos os pássaros e animais fugiram. O beija-flor foi até ao rio e bebeu um pouco de água. Os outros pássaros riram. 'O que estás a fazer?,' perguntaram. Ele respondeu: 'Estou a fazer o que posso'."

Provérbio nativo americano

---

8 MHC *International Ltd. Monthly Feature, Happy Holidays, Forever?* (November 2004), www.mhcinternational.com.

TURISMO SUSTENTÁVEL, UMA QUESTÃO DE FUTURO

Por Roger Mor
Im))pactus n.° 9 Out-Dez 2006

Os dias 8 e 9 de Outubro de 2006 são um marco para os hotéis do Grupo Accor, em Portugal. Todos os directores, reunidos na Figueira da Foz, dizem "sim" ao turismo sustentável. O ponto de partida é uma Carta do Ambiente, com 65 medidas, algumas delas obrigatórias para todos os hotéis, e que deverão entrar no funcionamento dos hotéis até ao final de 2006. Esta carta provém de um esforço da cadeia hoteleira para tornar a sua oferta turística sustentável em todo o mundo e, ao que a Im))pactus apurou, é, no mínimo, um documento marcado pela ambição, mas também pela clareza.

Já este ano, o Grupo Accor lançou o "Earth Guest", um programa global que, segundo Maximiano Pestana, director-geral do Mercure Figueira da Foz e responsável pela área da sustentabilidade, "incorpora a visão de desenvolvimento do Grupo". Basicamente, este programa cobre sete prioridades, que se dividem em duas grandes áreas: a área EGO aponta medidas relacionadas com o factor humano e a ECO é direccionada para as questões ambientais.

Os objectivos da Carta do Ambiente são claros e vão, em última análise, muito além da actividade do Grupo. "Além de ter um impacto positivo no meio ambiente e na qualidade de vida das populações em geral, a imagem de turismo sustentável em Portugal contribuirá certamente para influenciar favoravelmente a opinião internacional e incentivar a visita de mais turistas vindos, fundamentalmente, de regiões mais desenvolvidas, como do norte da Europa e da América do Norte, onde existe uma forte sensibilidade para as questões ambientais", sintetiza Maximiano Pestana.

Na área EGO, a Accor quer garantir, através de um conjunto de medidas, o desenvolvimento local, os direitos humanos e a saúde. No que diz respeito ao desenvolvimento local, a Accor quer assegurar o crescimento sustentável das comunidades locais, minimizando os impactos negativos e maximizando os positivos. Regista-se um especial envolvimento em causas como a luta contra o turismo sexual, sendo um desafio interessante, visto que o grupo está presente nos principais destinos de turismo sexual do mundo. Quanto aos direitos humanos, o Grupo quer ser cumpridor e, independentemente do país, compromete-se a respeitar as indicações da Organização Internacional do Trabalho. Para a área da saúde, é uma prioridade garantir o bem-estar dos colaboradores, através de programas de combate a doenças como a SIDA ou a Malária e através da promoção activa do equilíbrio nutricional.

Para além de promover o bem-estar das pessoas, a Accor quer abraçar o ambiente, através das medidas ECO. O ponto de partida foi o aumento da eficiência energética. Antecipando a crise energética, reduziram a factura da energia e optaram por implementar equipamentos capazes de renovar as energias. Por outro lado, deixaram de comprar sistemas de refrigeração com gases nocivos para o ambiente. A par da energia, o Grupo decidiu cortar na factura da água. Os sistemas de reutilização da água foram o seu principal aliado nesta batalha. Iniciaram uma luta pela redução do desperdício em geral e, hoje em dia, a reciclagem faz parte das tarefas diárias dos hotéis. As medidas ECO contemplam ainda regras para garantir a biodiversidade, de forma a assegurar a preservação de espécies em vias de extinção. Para isso, contam com a cooperação das associações ambientais locais. "Ambiente, um Compromisso Humano" é o mote para este trabalho, que, diariamente, tem de ser feito em todos os hotéis do Grupo.

E tal é a importância que o ambiente tem para o Grupo que cada hotel tem já um embaixador do ambiente. É que a Accor já tomou consciência de que 90% da economia é baseada em energias não-renováveis e que, nos últimos anos, a produção mundial do lixo aumentou 70%, e apenas 10% do total de lixo produzido no mundo é reciclado. A Accor quer ainda que, a curto prazo, também os seus fornecedores tenham uma atitude socialmente responsável.

Para isso, estão a implementar um protocolo com todos os fornecedores da cadeia.

De ACCORdo com a Sustentabilidade

Não se pode dizer que a Accor esteja propriamente a dar os primeiros passos na área da sustentabilidade. Já em 1998 tinha criado a sua primeira Carta do Ambiente para a Europa, que, depois, foi adoptada na Ásia, Pacífico, América do Sul e adaptada para a América do Norte e África. Tratava-se de um conjunto de 15 acções práticas, incluindo 5 para desperdícios, e considerava-se implementada quando 10 acções estivessem integradas no funcionamento de um hotel. Em 2004, cerca de 2.095 hotéis tinham já aderido à Carta do Ambiente, com uma média de 11,64 acções implementadas. Em Portugal, os resultados foram bastante animadores: "A primeira Carta do Ambiente teve resultados muito interessantes, já que, em 2005, foi considerada implementada em todos os hotéis nacionais, com uma média de realização de 13,3 (89%) das 15 acções que integravam a carta". Resultados suficientemente animadores para levar a cadeia hoteleira a embarcar num novo desafio.

Na nova Carta do Ambiente, o número de acções propostas para implementação sobe para 65. As medidas relativas à eficiência energética, o consumo de água e a formação dos colaboradores são obrigatórias, e passará a ser necessário pôr em prática mais acções para que o Grupo possa considerar que o hotel implementou a carta. Para os hotéis *Formule 1*, *Etap*, *Red Roof Inn* e *Motel 6*, o Grupo exige a implementação de 15 medidas no mínimo; para as marcas *Ibis*, *Suitehotel*, *Novotel*, *Mercure* e *Sofitel*, esse número ascende a 20. "A nível nacional, o objectivo será que os 30 hotéis Accor tenham a nova Carta do Ambiente implementada em Janeiro de 2007, o que significa a implementação de 20 das 65 acções que integram a nova carta", esclarece Maximiano Pestana.

Decidiram ainda criar cartazes de monitorização da carta, para que todos os colaboradores possam saber quais os compromissos a seguir, e decidiram partilhar esses compromissos com todos os clientes. Brevemente, quando se instalar num hotel do Grupo Accor, poderá cruzar-se com um cartaz em que o Grupo dá a conhecer os seus compromissos com o ambiente. Mas o hotel só poderá afixar esse cartaz assim que implementar o número mínimo de medidas, e uma das medidas, pelo menos, terá de ter visibilidade para o cliente.

A carta agora apresentada tem ainda outras particularidades. Uma delas é a de ser gerida a nível regional, de forma a considerar particularidades locais, tais como regulamentos, tecnologias disponíveis (e.g. painéis solares), disponibilidade de soluções de reciclagem, riscos ambientais (e.g. escassez de água), expectativas locais dos clientes e das comunidades.

Outra das inovações é o interesse do Grupo em monitorizar a implementação da carta nos hotéis. Para isso, desenvolveu o OPEN, uma ferramenta de gestão ambiental presente na *intranet* do Grupo. Esta ferramenta permite ao hotel imprimir uma lista das suas acções sempre que os clientes solicitarem mais informações sobre a actividade ambiental do hotel. Mas permite também aos directores operacionais o acompanhamento da implementação da carta, de acordo com os objectivos; ao Grupo Accor permite monitorizar a implementação da carta e comunicar os resultados interna e externamente. Toda a monitorização fica, em última análise, nas mãos da Direcção de Desenvolvimento Sustentável, em Paris, que, uma vez por ano, vai exigir aos hotéis uma lista das acções implementadas. Ainda assim, o Grupo defende uma monitorização mais frequente a nível local.

O Grupo Accor tem pela frente um enorme desafio, se quiser tornar todos os seus hotéis exemplos de turismo sustentável. É que, ao todo, são mais de 4.000 hotéis, espalhados por 100 países, e empregam qualquer coisa como mais de 168 mil pessoas, que vão exigir permanente formação. Se todas as ambições do Grupo se concretizarem, estaremos perante muitos dos princípios gerais do turismo sustentável (ver caixa – Princípios do Turismo Sustentável). Segundo o UNEP (United Nations Environment Programme), "o desenvolvimento do turismo sustentável satisfaz as necessidades dos turistas e das regiões visitadas, protegendo e melhorando as oportunidades do futuro. Visa o ordenamento de todos os recursos para que as necessidades económicas, sociais e estéticas possam ser satisfeitas, ao mesmo tempo que se mantém a integridade cultural, os processos ecológicos, a diversidade biológica e os sistemas de apoio de vida".

Este novo conceito de turismo tem levado ao aparecimento de muitas organizações e empresas que vêem na sustentabilidade das ofertas turísticas um caminho para o futuro. Há, inclusive, exemplos de que estas organizações acabaram por ser determinantes no desenvolvimento sustentável do turismo.

É o caso brasileiro da Prainha do Canto Verde.

Aprender com os Erros dos Outros

Tudo começou já lá vão 14 anos. Em 1992, a comunidade da Prainha do Canto Verde, no Ceará, começou a falar em abrir as portas aos turistas. O medo da especulação imobiliária, o receio de perder as terras e a ideia de que o turismo poderia trazer apenas dinheiro para os ricos levantaram um debate na comunidade.

A comunidade sabia que, mais cedo ou mais tarde, apareceria algum empresário para apostar na Prainha. Isso era inevitável, devido às condições que a região tem para oferecer. Mas seria esse turismo que interessava à comunidade de pescadores da Prainha?

Parece que não. A comunidade queria, isso sim, ser capaz de gerar uma renda suplementar para toda a comunidade e, a longo prazo, ajudar a região a desenvolver-se, mas sem nunca lhe roubar a identidade ou as suas riquezas.

Em 1994, a Associação de Moradores começou por fazer um inquérito aos moradores da Prainha, mas também às regiões do Ceará onde o turismo era já uma realidade. Canoa Quebrada foi umas das zonas inquiridas. As conclusões foram pouco animadoras. A renda das pessoas tinha aumentado de facto, mas os empregos eram pouco seguros, os proprietários dos hotéis e restaurantes eram pessoas que vinham de fora, a criminalidade tinha aumentado e o tráfico de droga e a prostituição eram problemas sérios. Também a Praia das Fontes tinha uma experiência negativa para contar. O hotel de cinco estrelas lá construído apenas empregava duas pessoas da comunidade. Todas os outros colaboradores vinham de fora. O dono do hotel cercou toda a propriedade, impedindo a construção de novas casas para a comunidade de pescadores. A Prainha não queria semelhantes resultados. Em 1995, criou a primeira proposta de turismo comunitário e, em 1997, é criado o Conselho de Turismo, com representação de todas as associações locais. Este é um dos princípios do turismo sustentável: o envolvimento dos diferentes grupos e o respeito pelos interesses locais.

Desde cedo que a comunidade da Prainha ficou ciente de que queria o turismo, mas que não queria perder a sua identidade. Assim, através da preservação e fortalecimento das tradições culturais, com o envolvimento dos mais jovens, solidificaram-se os valores comunitários. Foram organizados cursos de jovens para trabalhar temas como a sexualidade e a droga, entre outros aspectos culturais e sociais. Outra das preocupações permanentes foi o ambiente. A comunidade percebeu rapidamente que não lhes interessava receber quantidade, mas, sim, qualidade. Não queria ter de se adaptar aos turistas, queria, isso sim, que os turistas se adaptassem ao seu estilo de vida.

Outra das características do turismo sustentável é a participação de uma parte significativa da população nos resultados económicos, sociais e culturais positivos resultantes do turismo. E a Prainha seguiu este princípio à risca. Através de um modelo de cooperativa, conseguiram uma distribuição da riqueza entre todos. Todos os donos de empreendimentos e prestadores de serviço são nativos.

A organização de eventos, sobretudo as regatas de jangada, gera hoje uma renda considerável para os moradores. No caso das regatas, os jovens pintam as velas e quem quiser pode montar uma barraca de venda de produtos locais na praia, no dia do evento.

A produção de artigos de artesanato foi aumentada e melhorada. Hoje, a Prainha vende artesanato para fora do Ceará e mesmo para fora do país. Itália é o principal comprador de "labirinto clássico" (rendas típicas do Ceará).

Também as associações acabaram por encontrar no turismo uma forma de se tornarem auto-suficientes. A Associação de Moradores e a Escola Bom Jesus dos Navegantes são donos de algumas infra-estruturas, como pousadas ou transportes marítimos. Mesmo as escolas não quiseram deixar passar a oportunidade e aproveitam, hoje, os seus refeitórios para servir refeições aos turistas e visitantes. São também estas instituições as responsáveis pela formação da comunidade, e assim se garante um turismo de qualidade e receitas a longo prazo.

Outro dos critérios do turismo sustentável é o fortalecimento da cultura local. A comunidade da Prainha, como qualquer outra região do Brasil, é rica em tradições e festividades. Procissões de jangadas no mar para honrar São Pedro, versos de Judas na noite de Sábado Santo ou regatas ecológicas atraem visitantes e curiosos. A comunidade aposta nestes eventos e na formação dos jovens para reforçar a comunidade local. Hoje, poucos jovens saem da Prainha. A qualidade de vida da região contribui para este feito.

Sustentabilidade: Uma Aposta Que Compensa

Na Prainha, cedo se percebeu que o ambiente não podia ser sacrificado. Isso seria sinónimo da perda do filão de ouro. Hoje, a comunidade da Prainha é apontada como um exemplo de consciência ambiental, que vai desde a luta contra a pesca predatória até à formação dos pescadores para aprenderem como é importante não pescar lagosta miúda. Assim, garantem que a pesca continua a ser a sua principal fonte de receitas e que o turismo é apenas uma forma de gerar receitas suplementares.

As crianças criaram grupos de protecção para as tartarugas, golfinhos e peixes-boi. O objectivo é consciencializar os próprios pais e irmãos, enfim, os pescadores da comunidade, da importância da preservação destas espécies para a biodiversidade.

Outro projecto desenvolvido na Prainha visa a preservação da água. Instalaram o SODIS, um sistema de desinfecção da água através dos raios solares. As praias são limpas pelos jovens da comunidade.

Outro objectivo desta comunidade (e de qualquer projecto de turismo que queira ser sustentável) era evitar e minimizar o impacto social e cultural do turismo na Prainha. E conseguiram. Como? Definiram, à partida, qual o público-alvo que queriam receber na região. Só lhes interessava receber pessoas que procurassem a tranquilidade e beleza da região, com interesse pela cultura e tradições dos povos do mar e ecologistas. Nunca orientaram a oferta turística para os *resorts*, para as lojas e centros comerciais ou para a animação nocturna de bares e discotecas. A Prainha sabe que a atitude do turista é determinante para o turismo sustentável.

O sistema de divulgação da Prainha é o boca a boca, a mais vantajosa de todas as técnicas de *marketing*. E para os estrangeiros que querem visitar a Prainha é deixado o aviso: deverão saber a língua dos nativos, pois eles optaram por manter a sua língua-mãe. Para evitar grandes impactos, apenas os nativos podem construir casa e tudo está sujeito à aprovação do plano director local. A oferta turística da Prainha não é vendida em nenhuma agência de viagens, mas, em contrapartida, a comunidade tem uma estreita cooperação com as ONG brasileiras e mesmo europeias que se preocupam com a questão do turismo sustentável.

Todas estas medidas já surtiram efeitos. A Prainha do Canto Verde é um dos poucos destinos brasileiros recomendados no guia inglês "The Good Alternative Guide Travel" e no *site* da organização não-governamental inglesa *Tourism Concern* (www.tourismconcern.org.uk).

Os resultados que se verificam na comunidade da Prainha são de tal forma interessantes que várias zonas do Ceará, entre elas Ponta Grossa e Icapuí, estão a seguir o mesmo projecto de implementação de oferta turística. A comunidade da Prainha mostrou ser capaz de fazer bem. E foi recompensada por isso. O número de turistas aumenta a cada ano que passa, mas a comunidade não quer a massificação. Perto de 3.000 turistas, por ano, visitam a Prainha, mas apenas 15% são turistas estrangeiros, que vêm da Alemanha, Itália, Suíça, França e América Latina. Determinou-se ainda que cada excursão não deve ter mais de 45 pessoas. Regras são regras e nem o mais forte dos desejos em enriquecer rapidamente pode ser posto à frente da sustentabilidade do projecto. O projecto de turismo da Prainha do Canto Verde foi o vencedor do Prémio Todo, em 1999, um prémio alemão que distingue projectos de turismo sustentável.

Turismo em Vias de Sustentabilidade

A questão da sustentabilidade do turismo tem levado ao aparecimento de várias organizações e empresas um pouco por todo o mundo. Portugal não é excepção. A Im))pactus foi conhecer uma empresa que se quer posicionar neste âmbito.

Tem como ambição dar a conhecer projectos de turismo sustentável, mas, hoje em dia, ainda se limita a oferecer projectos com preocupações de sustentabilidade, afastados da massificação e próximos da natureza e cultura locais. Chama-se Turismo da Natureza e Francisco Carvalheira, o director-geral da empresa, conta-nos como esta empresa apareceu no mercado e como as Regiões de Turismo em Portugal podem ter um papel interessante na promoção do turismo sustentável.

Como surgiu a empresa Turismo da Natureza? Com que objectivos?

A Turismo da Natureza foi constituída no ano 2000, estando, actualmente, num processo de relançamento. A TDN tem como missão ser a marca portuguesa de referência de promoção e comercialização de produtos e serviços de turismo não-massificado. Queremos estar sempre atentos à evolução dos gostos e das necessidades dos clientes, dentro e fora de Portugal, e que os nossos produtos e serviços sejam reconhecidos pela qualidade, criatividade e estilo próprio. Apostamos sobretudo na diferenciação como criação de valor no desenvolvimento do produto, mostrando novas alternativas num país ainda por descobrir. Vamos oferecer aos portugueses diferentes formas de aproveitar os tempos de lazer e fazer férias. A par com a central de reservas para as unidades de alojamento que fazem parte da Rede TDN, a consultoria e o apoio ao desenvolvimento de novos projectos de turismo em espaço rural são outras áreas de negócio que já existem de momento e que queremos que continuem a crescer.

Qual o conceito de turismo sustentável para a empresa?

O turismo é, hoje, uma das maiores "indústrias" do mundo, que, em inúmeros casos, se incompatibilizou com as envolventes naturais, levando à descaracterização do património cultural e provocando alguns desequilíbrios sociais. Apesar da aparente justificação económica servir de base a decisões de investimento em projectos nos moldes tradicionais, quando o destino começa a perder os seus encantos, este é, mais cedo ou mais tarde, abandonado pelos turistas, que vão em busca de um novo paraíso. Para a TDN, acima de tudo, existe uma visão de longo prazo, de respeito pelas gentes e pela natureza. A autenticidade cultural, a inclusão social, a conservação do meio ambiente e a qualidade dos serviços são peças fundamentais para a viabilidade económica do turismo, a médio e a longo prazo.

A nossa perspectiva negocial é de *win-win*, ou seja, consideramos que tanto os nossos parceiros de negócio como os aderentes à Rede TDN estão connosco e nós com eles, num projecto conjunto que pretende, fundamentalmente, melhorar o nível da oferta turística e dar a conhecer um Portugal diferente do que é normalmente passado para fora por grande parte dos intervenientes no sector.

Como são seleccionadas as empresas associadas?

A TDN, através da sua equipa, selecciona e contacta as empresas que, após um cuidado levantamento e avaliação *in loco*, são consideradas aptas a fazer parte da nossa Rede.

Os critérios principais vão desde a existência das licenças necessárias a condições de segurança, qualidade arquitectónica, hospitalidade, higiene, tratamento de resíduos, qualidade dos produtos alimentares apresentados, etc. Os critérios são comuns a todos os tipos de alojamentos, mas são feitos ajustes conforme se trate, por exemplo, de turismo de habitação ou agroturismo.

Uma empresa vossa associada é sinónimo de turismo sustentável? Como é que a Turismo da Natureza garante que esse compromisso das empresas associadas se prolonga no tempo?

Actualmente, ainda não podemos fazer essa afirmação, embora essa seja uma das nossas ambições. No geral e tendo em conta que a maioria dos alojamentos da Rede TDN tem menos de 20 quartos, são negócios familiares e são muitas vezes habitados pelos proprietários, que têm ligações à terra, podemos afirmar que existe respeito pelo meio envolvente, pelo património, pelas tradições e pela natureza. No entanto, a nível estritamente ambiental, existe muito trabalho a fazer para que se possa afirmar, sem margem de dúvida, que toda a Rede é garantia de turismo sustentável. Alguns obstáculos a transpor são a falta de informação sobre o que é e quais as vantagens de desenvolver um turismo sustentável, a dificuldade em passar à prática alguns conceitos, inclusivamente devido a limitações legais.

Que visão tem a empresa do turismo sustentável em Portugal? Existem grandes desafios? Poderá o turismo sustentável ser a saída para problemas como, por exemplo, a desertificação?

O turismo sustentável ainda está a dar os primeiros passos em Portugal, mas acreditamos que, embora não sendo a panaceia para todos os males, poderá, de facto, permitir uma evolução mais harmoniosa entre o desenvolvimento humano e a natureza. Quanto à desertificação, se estamos a falar do abandono de certas regiões do país pelas pessoas, o turismo sustentável, e principalmente o turismo em espaço rural, é uma forma de fixar grupos de pessoas em locais que, de outra forma, não seriam mais que um conjunto de ruínas. Se se está a considerar a desertificação dos solos, em particular no Alentejo, a sustentabilidade ambiental e energética de qualquer projecto para aí pensado é crucial para acelerar ou atrasar esse processo.

Será ainda possível reverter algumas situações em Portugal, onde o turismo é tudo menos sustentável?

Creio que, em algumas zonas, será muito difícil reverter esse processo, nomeadamente no Algarve, e essa dificuldade deriva, em parte, do facto de ser também difícil conciliar turismo de massas, em que a principal preocupação é o preço, com a qualidade e as consequentes restrições ao crescimento da construção e das respectivas infra-estruturas.

Uma das possíveis soluções é requalificar algumas zonas mais problemáticas de acordo com critérios de maior exigência de qualidade e de sustentabilidade. A preocupação deve estar centrada na prevenção, para que todos os novos projectos turísticos respeitem os critérios de sustentabilidade, particularmente no litoral alentejano, onde estão a surgir novos projectos de dimensão considerável e que, indiscutivelmente, criarão um forte impacto na região.

Que exemplos marcantes de turismo sustentável oferece a Turismo da Natureza?

Sem querer particularizar, na nossa Rede, temos alguns exemplos de empresas com uma postura de respeito pelo ambiente e pelas pessoas. Tanto na área da animação turística como nos alojamentos, existem projectos em que se nota um profundo respeito pela natureza e que mantêm a autenticidade dos locais.

Que acções defende, por parte das entidades governamentais, para garantir que o turismo em Portugal segue a via da sustentabilidade?

Por um lado, no que toca ao turismo em espaço rural, uma maior flexibilidade na altura em que os projectos são analisados e avaliados. Por outro lado, um maior acompanhamento após o início da actividade, com uma postura educativa/construtiva e não meramente fiscalizadora. Defendo também uma maior capacidade interventiva por parte das Regiões de Turismo, que são, normalmente, quem tem melhor conhecimento das realidades locais e que poderiam, se tivessem mais meios, de forma mais eficaz acções de formação e de acompanhamento das empresas turísticas da região. Outra medida ainda, é premiar os melhores casos de turismo sustentável, para que sirvam de exemplo a outros projectos, podendo também servir de base a um manual de boas práticas em turismo sustentável. Paralelamente, estes casos exemplares poderiam ser alvo de campanhas de promoção mediática, que serviriam de estímulo a que outros quisessem obter o mesmo destaque.

Uma Agenda para o Turismo Sustentável

Em 1996, três organizações internacionais (a Organização Mundial do Turismo, o Conselho Mundial de Turismo e Viagens e o Conselho da Terra) juntaram-se e lançaram um programa sectorial de desenvolvimento sustentável: "Agenda 21 *for the Travel & Tourism Industry: Towards Environmentally Sustainable Development*".

Daí se destacam alguns dos princípios básicos do turismo sustentável.

Agências de Viagens

1 – A indústria do turismo deverá contribuir para que as pessoas tenham padrões de vida saudáveis e produtivos, em harmonia com a natureza.

2 – O turismo e as viagens deverão contribuir para a conservação, protecção e recuperação do ecossistema da Terra.

3 – A indústria turística deverá basear-se em padrões sustentáveis de produção e consumo.

4 – O proteccionismo no comércio dos serviços de viagens e turismo deverá ser proibido ou invertido.

5 – A protecção ambiental deverá ser parte integrante do processo de desenvolvimento turístico.

6 – Os assuntos e decisões relacionados com o desenvolvimento turístico deverão ser tratados com a participação dos cidadãos que se preocupam com

essas questões. Para tal, deverão ser tomadas decisões de planeamento a nível local.

7 – As nações deverão alertar-se mutuamente quando ocorrerem catástrofes e desastres naturais que ponham em risco áreas turísticas ou os próprios turistas.

8 – A indústria turística deverá usar a sua capacidade para criar postos de trabalho, quer para pessoas do sexo feminino quer para toda a população local.

9 – O desenvolvimento turístico deverá reconhecer e apoiar a identidade, a cultura e os interesses da população local.

10 – As leis internacionais de protecção do ambiente deverão ser respeitadas pela indústria das viagens e turismo.

Governos e Organizações

1 – Avaliar a capacidade da estrutura regulamentar, económica e voluntária existente para fazer surgir o turismo sustentável.

2 – Avaliar as implicações económicas, sociais, culturais e ambientais inerentes às operações das organizações.

3 – Promover a formação, a educação e a consciencialização do público.

4 – Planear o desenvolvimento do turismo sustentável.

5 – Facilitar a troca de informação, especializações e tecnologias relacionadas com o turismo sustentável entre países desenvolvidos e em desenvolvimento.

6 – Proporcionar a participação de todos os sectores da sociedade.

7 – Planear novos produtos turísticos essencialmente sustentáveis, como parte integrante do processo de desenvolvimento turístico.

8 – Aferir a medição do processo em direcção a um desenvolvimento sustentável.

9 – Constituir parcerias para um desenvolvimento turístico sustentável.

Hotéis

1 – Minimização de resíduos.

2 – Conservação e gestão de energia.

3 – Gestão de águas superficiais.

4 – Gestão de águas residuais.

5 – Substâncias perigosas.

6 – Transporte.

7 – Gestão e planeamento do uso do solo.

8 – Envolvimento dos colaboradores, dos clientes e das comunidades em questões ambientais.

A SUSTENTABILIDADE NO SECTOR DA FILEIRA FLORESTAL

"A SUSTENTABILIDADE NO SECTOR DA PASTA E DO PAPEL"

Por Luís Leal e Sofia Santos
Janeiro de 2008

A dependência da floresta

A competitividade do Sector depende da forma como a floresta é gerida. Seja ela gerida por proprietários privados, pelas próprias empresas ou associações de produtores florestais. Assim, o ambiente e a sustentabilidade são factores de competitividade para a indústria portuguesa da pasta e do papel, uma vez que por um lado os seus principais clientes (os países europeus), têm elevados padrões de exigência sobre as questões ambientais e de sustentabilidade, e por outro a forte legislação ambiental nacional e europeia tem vindo a incidir sobre o sector, implica impactes directos nos preços da matérias-primas (energia e água). Uma vez que este sector é caracterizado por fortes investimentos físicos (nomeadamente em equipamento e máquinas), cada decisão de expansão é realizada atendendo às expectativas existentes face aos potenciais desenvolvimentos da economia global o que inclui os aspectos ambientais. Os grandes investimentos ambientais realizados datam desde a década de 80, tendo-se vindo a verificar uma diminuição do impacte ambiental do sector, por tonelada de produto final produzido.

As acções voluntárias que as empresas portuguesas têm vindo a realizar constituem uma evidência da consciencialização da importância da sustentabilidade para a competitividade do sector. O facto de o número de certificações ambientais, qualidade e higiene e segurança terem aumentado nas empresas do sector, os consumos de água e de energia, as emissões de $CO2$ por tonelada produzida terem diminuído, constituem evidencia de que os aspectos ambientais foram incorporados na gestão do sector. Tudo este contexto ganha especial relevância quando se constata que este sector é dos que tem valores mais elevados ao nível da exportação líquida (a seguir aos sectores da Madeira e Cortiça, o Vestuário, o Couro e Calçado e os Minerais não Metálicos).

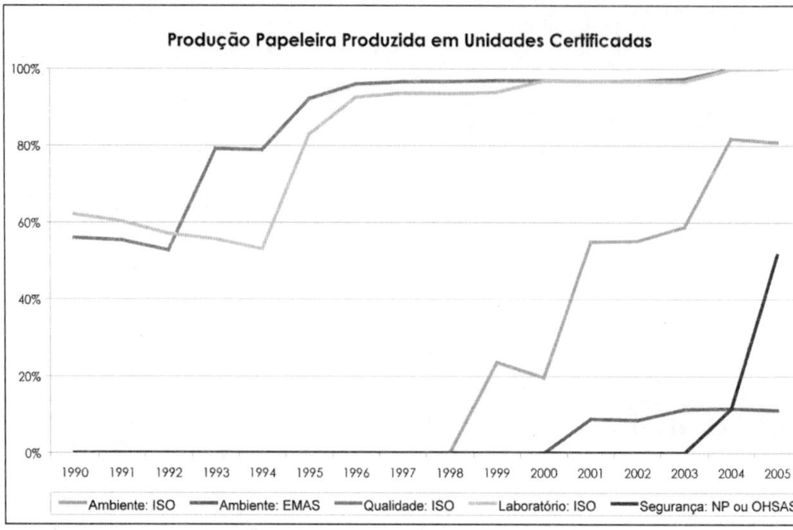

Contribuindo em cerca de 4% para a criação de valor em Portugal

A Economia nacional é fortemente baseada numa economia de serviços contribuindo este sector com cerca de 63% do VAB nacional. Uma vez que a economia nacional assenta no sector terciário é expectável que o país seja um importador líquido dos restantes bens e serviços necessários ao desenvolvimento da actividade económica. A solidez da balança de pagamentos e, consequentemente, da economia portuguesa está fortemente associada à capacidade de exportação de bens, e à entrada de capital associada a essa transacção. Se por um lado a contribuição da Indústria transformadora é de (apenas) 20% para o VAB nacional, ela é responsável por cerca de 90% das exportações nacionais.

Neste contexto, a actividade do Sector da Pasta e do Papel (SPP) ganha uma importância acrescida, uma vez que é um sector exportador líquido, exportandos mais as importações realizadas. Na realidade, o sector tem uma taxa de cobertura das importações em cerca de 40%, contribuindo assim positivamente para a Balança de Pagamentos.

O Sector da Pasta e do Papel está também integrado na fileira dos produtos florestais, tendo as empresas do sector, como consumidores responsáveis de madeira, reconhecido que o tema da Gestão Sustentável dos recursos florestais é da importância, encontram-se, desde o final da década de 90, activamente envolvidas no estabelecimento de requisitos de gestão florestal sustentável, na implementação de esquemas de certificação florestal e na comunicação da madeira como uma matéria-prima de excelência. A associação do sector da pasta e do papel – CELPA – integra, desde a sua formação, o Conselho da Fileira Florestal Portuguesa com o objectivo de promover a gestão florestal sustentável e sua comprovação. Em 2005, as empresas continuaram os processos internos de adaptação para integrarem os Critérios Pan Europeus para a Gestão Florestal Sustentável e os Princípios Internacionais do FSC com o objectivo de poderem vir a obter a certificação pelos sistemas PEFC (Programme for the Endorsement of Forest Certification Schemes) e/ou FSC (Forest Stewardship Council). Assim, no final de 2005, cerca de 25% da área associada encontrava-se certificada pelo sistema PEFC e aproximadamente 37% pelo sistema FSC. O peso da Fileira da pasta e do papel na economia nacional é relevante, uma vez que contribui em cerca de 4% para a criação de valor no país, sendo, no seu conjunto, uma força exportadora líquida.

Atendendo a que a madeira, matéria-prima para o sector da pasta e papel, é práticamente oriunda do mercado interno este sector torna-se num dos mais relevantes para a economia nacional, pois utiliza um recuros natural interno, acrescentando-lhe valor durante o processo de produção, que origina entrada de capitais na economia portuguesa, com efeito positivo ao nível da balança de pagamentos. Em 2006 mais de 99% da madeira adquirida proveio de florestas nacionais de eucaliptoe pinho, tendo-se apenas verificado importações pontuais de madeira de eucalipto.

Tabela 3: Peso da Fileira da Pasta e do Papel na Economia Nacional

Peso da Fileira da Pasta e do Papel na Economia Nacional (fonte: contas nacionais 1999)	VAB	FBCF	Exp	Imp
Silvicultura	0,8%	0,3%	0,2%	0,5%
Indústria da Madeira	1,0%	0,7%	3,5%	0,8%
Indústria da Pasta e do Papel	1,4%	0,9%	5,4%	2,1%
Indústria da Fabricação de Mobiliário	0,8%	0,3%	1,8%	2,2%
Edição e Impressão	0,7%	0,4%	0,2%	0,7%
Peso de toda a Fileira na Economia Nacional	4,6%	2,6%	11,0%	6,2%

Fonte: dados trabalhados com base em dados do INE, Contas Nacionais

Promove a entrada de capitais estrangeiros

De acordo com os dados disponíveis verificamos existir uma grande variabilidade entre os valores do VAB entre vários ramos de actividade. O ramo da produção e distribuição de electricidade, gás, vapor e água quente tem um VAB (Valor Acrescentado Bruto) cerca de 2,5 vezes superior à contribuição do segundo maior sector. No entanto, analisando em simultâneo o valor das exportações líquidas com o VAB de cada sector, verificamos assim que o sector da pasta e do papel é o que tem uma situação relativamente equilibrada em termos da sua contribuição para a riqueza interna provinda não só das suas actividades directas, mas também da riqueza gerada pela entrada de capitais.

Figura 2: Benchmark dos Produtos face ao seu balanço exportador e sua contribuição para o VAB, 2001

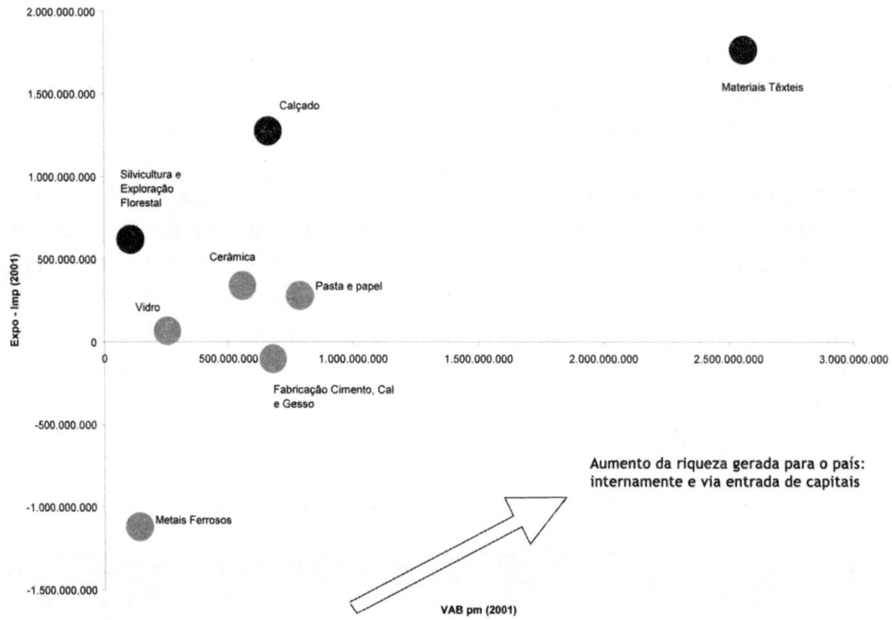

As exportações realizadas destinam-se em grande parte para o mercado europeu, onde os níveis de qualidade do produto final e de todo o processo de fabrico, são cada vez mais elevados.De notar que Portugal é o 5.° país europeu a produzir de papel não revestido sem pasta mecância.

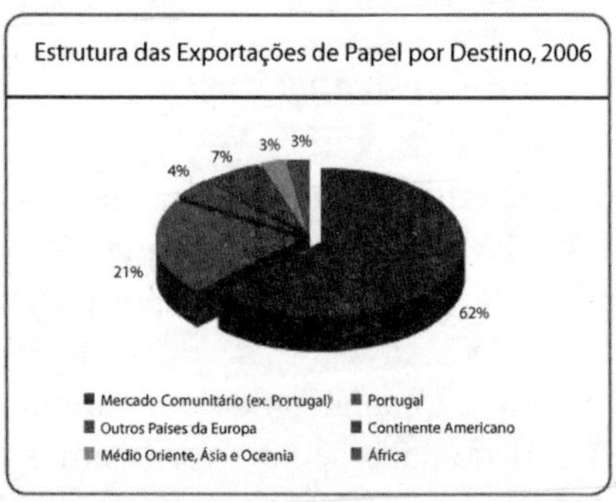

Fonte: CELPA e RECIPAC

Realizando investimentos Ambientais

O Sector da Pasta e do papel iniciou os seus investimentos ambientais já nos anos 80, tendo vindo desde então a apostar fortemente na redução do seu impacte ambiental. Com base em dados do Instituto Nacional de Estatística relativamente aos anos de 2000 e 2001 e associados aos investimentos ambientais realizados pelos sectores industriais, verifica-se que, em termos globais, o sector da pasta e do papel é o terceiro ramo de actividade que mais contribuiu para o total nacional. Essa contribuição no investimento total nacional chegou a representar 11% em 2000 e 9% em 2001.

Investimento em Tecnologias de Controlo e Redução da Poluição (Un. Euros)

Algumas das Actividades Económicas	*Total 2000*	*Total 2001*
Outras Extractivas	7 013 674	7 557 877
Têxteis	15 039 521	14 514 828
Pasta, Papel e Cartão	26 449 477	18 665 936
Petrolíferas	53 988 209	56 137 746
Químicas	x	6 836 169
Borracha e Matérias Plásticas	2 903 166	x
Minerais Não Metálicos	38 710 240	27 552 750
Metalúrgicas de Base	7 241 679	10 318 569
Produtos Metálicos	3 835 714	4 847 026
Máquinas e Equipamentos	5 251 553	3 045 789
Máquinas e Equipamentos para Tratar Informação	-	-
Outras Máquinas e Aparelhos Eléctricos	1 482 142	671 497
Aparelhos de Comunicação, Rádio e Televisão	789 670	1 946 285
Instrumentos Médicos, Óptica e Relojoaria	94 290	34 726
Veículos Automóveis e Reboques	7 061 872	4 871 775
Outro Material de Transporte	656 238	316 917
Mobiliário e Outras Indústrias	1 760 238	1 520 357
Electricidade, Gás, Vapor e Água Quente	8 448 379	6 085 691
Captação, Tratamento e Distribuição de Água	792 061	1 356 296
Total dos Sectores	235 734 112	217 029 099

(Fonte: Cálculos baseados nos valores do INE)

Repartição do Investimento Nacional pelos Ramos de Actividade Mais Relevantes, 2001

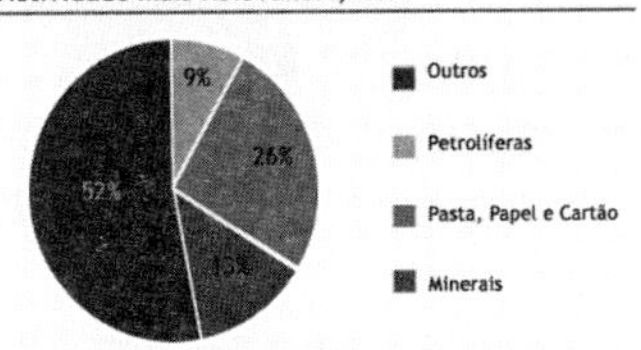

(Fonte: Cálculos baseados nos valores do INE)

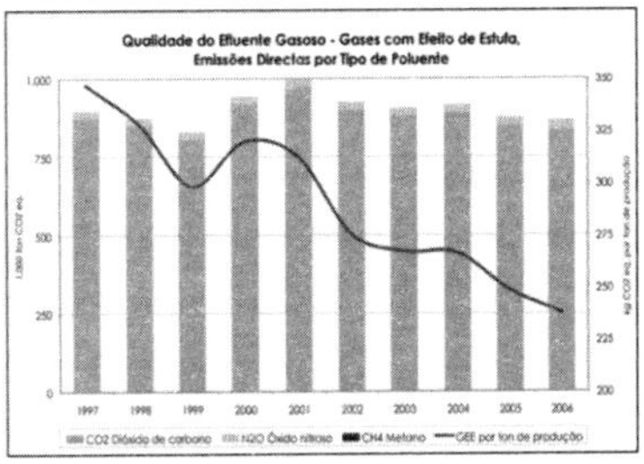

Os investimentos ambientais realizados têm vindo a ter consequências visíveis nos impactes ambientais do sector. Alguns desses impactes podem ser vistos através da redução do consumo de água, de efluentes de gases com efeito de estufa entre outros.

Promovendo um crescimento sustentável

O Sector da Pasta e do Papel é dos sectores nacionais que mais pode contribuir para o chamado desenvolvimento sustentável, uma vez que tem por base a exploração de um recurso renovável e existente em território nacional. No âmbito da sustentabilidade os principais problemas que se colocam ao sector são: impacte ambiental e social local, segurança, abastecimento de matérias-primas e satisfação das expectativas, fogos e competitividade internacional. Em todas estas vertentes o sector tem vindo a desenvolver projectos concretos:

Ambiente: o sector tem vindo a realizar fortes investimentos iniciados já nos anos 80. A maioria das instalações utiliza as melhores tecnologias existentes, existindo uma equipa técnica que acompanha as negociações com a Administração, no que toca aos assuntos relacionados com a passagem das orientações Europeias à escala nacional. A própria natureza do negócio faz com que as emissões de CO2 produzidas pelo sector, possam de certa forma ser compensadas pela actividade florestal própria. Esta actividade é dirigida para assegurar uma proporção de auto-abastecimento em matéria-prima, existindo assim um ciclo evidente ao nível da utilização do recurso e sua reposição, e consequentes efeitos ao nível do balanço de emissões de gases com efeitos de estufa.

Social: as actividade fabris e industriais são realizadas significativamente em regiões menos favorecidas e como tal o peso do sector repercute-se não só pelos trabalhadores directos que contrata, mas também pelo emprego indirecto que promove em toda a sua cadeia de valor. As empresas têm também uma intervenção importante junto do poder local e das comunidades, existindo assim uma forte presença do sector ao nível do desenvolvimento social e económico dessas regiões. Por outro lado, este sector emprega um elevado número de mestrados e doutorandos relativamente ao restante sector industrial, tendo vindo a realizar fortes investimentos na área de investigação e desenvolvimento.

Segurança: a segurança no local de trabalho é sem dúvida umas das principais preocupações. Os índices de acidentes têm vindo a diminuir ao longo dos anos, tendo o sector apostado, desde há muito, na formação específica em segurança. Esta preocupação com a segurança não se limita a trabalhadores permanents e temporários, mas inclusivamente aos trabalhadores de empresas terceiras que prestam serviços às empresas do sector. Em 2002 foi dado início a acções de formação destinadas às empresas de serviços, acções denominadas 'passaporte de segurança'. Tdo sido formados até 2003 cerca de 480 pessoas de empresas exteriores pretende-se que num futuro próximo todo o acesso em instalações fabris do sector esteja condicionado a profissionais detentores dessa formação ou equivalente. As certificações neste âmbito são também crescentes.

Matéria-Prima: o recurso principal do sector é a madeira de eucalipto, seguido de madeira de pinho e papel recuperado. Equela matéria-prima existe de forma suficiente em Portugal, sendo possível manter esta situação se se implementarem sistemas de gestão apropriados. Neste sentido o Sector investiu certa de 2,6 milhões de euros em 2003, em programas de investigação e desenvolvimento. O objectivo geral destes programas é promover a gestão florestal sustentável, pelo desenvolvimento de técnicas que maximizem a produtividade das plantações, qualidade da madeira, a eficiência das operações de exploração e transporte, reduzindo assim os custos de produção e impactes ambientais.

O Sector tem tido igualmente um papel de destaque no que diz respeito à implementação do Sistema Português de Certificação Florestal, nomeadamente com o trabalho realizado com vista à criação e publicação da Norma Portuguesa "Sistemas de gestão Florestal Sustentável – Aplicação dos Critérios e Indicadores". O Sector participou neste processo desde o seu início em 1999, tendo estabelecido, conjuntamente com outras entidades do sector florestal Português, os requisitos do sistema de gestão florestal sustentável. Em 2003 o Conselho da Fileira Florestal Portuguesa (CFFP), que reúne os interesses da produção florestal e indústria transformadora, submeteu a avaliação do sistema com vista ao reconhecimento internacional pelo PEFC, o que ficou concluído em 2004.

A indústria europeia da pasta e do papel atravéz da Confederação Europeia da Indústria Papeleir (CEPI), condenou firmemente o corte ilegal de madeiras pelo seu impacte negativo na sustentabilidade das florestas, na imagem da fileira florestal e na competitividade das indústrias florestais, através da sua posição, tornada pública em Agosto de 2002. Nessa declaração, a CEPI defendeu a necessidade de ser clarificada a definição de corte ilegal de madeiras ("illegal logging"). Neste contexto a associação nacional do sector – CELPA, subscreveu o Código de Conduta desenvolvido pela CEP, obriga-se à sua implementação a nível nacional, tendo convidado todas as empresas associadas a assumir este código e a colocar em prática mecanismos credíveis para a sua execução. Como resposta a este compromisso, o grupo Portucel Soporcel desenvolveu o seu código de conduta florestal, que assenta nos seguintes princípios de actuação: Cumprimento com a legislação e com os princípios voluntariamente subscritos pelo Grupo; Respeito pela propriedade; Boas condições de trabalho ao nível da segurança, saúde, higiene e direitos e deveres no trabalho florestal; Relações sociais construtivas, onde os interesses da comunidade são acautelados pela organização; Cuidado com o ambiente, em particular com o solo, água biodiversidade e resíduos; Qualidade das actividades de forma a assegurar a produtividade necessária; Controlo e avaliação, de forma a minimizar futuros erros e aprender alternativas futuras; Precaução, com o intuito de prevenir e evitar situações danosas nas várias áreas da actividade

Estes aspectos constituem apenas algumas referências relevantes quanto à sustentabilidade do sector, que, associadas ao seu impacte económico num país com forte dependencia do exterior o projectam como um dos sectores mais importantes para a economia nacional.

O DESENVOLVIMENTO SUSTENTÁVEL DA FILEIRA FLORESTAL PORTUGUESA

Por João Soares
Janeiro de 2008

A economia e o tecido social de Portugal estiveram em vários momentos da nossa história colectiva marcadamente ligados à evolução, ao tipo e à dimensão dos recursos florestais disponíveis.

Da construção naval, na época das Descobertas, às madeiras tropicais do império colonial; da fixação das dunas à florestação quase forçada dos baldios do interior; dos Planos de Fomento do Estado Novo (dos anos 50 e 60) – onde ressaltam os planos de desenvolvimento subericola – ao Projecto Florestal do Banco Mundial (no final dos anos 70 e no início da década de 80) onde se fomentou o pinheiro bravo e o eucalipto; da formação de fortes grupos nacionais ligados à floresta após a Revolução (Grupo Amorim, SONAE e Grupo Estado na pasta e no papel) aos programas florestais comunitários (com relevo para o PAF – Programa de Acção Florestal do final do período de pós-adesão à Comunidade Europeia); sempre foi possível associar bons e maus momentos da nossa História e da nossa economia às espécies e à vitalidade da Fileira Florestal Portuguesa.

Os tempos que vamos vivendo parecem aconselhar que se olhe com carinho e atenção para um recurso natural renovável – a floresta – que está na base de uma importante fileira silvo-industrial que já hoje contém segmentos de grande vitalidade e competitividade a nível europeu e mundial.

De facto, para já não mencionar o curto prazo e a importância actual deste sector na economia portuguesa (existem dados que apontam para 5% do emprego nacional, 14% do PIB industrial e quase 10% das exportações totais portuguesas), basta ter presente que, nos próximos cinquenta anos, a população mundial ultrapassará os 10 mil milhões de pessoas (contra os 6 mil milhões actuais) e que o consumo de matérias primas florestais (na hipótese mais conservadora) duplicará, enquanto a área florestal, no mesmo período – os estudos e previsões de diferentes origens são nisso unânimes – não deverá praticamente crescer para além da área actual.

Perante tal estado de coisas uma questão óbvia se coloca: "Vão então existir matérias-primas florestais suficientes para satisfazer a procura industrial, a preços tais que os produtos florestais delas fabricados sejam competitivos e sustentáveis perante os seus sucedâneos?"

Para os que acreditam que sim – e Portugal dadas as suas potencialidades de luz, clima e solos disponíveis é dos poucos que na Europa têm margem para o crescimento físico do recurso – importa por isso:

Aproveitar a liberdade que resulta da não integração da floresta na política Agrícola Comum (existindo assim uma vasta margem de manobra nacional);

Potenciar a enorme geração de emprego que a fileira silvo-industrial proporciona;

Profissionalizar a gestão florestal, em particular através de uma política fiscal especificamente adaptada ao longo prazo que está associado ao investimento florestal;

Desenvolver, em suma, uma política silvo-industrial ecoeficiente, isto é, economicamente competitiva, ecologicamente responsável e socialmente aceitável.

Existe mercado, há consumo e consumidores, há *know-how* nacional importante (dos aglomerados ao papel, passando pela cortiça), temos espécies florestais variadas e complementares que preenchem vários e diferentes nichos de mercado.

Se existir consenso nacional e vontade política (e o primeiro dificilmente se forma sem a segunda) então temos de agir rapidamente para promover o desenvolvimento. E o desenvolvimento hoje tem inexoravelmente de ser sustentável sob pena da sua rejeição social no curto prazo ou da sua inviabilidade económica no médio ou longo prazos.

E o que é isso, afinal, de desenvolvimento sustentável na fileira florestal em geral e na fileira florestal portuguesa em particular?

Ensaiemos, por facilidade, um "simples" decálogo:

Em primeiro lugar, pensar uma Política Florestal ambientalmente aceitável e de longo prazo, inequivocamente liderada ou coordenada por um só "dono político" da questão florestal, que vise a criação de uma indústria de produtos florestais internacionalmente competitiva;

Em segundo lugar, a contenção do fenómeno dos fogos florestais para níveis e dimensões apenas compatíveis com o risco climático que lhe está associado;

Em terceiro lugar, criar condições para uma gestão silvícola activa da propriedade florestal, onde não deixem de ter lugar as operações silvícolas mínimas (limpezas, podas, desbastes, criação e manutenção de infra-estruturas viárias e de drenagem, etc.);

Em quarto lugar, a adopção de um quadro fiscal corajoso e bem adaptado às características de longo prazo da cultura florestal (que será largamente recompensado por uma Fileira Florestal economicamente sã);

Em quinto lugar, a promoção agressiva dos produtos florestais manufacturados face aos seus sucedâneos não oriundos de matérias-primas naturais renováveis;

Em sexto lugar, o investimento suficiente e sustentado nas actividades de investigação e desenvolvimento expressamente orientadas para a pesquisa aplicada à fileira florestal, visando a posterior disseminação e vulgarização do conhecimento alcançado;

Em sétimo lugar, o aprofundamento das possibilidades da biomassa florestal na produção de energia renovável, numa óptica de rigorosa complementaridade com o uso tradicional das matérias-primas florestais necessárias à indústria transformadora;

Em oitavo lugar, a aposta responsável nas florestas enquanto sumidouros de carbono, de forma a mitigar o efeito de estufa e as alterações climáticas;

Em nono lugar, a preocupação permanente de respeitar a Natureza e os ecossistemas, respeitando a biodiversidade, reduzindo o número e dimensão dos impactes irreversíveis e mantendo uma atenção continuada no menor consumo específico de recursos naturais por unidade de produto fabricado (na mata ou na fábrica);

Em décimo lugar, uma efectiva e crescente Responsabilidade Social da Empresa (florestal ou industrial) que justifique perante a Sociedade uma verdadeira "Licença para Operar" a qual excede, em muito, a mera (mas incontornável) obrigação de respeitar as leis nacionais em cada momento aplicáveis.

Os evidentes sinais de desagregação da Fileira Florestal Portuguesa fazem com que a ordem destes dez princípios seja manifestamente indiferente, residindo aliás aí a dificuldade da sua transformação em realidade concreta.

Não se pense porém que estamos perante uma impossibilidade prática.

Outros conseguiram-no – com o empenhamento activo de Estados determinados e intervenientes (mesmo em países de regime liberalizante) – e não resta a Portugal outro caminho que não seja o de trilhar a via do desenvolvimento florestal sustentável se se quiser contrariar a preocupante perda de vitalidade da floresta portuguesa e a crescente perda de competitividade internacional das indústrias nacionais de produtos florestais.

Termino citando o capítulo final do documento "Proposta de intervenção urgente" apresentado a Governos recentes pelas associações Industriais da Cortiça, da Madeira e do Papel:

"É por demais evidente que a floresta portuguesa, no seu sentido mais lato, tem sido "órfã" das figuras e dos partidos políticos, não existindo na sociedade portuguesa nenhuma figura, reconhecida pelos *media* e pela opinião pública, que se assuma como defensora (entusiasmada) da causa florestal.

Deste abandono político – só pontual e erraticamente substituído por intervenções legislativas dos Governos – se vem ressentindo a coerência do edifício jurídico aplicável à fileira florestal portuguesa, muito mais influenciado por calendário (e medidas) de curto prazo do que por medidas estáveis e coerentes de longo prazo, tão frequentemente associáveis às intervenções do Parlamento.

Por tudo isto e à semelhança aliás do que se passa em países bem "menos florestais" que Portugal (que tem uma das mais elevadas taxas europeias de coberto florestal e que ainda desfruta de uma indústria muito importante, em matéria de emprego, valor bruto da produção e exportações) a lógica de levar periodicamente a questão florestal ao Parlamento impõe-se por si só.

Estabelecer metas, auscultar sucessos e dificuldades, discutir os meios e as medidas de política, seriam contributos preciosos para fazer progredir um qualquer plano de Desenvolvimento Sustentável da Floresta Portuguesa. Seria então possível, por exemplo, questionar a justeza e actualidade da Lei do Arrendamento Florestal (que carece de revisão em matéria de autorização das parcerias e da livre celebração de contratos com prazo inferior a dez anos), seria possível conhecer as razões do marasmo do investimento florestal público nas matas nacionais e nos baldios, seria possível expor e corrigir o excesso de burocracia do investimento subsidiado pela União Europeia, seria possível articular com outros sectores da sociedade e da governação as gritantes carências de formação em matéria de operadores de máquinas florestais, seria possível avaliar os eventuais excessos de meios ou ineficiências no combate aos fogos florestais, etc. etc.. Seria possível, enfim, transformar a questão florestal num verdadeiro e desapaixonado projecto nacional, em que os temas económicos, ecológicos e sociais teriam condições para ser coordenados e aprofundados harmonicamente, com vantagem para o País e para os portugueses".

***

Neste segmento da economia e da sociedade portuguesa há obra por fazer. Não somos infelizmente tão ricos que possamos ignorar o único sector em que podemos figurar entre os líderes mundiais a partir de um recurso nacional, natural e renovável.

O PAPEL DAS FLORESTAS NOS PROCESSOS DE ALTERAÇÕES CLIMÁTICAS

Por PAULO CANAVEIRA
Im))pactus n.° 4 Mai-Jul 2005

As alterações climáticas têm origem em vários processos resultantes de actividades humanas e que levam à libertação de gases com efeito de estufa. O principal destes gases é o dióxido de carbono.

Os ecossistemas naturais e humanizados têm também um papel importante nas alterações climáticas, seja nos processos naturais que removem dióxido de carbono da atmosfera, seja nos processos que o adicionam. Nesse sentido, os ecossistemas podem contribuir quer para agravar o problema quer para a sua resolução.

A relevância das florestas advém, neste contexto, das suas características próprias enquanto ecossistema (grande volume de carbono acumulado em períodos longos de tempo) e da grande área que ocupam no nosso planeta. As florestas mundiais constituem ainda um gigantesco reservatório de carbono. Este elemento faz parte, como constituinte fundamental, de toda a matéria orgânica viva ou morta existente nessas áreas.

As Florestas como Salvadoras do Clima

O dióxido de carbono é uma das matérias-primas fundamentais para esse processo biológico extraordinário que é a fotossíntese. Do dióxido de carbono, as plantas utilizam o carbono como "tijolo" para moléculas complexas, libertando um "resíduo" inútil para elas, o oxigénio.

A nível mundial, as florestas removem grandes quantidades de dióxido de carbono, que consomem através da fotossíntese, para "produzir" a biomassa que as compõe: raízes, madeira, casca, ramos, folhas.

Posto desta forma, parece evidente que as florestas são uma das ferramentas que poderemos utilizar para combater as alterações climáticas. Para isso, bastará aumentar a área de florestas. Esta resposta é genericamente correcta, mas simplista.

A capacidade das florestas para removerem CO_2 da atmosfera é limitada, principalmente por duas grandes razões.

A primeira limitação é física. A Terra tem uma área limitada, que acomoda espaços naturais e espaços humanizados. Cada hectare de solo convertido em floresta deixa de estar disponível para edificar, ou para a agricultura e pecuária ou para qualquer outro uso alternativo. Deste modo, a área disponível no planeta para converter em floresta, apesar de ser grande, é naturalmente finita. Esta é, do ponto de vista climático, uma forte limitação.

A segunda limitação é biológica. Em qualquer ecossistema, a fotossíntese (removendo carbono da atmosfera) coexiste com a respiração (adicionando carbono à atmosfera)[1]. Em termos líquidos, um ecossistema está a remover dióxido de carbono da atmosfera apenas se a taxa de fotossíntese for superior à taxa de respiração. Na maioria das regiões do mundo, isto é o que se observa nas florestas, mas apenas durante a sua fase mais jovem. À medida que se aproximam da maturidade, as duas taxas vão-se aproximando, sendo que a capacidade líquida de uma floresta muito antiga para remover dióxido de carbono da atmosfera passa a ser muito limitada ou quase nula (fala-se, nesta altura, de "florestas em equilíbrio"). Estas florestas são, sob muitos pontos de vista, importantíssimas, mas, do ponto de vista da remoção de CO_2 da atmosfera, inúteis.

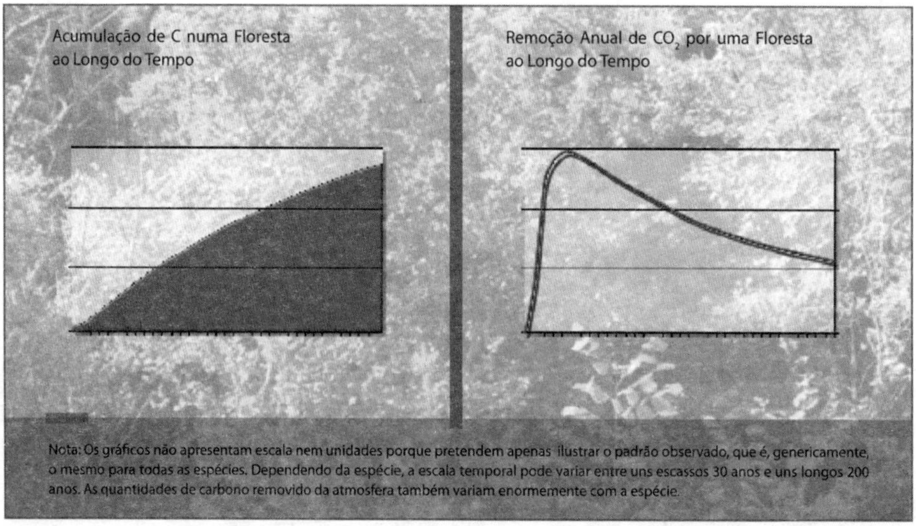

Nota: Os gráficos não apresentam escala nem unidades porque pretendem apenas ilustrar o padrão observado, que é, genericamente, o mesmo para todas as espécies. Dependendo da espécie, a escala temporal pode variar entre uns escassos 30 anos e uns longos 200 anos. As quantidades de carbono removido da atmosfera também variam enormemente com a espécie.

---

[1] A respiração ocorre nos animais e nos processos que levam à decomposição da matéria orgânica morta. Trata-se de um processo genericamente oposto ao da fotossíntese: utiliza matéria orgânica e oxigénio, produzindo dióxido de carbono.

As duas limitações combinadas (área limitada e capacidade limitada no tempo para remover carbono) mostram que as florestas, apesar de contribuírem para resolver o problema, não o poderão nunca resolver sozinhas.

As Florestas como Destruidoras do Clima

Num sistema florestal em equilíbrio (sustentável, na linguagem actual), a um corte para madeira seguir-se-á uma nova floresta, que, a seu tempo, produzirá nova madeira e assim por diante, num ciclo perpetuável por muitos e muitos anos. A mesma área florestal será, deste modo, sempre mantida, tendo ciclos de armazenagem de carbono paralelos aos ciclos de plantação-crescimento-corte.

No entanto, em muitas partes do globo, estão em curso importantes processos de desflorestação e as florestas existentes são convertidas noutros usos de solo, principalmente agricultura e pecuária. Esses ecossistemas agrícolas têm, em média, quantidades muito reduzidas de biomassa, quando comparados com as florestas que substituíram.

Esta substituição de um ecossistema rico em carbono por outro comparativamente muito mais pobre neste elemento corresponde a uma perda de armazenagem, ou, por outras palavras, a uma emissão. Esta emissão é, para a atmosfera, absolutamente idêntica à verificada numa chaminé de uma central termoeléctrica.

Nos locais onde a desflorestação é particularmente activa, as florestas não são uma solução para o problema das alterações climáticas, mas, antes, constituem-se como uma fonte de emissões adicional muito relevante. A título de exemplo, refira-se que as emissões líquidas das florestas, resultantes de desflorestação e degradação de algumas florestas, são estimadas em 723 milhões de toneladas de CO_2 por ano, no Brasil, e em 165 milhões de toneladas por ano, na Indonésia. Como escala comparativa, refira-se que as emissões totais de Portugal, em 2000, foram de 84 milhões de toneladas de CO_2.

As Florestas como Vítimas do Clima

Um dos maiores desafios colocados pela existência de uma alteração significativa do clima é perceber o que irá acontecer aos ecossistemas em todo o mundo, entre eles, naturalmente, os ecossistemas florestais.

Genericamente, as alterações do clima irão influenciar as florestas de duas formas: por alteração das condições climáticas médias a que as florestas estarão expostas; pelo aumento da frequência e/ou intensidade de acontecimentos climáticos extremos.

Cada espécie animal ou vegetal está particularmente bem adaptada a um conjunto de condições ambientais, nomeadamente temperaturas médias, precipitação, tolerância a extremos de secura ou de temperatura. Com a alteração do clima, muitos dos locais hoje óptimos para determinadas espécies deixarão de reunir essas características. Se essa alteração for significativa e persistente, os ecossistemas aí existentes deixarão de poder manter-se nesses locais. Esta é, relativamente às alterações do clima, a principal ameaça que se coloca aos sistemas florestais do mundo inteiro.

No passado, as florestas e outros ecossistemas acompanharam as alterações do clima, deslocando-se ao longo dos gradientes climáticos. Por exemplo, se o clima ficasse mais quente, as florestas tenderiam a "deslocar-se" mais para norte ou a subir em altitude, fazendo o "movimento" inverso, se a temperatura descesse. No entanto, uma floresta não pode verdadeiramente deslocar-se. Esta "deslocação" é feita por colonização dos novos territórios, que passaram a reunir condições favoráveis, e por extinção local nos antigos territórios, que deixaram de ter condições para o seu desenvolvimento.

São duas as principais diferenças entre a alteração do clima actualmente em curso e as alterações do clima verificadas no passado: a velocidade da alteração climática e a existência de obstáculos à deslocação dos ecossistemas. Quanto à velocidade, estima-se que o clima esteja hoje a mudar mais rapidamente que nunca e teme-se que os sistemas naturais de crescimento, produção de semente, colonização de novos territórios possam ser demasiado lentos para acompanhar o ritmo da mudança. Por outro lado, a paisagem está hoje carregada de obstáculos que poderão dificultar, ou mesmo impossibilitar, a deslocação de ecossistemas. Estes obstáculos podem ter origem natural, como sejam cadeias montanhosas, ou origem humana, como sejam a rede de infra-estruturas e a própria existência de cidades e vilas espalhadas um pouco por todo o lado. Algumas espécies poderão não ter capacidade para ultrapassar de forma natural estas barreiras.

Assim, poderemos observar uma extinção localizada de algumas espécies, em locais que deixaram de reunir condições, sem que a mesma seja compensada, em tempo útil, pela colonização de novos territórios. Neste cenário extremo, assistiremos no mundo a uma degradação das florestas ou mesmo a uma redução de área florestal.

Outra das alterações previstas no clima actual prende-se com o aumento da frequência e da intensidade de acontecimentos climáticos extremos. Exemplos desse tipo de acontecimentos são a ocorrência de furacões e tempestades de vento, secas prolongadas, inundações repentinas, etc.

Estes eventos climáticos sempre existiram, provocando danos muito graves nas florestas. No entanto, normalmente, a estes eventos, seguia-se um período de recuperação natural, que tendia a repor a situação original. Este tempo de recuperação depende da intensidade, do tipo de dano e do ecossistema afectado.

Se a frequência destes eventos aumentar significativamente, devido às alterações climáticas, para uma periodicidade inferior ao tempo de recuperação das florestas, então poderemos assistir a uma progressiva degradação dos espaços florestais nas zonas mais afectadas, podendo levar, nos casos mais extremos, ao desaparecimento local da própria floresta.

A degradação das florestas por motivos climáticos poderá, assim, constituir-se como uma agravante do problema das alterações climáticas, contribuindo para a taxa de desflorestação mundial.

O Armazém de Carbono Florestal Fora das Florestas

O dióxido de carbono imobilizado nos constituintes da madeira não regressa imediatamente à atmosfera. Mantém-se na madeira e é, após transformação industrial, transferido para os vários produtos que utilizam esta matéria-prima: papel e cartão, painéis de madeira (aglomerados, MDF), madeira serrada, postes e vedações, mobiliário, soalhos e *parquet*, etc.

Estes produtos acabam por funcionar, no sentido das alterações climáticas, como prolongamentos da floresta dentro das nossas sociedades. Olhando para dentro das nossas casas, podemos observar, em toda a parte, pequenos armazéns de carbono florestal: a estante de madeira e os seus livros; o soalho de pinho e o *parquet* de cortiça; os móveis da sala, da cozinha e do quarto; o papel da impressora; a caixa dos cereais; e em tantos outros produtos. Se somarmos os produtos existentes em todas as casas, empresas, ministérios, edifícios, bibliotecas, etc., verificamos a existência de um enorme armazém de carbono florestal, fora da floresta.

Naturalmente, quando estes produtos são destruídos (depositados em aterro ou queimados), o carbono é libertado de novo para a atmosfera. No entanto, durante a sua vida útil, funcionaram efectivamente como extensão da floresta. A melhor forma de maximizar este efeito consiste na utilização destes produtos durante muito tempo, ou garantir que, quando já não são necessários, são reciclados e que, deste modo, o seu carbono se mantém fora da atmosfera.

As Florestas como Fonte de Energia Renovável

A principal causa das alterações climáticas está na queima de combustíveis fósseis, na indústria, nos transportes e noutras actividades humanas. Do ponto de vista do planeta e da composição da atmosfera, esta queima corresponde a uma "bombagem" de carbono para a atmosfera. De facto, o carbono enterrado em jazidas fósseis de petróleo e gás natural é extraído, refinado, distribuído e queimado, momento em que é libertado para a atmosfera. Deste processo, resulta um enriquecimento progressivo da atmosfera em CO_2.

Parte desse combustível pode ser substituído por fontes renováveis de energia, como as energias hídrica, eólica, solar e biomassa.

A biomassa pode ser utilizada de forma equivalente à dos combustíveis fósseis convencionais, isto é, para suprir necessidades de geração de calor (para consumo industrial ou doméstico) ou para produção de electricidade, em unidades de co-geração ou em centrais termoeléctricas. A vantagem de utilizar biomassa face a combustíveis fósseis está no facto do carbono provir da atmosfera (captado pelas plantas que lhe deram origem) e não de jazidas fósseis. Assim, a utilização de biomassa para energia traduz-se num ciclo neutro, do ponto de vista do carbono. O carbono é captado pelas plantas, que o transformam em biomassa, que é queimada com utilização da energia produzida, que liberta de novo o carbono na atmosfera.

Esta solução energética recomenda , no entanto, alguma cautela na sua aplicação. Por um lado, a utilização de biomassa para energia é uma solução climaticamente menos interessante que a utilização dessa biomassa para fins produtivos na indústria transformadora (mobiliário, painéis e revestimentos, papel e cartão, etc.), em que o carbono que os constitui é mantido fora da atmosfera por períodos de tempo substancialmente mais elevados que no caso de utilização energética. Assim, a biomassa a utilizar para energia deve concentrar-se naquela biomassa que não tem utilização na indústria transformadora, ou seja, deve excluir a utilização de madeira para queima e concentrar-se nos resíduos de exploração florestal e agrícola e em matos.

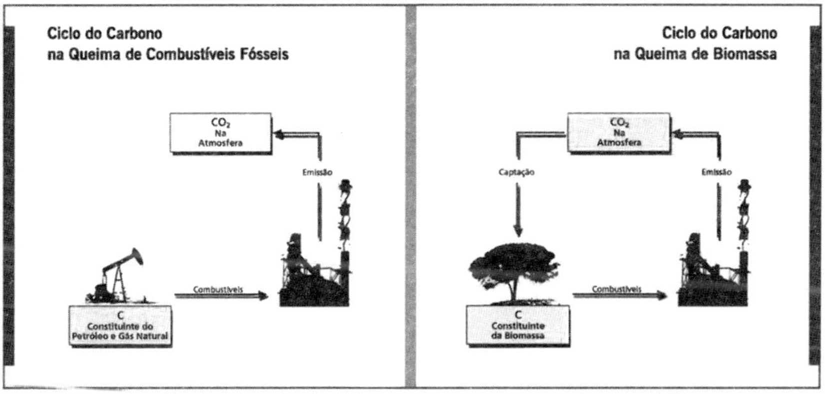

Por outro lado, a eficiência de utilização de biomassa para produção de energia não é independente da tecnologia através da qual essa biomassa é queimada. A produção exclusiva de electricidade a partir de biomassa tem uma eficiência próxima dos 35%, enquanto a produção combinada de calor e electricidade (co-geração) apresenta uma eficiência próxima dos 80%. Assim, a biomassa deve, preferencialmente, ser utilizada em sistemas de co-geração, sempre que existam utilizadores industriais ou domésticos do calor gerado.

As Florestas São Mais Que Ferramentas Climáticas!

Os aspectos delineados acima, embora possam parecer complicados, são ainda uma "fotografia" muito parcial daquilo que são e podem ser as florestas para o planeta Terra e para a Humanidade.

Repositórios de biodiversidade, produtoras de água potável, protectoras do solo contra a erosão, produtoras de madeira e cortiça, produtoras de alimentos, fonte de emprego rural... e, agora, ferramentas no controlo do clima – os papéis e funções da floresta parecem não ter fim e são todos igualmente importantes e prioritários. O conceito de gestão florestal sustentável tenta conciliar estes aspectos e pôr os actores relevantes a definirem e hierarquizarem prioridades, que serão diferentes, consoante o local do planeta onde estamos, o ecossitema que pretendemos gerir e as preocupações dos principais agentes envolvidos.

Por este motivo, a solução sustentável será, sempre uma aproximação dinâmica, ajustável no tempo e no território e construída por todos nós.

BIOGRAFIA DOS AUTORES E ENTREVISTADOS

Entrevistados

Belmiro de Azevedo – Licenciado em Engenharia Química no Porto com um MBA de Harvard. Presidente do Grupo nacional Sonae SGPS, um dos maiores grupos económicos de Portugal, com investimentos na área do imobiliário, distribuição, telecomunicações, turismo e *media*. É membro do WBCSD.

Carlos Zorrinho – Coordenador nacional da Estratégia de Lisboa e do Plano Tecnológico Nacional. Experiência académica em Gestão e Economia, na Universidade de Évora. Possui várias obras publicadas.

Dennis Meadows – Autor do livro *Limits to Growth,* que marcou a viragem da percepção do consumo dos recursos naturais. Cientista americano, foi director de três institutos de investigação de universidades: *MIT, Dartmouth College e University of New Hampshire*. É ainda co-fundador do *Balaton Grou.*

Georg Kell – É Director Executivo do *Global Compact Office*. Foi um dos arquitectos desta iniciativa lançada, em 2000, por Kofi Annan, para promover a responsabilidade social. Antes de se juntar às Nações Unidas trabalhou como consultor financeiro em países em desenvolvimento da Ásia e África. Possui qualificações em economia e engenharia pela Universidade de Berlim.

João Freixa – Ex-presidente da EuroNext, foi também vice-presidente da Caixa Geral de Depósitos e Administrador da Energias de Portugal. É, actualmente membro do Conselho de Administração do BES.

João Salgueiro – Licenciado em Economia, foi ministro de Estado e das Finanças. Com experiência profissional em diversas instituições financeiras é, actualmente, presidente da Associação de Bancos Portugueses. Fundou a SEDES, e é docente na Faculdade de Economia da Universidade Nova de Lisboa.

Leonilde Terceiro – Gerente da gráfica Fernandes & Terceiro, caracterizada por ter um sistema de gestão integrado (Qualidade, Ambiente e Segurança) e por uma constante preocupação com qualidade do trabalho e colaboradores.

Mira Amaral – Engenheiro Electrotécnico pelo IST, possui ainda uma pós licenciatura em Economia. Foi ministro do Trabalho e Segurança Social e, mais tarde, da Indústria e Ambiente. Tem várias publicações nas áreas financeira, industrial, energética e empresarial.

Autores

Andreia Limão é consultora na Sustentare Lda. Possui um mestrado em Engenharia do Ambiente pelo Instituto Superior Técnico (IST).

Eloísa Cepinha – é consultora da Sustentare Lda. É mestre em Engenharia do Ambiente, pelo Instituto Superior Técnico.

Daniel Amaral – é consultor na Sustentare Lda. Possui mestrado em Gestão de Empresas pela Faculdade de Economia da Universidade Nova de Lisboa.

Ivor Hopkins – *Partner* da *MHC International,* empresa especializada em investigação e consultoria na área de Corporate Social Responsability. Ivor tem particular experiência no trabalho com PME's, e nos sectores do turismo e desporto sustentável.

Idalina Dias Sardinha – Investigadora do IST, e especialista em Responsabilidade Social, Inovação e Competitividade. É autora de diversos trabalhos de investigação nestes temas.

João Manuel Soares – Assessor do Conselho de Administração do Grupo Portucel Soporcel. Foi secretário de Estado das Florestas no XV Governo Constitucional

João Soares – Licenciado em Economia na Faculdade de Economia do Porto.

Luís Leal – Director Geral da CELPA até 2007, é Engenheiro Florestal.

Maria do Rosário Partidário – Docente do IST, é especializada na área da sustentabilidade.

Mário Melo Rocha – Advogado na Simmons & Simmons, onde é responsável pelo departamento de ambiente. Professor assistente na UCP, com vários trabalhos publicados sobre Direito Ambiental.

Michael Hopkins – É o CEO da *MHC International*, empresa que presta serviços ligados ao desenvolvimento social. É também professor de *Corporate and Social Research* na Universidade de *Middlesex* no Reino Unido e autor de *The Planetary Bargain.*

Paulo Canaveira – Responsável pela área de Ambiente da CELPA, é licenciado em Engenharia Florestal.

Paulo Peneda Saraiva – Mestre em Ciências Económicas e Empresariais, economista e docente no Departamento de Gestão e Economia da Universidade da Beira Interior.

Pedro Barbosa – É consultor na Sustentare, Lda. É Mestre em Economia Monetária e Financeira pelo ISEG/UTL.

Rita Almeida Dias – Partner da Sustentare, Lda. e Publisher da Im))pactus. Possui mestrado em Responsabilidade Corporativa pela Universidade de Barcelona. Docente no ISCTE e na Universidade Católica do Porto.

ROGER MOR – Licenciou-se em Ciências da Comunicação e tirou uma pós-graduação em estudo dos *Media* e Jornalismo. Começou no extinto PortalExecutivo, sendo, actualmente, jornalista do programa *Magazine Consigo*, da RTP2.

RUBEN BARRETO – Licenciado em Economia na Faculdade de Economia do Porto.

SIMON ZADEK – Fundador e criador da *AccountAbility*. Nomeado um '*Global Leader for Tomorrow*' pelo Fórum Económico Mundial. Experiência como consultor externo na área de têxteis, minas, energia, farmacêuticas, e no sector financeiro europeu, americano e africano. É autor de várias publicações sobre o tema.

SHAMI NISSAN – *Managing Director* da *Innovest Strategic Value Advisors*, em Londres.

SOFIA SANTOS – Sofia Santos é partner da Sustentare Lda. e directora da revista Im))pactus. Possui mestrado em Economia pela Universidade de Londres. É aluna de Doutoramento sobre Sustentabilidade na Banca, na Universidade de Middlesex, Londres. É docente na Universidade Católica do Porto, ISCTE e na EOI Business School, em Madrid.